U0935972

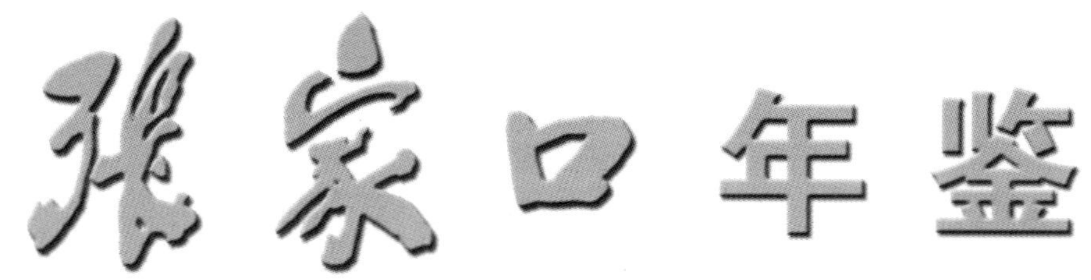

张家口年鉴

ZHANGJIAKOUNIANJIAN 2013

张 家 口 市 人 民 政 府 编

张家口市人民政府赠阅

九 州 出 版 社
JIUZHOUPRESS

图书在版编目（CIP）数据

张家口年鉴. 2013 / 张家口市人民政府编. -- 北京:
九州出版社，2013.8

ISBN 978-7-5108-2301-5

Ⅰ. ①张… Ⅱ. ①张… Ⅲ. ①张家口市—2013—年鉴
Ⅳ. ①Z522.23

中国版本图书馆CIP数据核字(2013)第210879号

张家口年鉴. 2013

作　　者	张家口市人民政府　编
出版发行	九州出版社
出 版 人	黄宪华
地　　址	北京市西城区阜外大街甲35号（100037）
发行电话	（010）68992190/2/3/5/6
网　　址	www.jiuzhoupress.com
电子信箱	jiuzhou@jiuzhoupress.com
印　　刷	保定市中画美凯印刷有限公司
开　　本	889毫米×1194毫米　16开
印　　张	23.5　　彩页　13.25
字　　数	730千字
版　　次	2013年12月第1版
印　　次	2013年12月第1次印刷
书　　号	ISBN 978-7-5108-2301-5
定　　价	280.00元

《张家口年鉴》编纂委员会

《张家口年鉴》编纂委员会

委　　员：姜玉琛　市文化广电新闻出版局局长
高　林　市卫生局局长
马维山　市体育局局长
李正朴　市旅游局局长
刘　烨　市工商局局长
张俊明　市统计局局长
赵永鸿　市委保密局局长
王建平　市气象局局长
高　领　市环保局局长
戎均文　市国土资源局局长
覃朝云　国网冀北电力有限公司张家口供电公司总经理
张广君　中国人民银行张家口中心支行行长
朱　进　市邮政局局长
刘克飞　中国移动通信集团河北有限公司张家口分公司总经理
范国念　中国联合网络通信有限公司张家口分公司总经理
王继军　中国电信张家口分公司总经理
闫雪卿　市地方志办公室主任

《张家口年鉴》编辑部

主　　编：方继斌
副主编：闫雪卿　朱会林　袁爱莲
责任编辑：关建平　张国庆　张宏光　郝志良　何一正　陈文静　张　超
摄　　影：袁明海　刘旭东　刘长锁　梁建珉　何大为　马佳琦　武殿森　曹东宇
彩版设计：昱　丞　陈　铎　王瑞斌　李　刚　郅站刚　胡富伟　王智刚

编辑说明

《张家口年鉴》是由张家口市人民政府编纂的一部全面系统记述张家口自然、政治、经济、文化、社会等方面市情的综合资料性年刊，国内外公开发行。

本年鉴逐年编纂出版。本卷为《张家口年鉴》2013年卷(总第4卷)，以邓小平理论、“三个代表”重要思想、科学发展观为指导，全面贯彻党的十八大精神及省第八次党代会、市第十次党代会精神，主要记述2012年全市人民在市委、市政府领导下，“强势推进、狠抓落实”，建设强市名城的奋斗历程，着重反映全市经济社会发展和党的建设取得的重大成就，总结各部门、各行业科学发展的优秀经验，为各级领导提供决策依据，为各项事业发展提供借鉴，为中外各界人士和广大读者提供准确详细的信息。

本年鉴采用分类编纂法，分为类目、分目、条目三个层次。

本年鉴的文稿由各县(区)、市直各单位委派专人撰写，经主管领导审定；统计资料由市统计局提供；《张家口年鉴》编辑部统编全书。

本年鉴的编辑、出版承蒙各县(区)、各有关部门的大力支持和协助，在此表示诚挚谢意。由于编辑水平所限，疏漏之处在所难免，希望广大读者提出宝贵意见。

编 者

2013年11月

张家口全貌　2013年9月

中共张家口市市委书记　王晓东

张家口市人民政府市长　侯亮

数字张垣2012

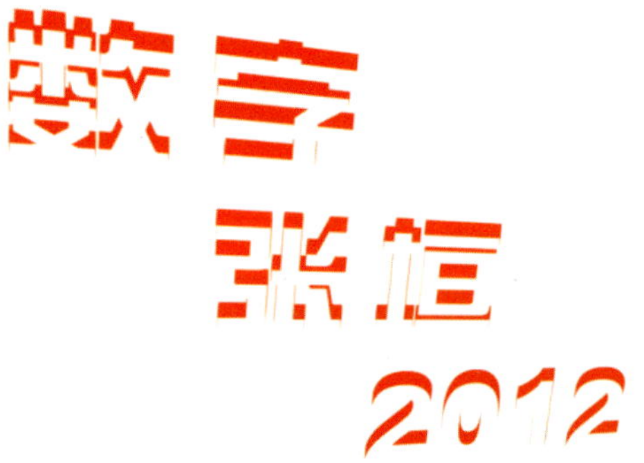

总面积：36873平方千米

年末户籍总人口：468.41万人

人口自然增长率：4.4‰

地区生产总值：1233.67亿元

　　第一产业：205.89亿元

　　第二产业：529.05亿元

　　第三产业：498.73亿元

人均生产总值：28142元

单位生产总值能源消耗：1.42吨标准煤

民营经济增加值：706.9亿元

粮食总产量：154.73万吨

财政收入：214.15亿元

　　地方一般预算收入：106.56亿元

财政支出：265.26亿元

固定资产投资：1184.44亿元

社会消费品零售总额：435.10亿元

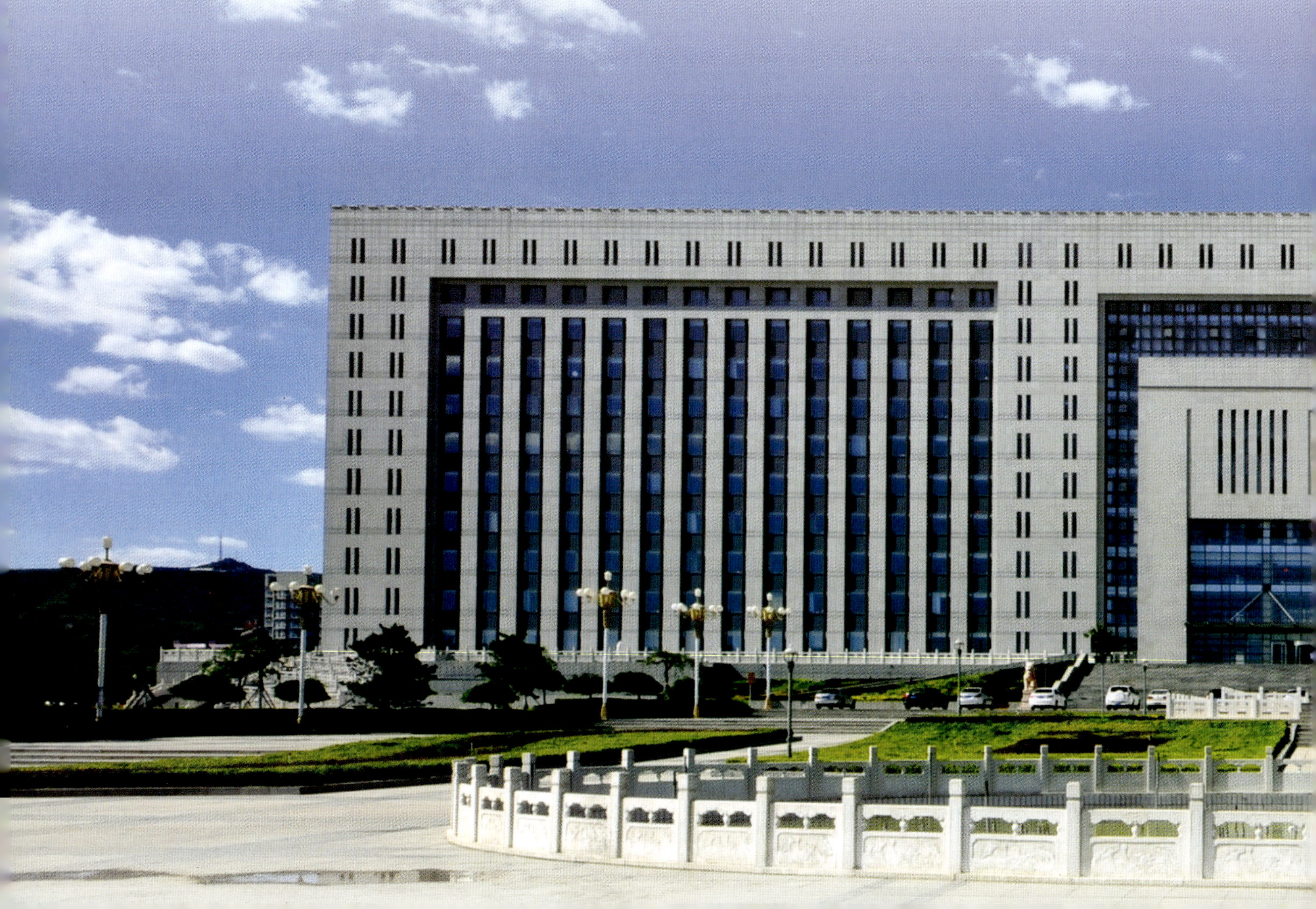

实际利用外资：24960万美元
进出口总额：38363万美元
公路通车里程：19606千米
邮电业务总量：30.53亿元
接待国内外游客：2118万人（次）
旅游收入：128亿元
金融机构各项存款余额：1673.9亿元
金融机构各项贷款余额：1192.9亿元
城镇居民人均可支配收入：18441元
城市居民人均消费性支出：11498元
在岗职工年平均工资：35656元
农民人均纯收入：5564元
城市居民人均住房建筑面积：26.75平方米
农民人均住房面积：22.5平方米
空气质量二级以上天数：347天
城镇居民恩格尔系数：35.6%

亲切关怀

7月12～13日，中共中央政治局常委、全国政协主席贾庆林到张家口市进行实地调研。在省、市主要领导陪同下，贾庆林走进张北县高效节水农业科技示范园，就如何发展现代农业听取意见；来到涿鹿县辉耀镇石门村，询问群众生产生活情况；在张家口市产业集聚区，深入施工现场和生产车间，与干部职工亲切交谈，仔细了解企业技术改造、科技创新、生产经营等情况；在国家风力发电、太阳能光伏发电及电能储存与输送示范工程现场，观看产品展示，详细了解战略性新兴产业技术研发和市场前景

10月8～10日，中共中央政治局常委李长春先后到涿鹿县、蔚县、阳原县、怀来县等地，深入农村、企业、重要文化遗址和文物保护单位，就做好文物发掘保护利用、加强非物质文化遗产传承开发等进行调研

亲切关怀

6月19日，中共中央政治局常委、中央政法委书记周永康到怀来县调研。怀来县是中央确定的周永康参加学习实践科学发展观活动的联系点。周永康先后来到怀来京北生态新区规划馆、光电线缆生产企业、冰葡萄种植基地、桑园镇中心卫生院和新响岭村了解经济社会发展情况

5月12～13日，中共中央政治局委员、中央书记处书记、中央宣传部部长刘云山在省委书记、省人大常委会主任张庆黎，省委副书记、省长张庆伟等陪同下，深入涿鹿县、蔚县、阳原县和张家口市区的一些社区、村镇和宣传文化单位进行调研，听取基层干部群众对文化建设的意见建议，对河北经济社会发展和宣传思想文化工作给予充分肯定

亲切关怀

6月20日，省长张庆伟到到宣化县调研园区建设，他强调建设工业聚集区，既是加速推进工业化的重要抓手，也是扩大招商引资的重要平台，有利于企业集中布局

5月8日，省委常委、省委副书记赵勇（右二）到赤城县调研，他强调以改革创新精神扎实推进扶贫攻坚行动

园区建设

盛华氯碱项目

2012年8月，省政府正式批准建立西山、东山2家省级高新技术产业开发区，张家口市成为全省首个同时拥有2个省级高新区的地区。全市22个园区（其中县区18个）达到项目入驻条件，入园项目376个，超亿元项目49个，累计完成固定资产投资320亿元，实现产值240.34亿元，税金13.17亿元。

航天产业基地项目

4月19日，由全国人大常委会副委员长韩启德率队的全国人大文物保护法执法检查组到鸡鸣驿检查文物保护工作

签约仪式

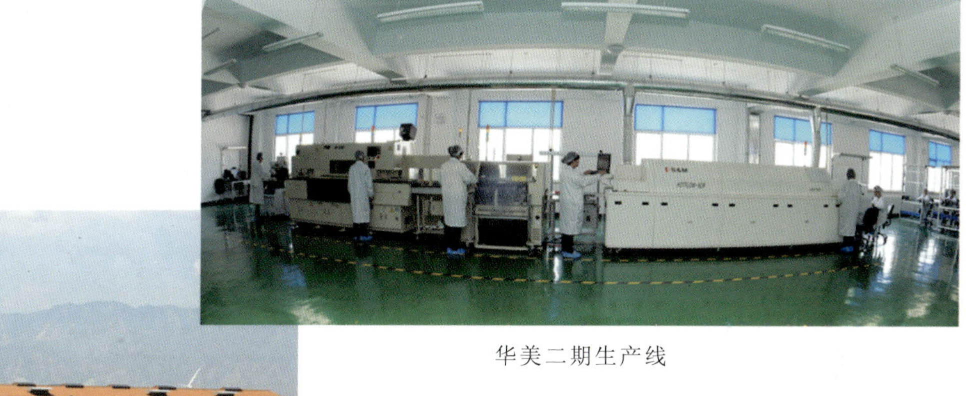

华美二期生产线

瑞云地下葡萄酒窖

维克特矿山机械出口多国

盛唐葡萄酒发酵车间

宣化县

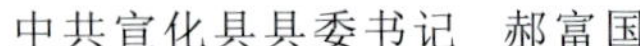
中共宣化县县委书记　郝富国

宣化县人民政府县长　冯文利

宣化县地处张家口中心腹地，与7县5区接壤，总面积2052平方千米，耕地面积4.2万公顷，辖8个镇、5个乡、304个行政村，总人口28万人。

2012年，全县地区生产总值完成73亿元，同比增长13.1%。民营经济增加值完成59.4亿元，同比增长13.2%。粮食总产量21.23万吨，同比增长3.99%，实现“九连增”。财政收入完成7.3亿元，同比增长19.8%；财政支出11亿元，同比增长33%。全社会固定资产投资完成68.5亿元，同比增长40.7%。社会消费品零售总额21.3亿元，同比增长15.1%。城镇职工年平均工资31449元，同比增长11.9%；城镇居民人均可支配收入15940元，同比增长13.2%；农民人均纯收入6316元，同比增长13.8%；年末城乡居民存款余额70.9亿元，同比增长14.6%；贷款余额53亿元，同比增长12.96%。

园区建设迈入新征程。年度完成投资1.9亿元，完善东山、望山、南山等园区基础建设，推进环境整治等工程，园区承载能力大幅提升。东山园区成功晋级省级高新技术产业开发区，望山园区成功获批省级循环经济示范园区和工业经济综合利用示范基地。各园区累计入驻项目40多项，总投资达705亿元，带动高新技术、新型化工、现代物流、新能源、生物医药五大新兴产业加速发展。

基础设施得到新加强。全县在建、前期项目292项，投资额952亿元，其中亿元以上项目70项，总投资876亿元，列入省市重点项目6项，总投资427亿元。累计争取和实施中央及省级投资项目37项，争取预算内资金1.32亿元。盛华氯碱基地一期、中油天然气末站等73个项目达产见效。先后与中石油等10家世界500强企业，庞大集团等10家中国500强企业，河北建投等18家上市公司，中国化工集团等7家央企，赛诺非圣大药业等4家合资企业建立合作关系。

城乡面貌实现新改善。把推进城镇化作为加快科学发展、实现绿色崛起的重要抓手，集中力量推进两大新城建设。沙岭子新城，完成总体规划编制，投资7.6亿元的景观大道征地、拆迁等前期工作全面展开，总投资8200多万元的集中供水、污水处理等基础项目有序推进。洋河南新城，投资9300万元的经七街改造工程扎实推进，投资13亿元的湖岸小镇、中宣嘉城等商住项目部分建成，投资3.8亿元的供水、供热、供气等基础设施项目签约落地，精品小城镇建设初见成效。投资1.7亿元，实施5个新民居、10个幸福乡村示范村建设，累计新改建住宅1752套，硬化村内道路20多千米，建设农家书屋10个，新增体育健身设施79套；投资4400万元推进“四清四化”工程，对主要干道沿线的48个村进行了重点治理，先后拆除违建面积1.1万平方米，城乡面貌明显改观。

望山园区大门景观效果图

东山园区外景

发达的装备制造

繁荣的工业生产

居民住宅小区

晟佳培训中心效果图

宣化县

秀美的王家湾自然景致

新天绿色能源办公大楼

产业化水平逐步提高。以工业化理念推动农业发展，致力于农业大县向农业强县的迅速转变。实施龙头引领，发展农业产业化项目29个，总投资81.6亿元，成功引进总投资33亿元的正邦、华信、帝达、晟佳4个重点项目，带动市级龙头企业达到19家，其中省级1家，全县农业产业化水平达到64%。先后被评为全国玉米高产创建示范县、保护性耕作示范县、粮食生产大县，河北省粮食生产大县、粮食生产先进县、粮食综合生产能力提高较快县。

民生保障得到新加强。新农保参保率达98%，较上年提高一个百分点,县人社局被国务院授予“全国

洋河新区效果图

新型农村和城镇居民社会养老保险工作先进单位”；新农合参合人数21.17万人，参合率95.6%，实现13个乡（镇）全覆盖。投资2亿元完成校安工程建设任务，实施县第一实验小学、沙岭子小学新建等一批重点工程。投资7300万元完成县医院和299个村办卫生室新改建工程。投资8000万元完成道路建设工程5项，完成县公交公司组建，成功开通城乡公交客运班线。投资1080万元完成人饮安全工程40处，解决全县35个村、2.3万人的饮水安全问题。全年发放救灾救济、医疗救助资金720万元，发放城乡低保资金4600多万元。投资1185万元新建廉租房138套，为182户城镇住房困难家庭发放租赁补贴11.2万元；争取扶贫专项资金1039万元，整合社会各界资金1.1亿元，编制和实施扶贫项目53个。

明湖大桥

盛华氯碱项目一角

赤城县

中共赤城县县委书记　李　敏

赤城县人民政府县长　申全民

3月29日，举行赤城县强势推进扶贫开发攻坚工作再动员大会场

赤城县辖9乡9镇、440个行政村，总人口29.6万人。2012年，全县地区生产总值完成65亿元，同比增长15.7%；全社会固定资产投资完成57.8亿元，同比增长28.6%。全部财政收入10.4亿元，同比增长7.2%。农民人均纯收入和城镇居民人均可支配收入分别达到4711元、16431元，同比分别增长17.2%、13.5%；年末城乡居民存款余额65.4亿元。

深入推进“工业提升”计划，培育了龙宇、鑫宇、茂源、银达等一批龙头企业，全县采矿企业发展到117家，选矿企业发展到129家，年铁精

粉生产能力达到900万吨。园区建设初具雏形、新型能源业稳步推进，全县并网发电量达到20万千瓦，总装机容量达到30万千瓦。

以环首都扶贫攻坚示范区建设为契机，按照“全面展开、梯度推进、突出重点、确保实效”的扶贫思路，培强蔬菜种植、生猪养殖两大主导产业，因地制宜发展优质果品、中药材种植、休闲渔业等产业。全县蔬菜种植总面积达到9333.33公顷，生猪规模养殖场达到81个，发展优质林果20多万株，中药材种植面积达到1333.33公顷。

加快城乡一体化进程。投资20亿元，实施白河综合治理一期，汤泉河综合治理一、二期，东关农贸市场，影院广场，新区文化广场，双子座大厦，白河六孔斜拉式椭圆步行大桥等一批精品城建工程，建成居民住宅小区16个、保障性住房3262套，县城建成区绿地面积达197.3公顷，荣获省级园林城市荣誉称号。

境内有国道1条、省道3条，公路总里程1573千米。张唐铁路开工建设，京北一级路具备开工条件。实施雕鹗、后城集中供水工程，全县有效灌溉面积扩大到2.77万公顷；完成70千米10千伏、38个村的低压电网改造工程，全县35千伏变电站增加到20座。实施广电“村村通”和无线覆盖工程，全县440个行政村实现广播电视、手机信号全覆盖。

坚持把保障和改善民生作为执政之本。第三小学教学楼新建项目竣工投入使用，县一中新建项目完成部分楼体工程；县医院搬迁工程主体竣工，中医院改革试点工作强势启动，新农合参保人数达23.1万人，参保率95.4%。加快推进社会保障体系建设，城乡居民社会养老保险参保人数达到15.9万人，参保率97.6%；城乡低保、五保提标扩面，实现了分类施保、应保尽保。

①飞瀑
②白河湾公园夜景
③白河湾公园一瞥
④白河湾公园牌楼

崇礼县

7月11日，县委书记李莉在“大好河山张家口，名商名企荟名城”大型主题招商月活动崇礼展区介绍农产品

2013年6月4日，代县长白银海到市财政局驻高家营镇地上村工作组调研

崇礼县位于河北省西北部，属内蒙古高原与华北平原过渡地带，总面积2334平方千米。境内气候冷凉、土质肥沃、水源清洁，是发展错季蔬菜的天然基地。矿产资源储量丰富，有金、银、铜、铁等8大类36种。其中，黄金远景储量140吨，磁铁1.2亿吨，褐煤1.3亿吨，玄武岩10亿立方米。风能储量达到110万千瓦。生态优越，森林覆盖率达43.1%，是河北省天然次生林面积最大的县份，夏季平均气温19℃，空气中负氧离子浓度达到1万个/立方厘米，是城市的10倍，是休闲避暑的理想胜地。冬季年均降雪量60多厘米，累计积雪量达1米左右，存雪期长达150多天，雪质参数均符合滑雪标准，平均气温零下12℃，平均风速2级，山地坡度多在5—35度，被誉为“华北地区最理想的滑雪地域”。

2012年，全县地区生产总值完成33.7亿元，同比增长12%。全部财政收入完成6.18亿元，同比增长23.4%，其中地方公共财政预算收入完成3.04亿元，同比增长6.6%；全社会固定资产投资完成47.4亿元，同比增长33.6%，城镇居民人均可支配收入16192元，同比增长13.3%；农民人均纯收入5145元，同比增长14.8%。

8月11日，举办中国城市发展论坛

第十一届中国·崇礼国际滑雪节开幕式现场

项目建设实现新突破。全县实施千万元以上重点项目113个，总投资310.8亿元，完成投资48.3亿元，同比增长17.2%，其中列入省、市重点项目6个。争取政策性资金1.8亿元。在全市招商月活动中，成功签约百龙新雪国旅游度假区、中国•崇礼国际会议中心和崇礼四季风情度假区项目。总投资250亿元的崇礼太舞四季文化旅游度假区和翠云山国际旅游度假区项目开工建设。

特色产业形成新格局。第三产业增加值完成7.6亿元，同比增长13.5%。2012年，全县共接待游客125万人（次），实现旅游综合收入8.37亿元，同比分别增长27.7%和33.6%。成功举办第十二届中国•崇礼国际滑雪节和冬、夏两届中国城市发展论坛。在2012年中国旅游产业发展年会上崇礼县被评为“中国县域旅游之星”十强，“崇礼滑雪”被评为2012年中国体育旅游精品项目和张家口最有影响力旅游产业品牌。第二产业增加值完成19.2亿元，同比增长13.7%。黄金、铁精粉产量分别达到2.5吨和97万吨，两项入库财政收入3.97亿元，占全部财政收入的64.2%。风电累计并网发电30万千瓦。第一产业增加值完成6.9亿元，同比增长5.7%。全县新增设施蔬菜415.67公顷，累计达到1966.67公顷，被评为全国蔬菜产业重点县。

彩椒交易市场

育苗基地

崇礼县

城市面貌呈现新气象。致力打造精品旅游城市，重点实施旅游文化新区、行政服务区、市政基础、住房保障、景观建设五大工程。省级园林县城创建工作完成秀水湾、迎宾园、北国风光、黑山湾四大公园基础工程。旅游文化新区累计完成投资21.4亿元，完成建筑面积56万平方米，日韩风情街、酒吧文化城、旅游服务中心等一批项目投入使用，欧式风情小镇进一步彰显。行政服务区开工率达到68.8%。市政工程扎实推进，集中供热新建换热站13个，新增供热面积103万平方米，累计达到198万平方米，县城集中供热实现全覆盖；完成县城4条街道改造和3条供水管网铺设。住房保障步伐加快，续建424套保障房交付使用，新建496套完成部分主体。城市管理逐步规范，完成长青路、裕兴路、旅游文化新区楼体亮化，雪都夜景特色进一步凸显；建成城市数字化管理指挥中心，城市管理逐步向精细化、标准化、数字化方向迈进。

社会事业开创新局面。全县财政用于民生支出6.2亿元，占公共财政预算支出的71.9%。完成校安工程1.1万平方米，县第二幼儿园完成装修。县医院新建工程主体完工，村卫生室全部实现药品零差率销售，在全省率先建成卫生协管平台。社会保障力度加大，新农合参合率和新农保参保率分别达到95.7%和97%；城乡低保平衡发展；城镇居民和职工医保参保率分别达到95%和96%。就业再就业成效显著，城镇登记失业率控制4.4%以内。

崇礼滑雪

家园

崇礼秋韵

炫丽夏日

怀安县

中共怀安县县委书记　武占强

怀安县人民政府县长　王富永

怀安县位于河北省西北部，晋冀蒙三省（区）交界处。全县总面积1706平方千米，耕地面积4万公顷。辖4个镇、7个乡、273个行政村，有8.7万户，24.6万人。

自然资源较为丰富，现已探明矿藏有铁矿石、绿灰岩、凝灰岩等30多种，尚待开发的荒山荒坡6.67多万公顷，草场面积1.33多万公顷。农作物品种多样，主要有蔬菜、马铃薯、玉米、水稻、谷黍、杂豆等，正常年景粮食总产量1亿千克左右。

基础设施日益完善，京包铁路穿境而过，京藏高速公路、110、207两条国道途经腹地，京新高速公路、京呼客专即将建设；城镇建设日新月异，县城初步形成“一环五纵四横”路网体系，建成了污水处理厂、垃圾填埋厂，实现了集中供热，建设了南山森林公园、龙河公园、世恩广场、新区文化广场，城区绿化率达32%，人居环境明显改善，城镇综合竞争力显著提升。

特色产业初步形成，规划建设有南山产业集聚区、应急产业园和中瑞中小企业国际合作园3个重点园区，为项目建设搭建了良好的发展平台。新能源、装备制造、农产品深加工、现代物流、生态旅游等产业发展迅速，建成沃尔沃汽车发动机生产、凯悦汽车大部件制造、国电怀安热电厂、新东阳生态休闲旅游综合开发、广建南山产业园、内陆港暨海关监管区等项目，产业支撑能力不断增强。

世恩广场、新区人民公园为百姓提供了休闲活动的场所，极大地丰富了人民群众的生活

发展壮大中的张家口市南山产业集聚区

县城振兴街地道桥，实施拓宽改造工程后，由单孔变为双孔双向通行

大力实施“扶贫攻坚”行动，形成蔬菜连片种植基地，力促贫困人口增收致富

国办重点帮扶项目——新区长胜小学，2012年建成并投入使用

围棋文化影响深广，是全国9个“围棋之乡”之一。饮食文化独特，熏肉、豆腐皮、一窝丝饼并称“怀安三宝”，柴沟堡熏肉系列产品入选《中国食品词典》，被评为“中华老字号”。

涿鹿县

2013年5月27日，县委书记陈岗到五堡镇杨窑村桑干生态农庄采摘园调研，提出有效组织农户、形成特色氛围、提升农业产业化水平的工作要求

2013年5月24日，代县长高薇到新县医院工程现场调研，要求主管部门和施工单位按时保质完成各项建设任务

2012年，涿鹿县委、县政府带领全县35.2万人，求真务实，合力攻坚，圆满完成各项工作目标任务。

综合实力稳步增强。全年完成生产总值73.38亿元，同比增长9.7%；固定资产投资75.74亿元，同比增长31.3%。城镇居民人均可支配收入17068元，农民人均纯收入6455元，同比分别增长13.5%和14.6%。全部财政收入完成5.68亿元，同比增长20.4%。

万亩葡萄种植基地

采摘园

5月30日，中航液压挂牌上市

三祖文化博物馆效果图

工业经济总体向好。科技园区入园企业达到93家，矾山磷矿、北大青鸟、金隅水泥等6家企业纳税超千万元，北大青鸟成为北大集团在京外企业中唯一增资的企业，中航液压成为全市首家在天交所三板市场上市的企业。

城建及交通成效明显。实施城建项目32项，完成投资25亿元。十里轩辕路全线通车。“一河两城”项目正式启动，城区集中供热率位居全市各县之首。桑干河河道治理全面开工，桑干河文化产业中心项目推进迅速，张涿高速涿鹿至卧佛寺段通车，涿京一级路工可获批。

“三农”工作强势提升。整合资金4.5亿元，重点打造59个扶贫产业重点村，涉及255个村3.21万贫困人口实现脱贫。鸿鑫葡萄酒等6家农业产业化龙头企业建成投产，全县农业产业化经营率74%。投资3700万元实施“四清四化”，重点打造了5个县级样板村和17个乡级重点村。

文化旅游推进有力。刘云山、贾庆林、李长春等中央领导先后到三祖文化园区调研。举办“中华三祖文化与黄帝城遗址公园建设”高层论坛，联合央视制作播出《中华三祖堂》。启动中华三祖文化博物馆、接待中心、景区提升等工程，推进黄帝城遗址考古争列中华文明探源工程。

社会建设日趋完善。高考成绩名列全市各县（区）第三，县医院公立医院改革试点实现药品零差率销售，乡（镇）卫生院综合改革基本完成，新农合参合率达到95%以上。

黄帝城景区

蔚县

中共蔚县县委书记　燕旺林

蔚县人民政府县长　王树国

蔚县位于河北省西北部，张家口市最南端，总面积3220平方千米，耕地面积8.4万公顷，辖11个镇、11个乡、547个行政村、14个居民委员会，总人口49.79万人，人口自然增长率8.79‰。全年完成地区生产总值94.05亿元，粮食总产量完成12.29万吨，全部财政收入完成9.30亿元，全社会固定资产投资完成56.86亿元，社会消费品零售总额29.19亿元，在岗职工年平均工资38351元，农民人均纯收入4809元，城镇居民人均可支配收入16939元。

能源产业发展强劲，整合煤矿技改投入14.6亿元，12家煤矿实施技改、6家煤矿试生产，原煤产量达到1316万吨。风电呈集群发展态势，40万千瓦并网发电，10万千瓦开工建设，15万千瓦前期进展顺利。文化旅游实现跨越，主打剪纸、民俗、古建、生态四张牌，投资1.5亿元，重点实施蔚州古城、暖泉古镇保护开发、博物馆群建设等一批文化旅游开发项；成功举办了五省市村（镇）长论

剪纸——连年有余

美在民间永不朽——民俗

蔚县电厂效果图

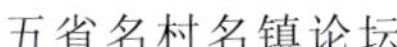
五省名村名镇论坛

现代设施农业产业园开工

坛、省文化产业经验交流会、剪纸艺术节等一系列盛会；西古堡等五个古村堡入选全国首批中国传统村落名录，蔚县入选省文化产业十强县。现代物流快速发展，鑫宇物流二期建成运营，以煤炭为主的物流业实现主营业务收入90多亿元。城镇建设步伐加快，重点实施了57项工程，完成投资35.3亿元，是上年的1.6倍，全县城镇化率达到40%。深入开展“四清四化”，重点整治了168个村，打造了35个样板村，生态廊道绿化36.6千米、绿化村庄60个、绿化面积533.33公顷，全县森林覆盖率提高到31.4%。招商引资成效显著，全年引进市外资金37.1亿元，同比增长53.4%。

民生事业继续改善。累计投入民生资金13.4亿元，占全部财政支出的79%。实施了校安工程、农村危房改造、保障性住房、就业再就业、社会保障等一批民生工程。685套保障性住房全部完工，5个省级新民居、10个幸福乡村示范村扎实推进，受益群众6419户。城乡居民医疗保险、新型农村社会养老保险等实现全覆盖，乡（镇）卫生院全部实行药品零差率销售。

阳原县

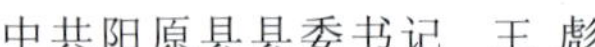

中共阳原县县委书记　王彪

阳原县人民政府代县长　李德

2012年，阳原县围绕“建设经济繁荣社会和谐新阳原”总目标，全力打造河北最大内陆煤炭物流基地、京西北裘皮加工贸易中心和世界旧石器科研考古旅游圣地，经济社会呈现良好的发展态势。

产业结构调整稳步推进。打造大田洼、马圈堡2个万亩杏扁示范基地和东城、揣骨疃2个万亩葡萄园区。肉羊养殖、澳兔养殖等产业化项目顺利实施。瑞克陶瓷改制全部完成，泥河湾陶瓷、深沟煤矿等企业的改制工作积极推进。达鑫陶瓷正式投产，飞龙木器二期工程投入使用。《泥河湾遗址群保护总体规划纲要》获国家文物局批复。泥河湾博物馆正式开馆。苏原迁建万吨装车线项目积极推进。

城乡面貌得到明显改观。全年谋划实施城建重点项目34个，完成投资13.2亿元。在重点区域种植各类树木16万株，新增绿化面积133.33多公顷；实施昌盛街节能灯具更换和南湖湿地公园亮化工程；投资1500万元对县城18条小街小巷进行综合治理。全面推进农村“四清四化”，重点村村容村貌得到明显改观。

经济发展后劲显著增强。国际裘皮城项目，完成投资3.5亿元，被授予“中国毛皮碎料加工基地”称号。完成13家煤矿的整合任务，技改工程稳步推进。与河北大唐国际签署太阳能光伏发电项

3月21日，举行天然气综合利用项目签约仪式

10月10日，举行阳原县达鑫陶瓷有限责任公司竣工投产暨阳原金鸿燃气有限责任公司通气仪式

3月29日，举行国际裘皮城精品商城及广场项目签约仪式

6月8日，召开五集纪录片《泥河湾》开机新闻发布会

目协议书，完成测光设备安装。弘源花冠木种植基地，完成投资1.1亿元，栽植苗木233.33公顷。

社会保障水平稳步提高。第三实验小学建成并投入使用，投资5400万元实施农村薄弱学校改造、校舍安全和教育设备标准化等工程。推进和完善“新农合”制度，参合率达95.5%；投资1000多万元完成242所标准化村卫生室建设，村卫生室全部实行药品零差率销售。碎皮加工工艺、泥河湾传说、阳原晋剧被列入市非物质文化遗产名录。511套保障性住房全部开工，186套廉租房完成分配，完成1650户农村危旧房改造工程。

小长梁景区

万全县

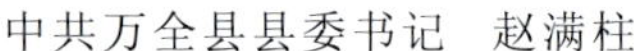

中共万全县县委书记　赵满柱

万全县人民政府县长　杜 平

万全县素有“京畿名珠”之称。全县总面积1161.5平方千米，辖4个镇、7个乡、171个行政村，总人口22.8万人。

依托交通区位、资源禀赋等优势，发展机械装备制造、现代物流、农产品加工、文化旅游等主导产业，有加工企业380家，形成液压油缸、矿山机械等多个产业支脉，被评为“中国液压油缸之乡”。发展逯家湾、马连堡、郭磊庄三大煤炭交易市场，引进旧堡、郭磊庄、孔家庄、王玉庄四大煤台，年交易煤炭1200万吨以上；发展禾久集团、亚雄公司等各类农产品加工企业210家，其中省级重点龙头企业3家、市级31家，拥有省著名商标11件，被授予“中国鲜食玉米之乡”和“中国燕麦之乡”称号，被认定为“国家级出口农产品质量安全示范区”。万全右卫城被列入国家文物保护范畴，万全镇被省政府确定为第三批省级历史文化名镇，“旧堡戏装”、“万全方言”等成功申报为市级非物质文化遗产。

立足于搭建项目平台，建设张家口市西山产业集聚区和万全经济开发区。产业集聚区规划面积72.69平方千米，已有建成区4平方千米，是河北省人民政府批准的全省首批71家省级产业集聚区之一，被省政府命名为省级高新技术产业开发区和省级新型工业化产业示范基地；万全经济开发区总面积15平方千米，其中近期起步区6.94平方千米，重点发展以机械装备制造及零部件配套、现代绿色食品加工为主的生态型、综合性产业；已签订项目17个，总投资30多亿元。

中国液压油缸之乡

万全工程机械

中国鲜食玉米之乡

彩椒喜获丰收

公园一角

城西河景观

尚义县

中共尚义县县委书记　孙海东

尚义县人民政府县长　徐进海

2012年，尚义县按照“走好生态路、念好三农经、唱好大风歌、打好区位牌”的发展思路，坚持“强势推进、狠抓落实”的总体要求，经济社会平稳快速发展，较好地完成了目标任务。

优势产业培强壮大。全面提升风电产业发展质量和水平，全年完成产值12.7亿元，实现税收6874万元，占全部财政收入的35.6%。结合扶贫攻坚，建成高效节水双万亩园区1处、千亩以上园区13处，新增冬暖棚100个、春秋棚1200个，各类养殖园区发展到74个。立足区位和资源优势，实施了西环路服务区、商贸城等建设项目，成为县域经济发展的新亮点。

城乡面貌明显改观。积极推进县城建设，新增商住小区8个，实施集中供热、再生水回用、东沙河治理、大苗进城等工程，启动总投资5.5亿元的工业园区建设工程，为园区工业的发展壮大搭建了平台。立足于城乡统筹发展，实施大青沟街道升级改造、小蒜沟宾馆建设等工程，扎实开展“四清四化”活动。

发展环境持续改善。全面改善投资创业环境，全年开工建设项目37项，完成投资44.8亿元；引进县外资金26.3亿元，实际利用外资1232万美元；民营企业发展到374家，实现税收9446万元，同比增长12.3%。着力培强生态竞争优势，完成生态造林6600公顷，通道绿化16.8千米；实施大尚线改造工程，畅通了北部蔬菜区的“致富路”。

社会事业迅速发展。集中实施安小新扩建、职中搬迁、村级幼儿园新建等项目，整体推进卫生监督所、县医院急救中心、村级卫生室等工程。全年发放低保资金4034.6万元，养老、医疗等社保资金1.2亿元，城乡居民养老保险参保率98.3%，完成保障性安居工程400套、农村危房改造1200户。全年发放救灾款物925万元，同比增长163.8%，有效保障受灾群众的生产生活。

①坚持集约高效发展理念，着力提升工业经济发展水平
②按照大公司、大集团开发战略，全县有11家风电企业开发建设，被评为国家新能源基地、全国新能源百强县
③全面推广高效旱作农业，粮食实现稳定增收
④全面建成无公害绿色、错季优质蔬菜生产基地，2012年，尚义县被列入国家蔬菜产业重点县

12月，察汗淖尔国家湿地公园通过国家湿地评委会审查，正式批为国家级湿地公园

着力改善生态环境，风清气爽、水净河畅的宜居宜业环境初步形成

康保县

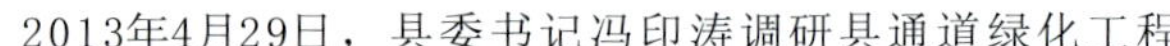
2013年4月29日，县委书记冯印涛调研县通道绿化工程

5月7日，县长冀晓东参加清华绿色食品供应基地签约仪式

2012年，按照“深化调整转型、加快绿色崛起、实现跨越发展”总要求，全县经济建设和社会各项事业继续保持了平稳较快发展的良好态势。

新型能源快速推进。风电新增并网发电25万千瓦，建成10万千瓦，开发规模达到73万千瓦。光电开发取得实质性进展，有5个项目11万千瓦获省发改委开展前期工作批复。

矿产开发提质增效。石材工业园区5家企业完成技改重组，新增入围企业3家，板材、异形材年产量分别达到120万平方米和2000立方米。萤石开采整合力度加大，原矿年开采能力达到30万吨，产精粉3万吨。

农畜产品龙头升级。新建大型产业化龙头3个，乾信牧业肉鸡养殖加工项目一期工程建成10个肉鸡养殖场。希森薯业一期工程建成马铃薯种薯基地666.67公顷。北辰公司新建蔬菜冬暖大棚335座，部分投入生产。

生态旅游活力旺盛。完成各类生态工程1.13万公顷，全县森林覆盖率达到21.06%。康巴诺尔假

康保县“加快绿色崛起，建设生态大县”启动仪式

屯垦二期风电建设县城

县城面貌焕然一新

日庄园、南天门等景点，基础设施进步完善，实现生态旅游与二人台文化、草原文化的融合发展。

城镇建设再上水平。以建设省级园林县城为目标，全年投融资7.3亿元，实施了23项城建重点工程。建设改造县城主干道6条、9.9千米；南海生态公园成功申报国家级湿地公园；完成城区绿化243.33公顷，城区绿化率达到30.7%。

民营经济活力旺盛。全县民营企业达到352家，从业人员3.8万人。县担保中心担任资金规模达到1000万元，新建康保银丰村镇银行，全县累计为民营企业融资2.1亿元，有力促进了民营经济的发展壮大。

扶贫攻坚取得实效。全年整合资金3.6亿元，实施示范攻坚、产业覆盖、基础改善、素质提升等扶贫工程，完成15个中村、45项基础设施、33个养殖小区、2000多座温室大棚等建设工程。

民生保障扎实推进。全县财政用于民生领域的支出占地方公共财政预算支出的87.9%。新型农村社会养老保险参保率达到90%，新农合参合率达到93.1%，社会保障体系更加完善。

沽源县

中共沽源县县委书记　郭有和

沽源县人民政府县长　李建鹏

沽源县位于河北省西北部的坝上地区，地处内蒙古高原向华北平原的过渡带，东临承德市丰宁县，南与赤城、崇礼相连，西与张北、康保毗邻，北与内蒙古锡林郭勒盟正蓝旗、多伦县接壤，总面积3654平方千米，辖14个乡（镇），总人口22.4万人。平均海拔1536米，无霜期110天左右，年均降雨量400毫米左右。

沽源气候独特，生态良好，年均气温2.1℃，夏季平均气温17℃；拥有4066.67公顷水面，是京津的重要水源地；林草覆盖率67.8%，是距北京最近、保存最完好的湿地草原，闪电河库区被评为国家级水利风景区，闪电河湿地是河北省首个国家级湿地公园，2011年被评为中国特色最佳旅游湿地，是生态旅游、避暑观光、休闲康体、社交商务的绝佳胜地。

沽源历史悠久，底蕴深厚。属游牧文明与农耕文明的交融地带，曾是辽金元三代帝王的避暑圣地，境内有察罕脑儿行宫、元代梳妆楼、九连城遗址、历代长城、张库古商道等多处历史文化遗址。

沽源资源丰富，前景广阔，风能、太阳能、生物质能等新能源极具开发潜力，错季蔬菜、肉牛、肉羊、燕麦、口蘑等特色农牧产品誉满全国，优质褐煤、铀钼、铅锌、沸石、萤石等20多种矿藏遍布全县。

沽源区位优越，蓄势待发。207国道和半虎线、宝平线、张沽线3条省道纵横贯穿，张石、张承、二秦高速和蓝张铁路“三高一铁”交通路网加速构建，京津冀都市圈、环渤海经济圈和外长城经济圈的扇区轴心优势更加显现。按照“一产抓特色、二产抓提升、三产抓拓展”的要求，全力构建生态旅游、现代农业、食品加工、清洁能源、矿产开发、商贸物流“六位一体”产业体系，为全面建成小康社会打下了坚实的基础。

油菜花观赏区

金秋沽源

五花草甸

水城晚霞

宣化区

7月27日，区委书记岑万俊调研2012年重点开工工业项目

5月10日，区长王小军到北山工业园区调研

宣化历史源远流长，秦汉属上谷郡，唐代设武州，明为宣府镇，清为宣化府，是河北省十大历史文化名城之一，素有“京西第一府”之美誉。区域内有清远楼、下八里辽代壁画墓群等国家级文物保护单位4处，砖雕五龙壁、立化寺塔等省级文物保护单位4处。宣化区区位优势明显，东临首都北京，西连煤都大同，北靠内蒙高原，南接华北腹地，110和112国道、京包铁路贯穿全境，京藏、宣大等多条高速公路纵横交汇，是连接东部经济带和西部资源区的重要交通枢纽和物资集散地。随着京张高铁开工建设，张家口军民合用机场建成通航，形成了集公路、铁路、航空于一体的现代化立体综合交通体系，全面融入“北京1小时经济圈”。宣化区工业基础雄厚，有着上百年的工业文明积淀，经过多年的发展，形成了以钢铁冶金、电力能源、装备制造等行业为主，门类较为齐全的工业体系，区内现有各类工业企业400余家，其中，规模以上工业企业43家，不仅是河北省重要的工业基地，也是张家口市的工业核心区。宣化区城市功能完备，近年来累计投资250多亿元，完成了集中供热、污水处理、垃圾处理、道路建设等一批重大基础设施建设项目,承载能力显著增强；实施了万柳公园、中山广场等一批城市景观建设工程，城市品味大幅提升；新改扩建中小学25所、综合医院3家，公共服务体系不断完善。

6月25日，国家森林公安局局长王海忠来宣调研

5月10日，省政府副省长杨讷来宣调研

①

②

①5月12日，宣化——北京乡亲友情联谊暨招商引资恳谈会
②8月23日，中国北京国际钻探技术装备展览会

③

④

③5月29日，骞海风机投产庆典仪式
④8月6日，宣化区2012重点工业项目集中开工仪式

宣化区

大新门

柳川河夜色

陶者

钢铁交响

2012年，区委、区政府坚持以科学发展观为指导，以转变经济增长方式为主线，深入实施“工业立区、文化兴区、商贸活区、民营富区、城建强区”五大主体战略，区域经济实现较快发展，综合实力得到持续增强。全区地区生产总值完成143.8亿元；全部财政收入完成14.2亿元；全社会固定资产投资完成70.7亿元；全社会消费品零售总额54.1亿元；城镇居民人均可支配收入达到18414元；农民人均纯收入达到7850元。连续六年跻身“全国最具投资潜力中小城市百强”，连续五年入选“全国最具区域带动力中小城市百强”。

下花园区

2013年6月，区委书记刘书锋到段家堡乡调研农村面貌改造提升工作

2013年6月15日，代区长白晶到定方水乡武家庄村调研“三农”工作

2012年，全区地区生产总值达到22.5亿元，同比增长10.5%；全部财政收入实现2.1亿元，同比增长16.7%；全社会固定资产投资24.2亿元，同比增长23%；规模以上工业企业增加值10.9亿元，同比增长13。8%；城市人均可支配收入17810元，同比增长12.2%；农民人均纯收入4804元，同比增长15.4%。

围绕工业强区，重点项目建设迈出新步伐。坚持以工业强区为发展目标，以“一个平台、六个方向”为产业定位，以项目建设为重要引擎，重构经济发展的战略支撑，为资源城市经济转型提供有力保障。全年共确定重点项目31项，总投资226.8亿元。玉带山产业园区基础设施趋于完备，对项目的吸附能力得到提高，转型平台效应日趋凸显，入驻项目达到14个。

立足生态宜居，花园城市建设彰显新内涵。以建设京西北现代生态田园城市为发展定位，推进城市建设上水平、出品位、聚要素、生财富。建成区面积接近10平方千米，规划区面积达到40平方千米。全年实施重点城建工程10大类30多项，总投资10.77亿元。城市西外环路建成通车；南水源地竣工使用，北水源地开工建设；实施“两河”治理后续工程；完成城区集中供热二期改造、污水处理厂提标改造；绿地率、绿地覆盖率分别达到38.65%、43.24%。

巩固基础地位，农业农村发展步入新天地。创新山川农业家庭增收致富模式，推进农业重点项目建设，实施了新民居工程、安全饮水工程等一批惠农项目。大力发展特色农业，推广规模种植养殖业，设施农业新增133.33公顷，土地流转完成441.2公顷。扎实开展“四清四化”活动，农村面貌焕然一新。

沉陷区综合治理工程新建盛源小区

玉带山产业园区液压机电厂房建设

高标准体育场

坚持以民为本，各项民生工程实现新进步。全年城镇新增就业1950人，下岗失业人员再就业620人。城市棚户区改造任务基本完成；城中村回迁房主体工程接近完工；新建各类保障房408套。启动区幼儿园、区医院新建工程，新农合参合率巩固在95%以上。城乡居民养老保险参保率达到98%，为城乡低保群众发放低保金2175万元，实现应保尽保。

数字化城管平台

花园新貌

桥东区

中共桥东区区委书记　罗利民

桥东区人民政府区长 崔凤楼

2012年，全区生产总值完成135.2亿元，同比增长10.9%。全部财政收入完成11.2亿元，同比增长12.2%。地方公共财政收入完成2.9亿元，同比增长26.7%。全社会固定资产投资完成50.8亿元，同比增长23.4%。社会消费品零售总额完成50亿元，同比增长15.8%。城镇居民人均可支配收入和农民人均纯收入分别达19234元和9077元，同比分别增长12.7%和14.9%。

桥东区原辖区面积47.7平方千米，2012年姚家庄镇7个村划归桥东区，区域面积扩大至94平方千米。交通银行落户桥东区并试营业，民生银行也选址落户，对促进地方经济发展具有十分重要的积极作用。

全年工业企业完成增加值81.9亿元，同比增长10.9%。其中，规模以上工业完成增加值78.4亿元，同比增长11.1 %。推动企业外迁扩模升级，总投资220亿元的22家外迁企业搬迁进展顺利，盛华、东旭粮机、大地专用车等8家企业完成搬迁并如期投产。为企业的深化发展提供了基础，中粮集团注资收购东旭粮机；昊华收购华打造的北方循环经济氯碱及氟化工基地，被列为全国第一批工业循环经济重大示范工程。

中煤张家口煤矿机械有限责任公司新厂区

10月18日，省民宗厅厅长陈会新（中）一行到土尔沟社区就民宗工作进行督导检查

河北盛华化工有限公司，秉承循环、绿色、环保理念，总投资136.64亿元，在宣化县望山循环经济示范园区，兴建占地213.33公顷，打造中国北方最大的新型化工基地，图为正大建设中的基地一景

百年桥东微缩景观

区合唱团赴央视《歌声与微笑》栏目参与节目录制

桥东区

充分发挥主城区的城市资源优势，大力发展楼宇经济和商业地产。全区第三产业完成增加值53.2亿元，同比增长10.9%。全区在建楼盘的商业面积达140万平方米，容辰东区、怡安街等“五大综合体”和威尼斯、洲际2个五星级酒店开工建设。2012年年末,全区星级酒店发展到10家，日接待能力达到2万人(次)。民航机场改造工程完工并完成试飞。个体工商户和民营企业分别达到1.1万户和3041家，注册资金达到3.9亿元和35.6亿元。

生态环境建设成效显著，实施“万株大苗进城”、特色文化长廊等7项城区绿化工程，绿化东外环、机场路等道路12条15千米；新建游园3个，补植大树5300多棵，全区绿化面积达16.3万平方米。

隆重举行庆祝六·五世界环境日暨“绿色消费 你行动了吗？”环保主题活动

财政用于民生领域的支出4.8亿元，全年新增就业8796人，城镇登记失业率控制在4.17%以内。在建保障性住房10.13万平方米，发放低收入家庭住房补贴180多万元。新农合参合率达95.7%，全年共发放各类保险金5.4亿元。

“豆浆姐”诚信经营，用良心做干净、卫生的好豆浆受到居民的欢迎

创办特色教育，培养孩子动手能力

姚家庄镇积极发展特色农业桃、杏、李等水果年产量达150万千克，图为当地居民喜获丰收

桥西区

中共桥西区区委书记　王亚军

桥西区人民政府区长　汪天忠

桥西区位于河北省张家口市城区西北部，辖区集高山、大川、平地于一体，风光独特。地理位置优越，交通便利，历史源远流长，文化底蕴深厚，旅游资源相对较丰富。全区面积101.3平方千米，辖1个镇、7个街道办事处，19个行政村、38个社区居委会，城镇居民23万人，其中城区居民20.2万人。

主导产业和项目建设快速发展。工业、商贸业、旅游业增加值占全区生产总值38.4%，同比提高1.8%。完成工业固定资产投资6.1亿元，同比增长70.6%。11个大型商贸项目完成投资10亿元，同比增长63%；明德南地下商城、永辉超市、天元名品商城开业。大境门步行街竣工；张家口堡景区被评为国家AAA级景区。全年接待游客150万人（次），旅游总收入9亿元，同比分别增长15%和23%。实施重点项目70项，总投资417亿元。引进市外资金22亿元，完成年计划的138%。

城市和农村建设持续完善。25个旧城改造项目全部开工，完成投资30亿元。完成6.2千米的道路建设工程；对4条主要道路实施市容景观整治。完成5个社区办公用房达标工程，全区达标社区达到90%以上；南新村社区荣获“全国先进基层党组织”称号。完成恒峰热力公司燃煤锅炉脱硫改造等减排工程，二氧化硫、氨氮分别削减217吨和13.1吨。在全区农村实施“四清四化”工作；修建40千米的森林防火通道和生态廊道；新建总占地3.33公顷的蔬菜、花卉大棚和总占地3.33公顷的古道珍禽生态园。

投资1000余万元正在修建的40千米森林防火通道

环卫清扫新设备交接仪式

5月13日，中共中央政治局委员、书记处书记、中央宣传部部长刘云山到“大境门”景区调研

“爱之源”活动现场

明德南地下商业城开业

张家口堡景区升级为国家AAA级景区挂牌仪式

安家沟景区入口风光

桥西区

桥西区医院扩建暨南营坊社区卫生服务中心

占地3.33公顷的古道珍禽生态园，养殖孔雀等珍禽3000余只

建设中的十九中学新教学楼

尚峰广场全景图

大境门仿古一条街

民生保障社会事业全面推进。在民生领域支出4.2亿元，占全部财政支出的80.2%。城镇新增就业8755人，下岗失业人员再就业2200人。628套保障性住房工程竣工，970套新建工程开工；全年拨付住房、供暖补贴832万元。城乡居民养老保险、新农合参保率分别为98%和96%，城市低保月均保障标准提高到350元，农村低保年均保障标准提高到1900元。全区一批中小学建成使用。完成11个农村卫生室标准化建设提升工程，区医院新建工程竣工，3所社区卫生服务中心被评为国家级基层医疗服务示范机构。4个街道办事处建立综合文化站，16个社区建成文化站和图书室。创建“爱之源”公益互助会，惠及困难群众5300余人。

察北管理区

9月24日，区党工委书记王向明到龙祥奶牛养殖有限公司调研

2013年6月14日，区管委会主任赵光宇到圣元乳业公司调研安全生产情况

察北管理区总面积373平方千米，辖2个乡、5个管理处，总人口3万人。是“国家级农垦现代农业示范区、省级循环经济示范区、市级现代农业高新技术示范区”三大功能示范区。

农牧业资源丰富,国有土地充足，耕地集中连片，草场广袤宽阔，易于规模化开发，已建总面积2666.67公顷节水灌溉种植园区2个。拥有各类现代化农业机械设备2000多台，装备水平位居全省前列，是华北地区最大的现代农业园区。乳品产业蓬勃发展，是河北北方最大的奶源基地和张家口市乳品加工核心集聚区。其中现代牧业奶牛存栏4万头，区内有蒙牛、圣元等4家乳业产业化龙头企业，拥有高中低端生产线30条，形成以蒙牛特伦苏、新养道、液态奶和圣元配方奶粉、福星奶茶粉为主的29个乳产品品种，日加工鲜奶能力1600吨，带动周边县（旗）饲养良种奶牛突破20万头，形成辐射周边250千米的乳业经济圈。马铃薯产业独具特色，北京雪川农业发展有限公司马铃薯种植加工项目，年可加工鲜薯、薯泥、薯条30万吨，储藏鲜薯26万吨，是省内唯一一家集新品种选育、脱毒苗培育、良种繁育、微型薯生产、商品薯深加工为一体的综合性农业产业龙头企业。新型能源潜力巨大，中国广东核电集团投资10亿元开发10万千瓦风电一期工程已并网发电，总投资5亿元的5万千瓦风电二期工程竣工。奶牛养殖基地及光伏发电一体化项目为国际领先、国内首创，太阳能槽式光热发电项目属国内第一家。旅游资源得天独厚，区内林草覆盖率达到79%，气候凉爽，景色宜人，拥有宝贵的生态旅游资源。

大型指针式旋转喷灌机

优良品种奶牛

张石高速察北进出口

现代化土豆收获机

风月共舞——风力发电

塞北管理区

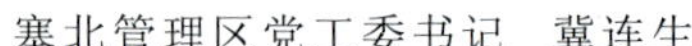

塞北管理区党工委书记　冀连生

塞北管理区管委会主任　陈青山

塞北管理区位于河北省坝上地区的西北部，是典型的农牧交错带和国际公认的黄金奶源带。全区总面积267平方千米，辖4个管理处，总人口2.4万人。区内生态环境优越，草原广袤，气候条件独特，自然资源丰富，是生产绿色产品的“天然工厂”，被评为河北省高效畜牧业示范区、国家级奶牛养殖标准化示范区。

近年来，塞北围绕“只争朝夕抓机遇，聚精会神抓项目，依托优势调结构，带着感情惠民生，乘势而上夯基础，奋发有为保增长”的工作方针，突出“项目建设、现代产业、农村经济、城镇建设、社会事业、民生工程”六项重点工作，经济社会实现快速发展，人民生活水平大幅提升，主要经济指标增速连续三年位居全市前列。

在推进发展进程中，全区以项目建设为抓手，壮龙头、扩基地，转变发展方式、优化产业结构，先后引进实施蒙牛高端奶、塞北现代有机牧场、弘基马铃薯全粉加工等一大批重点项目，形成“乳业主导、马铃薯、燕麦特色产业协调发展”的3个闭合循环经济产业链条，初步构建起以乳业为主导的食品加工产业生态循环集群。

稳步推进以煤炭、风电为主的新型能源业和“塞北玫瑰城5A级大型风景区”项目为龙头的旅游服务业，精心组织实施管理区医院、集中供热等一大批民生工程，居民幸福指数明显提高。实施完成城建“三年大变样工程”，城镇面貌日新月异，塞北管理区已初步建成“特色彰显、功能完备、产业集聚、环境优美”的绿色魅力草原乳城。

塞北玫瑰城旅游项目

机械收割青饲玉米

机械收割打捆青饲燕麦

高效节水指针式喷灌圈

机械收获马铃薯

保障房建设

弘基农业马铃薯良种繁育中心脱毒种苗

高新区

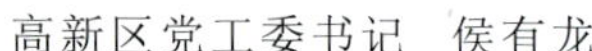

高新区党工委书记　侯有龙

高新区管委会主任　费再宏

全年地区生产总值完成64.06亿元，固定资产投资完成71.41亿元，全部财政收入完成7.23亿元，社会消费品零售总额完成28.79亿元。

坚持以“项目建设”为核心，在构筑经济发展的硬支撑上取得新突破。新东亚时代金茂已投入运营，成功引进英国乐购、必胜客等一批国内外知名品牌加盟；康丹CBD、通泰五星级酒店、帝达世博广场、宝马4S店等一批项目稳步实施。卷烟物流配送中心已投入运营。市民广场公园已投入使用，文化会展中心即将交付使用，明湖公园蓄水工程已完成，新区体育休闲公园、体育场馆、文化商务中心稳步推进。恒洋电器等2家企业获省级高新技术认定，水润滑无油空压机项目被列入国家“863”计划，矿用真空综合开关项目获国家科技二等奖，北方铸业成为全市唯一能够同时进行汽车生产、船舶制造和重型工程机械等高端技术的企业。

坚持以“城市建设”为载体，在增强城市综合承载功能上取得新突破。总投资1561万元的5条道路和万博过街天桥建设全部完工并投入使用；实现集中供热面积552万平方米；投资1700余万元在22个行政村进行“四清四化”综合整治工作。实施“立体绿化”工程，率先高标准完成14.7千米、120.47公顷生态廊道建设；城区绿化面积120万平方米，全区绿化率达到47.4%。

坚持以“改善民生”为根本，在提高人民群众幸福指数上取得新突破。投资1000余万元配套教

第二届冰灯艺术节

“高新之春”新年音乐会

顶天立地新垣桥

烟草配送中心

纬一桥之晨

燕兴军品生产线

学设备；累计投入5000余万元，实施校安工程；顺利通过省教育督导评估组过程性督导。完成三级医疗卫生服务网络建设；城乡居民健康档案建档率65%以上，农村合作医疗参合率达到97.1%。总投资3500万元、建筑面积1.11万平方米的高新区民政事业服务中心投入运营。成功举办新春音乐会、冰灯艺术节、张家口首届汽车嘉年华展示会。

产业集聚区

市产业集聚区党工委书记　赵满柱

市产业集聚区管委会主任　杜　平

市产业集聚区总面积72.69平方千米，以发展先进制造业、高新技术产业、现代物流业为主，是省级工业聚集区、省级高新技术产业开发区、省级新型工业化产业示范基地。

集聚区按照高起点规划、高标准建设的要求，充分利用独特的区位、便捷的交通、充足的土地、雄厚的产业、优越的政策五大优势，累计投资16.7亿多元，实施“十通一平”基础设施工程，基本满足了企业生产和项目建设需要。

平山整地工程：填埋冲沟230多条，推平山头100多座，共征用土地1257.2公顷，平整土地1212.53公顷。水电路讯工程：完成腰站堡水源地供水工程，铺设供排水管线90.5千米，满足了企业用水需求；完成110千伏变电站建设工程，满足了企业生产用电需求；修建道路27.8千米，形成“三纵五横”路网框架；铺设通讯管线24.5千米，新建通讯基站6座，实现通讯网络全覆盖。集中供热气工程：铺设供气、供热管线46千米，满足了企业用热、用气需求，也提高了集聚区环境质量。污水处理工程：日处理2万吨的污水处理厂已投入使用。

2012年年末，起步区累计签约项目42个，总投资约285亿元。其中，引进世界500强企业4家、全国500强企业2家；引进外资企业9家（包括美、英独资企业2家，与美国、加拿大、波兰和中国台湾等合资企业7家），涉及煤矿机械、工程机械、风电设备、飞机制造、空冷设备、粮食机械等领域，其中三一风电、坤源风电、东旭粮机、元强锻压、兴华冶金、通泰物流、国润连接环、新时代橡胶8个项目已建成投产。项目全部达产后，年可实现产值294.2亿元、实现利税28.85亿元。

建设中的中煤张煤机

9月5日，省政协副主席赵文鹤（左三）到企业调研

建设中的中煤张煤机实验室

张家口第一煤矿机械有限公司

英迈特重型机械(中国)有限公司

三一电器

清河新貌

目　　录

特　　载

大　事　记

张家口概况

政　　治

国防建设

政　　法

综合政务管理

农　　业

工　　业

国内贸易

对外开放

财政·税务

金　融

建设·环保

交通·邮电

旅　游　业

民营经济

社会科学

科学技术

教　育

文　化

卫　　生

体　　育

县区概况

人　物

特载

政府工作报告

——2013年4月8日在张家口市第十三届
人民代表大会第一次会议上

张家口市人民政府代市长　侯　亮

各位代表：

现在，我代表张家口市人民政府向大会作工作报告，请予审议，并请市政协委员和列席会议的同志提出意见。

一、五年来的工作总结

本届政府自2008年组成以来，在省委、省政府和市委的坚强领导下，在市人大、市政协的监督支持下，深入贯彻落实科学发展观，团结和依靠全市人民，锐意进取，真抓实干，开拓创新，经受住了各种困难和风险的考验，全面推进了经济建设、政治建设、文化建设、社会建设以及生态文明建设，保持了经济平稳较快发展、社会和谐稳定，圆满完成了市十二届人大一次会议确定的目标任务，使过去五年成为张家口历史上发展最快最好的时期。

综合实力明显增强。全市生产总值连续五年高速增长，年均增速达到11.5%，扭转了长期落后于全国、全省平均水平的局面。2012年全部财政收入和公共财政预算收入比2007年分别增长1.3倍和2.1倍；全社会固定资产投资增长3.1倍；全社会消费品零售总额达到435.1亿元，增长1.3倍；城乡居民收入年均增长12.9%和14.3%，达到18441元和5564元。项目建设强势推进，实施重点项目1087项，总投资达16978.7亿元，其中，列入省重点项目617项，总投资10350.5亿元，投资强度创张家口历史之最。工业实力明显增强，规模以上工业企业主营业务收入突破千亿元大关，拥有宣钢、张烟、张煤机等一批知名企业，涌现出“宣工”、“钻石”、“盛华”等中国名牌和驰名商标。

结构调整成效显著。现代产业由小到大、由弱到强，对全市经济支撑作用进一步凸显。旅游服务业快速兴起，叫响了“大好河山张家口”形象品牌，全面推进葡萄（酒）品游、滑雪温泉、草原风情、民俗精品、历史文化等五个旅游大区建设。加快发展新型能源业，以风光储输示范工程和百万千瓦级风电基地为重点，打造集研发制造、风机总装、风光互补等为一体的产业链，风电装机和并网容量居全国地级市第二位。改造提升装备制造业，推进了中高端汽车、煤矿机械、工程机械、地勘机械等高端装备制造业发展，先进机械装备制造基地初具规模。做大做强食品加工业，培强蔬菜、乳业、葡萄、马铃薯、张杂谷等产业化龙头企业，有效提升了农产品生产加工水平；实施张烟技改扩模，优化产品结构，中高档烟的比重大幅提高。园区建设实现重大突破，规划建设了四大产业集聚区和沙城经济开发区、涿鹿科技园区、张北工业园区等一批各具特色的工业集聚区，市产业集聚区被列为省级工业聚集区，9家县（区）属产业园区跻身省级经济开发区。

城乡面貌日新月异。紧紧抓住全省“城镇面貌三年大变样”的机遇，加快城市建设步伐，城建项目投资规模、建设速度、推进力度均创张家口历史之最。城市框架明显拉大，功能日趋完善，品位大幅提升，成功创建国家园林城市，全市城镇化率达到47.5%，比2007年提高6.6个百分点。立体交通网络初步形成，全市高速公路通车里程达到808公里，比2007年增加330公里，居全省前列；联通京津冀、环渤海、呼包鄂、东北亚四大经济圈的铁路网络正在形成；张家口海关开关运营，民用航空事业实现历史性突破。农村基础设施明显改善，改造干线公路568.8公里，村村通油（水泥）路率由2007年的70%提高到93.1%；建设幸福乡村和新民居省级示范村571个，新改建农村住房8.7万套，30多万农户受益。新增和改善节水灌溉面积达118万亩，张北、尚义等六县列入全国小农水重点县；累计实施各类重点工程造林431.7万亩，治理水土流失面积2000多平方公里。

开放开发步伐加快。开放战略深入实施，巩固扩大了与国字头、央字号企业集团的合作，全面深化了与港台、沿海和京津地区的对接。累计实施亿元以上经济技术合作项目530项，引进内资1652.6亿元，利用外资6.9亿美元。金融环境不断改善，我市连续四年被评为“全省金融生态城市”，并先后获得“中国金融生态城市”、“中国最佳投资环境城市”称号。民营经济加快发展，形成了一批优势产业集群和骨干企业，支撑起全市经济的半壁江山。科技创新实现突破，创建了先进矿山装备和新能源装备两个国家级高新技术产业基地；张煤机“薄煤层开采关键技术与装备”、华美光电子等项目入选国家“863”计划；“谷子杂种优势利用研究”项目列入科技部重大科技支撑计划。

民生事业全面进步。全市每年用于民生领域的财政支出占到财政总支出的70%以上。累计新增城镇就业23万人。城乡低保、基本养老、基本医疗、困难救助实现全覆盖，社会保障综合覆盖率达到92.8%，比2007年提高6.8个百分点。发放城乡低保资金31.2亿元，保障了53.8万城乡低保对象的基本生活。建设保障性住房9.2万套，竣工5.2万套。社会事业全面进步，全市学校布局调整任务基本完成，义务教育均衡发展，普高教育质量大幅提高，职教、特教达到全国先进水平；卫生服务体系进一步完善，社区卫生服务街道覆盖率、村卫生室覆盖率均达到100%，全市新农合参合率达到95%以上；推进了市文化会展中心等公共文化设施建设，实施了鸡鸣驿、大境门等文物抢修保护工程，创作了一批文艺精品，蔚县剪纸、康保二人台等列入国家级非物质文化遗产名录；成功举办了“中国·张家口马拉松赛”和“全国公路自行车赛”等一系列重大赛事。社会管理不断加强，开展了打非治违、打黑除恶、安全生产、食品药品安全等专项行动，有效遏制了重特大安全事故、恶性治安案件和群体性事件发生；持续开展了领导干部大接访、大约访、大下访活动和信访案件集中攻坚行动，解决了一大批信访疑难案件，有效巩固了和谐稳定的发展局面。

2012年，我们面对宏观经济的新形势，改革发展的新变化和区域竞争的新态势，按照市委“强势推进、狠抓落实”总要求，坚持稳中求进，好中求快，补短板、强基础、破瓶颈、抓突破，全市经济社会实现了快速、平稳、健康发展。

——主要指标稳定增长。全市生产总值达到1233.7亿元，同比增长10%；全部财政收入完成214.2亿元，增长19.4%，其中公共财政预算收入106.6亿元，增长28.4%，历史性地跨上“双百亿”台阶；全社会固定资产投资完成1184.4亿元，增长20%；规模以上工业完成增加值397.3亿元，增长13.3%，主营业务收入突破亿元的企业达到153家。实施重点项目100项，完成投资390.6亿元，占年计划投资的105%，工业技改项目456个，完成投资314.5亿元，增长41.7%，列入省重点项目完成投资进度和开工率均居全省前列。

——现代产业加快发展。旅游服务业势头强劲，崇礼密苑、蔚州古城及暖泉古镇、怀来盛唐葡萄酒庄等100个亿元以上旅游项目快速推进，完成投资62.5亿元；全年接待国内外游客2118万人（次），创收128亿元。新型能源业稳步推进，重点推动了国家风光储输二期工程、国家第二个百万千瓦级风电基地建设，风电累计装机容量达到571万千瓦，并网485万千瓦，继续领跑国内风电产业；国华尚义、中投宣化等光伏发电项目加快实施。装备制造业提档升级，中煤机装备产业园项目部分投产运营；沃尔沃凯盛汽车发动机项目已试生产，凯悦汽车大部件制造项目正式开工。食品加工业加速崛起，实施了盛唐葡萄酒、现代牧业等179个项目，博天糖业搬迁扩模、伊利液态奶一期竣工投产。同时，盛华循环经济一期工程投入生产。

——幸福城建稳步实施。启动了新区建设，尚峰国际、容辰东区综合体等7个项目主体完工，五一广场综合改造、威尼斯大酒店等8个项目顺利推进，成功引进总投资30亿元的世贸中心项目。实施了“万株大苗进城”、“生态廊道建设”等工程，城市主次干道、城区出入口、滨河公园绿化和景观得到明显提升。行政办公中心顺利南迁。基础设施加快完善，张涿高速、北绕城高速、张石高速竣工通车；张唐铁路加快建设。园区管理体制进一步理顺，对4个区属园区发展空间进行了调整，全市22个园区达到项目入驻条件，入园项目376个，实现产值266亿元；市产业集聚区和东山产业集聚区被批准为省级高新技术开发区。

——三农工作继续加强。大力实施扶贫攻坚，投入各类扶贫资金80亿元，超过前十年投入总和，规划扶贫主导产业带40条，新建各类蔬菜棚室14.6万个、设施养殖小区717个，带动37.5万贫困人口稳定脱贫，50万人饮水不安全问题得到解决。投入6.6亿元，在全市农村深入开展以“四清四化”为主要内容的村庄环境综合整治，农村人居环境明显改善。农业产业化步伐不断加快，全市省级以上龙头企业36家、市级309家，销售收入突破160亿元，产业化经营率达到62%；组建了张家口坝上蔬菜产业集团和进京蔬菜配送网络，集中打造“张家口坝上蔬菜”品牌。

——开放水平不断提高。引进市外资金601.4亿元，同比增长31.7%，实际利用外资2.5亿美元，增长33.6%。举办了“大好河山张家口·名企名商荟名城”主题招商月活动。同32家央企建立了合作关系，合作项目76项。与北京签署了《京张共建战略性新兴产业体系合作协议》，京张合作进入产业共建新阶段。进出口总值及出口额增长22.8%和27.1%，增幅全省领先。大力推进金融创新，中航液压有限公司在天津股权交易所挂牌，通泰集团和建发集团分别成功发行了中期票据和企业债券，交通银行开业运营，全市村镇银行发展到3家。

——民生保障切实改善。实施了“十大民生工程”，开展了“百事惠民活动”，财政投入民生领域资金200.5亿元，占财政总支出的75.6%，年初确定的123件民生实事全部办结。城镇新增就业5.4万人，下岗失业人员再就业1.8万人，均超额完成年度目标；新开工保障性住房2.39万套、竣工1.32万套，开工和竣工率均居全省第一；实施了3个市属医院、2个县级医院、7个乡镇中心卫生院等一批新改扩建项目，人口计生惠民投入达到8927万元；推进了144所幼儿园和中小学新改建工程；实施了国家“营养改善计划”和“蛋奶工程”，惠及15.4万学生；城市低保主城区月保障标准提高到350元，其他县（区）统一提高到320元，农村低保年保障标准提高到1900元。稳控物价成效明显，物价指数全省最低。

——环境建设深入推进。深入开展了政务环境“对标”、信誉城市创建、工作效能问责“三大行动”，全市政务环境明显好转，市级集中审批率达到97%。持续推进了生态建设，全市新增造林125.6万亩，治理水土流失201.5平方公里，完成高速公路生态廊道建设182.3公里。全市化学需氧量、氨氮、二氧化硫、氮氧化物排放量同比下降8.23%、6.48%、4.48%和5.31%；市区空气综合污染指数同比下降4.6%；PM2.5年均值为每立方米0.031毫克，好于国家新公布的空气质量二级标准。城市空气质量一级天数达到190天，处于全省最好水平。

同时，双拥共建、国防动员、民政慈善、民族宗教、外事侨务、妇女儿童、防震减灾、审计、监察、人防、统计、工商、商检、气象、档案、地方志、残疾人事业等工作也取得了新的成绩。

各位代表！过去的五年，是我市贯彻落实科学发展观取得新成效的五年，是综合实力实现新跨越的五年，是人民群众得到更多实惠的五年。这些成就的取得，既是对以往发展的有效承接，也是新形势下的新实践和新突破；既是市委统揽全局，四大班子同舟共济的结果，也是全市干部群众不懈奋斗的结果，凝聚着全市人民的辛劳与智慧，凝聚着社会各界的关心和支持。在此，我谨代表市第十二届人民政府，向在各条战线、各个岗位辛勤劳动、无私奉献的广大干部群众，向给予政府工作热情支持的人大代表、政协委员，向各民主党派、工商联、各人民团体和社会各界人士，向驻张部队指战员、武警官兵、政法干警，向各位老领导、老同志，向所有关心支持张家口建设的港澳同胞、台湾同胞、海外侨胞、国内外朋友们，致以崇高的敬意和衷心的感谢！

在肯定成绩的同时，我们也清醒地认识到，当前我市最主要的矛盾依然是发展不充分，经济整体上没有实现质的提升和跨越。突出表现在：**一是工业化程度低**。工业经济总量不大、质量不高、结构不优、后劲不足，过度依赖少数中省属企业的状况没有根本改变，高度依赖传统行业的状况没有根本改变，工业经济难以主导和支撑全市经济社会的快速发展。**二是县域经济薄弱**。全市县域经济平均规模大大低于全省平均水平，没有一个县能够进入全省县域“30强”阵容，而且有7个县处于全省“30弱”行列。**三是历史欠账较多**。部分区县债务负担沉重，市级财政运行困难。而且我市仍有131.8万农村贫困人口、12.8万城市贫困群体，脱贫致富和社会保障的任务十分艰巨。**四是发展环境不优**。特别是政务环境存在诸多问题，各级政府抓经济的精力还不够集中，重点还不够突出，力度还不够大，把握市场经济的能力还有待进一步提高，部分工作人员作风漂浮、效率低下，缺乏事业心和责任感，严重制约着经济社会发展。解决这些问题是我们今后工作的重中之重。

二、2013年总体要求和工作安排

2013年是全面贯彻落实党的十八大精神的开局之年，是实施“十二五”规划承前启后的关键一年，也是加快我市绿色崛起，为与全国全省同步建成小康社会奠定坚实基础的重要一年。我们将按照省委、省政府的部署和市委十届四次全会精神，积极应对宏观形势变化，突出重点，破解瓶颈，强力攻坚，确保全市经济平稳较快发展和社会全面进步。

2013年政府工作的指导思想是：以十八大精神为指导，深入贯彻科学发展观，着力强工业、调结构，攻项目、求突破，勇改革、破难题，惠民生、促和谐，优环境、增活力，勇于担当，实干苦干，绿色崛起，奋力争先，在与全国全省同步建成小康社会新征程中迈出重大步伐。

2013年经济社会发展主要目标：全市生产总值增长9.5%；全社会固定资产投资增长20%；全部财政收入增长10%，公共财政预算收入增长11%；城镇居民人均可支配收入增长10%，农民人均纯收入增长12%。

2013年，主要做好以下八个方面工作：

（一）突出项目建设主旋律。以产业项目为支撑，以园区建设为平台，大抓项目，抓大项目，集中力量推进立市立县的重大战略性项目。**抓好重点项目建设。**大力实施“115”工程，抓好10个100亿元以上项目、100个10亿元以上项目、500个亿元以上项目，力争10个以上项目进入省直接推进行列。央企投资合作项目、生产性项目、四大支柱产业项目投资，占全市重点项目投资比重分别达到40%、50%和60%以上。重点建设项目完成投资占全市固定资产投资60%以上；重点项目建设用地占省下达土地指标60%以上。**加快园区建设步伐。**进一步理顺园区管理体制和利益分配分享机制，积极探索“主体企业开发”、“政企联合”和“工业飞地”等先进建管模式。推进市属园区二期、三期基础设施建设，提升园区综合配套功能，区属园区年内全面开工建设。每个县（区）至少有一个园区。**完善激励保障机制。**各级政府把主要精力放在抓项目上，主要领导必须亲自抓，不懈地抓，持之以恒地抓。坚决落实“一个项目、一位领导、一套班子、一抓到底”的工作机制，建立健全重点项目经费保障、督导调度制度，切实加大考核奖惩力度，在全社会营造推进项目建设的浓厚氛围，形成“大项目顶天立地，小项目铺天盖地”的发展态势。

（二）坚定工业化主攻方向。强化工业主导地位，实施“工业强市”主体战略，继续推进“工业提升”计划。**把新上规模以上工业企业作为重中之重。**紧紧抓住国家实施首都经济圈战略的重大机遇，深度融合与北京的合作关系，积极推进产业共建项目，全面提升对外合作水平。把新上规模以上工业企业作为硬指标，列入考核内容，年内全市新增125家以上。**确保在建项目达产达效。**沃尔沃汽车整车项目厂房基础工程开工建设，发动机项目正式投产；国家风光储输二期和蔚县电厂建设工程全面开工。重点抓好盛华氯碱基地、中煤机装备产业园、蔚州矿业技改、宣工扩建、骞海鼓风机制造等项目建设，确保投产率达到80%以上，形成新的经济增长点。**推进传统企业改造升级。**鼓励引导传统工业企业技术创新、管理创新，努力提高全要素生产率。设立技术改造专项资金，支持企业技改扩模，年内每家规上企业至少实施1项技改工程。对重点企业实施包联，确保“30强”企业加快发展，“30亏”企业扭亏增盈。**扶优扶强中小企业。**致力创造良好发展环境，优化服务，破解瓶颈，降低税费，使更多的人投身到创业队伍中来。培育行业领军企业，着重扶持10—20家成长性好、市场潜力大的企业做强做大。申报省中小企业名牌产品企业达到20家，新产品开发不低于50项。全市融资性担保机构担保能力达到60亿元左右，资本金1亿元以上机构达到3家以上。

（三）力求县域经济新突破。继续实施“县域腾飞”计划，培强县域主导产业，做大县域经济总量，强县力争尽快进入全省“50强”，弱县力争尽快脱离“30弱”。**做强县域龙头。**按照“强县城、带乡镇、促百村”的思路，把县城作为县域经济发展的龙头，推进园区向县城集中、产业向园区集聚、人口向城镇转移，不断增强县城辐射带动能力。按照“一县一园区”要求，每个县建设一个10平方公里以上的园区，将园区基础设施项目优先纳入城镇基础设施建设范围；做大做强张北风电装备制造园、环京三县新兴产业示范园等一批专业园区，条件成熟的园区积极申报国家、省级园区。**培育特色产业。**依托资源禀赋、产业基础、区位条件，打破行政区划界限，推动优势产业特色化、规模化、集群化发展，打造特色经济板块。坝上县（区）和崇礼县，重点发展新型能源、生态旅游和绿色蔬菜产业；万全、怀安、阳原和蔚县，重点发展装备制造、清洁能源和煤炭物流产业；环首都三县和宣化县，重点发展高新技术、生物医药和现代物流产业。**促进城乡融合**。坚持走城乡发展一体化道路，统筹推进城乡规划、产业建设、基础设施同步发展，形成以城带乡、以工哺农、以乡促城、城乡联动的发展格局。深入开展统筹城乡试点工作，抓好涿鹿、张北两个省级试点县建设，市级试点工作全面展开。

（四）提升城镇化发展质量。顺应城镇化提速发展趋势，统筹中心城市和中小城镇建设，推进城市发展向更高层次、更高质量、更高水平迈进。**完善城市功能**。实施19条主次干道新改扩建、10条小街巷综合改造、230万平方米集中供热、5000户天然气置换等一批市政工程。完成洋河部分河段防洪治理工程，提高城市防洪能力。谋划实施图书馆、体育场、少儿活动中心等一批公共服务设施项目。军民合用机场实现多线运营，京张城际铁路力争开工。**改善城市生态**。大力推进清水河两岸立体绿化、“四园”改建、“大苗进城”、道路增绿等工程，巩固“国家园林城市”成果，向“国家生态园林城市”目标迈进。张北、怀来和万全、崇礼、蔚县、怀安分别进入国家和省级园林县城行列。加大环境综合整治力度，稳步提升市区环境质量综合水平。**提升城市品位**。继续推进历史文化旅游区、现代商贸休闲区、高端文化金融商务区建设，实施长青路世贸中心、中联国际商业广场、维多利亚广场等一批城市综合体项目，打造标志性建筑群。加快老城区重点区域开发，稳步推进新区和宣化县新城建设，实现旧城新区同步发展。**加强城市管理**。着力解决中心城市和县城环境污染、交通拥堵、私搭乱建等问题，全面取缔中心城区主次干道露天烧烤。实施智能城市战略，促进管理向网格化、智能化方向转变。抓住我市列入全国发展改革试点城镇的机遇，探索城镇建设和管理的新路子。

（五）加快新农村建设步伐。强化农业、惠及农村、富裕农民，不断打牢与全国全省同步建成小康社会的三农基础。**加快农业结构调整**。实施奶业、蔬菜、果品三大产业“提质增效”工程，着力解决奶业和葡萄基地不稳固、农户收入低、产业萎缩问题，通过创新机制，加大扶持力度，促进两大产业健康稳定发展。**提升农业产业化水平**。重点扶持30家重点龙头企业，扎实推进专业合作组织规范化建设，组建跨村、跨乡、跨县的产业协会，新增农业专业合作组织200家，农业产业化经营率提高到62.5%。叫响“坝上蔬菜”、“桑洋河谷葡萄”等特色品牌。**夯实农业农村基础**。重点实施坝上高效节水综合示范区、大型灌区配套节水改造、10座水库除险加固、4条中小河流治理等67个水利项目，新增和改善节水灌溉面积33.4万亩。加大农村环境综合整治力度，启动150个省级幸福乡村示范点建设。建立健全气象灾害防御体系，加快冀西北飞机增雨基地建设，成立市气象灾害防御中心。**实施扶贫攻坚计划**。重点抓好小城镇和中心村建设、社区建设、移民安置、生态保护、劳务输出五项工程，新启动148个中心村建设，新建蔬菜棚14万个、养殖小区600个以上，实施基础设施建设项目1400个，组织劳务输出50万人次，带动40万贫困人口稳定脱贫。**抓好生态环境建设**。大力实施“秀美山川”和“蓝天碧水”工程，加快“国家森林城市”创建步伐，完成造林绿化135万亩、草地治理23万亩；完善“三环、三网、三百”绿化工程，完成生态廊道绿化854.4公里。治理水土流失面积400平方公里。

（六）推动服务业上档升级。做强旅游服务业。加快旅游产业与文化、体育等产业融合，推进五个旅游大区建设，重点打造崇礼滑雪、坝上草原等精品景区景点，开发坝上生态线、坝下文化线等一批精品线路。精心开展“名媒、名节、名会”品牌营销，强化宣传推介，全方位叫响“大好河山张家口”旅游品牌，推动我市由旅游资源大市向旅游产业强市转变。年内实施旅游重点项目100个，力争创建5A级景区1家、4A级景区4家。**发展现代金融业**。继续打造良好的金融生态环境，为现有金融机构做好服务，充分发挥其主力军作用，积极支持地方经济发展。加快民生银行、中信银行等域外金融机构引进工作，支持村镇银行、小额贷款公司、资金互助社等新型金融机构发展。积极开展银政、银企对接活动，力争社会融资总规模实现较大增长。积极创新金融产品，扶持企业通过债券、票据、信托、租赁等方式直接融资，鼓励企业上市和在天津股权交易所挂牌，推动与河北融投控股集团合作，设立股权投资基金，发展多层次资本市场，有效拓宽融资渠道。**加快发展物流业**。重点培育万全环保型煤炭战略装车基地等大型煤炭交易中心，建设晋煤、蒙煤转运枢纽；依托军民合用机场，加快发展航空物流业务；积极扶持农产品冷链物流发展，启动冀北粮油物流项目建设；完善帝达、超市发、新合作等连锁配送中心，满足城乡居民日益增长的消费需求。大力发展电子商务，建立单品网络展销平台。

（七）提高开放型经济水平。按照招大引强、增量提质原则，进一步扩大合作范围，拓展招商领域，提高引资质量，全面提升开放型经济水平。**加强区域合作**。主攻京津、深化港台、拓展欧美，全面推进与“长三角”、“珠三角”和晋蒙地区对接，重点加强与世界500强、国内100强等大企业、大集团合作。集中精力搞好投洽会、推介会、展销会等招商引资活动，引进一批规模大、质量高、效益好、带动强的大项目、好项目。**创新招商方式**。整合现有资源，成立专业招商机构，提升招商水平。重点推进小团组招商、网络招商、一对一招商、以商招商，积极探索中介招商、代理招商新模式，构建多样化、常态化的招商引资新格局。加强对接服务和督导考核，切实提升招商项目履约率和资金到位率。实际利用外资2.75亿美元，增长10%以上；引进市外资金720亿元，增长20%以上。**扩大外经外贸**。巩固发展钢材、裘皮、农产品等行业外贸出口，加快推动沃尔沃汽车暨发动机出口基地申报，争取年内形成部分进出口，打造新的出口增长极。加强外贸企业主体培育、出口基地建设，组织涉外企业参加不同类别展会，切实帮助外贸企业解决实际问题。年内外贸出口达到3.5亿美元，增长9%以上。

（八）切实保障和改善民生。下大力构筑更高水平的民生保障体系，继续开展“百事惠民”活动，并向县乡延伸，不断加大民生领域投入，实现各项事业全面进步。**发展教育事业**。重点解决部分区域教育资源配置不均衡、不合理等问题，年内主城区完成10所中小学和幼儿园标准化建设，新建市第二幼儿园，各县城至少建设1所标准化小学；完成21所农村中小学校舍改造工程，新改扩建农村公办幼儿园100所。继续实施“蛋奶工程”和“学生营养餐工程”，做好校园安全工作。**提升医疗服务**。积极推进县级医院综合改革试点工作，实施好2所市级医院、1所县级医院、28所乡镇卫生院、5个农村急救中心和1个县疾控中心等项目建设。继续推进村级卫生室基本药物零差率销售。进一步提高人口计生惠民投入。**强化民生保障**。城镇新增就业4.5万人，城镇登记失业率控制在4.5%以内；城镇职工基本养老保险新增参保2万人；新农合参合率保持在95%以上；新开工保障性住房1.4万套，改造农村危房2万套；城市低保主城区月人均保障标准提高到380元，其他县（区）提高到350元，农村低保年保障标准提高到2200元；五保对象分散供养年标准提高到2500元，集中供养年标准提高到3500元，集中供养能力达到50%；扩大惠民蔬菜直销覆盖面，丰富惠民蔬菜直销品种；解决40万人饮水不安全问题；大力发展公共交通，方便市民出行。**推动文化繁荣**。完善市县乡村四级公共文化设施，加快发展文化产业。实施好阳原泥河湾、涿鹿黄帝城、怀来鸡鸣驿、张北元中都、桥西堡子里等一批遗址群建设和文物保护工程。组织广场文化、送戏下乡等文化惠民活动。依托崇礼滑雪，举办承办国际性滑雪赛事。**促进社会和谐**。强化食品药品、道路交通、矿山企业等领域监管，严防重大安全事故发生。强化社会治安综合治理，依法严厉打击违法犯罪活动。强化市场价格监管，保持价格总水平基本稳定。强化应急处置管理，推进公共事件预警信息发布中心建设，有效防范各类突发事件。

面对全面建成小康社会的新形势、新要求，我们一定牢牢把握发展这个执政兴市的第一要务，以埋头苦干的精神和扎实有效的工作，开好第一局，走好第一步，努力在全面建成小康社会的征程中迈出坚实的步伐！

三、致力建设人民满意的政府

面对新时期、新任务，我们必须常怀为民之心，常思为民之事，常兴为民之举，倍加珍惜人民赋予的权力，时刻牢记职责使命，大力推进法治政府、阳光政府、服务政府和廉洁政府建设，努力开创政府工作新局面。

推进依法行政。健全决策机制和程序，完善重大事项集体决策、专家咨询、社会公示与听证、决策评估制度，推动科学民主决策。严格规范公正文明执法，自觉接受市人大及其常委会的法律监督、工作监督，市政协的民主监督，高度重视社会监督和新闻舆论监督，支持监察、审计部门依法履行职责，建设法治政府。

加快转变职能。深化服务型政府建设，下大力解决部门和个人态度冷淡、吃拿卡要等问题。重点优化行政审批服务，实行“一站式服务、一个窗口办理”，对市委、市政府确定的重要事项和重大项目，实行“绿色通道”制度。设立举报专电，实行群众举报“一次查实下岗”等制度，认真处理群众投诉，做到有诉必查、查实必纠。严格规范涉企检查、评比、达标、培训等活动，坚决遏制乱收费、乱罚款、乱摊派行为，不断优化发展环境。

切实改进作风。严格执行中央八项规定，坚决反对形式主义、官僚主义，坚决反对享乐主义、奢靡之风。把主要精力用到下基层调研、现场办公上，对重要工作、重点问题，倒排工期集中攻坚。切实改进会风文风，开短会、讲短话，可开可不开、不解决实际问题的会坚决不开，可发可不发、没有实际内容的文件坚决不发。倡导勤俭节约之风，轻车简从、减少陪同、简化接待，压缩公务开支，反对铺张浪费。高扬创新实干之风，以人一我十的精神，用心谋事、用心干事、多做少说，对标先进、争创一流。

强化廉洁自律。认真执行党风廉政建设责任制，加强政府系统惩防体系建设，深入推进权力规范运行，严格落实重大事项报告、述职述廉和责任追究制度，加强廉政监察、行政效能监察和领导干部经济责任审计工作，坚决查处违法违纪案件，坚决纠正损害群众利益的不正之风，重点治理工程建设、土地出让、医药购销和政府采购等领域的商业贿赂行为，促进干部为民、务实、清廉。

各位代表！回顾过去，我们已经迈出坚实步伐，展望未来，我们责任在肩、任重道远。让我们在党的十八大精神指引下，在市委的正确领导下，在市人大、市政协的监督支持下，戮力同心，再接再厉，为实现绿色崛起和全面小康而不懈奋斗，为张家口人民更加幸福而不懈奋斗！

关于张家口市2012年国民经济和社会发展计划执行情况与2013年国民经济和社会发展计划（草案）的报告

——2013年4月8日在张家口市第十三届
人民代表大会第一次会议上

张家口市发展和改革委员会主任　王世光

各位代表：

受市人民政府委托，我向大会作张家口市2012年国民经济和社会发展计划执行情况与2013年国民经济和社会发展计划（草案）的报告，请予审议，并请市政协委员和其他列席人员提出意见。

一、2012年计划执行情况

2012年，全市坚持以科学发展观为统领，紧紧围绕市十二届人大五次会议确定的目标任务，强势推进，狠抓落实，经济社会继续保持了平稳较快发展的良好态势，绝大多数指标完成或超额完成年度计划目标。

——生产总值完成1233.7亿元，增长10%，低于计划增速0.5个百分点，高于全省增速0.4个百分点。其中规模以上工业增加值完成397.3亿元，增长13.3%，高于计划增速0.3个百分点。

——全社会固定资产投资完成1184.4亿元，增长20%，与省、市下达计划持平。

——居民消费价格指数上涨2.4%，控制在4%的计划以内。

——社会消费品零售总额完成435.1亿元，增长15.5%，低于计划目标1.5个百分点，与全省增速持平。

——全部财政收入完成214.2亿元，增长19.4%，高于计划增速7.4个百分点。其中公共财政预算收入完成106.6亿元，增长28.4%，高于计划增速13.4个百分点。

——外贸进出口总额完成38363万美元，增长22.8%，高于计划增速17.8个百分点。其中，出口总值31770万美元，增长27.1%，高于计划增速17.1个百分点。

——实际利用外资2.5亿美元，增长33.6%，高于计划增速23.6个百分点。

——城镇居民人均可支配收入18441元，增长12.4%，高于计划增速2.4个百分点。

——农民人均纯收入达到5564元，增长14.6%，高于计划增速4.6个百分点左右。

——新增就业5.4万人，高于计划0.83万人；城镇登记失业率3.75%，控制在4.5%以内。

——人口自然增长率4.34‰，控制在6.8‰以内。

——单位GDP能耗预计下降7.53%，高于省、市计划下降3.4个百分点；预计化学需氧量排放量、二氧化硫排放量、氨氮化物排放量、氮氧化物排放量分别下降8.23%、4.48%、6.48%和5.31%，分别比计划下降目标多6.23、1.28、4.98和3.81个百分点。

——城镇化率为47.5%，高于计划目标1.2个百分点。

2012年，全市经济虽然保持了平稳较快增长，但还存在着一些突出的矛盾和问题。一是经济企稳的基础还不稳固。外部需求依然较弱，企业盈利能力下降，致使增加投资的能力和意愿有所减弱。中低收入者消费能力偏低，服务消费需求有效供给不足，消费内生增长动力有待增强。二是企业生产经营困难依然较大。受市场需求乏力等因素制约，钢铁、水泥、工程机械等重点行业生产经营仍然十分困难。企业生产成本居高不下，特别是中小企业融资难的问题仍较突出。三是结构调整任务仍然繁重。由于三次产业结构不尽合理，二产不大，三产不快，特别是二产中重化工业所占比重偏重，推进产业转型升级任务非常艰巨。对上述问题，必须在今后采取有效措施努力加以解决。

二、2013年主要发展目标

2013年是全面贯彻落实党的十八大精神的开局之年，是实施“十二五”规划承前启后的关键一年，是加快我市绿色崛起进程，为与全国全省同步建成小康社会奠定坚实基础的重要一年。市委十届四次全会暨全市经济工作会议明确提出今年经济工作的基本思路是：**以十八大精神为指导，深入贯彻科学发展观，着力强工业、调结构，攻项目、求突破，勇改革、破难题，惠民生、促和谐，优环境、增活力，勇于担当，实干苦干，绿色崛起，奋力争先，在与全国全省同步建成小康社会新征程中迈出重大步伐。**按照这一要求，在今年经济社会发展计划主要指标安排上，既注重将“十二五”规划目标和“两个翻番”要求落实到年度计划，又客观考虑各方面的支撑条件，力求做到积极进取、留有余地。

——**经济持续健康发展。**全市生产总值比上年增长9.5%，其中规模以上工业增加值增长13.5%。全社会固定资产投资增长20%，社会消费品零售总额增长15%，进出口总值和出口总值均增长10%。全部财政收入增长10%，其中公共财政预算收入增长11%。

——**结构调整扎实推进。**服务业增加值增速高于生产总值，装备制造业、高新技术产业增加值增速快于规模以上工业增加值。城镇化率达到48.83%。

——**节能减排取得进展。**单位生产总值能耗初定下降3%左右，化学需氧量、二氧化硫和氨氮、氮氧化物排放量分别下降2%、3%、3.2%和5.7%。

——**人民生活不断改善。**城镇居民人均可支配收入、农民人均纯收入分别增长10%和12%。居民消费价格涨幅控制在3.5%左右。城镇新增就业4.5万人。人口自然增长率控制在6.8‰以内。

三、2013年工作重点和主要措施

（一）围绕经济增长，在推进项目建设上求突破

始终将争项目、促投资作为拉动经济增长的主要途径。**在重点项目安排上，**今年，我市初步筛选市重点建设项目100项，总投资3949.8亿元，年计划投资480.2亿元，分别比去年计划增长13.4%、29.2%。重点推进国家风光储输二期、京张高速铁路、蔚县电厂一期、沃尔沃轿车生产基地、云计算一期等重大项目。**在重点项目选择上，**坚持“四优先、四侧重”原则，即：优先安排战略性新兴产业项目，优先安排先进制造业项目，优先安排现代服务业项目，优先安排农业产业化项目；侧重安排工业生产性项目，侧重安排绿色产业项目，侧重安排央企、京企战略合作项目，侧重安排产业聚集区项目。**在重点项目推进上，**对云计算、沃尔沃等重大项目，实行一个项目、一名领导、一套班子、一抓到底；对重点项目建设情况一月一通报，一季一见报，及时督促检查项目进度；对国家审批核准全省75个重大项目中涉及我市的13个重点项目，重点盯办，抓好落实。严格执行省分配给市的重点项目建设土地指标，切实解决要素制约，续建项目确保资金、设备、材料及时到位，新开工项目倾斜建设用地指标、环境容量指标等政府可调控资源，前期项目积极协调落实各种前置条件，力争尽早启动建设。

（二）围绕产业提升，在加速结构调整上求突破

紧扣“一产抓特色、二产抓提升、三产抓拓展”思路，不断增强产业竞争力。**一是大力发展高效特色农业。**实施奶业、蔬菜、果品三大产业“扩模提质”工程，全力抓好15个规模化养殖基地、151个蔬菜标准园、10个葡萄科技示范园建设，新发展规模化奶牛养殖3万头、设施蔬菜10万亩、葡萄基地3万亩，完成杏扁嫁接改造10万亩。重点抓好塞北诺干乳业奶牛养殖等194项重点农业产业化项目。集中扶持30个现有重点龙头企业加快发展。新增农业专业合作组织200家、省级以上农业知名品牌10

个，农业产业化经营率提高到62.5%。**二是深入推进“工业强市”战略**。大力支持新能源、电子信息、生物医药、新材料等具有比较优势的战略性新兴产业加快发展。新增规模以上企业125家，民营经济增加值达到820亿元，同比增长16%。沃尔沃汽车整车项目厂房基础工程力争年内开工、发动机项目实现正式投产；国家风光储输二期工程全面开工；云计算产业园进入实质性建设阶段；中瑞中小企业产业园正式启动建设。重点抓好盛华氯碱基地、中煤机装备产业园、蔚州矿业技改、一煤机扩建搬迁、福田搅拌车和泵车技改等项目建设，确保投产率达到80%以上，形成新的经济增长点。同时，认真落实国家鼓励和引导民间投资健康发展“新36条”实施细则，激活民间资本，扶持民营经济发展。着重扶持10~20家成长性较好、市场潜力较大的企业。年内申报省中小企业名牌产品的企业达到20家，新产品开发达到50项。**三是全力提升现代服务业**。旅游服务业方面，重点推进冬季滑雪、草原避暑、始祖文化等特色旅游方面的项目建设；注重坝上生态线、坝下文化线等一批精品景区、景点项目的包装，全方位叫响“大好河山张家口”旅游品牌。重点谋划实施百里坝头风景线旅游开发等重点旅游项目100个。现代物流业方面，重点培育万全环保型煤炭战略装车基地等大型煤炭交易中心，建设晋煤、蒙煤转运枢纽；积极扶持农产品冷链物流发展，启动冀北粮油物流项目，带动我市物流业经营水平的整体提升。

（三）围绕城乡统筹，在县域经济发展上求突破

推进城乡统筹发展，城镇化是引领，县域经济是基石。**继续完善城镇功能**。重点实施城市主次干道新改扩建、小街巷综合改造、集中供热、天然气置换等市政工程项目；实施图书馆等5大馆、综合体育场、少儿活动中心等一批公共服务设施项目；实施长青路世贸中心、中联国际商业广场、金·武城购物中心、维多利亚广场等一批城市综合体项目；加快老城区重点区域开发，稳步推进新区和宣化县新城建设，实现旧城新区同步发展。抓住我市列入全国发展改革试点城镇的机遇，抓好以县城为龙头的城镇化建设，加快扩容和升级，实施以道路、排污、供热、供气为主的市政基础设施、城市综合体、县县通高速等项目，力争使张北、怀来进入国家园林县城行列，万全、崇礼、蔚县、怀安进入省级园林县城行列。**加快实施县域经济腾飞计划**。强县力争尽快进入全省县城“50强”，弱县力争尽快脱离“30弱”。坝上县区和崇礼县，重点发展新型能源、生态旅游和绿色蔬菜产业；万全、怀安、阳原和蔚县，重点发展装备制造、清洁能源和煤炭物流产业；环首都三县和宣化县要加快发展新型产业，重点发展高新技术、生物医药和现代物流产业。要做强做大张北风电装备制造园、环京三县新兴产业示范园等一批园区。深入推进统筹城乡试点建设，抓好涿鹿、张北两个省级试点县建设，年内市级试点工作全面展开。

（四）围绕对外开放，在深化经济合作上求突破

围绕“招大引强、增量提质”的目标，进一步扩大合作范围，拓展招商领域，提高引资质量，全面提升我市开放型经济发展水平。**一是做好对接央企文章**。借助“百家央企进河北”的契机，加强动态研究，加大跑办力度，力争更多的“央字头”、“国字号”企业落户我市。通过采取放大优势吸引央企、“一企一策”服务央企、“引智造血”联手央企、“并购重组”融入央企等方式，不断加强与更多央企的对接合作。**二是做好对接北京文章**。全力抓好环首都三县与北京协议文件的推进落实。切实加强与北京市各级各部门和国家部委、高等院校、科研院所、外商外企的对接，努力争取在我市设立研发机构、中试基地、产业园区，合作建设一批与主导产业紧密衔接的重大产业支撑项目，为长远发展积蓄后劲。**三是做好区域合作文章**。进一步拓展与首都经济圈、环渤海经济圈、外长城经济圈和东南沿海省市的合作，加快推进与晋蒙在旅游、物流等方面的合作。通过加大崇礼滑雪节、坝上草原旅游节等节庆平台的整体策划、包装、推介力度，开展各种形式的招商活动，全力引进规模大、质量高、效益好、带动性强的大项目、好项目落户我市。

（五）围绕改善民生，在强化保障上求突破

本着“尽力而为、量力而行”的原则，不断加大民生领域投入，构筑更高水平的民生保障体系，实现各项事业全面发展。**一是推进基础设施建设**。加快张唐铁路建设进度，力争完成张呼、京张、蓝张3条铁路的前期工作，并力促张呼铁路开工建设；稳步推进京蔚西线、张承二期、京新三期高速公路建设；完成京蔚东线、二秦高速公路项目的前期工作；加快推进干线公路的前期工作，力争京北和涿京一级路开工建设。**二是推进医药卫生体制改革**。在总结涿鹿县级公立医院综合改革试点基础上，分步骤在全市范围内推开；在实现行政村标准化卫生室全覆盖的基础上，不断完善政府办乡镇卫生院、社区卫生服务中心和村卫生室软硬件建设；在巩固基本药物制度和基层医疗机构运行机制的基础上，完善全民医保体系，统筹推进配套改革。**三是推进社会基本保障工作。**抓好新一轮扶贫攻坚，高标准推进中心村建设，实施饮水工程、危房改造、路网建设等基础设施项目1348个，年内城镇新增就业4.5万人，城镇登记失业率控制在4.5%以内；城镇参加基本养老保险人数、参加基本医疗保险人数和参加失业保险人数分别达到74.2万人、116万人和38.5万人；新开工保障性住房1.4万套；实施安全饮水工程，解决40万人饮水不安全问题。**四是推进社会各项事业发展。**积极争取各类社会资金，重点瞄准国家和省有关政策，集中上报争取一批教育、卫生、社区、养老、旅游、体育等方面的项目。争取将我市2所市级医院、3所县级医院、61所乡镇卫生院和4个农村急救中心项目列入国家支持范围；完成主城区10所中小学和幼儿园标准化建设，每个县在县城至少谋划新建1所标准化小学和示范性幼儿园，全市农村新建、改扩建农村公办幼儿园100所；加快市县乡村四级文化馆（站）建设，实施好列入省规划的15个文化产业项目，加快六大文化产业园建设，依托崇礼滑雪，积极申办各种国际性滑雪赛事。

（六）围绕生态文明，在改善环境上求突破

以建设生态文明为总要求，着力抓好“两个环境”的建设。**一是大力发展清洁能源产业。**加快百万千瓦级风电示范基地建设，争取新增风电装机50万千瓦；推进大型太阳能光伏发电项目建设，争取光伏发电容量达到11万千瓦；力争风光储输二期（风电40万千瓦，光伏6万千瓦，储能电站5万千瓦）项目建设实现部分投产；争取蔚县电厂一期项目获得国家发改委核准，并开工建设；争取怀来热电一期、张热、宣热、怀安热电二期前期工作取得积极进展。继续做好农村电网升级改造工作，确保农村电网建设安全可靠。推进尚义、康保500千伏变电站、张北500千伏输变电开闭站项目前期工作，争取年内完成核准，并开工建设，为我市风电输出创造条件。**二是大力推进节能降耗工作。**加强对新老“双三十”县（区）、单位和42个省“千家”重点企业的考核监管，坚决杜绝“三高”项目和重污染企业上马。继续全力推进“2122”循环经济示范工程，创建循环经济示范县（区）2个、示范园区1个、示范企业2个和示范项目2个。**三是大力争取生态工程项目。**抓住国家实施京津风沙源治理二期工程的机遇，积极争取林业建设、草地治理、水利措施等生态治理项目。2013年力争完成京津风沙源治理工程100.5万亩，完成巩固退耕还林成果专项规划项目补植补造12万亩、抚育经营51万亩、林业产业基地12.7万亩。积极争取将尚义察汗淖等五个湿地自然保护区列入首都经济圈规划，恢复区域重要湿地，着力打造绿色生态家园。积极参与环京津生态建设规划工作，力促规划上升为国家战略。

各位代表，2013年全市经济和社会发展工作，任务艰巨、责任重大。我们要在市委的正确领导下，在市人大的监督支持下，以党的十八大精神为指引，进一步坚定信心、团结奋斗、攻坚克难、锐意进取，努力促进全市经济持续健康发展，为实现绿色崛起贡献力量！

关于张家口市2012年市本级预算及全市总预算执行情况和2013年市本级预算及全市总预算草案的报告

——2013年4月8日在张家口市第十三届
人民代表大会第一次会议上

张家口市财政局局长　高　峰

各位代表：

受市政府委托，我向大会提交《张家口市2012年市本级预算及全市总预算执行情况和2013年市本级预算及全市总预算草案的报告》，请予审议，并请市政协各位委员和其他列席人员提出意见。

一、关于2012年预算执行情况

2012年，在市委的正确领导下，全市各级各部门紧紧围绕“强势推进、狠抓落实”的总要求，突出主题主线，坚持稳中求进，全力做好稳增长、调结构、惠民生、促和谐各项工作，经济社会发展保持了良好态势。在此基础上，财政改革与发展取得新进展，全市和市本级预算执行情况良好。

2012年，全市全部财政收入完成214.2亿元，同比增长19.4%，比上年增收34.8亿元；其中，全市公共财政预算收入完成106.6亿元，同比增长28.4%，比上年增收23.6亿元。全市全部财政收入和公共财政预算收入增幅分别排在全省的第三位和第二位。公共财政预算收入占全部财政收入的比重达到49.8%，比上年提高3.5个百分点。全市公共财政预算支出266.6亿元，同比增长15.1%，其中民生支出占公共财政预算支出的比重达到75.6%，有力地支持了全市经济建设和社会事业发展。

（一）全市财政预算执行情况

市十二届人大五次会议审议通过的2012年全市公共财政收入预算为954347万元，公共财政支出预算为1309266万元（剔除上级提前通知专款）。执行中，受各类增减收因素影响，全市公共财政收入预算调整为931500万元；由于上级专款、上年结转等因素的影响，全市公共财政支出预算调整为2803681万元。

2012年，全市全部财政收入完成2141504万元，完成年初计划的105.23%，其中全市公共财政预算收入完成1065607万元，完成调整预算的114.4%。全市公共财政预算支出2665617万元，完成调整预算的95.08%。

市十二届人大五次会议审议通过的2012年全市政府性基金收入预算和支出预算均为408744万元。执行中，受各类因素影响，全市政府性基金收入预算调整为371944万元，支出预算调整为480042万元。当年全市政府性基金预算收入完成422153万元，为调整预算的113.5%，比上年下降39.02%；基金支出458756万元，为调整预算的95.57%，比上年下降38.94%。

（二）市本级财政预算执行情况

市十二届人大五次会议批准的2012年市本级公共财政收入预算为389043万元，公共财政支出预算为409233万元。执行中，由于各类增减收因素影响，市本级公共财政收入预算调整为411226万元；由于上级专款、上年结转等因素的影响，市本级公共财政支出预算调整为740907万元。当年市本级公共财政预算收入完成467842万元，为调整预算的113.77%，比上年增长32.3%；市本级公共财政预算支出689014万元，为调整预算的93%，比上年增长5.02%。

市十二届人大五次会议批准的2012年市本级政府性基金收入预算和基金支出预算均为228942万元。执行中，由于土地出让金和车辆通行费短收，市本级政府性基金收入预算调整为192142万元；由于上级专款、收入短收等因素影响，市本级政府性基金支出预算调整为210964万元。当年市本级政府性基金收入完成201348万元，为调整预算的104.8%，比上年下降19.8%；基金支出194780万元，为调整预算的92.33%，比上年下降26.26%。

回顾过去一年，我们认真贯彻落实市委决策部署和市人大批准的年度预算，积极发挥财政职能作用，集中财力保运转、保民生、保重点，全市和市本级预算执行情况良好，圆满完成了市十二届人大五次会议确定的目标任务。2012年预算执行成效主要体现在五个方面：

第一，强化税费征管，全市财政收入跨上新台阶。加强税收组织和非税收入征管，努力做大财政“蛋糕”，全市财政收入突破了“双百亿”，实现了历史性跨越。全面推进综合治税管理，推广应用综合治税系统，20个县（区）全部开展了综合治税工作，助推了全市财政收入的增长；加强非税收入征管，20个县（区）、1340户执收单位全部上线运行非税收入管理系统。全年县（区）收入完成127.77亿元，同比增长15.16%，占全市全部收入的59.67%；20个县（区）中超10亿元的县（区）达到4个，超5亿元的县（区）达到13个，县域经济继续保持良好发展态势。全市全部财政收入当年增量、公共财政预算收入当年增量、公共财政预算收入占全部财政收入比重均创历史新高。

第二，加大投入力度，和谐社会建设取得新进展。坚持民生为先，把财政支出的重点放在关注民生和构建和谐社会上，努力将经济发展成果惠及人民群众。一是支持教育优先发展。全年教育支出累计达到51.6亿元，完成了省政府责任状核定的教育投入目标。拨付资金1.78亿元，建立了从学前教育到高等教育全覆盖的困难学生资助体系；投入资金8742万元，结合“蛋奶工程”全面启动农村义务教育学生营养改善计划。二是提高社会保障标准。筹集资金7.6亿元，使农村低保和城市低保保障标准年均分别提高400元和480元；筹集资金5.9亿元，使城镇居民医保、新农合财政补助标准由2011年的人均200元提高到240元。三是促进就业再就业。筹集资金2.4亿元，支持了以创业带动就业和实施小额担保贷款贴息、就业岗位培训等工程。四是推进保障性安居工程建设。争取上级各类保障性安居工程补助资金5.24亿元，市本级筹措资金1.6亿元，用于发放租赁补贴和保障房建设。五是建立社会维稳和救灾工作机制。落实资金8950万元，启动了平安城市网络建设，保障了十八大安保和社会稳定；积极应对我市部分县（区）50年一遇的特大低温冷冻灾害，筹集救灾资金3389万元，保障了灾区群众的基本生产生活需要；筹集资金2200万元，支持了保定市涞水县7·21特大洪水灾害援建。

第三，落实强农惠农政策，“三农”发展迈出新步伐。围绕农业增效、农民增收，加大对农业的投入力度，不断强化“三农”发展基础。落实惠农补贴政策，发放粮食直补、农资综合补贴等惠农补贴资金8.5亿元；加大农业保险补贴力度，落实资金5890万元，用于补贴种植业和养殖业保险，受益农户9万多户；争取上级“一事一议”财政奖补资金1.6亿元，支持了1867个行政村的道路硬化、人畜饮水等农村公益事业建设；落实农业综合开发资金1.57亿元，土地治理项目面积达到9.7万亩；筹集农村危房改造资金4.49亿元，解决了4万多户农村困难群众居住安全问题；争取省以上各类专项资金5.3亿元，整合市级支农资金1.4亿元，有力地支持了基层建设年活动和扶贫攻坚工作的全面开展。

第四，发挥财政职能，保障经济发展的能力实现新提高。加大跑办力度，2012年共争取上级各类财力性转移支付资金25.5亿元、中央及省级财政经济建设专项资金37.57亿元、农业专项资金20.35亿元，保障了全市经济发展；通过国有资产收益，确保了汽车城项目、军民合用机场等全市重点项目建设需要；落实省、市扶持资金1.7亿元，采取贷款贴息、专项补助等形式，对煤机、盛华等165家企业予以支持，带动项目总投资137亿元；落实水利建设资金6.2亿元，支持了全市农业高效节水灌溉、防汛抗旱等工程实施；为市级中小企业信用担保中心注入资本金2000万元，全年担保机构累计为中小企业提供贷款担保4.6亿元。

第五，深入推进“三级联创”，财政科学化精细化管理水平得到新提升。坚持重规范、上水平，深入开展“财政系统建设三级联创”活动，通过“系统抓、抓系统”，市、县、乡三级财政标准化建设水平有了新的提升。积极构建财政监督大格局，加大对各类财政资金的监督检查力度，推行向重点项目、民生资金、重点部门派驻监督，使各类财政资金置于有效监督之下；完善国库管理改革，推行了财政授权支付和财政直接支付相结合的模式，国库集中支付制度进一步完善；加强预算绩效管理，开展绩效评价，构建了较为完善的绩效指标体系框架；深化政府采购改革，开展政府采购预算管理、采购方式审批、采购程序运行的规范化建设，积极推进政府采购电子化进程；加强政府债务管理，积极清理化解乡村垫交税费、高校债务2.5亿元；深入推进乡镇财政所标准化建设，全市209个乡镇中有192个财政所完成了标准化创建，并全部通过省级验收。

2012年是本届政府任期的最后一年。回顾过去的五年，我们认真贯彻落实市委的决策部署，努力做大财政“蛋糕”，着力优化财政支出结构，不断深化财政管理改革，积极发挥财政职能作用，促进了经济社会持续健康发展，财政发展改革也呈现新的局面。

——过去的五年，是财政实力显著提高的五年。全市全部财政收入由2007年的91.9亿元增加到214.2亿元，年均增幅达18.44%；公共财政预算收入由34.5亿元增加到106.6亿元，年均增幅达25.32%；县级财政实力明显增强，财政收入过亿元的县（区）由15个增加到20个；收入结构不断优化，全市公共财政预算收入占全部财政收入的比重由37.53%提高到49.76%。

——过去的五年，是财政支持经济建设成效明显的五年。五年来，共投入资金147亿元，通过发挥财政资金的引导和杠杆作用，推动科技创新和节能减排，促进经济结构优化升级和发展方式转变；综合运用财政贴息、专项补贴、建立担保体系等多种手段，支持了企业发展和城市建设等重点工程；认真落实积极的财政政策，有效应对了国际金融危机的冲击，实现了全市财政经济平稳较快发展。

——过去的五年，是社会事业发展步伐加快的五年。五年来，积极落实惠农政策，财政“三农”投入大幅增长，各类扶持农业发展的资金累计100.75亿元，年均增长28.64%；全市教育支出累计168.77亿元，年均增长25.23%；文化科技支出累计24.56亿元，年均增长32.21%；医疗卫生支出累计78.47亿元，年均增长31.77%；社会保障和就业支出累计129.04亿元，年均增长15.69%；公共安全支出累计53.93亿元，年均增长18.5%，有力促进了和谐社会建设。

——过去的五年，是财政体制机制不断完善的五年。完善激励性财政体制，推进县乡财政体制改革；全面实施以部门预算、项目预算、滚动预算为主要内容的预算编制方法；积极推行预算绩效管理改革，建立了科学的预算绩效评价体系；国库集中支付改革稳步推进，公务卡结算制度改革进展顺利；政府采购范围和规模不断扩大，采购行为更加科学规范；建立了日常监督和专项检查相结合、派驻监督和网络监督相结合的财政大监督机制，构建了预算编制、预算执行、财政监督“三位一体”的财政管理格局。

各位代表，过去的五年，全市财政经济快速发展，财政管理改革成效显著。这些成绩的取得，得益于市委的正确领导，得益于市人大的监督指导，是各级各部门通力协作、全市人民共同奋斗的结果。在总结成绩的同时，我们也清醒地认识到，与市委的要求和全市人民的期盼相比，财政工作还需要进一步加强，全市财政经济运行中依然存在着一些不容忽视的问题，主要表现在：财源基础还很薄弱，收支矛盾依然突出；县（区）发展不够均衡，保障能力相对较低；部分县（区）偿债压力较大，财政潜在风险依然存在；财政管理和运行机制还不够健全，科学化精细化管理水平尚需进一步提高等。这些问题我们将高度重视，认真研究谋划，积极采取措施，努力加以解决。

二、关于2013年财政预算草案

2013年是实施“十二五”规划承前启后的关键一年，也是全面贯彻落实十八大精神的开局之年，财政工作面临的形势仍较为复杂。一方面，我国经济发展的基本面没有改变，稳增长仍是今年全国经济工作的总基调，推进“五位一体”、实施“四化同步”将带来更大发展空间；京津冀区域经济一体化、首都经济圈规划逐步由规划层面进入实施层面，“燕山—太行山扶贫攻坚”规划上升为国家战略规划，京张合作步入产业共建的新阶段，以及张家口对外开放度不断提高和新项目逐步开工、投产，都为全市财政经济增长带来了难得机遇。另一方面，结构性减税政策持续扩大、“营改增”改革试点推行、房地产调控政策细化和趋严，部分行业和企业经营仍较困难，都将对全市财政收入的持续增长产生较大影响。同时，今年国家已明确的社保提标扩面、民生项目配套等政策性增支就有10余项，再加上政府性债务偿还等支出需求，财政收支矛盾将更加突出。

根据市委十届四次全会和全市经济工作会议的总体部署，2013年市本级财政预算安排的指导思想是：深入贯彻党的十八大精神，以科学发展观为统领，坚持“节支提效、优化结构、突出重点、注重绩效”原则，科学合理安排支出预算，充分发挥资金使用效益；坚持民生优先，增加“三农”、教育、社会保障和就业等民生领域投入；坚持改善发展环境和生态环境，推动战略性新兴产业和特色主导产业发展，促进产业结构优化升级；坚持落实中央“八项规定”，压缩行政性经费等一般性支出，努力降低行政成本，为我市经济和社会更好更快发展提供有力保障。

（一）关于2013年全市预算草案主要收支计划安排情况

依据全市经济工作会议确定的目标，综合考虑全市经济发展形势和政策性增减收因素，2013年全市全部财政收入预算安排235.57亿元，较上年增长10%，其中，公共财政收入预算安排118.28亿元，较上年增长11%。

与此同时，依据汇总市本级和各县（区）财政预算草案，2013年全市公共财政支出预算安排185.38亿元，较上年预算增长24.67%。全市政府性基金收入预算安排37.98亿元，相应安排全市政府性基金支出预算37.98亿元，均较上年预算可比增长0.49%。

（二）关于2013年市本级预算草案

依据全市经济工作会议确定的目标，2013年，市本级公共财政收入预算安排507067万元，较上年可比增长9.8%，按现行财政体制测算，市本级公共财政预算净可用财力为355500万元，加上列收列支的专项收入211556万元，市本级公共财政预算可用财力为567056万元。

按照收支平衡的原则以及“保运转、保民生、保重点”的支出顺序，2013年市本级安排公共财政支出预算567056万元，比上年预算增长38.57%。一是安排公教人员工资和基本运转的维持性支出188089万元，占市本级公共财政支出预算的33.17%；二是安排教育、卫生、社会事业、支持经济发展的发展性支出165411万元，占29.17%；三是安排列收列支项目支出211556万元，占36.66%，主要用于城市维护费、教育费附加、排污费、水资源费等专项支出；四是安排预备费2000万元，占1%。

在2013年预算安排中，教育支出安排68620万元，较上年预算增长10.04%；科技支出安排3203万元，较上年预算增长11.65%；农林水事务支出安排33082万元，较上年预算增长16.52%，以上三项支出增幅均超过市本级经常性财政收入增幅（9.17%），达到了法定增长要求。

2013年市级支出预算，将重点支持和保障以下四个方面：

第一，着力保障民生和基层，加快小康社会建设进程。坚持民生优先，加大财政资金倾斜力度，使人民群众共享改革发展“红利”，共安排资金145061万元。一是全面落实民生政策。安排42017万元，落实城乡居民最低生活保障等政策，提高城乡居民收入；安排10846万元，落实企事业退休职工基本养老保险政策，完成养老保险扩面任务，实现城镇和农村居民社会养老保险全覆盖，不断提高养老保险保障水平；安排19364万元，切实提高城镇医保及新农合补助标准，积极落实城镇居民医保等各项政策。二是深入推进重大民生工程。安排3589万元，完善就业再就业服务体系，重点支持解决农村劳动力转移、城镇就业困难人员、退伍军人就业创业等问题；安排2568万元，继续完善对各类困难群体的救助政策，不断提高救助水平；安排41300万元，用于保障性安居工程、城市维护养护和城市绿化亮化等工程，加快城市基础设施建设和环境治理，打造宜居城市；安排各类惠民资金2635万元，用于公共交通基础设施建设、自然灾害救助、蔬菜和肉豆类制品销售价格补贴等支出。三是加强基层保障能力。安排22742万元，用于基层运行保障和深化社区建设等工程，进一步夯实基层保障能力，加快基本公共服务均等化进程。

第二，着力加大“三农”投入，夯实农业发展基础。坚持公共财政支出向“三农”倾斜，全面落实各类强农惠农政策，共安排资金20406万元。一是切实改善农村生产生活条件。安排5330万元，大力推进以水利建设为重点的农村基础设施建设，支持农业节水灌溉、农村饮水安全等水利工程；安排4556万元，落实蔬菜项目发展规划，支持农业综合开发项目，扶持农业产业化龙头企业，促进农业生产经营的规模化和集约化。二是强化落实惠农政策。安排2113万元，推进农业保险保费补贴及农业融资担保政策的落实；安排1789万元，落实粮食补贴、能繁母猪补贴等政策。三是助力扶贫攻坚。安排6618万元，支持基层建设年帮扶活动，完善“一事一议”财政奖补政策，落实幸福乡村建设资金，改善贫困村生产生活条件，促进农民增收。

第三，着力支持“两个环境”建设，切实转变经济发展方式。结合全市重点产业战略部署，充分运用风险补偿、担保贴息、奖励补助等手段，加大对“两个环境”建设的支持力度，以环境改善促经济发展，共安排资金51963万元。一是努力改善发展环境。安排中小企业信用担保资本金5200万元，扩大担保规模，破解中小企业融资瓶颈，支持中小企业加快发展；安排产业扶持资金11980万元，用于支持现代产业加快发展，大力涵养财源，打造新的经济增长点；安排招商引资及机场运营和航线补贴资金6300万元，提升城市品位和对外形象；安排资金18350万元，偿还地方政府债券本息和到期债务，降低地方债务风险，营造良好的金融环境。二是努力改善生态环境。安排生态环境建设资金2040万元，结合“增绿添彩”、清水河治理等工程，推动我市生态建设；安排节能减排资金3860万元，促进淘汰落后产能、环境综合治理工作的有效推进。三是支持创新驱动及人才培养。安排1800万元，用于应用科学研究、开发和科技奖励专项资助；安排2433万元，用于支持重点人才培养引进，加快高新技术产业发展和重点项目建设。

第四，着力推动社会事业发展，加快和谐社会建设。充分发挥财政职能，支持与人民群众息息相关的各类社会事业发展，共安排资金38113万元。一是支持教育事业优先发展。安排21061万元，积极支持学前教育加快发展，大力促进义务教育均衡发展，推动高等教育内涵式发展，促进教育资源合理配置，全面落实义务教育阶段和中等职业教育免学费以及国家各项奖、助学金等政策。二是推动医疗卫生事业加快发展。安排5441万元，努力健全城乡基本公共卫生服务经费保障机制，继续完善社区、乡村等基层医疗卫生服务体系，着力支持实施基本药物制度和推进医院基础设施建设，深入推进医疗卫生体制改革，全面提升医疗卫生服务水平。三是加大文化领域投入。安排3498万元，积极支持文化产业加快发展，加强对非物质文化遗产扶持，继续推动重点文化惠民工程和文化项目建设，加快建成覆盖城乡、比较完备的公共文化服务体系。四是全面落实国家计生政策。安排1073万元，实施对农村计划生育家庭奖励扶助，开展农村已婚育龄妇女生殖健康检查免费服务等。五是提高公共安全水平。安排7040万元，深入推进基层政法经费保障机制改革，加强社会管理创新工作建设，重点支持城市智能管理系统工程、消防战勤保障工程等项目，加大信访和维稳工作力度，促进平安城市建设。

此外，根据中央、省有关要求，为提高预算编制完整性，在公共财政预算可用财力的基础上，将上级提前下达的2013年专款29190万元和调入资金13652万元一并编入2013年市本级公共财政支出预算。综合以上因素，共安排2013年市本级公共财政支出预算609898万元。

2013年，市本级政府性基金收入预算安排201617万元；按照收支平衡的原则，相应安排基金预算支出201617万元，均较上年预算可比增长1.76%。

三、奋发有为，攻坚突破，确保圆满完成2013年预算任务

2013年，我们将全面贯彻党的十八大精神，以科学发展观为统领，进一步把握财政资金投向、财政政策导向、公共财政建设取向，突出“六个更加注重”（提升征管水平、转变增长方式、转变支持方式、转变管理方式、深化管理改革、创建财政品牌），完善综合治税、用足财政政策、强化体制激励、加强绩效管理、增强服务效能，实现保运转、强基础、促发展，为全市经济社会和谐建设提供有力保障。

（一）更加注重提升征管水平，进一步做大收入规模。完善综合治税信息平台，夯实治税基础，创新治税方式，健全联席会议、联合办公机制，加大税收漏洞清查，积极开展税收专项治理活动，提高税收征管水平，做大税收收入规模；制定细化非税收入管理办法，完善征管系统，改进收缴方式，加强非税收入征管，努力实现应收尽收；认真研究国家财政政策、产业政策和投资政策，健全项目申报、跟踪、落实机制，积极争取国家、省各类财政性补助资金。

（二）更加注重转变增长方式，进一步完善财政激励体制。以完善财政体制为重点，充分运用奖励补助等措施，健全财力分配和财政收入体制激励政策，调动各级发展经济的积极性；建立县乡财政基

本支出保障机制，提高县乡自我发展能力，促进基本公共服务均等化；探索建立支持生态保护、产业集聚、高新项目等激励性财政政策，推动战略性新兴产业和服务业加快发展。

（三）更加注重转变支持方式，进一步发挥财政资金撬动效应。夯实财源建设，围绕全市重点产业战略部署，统筹产业发展专项资金和科技专项资金，大力支持民营经济、成长型企业和园区发展，巩固做强骨干财源，涵养做大小微财源，大力培育新兴财源；集中财力办大事，整合项目、资金、政策，支持事关发展全局以及打基础、增后劲的重点领域和重大项目；优化资金使用方式，充分运用贷款贴息、以奖代补等方式，放大财政资金杠杆效应；创新财政融资形式，支持担保公司做强做大，逐步建立财政资金、金融信贷资金、社会资金联动机制，充分发挥风险补偿的引导带动作用，助推经济发展。

（四）更加注重转变管理方式，进一步强化预算绩效约束。坚持过紧日子思想，强化精细管理，用好有限财力，严格控制一般性支出和“三公经费”，把贯彻中央“八项规定”、转变工作作风体现在预算安排上，落实在财政管理中；狠抓预算执行，严控预算追加和调整；按要求推进财政预决算信息和政策制度公开，主动接受社会各界监督，打造阳光财政；进一步强化预算绩效评价，健全预算绩效管理机制，提高财政资金使用效益。

（五）更加注重深化管理改革，进一步推进科学化精细化管理。认真落实党的十八大对财税改革的部署要求，主动探索，努力创新，力促财政运行机制更完善、管理效能再提升；继续深入推进全市财政系统建设“三级联创”，积极打造高效型机关，切实提升全市财政标准化、制度化、规范化水平；深化预算管理、国库支付、财政监督、政府采购、投资评审等各项管理改革，规范政府性债务管理，加强会计、资产、财务、信息化建设等基础性管理工作，研究制定乡镇财政建设的持续推进措施和长效机制，不断提升全市财政科学化精细化管理水平。

（六）更加注重财政品牌创建，进一步增强财政服务效能。深入学习贯彻党的十八大精神，巩固和深化创先争优成果，扎实开展以为民、务实、清廉为主要内容的党的群众路线教育实践活动；完善财政干部培训格局，突出能力建设，提高教育培训的针对性和实效性，不断提升财政干部政治素质、业务水平和工作能力；围绕“两个环境”建设，健全“双评议”考核机制和财政特邀作风监督员制度，继续推进财政优质服务窗口创建，切实加强财政系统内外部监督，不断提升财政为群众、为基层、为部门、为经济服务的水平；强化财政党风廉政建设，完善惩防体系，引导广大干部廉洁从政、勤俭理财。

各位代表，2013 年全市财政工作任务艰巨。我们将在市委的正确领导和市人大的监督支持下，以十八大精神为指导，全面贯彻落实科学发展观，勇于担当、实干苦干、绿色崛起、奋力争先，以更加昂扬的斗志、更加扎实的举措、更加务实的作风，全力做好财政工作，确保圆满完成全年预算任务，推动全市经济社会和谐发展。

附件：1. 张家口市 2012 年财政收入完成情况表

2. 张家口市 2012 年财政支出完成情况表

3. 张家口市 2013 年财政收入预算表（草案）

4. 张家口市 2013 年财政支出预算表（草案）

张家口市2012年财政收入完成情况表

单位：万元

科　目	调整预算数		财政收入数	
	全市	市本级	全市	市本级
一、公共财政预算收入	931500	411226	1065607	467842
（一）税收收入	657700	270066	678836	275052
1. 增值税	70600	30962	71221	31267
2. 营业税	279290	122923	279771	122951
3. 企业所得税	53463	27206	57970	27598
4. 个人所得税	18574	9627	19691	10167
5. 资源税	22180	8196	24568	9068
6. 城市维护建设税	67882	41143	67972	43408
7. 房产税	14531	5597	15810	5641
8. 印花税	10150	5192	10713	5528
9. 城镇土地使用税	20130	—	24589	—
10. 土地增值税	41557	—	45167	—
11. 车船使用和牌照税	10238	—	10354	—
12. 耕地占用税	7747	—	8089	—
13. 契税	40708	19220	42268	19424
14. 其他税收收入	650	—	653	—
（二）非税收入	273800	141160	386771	192790
1. 专项收入	47109	23384	47158	23523
2. 行政性收费收入	63621	10053	95882	18771
3. 罚没收入	45035	17252	69713	21225
4. 其他收入	118035	90471	174018	129271
二、政府性基金收入	371944	192142	422153	201348

张家口市2012年财政支出完成情况表

单位：万元

科目	调整预算数		财政支出数	
	全市	市本级	全市	市本级
一、公共财政预算支出	2803681	740907	2665617	689014
1. 一般公共服务	295781	55036	289034	52257
2. 国防	9065	3921	8693	3549
3. 公共安全	146422	45477	138180	43156
4. 教育	519661	91955	516341	90336
5. 科学技术	13036	3016	13035	3016
6. 文化体育与传媒	53625	15471	52043	15022
7. 社会保障和就业	321241	64237	310964	61999
8. 医疗卫生	226700	46178	206360	44471
9. 节能环境	141882	14646	136460	11731
10. 城乡社区事务	146840	39692	143080	39182
11. 农林水事务	321740	43724	306059	38806
12. 交通运输	266468	203302	243360	183405
13. 资源勘探电力信息等事务	45700	10962	42865	9300
14. 商业服务业等事务	29524	10825	25531	8960
15. 金融监管等事务支出	1901	422	1710	413
16. 国土资源气象等事务	40007	22952	38840	22282
17. 住房保障支出	116644	8913	109172	7670
18. 粮油物资储备管理事务	4416	1412	3701	777
19. 国债还本付息支出	4305	1487	4305	1487
20. 其他支出（类）	98723	57279	75884	51195
二、政府性基金支出	480042	210964	458756	194780

张家口市2013年财政收入预算表（草案）

单位：万元

科　目	2013年预算数	
	全市	市本级
一、公共财政预算收入	1182824	507067
（一）税收收入	764629	311011
1. 增值税	82350	36870
2. 营业税	320231	142543
3. 企业所得税	64102	30229
4. 个人所得税	22125	11368
5. 资源税	27451	10191
6. 城市维护建设税	74670	47000
7. 房产税	17460	6040
8. 印花税	12070	6210
9. 城镇土地使用税	27740	—
10. 土地增值税	51130	—
11. 车船使用和牌照税	11780	—
12. 耕地占用税	8190	—
13. 契税	44630	20560
14. 其他税收收入	700	—
（二）非税收入	418195	196056
1. 专项收入	48715	24630
2. 行政事业性收费	96000	15000
3. 罚没收入	87000	32000
4. 其他收入	186480	124426
二、政府性基金收入	379793	201617

张家口市2013年财政支出预算表（草案）

单位：万元

科　目	2013年预算数	
	全市	市本级
一、公共财政预算支出	1853833	609898
1. 一般公共服务	265759	61769
2. 国防	4701	2499
3. 公共安全	105624	40718
4. 教育	420440	82683
5. 科学技术	10310	3203
6. 文化体育与传媒	27365	14877
7. 社会保障和就业	246227	60873
8. 医疗卫生	152155	50364
9. 节能环境	24649	6974
10. 城乡社区事务	109580	45286
11. 农林水事务	114115	36288
12. 交通运输	68553	40757
13. 资源勘探电力信息等事务	108822	92250
14. 商业服务业等事务	12130	7031
15. 金融监管等事务支出	964	534
16. 国土资源气象等事务	11513	3250
17. 住房保障支出	37568	13272
18. 粮油物资储备管理事务	4010	1760
19. 预备费	5300	2000
20. 国债还本付息支出	31177	17000
21. 其他支出（类）	92871	26510
二、政府性基金支出	379793	201617

全国政协主席贾庆林在张家口调研纪实

7月12~13日，中共中央政治局常委、全国政协主席贾庆林到张家口市进行实地调研。在省、市主要领导陪同下，贾庆林走进张北县高效节水农业科技示范园，就如何发展现代农业听取意见；来到涿鹿县辉耀镇石门村，询问群众生产生活情况；在张家口市产业集聚区，深入施工现场和生产车间，与干部职工亲切交谈，仔细了解企业技术改造、科技创新、生产经营等情况；在国家风力发电、太阳能光伏发电及电能储存与输送示范工程现场，观看产品展示，详细了解战略性新兴产业技术研发和市场前景。

7月12日下午，贾庆林来到涿鹿县中华三祖圣地——黄帝城遗址文化旅游区考察。贾庆林详细了解了黄帝城遗址的历史渊源、文化背景和保护规划后，贾庆林说："全国有23个遗址公园，都是被联合国承认的，搞得很好的地方还有很多，这个地方，作为一个遗址公园，把它整体保护下来。"

参观了轩辕湖、黄帝泉后，贾庆林一行来到中华合符坛。中华合符坛在中华三祖堂对面卓然而立，坛上有全国最大的龙文化单体雕塑——"九龙腾飞"，45米的9条龙柱高高耸立，共托一珠，象征中华民族的复兴。56根民族图腾柱竖立在"九龙腾飞"周围，象征56个民族团结一家。每根立柱长度均为9.9米，象征九九归一。雕塑的设计吸引了贾庆林，他看后连连称赞，不时感叹着涿鹿文化底蕴的深厚。

随后，贾庆林来到涿鹿县辉耀镇石门村调研。石门村是个贫困村，去年农民人均纯收入仅2110元。随着扶贫开发工作的深入推进，这里也在悄然改变。村中心新建的小广场上，乡亲们敲锣打鼓，扭起秧歌，迎接贵客的到来。贾庆林微笑着走向人群，与大伙挥手致意，亲切问候。乡亲们兴奋写在脸上，热烈鼓掌欢呼，小村庄沉浸在一片欢乐之中。

贾庆林首先看了位于广场一侧的村党员活动室和村卫生室，边走边向村党支部书记王玉海了解村里扶贫开发等各项事业发展情况。得知村里重点发展蔬菜、肉鸡养殖、苗木三大产业，为村民栽上"摇钱树"、养起"下蛋鸡"，并且今年承诺要办的安全饮水、街道硬化、村卫生室建设、垃圾处理等10件实事已经基本完成，贾庆林十分高兴。

转过小广场，贾庆林走进村民王玉鹏家。他与王玉鹏在客厅促膝而坐攀谈起来，"你家里几口人?""五口，老母亲和我们一起住，两个孩子都在上学。""生活情况怎样，靠什么收入?""种地，打工。家里总共10亩地，有几亩种了树苗，闲的时候到北京打工。""种地和打工，哪个收入高呢?""打工多些。现在吃饱穿暖没问题，就是还需要向前发展，再上新台阶。"王玉鹏打开了话匣子。"现在上面支持我们搞大棚种植，我也准备搞。一个棚造价一万二，扶贫资金补贴6000多元，还可以再贷一部分款，自己再出一些，估算着一个棚一年下来可以增收一万元。"

王玉鹏的一番话让贾庆林深有感触。"我代表党中央向村里的广大干部群众表示亲切的慰问!"贾庆林说，"石门村是省里的贫困村，全村351户、941口人，仍有230户、700多人是贫困人口。与全省农民人均纯收入7120元相比，我们未来的道路还很长，任务还很艰巨。我们要从根本上改变贫困地区的落后面貌，让贫困地区的人民群众共享改革发展成果。"

贾庆林接着说，"党中央、国务院对扶贫工作非常重视。新的国家扶贫开发纲要提出，到2020年要稳定实现扶贫对象不愁吃、不愁穿，保障其义务教育、基本医疗和住房。咱们石门村也要和全省人民、全国人民一起，手拉手奔小康。只要从中央到省、市下大决心推进扶贫开发工作，基层党组织发挥好战斗堡垒作用，群众树立‘宁愿苦干实干、也不苦等苦熬’的思想，坚持自力更生，我们就不愁加快脱贫致富的目标实现不了。希望石门村越建越好，老百姓的日子一天比一天红火！”他强调，要深入实施扶贫攻坚行动，全面落实国家扶贫开发纲要，加大扶持力度，实施倾斜政策，坚持专项扶贫、行业扶贫、社会扶贫多措并举，从根本上改变贫困地区落后面貌，让贫困地区群众共享改革发展成果。

7月13日上午，贾庆林来到张北县元中都博物馆考察。元中都博物馆集“文物保护、考古科研、陈列展示”三大功能于一体，是张北县突出大文化发展理念，提升文化品位、实现文化繁荣、优化城市布局、完善城市功能的重要举措。这里将曾经辉煌、巍峨、宏伟的元中都浓缩于近8000平方米的建筑，展示出元朝的兴衰与成败，承载着不灭的文化积淀。贾庆林一边走，一边听、一边问，一再嘱咐相关负责同志，“这儿的蒙古族人多吗？平时参观的人多不多？中都建设期是多少年？”“把历史文化资源保护好”。

加快转变经济发展方式、保持经济平稳较快发展，是贾庆林此次调研的重点。位于张北县大河乡、台路沟乡境内的国家风光储输示范项目是目前世界上规模最大的集风力发电、光伏发电、储能系统、智能输电于一体的新能源综合利用示范工程。

“风行高远，光前裕后，储链持恒，输泽兴和。”现场工作人员描绘着整个示范工程建设蓝图，让人们联想到绿色能源进入千家万户、点亮万家灯火的美好画面。贾庆林不时提问，询问工程建设及技术、运营、维护等方面的情况。“目前这一项目实现了五大技术突破，完成10项自主设备研发，创造20项技术创新，获得70项知识产权。”工作人员介绍。“真是一项了不起的科技创新！既是对系统技术的提升，也是对国产装备水平的检验。”贾庆林由衷地感叹。“要对光伏区的草场环境进行监控，发展的同时一定要考虑到保护生态。”贾庆林叮嘱企业负责同志，要继续建设好、运营好这一示范工程，为我国新能源发展摸索经验。他还强调指出，张家口在发展新能源产业方面前景广阔，要大力提升能源科技自主创新，促进能源生产和利用方式的变革，加快建设可持续的能源资源体系。

在中煤机产业园区，相关负责同志介绍着产业园的情况，“齿轮加工设备应该是国产的吧？从行业管理角度看，现在体制怎么样？设备都装了没有？有多少是进口设备？”贾庆林一边听、一边看、一边问，并要求，要着力加强科技创新，加快用先进技术改造提升传统产业，切实提升战略性新兴产业的核心竞争力，充分发挥科技对经济社会发展的支撑引领作用。

农业是安天下、稳民心的基础。张家口的“三农”工作有哪些新举措、取得哪些新成效，特别是推进农业现代化有哪些新进展？贾庆林十分关注。

“张北是典型的资源型缺水地区，我们落实省里广开源、重节水、强治理、惠民生的要求，秉承节水、高效、优质、生态、安全的原则，在这里规划建设了集科学用水、高效设施、科技创新、实验推广、观光旅游于一体的现代农业综合示范基地。”张北县委书记白龙介绍，县里对园区灌溉工程进行了全面改造，其中推广膜下滴灌2.72万亩、喷灌1.28万亩。初步预计，与过去管灌相比，整个园区年可节水约400万吨。贾庆林对此表示赞许，他说，农业节水潜力巨大，农业科学用水、节约用水大有文章可做，要在这方面不断探索有益经验和做法。

贾庆林与正在地里忙碌的种菜大户温登科攀谈起来。“一个大棚成本是多少？上面补贴多少？一年的收益如何？”贾庆林问得仔细，温登科答得实在。了解到这里的农田灌溉全部安装智能系统等情况后，贾庆林有感而发：“要加大农业科技推广力度，加快农业新品种新技术的转化应用。要适应农业规模化、集约化、专业化的方式，加快培养大批有文化、懂技术、会经营的新型农民，为发展现代农业提供有力保证。”

在郝家营乡牡丹花村，村主任郑志清早早来到高效节水农业科技示范园区等待，他要汇报牡丹花村这几年的发展情况……“现在的植被都很茂盛，长的很好，草长得很高。”贾庆林见到他，紧紧握住他的手，细心倾听他的介绍，并收下他带来的牡丹花观林厅相册。

浓浓的乡情，融融的暖意。在大家热烈的掌声中，贾庆林满怀深情地说，党中央高度重视农业、农村、农民工作，作出一系列决策部署，这些年来九个中央一号文件都是关于农村工作的。我们各级干部一定要认真贯彻中央要求，真正重视农业，真心支持农村，真情关心农民。要着力加强生态环境建设，全面落实各项节能减排政策措施，加快发展循环经济，加强污染防治，深入开展植树造林，切实增强可持续发展能力。

“同志们，我这次到河北调研，第一站就来到张家口市，市委书记跟我介绍，去年全市经济总量都比上年大幅度增长，今年一季度，GDP增长了9.8%，形势很好。特别令我兴奋的是生态文明建设，特别是植树造林，我是2000年还在北京市工作的时候，到张北县来种树，现在还记得那个时候还存在‘年年造林不见林’这个现象。但是事隔12年，你们的森林绿化覆盖率达到了31.6%，特别是‘十一五’以来，每年增长1个百分点，而且到2015年，要使森林覆盖率达到35%，进入森林城市行列。你们不仅为自己建设了绿色家园，而且为首都建成了一道绿色屏障，所以你们被评为全国的绿化先进单位、防沙治沙先进单位，当之无愧，来之不易。我很感谢你们为此所付出的心血和智慧。最后，我祝愿张家口市更加兴旺发达，人民更加幸福安康！”在亲切接见市四大班子领导时，贾庆林语重心长，道出了他对张家口市科学发展、和谐发展的殷切希望。

中共中央政治局常委李长春在张家口调研纪实

10月8~10日，中共中央政治局常委李长春先后到涿鹿、蔚县、阳原、怀来等地，深入农村、企业、重要文化遗址和文物保护单位，就做好文物发掘保护利用、加强非物质文化遗产传承开发等进行调研。

泥河湾遗址群是研究早期东方人类起源和活动的重要区域，在这里发现了200万年前人类活动的遗迹，出土了从旧石器时代到新石器时代的大量古人类化石、动物化石和石器。李长春来到位于泥河湾遗址下层、距今136万年的阳原县小长梁遗址，实地了解考古发掘整理情况；走进泥河湾博物馆，参观各个历史时期人类活动遗存，与专家学者深入座谈。他希望有关部门进一步加强组织领导、完善规划立项，整合资源、增加投入，加大考古发掘力度，为探索东方人类起源作出积极贡献。在涿鹿故城，李长春参观纪念远古时期黄帝、炎帝、蚩尤在此征战融合的中华三祖堂和黄帝城遗址，希望当地把遗址发掘与中华文明探源工程结合起来，进一步深化科学研究和考证工作，为早期中华文明的形成和发展提供有力佐证。怀来县鸡鸣驿是国内现存规模最大、功能最齐全的古代驿站，也是全国重点文物保护单位。李长春来到这里，实地察看保护维修情况，希望有关部门按照修旧如故的原则，加强文物维修保护利用，满足群众鉴赏和历史考证的需要。

蔚县是全国剪纸艺术之乡，通过市场化、商业化、产业化途径推动剪纸艺术创新，既开辟了非物质文化遗产保护传承的新途径，又带动了当地群众致富。李长春来到蔚县博物馆和剪纸博物馆，详细了解剪纸艺术研究、收藏和创作情况，参观历史文物展陈。在蔚县倾力打造的“中国剪纸第一街”，他走进街边店铺仔细询问经销情况。在有着“中国剪纸第一村”美誉的南张庄村，李长春走进农户家中了解剪纸生产流程，与民间工艺传承人亲切交谈，在技师指导下体验刀刻、染色等工艺操作。他还来到村文化活动中心，与村民促膝谈心，了解基层文化活动情况，得知该村剪纸从过去在各家贴窗花自娱自乐发展成为全村的主导产业和群众致富的重要途径，富裕了农民群众，李长春十分高兴。他说，中华文化的精神价值是“魂”，剪纸等传统技艺是“体”，要把两者有机结合起来，做到相辅相成、强魂健体。对于有市场开发前景的非物质文化遗产，要在国家政策支持下进入市场，特别是与旅游业紧密结合，发展特色文化产业，在与产业和市场的结合中实现积极有效的传承和保护。李长春勉励蔚县把剪纸艺术创新与培育知名品牌结合起来，把小商品做成大产业，把中华优秀传统文化推向世界，充分发挥文化产业优化经济结构、扩大群众消费、增加社会就业、促进跨越式发展、实现可持续发展的独特优势，为全国创造更多新鲜经验。

全国政协副主席、中国社会科学院院长陈奎元一同调研。

中央政法委书记周永康在张家口调研纪实

6月19日，中共中央政治局常委、中央政法委书记周永康到怀来县调研。怀来县是中央确定的周永康同志参加学习实践科学发展观活动的联系点。2008年10月和2010年1月，周永康同志先后两次专程到怀来调研、到张家口市指导工作。周永康同志一直牵挂着怀来，多次听取汇报、作出批示，进行具体指导，推动重点项目的落实。今年年初，他在怀来县《关于牢记嘱托实现经济社会发展“三年一大步”的情况报告》上作出重要批示：中央部署开展深入学习实践科学发展观活动3年多来，怀来县团结带领全县干部群众真抓实干，实现了经济社会又好又快发展，城乡人民生活明显改善，在建设京畿科学发展强县中迈出了一大步。成绩可喜可贺！望认真总结提高，扎实往前推进，努力建设绿色生态之地……

在落实全省环首都绿色经济圈战略进程中，怀来县以园区对接为突破口，以沙城经济开发区为平台，创建引领全县经济增长的核心动力区。周永康调研的第一站是位于开发区的怀来县生态新区规划馆。了解到怀来生态新区总体规划按照绿色发展理念，提出以清洁能源、创意研发和葡萄酒三大产业为主攻方向，着力打造生态环境好、科技含量高、带动力明显的新兴产业示范区，周永康同志表示赞许，他寄语市、县领导：“希望你们坚持高标准地推进节能减排和生态建设，为经济可持续发展增添后劲，为改善首都及周边生态环境作出更大贡献。”

在河北长飞优创光电线缆技术开发有限公司的车间，周永康对每一个生产环节进行认真考察，向企业负责人仔细了解生产工艺和产品市场行情。企业运行的“超高密度特种光纤链路系统”引起了周永康的关注。他详细了解了产品的产地和性能，并特别询问了产品的环保指标，对企业依靠自主创新提升质量和效益的做法表示赞赏，勉励企业技术要先进、产品质量要好，要坚持走创新发展之路。

一边走，一边听取当地发展情况的汇报。“2011年全县GDP总量突破百亿，财政收入达到13.3亿，农民人均纯收入突破8000元，城镇居民人均可支配收入达16484元，前三项经济指标增长幅度在50%以上，第四项在45%以上。”听到怀来县在建设京畿科学发展强县过程中取得不俗成绩后，周永康指出：“这充分说明，以胡锦涛同志为总书记的党中央提出的科学发展观，是符合我国实际、适应时代发展要求的马克思主义科学理论，中央在全国部署开展学习实践科学发展观活动的决策是完全正确的！”

调研期间，周永康考察了王家楼回族乡冰葡萄种植基地。该乡规划建设1万亩冰葡萄种植基地，现已建成5000亩。这里平均海拔1105米，是国内现有海拔最高的葡萄种植实验基地。周永康走进地头考察葡萄滴灌栽培技术，“我们采用了世界最先进的管理模式和栽培技术，浇水、施肥都是通过这个滴灌设施，明年就能结果了。”听了技术人员介绍，周永康点点头，他叮嘱当地负责人说，要加强技术创新，要上档次、创名牌，进一步把特色优势产业做大做强。葡萄（酒）产业是发展现代农业，增加农民就业、促进农民增收的好路子。葡萄（酒）产业发展前景十分广阔，要注重研究市场、贴近市场，主动适应市场需求，让“怀来制造，世界味道”叫得更加响亮。

如何让百姓富起来，让大家的生活好起来，是周永康每次到怀来调研关注的重点。19日下午，周永康来到桑园镇中心卫生院，考察卫生院建设情况及新农合医疗工作开展情况。走进新农合结算室，周永康向正在为病人打印结算单的工作人员赵丙霞详细了解了当地新农合惠民政策的落实情况。

随后，周永康来到预检登记室、居民健康档案资料室，向工作人员详细了解农村儿童免疫防疫、居民健康保障等情况。得知为提升医疗服务水平，当地为每一个居民建立了个人健康档案，周永康对这一做法表示肯定。他说，改善群众生活，创新社会管理，就是要做好跟百姓切身利益有关的像医疗、卫生、教育、社会治安等工作，实现城乡基本公共服务均等化，努力使发展成果更多更好地惠及人民，不断提高城乡人民生活的幸福指数。

距离卫生院2公里处是桑园镇新响岭村“幸福园”小区，一排排整齐美观的新民居显得格外亮丽。去年3月，新响岭村开始搞新民居建设，如今一期工程9排37户已陆续入住。周永康兴致勃勃地走进高惠国家的二层小楼，与全家人围坐在沙发上拉起了家常。

“家里有几口人，现在的房子多大?”周永康问得仔细。“四口人，房子是110平方米。”高惠国的妻子高建英快人快语。得知高惠国家人均收入突破万元后，周永康露出了满意的笑容，他拉着高慧国儿子的小手，亲切地问他“在哪里上学？几年级了？平常在家玩电脑不?”孩子小声回答了一句“镇小学，一年级”就害羞得低下了头，大家都笑起来。笑声中，周永康来到高惠国的厨房、卫生间，关心地问：“家里平时做饭用天然气还是液化气？洗澡是用电热水器还是太阳能?”得到做饭用液化气后，周永康马上询问并查看液化气罐的摆放位置，叮嘱高建英要特别注意使用安全。临别时，周永康与高慧国全家合影留念，并祝愿乡亲们日子越过越红火。

从高慧国家到村委会的路上，周永康看到村文化活动中心正在表演节目。他驻足观看村民们自娱自乐的热闹场面，高兴地向围拢过来的群众致意问好，兴致勃勃地了解大家平时的文化生活。得知村民经常唱红歌、演大戏、组织晚会时，周永康鼓励大家还可以多出新点子，让文化生活再丰富些。

接着，周永康来到村委会警务室，看望了驻村民警，询问他们工作情况，希望他们进一步强化服务意识，结合本村实际，增加交通法规宣传等内容，探索社会管理新模式。在村委会，周永康向大学生村官牛菲了解关于新农村建设的意见，干练的小伙子用真诚的回答赢得了周永康的表扬，连声称赞牛菲能吃苦、甘奉献。

在村委会，周永康还与高志江、张燕华、马德葆等基层干部群众进行了座谈，并发表重要讲话。他肯定了怀来县在科学发展观学习实践活动中取得的成绩，要求“要认真总结运用学习实践活动积累的成功经验，按照省委提出的建设经济强省、和谐河北的目标，深入贯彻落实科学发展观，在新的起点上推动科学发展、跨越发展、和谐发展，以优异成绩迎接党的十八大胜利召开。”

成绩来之不易，必须倍加珍惜；前景催人奋进，必须倍加努力。周永康谆谆嘱咐，饱含着中央领导对张家口市工作的高度重视和人民的深切关怀；殷殷期望，激励着全市干部群众在推进科学发展、致力跨越赶超，实现绿色崛起、打造强市名城的进程中继续开拓进取！

中宣部部长刘云山在张家口调研纪实

5月12~13日，中共中央政治局委员、中央书记处书记、中宣部部长刘云山到张家口调研。

刘云山在省委书记、省人大常委会主任张庆黎，省委副书记、省长张庆伟等陪同下，深入涿鹿县、蔚县、阳原县和张家口市区的一些社区、村镇和宣传文化单位进行考察，听取基层干部群众对文化建设的意见建议，对河北经济社会发展和宣传思想文化工作给予充分肯定。他指出，这些年，中央高度重视基层文化建设，采取一系列举措推动基层文化建设取得长足进展。适应经济社会发展的新要求、满足人民群众的新期待，需要我们坚持统筹兼顾、重心下移，增强动力、激发活力，推动基层文化建设实现更大发展。

刘云山强调，加强基层文化建设，必须树立以人民为中心的工作导向，坚持文化发展为了人民、文化成果惠及人民、文化建设依靠人民。要推动更多的文化资源投向基层、更多的文化服务延伸到基层，加快构建公共文化服务体系，抓好重点文化惠民工程的巩固、提升、完善，努力做到广覆盖、高水平、重实效，不断提高公共文化产品和服务的供给能力，切实保障人民群众的基本文化权益。要坚持因地制宜、从实际出发，充分发挥富有自身特色的地方文化优势，充分挖掘充满乡土气息的民间文化资源，大力发展丰富多彩、充满活力的群众文化，培育一批特色鲜明的知名文化品牌，培育一批乡土文化能人、民族民间文化传承人，实现文化资源优势向文化发展优势的转化。要在继承优秀传统文化的基础上，大力推动内容创新、技艺创新、业态创新，把传统元素与时尚元素结合起来，把民族精神与时代精神结合起来，使文化产品更好地体现民族特色、地方特点，更好地符合群众需求。要充分尊重人民群众的主体地位，开辟渠道、搭建平台，吸引群众广泛参与，让群众在文化建设中自我表现、自我教育、自我服务，充分调动广大群众参与文化建设的积极性主动性创造性。

随刘云山前来调研的有：中宣部副部长、文化部部长蔡武，中宣部副部长、国家广电总局局长蔡赴朝，人民日报社社长张研农，中宣部副部长翟卫华，新闻出版总署副署长邬书林等。

在调研期间举行的汇报会上，张庆黎汇报了河北省经济社会发展情况。张庆伟主持汇报会。省委常委、秘书长景春华陪同调研。省委常委、宣传部部长艾文礼陪同调研并在汇报会上汇报了河北省宣传思想文化工作情况。副省长杨汭参加汇报会。省直有关部门负责同志陪同调研。

大事记

2012年

1月

8日 市委、市政府在石家庄举办题为“感谢、展望、合作、共赢”的金融界答谢会，向对张家口市经济社会发展给予大力支持的各家金融机构表示感谢。省长助理、省金融办主任江波讲话，市委书记许宁致辞，市长王晓东主持，市领导李建举、乔登贵、何江海、杨玉成，市政府秘书长郭英出席。中国人民银行、中国银监会、中国农业发展银行、中国建设银行、民生银行等近30家金融机构驻省会负责人及驻张银行业金融机构主要负责人应邀参加。

9日 市诗词协会在张家口日报社举行《张家口诗人作家丛书》第一辑首发仪式，市领导侯桂兰出席。《张家口诗人作家丛书》由中国戏曲出版社、中国新闻联合出版社出版发行，是张家口市12位诗坛作家同时出版发行的12本诗书专著。

上旬 张家口市筹集城乡重大疾病医疗救助资金429.96万元，对市管县（区）城乡低保对象、城市低收入家庭患重大疾病的350人进行救助，救助资金春节前发放到位。

上旬 河北省旱作节水农业示范基地项目落户阳原县浮图讲乡，该乡成为河北省获得旱作节水农业示范基地项目的6个地区之一。项目建成后，预计年增加粮食产量200万千克，年增加经济效益400万元，全年节水400万立方米，水利用率提高15%以上。

14日 国家科技部副部长曹健林一行到张北县考察风光储输示范工程。省科技厅厅长贾红星，市委常委、常务副市长何江海陪同。

15日 由马来西亚云顶（卓越集团）投资的中国云顶乐园滑雪场在崇礼县正式落成。该项目总投资近70亿元，一期建成并投入使用11条雪道，包含4条初级道，3条中级道，4条高级道。其中，两条高级道已经获得国际雪联赛道认证资格，达到国际级别竞技赛事的标准。

16日 张家口市召开领导干部会议，宣布省委关于张家口市委主要负责同志职务调整的决定，王晓东同志任张家口市委书记；许宁同志不再担任张家口市委书记、常委、委员职务，另有任用。省委常委、组织部长梁滨出席会议并讲话，省委组织部副部长刘建合宣布决定；许宁、王晓东讲话；侯亮主持会议。

17日 副省长宋恩华、省政府副秘书长曹汝涛一行到张家口市军民合用机场调研。副市长李雪荣陪同。

中旬 据统计，张家口市因冬日主打冰雪游，夏日主打草原节等旅游品牌，通过旅游产品串联，初步形成生态旅游产业链。2011年，全市共接待游客1502.68万人（次），同比增长44.48%；创收86.50亿元，同比增长47.01%。其中12月份共接待游客131.71万人（次），同比增长44.63%；创收7.58亿元，同比增长47.26%。

23～28日 “中国·张家口大好河山雪韵冬趣摄影展”在第十届北京朝阳国际风情节上亮相，共吸引游客50多万人（次）。市委常委、宣传部长赵占华参观摄影展。本次摄影展由《中国摄影家》杂志社和中共张家口市委宣传部、张家口市旅游局联合举办，并被确定为第十届北京朝阳国际风情节系列活动之一。

29日 市委十届三次全会召开。市委书记王晓东强调，今年，要实现张家口市经济社会发展的新跨越，开创各项工作新局面，必须要有特殊的举措、特殊的作风，迎难而上，主动作为，以决战决胜的态势，创造性的做好各项工作。要强势攻坚突破，强力推进落实，在全市上下形成凝心聚力抓发展、迎难而上破难题、争分夺秒干事业、掷地有声抓落实的生动局面，在各个领域、各个层面全面跨越赶超。会议由市委常委会主持。市委委员、市委候补委员出席。

31日～2月3日 政协张家口市第十届委员会第五次会议召开。开幕式上，乔登贵主持会议。李青春代表中共张家口市委讲话。吴泽林受政协张家口市第十届委员会常务委员会委托向大会作工作报告；狄志惠向大会作提案工作报告。唐树森当选市政协主席。

本月 张家口市全面提高城乡居民低保、农村五保供养对象供养标准，确保张家口市城乡低保保障标准、农村五保供养标准与全国、全省平均水平同步增长。调整后，全市城乡居民、农村五保对象最低生活保障标准分别为：桥东区、桥西区、宣化区、下花园区、高新区月保障标准由310元提高到350元，其他县（区）月保障标准由260～280元提高到320元；全市农村低保年保障标准由1500元提高到1900元；农村五保集中供养对象年供养标准由2800元提高到3200元，分散供养对象年供养标准由1900元提高到2300元。全市城乡居民最低生活保障补差标准是：桥东区、桥西区、宣化区、下花园区、高新区月人均补差由190元提高到220元，其他县（区）月人均补差由170～180元提高到200元；全市农村低保月人均补差由80元提高到100元。

2月

1日 市委书记王晓东，代市长侯亮会见西部发展控股有限公司董事长陈远东，双方就太阳能新城开发项目、涿鹿桑干河治理项目相关事宜深入洽谈。西部控股太阳能新城位于宣化县洋河南岸，规划总面积12平方千米，计划总投资50亿美元，引进100家太阳能相关研发制造企业，打造1000亿元产值，聚集10万从业及居住人口，强化突出太阳能及光转电、电转光等光电科技技术的世界一流太阳能产业新城。

1～4日 张家口市第十二届人民代表大会第五次会议召开。代市长侯亮代表市政府作工作报告。大会通过了《张家口市2011年国民经济和社会发展计划执行情况与2012年国民经济和社会发展计划（草案）的报告》、《张家口市2011年市本级预算及市总预算执行情况与2012年市本级预算及市总预算（草案）的报告》。侯亮当选市人民政府市长。

5日 张家口市举行张家口西控太阳能新城国际委员会成立大会，标志着太阳能新城项目已进入实质性启动阶段。市委书记王晓东讲话并宣布委员会成立，市长侯亮为太阳能新城国际委员会的16位受聘科学家、企业家颁发聘书。西部发展控股有限公司董事长陈远东、绿种子科技集团主席陆弘亮、中微电子科技公司董事长孙夕庆、绿种子科技集团董事长刘恒、BCNA国际规划主席陈君毅、西控集团（香港）有限公司执行董事长周新棉，市领导何江海、郑丽荣、王江、张世林、薛宝玺，市政府秘书长郭英出席。

上旬 国家发改委社会发展司司长王威、就业和收入分配司副司长纪宁带队的国家保障和改善民生专题调研工作组，在省发改委领导的陪同下到赤城、崇礼两县，实地考察雕鹗镇黎家堡村、下虎村等地村卫生室、村小学以及贫困户生活，重点调研在教育、就业、收入分配、社会保障、医疗卫生、住房等保障和改善民生重点工作领域的基本情况。市长侯亮，市委常委、常务副市长何江海，市委常委、副市长郑丽荣分别陪同。

上旬 张家口市总工会获“全国工会帮扶工作标兵单位”殊荣。

上旬 北京市在张家口市投资的京冀生态水源保护林建设项目顺利完成一期工程建设任务，3年间，累计完成造林0.67万公顷，栽植各类苗木1048万株，完成投资5000万元。京冀生态水源保护林建设项目是北京市与河北省政府间的首个生态合作项目。

上旬 在涿鹿县矾山镇上七旗村建造的炎帝庙顺利竣工，至此，由台湾群益国际投资有限公司董事长张益瑞先生捐资1300多万元建造的“黄帝殿”、“蚩尤祠”、“炎帝庙”3个人文景点全部落成。

上旬 宣化县沙岭子镇南兴渠村种粮大户郑树军受到国务院表彰，被农业部评为“全国种粮大户”。这是他第三年被授予“全国种粮大户”称号。

13日 省委常委、宣传部长艾文礼率省委惩防体系建设检查组到张家口市，就2011年度全市推进惩防体系建设工作检查并出席汇报测评大会。市委书记王晓东，市委副书记、市长侯亮分别代表市委、市政府领导班子和个人作工作汇报。

13～14日 省委常委、宣传部长艾文礼就加强基层宣传思想文化工作、深化文化体制改革和加快文化产业发展等调研。省委宣传部秘书长魏平、省委宣传部副部长王景武、省文化厅厅长冯韶慧一同调研。市长侯亮，市委常委、宣传部长赵占华，市政府秘书长郭英陪同。

15日 省委常委、常务副省长杨崇勇到张家口市，考察望山循环经济示范园区、市产业集聚区的规划建设、项目引进等情况，听取相关工作汇报。省政府常务副秘书长苏银增，市长侯亮，市委常委、常务副市长何江海，市政府秘书长郭英陪同。

18日 张家口市首批25辆天然气公交车投入运营，标志着全市公交迈入“天然气”时代。市委书记王晓东在启动仪式上下达发车令，市领导王江、李雪荣参加启动仪式。

20日 张家口市建立拉练检查机制以来的第一次会议——全市扶贫开发拉练观摩会在崇礼县召开，对扶贫开发攻坚工作再动员、再部署。市委书记王晓东强调，全市上下要进一步加大工作力度，加快工作进度，以人一我十、只争朝夕的精神状态，做深、做细、做实各项工作，力求尽快取得突破性进展，务求扶贫攻坚的决战决胜。市长侯亮主持会议。

中旬 由市曲协主席朱凤翔原创，谢峰、王增全表演的东口数子《口莱谣》，参加在河南举行的中国曲艺家协会主办的全国曲艺邀请赛，以颇具特色的地域文化收获创作一等奖和表演一等奖。

22日 沽源县与中国物流股份有限公司投资建设的中国西北机械贸易基地项目正式签约。该项目投资3~5亿元，总占地面积66.67公顷。分两期实施，一期占地33.33公顷，3年完成，业务范围将辐射全国各地，重点是西北及北方各省份、内蒙古自治区。

24日 “激扬民族力量——2011中华儿女年度人物”发布仪式在北京举行。河北金凤集团（张家口）总经理郝碧琳当选“2011中华儿女年度人物”，是河北省唯一获此殊荣者。

下旬 国电龙源尚义县麒麟山风电场二期大型风电项目获得国家发改委核准。该项目总投资9.3亿元，总装机容量10.05万千瓦，年设计上网电量2.3亿千瓦时。

3月

1日 市长侯亮与黑龙江省伊春市市长高环签署协议，两市正式结为友好城市。伊春市委常委、统战部长关思伟，市人大副主任王忠秋，副市长、市政府秘书长范庆华，市政协副主席刘静；张家口市领导曹英忠、乔登贵、何江海、郑丽荣，市政府秘书长郭英出席。

2日 张家口市驻地部队定点扶贫工作动员会议召开。会议要求，从即日起到2020年末，驻张部队团以上单位分两轮对张家口市12个贫困县和5个非贫困县（区）的53个革命老区村、贫困村结对帮扶，力争到2015年底第一轮扶贫工作结束时全部帮扶村脱贫出列，到2020年底第二轮扶贫工作结束时所有扶贫对象实现吃、穿“两不愁”及义务教育、基本医疗和住房“三保障”目标。省军区政治部副主任刘进锋，驻张66455部队政治部副主任徐建勇，市委常委、军分区政委曹志民，副市长李雪荣、陈胜，军分区政治部主任周书海等出席。

同日 市殡葬协会正式成立。该协会由市、县（区）民政部门主管殡葬工作人员、市殡葬管理处和县（区）殡葬管理所、殡仪馆，从事殡仪服务、殡葬管理、有关殡葬的科研、生产或销售殡葬用品的单位或个人，以及从事殡葬工作的其他单位和个人自愿结成的非营利性社会组织。

11~15日 省安监局纪委书记赵长进率省开展加强基层建设年活动第四巡回督导组到张家口市督导检查。市委书记王晓东出席汇报座谈会，市委常委、组织部长魏福刚汇报张家口市工作情况，市委常委、秘书长王江主持。

13日 市长侯亮会见中国机械工业集团公司副总经理、总会计师骆家駹，双方就国机集团张家口地质装备产业园项目有关事宜沟通交流。国机集团总裁助理刘祖晴，副市长宋文玲，市政府秘书长郭英参加。

16日 张家口市召开农村工作会议，贯彻落实中央和省农村工作会议精神，研究部署全市“三农”工作。市委书记王晓东要求，做好今年的“三农”工作，要在发展特色农业、打造农业品牌、培育龙头企业、加强农业基础设施建设、实施“幸福乡村计划”、强化农村基层组织建设等方面取得积极进展。市长侯亮强调，要全力突破产业化瓶颈，解决产业化覆盖率低的问题，通过引进外来企业、扶持本地企业、发挥好党员干部和致富能手的带头示范作用等途径，培育壮大龙头企业，同时积极实施土地流转，为农业产业化提供土地保障。

19~21日 省委副书记赵勇到赤城县，就扶贫开发和加强基层建设年活动开展调研。省委副秘书长王国发、省委农工部部长董经纬等一同调研。市委书记王晓东，市长侯亮，市委常委、秘书长王江，副市长杨玉成、陈胜陪同。

20~21日 副省长宋恩华到宣化区柳颐园老年公寓、宣化县沙岭子村农村互助幸福院、市福利总院新址、高新区奥林星城居家养老呼叫服务站、桥东区茶坊社区养老服务中心调研，听取张家口市养老体系建设和老龄工作情况汇报。省政府副秘书长曹汝涛，省民政厅厅长古怀璞、副厅长王云一同调研。市长侯亮、副市长李雪荣，市政府秘书长郭英陪同。

22日 2012中国·张家口金融经济发展高层恳谈会在石家庄举行。张家口市推介重点建设项目60个，重点企业243家。与16家金融机构签订64个信贷合作项目，签订金额360亿元，比上年增加8亿元。省长助理、省金融办主任江波，中国人民银行石家庄中心支行行长张文汇，中国银监会河北监管局副局长李莅春，市领导王晓东一行出席。

27日 在张家口海关2012年度A类企业授牌仪式上，河北马利食品有限公司、张家口华瑞现代农业科技发展有限公司、阳原县众鑫皮草有限公司、张家口弘基农业科技开发有限公司、张家口市宏兴机械有限责任公司、河北省张家口市轻工纺织品进出口公司、河北翼高贸易有限公司、张家口洁华化工有限公司、张家口市聚泰裘皮有限公司、阿特拉斯·科普柯（张家口）建筑矿山设备有限公司、张家口华益皮草有限公司11家进出口企业被授予“A类企业”，可享受便捷的通关服务。张家口市A类进出口企业由此达到20家。市委常委、副市长郑丽荣出席仪式并为A类企业授牌。

29~30日 在北京召开的共青团中央、中国青少年发展基金会“2012年全国青基会系统工作会”上，张家口市团市委荣膺全国“希望工程影响力奖”。

30日 中共张家口军分区第八次代表大会召开。大会表决通过关于中共张家口军分区第七届委员会报告、纪律检查委员会报告的决议；选举产生中共张家口军分区第八届委员会、纪律检查委员会及出席河北省军区第十一次党代会代表。在随后召开的军分区第八届党委第一次全体会议上，市委书记王晓东当选为军分区党委第一书记，曹志民、袁畅分别当选为党委书记、副书记，赵专运、周书海、韩东当选为党委常委。

同日 市委书记王晓东在北京会见中国交通建设股份有限公司董事长、党委书记周纪昌，双方就扶贫开发、基础设施建设等领域的合作沟通进行交流。中交集团党委副书记、纪委书记、监事会主席刘湘东，中交集团副总裁陈云，市委常委、常务副市长何江海，市委常委、市委秘书长王江参加会见。

31日 全市社会管理创新暨群众工作拉练观摩会在宣化区召开。市委书记王晓东出席并讲话。市长侯亮主持会议。

下旬 由团市委等17家单位联合开展的第八届“张家口市十大杰出青年”评选活动揭晓，张北县大囫囵镇北壕堑村卫生室村医史砚虹；市财政局办公室主任马经纬；张家口日报社日报编委、评论部主任袁琦；张北中都草原度假村管理处主任杨巍；河北宏昊工程集团有限公司董事长赵志国；市建设工程质量检测中心主任、党支部书记刘源；张家口卷烟厂有限责任公司党委委员、副总经理王海涛；宣化第一中学数学教师毕成；宣化县赵川镇赵川村支部书记栾强强；市人民检察院公诉处副处长付民等10人荣获“张家口市十大杰出青年”称号。另有10人荣获“张家口市优秀青年”称号。

本月 自春季学期开始，张北、康保、沽源、尚义、万全、怀安、阳原、蔚县、宣化县9个试点县（不含县城）公办义务教育学校，先行启动营养改善计划国家试点工作，每名学生每天享受3元钱的营养膳食补助，专门用于改善营养状况。这9个县采取学校食堂供餐、企业供餐、家庭（个人）托餐等多种供餐模式，为学生提供主食、副食、汤（粥）等完整的午餐，或提供早餐或课间餐，包括牛奶、鸡蛋、面包、水果等。全年按照学生在校时间200天计算，所需资金全部由中央财政承担。

4月

4日 晚9点，张家口市召开紧急电视电话会议，通报近期森林防火形势，再动员、再部署春季森林防火工作。市委书记王晓东强调，各级各部门要充分汲取发生火灾的深刻教训，认识要再提高，责任要再强化，保障要再加强，问责要再严格。驻张某部队首长尹守基，市领导王江、杨玉成、赵专运，市政府秘书长郭英出席。杨玉成通报近期森林防火形势。

同日 市长侯亮会见以县委副书记、县长坎·巴太为团长的新疆和硕县产业对接考察团成员，并就张家口市援助和硕县的有关工作座谈。市委常委、副市长郑丽荣主持，市人大副主任张世林，市政协副主席王忠富，市政府秘书长郭英出席。

同日 全国人大常委会副秘书长、民建中央副主席张少琴在民建河北省委副主委郭士刚陪同下到张家口市调研，与市长侯亮，市领导周林、韩立友，市政府秘书长郭英座谈。

上旬 国际殡葬协会第三副主席特蕾莎女士率团到张家口市殡仪馆参观。本次拉美参观团在国内只选定了张家口市殡仪馆作为唯一参观对象，中国殡葬协会张洪昌副会长陪同。本次参观团由玻利维亚、哥伦比亚、多美尼加、委内瑞拉等南美5个国家的20名当地大型殡葬集团的高管组成。

上旬 张家口市正式启动智慧景区试点建设工作，国家4A级旅游景区张北中都原始草原度假村被确定为全省首批智慧景区试点单位。

上旬 蔚县蔚州镇入选第三批全国发展改革试点城镇名单。

上旬 张家口市望山循环经济示范园区入选省第一批资源综合利用试点基地，矾山磷矿入选试点企业。

上旬 市总工会及20个县（区）总工会“12351”职工服务热线全部开通，24小时全天候为广大职工提供政策咨询、法律援助、互助保障、困难帮扶、职业介绍等方便、快捷的服务。

11~12日 致公党中央副主席杨邦杰、严以新一行到赤城云州水库、怀来官厅水库调研京津冀区域水资源协调发展情况，并与市直相关单位座谈。副市长杨玉成汇报了张家口市水资源发展总体情况。市政协副主席周林陪同并主持座谈会。

12~13日 省政协副主席、党组副书记刘永瑞一行到宣化县屈家庄村、沙岭子镇派出所、宣化区应急指挥中心、天泰寺街道九天庙社区、怀来县沙城路东派出所、沙城法院等执法一线和居民社区就深化环首都“护城河”工程进行调研。省政协社会和法制委员会主任王宽陪同。市委书记王晓东出席座谈会。市领导唐树森、李青春、王江、袁秀平，市公安局局长杨春光陪同调研，李青春就张家口市“护城河”工程情况作综合汇报。

16日 市委书记王晓东率张家口市代表团抵达香港，参加2012年河北省（香港）投资贸易洽谈会。王晓东分别与香港中华总商会会长蔡冠深和香港工业总会国内事务委员会委员苏华森交流合作事宜，市委常委、副市长郑丽荣出席。

同日 总投资25亿元、占地100公顷的张家口中铁国电煤炭物流中心项目奠基仪式在万全县举行。市长侯亮宣布项目奠基，市委常委、宣传部长赵占华，市人大副主任张世林，市政协副主席王忠富，市政府秘书长郭英出席。张家口中铁国电煤炭物流中心项目是由北京铁路局、呼和浩特铁路局、中铁资源集团有限公司、中国国电集团公司按照28%、24%、24%、24%的比例共同出资建设的大型煤炭存储转运中心。项目位于万全县旧堡乡旧堡村，全部采用国内最先进设备，自动化程序较高，主要建设全封闭筒仓式、高效、环保、节能型煤炭物流存储转运中心。项目总体规划建设年发运能力3000万吨，分三期建设，一期建设年发运量1000万吨，预计投资9亿元，计划2012年底建成投产。

17日 河北省（香港）投资贸易洽谈会举行签约仪式，怀来县与适尔行（香港）国际服装贸易有限公司合作建设中国怀来（香港）尚德缘国际养老中心项目，张北县与中国专业国际投资有限公司合作建设开发草原天路旅游项目，桥西区与中国世贸集团合作建设世贸集团长青路综合改造项目，赤城县与华润集团签约合作建设华润赤城云州风电、光伏发电场等4个项目在会上签约，总投资额达8.18亿美元。市委书记王晓东，市委常委、副市长郑丽荣出席。

同日 市委书记王晓东会见中华全国工商业联合会名誉副主席、香港中华总商会永远荣誉会长、金利来集团有限公司董事局主席曾宪梓，香港特别行政区选举委员会委员、香港中华出入口商会副会长、全艺制作有限公司董事总经理张明敏等港商，双方就推进彼此间的合作交流探讨。市委常委、副市长郑丽荣出席。

18日 参加2012年河北省（香港）投资贸易洽谈会的张家口市代表团在香港君悦酒店举行重点项目招商发布会暨签约仪式，宣化县、涿鹿县、张北县与西部控股、泰丰资本等企业签约9个项目，总投资27.5亿美元，发布10个重点招商项目。会上，举行了中国张家口新能源资本管理有限公司暨张家口新型能源发展基金揭牌仪式。

同日 张家口市举行签约仪式，市交通运输局所属的市高等级公路资产管理中心分别与中石化河北张家口分公司、中石油河北销售分公司签订了张家口高速公路服务区经营权转让协议书，张家口市所属的张涿、京新、京蔚、张石、二秦、张承二期、京尚、北绕城和城市快速路等9条段高速公路的37个高速公路服务区20年的经营权，正式转让给中石油和中石化两大能源巨头，这是张家口市高速公路服务区经营合作模式的一次创新，开全省之先河。

18~20日 由全国人大常委会副委员长韩启德率队的全国人大文物保护法执法检查组到张家口市。省人大常委会副主任宋太平，市领导侯亮、曹英忠、李建举、张秀发、侯桂兰，市政府秘书长郭英陪同。检查组先后到怀来县鸡鸣驿城，蔚县博物馆、常平仓、灵岩寺、玉皇阁、暖泉镇西古堡、暖泉书院检查文物保护工作。张家口市现有不可移动文物遗存点7899处，其中国家级重点文物保护单位27处，省级重点文物保护单位101处，市级重点文物保护单位36处。

20日 中航液压徐工科技液压油缸生产基地在涿鹿县落成。市领导何江海、魏福刚出席揭牌仪式。坐落于涿鹿县境内的张家口中航液压装备股份有限公司，2011年9月与徐工集团成功签订《战略合作协议》，成为徐工集团专用油缸生产基地。项目达成后，年产值可实现1.5亿元。

22日 张家口坝上蔬菜产业集团成立。该集团以河北亚雄现代农业有限公司为核心企业，有13家子公司和参股公司，集团的成立标志着张家口市坝上蔬菜产业由分散走向集约化、集团化。

24日 总投资5.17亿元的庞大集团张北汽贸城项目开工奠基。该项目致力打造坝上地区最大的汽贸综合服务基地，全面改变坝上地区汽贸物流产业发展格局，带动坝上地区汽贸市场实现快速高效发展。

27日 市工商业联合会汽车商会成立，市委常委、市政府副市长郑丽荣出席剪彩揭牌仪式。

同日 第52届锡林郭勒盟、乌兰察布市、张家口市、呼和浩特市、北京市延庆县、大同市联合防治鼠疫委员会会议在张家口市召开，会议总结回顾去年的联防工作，重点部署今年联防地区鼠疫防控工作，卫生部应急办、相关省市卫生部门领导出席，副市长侯桂兰出席并致欢迎词。

28日 张家口市召开庆祝“五一”国际劳动节暨表彰大会，张家口市农业科学院等10个单位、袁彦伟等62名个人、中煤张家口煤矿机械有限责任公司一加工车间插齿组等20个班组分获市五一劳动奖状、奖章和工人先锋号荣誉称号。

29日 张家口市与希森马铃薯产业集团有限公司签署马铃薯产业项目合作协议，双方围绕马铃薯产业的研发深入合作。希森马铃薯产业集团董事长梁希森、总经理胡柏耿，市委书记王晓东，市长侯亮，市委常委、秘书长王江出席签约仪式，侯亮与梁希森分别代表双方在合作协议上签字。

同日 桥西区在大境门街道办事处西山底社区举行“爱之源”公益互助会暨“爱之源在行动，争当百姓贴心人”活动启动仪式，桥西区总工会、区民政局、团区委等8个部门现场向400余户困难群众发放价值10万元的物资。市领导王晓东、李建举、郑丽荣、王江、武凤英、吴泽林出席启动仪式。

下旬 张家口市被省政府授予“2011年度河北省环境保护目标管理进步较大市”荣誉称号，这是张家口市继2009年后再次获此殊荣。怀来县、宣化区、桥东区在会上被分别授予“2011年度河北省环境保护目标管理优秀县（区）”称号。

5月

2日 由市委宣传部、张家口日报社、市发展改革委员会、市工业和信息化局、市商务局、市旅游局主办，市工商局、市质量技术监督局协办的“中都草原杯·张家口最有影响力产业（产品）品牌评选活动”正式启动。本次活动的主题口号是“让产品魅力四射，让企业展示卓越，让企业家更受尊重”。市委常委、宣传部长赵占华出席并与各主办单位领导共同按动启动球。

6日 宣化县、涿鹿县交界处发生的森林火灾，经过6100多名军民2个昼夜奋战，于16时全部扑灭，无人员伤亡。市委书记王晓东、市长侯亮等赶赴一线协调、指挥，部署扑救工作。

4~6日 全市重点项目拉练观摩会议召开。市委书记王晓东出席并讲话。他强调，要走出“基础条件差、招不来客商、引不来项目”、“宏观环境紧、项目机遇少、工作难度加大”、“投资者说了算、抓不抓一个样、跑不跑一个样”、“大抓大担责、小抓小担责、不抓不担责”等思想认识误区，以更高的标准、更实的举措、更好的机制抓项目。重点抓工业项目、产业项目、带动群众致富能力强的项目和旅游新型服务项目。

7~8日 省委、省政府在赤城县召开环首都扶贫攻坚示范区建设工作调度会，深入贯彻落实全省扶贫开发暨环首都扶贫攻坚示范区建设工作会议精神，协调调度环首都扶贫攻坚示范区建设工作。省委书记、省人大常委会主任张庆黎就推进环首都扶贫攻坚示范区建设工作作出批示，省委副书记赵勇出席并讲话，副省长沈小平主持会议；省直有关单位负责人参加会议，保定市委书记许宁、承德市委副书记丁锦霞、市委书记王晓东参加会议并分别汇报工作，市领导魏福刚、王江、陈胜参加。

8日 永定河大桥三号桥墩成功转体；大桥二号桥墩成功完成转体，至此，康祁公路永定河大桥成功实现转体合龙，标志着康祁公路改造建设实现突破性进展。此桥为张家口市公路桥梁建设中平面转体最高的桥梁。工程由中铁六局北京铁建公司承建，2010年10月开工建设。

8～10日 副省长杨汭、省政府副秘书长李璞、省文化厅厅长冯韶慧一行到张家口市，就医疗卫生、文物保护与开发工作进行调研。市委书记王晓东，市领导何江海、郑丽荣、王江、杨玉成、宋文玲，市政府秘书长郭英陪同。

9日 蔡家营铅锌矿业公司转让河北华澳矿业公司部分权益签约仪式在张家口市举行。市委常委、常务副市长何江海，副市长宋文玲，格瑞芬公司董事长莫拉登·宁可夫，董事罗杰·古德温出席，宋文玲和莫拉登·宁可夫代表双方签字。

12～13日 中共中央政治局委员、中央书记处书记、中宣部部长刘云山到张家口市，就宣传文化工作调研。

16～18日 承德市政协主席郑晓东，副主席于列、姚华、周义强，秘书长王庆林等率考察团到张家口市，就文化、旅游产业、城市建设及民族宗教事务参观考察。张家口市政协主席唐树森，副主席周林、吴泽林、袁秀平、何兰、王忠富，秘书长曲苏陪同。

18日 全国召开公安系统英雄模范立功集体表彰大会，张家口市民警陆真安被授予全国特级优秀人民警察称号。陆真安现任张家口市公安局巡警特警支队副主任科员，三级警督警衔。十多年中，他带领处警队接处警4万余起，仅出警记录上有记载的帮助群众解决困难、为百姓办的好事就有670多件，现场抓获13名重大杀人犯罪嫌疑人，至今保持着个人接处警最多的纪录。

18～21日 第八届中国（深圳）国际文化产业博览交易会在深圳市会展中心举行，市委常委、宣传部长赵占华率代表团参加。会上，总投资6.8亿元的宣化县桑干河大峡谷文化园项目在“河北省重点文化产业项目推介暨签约仪式”上正式签约。

19日 国家林业局、中国林科院等国家及省内权威部门的十余位专家到张家口市，对《张家口市国家森林城市建设总体规划（2011—2020）》（简称《规划》）进行评审。专家组经过细致了解和认真讨论，一致通过。副市长杨玉成出席。

24日 全市中小学校舍安全工程现场推进会在万全县召开，市长侯亮强调，各县（区）各相关部门要进一步统一思想、凝聚共识、集中精力，加快推进速度，确保工程质量，全力打好中小学校舍安全工作攻坚战，圆满完成各项目标任务。各县（区）向市政府递交《张家口市中小学校舍安全工程责任书》和《2012年财政教育投入目标责任书》。

29日 省、市重点项目河北骞海鼓风机制造有限公司在宣化区竣工投产，填补了张家口市机械装备制造业的一项空白。市长侯亮宣布项目竣工投产。中国通用机械工业协会风机分会副秘书长郭绍华、辽东学院副院长蔡若松等业内专家特邀出席。

下旬 张家口市农村信用联社系统第一家农村商业银行——河北张家口宣泰农村商业银行在宣化区正式成立，同日还举行了第一届股东大会。此举标志着张家口市农村信用社股份制改革工作取得阶段性成果。

6月

1日 市中心城区和宣化区城市供水价格及水资源费收费执行新标准，居民生活用水价格由现行1.80元/立方米调至2.45元/立方米；水资源费收费标准暂由每立方米0.10元调整为0.20元；并继续对困难家庭实行价格优惠政策。

同日 张家口市作为公布PM2.5监测数据试点城市之一，正式公布PM2.5监测数据。桥西区西苑北路五金库设有一个空气质量监测点位，年末，全市再增设4个，总数达到5个监测点位。

5日 河北省召开“巨人计划”首批创新创业团队和领军人才命名大会，对40家首批入选的创新创业团队和40名领军人才命名。张家口市推荐的3个团队及3名领军人才受到命名表彰，分别是：长城葡萄酒有限公司技术中心创新小组（领军人才：孙腾飞）、河北华美光电子有限公司（领军人才：周海军）、张家口市农业科学院谷子研究所（领军人才：赵治海）。

6日 万全县国地税联合办税服务厅正式运行，为全省首家国地税联合办税大厅，可解决纳税人办税时间长、办税成本高、办理业务多头跑等实际困难，提高征管质量和效率、降低税收征纳成本。市人大副主任张世林出席。

6～8日 副省长杨汭一行到张家口市调研经济运行情况。在省政府副秘书长李璞，省发改委副主任、省医改办常务副主任毛宇山，省工信厅副厅长冀纯堂，市领导侯亮、何江海、侯桂兰、宋文玲，市政府秘书长郭英陪同下，杨汭到中国长城葡萄酒有限公司、华美光电子有限公司、河北亚雄现代农业有限公司、中煤张家口煤机装备产业园、张家口卷烟厂有限责任公司等企业和产业园调研，与干部职工座谈，了解企业发展中遇到的实际问题。

7～8日 水利部副部长李国英率督导组一行到张家口市督导检查粮食稳定增产行动工作。副省长沈小平、省农业厅厅长赵国岭、省水利厅厅长李清林等，市领导王晓东、侯亮、王江、陈胜，市政府秘书长郭英陪同。督导组察看了阳原县化稍营镇东打鱼湾村玉米高产示范基地，涿鹿县东小庄乡界牌梁村玉米高产创建示范田和宣化县万亩高产玉米示范田，考察万全县霍家房村马铃薯合作社，考察了水务局高效节水示范基地信息化管理平台、张北县高效节水农业科技示范园。

9日 中国最大的旧石器专题博物馆——泥河湾博物馆在阳原县开馆。这是中国第一个全面展示旧石器时代人类活动和完整揭示旧石器、新石器时代人类发展序列的博物馆。全国政协原常委、河北省原省长钮茂生宣布泥河湾博物馆开馆。中纪委原常委祁培文，国家旅游局综合协调司司长张坚钟，国家文物局办公室主任朱晓东；省政协副主席、党组副书记刘永瑞，省人大常委会原副主任杨新农，省政协原副主席郭洪岐，省委宣传部常务副部长杨永山，省文化厅副厅长李建华，省文物局副局长谢飞等国家部委和省有关领导、部门负责人以及国际国内知名专家学者、企业界人士应邀出席。市委书记王晓东、市长侯亮、市人大党组书记曹英忠、市人大常委会主任李建举、市政协主席唐树森等及部分老领导出席。刘永瑞、王晓东分别致辞，朱晓东代表国家文物局宣读贺信表示祝贺，中国博物馆协会、省文物局也发来贺信表示祝贺。

10日 全市基层党建工作拉练观摩暨“三增一做”主题活动动员大会在赤城县召开。市委书记王晓东强调，各级各部门要牢固树立群众观念，进一步加大工作力度，创新工作方法，不断提升基层和群众工作水平，切实在基层形成讲实干、比奉献、争先进、创一流的生动局面，全面践行“全心全意为人民服务”的根本宗旨。

10～12日 市委书记王晓东、市长侯亮带领张家口市党政代表团到天津市和沧州市学习考察，了解沿海地区项目建设、城市建设与管理、园区建设、基层组织建设和创新社会管理等情况。

16日 第三届中国剪纸艺术节暨第二届蔚州国际剪纸艺术节在蔚县开幕。省政协主席付志方宣布艺术节开幕。中国民协分党组成员、副秘书长吕军，省委常委、宣传部长艾文礼，市委书记王晓东分别致辞；市长侯亮主持。来自美国、俄罗斯、法国等国家的剪纸艺术家和国际友人，国内剪纸和文化界的专家学者、艺术家代表1600多人参加本届剪纸艺术节。为期3天的剪纸艺术节以“传承、创新、发展、繁荣”为主题，中外剪纸精品展、“剪纸艺术保护与发展高层论坛、剪纸艺术家现场表演剪纸绝活等十大主体活动充分展示了剪纸艺术的独特魅力。

同日 省政协主席付志方到蔚县代王城镇、南留庄镇考察督导扶贫攻坚工作，省扶贫办主任扈双龙、省文化厅副厅长李建华，市领导侯亮、唐树森、杨玉成、陈胜、吴泽林、韩立友，市政府秘书长郭英等陪同。

19日 中共中央政治局常委、中央政法委书记周永康在省委书记张庆黎、省长张庆伟、市委书记王晓东、市长侯亮等陪同下到怀来县调研。中央政法委秘书长周本顺、中直机关工委常务副书记孟学农、中央组织部副部长王秦丰、国家发改委副主任穆虹等陪同。

同日 第四届中国·张北草原音乐节暨2012中国·张北坝上草原文化旅游节，在北京举行新闻发布会和开票启动仪式。本届草原文化旅游节以“绿色、生态、文化、开放”为主题，以“宣传张北、推介张北、展示张北、提升张北”为宗旨。从7月1日持续到8月31日，推出第四届中国·张北草原音乐节、张家口·张北草原马拉松赛、塞那都·张北草原婚庆大典、2012全国热气球锦标赛、印象·张北——知名艺术家张北采风创作活动、元代三都文物精品联展等9项活动，以不同视角展示张北草原文化内涵和张北经济社会的独特魅力。

20～21日 省长张庆伟到张家口市，就发展高效农业、新能源产业、工业聚集区、旅游产业等进行调研。张庆伟先后考察张北草原音乐节场址、馒头营乡万亩高效农业示范区、张北成龙文化产业园、元中都博物馆、张北县风光储输示范项目、市产业集聚区、南山产业集聚区、望山产业集聚区、张家口卷烟厂、崇礼县密苑云顶乐园项目、旅游文化新区，详细了解各自在发展中面临的难题，现场听取有关负责人工作汇报。省长助理、省政府秘书长尹亚力，省政府办公厅巡视员潘超、省发改委主任刘学库、省工信厅厅长王昌等；市领导王晓东、侯亮、何江海、王江，市政府秘书长郭英陪同调研。

21日 市委书记王晓东、市长侯亮率团赴京，与北京市副市长苟仲文就京张产业合作共建事宜座谈。北京市政府副秘书长戴卫、北京市经信委主任靳伟、中关村管委会主任郭洪等北京市相关部门领导及同仁堂健康药业、卓越航空工业公司等企业负责人出席，市领导吴立芳、何江海、宋文玲、陈胜、市政府秘书长郭英参加。

26～27日 副省长张杰辉在张家口市会见沃尔沃汽车公司总裁兼首席执行官斯蒂芬·雅各布一行，就加快推进张家口汽车产业发展等交换意见。省工信厅厅长王昌，市领导王晓东、侯亮、吴立芳、宋文玲参加。

26～28日 副省长张杰辉带领省工信厅、省环保厅、省国土厅、省安监局领导到张家口市，就工业经济发展、安全生产、国土资源、节能减排等工作调研，察看了市产业集聚区、望山循环经济示范园区、东山产业集聚区和宣化区、怀来县等县（区）的部分重点项目，与市部分企业和市直部门负责人座谈，就相关工作提出具体要求。市委书记王晓东，市长侯亮，市委副书记吴立芳，市委常委、秘书长王江，副市长宋文玲，市政府秘书长郭英陪同。侯亮代表市政府作工作汇报。

30日 张家口市召开庆祝中国共产党成立91周年暨创先争优活动表彰大会。表彰全市创先争优活动中涌现出来的先进集体和优秀个人，进一步弘扬正气、鼓舞干劲、振奋精神，为全市经济社会实现更好更快更大发展凝聚强大精神动力。会议号召，全市各级党组织和广大党员要在重温党史中汲取精神力量，在对标先进中焕发高昂斗志，在推进绿色崛起、打造强市名城的实践中，再创新佳绩，再做新贡献，努力夺取科学发展、跨越赶超的新胜利。市委书记王晓东讲话。

7月

3日 市工人文化宫举行如山的脊梁——范振喜同志先进事迹报告会。会前，市领导王晓东、吴立芳、曹英忠、赵占华、王江会见由承德市委常委、宣传部长赵险峰带队的“建、促、迎”时代楷模报告团暨范振喜同志先进事迹报告团成员一行。随后，市领导曹英忠、赵占华、张常喜与来自全市各县（区）、各市直有关部门的1000余名党员干部及学生代表一起聆听报告。

5日 市长侯亮会见国家发改委国际合作中心资产管理研究所餐厨垃圾处理课题组主任万瑞敏及中欧生物能源联合财团首席执行官包士茂一行。会见中，张家口市与中欧生物能源联合财团就在张家口市建设餐厨垃圾提炼生物柴油项目进行磋商。市领导宋文玲、薛宝玺，市政府秘书长郭英参加。

同日 “张垣寻根”张家口堡景区旅游推介会暨3A景区揭牌仪式在桥西区堡子里抡才书院举行。市委常委、副市长郑丽荣出席并为景区揭牌。

7～9日 全国政协常委、民建中央经济委员会主任方兆本率民建中央支持环首都欠发达地区发展调研组到张家口市调研。省政协常委、民建河北省委主委、省法制办主任秦博勇参加调研。市委常委、政法委书记、统战部长李青春，副市长陈胜，市政协副主席、民建市委主委韩立友陪同。

8日 由国家体育总局田径运动管理中心、中华全国体育总会中国田径协会批准，由河北省体育局、张家口市政府主办，张北县政府、市体育局承办的大型国际赛事——中国·张家口·张北草原马拉松比赛在张北县举行。比赛从张北县城无穷门广场出发，终点为中都原始草原度假村，全长42.195千米。来自全国18个省、市、自治区的694名马拉松选手和来自肯尼亚、瑞典等国的15名外籍选手以及张北当地干部、学生、群众组成的3000余人长跑队伍参加比赛。经过激烈角逐，山东选手吴世伟和内蒙古选手何引丽分别夺得男、女全程马拉松赛第一名。

11日 “大好河山张家口·名企名商荟名城”招商月活动的主题活动之一——重点产业推介会暨项目签约仪式举行。市委书记王晓东致辞，市长侯亮介绍张家口市重点产业发展和投资环境等情况。签约仪式上，市政府与国华能源投资有限公司签订了合作开发抽水蓄能电站、太阳能发电、风电项目战略合作框架协议，项目总投资390亿元，侯亮与国华能源投资有限公司董事长解建宁分别代表合作方签字。蔚县、康保、尚义、桥西、涿鹿、下花园等县（区）分别与江西正邦集团有限公司、北京万联世纪投资有限公司、贝赛尔机械（北京）有限公司、中国石油天然气股份有限公司等企业集团签约。此次活动共有33个重大产业合作项目签约，总投资达814.11亿元。

12～13日 中共中央政治局常委、全国政协主席贾庆林到张家口市，就加快转变经济发展方式、保持经济平稳较快发展进行调研。

17日 中国世贸集团与桥西区政府、高新区管委会就张家口世贸中心项目签约。项目计划年内启动，3至5年建成后，成为中心城区地标性建筑群。市领导王晓东、侯亮、吴立芳、李建举、唐树森、王江、李雪荣，市政府秘书长郭英，及中国世贸集团主席曾智雄、中国世贸集团北京世贸中天投资有限公司总裁王岩等出席。王晓东、曾智雄讲话，侯亮主持。张家口世贸中心项目在桥西区、高新区分两部分建设。其中，在桥西区长青路东侧、清水河西岸、市人民公园以南地块，总投资约30亿元建设以地标性建筑——世贸大厦（150米超高层建筑）为主体，涵盖五星级酒店、大型超市、购物广场、高档公寓、写字楼，集购物、休闲、餐饮、娱乐、商务等复合功能为一体的城市综合体；在高新区长治街南侧、明珠西路西侧、市府大街北侧、钻石南路东侧地块建设商住综合体。

18日 2012’中国·张家口坝上蔬菜节在张北县开幕。国家有关部委负责人，北京市和河北省有关部门负责人，国内外高校知名教授及专家，韩国、日本等国家和国内食品行业的著名企业家，中央、北京和河北省各大新闻媒体记者出席。市委书记王晓东宣布开幕。市长侯亮、中国蔬菜流通协会会长戴中久、北京市委农工委副主任李成贵分别讲话。开幕当天举行蔬菜推介合作暨农业项目签约仪式。本次签约农业合作项目共43个，总投资67.73亿元。其中蔬菜类项目29个，投资额达18.23亿元；马铃薯项目2个，投资额达10亿元；畜牧类项目4个，投资额达31.7亿元；其他类项目8个，投资额达7.8亿元。

19日 桥东区怡安街棚户区改造（金垣置地广场）项目开工，总投资25亿元，总建筑面积41万平方米。省人大常委会副主任、党组副书记宋长瑞，市委书记王晓东出席。怡安街棚户区改造项目是张家口市棚户区改造重点项目之一，位于桥东区怡安街，东至宣化路，西至滨河中路，南至福寿横街，北至清河桥，总占地面积约6.67公顷，建设期为5年。

20日 张家口市召开着力改善发展环境生态环境广播电视动员大会。市委书记王晓东讲话。

中旬 市图书馆接受江音先生捐赠的有关文学、音乐、政治、历史、哲学、外文、工具书等各类图书1090册。江音先生是张家口市著名作家、音乐家，发表出版音乐歌曲、中短篇小说以及文学评论等200多万字，并多次获奖。1988年，他创作出版35万字长篇小说《风流世家》，为新时期张家口第一部长篇小说，在张家口文学史上占有重要地位。江音先生因病于2012年逝世，享年82岁。生前曾将个人专著《风流世家》、《灵魂的陷落》、《夜色风流》、《秋实集》、《我的备忘录》及《古典文学和经典作家评解选粹》6部著作捐赠市图书馆地方文献部收藏。并立遗嘱，由夫人张红梅女士负责将其多年收藏的图书捐赠给公益事业。

21日 全国人大常委、全国人大教科文卫委员会副主任委员、民进中央副主席、中国民办教育协会会长王佐书在省政协领导陪同下到张家口市，就民办教育工作调研。

22日 市委、市政府接到省政府通知，由于7月21日暴雨天气，引发洪水，造成保定市涞水县野三坡景区电力、通讯全部中断，部分道路、桥梁损毁严重，大批游客被困滞留，急需张家口市协助保定市开展紧急疏散救援工作。市委、市政府立即启动应急预案，第一时间派出由涿鹿县县长冯印涛，县委副书记、赵家蓬区委书记常瑞天，副县长、公安局局长李占明带队的30人先遣队，携带食品和饮用水，从涿鹿县出发赶赴一线开展救援。随后，市委书记王晓东，市长侯亮，副市长杨玉成，副市长、市公安局局长杨春光，带领市有关部门赶赴涿鹿县，迅速了解前方情况，并立即成立抢险救灾应急指挥部。23日凌晨2时许，已调集挖掘机5台、装卸车10辆、装载机10台、编织袋1万个、柴油5吨、炸药2吨等抢险救灾物资和相关技术人员赶赴灾区，并于上午8时进入野三坡灾区开展道路修复及救援工作。上午10时许，涿鹿县再次组织500箱饮用水和2000余份食品运往灾区，确保灾区及500余名被困游客基本生活。8月24日，张家口市与保定市完成了援建资金和恢复重建项目的对接。张家口市援建项目共11项，援建资金总计2200万元。

24日 张家口市召开经济形势分析暨工业经济运行拉练观摩会议，会议强调，各级各部门和广大干部要解放思想、勇于担当；要作风务实，真抓实干；要民本为先，扎根群众。要以昂扬的精神状态，过硬的工作作风，全力做好下半年各项工作，圆满完成今年经济社会发展的目标任务，以优异成绩迎接党的十八大胜利召开。市委书记王晓东、市长侯亮分别讲话。

25日 “同根 同源 同心”——中华三祖文化与黄帝城遗址公园建设高层论坛在全国政协礼堂举行。全国政协副主席、中国文联主席孙家正出席论坛开幕式。全国政协教科文卫体委员会副主任江绍高主持，全国政协教科文卫体委员会副主任张耕、省政协副主席王玉梅、市委书记王晓东分别致辞。

同日 省委常委、统战部长田向利率省水利厅副厅长位铁强等深入赤城县炮梁乡银达矿业公司温家沟尾矿库、县城白河大桥南广场、县应急指挥中心检查防汛工作，现场查看防洪工程、防汛队伍和物资储备等，就具体工作提出要求。市长侯亮，市委常委、政法委书记、统战部长李青春，副市长杨玉成，市政府秘书长郭英陪同检查。

29日 市委书记王晓东，市委副书记、市长侯亮会见"大好河山张家口·名企名商荟名城"大型主题招商月活动与会嘉宾和来自美国、英国，台湾和香港的40多位客商。市领导吴立芳、唐树森、何江海、郑丽荣、王江、唐卫斌，市政府秘书长郭英参加。

30日 "大好河山张家口·名企名商荟名城"大型主题招商月活动再掀高潮——张家口市举行第二场重点产业推介会暨项目签约仪式，签约8个重大产业合作项目，总投资达20.59亿美元。全国侨联、全国外企联、全国台企联、世界华商联合会、世界杰出华商协会的领导和300多位知名台商、港商、华商、侨商和外商嘉宾出席。市委书记王晓东致辞，市委副书记、市长侯亮介绍我市重点产业发展和投资环境等情况。仪式上，崇礼县、赤城县、怀来县、宣化区等分别与汉通泰丰控股有限公司、香港梧桐资本集团、怀来紫晶庄园葡萄酒有限公司、凯丹水务宣化发展有限公司等签约8个重大合作项目，总投资20.59亿美元。

31日~8月1日 全国人大常委、外事委员会副主任、民革中央副主席齐续春率民革中央专题调研组赴涿鹿调研。全国政协常委、省政协副主席孔小均，省委统战部副部长、省工商联党组书记武志雄，市领导李雪荣、肖楷陪同。调研组先后参加祭拜中华三祖仪式，参观三祖文化历史遗址和中华合符坛、三祖文化广场、涿鹿益利葡萄酒有限公司，并与市县有关负责同志座谈，听取关于三祖文化开发利用情况的介绍。31日~8月2日副省长龙庄伟率省政府相关部门领导，到宣化、万全、张北、阳原县，就科技、教育工作进行调研。

8月

3~6日 省委常委、省纪委书记臧胜业到张家口市循环经济示范园区、南山产业集聚区、市产业集聚区和崇礼县、张北县、尚义县、察北管理区、高新区调研。他强调，要牢牢把握稳中求进的工作总基调，加快转变经济发展方式，努力实现经济平稳较快发展和社会和谐稳定；要认真贯彻落实省委理论学习中心组学习会议精神，充分发挥纪检监察机关职能作用，切实加强党风廉政建设和反腐败工作，为着力改善发展环境、改善生态环境提供纪律保证。省纪委副书记吕忠国，省纪委常委、秘书长张福建等，市领导王晓东、侯亮、吴立芳、唐树森、丁荣进、王江、宋文玲，市政府秘书长郭英陪同。

5~10日 省政协副主席崔江水，省政协提案委主任陈虎一行到张家口市调研。崔江水先后到明湖、西太平山、张家口卷烟厂、市产业集聚区和部分县（区）实地调研，听取相关汇报。市政协主席唐树森，副主席吴泽林、狄志惠、王忠富陪同。

6日 大境门西段长城受连续强降雨影响坍塌36米。坍塌事件发生后，张家口市相关部门迅速成立抢险指挥部，委托河北省古建筑研究所设计施工方案，并立即启动修复工程。11月，修复工程完工。

7日 第四次全省廉政文化建设观摩交流活动——张家口活动周在蔚县拉开帷幕。省纪委副书记吕忠国出席并讲话，市委副书记、市长侯亮致辞，市委常委、市纪委书记丁荣进主持，省农业厅纪检组长、监察专员孙进群，省文化厅纪检组长、监察专员徐亚平，省直纪工委书记田元长，市政府秘书长郭英出席。张家口活动周通过组织开展廉政剪纸展览、廉政书画展览、廉政文艺汇演，组织全市广大干部群众参观市级廉政教育基地、市级廉政文化示范点、廉政文化品牌建设，开展公益广告展播等活动，推进全市廉政文化建设深入开展。

同日 省住建厅厅长朱正举一行到张家口市调研城建工作。副市长李雪荣陪同。

同日 省财政厅厅长邢国辉、副厅长杜彦卿一行到张家口市，调研"四型财政"建设和重点项目建设情况，就做好今后财政工作提出了要求。市委常委、常务副市长何江海陪同。

7~8日 省委组织部副部长、省人力资源和社会保障厅厅长张义珍一行到张家口市社保局、沽源县小河子乡劳动就业社会保障服务所、小河子乡东滩村、沽源县社保业务大厅、赤城县人力资源和社会保障局就人力资源和社会保障工作调研。市委常委、秘书长王江，副市长宋文玲参加座谈会。宋文玲陪同。

9日 "九市一盟"区域合作（2012）峰会在张家口市举行，承德、阜新、葫芦岛等城市和锡林郭勒盟的相关领导围绕"加强区域合作、实现跨越发展”主题，就交通、产业、商贸、文化等相关领域展开交流、进行对接，共同签署《进一步深化“九市一盟”区域合作框架协议》。

同日 副省长杨汭到张家口市中医院、市建国医院、桥西区明德南社区和南营坊社区卫生服务中心就医疗和社区卫生服务工作调研。

9～10日 省委常委、组织部长梁滨到张家口市，就加强基层建设年活动、产业集聚区建设、扶贫开发攻坚等调研。

13～15日 梁滨先后到沽源县、察北管理区、张北县和尚义县进行调研。省委组织部副部长、省编办主任王亮及省直相关部门负责人，市领导王晓东等陪同。

15～16日 省委常委、副省长聂辰席就贯彻落实全省旅游业发展电视电话会议精神到张家口市调研。在怀来、张北、崇礼3县，考察紫晶葡萄酒庄园、草沿天路、风电观光塔、国家风光储输项目基地、中都原始草原等景区景点和旅游项目，详细了解崇礼太舞四季文化旅游度假区、翠云山国际旅游度假区等项目。省商务厅厅长王志欣，省旅游局局长栗进路，市领导王晓东、侯亮、郑丽荣、王江，市政府秘书长郭英陪同。

16日 太舞四季文化旅游度假区项目和翠云山国际旅游度假区项目先后在崇礼县开工建设。省委常委、副省长聂辰席出席两个重点旅游项目奠基仪式并宣布项目开工。太舞四季文化旅游度假区项目位于崇礼县四台嘴乡，由北京瑞意集团投资建设，总投资200亿元，项目规划总占地面积40平方千米，建设期15年，分3期实施。建成后，将成为集时尚运动、精品文化和休闲娱乐为一体的世界级四季文化旅游度假胜地。翠云山国际旅游度假区项目位于崇礼县西湾子镇和平森林公园，由河北建投集团所属旅游投资公司兴建，项目总控制面积50平方千米，总投资人民币50亿元，建设期5年，分3期实施。规划建成集滑雪、运动休闲、会议酒店、地产为一体的综合体。

19日 全国政协常委、外事委员会主任赵启正，全国政协外事委员会办公室主任荆文煌到桥西区大境门景区、张北县元中都博物馆等处，考察张家口市文化建设情况。市政协副主席袁秀平陪同。

同日 张家口市新区建设开工奠基暨基础设施项目签约仪式举行。张家口市新区东起张宣大道、西至清水河东岸、南至洋河北岸、北至京藏高速公路，规划建设面积30平方千米，按照“现代化、园林式、低碳型”国际生态新城的建设标准，打造成为张家口市未来行政、文化和商贸中心。2012年率先启动全长7.6千米的中央景观大道建设工程，建成后全面带动整个新区的开发建设进程。仪式上，市直有关部门还分别与北京东方园林股份有限公司、大唐国际发电股份有限公司等6家开发建设单位签订了《市新区景观系统建设合作框架协议》、《市新区集中供热项目（热源）合作意向书》等6项新区基础设施配套项目建设协议。

19～20日 中国科学院胡文瑞等院士、专家组成的调研组到张家口市，就装备制造业改造提升及再生能源利用调研。调研组先后到张北县、高新区、宣化区，实地考察了部分装备制造、风力发电企业，详细了解张家口市机械装备制造、风电产业发展现状。胡文瑞应邀在市工人文化宫作题为“能源危机和可再生能源发展”的报告。

20日 张家口通泰产业投资集团有限公司与河北省国和汽车投资有限公司签署战略合作框架协议。省国和汽车投资有限公司是省国资委的监管企业之一，委托世界500强企业开滦集团管理，是以汽车营销服务为基业、多元化发展的省十大物流龙头企业和汽车贸易龙头企业。河北国和通泰物流园位于市产业集聚区内，计划于2013年正式投入运营。

21日 位于市南山产业聚集区的张家口内陆港投资控股有限公司暨海关监管区启动运营。张家口内陆港暨海关监管区自1996年开始策划，2005年正式申报，2010年开工奠基，目前完成了项目的一期工程建设，包括8000平方米综合业务楼、9000平方米监管库、2万平方米集装箱堆场及卡口设施、监管系统、网络系统、消防系统等基础配套设施，并与天津港集团和曹妃甸保税区签署了合作协议，实现陆、海一体化物流联运体系。

22～24日 省政协党组副书记、副主席刘永瑞到张家口市调研。刘永瑞一行深入到市产业集聚区中煤张煤机装备产业园、南山产业集聚区沃尔沃（张家口）汽车生产基地、望山循环经济示范园区盛华循环经济氯碱及氟化工基地、明湖、凤凰国际城及张北、阳原、蔚县、涿鹿等县调研项目建设和文化发展情况。市领导王晓东、侯亮、吴立芳、唐树森、郑丽荣、吴泽林、袁秀平、韩立友陪同调研。

28日 省人大常委会副主任宋太平到张家口市调研。宋太平一行先后到万全县郭磊庄镇丰胜庄村、洗马林镇沙地房村、北沙城乡老龙湾村、玉源种植专业合作社及市产业集聚区中煤张煤机装备产业园、南山产业集聚区沃尔沃（张家口）汽车生产基地、望山循环经济示范园区盛华循环经济氯碱和氟化工基地，就加强基层建设年、扶贫攻坚、“四个覆盖”、园区建设等工作进行调研。市领导王晓东、李建举、李青春、王江、张秀发，市人大常委会秘书长张瑞林陪同。

22～24日 受冷空气影响，沽源县、张北县、塞北管理区、察北管理区、康保县、尚义县、崇礼县、赤城县、怀安县、宣化县相继出现大幅降温天气，大部分乡镇最低气温降至－1℃～－3℃，致使以上10个县（区）的63个乡镇、829个行政村遭受自1961年以来50年一遇的特大低温冷冻灾害。即将收获的青玉米、马铃薯、架豆、杂豆、谷黍等农作物不同程度减产，给农业生产造成巨大损失。据民政部门统计，全市受灾面积达125345.42公顷，造成农业经济损失达6.09亿元。坝上沽源县、张北县、康保县受灾最为严重，经济损失分别达2.11亿元和1.55亿元、1.13亿元；塞北管理区、崇礼县、察北管理区、尚义县、赤城县经济损失都达到千万元以上。

29～30日 由省人大常委会副主任黄荣带队的省人大专题视察组到沽源县环首都扶贫开发生猪养殖示范基地、小厂镇和赤城县雕鹗镇黎家堡村、康庄村就新一轮扶贫开发攻坚工作视察。市委书记王晓东陪同，市长侯亮汇报工作，市人大常委会主任李建举、副主任梁玉海，副市长陈胜，市政府秘书长郭英陪同视察。

9月

3日 位于怀安县境内总投资20多亿元的天津港张家口物流基地开业。天津港张家口物流基地由张家口市津安国际物流有限公司投资建设，主要围绕物流产业广泛开展仓储、运输、配送、装卸、物流金融、贸易、煤炭装箱等物流相关服务。总体规划面积2平方千米，全部建成后预计年物流吞吐量可达4000万吨，年销售收入14亿元，实现利税1亿元。其中一期工程起步区建设已经完工，占地近33.33公顷，年物流吞吐量可达200万吨、实现利税2000多万元。项目建成运营后对发展壮大怀安县乃至全市现代物流产业、促进张家口与天津港港口物流无缝对接等起到积极推动作用。

同日 2012年伦敦残奥会乒乓球男子单打8级决赛中，张家口市残奥会选手、首次参加残奥会的赵帅赢得金牌。

4日 全国政协副主席、科技部部长万钢一行到张家口，考察国家科技支撑计划重大项目、“金太阳示范工程”首个重点项目——国家风光储输示范工程。万钢先后到国家风电检测中心、国家风光储输示范电站、张北县高效节水农业示范工程基地调研。

5日 省政协副主席赵文鹤到张家口市调研。在市产业集聚区，赵文鹤详细了解园区基础设施、管理体制和项目入驻等方面的情况，实地察看中煤装备产业园；在南山产业集聚区，详细听取相关负责人关于园区规划和沃尔沃汽车发动机项目的介绍；在望山产业园区，实地察看盛华化工项目。市领导王晓东、唐树森、魏福刚、王江陪同调研。

13日 市中心城区天然气置换煤气工程全面竣工，14万户居民使用了24年的煤气退出历史舞台，开始了清洁能源时代的全新生活。2008年市政府引进中油新兴能源产业集团，投资8.9亿元建设山西应县至张家口市的天然气长输管线项目。项目竣工后张家口市立即启动了天然气置换煤气工程。置换工程首先在桥东区温馨家园小区正式动工。市煤气公司、中油新兴天然气有限公司按照分区划片、逐步推进的原则，完成了中心城区14万户居民和236家公共服务用户的置换工作，比原计划提前一年完工。

19日 廊坊市委副书记、市长聂瑞平率廊坊市党政代表团到家口市，考察园区建设、产业发展等项工作，市委书记王晓东会见廊坊市党政代表团一行，王晓东、聂瑞平致辞。

19～20日 由国家财政部农业司副司长张岩松，国家水利部农水司副司长顾斌杰、省水利厅副厅长位铁强等组成的调研组到张家口市，调研坝上高效节水工作，市领导王晓东、吴立芳、王江、杨玉成陪同。张岩松一行到张北县实地察看了张北县水资源信息管理中心、张北镇陈羊沟石砌渠道灌溉工程、张北县高效节水农业示范园区、张北县佳圣农业科技园区、二台镇金家村设施农业园区和郝家营高效节水项目区；听取关于坝上节水工作的情况汇报，并与市领导和相关县区领导座谈。

19～20日 建设银行河北省分行行长李秀昆一行到张家口市调研考察。市委书记王晓东会见李秀昆一行，双方就进一步加强沟通，搭建合作共赢的平台进行座谈。

20 日 市委书记王晓东会见前来张家口市调研考察的中国银行河北省分行行长杨红光一行，双方就加强合作、促进双赢进行座谈。市委常委、常务副市长何江海，市委常委、秘书长王江参加会见。

26 日 由市委宣传部、市教育局、市文联、张家口广播电视台、张家口卷烟厂有限责任公司主办，市音乐家协会、市第十中学、市钻石交响乐团、市西豪丽景合唱团共同承办的“颂祖国唱家乡”——首届“大好河山张家口”大型原创音乐交响歌会，在第十中学操场举行。中国音乐家协会副秘书长田晓耕、中国歌剧舞剧院院长王世光、总政歌剧团团长王祖皆、省文联副主席曹贤邦等专家与市领导郑丽荣、赵占华、张秀发、侯桂兰以及第十中学的师生观看了演出。

28 日 张家口市在高新区市民广场举行“游大好河山·看科学发展”活动月启动仪式，首批 300 名社会各界人士体验精彩一日游。市委书记王晓东宣布活动月启动。本次活动从 9 月 28 日开始至 10 月 31 日结束，历时一个月。期间推出“游市区·看园林城市”、“游园区·看重点产业”、张北新型能源、怀涿盆地生态、蔚县民俗古镇、阳原历史文化 6 个一日游线路，这些旅游线路涉及 6 个县（区），有景区、酒庄、新城区、博物馆、产业园区等，涵盖了全市各个亮点工程，包括秋季旅游所有精品景区，全景展示张家口科学发展、跨越发展、和谐发展的新变化和新成就。

29 日 全市乡镇党委书记培训班在市党员干部培训学院报告厅召开，市委书记王晓东作题为《乡镇党委书记要不辱使命敢于担当》的专题报告。市委常委、组织部长魏福刚主持。各县（区）委书记，高新区、察北、塞北管理区工委书记，各乡镇党委书记，市直部门驻村工作组组长等 400 余人参加。

10 月

8～10 日 中共中央政治局常委李长春先后到涿鹿县、蔚县、阳原县、怀来县，深入农村、企业、重要文化遗址和文物保护单位，就做好文物发掘保护利用、加强非物质文化遗产传承开发等进行调研。

10 日 全市首家日用陶瓷隧道窑——达鑫陶瓷有限责任公司大型节能型轻体自动化隧道窑，在阳原县陶瓷工业园区正式投产运营。总投资 3.6 亿元的达鑫陶瓷隧道窑节能技改项目主要包括窑体结构、燃料供应系统、排烟系统、燃烧系统、冷却系统和自动控制系统。这次点火的隧道窑是全市首家日用陶瓷隧道窑，窑具等建筑材质全部采用目前国内最优良的材料。项目计划建成 8 条隧道窑陶瓷生产线，共分 3 期完成，项目投产后可以解决当地 3000 余名工人的就业问题，可形成年产 8000 万件高档日用瓷的生产能力，其中年产硬质细白瓷 5000 万件，年产高档骨质瓷 3000 万件。

10～21 日 水利部副部长刘宁一行先后到怀安、宣化、怀来等县（区），前往望山循环经济示范园区、南山产业集聚区、市产业集聚区、瑞云葡萄酒庄园等进行实地调研，查看明湖公园、柳川河口等水利工程建设及改建工程，了解基层部门对相关具体工作的建议和设计方案。

14 日 张家口市军民合用机场开始进入首次校飞，国家航空总局校验飞行中心的 6 名技术人员驾驶 C560 小型运输机，开始对机场进行首次飞行校验。校飞工作以军民合用机场本场为中心，以 37 千米为半径，在 2100 米高度对机场通信、导航、台站设备数据进行校验。

23 日 由联合国中国书会、张家口市文化建设协会共同主办的“大好河山·绿色家园·中国·张家口联合国总部摄影展”在美国纽约联合国总部开幕。联合国有关官员、中国驻联合国代表团新闻负责人，新华社、中央电视台、联合国电视台、联合国世界日报、侨报等媒体记者、当地外国友人、华侨和摄影家 100 多人出席。摄影展作品包含张家口四季风光及以泥河湾遗址、中华三祖堂、黄帝城、历代长城、古民居、古建筑等为代表的始祖文化与长城文化；以传统民俗社火、新民居建设、现代体育赛事、草原音乐节、崇礼滑雪节等为代表的传统文化艺术和现代生活方式；与大自然和谐共存的风力发电、水源保护、荒山绿化、节水农业、节能生态型园林城市建设等内容。

28～29 日 省人大常委会副主任、省总工会主席马兰翠率省人大常委会“着力改善两个环境”检查组到张家口市。市领导王晓东、侯亮等陪同。

30 日 京新高速公路三期工程胶泥湾至西洋河（冀晋界）段举行开工奠基仪式。京新高速公路张家口段分三期工程建设，一期、二期工程分别于 2008 年 7 月和 2010 年 12 月建成通车。胶泥湾至西洋河（冀晋界）段项目属于京新高速公路三期工程，途经宣化县、怀安县 6 个乡镇，31 个自然村，与京新高速公路山西段顺接，路线全长 63 千米，设计时速

100千米；全线共设特大桥2座，大桥23座，中桥4座，小桥5座；长隧道1座，中隧道1座，短隧道1座；设互通式立交4处，分离式立交3处；主线收费站1处，服务区1处，停车区1处，养护工区1处。预计2015年建成通车。

11月

2日 张家口市召开着力改善发展环境生态环境广播电视推进大会，贯彻落实省委、省政府关于着力改善发展环境、着力改善生态环境的重大战略决策，对全市改善“两个环境”工作进行再动员、再部署。市委书记王晓东，市委副书记、市长侯亮出席并讲话。

6日 凯悦汽车大部件制造项目在市南山产业集聚区开工奠基。标志着张家口市汽车生产基地项目实现新的突破。市委书记王晓东出席并宣布开工，市长侯亮致辞。张家口市和吉利集团于2010年3月正式签署了《吉利集团张家口投资项目合作协议》。经过各方共同努力，2011年5月，吉利集团凯盛汽车发动机张家口项目在市南山产业集聚区奠基，发动机项目预计2013年上半年投入生产。

12～14日 副省长杨汭到张家口市调研旅游产业发展、民生保障等项工作。

23日 全市领导干部学习贯彻党的十八大精神专题报告会在市工人文化宫举行，中央党校党建教研部主任、世界政党比较研究中心主任王长江教授应邀作报告。市级领导、市直各单位、中省属单位的县处级干部及市委党校秋季主体班学员共1000余人参加报告会。

27日 由省委宣传部、省文化厅主办为期15天的第九届河北省戏剧节优秀剧目展演活动拉开帷幕。由张家口演艺集团创作的大型现代口梆子红色经典剧目《少年董存瑞》获本届戏剧节优秀剧目奖。

30日 张家口市供销合作总社成立60周年纪念座谈会召开。省供销社巡视员崔葆林，市领导张常喜、杨玉成、韩立友出席座谈会。王晓东、侯亮发来贺信，代表市委、市政府向市供销社成立60周年表示祝贺。

12月

4日 张家口市召开党的十八大精神宣讲动员培训会。对市委宣讲团成员和全市理论宣讲骨干进行动员，对全市宣传文化系统干部进行专题培训。市委常委、宣传部长赵占华出席并作专题报告。

7日 《河北日报》刊发了市委书记王晓东的署名文章《坚持党的为民宗旨争做群众“贴心人”》，文章从增强群众观念、增强自治组织、增强惠民措施三方面，谈了张家口市开展“三增一做”主题活动的重要意义、内容、着力点和取得的实效。

14日 为推广张家口卷烟厂有限责任公司等企业的管理经验，研究部署省企业管理提升工作，推动全省工业企业提高管理水平，全省工业企业管理对标现场会在张家口市召开。省工信厅党组书记、厅长王昌出席会议并讲话。

16日，第十二届中国·崇礼国际滑雪节在崇礼县新建的云顶乐园滑雪场盛装开幕。本次滑雪节以“品雪都神韵，享酷爽激情”为主题，到2013年4月10日结束。滑雪节期间，将举办全国高山滑雪锦标赛、大众花样滑雪大赛、圣诞滑雪狂欢节、元旦浪漫雪地狂欢节、绿野烧包大会等多项活动。

19～20日，张家口市召开“贯彻十八大、谋求新发展”专题研讨会。市委书记王晓东，市委副书记、市长侯亮在会上讲话。部分市领导结合分管工作发言，20个县（区）和市发改、财政、统计3个市直部门作简要汇报。

21日，省学习贯彻十八大精神“为了那片永远的绿色——塞罕坝精神”先进事迹报告会在市政府报告厅举行。河北省塞罕坝机械林场，1962年由国家林业部建场，1969年划归河北省林业厅管理至今。50年来，几代塞罕坝人克服气候条件恶劣，立地条件差等诸多困难，在总经营面积9.33万公顷，平均海拔1500米的坝上地区，营造7.47万公顷森林，凝聚成“艰苦创业、无私奉献、科学求实、开拓创新、爱岗敬业”的“塞罕坝精神”，被中央国家机关工委、国家林业局、中国生态文化协会、省林业厅分别授予中央国家机关思想教育基地、再造秀美山川示范教育基地、全国生态文化示范基地和河北林业艰苦创业教育基地等。在2007年感动河北十大人物评选活动中，塞罕坝造林人被评为“感动人物群体”。报告会上，塞罕坝机械林场党委书记刘海莹、退休干部陈彦娴、展览馆馆长刘晓秋3位报告团成员以朴实的语言、亲身的感受，从不同侧面讲述了几代塞罕坝人的感人事迹。在报告会结束时，现场观众用经久不息的掌声，向这一光荣的群体致敬。市直各部门主管负责人、各县（区）政府主管副县长、市直林业系统干部等共计200余人参加报告会。

21日 12时55分，一架由天津机场起飞的天津航空公司E－190客机平稳降落在张家口军民合用机场，成为张家口市历史上降落的首架民用客机。随后经过2个小时试飞调试，机场验证试飞工作获得圆满成功。

28日 市委十届四次全会暨全市经济工作会议在张家口宾馆会议中心召开。会议明确2013年全市工作总的指导思想：以十八大精神为指导，深入贯彻科学发展观，着力强工业、调结构、攻项目、求突破、勇改革、破难题，惠民生、促和谐、优环境、增活力，勇于担当，实干苦干，绿色崛起，奋力争先，在与全国全省同步建成小康社会新征程中迈出重大步伐。

张家口概况

地理位置和地势地貌

【地理位置】 张家口市地处河北省西北部，位于东经113°50′~116°30′、北纬39°30′~42°10′。东靠河北省承德市，东南毗连北京市，南邻河北省保定市，西、西南与山西省接壤，北、西北与内蒙古自治区交界，全市南北长289.2千米，东西宽216.2千米，总面积3.68万平方千米。

【地势地貌】 全市地势西北高、东南低，阴山山脉横贯中部，将全市划分为坝上、坝下两大部分。境内洋河、桑干河横贯全市东西，汇入官厅水库。

张家口市属内蒙古—大兴安岭褶皱系和中朝准地台两个I级构造单元。内蒙古—大兴安岭褶皱系是一个自元古代至古生代末长期发育的地槽区，仅在康保北分布，范围极小，地层零星出露。中朝准地台构造发展过程可明显地划分为3大阶段，反映出地壳呈活跃—稳定—活跃的发展演化规律。张家口市主要有深断裂2条，大断裂7条。该区岩浆岩比较发育，分布面积大，岩石种类较齐全。岩浆岩共有9个旋回，每个旋回都以喷出岩开始，以中深层侵入岩结束。超基性、基性、中性、碱性及酸性岩都有，岩基、岩脉、岩株、岩墙、岩被各种产状齐全。该区地层除缺失下古生界上奥陶系、上古生界志留系、泥盆系、石炭系、上二叠系和中生界三叠系、上白垩系以外，由太古界至新生界地层皆有出露，总厚度达35978~51866米。该区出露的地层中包括的岩石种类也很齐全，不仅有太古界的变质岩，元古界、古生界和新生界的沉积岩，还有侵入体周围的接触变质岩和局部的动力变质岩，以及超变质作用形成的混合岩。岩浆岩主要是中生代、新生代喷出岩和吕梁期、海西期、燕山期花岗岩以及不同岩性的岩脉。

张家口市分为两个截然不同的地貌单元。坝上高原区：包括尚义县套里庄、张北县狼窝沟、赤城县独石口一线以北的沽源、康保、尚义和张北4县的广阔区域，属内蒙古高原的南缘，占张家口总面积的1/3，海拔一般在1400米左右，地势南高北低，比高小于50米。冈梁、湖淖、滩地相间分布，呈现典型的波状高原景观。康保县城以北丘陵成带，是阴山山脉余支。高原南缘一带，有垅状山脉分布，地势略高，海拔在1500米以上。

坝下低中山盆地：地势西北高，东南低，山峦起伏，沟谷纵横，海拔高度在1000~2000米之间。蔚县境内的小五台山，主峰海拔高度2882米，为河北省群山之首。群山之间有较大的山间盆地呈串珠状排列。主要有：柴沟堡—宣化、涿鹿—怀来、蔚县—阳原盆地，海拔高度500~1000米，盆地内有河流通过，两岸分布有肥沃的耕地。

（李亚楠）

气　候

【气温】 全市年平均气温比常年略偏低。全市年平均气温6.0℃，比常年偏低0.2℃，属于气温正常年份（见图1）。

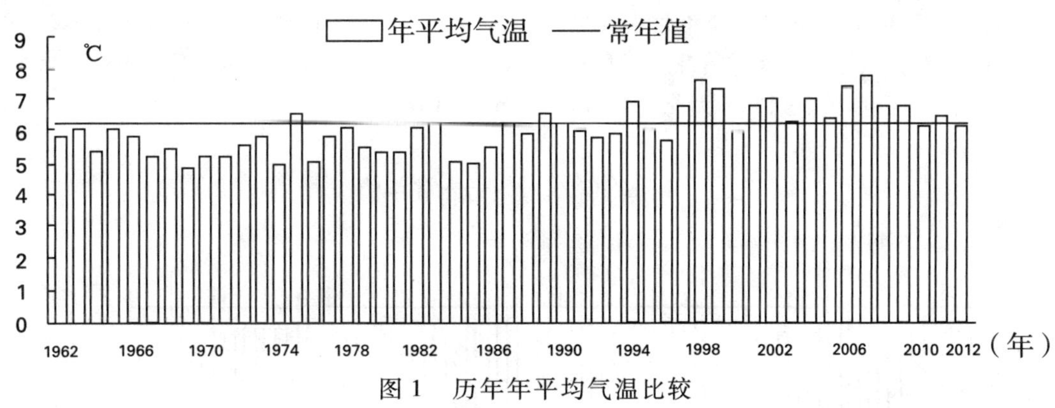

图1　历年年平均气温比较

年平均气温分布：坝上和崇礼1.6~3.4℃，坝下其他县（区）5.5~10.0℃。全市各地气温距平在-1.0~0.9℃，其中尚义最小为-1.0℃，涿鹿最大为0.9℃，除涿鹿、蔚县和阳原比常年同期略偏高外，其他县（区）均比常年同期偏低。

冬秋气温偏低，春夏气温偏高（见表1）。

表 1　张家口市 2012 年度各季平均气温（℃）

气温	冬季	春季	夏季	秋季	年值
2012 年值	-10.6	9.0	20.9	5.4	6.0
常年值	-9.7	7.7	20.3	6.3	6.2

冬季，全市平均气温-10.6℃，比常年同期偏低0.9℃。尚义偏低幅度最大为2.3℃。2011年12月份平均气温坝上4县、崇礼、赤城和怀来偏低1℃，市区、蔚县和涿鹿偏高1℃，其他县（区）基本持平。2012年1月份全市月平均气温除蔚县偏高1℃，万全、阳原和涿鹿与常年持平外，其他县（区）均偏低1~2℃。2月份全市月平均气温除蔚县持平外，其他县（区）均偏低1~2℃。

春季，全市平均气温9.0℃，比常年同期偏高1.3℃。全市季平均气温均比常年同期偏高，涿鹿偏高幅度最大为2.2℃。3月份全市月平均气温除尚义和赤城偏低1℃，阳原、蔚县和涿鹿偏高1℃外，其他县（区）均与常年持平。4月份全市月平均气温均偏高1~3℃。5月份全市月平均气温均偏高2~3℃。

夏季，全市平均气温20.9℃，比常年同期偏高0.6℃。6月份全市月平均基本与常年同期持平。7月份全市月平均偏高1~2℃。8月份全市月平均气温除尚义、宣化和怀来与常年同期持平外，其他县（区）偏高1~2℃。整个夏季≥35℃以上高温炎热天气27个站次，≥38℃以上高温天气0站次。高温时段主要集中在5月上旬和下旬、6月中旬、7月上旬，没有超过连续3天以上的高温。全市历年夏季高温站次（见图2）

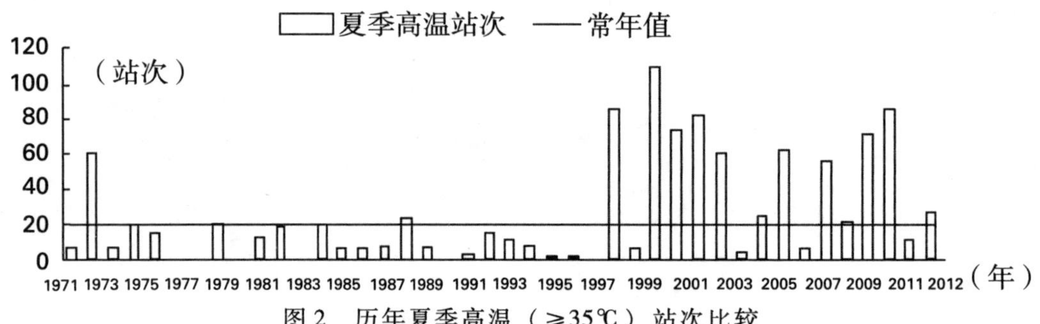

图 2　历年夏季高温（≥35℃）站次比较

秋季，全市秋季平均气温5.4℃，比常年同期偏低0.9℃。9月份全市月平均气温除市区、康保、尚义、崇礼、宣化和怀来偏低1℃，涿鹿偏高1℃外，其他县（区）均与常年持平。10月份全市月平均气温尚义和宣化偏低1℃，康保、张北、沽源、蔚县和涿鹿偏高1~2℃，市区、赤城、崇礼、万全、怀安、阳原和怀来与常年同期持平。11月份全市月平均气温持续偏低，比常年同期偏低1~4℃。

【降水】　全市年降水量较常年偏多。全市年平均降水量428.8毫米，比常年偏多9%，属于降水正常年份（见图3）。

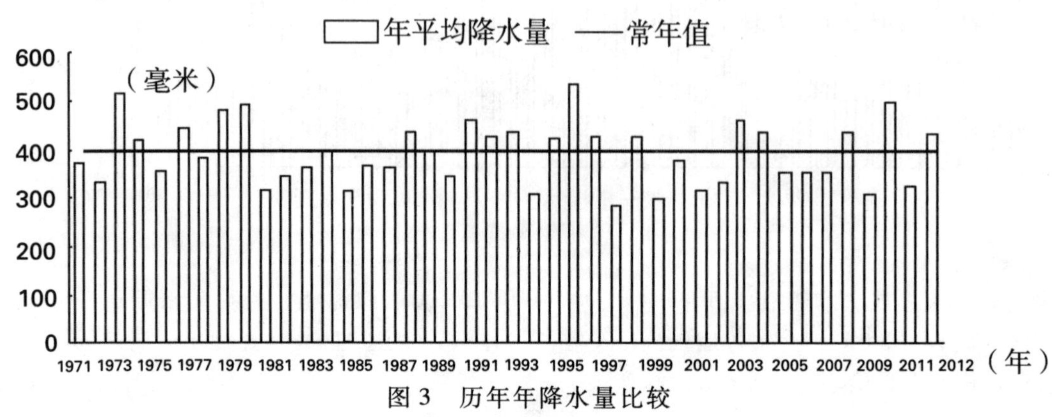

图 3　历年年降水量比较

全市9～12月份降水持续偏多，特别是11、12月份，11月份全市平均降水量比常年同期偏多近4倍，12月份全市平均降水量比常年同期偏多近2倍。

从全市年降水量分析，康保和崇礼降水量大于500毫米，市区、沽源、尚义、万全、怀安和蔚县大于400毫米，其他县（区）均大于300毫米。除赤城、涿鹿和怀来略偏少外，其他县（区）均偏多。康保偏多最多，比常年同期偏多68%，其他县（区）距平都在1%～15%之间。

冬季降水显著偏少，秋季异常偏多（见表2）。

表2　张家口市2012年度各季降水量（毫米）

降水量	冬季	春季	夏季	秋季	年值
2012年值	2	63.3	232.7	127.8	428.8
常年值	8.1	56.1	260.8	69.0	393.9

冬季，2011年12月至2012年2月，全市季平均降水量2毫米，比常年同期偏少75%，其中阳原最大5毫米，市区最小0.1毫米。与常年同期相比，全市均显著偏少，距平百分率为－99～－25%。

春季，全市季平均降水量63.3毫米，比常年同期偏多15%，其中崇礼最大为95.6毫米，宣化最小为34.7毫米。与常年同期相比，沽源、张北、宣化、涿鹿和怀来偏少4%～28%，其他县（区）偏多7%～68%。

夏季，全市季平均降水量232.7毫米，比常年同期偏少11%。全市大部分县（区）降水明显偏少，仅康保、沽源较常年偏多。康保降水量最大，为380.1毫米，较常年同期偏多71.6%；沽源降水量为264.2毫米，较常年同期偏多0.6%；其他县（区）降水均比常年同期偏少8.5%～39.1%。赤城降水量最少，为177.6毫米，较常年同期偏少近四成。市区降水量仅为201.4毫米，较常年同期偏少两成半。

秋季，全市季平均降水量127.8毫米，比常年同期偏多82%。全市降水量均偏多。崇礼降水量最大，为191.7毫米，较常年同期偏多121%；康保降水量最少，为101毫米，较常年同期偏多58%。市区降水量为144.5毫米，较常年同期偏多108%。

【日照】　全市年平均日照时数偏少。全市年平均日照时数2693小时，比常年偏少6%。其中，沽源最多，为2989小时，宣化最少，为2538小时，其他县（区）均在2576～2891小时之间。全市除沽源偏多2%，尚义与常年基本持平外，其他县（区）较常年同期偏少1%～13%，偏少最多的为宣化，距平百分率达到－13%。

春冬季日照偏多，夏秋季偏少，夏季偏少更明显（见表3），偏少137小时，但没有出现连续多日的寡照天气，光照条件基本能够满足大田作物生长发育对光照需求。

表3　张家口市2012年度各季日照时数（小时）

日照	冬季	春季	夏季	秋季	年值
2012年值	625	799	654	670	2693
常年值	606	787	791	687	2870

冬季，全市平均日照时数625小时，比常年同期偏多19小时，其中赤城最多，为698小时，宣化最少，为557小时。冬季总日照时数除怀安、蔚县和宣化比常年同期偏少外，其他县（区）均比常年同期偏多。2011年12月和2012年1月的日照时数偏多和偏少站数各占一半，2月份日照时数除宣化偏少外，其他县（区）均偏多。

春季，全市平均日照时数799小时，比常年同期偏多12小时，其中沽源最多，为912小时，宣化最少，为743小时。总日照时数市区、张北、万全、怀安、宣化和涿鹿比常年同期偏少，其他县（区）均比常年同期偏多。

夏季，全市平均日照时数654小时，比常年同期偏少137小时。其中沽源最多，为728小时，怀安最少，只有621小时。与常年同期相比，全市各县均偏少，康保偏少最多，为183小时。

秋季，全市平均日照时数为670小时，比常年同期偏少16小时。其中怀来日照时数最多，为738小时，崇礼日照时数最少，只有613小时。与常年同期相比，除沽源、尚义、怀安、涿鹿和怀来比常年同期略偏多外，其他县（区）均比常年同期偏少。

【主要气象灾害及天气气候事件】

阶段性干旱。2011年12月7日至2012年2月29日，连续85天无全市范围降水，全市干旱持续发展。

寒潮。1月21日、2月7日，受强冷空气影响，全市出现寒潮天气，48小时降温幅度达10℃左右。9月4日和13日坝上4县及坝下崇礼、赤城均出现寒潮。

火险等级高。2011年12月中旬至2012年4月上中旬，全市持续干旱，且多大风天气，森林草原火险等级持续偏高。

大风。2月6～7日，尚义、康保、沽源、张北、怀来、宣化和市区出现11站次的瞬时大风，最大风速20米/秒。3月23日，除崇礼没出现大风外，其他13个县（区）均出现大风，怀来的风速最大，瞬时风速27.3米/秒。3月30日，怀来、宣化、尚义、怀安、张北、康保和市区7个县（区）出现大风，怀来最大瞬时风速20.1米/秒。4月7日，康保、沽源、怀安、尚义、怀来、万全和市区出现大风，市区风速最大，瞬时风速20米/秒。4月26～27日，康保、尚义、怀安、张北、沽源、怀来、万全和市区出现大风，康保风速最大，瞬时风速23米/秒。5月14～15日，康保、沽源、张北、尚义、怀来、崇礼、市区和万全出现大风，万全风速最大，瞬时风速20米/秒。9月27日，万全、宣化、市区、怀来和康保出现瞬时大风，万全风速最大，为21米/秒。11月27日，康保、沽源、尚义、张北、怀安、万全、阳原、涿鹿、宣化、怀来10个站出现大风。

冰雹。5月19日17时50分至18时20分左右，怀来县中西部地区遭受风雹袭击，降雹持续约30分钟，最大雹径约4厘米。7月5日，康保出现直径5毫米冰雹，尚义出现直径8毫米冰雹，宣化出现直径5毫米冰雹。9月27日，尚义、宣化和蔚县均出现冰雹，冰雹直径分别为9毫米、3毫米和5毫米。

龙卷风。5月19日20时20分至50分，万全县安家堡乡安家堡村遭受小型龙卷风袭击。

暴雨。7月4～5日，出现全市范围雷阵雨天气，最大为塞北管理区65.8毫米，康保县城、万全县城和高新区的姚家庄1小时降水量分别为34.5毫米、42.1毫米和59.9毫米。7月20日夜间到22日凌晨，出现汛期最强一次降水过程，全市平均降水量39.8毫米，涿鹿、蔚县达到暴雨，超过50毫米乡镇41个，100毫米2个，乡镇雨量最大为涿鹿的大河南121.4毫米。7月30到31日，再次出现全市范围降雨过程，大部分地区过程雨量为中到大雨，局部大到暴雨，有14个加密站超过50毫米，最大为宣化的王家湾66.9毫米。

雾。6月28日，尚义县出现能见度为400米的浓雾，张北出现能见度为800米的雾。7月31日，尚义县出现能见度为400米的浓雾，张北出现能见度为900米的雾。9月7日，康保出现雾，能见度为800米，沽源和尚义出现浓雾，能见度为100米。9月26日，蔚县出现能见度为900米的雾，沽源出现能见度为100米的浓雾。10月21日，尚义出现能见度为900米的雾，阳原出现能见度为800米的雾。11月3日，阳原和张北出现能见度为800米的雾，尚义出现能见度为400米的浓雾。11月4日，康保和涿鹿出现能见度为800米左右的雾，沽源、尚义、和蔚县分别出现能见度为100米和400米的浓雾。11月4～7日蔚县连续4天出现能见度为400米左右的浓雾。

霜冻。8月22日早晨，康保、沽源、尚义、张北和崇礼出现初霜冻。

暴雪。11月3日凌晨到4日，全市出现大到暴雪天气过程，全市平均降水量20.9毫米，平均降雪量16毫米。除市区、万全、涿鹿外均达到暴雪，其中沽源、张北为大暴雪，蔚县、崇礼为特大暴雪。

（吴伟光　黄山江　李景宇　贾文忠）

资　源

【土地资源】 张家口市土地总面积3679652.99公顷，其中农用地2499936.97公顷（耕地932203.72公顷、园地143925.11公顷、林地1101076.65公顷、草地242304.05公顷、其他农用地80427.44公顷），占土地总面积的67.93%；建设用地154196.7公顷（城市及独立工矿用地126411.1公顷、交通运输用地18308.61公顷、水域及水利设施用地9476.99公顷），占土地总面积的4.2%；未利用地1025519.32公顷，占土地总面积的27.87%。

（赵少卿）

【矿产资源】 截至2012年年末，全市已发现各类矿产97种，已探明资源储量的矿产33种，其中能源矿产1种、黑色金属矿产2种、有色金属矿产4种、贵金属矿产2种、稀有金属矿产1种、冶金辅助矿产5种、化工原料矿产3种、特种非金属矿产1种、建筑原料及其他非金属矿产14种。已探明矿产地158处，其中大型23处，中型34处，小型101处。

（余永胜）

【能源资源】 张家口市能源资源十分丰富，主要有煤炭、风能、太阳能。煤炭资源主要集中在蔚州煤田、宣下煤田和张家口以北煤田，已探明煤炭总储量29.34亿吨。全市具有得天独厚的风能资源，特别是坝上地区为国内少有的优质风能集中区。全市风资源储量约2000万千瓦以上，可开发量1170万千瓦以上。其中坝上地区风资源储量约1700万千瓦以上，可开发量1030万千瓦以上；坝下地区风资源储量约300万千瓦以上，可开发量140万千瓦以上。全市太阳能资源十分丰富，地域日照时数2756～3062小时，年辐射量为每平方米1500～1700千瓦时，属于太阳能辐射Ⅱ类区域。

（刘　峰）

【生物资源】 全市陆生野生植物共有120科、513属、2100多种，其中木本植物62科、129属、369种。在野生木本资源中，野生经济林资源面积和产量较大的有：山杏8.2万公顷，常年产量2000吨；榛子1.47万公顷，常年产量140吨；沙棘4万公顷，常年产量250吨；酸枣0.17万公顷，常年产量60吨；山丁子0.15万公顷，常年产量20吨；枸杞1.33万公顷，常年产量100吨。

全市野生动物资源极为丰富。境内有野生脊椎动物50余科，300余个种及亚种。其中：兽类15科30余种，鸟类26科130余种及亚种，爬行类4科15种，两栖类3科6种。国家重点保护的野生动物有褐马鸡、大鸨、金钱豹、大天鹅、小天鹅、金雕等27种。部分动物名录如下：中华大蟾蜍、花背蟾蜍、中国林蛙、金线蛙、黑斑蛙、北方狭口蛙、丽斑麻蜥、山地麻蜥、黄脊游蛇、赤链蛇、王锦蛇、双斑锦蛇、白条锦蛇、玉斑锦蛇、棕黑锦蛇、黑眉锦蛇、乌梢蛇、虎斑游蛇、蝮蛇、小辟鹈、苍鹭、黑鹳、大天鹅、小天鹅、赤麻鸭、绿翅鸭、绿头鸭、斑嘴鸭、鹊鸭、普通秋沙鸭、（黑）鸢、苍鹰、雀鹰、大鵟、普通鵟、毛脚鵟、金雕、草原雕、乌雕、白尾鹞、鹊鹞、白腹鹞、游隼、燕隼、红脚隼、黄爪隼、红隼、褐马鸡、石鸡、斑翅、山鹑、勺鸡、雉鸡、岩鸽、原鸽、山斑鸠、灰斑鸠、珠颈斑鸠、火斑鸠、纵纹腹小鸮、冠鱼狗、普通翠鸟、蓝翡翠、戴胜、蚁䴕、黑枕绿啄木鸟、大斑啄木鸟、小斑啄木鸟、星头啄木鸟、（蒙古）百灵、（亚洲）短趾百灵、凤头百灵、云雀、家燕、金腰燕、黄鹡鸰、白鹡鸰、田鹨、北鹨、白头鹎、灰伯劳、灰椋鸟、松鸦、红嘴蓝鹊、灰喜鹊、喜鹊、红嘴山鸦、大嘴乌鸦、小嘴乌鸦、白颈鸦、褐河乌、鹪鹩、棕眉山岩鹨、红尾歌鸲、红喉歌鸲、红胁蓝尾鸲、北红尾鸲、红腹红尾鸲、白腹鸫、白眉鸫、赤颈鸫、斑鸫、田鸫、山噪鹛、棕头鸦雀、震旦鸦雀、山鹛、褐柳莺、黄眉柳莺、铜蓝鹟、大山雀、黄腹山雀、褐头山雀、黑头䴓、（树）麻雀、燕雀、金翅（雀）、普通朱雀、长尾雀、黄胸、黄喉鹀、灰头鹀、灰眉岩鹀、三道眉草鹀、栗耳鹀、田鹀、小鹀、黄眉鹀、白眉鹀、苇鹀、刺猬、狼、赤狐、貉、黄鼬、艾鼬、狗獾、猪獾、果子狸、兔狲、豹猫、金钱豹、野猪、狍、斑羚、草兔、复齿鼯鼠、小飞鼠、松鼠、岩松鼠、北花松鼠。

另有森林及果树害虫的天敌17科68种。

（张建国）

【水资源】 张家口市属半干旱地区，水资源严重不足。根据2008年完成的《张家口市水资源评价》有关成果，全市多年平均自产水资源总量为17.99亿立方米，其中地表水资源量为11.62亿立方米，地下水资源量11.91亿立方米（地表、地下重复水量5.53亿立方米），人均水资源占有量399立方米，不足全国人均的1/5。全市多年平均地表水可利用量为4.06亿立方米，地下水可开采量为6.48亿立方米，可利用量为10.54亿立方米。这些水资源分布在全市五大水系，即：内陆河水系、滦河水系、永定河水系、潮白河水系和大清河水系。这五个水系分属三个流域，即：内蒙古高原内陆河东部流域、滦河及冀东沿海流域、海河北系流域。由于地形的变化和季风气候的影响，造成降水量和水资源地区分布的显著差异和年内分配不均。

截至2012年年末，全市注册水库96座，总库容7.18亿立方米，其中大型水库2座，总库容2.18亿立方米；中型水库7座，总库容3.34亿立方米；小型水库87座，总库容1.66亿立方米。2012年，全市实际总供用水量为105747.66万立方米，其中地表水供水总量为27537.3万立方米，地下水供水总量为76442.36万立方米，其他（污水回用和雨水利用）1768万立方米；农业灌溉用水总量74002.74万立方米，林牧渔畜用水总量6142.54万立方米，工业用水总量13776.75万立方米，城镇公共用水总量1352.67万立方米，居民生活用水总量9674.86万立方米，生态环境用水总量798.1万立方米。

此外，怀来、阳原、赤城、宣化县境内分布有高质量的温泉，其中怀来县地热水面积30平方千米，出口水温高达88℃，为五级高温泉；赤城县城西苍山幽谷中的汤泉被誉为“关外第一泉”，有总泉、眼泉、胃泉、平泉、气管炎泉和冷泉之分，其中总泉出口水温68℃，内含20余种对人体有益的微量元素；阳原县温泉区域达20余平方千米，出口水温39～41℃，经国家地质矿产部水文地质专家1987年鉴定，各项指标均符合国家饮用水标准和世界卫生组织饮用准则，属含锶、偏硅酸的氯化物重碳酸钾型优质天然矿泉水。

（胡胜华）

【旅游资源】 依据2003年国家旅游局实施的《旅游资源分类、调查与评价标准》，通过现场调查和查阅有关统计资料，张家口市共有旅游资源单体235项，涵盖地文景观、水域风光、生物景观、天象与气候景观、遗址遗迹、建筑与设施、旅游商品和人文活动8个主类、25个亚类、64个基本类型。分别占8个主类、31个亚类、155个基本类型的100%、80.6%和41.3%。

地文景观类。主要包括山丘、谷地与地质地貌过程形迹形成的各种景观。张家口市较有名的地文景观基本类型有9种，27处，其中山丘型旅游地9处，如小五台山（河北第一高峰）、长城岭、东灵山、鸡鸣山、天皇山及中心城区的太平山等。谷地型旅游地3处，如飞狐峪（太行八陉之一）、安家沟、水泉沟等。奇特与象形山石5处，如与爱尔兰和冰岛石柱群齐名的石人背地质公园、造型山石独特的大疙瘩石柱群、冰山梁、桥山等。峡谷段落4处，如金河口、永定河峡谷等。另外，还有沙砾石旅游地、生物化石点、岩壁、沙丘各1处，岩石洞穴2处。

水域风光类。主要包括泉、天然湖泊与池沼2个亚类，共9处。张家口市较有名的冷泉有黄帝泉、蚩尤泉及西海子堰等。温泉有康熙皇帝及太皇太后曾沐浴休疗的赤城汤泉温泉和汤子庙温泉、阳原三马坊温泉、怀来后郝窑温泉。潭池有赤城黑龙潭，湿地有葫芦河下游湿地等。

生物景观类。主要包括林地、独树、草地、草场花卉地与野生动物栖息地景观，共5个基本类型，29处。其中林地主要分布在坝缘山地和南部中山区，其植被覆盖率多数大于95%，林海茫茫，一望无际。独树（古树）有272株，主要分布在怀涿盆地，其树龄多在300年以上，甚至高达4700年，且有两树共生等奇观，有观赏价值者就达13株。草地、草场花卉地和鸟类栖息地主要分布在坝上草原和南部中山区的亚高山草甸区，其中坝上草原广袤无垠，一望无际；而褐马鸡为世界珍禽，国家一级保护动物，其栖息地为国家自然保护区；美丽的雪绒花在甸子梁分布面积达36平方千米。

天象与气候景观类。张家口市有2个亚类，4个基本类型，共4处。其中日月星辰观察地位于河北省第一高峰小五台山东台顶，可观日出、日落。云雾多发区位于坝缘的红花梁。避暑气候地和物候景观分别位于坝上高原和坝下蔚县、涿鹿等山间河川盆地区。

遗址遗迹类。包括2个亚类，5个基本类型，共18处。阳原县的泥河湾遗址、小长梁遗址、虎头梁遗址和泥泉堡遗址等4处，均为国内外知名品牌。历史事件发生地有“涿鹿之战”和“土木之变”。军事遗址有野狐岭古战场、蚩尤三寨与八角台。交通遗址有延续700年的鸡鸣驿，长达1400千米，兴盛600年的张（家口）库（伦）大道，以及独石口、黄帝城、上谷郡、代王城、元中都等8处国内知名的废城与聚落遗址。

建筑与设施类。张家口市有7个亚类，27个基本类型，共121处。其中成规模的康体游乐度假地26处。目前保存尚好或具备修复条件的宗教与祭祀活动场所15处，园林1处。重大建设工程与生产地16处，军事观光地1处，祭拜场馆4处，体育健身与歌舞游乐场所5处，佛塔与塔形建筑物6处，楼阁7处。另有石窟、长城段落、城堡、碑碣、建筑小品、传统与乡土建筑、名人故居、书院、陵区墓葬及水库观光区段等41处。该类型囊括了人文景观的大部分景点，相当一部分为国家、省级重点文物保护单位。

旅游商品类。张家口市有地方旅游商品1个亚类，5个基本类型，共20处，其中口皮、口蘑、金莲花、蔚县剪纸、柴沟堡熏肉等产品国内外驰名，蓝宝石产量及加工居世界前列。

人文活动类。张家口市有人事记录、艺术和民间习俗3个亚类，人物、文学艺术作品、地方风俗、民间演艺、民间集会等5个基本类型，共7处。其中董存瑞、马宝玉、《太阳照在桑干河上》全国闻名，打树花、蔚县社火、二人台等民间演艺亦引人入胜。

（晏欣荣）

行政区划

2012年，张家口市辖13个县（宣化、张北、康保、沽源、尚义、蔚县、阳原、怀安、万全、怀来、涿鹿、赤城、崇礼），4个区（桥东、桥西、宣化、下花园），2个管理区（察北、塞北），1个高新区，23个街道办事处，280个居委会，1个区公所，113个乡（含2个民族乡），96个镇，4175个村委会。

（张晓光　郑　军）

张家口市2012年行政区划统计表

名称	街道办事处（个）	其中省备案或审批街道办事处（个）	居委会（个）	区公所（个）	镇（个）	乡（个）	其中民族乡（个）	村委会（个）
桥东区	7	7	54		2			19
桥西区	7	7	40		2	1		42
宣化区	7	7	48		1	3		53
下花园区	2	2	11			4		46
宣化县			1		9	5		316
张北县			30		5	15		384
康保县	1		5		7	8		327
沽源县	1		5		4	10	1	233
尚义县			6		7	7		172
蔚　县			14		11	11		547
阳原县			6		5	9		301
怀安县	1		10		4	7		273
万全县	1		10		4	6		159
怀来县			18		11	6	1	279
涿鹿县			9	1	13	4		373
赤城县			4		9	9		440
崇礼县	1		9		2	8		211
合　计	28	23	280	1	96	113	2	4175

人　口

2012年，全市总户数1830565户，总人口4684073人，其中农业人口3115062人、非农业人口1564442人、未落常住户口人员4569人，总人口中，男2414064人、女2270009人。年内，出生人口50450人，人口出生率10.77‰，死亡人口29849人，死亡率6.37‰，人口自然增长率4.40‰。年内，迁入人口56060人、迁出人口67707人。

（王福兴）

张家口市2012年总户数及年末总人数统计表

地区别	总户数（户）	年末总人数									
		合计	按户口种类分组			按性别分组		按年龄分组			
			非农业人口	未落常住户口人员	农业人口	男	女	17岁及以下	18－34岁	35－59岁	60岁及以上
张家口市	1830565	4684073	1564442	4569	3115062	2414064	2270009	981130	1066996	1942237	693710
市辖区	337080	900083	755475	3293	141315	452471	447612	144296	209521	388433	157833
桥东区	99688	277305	235176	79	42050	138494	138811	39429	68938	117926	51012
桥西区	89666	238122	206737	3200	28185	117895	120227	35649	56845	100872	44756
宣化区	116808	317008	270766	2	46240	161383	155625	59004	69371	139414	49219
下花园区	30918	67648	42796	12	24840	34699	32949	10214	14367	30221	12846
宣化县	123591	308020	50666	17	257337	160573	147447	66861	71231	125963	43965
张北县	156358	386026	80869	2	305155	197961	188065	82571	82351	166638	54466
康保县	111977	278679	48591	62	230026	142886	135793	59021	57014	125554	37090
沽源县	97846	231385	30943	50	200392	119368	112017	50106	49490	102512	29277
尚义县	76565	194438	57313	6	137119	99796	94642	35203	42173	82025	35037
蔚　县	174275	497872	81371	631	415870	263465	234407	127433	110887	189612	69940
阳原县	108474	279116	80466	291	198359	144928	134188	71672	59770	109018	38656
怀安县	98341	247382	81466	126	165790	126945	120437	54228	56537	100118	36499
万全县	86124	228830	41815	13	187002	117107	111723	45029	56429	91335	36037
怀来县	137470	356570	107905	32	248633	182563	174007	75972	93248	143120	44230
涿鹿县	146206	352061	63297	2	288762	183739	168322	77053	82569	144822	47617
赤城县	124885	298146	55831	31	242284	157793	140353	67515	67500	120283	42848
崇礼县	51373	125465	28434	13	97018	64469	60996	24170	28276	52804	20215

张家口市2012年人口变动情况统计表

地区别	出生			死亡			迁入			迁出		
	合计	男	女	合计	男	女	合计	省内迁入	省外迁入	合计	迁往省内	迁往省外
张家口市	50450	25714	24736	29849	18236	11613	56060	46182	9878	67707	46605	21102
市辖区	7725	4009	3716	4320	2658	1662	28559	25648	2911	31488	24886	6602
桥东区	2488	1299	1189	1312	803	509	11148	9915	1233	12658	10042	2616
桥西区	2070	1080	990	1152	697	455	6476	5718	758	7650	5860	1790
宣化区	2687	1370	1317	1438	894	544	10083	9278	805	10163	8217	1946
下花园区	480	260	220	418	264	154	852	737	115	1017	767	250
宣化县	3410	1770	1640	1974	1222	752	1571	1246	325	1534	1210	324
张北县	3656	1864	1792	2597	1650	947	3073	2566	507	3534	2434	1100
康保县	2169	1081	1088	1923	1227	696	1057	638	419	2684	1239	1445
沽源县	2402	1225	1177	2353	1417	936	1821	1044	777	5381	1934	1513
尚义县	1192	588	604	496	355	141	1858	1537	321	2641	1776	865
蔚　县	8199	4157	4042	3836	2335	1501	4281	3523	758	5497	3541	1956
阳原县	3570	1827	1743	2672	1629	1043	2383	1861	522	4606	2544	2062
怀安县	2856	1423	1433	1726	1022	704	1257	814	443	2337	1303	1034
万全县	2653	1350	1303	1517	880	637	2230	1826	404	2093	1489	604
怀来县	3768	1884	1884	2207	1317	890	2893	2002	891	2361	1323	1038
涿鹿县	4102	2067	2035	1998	1148	850	2392	1789	603	2199	1294	905
赤城县	3462	1829	1633	1318	798	520	2103	1290	813	2478	1234	1244
崇礼县	1286	640	646	912	578	334	582	398	184	808	398	410

民族·宗教·侨务

【民族】 全市有46个民族成分，少数民族人口84950人，占全市总人口的1.82%，其中人口数排名前3位的是回族、满族、蒙古族。全市有怀来县王家楼回族乡和沽源县大二号回族乡2个民族乡、84个民族村，其中回族村34个、满族村26个、蒙古族村23个、蒙满联合村1个，主要分布在张北、沽源、尚义、崇礼等12个县（区）。全市共有民族学校和幼儿园23所，其中民族中学2所、民族小学19所、民族幼儿园2所。

（玉润田）

【宗教】 张家口市有天主教、基督教、佛教、道教、伊斯兰教5大宗教。有市级宗教团体6个：天主教张家口教区、张家口市天主教爱国会、张家口市基督教协会、张家口市基督教三自爱国运动委员会、张家口市佛教协会、张家口市伊斯兰教协会。2012年，全市有信教群众13.56万人，其中天主教6.3万人，基督教9863人，伊斯兰教41500人，佛教19700人，道教1500人；批准开放宗教活动场所227处，其中天主教堂（点）118处、伊斯兰教清真寺37处、基督教堂27处、佛教寺庙39处、道观6处；教职人员259人，其中天主教合法神甫34人、基督教牧师5人、长老14人、基督教传道员63人、佛教比丘79人、比丘尼27人、道教道士8人、伊斯兰教阿訇29人。

（彭兴旺）

【侨务】 张家口市是河北省较大侨乡之一，是大部分旅蒙华侨祖居地。2012年，全市有国内侨务工作对象47702人，其中归侨1051人、侨眷29339人、港澳同胞眷属1743人、一般海外关系15569人；国外侨务工作对象26682人，其中华侨12764人、华人12162人、港澳同胞1756人，主要分布在蒙古、日本、美国、东南亚等26个国家和地区。全市侨务工作对象中，在政治上有一定影响、经济上有较强实力、科研上有所建树的有300多人。

（袁程宏）

张家口市2012年国民经济和社会发展统计公报

张家口市统计局

2012年，全市人民在市委、市政府的正确领导下，以邓小平理论和“三个代表”重要思想为指导，紧紧围绕“推进科学发展，致力跨越赶超，实现绿色崛起，打造强市名城”工作主题，着力调整经济结构，推进新型工业化、新型城镇化和农业现代化发展，同心协力，开拓奋进，扎实推进各项工作，全市国民经济保持平稳较快增长，各项社会事业全面健康发展。

一、综合

初步核算，全年全市实现生产总值1233.67亿元，同比增长10.0%。其中第一产业实现增加值205.89亿元，同比增长4.6%；第二产业实现增加值529.05亿元，同比增长11.9%；第三产业实现增加值498.73亿元，同比增长9.9%。人均生产总值达28142元。三次产业增加值占全市地区生产总值的比重分别为16.7%、42.9%和40.4%。

全市城市居民消费价格指数（CPI）为102.4，同比增长2.4%。涉及调查的八大类商品中仅交通和通信类下降0.8%，其余七大类全部上涨：食品类上涨2.9%、烟酒类上涨0.5%、衣着类上涨0.7%、家庭设备用品及维修服务类上涨1.3%、医疗保健和个人用品类上涨5.5%、娱乐教育文化用品及服务类上涨3.4%；居住类上涨2.6%。

全市新增就业人员54304人，下岗失业人员实现再就业17871人。年末城镇登记失业率为4.5%，控制在全年预定目标内。

二、农业

全年粮食播种面积47.53万公顷，同比下降0.8%，粮食总产量达154.73万吨，同比增长321吨，粮食单产3255公斤/公顷，同比增长0.8%。全年蔬菜播种面积99298公顷，同比增长11%，蔬菜总产量达638.8万吨，同比增长10.8%，蔬菜单产64336公斤/公顷，同比下降了0.2%。园林水果总产量达到61.4万吨，比上年增长8.3%。

全年畜牧业生产呈现稳中微增的发展态势。全市生猪出栏254.85万头，牛出栏32.49万头，羊出栏312.05万只，家禽出栏3127.73万只，同比分别增长1.5%、0.1%、0.8%和4.0%。牛奶总产量

124.33万吨，同比增长1.5%。禽蛋总产量为20.50万吨，同比增长0.1%。全市生猪存栏143万头，能繁母猪存栏18.38万头，牛存栏59.48万头，奶牛存栏40.44万头，羊存栏177.76万只，家禽存栏2044.66万只，同比分别增长-2.0%、0.3%、0.2%、6.7%、-3.0%和2.5%。

2012年，全市农田有效灌溉面积达395.76万亩，比上年增长0.54%；农业机械总动力305.96万千瓦，比上年增长2.44%。实际机耕面积达804.18万亩，比上年增长0.25%；当年机械播种面积572.86万亩，比上年增长0.1%；机械收获面积308.30万亩，比上年增长1.34%。农村用电量达到12.41亿千瓦小时，比上年增长26.6%。

三、工业和建筑业

全市规模以上工业企业431家，全年实现工业增加值397.30亿元，同比增长13.3%，其中，国有及国有控股企业增长9.4%，集体企业增长16.2%，私人控股企业增长23.9%，港澳台商控股企业增长18.5%；轻工业增长18.2%，重工业增长11.9%。分产业看，矿产品及精深加工产业累计完成工业增加值186.21亿元，同比增长16.6%；食品加工产业完成工业增加值87.81亿元，同比增长16.1%；装备制造产业完成工业增加值42.22亿元，同比增长7.7%；新型能源产业完成工业增加值63.06亿元，同比增长5.2%。分企业类型看，大型企业累计完成工业增加值187.67亿元，同比增长9.0%；中型企业累计完成工业增加值81.10亿元，同比增长9.2%；小型企业累计完成工业增加值123.79亿元，同比增长23.3%。

全市规模以上工业累计实现主营业务收入1074.46亿元，同比增长4.54%；累计实现利税149.09亿元，同比增长8.2%，其中实现利润66.67亿元，同比增长3.03%。

规模以上工业主要产品产量

产品名称	单位	2012年	比上年±%
原煤	万吨	1630.19	17.9
生铁	万吨	579.46	-6.2
粗钢	万吨	556.15	-4.5
钢材	万吨	545.73	-6.1
水泥	万吨	412.69	-5.3
饮料酒	万升	16850.86	6.5
卷烟	亿支	445	2.3
农用化肥（折纯）	万吨	3.35	13.4
化学农药原药	吨	7131	-1.4
挖掘、铲土运输机械	台	593	-49.3
发电量	亿千瓦时	368.54	7.0

年末，拥有资质等级以上建筑业企业155家，从业人员达2.88万人。全年资质等级以上建筑企业实现总产值247.94亿元，比上年增长4.93%。资质等级以上建筑业全年房屋建筑施工面积1790.51万平方米，比上年下降20.4%；房屋建筑竣工面积962.34万平方米，比上年下降7.4%。

四、固定资产投资

全年全社会固定资产投资完成1184.44亿元，同比增长20.0%。其中城乡建设项目投资完成953.96亿元，同比增长25.8%；房地产开发投资209.12亿元，同比增长0.3%。农村农户完成投资21.36亿元，同比增长5.2%。全市亿元以上施工项目325个，同比增加29个，完成投资669.08亿元，同比增长19.6%。其中亿元以上新开工项目130个，同比增加14个，完成投资284.45亿元，同比增长9.9%。

五、国内贸易

全年实现社会消费品零售总额435.10亿元，同比增长15.5%。其中，城镇零售额实现338.14亿元，同比增长14.8%；乡村零售额实现96.95亿元，同比增长17.8%。分行业看，批发业实现零售额70.56亿元，同比增长39.8%；零售业实现零售额300.85亿元，同比增长14.1%；住宿业实现零售额4.09亿元，同比增长15.2%；餐饮业实现零售额3.93亿元，同比增长23.2%。

限额以上批发和零售业商品零售额93.11亿元，增长23.2%。其中，书报杂志类增长909.7%，煤炭及制品类增长91.1%，电子出版物及音像制品类增长61.7%，中西药品类增长27.6%，化妆品类增长27.5%，汽车类增长27.2%，金银珠宝类增长24.6%，粮食、食品、饮料、烟酒类增长24.4%，服装、鞋帽、针纺织品类增长21.1%。

六、对外经济

全年全市实际利用外资24960万美元，同比增长33.6%，超省下达目标任务5460万美元，超市目标任务460万美元。其中外商直接投资24621万美元，同比增长80.0%。2012年，新批外商投资项目5个，比上年下降50%。合同外资额达到12282万美元，同比下降70.4%。当年新注册外商投资企业4个，注册资本16225万美元，同比下降52.0%，投资总额达30893万美元，同比下降38.5%。

全年实现进出口总额38363万美元，比上年增长22.8%。其中出口额实现31770万美元，同比增长27.1%。

七、交通运输、邮电业和旅游业

全年交通运输、仓储和邮政业实现增加值144.97亿元，比上年增长12.0%。全年公路货运量5895万吨，比上年增长14.6%；货物周转量167.69亿吨公里，增长14.4%。公路客运量4461万人，增长14.7%；客运周转量29.19亿人公里，增长11.1%。全市公路通车里程达到19606公里，比上年末增加240公里。其中，高速公路通车里程达752公里，比上年增加24公里。

全市邮电业务总量达30.53亿元。其中，邮政业务总量1.54亿元，比上年增长9.1%；电信业务总量28.99亿元，比上年增长10.3%。全年邮递函件260.9万件，发送特快专递59.4万件。报纸发行量5809万份，杂志发行量290万份。年末固定电话用户达58.72万户，移动电话用户达300.66万户，互联网用户达47.46万户。

全市旅游持续火热，旅游接待人数、创收再创新高。全年共接待国内外游客2118万人次，旅游收入128亿元，同比分别增长40.3%和47%。其中，接待国际游客8.3万人次，创汇2048.6万美元，同比分别增长10%和21%。冬季旅游黄金时期接待游客人数大幅增长，12月份共接待游客201.8万人次，同比增长21%；创收12.2亿元，同比增长27.2%。其中，滑雪温泉大区在12月份共接待游客75.2万人次，占全市游客接待总量的37.3%；创收4.5亿元，占全市旅游收入总额的36.9%。

八、财政、金融和保险业

2012年，全市全部财政收入完成214.15亿元，同比增长19.4%，其中地方一般预算收入完成106.56亿元，同比增长28.4%。

年末，全市全部金融机构各项存款余额1673.9亿元，比年初增长14.7%。其中，单位存款521.4亿元，比年初增长12.5%，个人存款1127.9亿元，比年初增长16.7%；各项贷款余额1192.9亿元，比年初增长12.2%。其中，短期贷款422.0亿元，比年初增长20.1%，中长期贷款745.9亿元，比年初增长7.6%。

全市营业性保险公司达到27家，比上年增加4家。全市保费收入达到35.98亿元，比上年增长2.5%。其中：财产险保费收入12.66亿元，比上年下降1.9%；寿险保费收入23.33亿元，比上年增长5.1%。给付赔款10.12亿元，比上年增长9.29%。其中：财产险给付赔款7.06亿元，比上年增长26.8%；寿险给付赔款3.06亿元，比上年下降17.3%。

九、社会各项事业

2012年，我市获国家科技进步二等奖1项，获省科技进步二等奖1项，省科技进步三等奖8项，获省山区创业三等奖3项。市级科技奖励授奖143项，其中科学技术突出贡献奖1项，一等奖27项。省政府正式批准我市建立西山、东山2家省级高新技术产业开发区，使我市成为全省首个同时拥有2个省级高新区的地区。园区拥有和应用各类高新技术89项，专利17项。我市有3个团队及3名领军人才在全省“巨人计划”首批创新创业团队和领军人才命名大会上受到命名表彰。其中，赵治海研究员还成为今年我省唯一一位安排在北戴河暑期疗养并受到中央领导同志接见的科技人员。

全市义务教育阶段巩固率达到96%，被中国教育协会、中国教育发展促进会评为“中国教育改革创新示范城市”。职业教育发展势头强劲，全市职普教招生比例51:49，在校生比例48:52，均超全国平均水平。全市职业教育达到全省先进水平，主城区职业教育达到全国先进水平。特殊教育全国领先，全市盲、聋、智障三类残疾儿童入学率达到91%，2012年参加高考的6名视障学生全部升入本科院校。学前教育、普通高中教育及高等教育发展均取得重大进展。

年末，全市有17个县区建成了数字影院，15个县区拥有县级图书馆、文化馆，209个乡镇全部建成了乡镇文化站，新建成农家书屋1539个。2012年，“农村电影放映工程”，共放映公益电影50268场，受益群众达860万人次。共开展“四送两进”公益巡演活动1087场、组织广场文化活动212场、图书馆公共讲座44场、文化志愿活动34场、精品演出10场、大型公益性展览16个。市演艺集团新创排的口梆子大戏《少年董存瑞》、阳原县青年晋剧团新创排的晋剧《毛毛匠》、蔚县秧歌剧团新创排的大型秧歌剧《雷锋》和实景大型音乐舞剧《火树金花》等4台大戏，康保县二人台艺术团创排《村官回乡》、《兰桃说媒》、《刘干妈改嫁》、《喜挂红灯》和尚义县艺术团创排的《卖菜》等5台小戏，在河北省第九届戏剧节取得4个优秀剧目奖、53个单项奖、102人次获奖的好成绩。其中《少年董存瑞》和《雷锋》被省委宣传部、省文化厅等5个部门确定为迎接党的十八大重点剧目。

年末，全市共有医疗卫生机构5612个，其中医院68个，乡镇卫生院210个，社区卫生服务中心（站）52个，妇幼保健院（所、站）18个，卫生监督所（中心）21个。卫生技术人员16417人，其中执业医师及执业助理医师6665人，注册护士5115人。医疗卫生机构床位17838张，其中医院12008张，乡镇卫生院4256张。

2012年，全市重点实施农民体育健身工程425个，为425个省、市、县三级帮扶村，每个村都安装一套农民健身工程，共安装1330件。成功举办了2012年中国·张家口马拉松比赛，来自包括香港在内的全国18个省市地区的694名马拉松选手和来自肯尼亚、埃塞俄比亚、日本、瑞典等四国的15名外籍选手参赛。承办了捷安特自行车拉力赛。此次赛事从张家口出发，途经内蒙古，终点到承德。来自我市各行业的100多名自行车爱好者参加了比赛。2012年，我市共参加省级比赛37项（次），夺得金牌18枚，银牌16枚，铜牌18枚，是我市近年来年度参赛成绩最好的一年。我市籍运动员侯玉琢在2012年伦敦奥运会上，夺得女子跆拳道57公斤级比赛亚军，创我市籍运动员在奥运会上的最好成绩，也是我市自新中国成立以来取得国际赛事奖牌的第一人。

十、人民生活和社会保障

2012年全市户籍总人口468.41万人，其中农业人口311.51万人，非农业人口156.44万人；男性人口241.41万人，女性人口227.0万人。全年出生人口5.05万人，人口出生率10.78‰，死亡人口2.98万人，死亡率6.38‰，人口自然增长率4.4‰。2012年年末全市常住人口为439.38万人。

据城乡居民住户抽样调查资料显示，2012年，全市城镇居民人均可支配收入18441元，同比增长12.4%，其中工资性收入10072元，同比增长14.0%。城镇居民人均消费性支出11498元，同比增长5.9%。农民人均纯收入5564元，比上年增长14.6%。其中：工资性收入、家庭经营现金收入分别达到2301元和2503元。城镇居民恩格尔系数为35.6%。城乡居民住房条件逐步改善。城市居民人均住房建筑面积26.75平方米；农民人均住房面积为22.5平方米，比上年增加0.4平方米。

社会保障体系日益完善。2012年，全市基本养老保险参保人数74.2万人，同比增长4.3%；基本医疗保险参保人数116万人，同比增长1.6%；参加失业保险的人数达38.5万人。年末城市居民享受最低生活保障7.13万户，12.78万人，农村居民享受最低生活保障31.66万户，41.01万人。

注释：

1. 本公报2012年数据均为快报数。
2. 公报中全市生产总值、各产业增加值绝对值按现行价格计算，增长速度按可比价格计算。

精神文明建设

【“善行河北、情暖张垣”主题道德实践活动】 一是建立健全领导体制和工作机制。3月30日，召开全市现场推进会，进行动员部署，制定《活动方案》，明确“各级党委统一领导、文明委牵头负责、成员单位协调联动、文明办组织落实”的领导体制和工作机制。年内，共召开各种形式调度会、协调会10余次。市委、市政府将此项工作列入对县（区）、市直部门和领导班子实绩考核内容，同时建立健全督查督办、日常评比、考核奖惩等评价体系。全市各新闻媒体均在主要版面、节目和频道开设专栏、专题，对活动进行报道。在主要街道悬挂宣传条幅，利用建筑围挡、宣传栏、宣传橱窗刷写、张贴宣传标语，在广场、街道LED显示屏、公交站点、公交车和出租车车载媒体滚动播放宣传标语、公益广告。组织开展演讲比赛、有奖征文、文艺演出等活动。

二是精心设计活动载体，将“互助、诚信、敬业、孝敬”等道德元素融入创建活动全过程。开展“十万志愿者学习雷锋、奉献社会志愿服务”大行动。组织志愿者走进空巢老人、留守儿童、贫困家庭送温暖献爱心、帮贫解困，深入街道、社区、广场等公共场所，开展垃圾清理、交通协管、礼仪宣传、不文明行为监督劝阻等活动。开展“善行河北、情暖张垣、美化家园”活动，组织志愿者深入农村集镇，为广大农民群众义务放映电影，节日慰问演出，开展农技培训，整饬环境卫生，宣扬传播生态文明理念，引导群众追求文明科学生活方式。年内，全市参与各类社会志愿服务50余万人（次），成为“善行河北、情暖张垣”的一支重要力量，并带动各级公益组织和社会公益事业蓬勃发展，全市先后涌现出“爱之源”公益互助会、“爱家园”公益促进会、“张垣之心”公益促进会等一大批社会公益服务组织。开展文明交通行动。在出租汽车行业开展“创雷锋车，争做文明使者”百日竞赛活动，选树“十佳出租车”、“学雷锋示范车”、“文明出租车司机”等各类典型100余个。在公交车行业开展“创建文明公交运营线”活动，重点打造以“31路女子公交车队”为代表的多条精品线路。在公安交警系统开展“十佳交警”评选和“创建文明交通示范岗”活动。开展“提升服务水平、展示文明形象”活动。在旅游、金融、商贸、卫生等“窗口”服务行业，公安、工商、城管等社会管理行业，运输、食品等生产经营企业，结合行业特点，开展多种形式行业竞赛和文明争创活动。在沿街门店开展创建“门前‘三包’示范店”和“诚信经营户”活动。以传统节日、重要纪念日、重大活动为契机，集中开展系列主题实践活动。清明节以未成年人为重点，开展以“祭奠英烈、缅怀先辈”为主题的“寻学”（追寻先辈足迹、学习革命精神）活动。端午节以“爱祖国、爱家乡”为主题，开展“爱国歌曲、诗词演唱诵读”活动。七夕节开展“亲情、友情、爱情”主题活动，举办首届“浪漫七夕节、缘系清水河”放河灯活动。中秋、国庆双节开展“探父母、行善举、讲公德”活动，通过公开信、倡议书等形式深入宣传发动，引导群众广泛参与多种形式的“送温暖送关爱”、“讲公德守秩序爱家园”等系列主题活动。

三是选树先进典型，形成向善行善良好风气。由社区、村镇根据自身情况开展“月评好人”、“季评好人”，县（区）定期组织评议活动，评出各类好人典型逐级上报，最后由市文明办为好人模范建立个人档案。通过层层选拔、逐级推荐，全市共评出各行各业好人典型300余个，建立起覆盖全市的“好人好事储备库”。发挥新闻媒体覆盖面广、社会影响力大优势，鼓励和动员新闻媒体记者深入基层一线，采写报道身边好人典型事迹。注重发挥先进典型，特别是有较大社会影响先进典型的示范带动作用，组织道德模范、身边好人参加重大社会活动，开展关爱慰问道德模范、身边好人活动，帮助有困难的好人模范解决难题。年内，市文明委命名50个“善行河北、情暖张垣”道德模范和模范集体，9名有代表性、事迹突出的道德模范在市工人文化宫作了报告。对道德模范进行物质奖励、隆重表彰。谷子专家赵治海，被中央文明办评为全国“敬业奉献好人”。阳原县“田野”农村电影放映队队长蒋志湘，20年放映电影8000多场（次），惠及农民230余万人（次），被评为全国“助人为乐好人”。怀来县“爱心奶奶”胡年祥，从1992年自己开始资助第一个贫困学生，20年和姐妹们累计捐款超过12万元，资助贫困学生和残疾学生63名，被评为全国“助人为乐好人”和“月度河北雷锋”。还有“42年义务送报的热心盲人”贾存玉，“49年资助100多个穷孩子的好心老人”武俊，“诚信经营，做顾客心明眼亮好豆浆的豆浆姐”刘雪婷，“为云南地震灾区义捐47.2元‘巨款’感动万千网民的残疾拾荒父子”马江、马润林，等等。

【文明行业和文明单位创建】 组织开展新一届省级文明单位推荐上报工作，全市有3个文明县城、86个文明单位、6个文明乡镇、18个文明村受到省委、省政府表彰。开展市级文明单位评选表彰活动，命名表彰市级文明单位1002个。举办张家口市“中行杯”文明单位乒乓球大赛，有93支代表队参加比赛，决出各类优胜队伍24支。组织商业、旅游、文化、卫生等公共服务行业和党政机关、执法部门，开展道德规范、服务技能、礼仪知识等教育培训，开展岗位练兵、服务承诺、技能竞赛等活动。在全市出租汽车行业开展“创建文明城市、争当文明使者”活动。

【未成年人思想道德建设】　加强未成年人校外活动场所建设。“十二五”时期，中央财政共安排中央专项彩票公益金24.5亿元，支持各地依托乡镇中心学校建设8000所乡村学校少年宫，每个乡村少年宫给予20万元用于场地建设和器材购买，建成后每年拨付5万元维护修缮费。该项目启动实施后，市文明办共争取到11个乡村少年宫建设项目，其中已建5个，在建6个。2012年，组织对全市首批5个乡村学校少年宫进行督导，并积极推进第二批6个乡村少年宫项目建设。组织开展净化社会文化环境活动。协调市文广新局、报社、广播电视台等单位开展集中整治网吧、整治互联网低俗之风、净化荧屏声频、治理校园周边环境和净化出版物市场“四个专项行动”。推进“做一个有道德的人”系列实践活动。在未成年人中，开展“传承雷锋精神、争做美德少年”、网上签名寄语、网上祭英烈、“帮父母做一周家务”、“文明小交警”、“环保小卫士”等活动。

【惠民工程】　继续做好省助学工程有关工作。严格按照“品学兼优、有培养前途，生活特别贫困、无力完成学业”标准，坚持公开、透明原则，按照规定程序，选拔并向省推荐14名“宏志班”学生。在市四中开办第八届“宏志班”，资助贫困学生50名。举行全市第十二届助学工程暨“宏志班”大学生资助仪式，为10名考入省部属重点院校的“宏志班”优秀毕业生颁发3000~5000元助学金。营造覆盖县、乡镇、村公共文化服务体系，建立县级宣传文化中心、乡镇宣传文化站、村民中心，满足人民群众多层次、多样性精神文化需求。截至年末，全市已建成县级宣传文化中心12个、乡镇文化站210个、村文化活动室2297个、“村民中心”200个，年内对37个重点“村民中心”给予文体器材、图书等支持。在全市社区开展“市民中心”建设，首批选择40个条件较好的小区展开试点工作，组织开展以服务市民为宗旨的就业培训、法律咨询、卫生健康、社会保障等活动，为6个社区发放配备文体活动器材。

（梁　芳）

政治

- 中国共产党张家口市委员会
- 张家口市人民代表大会常务委员会
- 张家口市人民政府
- 中国人民政治协商会议张家口市委员会
- 民主党派·工商联
- 社会团体

中国共产党张家口市委员会

主要会议

【市委十届三次全会】 1月29日，市委召开十届三次全会。会议确定2012年全市落实各项工作部署的总要求是“强势推进，狠抓落实”。

【市委十届四次全会暨全市经济工作会议】 12月28日，市委十届四次全会暨全市经济工作会议在张家口宾馆召开。会议确定2013年全市工作总的指导思想是：以十八大精神为指导，深入贯彻科学发展观，着力强工业、调结构、攻项目、求突破、勇改革、破难题、惠民生、促和谐、优环境、增活力，勇于担当，实干苦干，绿色崛起，奋力争先，在与全国全省同步建成小康社会新征程中迈出重大步伐。

【市委常委会议】 1月16日，市委书记许宁主持召开市委十届九次常委（扩大）会议，省委组织部宣布省委关于张家口市委主要负责同志调整的决定。省委决定，王晓东任张家口市委书记，不再担任张家口市市长职务，免去许宁的张家口市委书记、常委、委员职务。

1月18日，市委书记王晓东主持召开市委十届十次常委会议，传达省委书记张庆黎，省委常委、组织部长梁滨与王晓东、侯亮谈话精神；传达省“两会”精神；研究讨论《关于需要市委常委会集体讨论决定的重大事项》和《市政府工作报告》；传达全国、全省宣传部长会议精神。会议还研究了干部人事事宜。

1月29日，王晓东主持召开市委十届十一次常委会议，会议内容：通报推荐出席党的十八大代表候选人初步人选建议名单，确定市委十届三次全会有关事宜；听取全市政法工作会议精神汇报；研究讨论《张家口扶贫开发攻坚战工作方案》及扶贫工作会议筹备情况；研究《关于对重点工作拉练检查的实施方案》；研究《关于各级领导干部深入贯彻落实省委“约法八章”的六项要求》；听取赴长沙、杭州、天津滨海新区考察城市新区建设情况汇报；传达中央、省委领导在全国信访局长电视电话会议上的讲话精神。

2月4日，王晓东主持召开市委十届十二次常委会议，研究开展加强基层建设年活动有关事宜；听取省纪委八届二次全会精神汇报，研究张家口市贯彻落实意见。会议还研究了干部人事事宜。

2月27日，王晓东主持召开市委十届十三次常委会议，会议内容：传达省委八届二次全会及全省组织工作会议等会议精神，研究张家口市组织工作会议有关事宜；传达省委常委、常务副省长杨崇勇及省委常委、宣传部长艾文礼在张家口市调研时的指示精神，研究全市文化大发展大繁荣总结表彰大会先进集体和先进个人表彰名单；研究市社会管理综合治理委员会人员组成名单；听取关于公车专项治理工作情况的汇报；书面汇报全省统战部长会议精神，研究张家口市贯彻落实意见。

3月5日，王晓东主持召开市委十届十四次常委会议，通报市产业集聚区进京上访有关情况。会议还研究了干部人事事宜。

3月27日，王晓东主持召开市委十届十五次常委会议，传达省委书记张庆黎和省委副书记赵勇分别到保定市涞水县和张家口市赤城县调研指示精神，研究张家口市下一步扶贫开发攻坚工作；听取全市社会管理创新暨群众工作拉练观摩会筹备情况汇报；研究讨论市委《关于加强大学生村官培养使用工作的意见》。会议还研究了干部人事事宜。

3月29日，王晓东主持召开市委十届十六次常委会议，研究推荐杨春光为市政府副市长人选事宜。

5月14日，王晓东主持召开市委十届十八次常委会议，会议内容：传达中共中央政治局委员、中央书记处书记、中宣部部长刘云山到张家口市调研视察时的指示精神，研究张家口市贯彻落实意见；传达全省环首都扶贫攻坚示范区建设工作调度会精神；听取全省加强和创新农村社会管理工作现场会精神及张家口市贯彻落实意见的汇报；听取2011年度县（区）和市直部门惩防体系建设和党风廉政建设责任制检查考核情况汇报，研究《2012年市委、市政府领导班子及其成员党风廉政建设责任制及反腐败工作分解情况》和《2012年反腐倡廉工作任务的分工意见》；书面传达全省纪检监察机关查办案件工作会议精神。

5月30日，王晓东主持召开市委十届十九次常委会议，会议内容：听取市政府代表团小团组访问瑞典、西班牙情况汇报；听取市领导包联扶贫开发重点县督导指导情况汇报；书面汇报全省创先争优理论研讨会精神；书面汇报省督导组来张督导省委八届二次全会精神落实情况。会议还研究了干部人事事宜。

6月6日，王晓东主持召开市委十届二十次常委会议，会议内容：研究讨论《“大好河山张家口，百家名企荟名城”大型主题招商月活动方案》；研究讨论《第十届海峡两岸三祖文化交流周暨第十一届冀台经济合作洽谈会工作方案》；听取市发改委关于贯彻落实国务院经济形势座谈会情况汇报；研究讨论市委《关于深入开展增强群众观念、增强自治组织、增强惠民措施，做群众贴心人主题活动的实施意见》；书面听取全市十项重点帮扶项目进展情况汇报。会议还研究了干部人事事宜。

6月8日，王晓东主持召开市委十届二十一次常委（扩大）会议，宣布省委关于市委领导班子成员补充调整的决定。省委决定，吴立芳任张家口市委委员、常委、副书记。

6月13日，王晓东主持召开市委十届二十二次常委会议，听取张家口市代表团赴天津市和沧州市参观考察情况汇报；听取全市暑期安全保卫工作情况汇报。会议还研究了干部人事事宜。

6月20日，王晓东主持召开市委十届二十三次常委会议，一是传达中共中央政治局常委、中央政法委书记周永康到怀来县视察指示精神；二是听取沃尔沃全球董事会筹备情况汇报；三是传达全省加强农村党风廉政建设、化解基层矛盾、促进社会和谐工作会议精神；四是研究干部人事事宜；五是研究讨论市委常委工作分工。

7月9日，王晓东主持召开市委十届二十四次常委会议，研究干部人事事宜。

7月12日，王晓东主持召开市委十届二十五次常委会议，传达学习省委理论学习中心组学习会议精神，研究讨论张家口市贯彻落实意见。

7月18日，王晓东主持召开市委十届二十六次常委会议，会议内容：传达中共中央政治局常委、全国政协主席贾庆林到河北省及张家口市视察指示精神；听取召开全市着力改善“两个环境”动员大会筹备情况汇报；听取全市经济形势分析暨工业经济运行观摩拉练会议筹备情况汇报；通报有关问题。

7月27日，王晓东主持召开市委十届二十七次常委会议，传达学习胡锦涛7月23日在省部级主要领导干部专题研讨班开班式发表的重要讲话。

8月20日，王晓东主持召开市委十届二十八次常委会议，会议内容：传达察哈尔公共外交年会张家口2012及全国政协副主席郑万通讲话精神；传达梁滨、臧胜业、聂辰席在张家口市调研指示精神，研究张家口市贯彻落实意见；听取全省公共资源交易市场建设工作推进会精神汇报，研究张家口市贯彻落实意见；听取2011年度县处级领导班子和市委管理干部考核情况汇报；听取“大好河山张家口，名企名商荟名城”大型主题招商月活动情况汇报；书面听取全省思想政治素质提升工程推进会精神汇报。

9月6日，王晓东主持召开市委十届二十九次常委会议，研究干部人事事宜。

9月19日，王晓东主持召开市委十届三十次常委（扩大）会议，传达学习省委书记张庆黎在全省维护社会稳定工作会议上的讲话精神，研究张家口市近期维稳工作。

9月29日，王晓东主持召开市委十届三十一次常委会议，传达全省市人大、政府、政协领导班子换届工作座谈会精神，研究张家口市贯彻落实意见；书面传达全省县级工会工作会议精神。会议还研究了干部人事事宜。

10月10日，王晓东主持召开市委十届三十二次常委会议，省委考察组组长张增良传达省委关于市人大、政府、政协领导班子换届的有关要求，介绍考察组的主要任务和工作安排，提出考察期间有关要求。

10月12日，王晓东主持召开市委十届三十三次常委会议，传达学习中共中央政治局常委李长春在张家口市调研指示精神，研究张家口市贯彻落实意见；研究讨论市委《关于省八次党代会以来有关情况的报告》；研究讨论市委办公室、市政府办公室《关于改进接待工作提升接待水平的意见》。

10月16日，王晓东主持召开市委十届三十四次常委会议，学习全省着力改善发展环境、着力改善生态环境动员大会精神，研究张家口市贯彻落实意见。

10月19日，王晓东主持召开市委十届三十五次常委会议，进行市级党政正职、副职后备人选票决。

10月30日，王晓东主持召开市委十届三十六次常委会议，研究筹备召开全市着力改善发展环境生态环境推进大会的有关事宜。

11月16日，王晓东主持召开市委十届三十七次常委会议，传达学习党的十八大精神，研究张家口市学习宣传贯彻意见。

12月12日，王晓东主持召开市委十届三十八次常委会议，听取全省市委组织部长、统战部长和省直单位负责人会议精神汇报；研究干部人事事宜。

12月19日，王晓东主持召开市委十届三十九次常委（扩大）会议，专题传达学习中央关于改进工作作风、密切联系群众的“八项规定”相关文件。

12月21日，王晓东主持召开市委十届四十次常委会议，听取关于推荐提名省十一届政协委员有关情况的汇报。会议还研究了干部人事事宜。

12月27日，王晓东主持召开市委十届四十一次常委会议，传达全省经济工作会议精神，研究讨论市委十届四次全会暨全市经济工作会议有关事宜。

12月31日，王晓东主持召开市委十届四十二次常委会议，听取市人大常委会党组关于召开市十二届人大六次会议有关工作安排的请示；听取关于张家口市推荐提名十二届全国人大、十二届省人大代表候选人有关情况的汇报。会议还研究了干部人事事宜。

中共张家口市委及其工作部门主要领导

书　　记：许　宁（01月免）
　　　　　王晓东（01月任）
副 书 记：王晓东（01月免）
　　　　　侯　亮
　　　　　吴立芳（05月任）
常　　委：王晓东　侯　亮
　　　　　吴立芳（05月任）
　　　　　曹志民　何江海
　　　　　魏福刚　郑丽荣（女）
　　　　　李青春　丁荣进
　　　　　赵占华　王　江

市纪委
书　　记：丁荣进
常务副书记：郭　江
市委秘书长：王　江
市委常务副秘书长、办公室主任：杨千河
市委副秘书长：武爱军　李鹏举
　　　　　王锐锋　曹瑰宝
　　　　　高进技（05月任）
　　　　　卢东宏（12月任）
　　　　　张永波（12月任）

市委防范和处理邪教问题领导小组办公室
主　　任：安志鸿
市委、市政府信访局
局　　长：曹瑰宝
市委组织部
部　　长：魏福刚
常务副部长：蒋书钢
市援坝干部管理办公室
主　　任：刘海林
市委老干部局
局　　长：荣国明
市委宣传部
部　　长：赵占华
常务副部长：刘文锦
市社会科学联合会
主　　席：黄　莺
市委讲师团
主　　任：任旭亮
市委统战部
部　　长：周　林（06月免）
　　　　　李青春（06月任）
常务副部长：姚象彬
市委台湾工作办公室
主　　任：苏建君
市委政法委
书　　记：李青春
常务副书记：张世太
市委农工委
书　　记：韩卫东
市委研究室
主　　任：张凤鸣（05月免）
　　　　　张万彪（05月任）
市委市直机关工委
书　　记：王　江
常务副书记：王茂权
市机构编制委员会办公室
主　　任：武吉崇
市档案局（馆）
局（馆）长：杨　敏
市国防教育办公室
主　　任：于新民
市委党校
校　　长：魏福刚
常务副校长：胡　举

市委党史研究室
主　　　任：杨红彬
张家口日报社
社　　　长：王志刚
总　　　编：刘　勇（05月免）
　　　　　　刘庆国（05月任）
市接待服务处
处　　　长：王秉成（05月免）
　　　　　　王　平（05月任）

市委办公室工作

【抓文稿服务，当好参谋助手】 围绕全市发展大局，将以文辅政作为服务市委科学决策的重点工作，强化参谋意识、提高参谋水平。一是综合文稿在出精品上下工夫。认真研究上级政策和本地实际，准确把握市委决策方向和领导意图，不断增强文稿的思想性和指导性。全年完成领导讲话、汇报、致辞等综合文稿320多件，文字量达100多万字。所起草的市委主要领导十八大分组讨论发言、在省委理论中心组学习会议上的《欠发达绝不能欠环境》的主题发言，得到了与会领导的一致好评，并被多家媒体刊载；起草的市委十届三次全会报告和加强基层建设年动员会、全国“两会”和党的十八大安保工作会议等领导讲话，得到了市委主要领导的认可及县（区）和部门的好评；起草的向贾庆林、李长春、周永康、张庆黎等中央和省委领导的汇报材料，均得到有关领导的充分肯定。与此同时，注重加强对外宣传，组织力量主攻中央级刊物，市委主要领导的14篇专访和理论调研文章，先后在新华社、中央电视台、《人民日报》、《光明日报》、《中国青年报》以及省主要媒体刊播，既为市委科学决策提供了参考，也起到了宣传推介张家口的作用。二是信息反馈在重实效上做文章。在全市党委系统大力开展“信息精品年”活动，对市委重大决策部署及张家口市所取得的成就和经验，不断挖掘深度、提高精度、拓宽广度。2012年是信息批示量最多、批示规格最高、批示效应最好的一年，被评为全国、全省信息工作优胜单位。在专报中办信息方面，被中办采用75期，其中8篇正面长篇信息专报习近平、温家宝、贾庆林等中央领导，3篇信息温家宝、回良玉等中央领导作出重要批示，超额完成省委信息综合室下达的长篇信息采用任务，实现了采用信息数量、报送领导数量的历史之最。在报送省委信息方面，被采用105期，网络信息采用6000余条，30篇正面长篇信息被直接呈报省委、省政府领导，5篇呈阅信息被张庆黎、赵勇、臧胜业等省领导作出重要批示。特别是张庆黎对《张家口市全面启动全国“两会”和党的十八大安保工作》的重要批示，直接促成了省委将秦皇岛暑期安保工作扩大到全省范围。在编发内部信息方面，全年完成523期，市领导批示达78人（次），其中王晓东批示34（次）。三是调查研究在求创新上用实力。在办公室内部实行全员调研制度，围绕市委全局性、战略性问题广泛深入开展调查研究。先后就扶贫攻坚、创新社会管理、现代产业体系、民生保障、社会稳定等30余个课题，深入农村、企业、街道开展调研，形成了一批有深度、有价值、有影响的调研成果，为市委科学决策提供了重要依据。

【抓督促检查，推动决策落实】 围绕市委决策部署，以专项查办、决策督查、综合督查为抓手，改进督查方式，丰富督查手段，强力推进市委重大决策和重要部署的落实。一是注重抓要事、查重点，全力搞好专项查办。2012年是办理领导批示交办事项最多的一年，涉及信访稳定多，办理时间集中、难度较大。市委办坚持对省、市领导的批示事项随交随办、急事急办、特事特办，先后办结张庆黎、王晓东批示的关于人保财险张家口分公司协解人员上访、老放映员对国家三部委解困文件不满等事项65件（次），按时办结率达到100%。二是注重提质量、重效率，努力搞好决策督查。综合运用联合督查、实地督查、随机督查等形式，加大对市委重大决策部署、重点工作和重大项目的全程跟踪督查力度。先后就全国“两会”和十八大安保、六大维稳攻坚、重点项目等工作开展了多次大型督查。三是注重强调研、出成果，着力搞好综合督查。探索建立调研与督查相结合的互动机制，坚持在督查中调研，在调研中督查，努力为市委决策提供服务。起草市委、市政府《对2012年全市重点工作进行拉练检查的实施意见》，并细化责任，强化考核；就扶贫攻坚进行督导检查时，结合各地实际，客观分析问题，提炼成功经验，先后撰写4篇关于扶贫重点县开展扶贫攻坚工作的督查调研文章，并在相关报刊发表；就解决好拖欠农民工工资问题，提出了适当提高农民工工资保证金缴存比例等建议，得到市委主要领导的肯定。

【抓组织协调，做到有序规范】 充分发挥市委办公室总牵头、总协调、总调度作用，严格规范、周密高效地组织协调好办文办会等工作，实现衔接紧密、运转高效、有序规范。一是办文突出精细。严把公文行文关、内容关、政策关、文字关，细致谨慎、及时保密地审核办理各类文件254件。规范公文办理程序，细化登记、拟办、呈报、传阅、催办5个环节，全年共收发、办理中央、省部委文件2万余份，办理市委文件9万余份，承办请示、报告、传批件325件，催办、转办市委书记批示件150余件，没有出现任何疏漏。二是办会注重细节。进一步完善各类会议的组织程序，注重办会细节，做好会前、会中、会后的各项工作。圆满完成市委十届三次全会、全市领导干部会议等各类会议92个。同时，出色完成张家口市代表团参加省党代会服务工作以及“大好河山张家口，名企名商荟名城”主题招商月活动的任务，受到了各级领导和与会人员的充分肯定。对市委及市委领导的重大活动，坚持做到提前介入、精心筹备、细致安排，成功组织市委领导活动178次，保证了活动安全、有序、顺利进行。三是接待务求规范。下大力规范接待程序，细化接待方案，把握接待细节，展示地方特色，以优质高效、周到精细的服务展示张家口市的良好形象。年内先后接待了贾庆林、李长春、周永康、刘云山等党和国家领导人7人（次），接待张庆黎、张庆伟、赵勇等省部级以上领导92人（次）、地厅级领导400多人（次），接待市外来宾2000多人（次），全部做到了让来宾满意。

【抓服务保障，力求优质高效】 以细致周到、优质高效为服务标准，从完善管理机制和提高服务标准入手，为市委和机关工作的有序运转提供有力保障。一是密码通信确保保障有力。抓好密码通信保障和重要电报的办理，实现审核“零误差”、办理“零停留”；全市密码部门远程视频监控和门禁系统建设任务高质量如期完成，标准效果居全省前列；对全市各县（区）开展普密专项检查活动，协助上级单位对市公安局、军粮、燕兴机械厂等单位进行专项检查；在全市范围内开展密码工作“三基建设年”活动，组织业务技能比赛等活动16次。全年传输办理密电、明电10万余份，未出现任何差错。二是保密工作确保绝对安全。在全市范围内组织开展了以“查问题、排隐患、保安全、促提升”为主题的保密工作大联查活动。对84个市直部门、153个县直部门、79个乡镇和街道进行了保密工作大检查，共下达保密检查整改通知书248份，查封计算机119台；完成30多次重要涉密会议的服务保障工作；召开保密培训会议5次，参训人员1300多名；全年发放保密宣传教育材料7300多册；按照上级要求，完成为全市主要领导和重要涉密人员配备保密手机工作；全面做好网络清查工作和政府信息公开保密审查工作，共删除门户网站敏感信息21条，封存计算机38台，收缴移动存储介质62个，确保了重要信息的绝对安全。三是后勤服务确保细致到位。坚持对市委服务和对机关服务相结合，切实增强后勤工作的主动性、规范性和前瞻性。严格财务管理，坚持定点采购办公用品、三级签字报销、会议费审查审核等制度；加强公务用车和驾驶人员管理，节约行政开支，确保机关顺畅运转；全面落实老干部政治生活待遇，积极为老干部提供优质周到服务；圆满完成市委主要领导和市委办的南迁工作，做到耗时短、效率高、无差错。四是值班工作确保规范有序。有效提升组织协调和应急处置能力，全年累计办理来文、来电437期，接待来人来电政务问询2000余人（次）；向有关单位交办来信、来函188件（次），办结率达100%；妥善处置涿鹿县黄羊山森林火灾和怀来县日籍人员因大雪被困救援等重大事件，没有发生迟、漏、瞒、误报问题。强化值班规范化建设，在上半年全省考核验收县级党委值班室创建工作中，张家口市成为全省四个全达标市之一，全市达到省级优秀创建标准的县级党委值班室数量增加到15个，继续走在全省前列。

【抓自身建设，提升工作效率】 将加强自身建设作为全年工作的重头戏，着力在提素质、强能力、细管理上下工夫，全力打造奋发有为、争创一流的干部队伍。一是深入基层惠民生。市委提出开展加强基层建设年活动以来，市委办高度重视，强力运作。由两名正处级干部带队，抽调骨干力量组成两个工作组，深入到张北县大特拉村和黄土囫囵村进行驻村帮扶。工作组先后为两村协调解决资金300余万元，为公会镇引进1个总投资4000余万元的肉牛养殖项目，为两村引进项目40余个，修建砂石路3条，硬化村主干道3500平方米。投资20万元，对两个村的“两委”办公场所进行了修建，完善了党员活动室和村服务中心。工作组的先进事迹多次被市县新闻媒体予以宣传，成为市委办公室“三服务”工作的一面旗帜。与此同时，从3月2日起，市委办实行全员驻村制度，全体干部职工分期分批入驻两个村开展工作，并将驻村情况纳入季度考核，使驻村工作实现了全员参与、有效衔接。二是专题培训提素质。全年安排23名科级干部，围绕各自工作，采用多媒体形式给全体人员讲课，年底还对讲课情况进行了测评，对讲课效果比较好的人员给予奖励。同时，邀请省委值班室及市直有关部门的负责同志，就值班工作、金融知识等进行专题培训，不断拓展思维、增进交流、提升素质。三是健全制度强约束。针对办公室工作不断拓展的实际，进一步完善规章制度，细化分解处室职责，使每项工作都有据可依、有章可循，进一步提高了工作效率和水平。同时，对全办科级干部实行季度考核，每个季度的最后一周，进行处室述职和集体测评，将4个季度的考核测评结果汇总梳理后，作为年终评定先进处室和先进个人的重要依据。四是网络建设提效率。将推进政务办公信息化建设作为加强自身建设的重要内容，对内网板块、栏目重新调整设定，完善了腾讯通即时对话、内部邮件发送、未读邮件提醒、手机短信联网通知等功能。政务动态、通知通告、领导讲话、调研文章等信息全部实行网上发布，不仅提高了工作效率，也为大家提供了良好的学习交流平台。五是开展活动增活力。在努力抓好办公室各项工作的同时，还十分注重在机关内部开展丰富多彩的文体活动，既活跃了党员干部的生活，也进一步激发了大家的工作热情和生机活力。

（王若彬）

纪检监察工作

【加强监督检查】 对全市实施“一产抓特色、二产抓提升、三产抓拓展”经济发展战略、“百家央企进河北”战略合作以及旅游项目和“双三十”项目等重大决策落实情况进行重点检查，发现6个方面问题，并责令剖析整改。开展专项资金综合治理和“小金库”重点检查，涉及20个县（区）及市本级单位各类资金137.77亿元，查出问题资金10.6亿元，整改率达90%以上。从全市党政机关和事业单位中查出“小金库”7个，涉及资金83.4万元。开展工程建设领域突出问题专项治理，从17个县（区）和市直部门2011年以来开工、在建的政府投资或使用国有资金206个工程建设项目中，发现并整改问题987个。

【改善发展环境】 召开全市改善“两个环境”广播电视动员大会和推进大会。协调市级领导对市直具有行政审批、行政执法权的40个改善发展环境重点部门进行包联。牵头在全市组织开展“三自六不让”学习教育活动和改善“两个环境”大发动和大讨论活动，征求意见建议8000多条，查摆影响发展环境方面问题11类280多个。全面清理行政审批及监管事项，16个部门涉及33项事项将被取消或下放。强力推行部门领导进厅现场坐班、首席代表负责制，较好地解决“前店后厂”和“体外循环”问题。全市建成乡（镇）服务中心184个、村级便民服务中心1966个。开展对“三类事项”办理、行政处罚及落实机关效能建设制度等情况的监督检查。通过4次集中明察暗访，发现并整改问题91个。受理群众投诉举报45件，办结42件，对指定服务、强制摊派会费等21个问题进行整改，严肃查处了6件影响行政效能行为案件，14人受到责任追究。

【解决突出问题】 及时通报2011年民主评议和中层干部评议结果，组织各参评单位对2011年民主评议工作中群众提出的200条多意见和建议进行整改。在电台“市民热线”基础上创办电视版“市民热线”，拓宽受众面，多渠道解决群众反映问题，全年播出136期。组织4次涉路涉车明察暗访，对群众举报的5起公路“三乱”问题进行调查处理。严格治理教育乱收费问题。对在去年下半年开展的学校乱收费检查中发现的乱收费、乱补课等问题进行整改，下发整改通知书19份，退还违规教育收费56万元，对8名责任人给予党政纪处分、24人进行诫勉谈话。加强网络舆情动态监控，通过网络公开答复群众诉求268个，委局领导批办《舆情快报》60多期，解决实际问题300多个。

【强化源头预防】 加强党风廉政建设责任制落实，开展2011年度推进惩防体系建设和党风廉政建设责任制落实情况检查考核，7名连续两年考核得分较差的领导班子成员接受诫勉谈话。将2012年度48项党风廉政建设和反腐败工作任务分解到市委、市政府领导班子和每位成员，以及75个市直部门和单位，并确保责任落实。深化反腐倡廉教育，在党员领导干部中开展“以德为魂，廉洁从政”读书学习活动和每日发送廉政短信活动。加强廉政文化建设，新命名八○二演习纪念馆、察哈尔革命纪念馆为“市级廉政教育基地”，“董存瑞纪念馆”被列入“河北省廉政教育基地”。全年共创作廉政文艺节目60多个，到基层巡演80多场。

【规范权力运行】 开展政府常务会议旁听制等四项制度执行情况检查，及时纠正程序不规范、纪要不公开等问题。市、县两级召开政府常务会议128次，部门会审会2109次、乡镇议事会947次、科务会2468次，民主议定重大事项8093项。市县政府本级、52个市直单位统一在政府门户网站进行政务公开，全年发布政务信息8万多条，点击量134万人（次）。加强公共资源交易平台建设，全市17个具有建设任务的县（区）全部建成并投入运行。专项资金监控系统平台已录入3115个项目的相关数据，资金42亿元，公开信息1762条。加强项目信息和诚信体系平台建设，20个县（区）和19个市直部门工程建设项目信息公开专栏全部建成，公开信息4300多条。

【严查违纪案件】 全年共受理群众信访举报2039件，立案查办各类违纪违法案件965件，党政纪处分1004人，为国家和集体挽回直接经济损失259.88万元。

【加强自身建设】 修订完善《全市纪检监察系统科级干部职务任免规程（试行）》，进一步规范市纪委监察局管理干部的提名、任免、推荐、考察、谈话等程序。开展“强素质、作表率”和“岗位练兵、科技强兵”活动，提高干部综合素质。开展“一支团队、一所学校、一个家庭”的“三个一”机关文化建设，制定《全市纪检监察机关落实省委“约法八章”的实施细则》，进一步规范纪检监察干部行为。

【市纪委十届二次全会暨政府廉政工作会议】 2月21日，市纪委十届二次全会暨政府廉政工作会议召开。会议传达贯彻十七届中央纪委七次全会和省纪委八届二次全会精神，回顾总结2011年全市党风廉政建设和反腐败工作，安排部署2012年全市反腐倡廉工作、优化发展环境工作，动员部署全市深入开展“三自六不让”学习教育活动。会议强调，要加强作风建设，维护党的纯洁，为强势推进狠抓落实提供坚强保证。市委书记王晓东出席会议并作重要讲话。市委副书记、市长侯亮主持会议并就做好2012年政府系统廉政工作作重要讲话。市委常委、市纪委书记丁荣进代表市纪委常委会作工作报告。

（许建新）

组织工作

【干部教育培训】 把学习宣传贯彻十八大精神作为首要政治任务，邀请中央党校教授王长江为全市领导干部作专题辅导，依托党校主阵地对县处级领导干部和乡镇、街道党政正职进行集中轮训，组织市直部门主要领导干部和459个驻村工作组深入基层开展宣讲，在全市集中开展“立足岗位践行十八大”解放思想大讨论活动，切实把党的十八大精神转化为武装头脑、指导实践、推动工作的强大动力。把党性教育纳入教育培训的重要内容，集中开展保持党的先进性纯洁性学习讨论，组织开展“千名书记”讲党课等活动300余场，指导各级领导班子进行“四个查摆”，改进政德方面突出问题，进一步提升了党员干部的政治素养和党性观念。对新任县处级领导干部进行集中轮训，提升工作水平、增强履职能力；紧紧围绕市委、市政府中心工作有效开展大规模培训干部工作，以转变经济发展方式、扶贫开发等为重点，先后在清华、复旦和浦东干部学院举办各类高级研修班，进一步提升了干部领导科学发展、促进社会和谐的能力。结合工作实际，制定一揽子培训计划，大力推行党政主要领导登台讲学制度，活化培训方式，有效提升了教育培训质量和水平。2012年，全市共实施重点培训班（次）228个，举办培训班1200期，培训干部12万余人（次）。

【干部管理】 全面总结市委和县乡领导班子换届经验，不断完善民主推荐、加权计分、竞争上岗、差额择优等经验做法，积极推进竞争性选拔干部工作，切实加大竞争上岗和轮岗交流力度。坚持德才兼备、崇尚实干、群众公认、实绩突出用人原则，认真做好干部选拔任用和调整工作，选人用人的公信度和满意度不断提高。配合省委考察组圆满完成市级领导班子换届考察，顺利完成各民主党派市委、市工商联、市总工会换届工作，对17个市管学校、医院、科研单位党委进行换届考察。认真做好公务员考试录用、选调生培养选拔和干部援坝、挂职工作，圆满完成全国人大代表推荐、省人大代表选举和省政协中共委员提名工作。严格落实各项监督制度，严明换届纪律，扎实开展整治选人用人不正之风，对关键岗位领导干部实行重点管理，集中开展县乡干部身份核查治理工作，严格干部任前档案审核。加强组织工作舆论引导，强化舆情监控与处置。立足于增强干部考核的准确性，探索建立起“4个30%”干部考核竞争择优新机制，进一步扩大考核工作民主，形成了社会全面参与的考评格局。突出中心工作，优化考核评价体系，把“两个环境”、扶贫开发等工作作为重要考核指标，有效推进了重点工作的开展，调动了干部干事创业的积极性。

【人才工作】 强力推进八项重点人才工程，编制完成高技能人才、社会工作专业人才等10个行业人才规划，形成了条块结合、衔接配套的人才发展规划体系。实施人才工作目标管理考核，设置了组织领导、政策落实、营造环境等5大项20小项指标，并建立了考核反馈机制，不断提升县（区）人才工作整体水平。围绕全市重点产业发展，创建了高层次人才科技项目发布平台，促进了“人才+项目+资金”的有效对接。成立了装备制造业人才工作站，组建创新联盟专家委员会，首批聘请28名专家，这一做法于2月12日被《河北日报》头版头条刊载报道。创办了全市第一家由政府推动引导、社会力量投资的华慧人力资源服务公司，设立了张家口市人才公共服务基地，进一步推动全市人才自主择业、优化配置。加快推进三大产业集聚区“人才特区”建设，着力提升园区引才引智综合功能，努力形成人才集聚与产业高地培育良性互动的发展格局。加大宣传推介力度，在第十四届中国科协年会上进行引才引智政策发布，依托驻京人才工作站，定期在北京召开“张家口项目招商引才会”。同时，积极帮助各类人才解决工作生活中的困难，为领军人才提供“保姆式”服务，在环首都三县实施“人才家园”工程，为全市204名拔尖人才、优秀人才发放专项津贴59万元。

【基层组织建设】 在全市所有行政村建立起村党组织、村民委员会、村经济合作组织、村代会、村务监督委员会、村和谐促进会“六位一体”村级组织体系，形成村党组织领导保障、村代会议事决策、村委会管理实施、村务监督委员会有效监督的村民自治新格局，相关经验做法在《人民日报内参》刊发。在乡镇建立便民服务中心、信访调解中心、党员教育中心，集中服务、代理服务、上门服务，信息平台联系、连心卡联系、恳谈会联系的“三中心、三服务、三联系”服务体系，强化了乡镇管理服务职能。对全市11438个基层党组织采取星级标准进行评定，巩固先进、推动一般、整顿后进，基层党组织普遍实现晋位升级。继续巩固深化拓展“一定三有”机制，圆满完成村党组织和第九届村民委员会换届工作，全面落实“一清四议两公开”工作法，制定出台加强大学生村官培养使用意见，1645名大学生村官进入村“两委”班子，526名大学生村官当选为村党组织书记、村委会主任。全面落实“三有一化”，大力推进社区规范化建设，完善社区管理制度，进一步提高社区编制、经费、用房保障标准，夯实了社区党建工作基础。全市212家规模以上非公有制企业全部建立党组织，成立律师行业等六大行业党委，强化行业部门党组织领导。

【党员队伍建设】 探索建立了校园+场园的“双园”培训模式，走出了基层党员干部培训的新路子，相关做法得到回良玉、张庆黎等中央、省委领导的肯定批示，省委副书记赵勇要求在全省推广，省委组织部、省委农工委联合下文进行经验交流。全年举办村书记、主任培训班14期，每期4天，培训7000多人；在杏花沟园区组织大学生村官培训20期，每期15天，受训村官800多人；开展全市党务干部拓展训练培训，每期2天，培训上千人。逐步形成了以市党员干部培训学院为龙头，县乡教育培训基地为骨架，村级组织活动场所和远程教育终端站点为延伸的教育培训网络体系。大力推行“345发展党员工作法”，对全市17个县（区）党员发展工作进行专项督导检查，严把党员“入口”，2012年新发展党员10888名。进一步加强流动党员管理，不断完善“异地组织、共同参与、双重管理，资源共享、活动共抓、作用共促”流动党员双向共管机制，继续深化“服务首都、服务家乡”主题实践活动，充分发挥驻京流动党委“桥头堡”作用，为十八大期间和谐稳定工作作出了积极贡献。选树推荐国家级创先争优先进基层党组织2个、优秀共产党员1个，省级创先争优先进县（区）3个、优秀党务工作者8个、先进基层党组织24个、优秀共产党员24名。

【加强基层建设年和“三增一做”主题活动】 选派1297名干部，对全市457个村进行驻村帮扶。活动开展以来，累计走访群众10万余户，撰写调研手记、民情日记10.5万多篇，解决群众实际困难8500多个；整合市直部门、所在县（区）、帮扶单位和社会力量的帮扶合力，谋划实施“十件实事”项目12236个，全部完成建设任务，累计总投资90251万元，真正实现了党员干部受教育、科学发展上水平、人民群众得实惠的目标。以“增强群众观念、增强自治组织、增强惠民措施、做群众贴心人”为主题，组织动员全市各级党组织和广大党员干部开展群众观点教育，建立党员干部创先争优和联系服务群众的长效机制，582名市级和县（区）领导干部直接联系帮扶623个农村、社区，帮助群众解决实际问题。改进联系服务群众工作方式，不断完善“三进三同三联”做法，大力推行部门开放日和民情恳谈会制度，开辟网络平台，解答群众疑惑，回应群众关切，推行便民服务全程代理制，进一步密切了与群众的联系，拉近了与群众的距离，增进了与群众的感情。中央、省级相关活动简报137次刊发张家口市经验，李长春、周永康、回良玉、张庆黎等中央和省委领导先后9次批示肯定。

（李大伟　梅　强）

宣传工作

【社会主义核心价值体系建设】 深入推进学习型党组织建设，下发《中共张家口市委关于加强和改进理论武装工作的实施意见》，编写《学习型党组织建设简明读本》、《推进“三增一做”，建设幸福乡村》等通俗易懂辅导教材，借助加强基层建设年等活动，在基层一线有针对性地解决群众思想问题。精心组织党的十八大精神学习宣传，开展以市级领导、专家教授、大学生村官、文艺工作者等七个层面人群为代表的大规模多层次十八大精神集中宣讲活动，推动十八大精神进机关、进企业、进校园、进农村、进社区，入脑入心。深入开展“善行河北、情暖张垣”主题道德实践活动，成功选树爱心奶奶胡年祥、义捐拾荒父子马江等一批道德模范典型，在全市召开道德模范表彰会和报告会，引起全社会广泛关注和好评。马江父子入选由新华社主办的“中国网事·感动2012”年度十大网络人物。

【舆论引导】 围绕市委、市政府中心工作，在市直新闻媒体开设“科学发展绿色崛起——深入贯彻落实党的十八大精神”、“叙乡情、话发展”等34个专栏专题，集中最优势力量、集聚最重要版面时段，集中宣传解读市委、市政府重大举措和重要部署。围绕迎接党的十八大、扶贫攻坚、着力改善两个环境、加强基层建设年等重要内容，组织一系列宣传战役，做到导向正确、策划到位、反应迅速、有声有势。对外宣传工作中抓住中央领导视察张家口、党的十八大召开等重要节点，在人民日报、光明日报等主流权威媒体推出《张家口坝上农业节水一年省出一个西湖》、《打造有世界影响力的文化品牌》等一批重头报道，组织河北电视台、电台“春动河北”等4次大型访谈活动。

【文化事业与产业】 召开全市强势推进文化大发展大繁荣千人大会，表彰为文化发展做出贡献的先进集体和先进个人。举办“冀晋陕蒙四省区东、西路二人台邀请赛”、“走进文艺的春天里”戏曲名家名段专场演出、“春天的交响”大型音舞诗画、第16届京张心连心等大型文化活动。创作口梆子现代戏《少年董存瑞》、蔚县秧歌《雷锋》、晋剧《毛毛匠》等一批精品力作。《合符釜山》和《红歌飞扬》获省五个一工程奖。《少年董存瑞》成为第九届河北省戏剧节首演剧目，荣获优秀剧目奖。全年，组织文化公益巡演1000多场，组织广场文化活动200多场，放映公益电影5万多场。

推进中华三祖、蔚县民俗、泥河湾等六大文化产业园区建设，精心谋划泥河湾考古遗址公园、蔚州博物院等一批文化产业项目。成功承办全省县域文化产业发展经验交流会，市委宣传部和蔚县县委、县政府作典型发言。

【塑造“大好河山张家口”城市形象品牌】 组织“大好河山张家口”城市形象研讨会，通过日报、晚报专栏专题及电视访谈节目，引导全民参与；突出活动带动，承办察哈尔公共外交年会，组织“大好河山张家口”国际摄影大展，策划走进王府井、朝阳公园、清华大学、北京理工大学、国家旅游局、联合国总部等系列活动，共吸引游客300多万人；突出外宣引领，在中央电视台一套重要时段播出“大好河山张家口”形象宣传片，在中央十套播出《中华三祖堂》、《蔚县古堡探秘》等纪录片，在新浪网、人民网等6大知名网站开通“大好河山张家口”官方微博，“大好河山张家口”城市形象品牌得到越来越多人的赞同和认可。

【打造“一县一品文化品牌”】　各县（区）都在“大好河山张家口”统领下打造自己独具特色文化品牌。张北草原音乐节、蔚州国际剪纸艺术节、崇礼滑雪节、怀来葡萄采摘节等节庆活动，吸引了世界目光。阳原泥河湾文化、涿鹿三祖文化成为张家口、河北乃至中国与世界对话的窗口。怀安围棋之乡，将“世界围棋NBA”的中国围棋甲级联赛争取到怀安县举办。康保二人台，走进清华大学，受到清华师生的广泛赞誉。尚义县“流动舞台村村演”，让百姓尽享精彩文化“大餐”。下花园区持续推进鸡鸣山文化旅游综合开发，取得良好效果。宣化县的桑干河大峡谷，在深圳文博会上成功签约。赤城温泉旅游，桥东红色文化，宣化古城文化，万全卫城文化，察北马文化，塞北奶文化，沽源湿地草原文化，都为“大好河山张家口”城市形象发展增添浓墨重彩一笔。

（张　扬）

统战工作

【巩固多党合作的政治基础】　围绕三个“同心”，做好统战领域的政治引领工作。强化“同心”教育。全年组织举办“知联会”会员、县处级党外干部、中青年党外干部、统战部长、民族宗教干部、经济领域统战干部等各类“同心”教育培训班20期，培训统战成员2000多人。特别是为切实提高民主党派新一届市委委员的政治素质和参政议政水平，加快政治交接进程，市委统战部联合市委组织部、市社会主义学院于5月3～5日，在市社会主义学院举办了各民主党派新一届市委委员培训班。各民主党派132名市委委员，各区委统战部主管民主党派工作的副部长和从事民主党派工作的干部、驻张各高校党委统战部长等共计160余人参加了培训。中央社会主义学院副院长袁廷华、中央统战部办公厅副主任章建敏应邀授课。市政府副市长、民盟市委主委杨玉成，市政协副主席、市委统战部部长周林，市政协副主席、民建市委主委韩立友，市政协副主席、九三学社市委主委、市社会主义学院院长祁万利，市政协副主席、民进市委主委何兰，市政协副主席、农工党市委主委张辉出席开班仪式。周林以“坚持中国共产党的领导、不断提升我市多党合作事业科学化水平”为题作首堂讲课，并就学员在今后工作中进一步强化学习、提高素质、发挥作用等提出要求。祁万利主持培训活动。参训人员一致反映此次培训规格高、规模大、组织严、效果好，得到了市领导的充分肯定。

深化“同心”联谊。认真贯彻省委办公厅《关于在党员领导干部中开展同心教育实践深化交友联谊活动的实施意见》（冀办字〔2012〕1号）文件精神，以市委办文件印发了《关于在党员领导干部中开展同心教育实践深化交友联谊活动的实施意见》，赋予交友联谊以实际内容。市委书记王晓东带头结交了2位党外朋友。市四大班子成员、公检法“一把手”33名党员领导干部也与66名党外人士结交朋友，并深入开展了“四个一”活动，即开展一次见面谈心、交办一项调研任务、进行一次节庆慰问、解决一个工作难题，此项工作取得了明显效果。

拓展“同心”实践。6月29日，市委统战部组织各民主党派、工商联、无党派人士和少数民族界人士共计400多人举办了全市统一战线庆“七一”“同心实践、服务社会”主题活动。市委书记王晓东对活动作出重要批示，市委常委、政法委书记、统战部长李青春出席活动并讲话。各民主党派、工商联和无党派人士分别开展了医疗专家义诊、民营企业招工信息发布、法律咨询、科学技术咨询、赠送药品等各项社会服务活动，现场发放药品、眼镜等物品价值3万多元。各民主党派、工商联和无党派人士制作了60多块精美展牌，图文并茂地宣传全市统一战线的主要工作和开展“同心实践、服务社会”活动取得的成果。

搭建党派高层建言直通车平台。推动各民主党派市委加强与党派中央的联系，2012年，先后有民革、民建、民进、九三学社、致公党5个党派中央、6批（次）150多人到张家口市考察调研。其中，4月5日，民建中央副主席、全国人大常委会副秘书长张少琴就民建基层组织建设情况进行调研；4月11～12日，在全国人大华侨委副主任、致公党中央副主席杨邦杰，全国人大常委、致公党中央副主席严以新的带领下，致公党中央调研组一行就京津冀区域水资源协调发展情况调研；7月7～9日，全国政协常委、民建中央经济委员会主任方兆本率民建中央就支持环首都欠发达地区发展进行调研；7月21～22日，全国人大常委、全国人大教科文卫委员会副主任委员、民进中央副主席、中国民办教育协会会长王佐书就民办教育工作进行调研；7月23～27日，九三学社中央在张家口市召开“九三学社与马克思主义专题研讨会”。对民主党派中央在张家口市的调研，市委统战部全力做好协调配合服务工作，确保各项调研工作和视察活动顺利进行。民革中央形成的《关于加大宣传三祖文化，增强中华民族凝聚力的建议》、致公党中央形成的《环首都区域水资源协调发展现状分析与对策》等多篇调研成果，报送国家有关部委并引起高度重视，推动了全市相关领域工作的开展。

围绕政治交接，协助各民主党派市委完成换届工作。根据省委和省委统战部关于民主党派市级组织换届工作的有关要求，张家口市高度重视，精心谋划，坚持把加强党的领导、充分发扬民主、尊重党派意见、严格依照程序办事贯穿于换届工作的始终。市委统战部在调查摸底、民主推荐、协商沟通、组织考察、确定人选等前期工作的基础上，继2011年12月协助完成九三学社、民进、民建3个党派市级组织换届工作之后，2012年1月，协助民盟、农工党、民革分别完成了市级组织换届工作。6个民主党派的6名主委、23名副主委、103名市委委员候选人顺利当选，产生了新一届市委领导班子，民主党派市级组织换届工作取得圆满成功。

认真做好政协委员的推荐提名工作。市委先后召开多个会议，研究部署政协换届工作，并批转了市委统战部《关于市政协换届工作有关问题的意见》，确定了政协换届工作的指导思想、基本原则和具体操作要求。成立了市委常委、市委政法委书记、市委统战部长李青春为组长的党外人事安排工作领导小组，下设办公室。市委统战部多次召开部务会，商议政协换届委员人选提名推荐工作的具体事宜，制定了委员人选提名推荐工作方案，召开专门会议进行全面安排部署，组织相关部门开展集中推荐，尽可能最大限度地考虑各行各业、各个领域、各个层面都有委员。市委组织部和市委统战部根据工作职责，分别就中共和非中共委员建议人选进行了收集汇总，并根据市政协28个界别的要求对推荐人选进行了筛选，提出了市十一届政协委员初步建议人选名单。经过反复酝酿沟通、民主协商、组织考察等程序，广泛征求了市政协党组、各民主党派市委、市工商联及无党派代表人士和有关人民团体的意见，吸收了县（区）委和市直有关单位党委（党组）意见，形成了市十一届政协委员建议人选名单。

【加强宗教领域维稳工作】 抓培训，夯实宗教工作基础。市委高度重视宗教工作。3月4日，市委书记王晓东召集9个重点县（区）委书记召开宗教工作座谈会，听取各相关县（区）的工作汇报，就如何做好当前工作提出明确要求。市委统战部认真落实王晓东的重要指示精神，加强“三支队伍”（党政领导干部、宗教干部、宗教界代表人士）建设，全年培训各级宗教干部900多人。3月21～23日，与市委组织部、市民宗局举办了全市宗教干部培训班，邀请了国家宗教局三司司长马劲、二司副司长王秀玲和中央统战部二局天主教处处长王志刚分别就天主教、基督教和伊斯兰教工作作专题报告。市政协副主席、统战部长周林作当前宗教形势和任务的讲话。市委组织部副部长、市委组织员郝秉华做了开班动员讲话。市民宗局局长杨成亮和市委统战部副部长、市宗教办主任孙堂分别就依法管理宗教事务、新时期党的宗教方针政策和基本任务进行了授课。各县（区）统战部长、民宗局长、公安局主管局长、市内6所高校负责人和市委党校县处班、中青班全体学员共计210余人参加了培训，宗教工作重点县（区）委书记和县（区）主管领导参加了天主教工作专题培训，会上还转发了中央统战部常务副部长朱维群的署名文章《共产党员不能信仰宗教》。

抓调研，摸清宗教工作底数。立足抓上层、抓代表，重点对宗教团体和宗教界代表人士进行走访。3月中旬，集中组织市县统战、民宗、财政、人社、民政、卫生等部门召开了4个不同层次的座谈会，就宗教教职人员社保问题、宗教团体建设和当前宗教形势进行座谈交流，并深入到6个县（区），以点剖面，分析现状，研究问题。

抓活动，加强爱国宗教力量建设。坚持一手抓团结引导、一手抓教育管理，重点抓好“四项活动”，即“弘扬爱国爱教传统、共建和谐河北”、“创建和谐寺观教堂”、“四争创”（争创模范宗教团体、争创规范化宗教活动场所、争创爱国守法教职人员、争创爱国守法致富信教公民）和“防滑促稳”活动，有目的、有计划、有针对性地分期分批对神职人员和信教群众骨干组织开展了政策、法规、形势教育，加强神职人员的思想建设。进一步巩固天主教信教群众聚居村优秀青年中专班教育成果，2010、2011年两期培训学员计730人，2011年发展党员16人，2012年，有38人被列为重点培养对象。

抓机制，维护宗教领域稳定。制定了全市《关于全国两会和党的十八大期间宗教领域维稳工作实施意见》，并对各县（区）的重点场所、重点人物、重点村进行逐级分包，责任到人，指导各县（区）制定了相应的《宗教领域维稳工作方案》。建立健全了教育引导、信息反馈、分析研判、排查调处、综合治理、区域联防、应急处理、责任管理、情报信息督办反馈、神职人员出入国（境）备案制度，妥善做好涉及宗教领域各类事件的处置工作，圆满完成了宗教敏感期、全国“两会”和十八大安保期间的宗教维稳任务。

民族工作方面，会同市民宗局等民委成员单位落实少数民族帮扶项目13个，帮扶资金128.7万元，帮助争取贷款120万元，进一步改善了民族乡村的生产、生活条件；大力推进民族工作示范村创建活动，高新区闫家屯满族村等3个民族村被授予“全省民族工作示范村”。

【推进经济统战和海外统战工作】 深入推进经贸文化交流活动。配合省委统战部认真打造涿鹿三祖同根文化基地，积极参与并协助做好调研、规划、论证等前期工作。接待了全国侨联“两岸四地”大学生交流营张家口之行、国台联2012年台胞青年千人夏令营河北分营、全国工商联家具装饰业商会研讨会暨张家口市重点招商项目推介会、河北海外联谊会理事“龙的故乡寻根之旅”活动等7个团组共计221人（次）来张家口市祭祖、考察、联谊等活动。同时，协助做好“涿鹿共祭中华三祖”活动等相关工作。

协助指导市工商联（总商会）完成换届工作。2月8~10日，协助指导市工商联（总商会）召开了第十七次会员代表大会，顺利完成了换届工作，选举产生了市工商联新一届领导班子，实现了班子成员中非公人士的新老交替，进一步优化了班子成员的产业分布。

不断提升商会组织建设和管理水平。指导中联房地产开发有限公司筹备成立福州商会，协助做好起草商会章程、成立筹备委员会、设立职能部门、安排筹委会分工、提供发起人情况简介等方面的准备工作；启动了筹备北京张家口商会工作，成立后将成为张家口市在外省市的第一家异地商会；4月27日成立了市工商联汽车商会；5月27日，在宣化召开房地产业商会座谈会，对房地产业现状及发展趋势进行了分析交流；12月1日，泉州商会顺利召开换届大会，选举产生了新一届商会领导班子。全市各级工商联系统行业商会达90个，拥有会员5826名。实行民营经济信用担保商会全覆盖工程，累计为会员企业发放贷款10多亿元。

大力开展民营企业回报社会“感恩行动”。组织市工商联会员和各县（区）非公代表人士积极参与光彩事业和“下基层、惠民生”活动，全年捐款捐物达1055万元。协调温州商会出资23万元，为桥西区东窑子镇菜市村捐建3500米的地下引水管线工程，可为全村600多人提供安全卫生的饮用水。在6月召开的全省非公有制经济人士回报社会感恩行动经验交流会上，张家口市作了经验介绍，受到了省委统战部、省工商联、省老促会领导的充分肯定。

做好10所“海联新农村卫生室”建设工作。2012年，中华海外联谊会为河北省捐建10所卫生室，每所卫生室建设费用5万元。省委统战部决定将这10所卫生室全部建在张家口市。按照省委统战部要求和全市实际，市委统战部决定将10所卫生室分别建在怀来、涿鹿、康保、张北。协调拟建卫生室的村进行了选址等前期准备工作，有3所卫生室已开工，其他7所卫生室将于2013年开工。

【做好党外代表人士工作】 中央、省委关于加强新形势下党外代表人士队伍建设的《意见》（中发〔2012〕4号）和《实施意见》（冀发〔2012〕9号）下发后，市委统战部高度重视，深入学习研究，在充分体现中央和省委要求的基础上，结合市情实际，印发了《中共张家口市委关于加强新形势下党外代表人士队伍建设的实施意见》。与市委组织部主动协调，创新党外人士教育培训和实践锻炼的形式和载体，积极推进党外人士的举荐安排和使用，截至年末，全市共配备县处级党外干部96名。在全省省属高校中率先成立了河北北方学院党外知识分子联谊会。支持鼓励党外专家服务“三农”工作，9名农业专家对接帮扶9个农业项目，大力推广节水灌溉、覆膜种植、科学饲料养殖等新技术，为项目对接地免费发放知识手册20多万份，提供无偿技术服务上千次，举办技术培训上百次，培训农民5000多人，项目对接地实现了可观的经济收益。

（王国斌）

政法工作

【圆满完成十八大安保任务】 中共十八大期间，

共检查车辆669436辆、人员1522598人，劝返车辆483辆、人员1067人，查破现行违法犯罪案件575起，抓获现行违法犯罪嫌疑人533人。对水、电、油、气等重点部位以及广电设施、铁路沿线进行全方位防范，确保各类重点目标和重要部位的安全。先后召开协商会、分析会16次，处理各种突发性、棘手性问题19件，成功处置"涉日保钓"、"日籍游客遇险"等敏感事件。市委、市政府主要领导和主管领导每两天进行一次安保调度，市四大班子领导和12个督导组全部沉在基层一线，市安保办每天对情报信息和舆情进行一次研判、每天编发一期情况快报、每天对成员单位市级重点人情况进行一次调度，实现了"五个坚决防止"和"六个确保"的安保目标。

【有效化解各类矛盾纠纷】 坚持村（居）日排查、乡镇（街道）周调度、县（区）月汇总、市季分析，对排查出的矛盾纠纷逐案建立台账，实行挂图作战、维稳令督办。在做好日常排查化解的基础上，先后开展信访攻坚、六大会战以及矛盾纠纷再排查、再调处等集中攻坚活动。全年，共排查各类矛盾隐患7683件，调处7431件，调处率96.7%；共下发维稳令52份、督办函45份，先后妥善处置11件群体性聚集事件。市委政法委多次协调解决"骨头案"、"钉子案"，市直政法机关主要领导带头接访，实行疑难案件领导包案，有效推动涉法涉诉疑难问题解决。中央政法委交办的31件案件全部办结；省涉法涉诉接访中心交办的76件案件，到期70件，到期办结70件。

【探索社会管理新模式】 全面推进流动人口、特殊人群、互联网管理等8个方面重点工作，以宣化区、怀来县、万全县为试点，全力推广农村"四个覆盖"；以拉练观摩会为载体，积极推进社区网格化管理和城市技防建设。强化流动人口管理，解决漏登户口1373人，登记流动人口98080人；强化危爆物品管理，检查涉枪涉爆单位3760家，排查非法矿点58处，收缴炸药22.15公斤、雷管1773枚、工业索类6808米和各类枪支16支、子弹2268发；强化公共安全管理，深入开展交通、消防隐患排查整治，积极探索农村派出所参与交通管理模式，着力构建大交通格局，全市交通事故下降33%，火灾事故下降82.63%。探索建立社区矫正"3469"监管模式，健全完善县、乡、村三级安置帮教措施，全面实施集中收治和严格管控，有效防止各类治安危险人员脱管、漏管现象发生。

【强化社会治安防控】 先后开展打击黑恶势力犯罪、盗抢犯罪和命案攻坚、山城亮剑、"十大会战"等专项行动，破获各类刑事案件18207起，抓获犯罪嫌疑人4207人，打掉犯罪团伙168个。以城乡结合部、"城中村"、人员聚集场所、治安复杂场所为重点开展日常排查、集中排查，对排查出的重点地区实行挂牌督办。在中秋、国庆"两节"和安保冲刺攻坚阶段，集中开展两次"六清一查"统一行动，共破获各类刑事案件1420起，打掉犯罪团伙30个，查处治安案件2888起，抓获违法犯罪嫌疑人1273人。深化"三级巡控"机制，实施"警力下沉"计划，实现市区内5分钟快速处警，对犯罪分子起到震慑效果。

【夯实维稳基层基础】 探索建立社会稳定风险评估、县（区）稳定指数评价、矛盾纠纷日常排查化解、领导干部接访等工作机制，实现了由事件维稳向机制维稳的转变。3月，在全省率先成立了市级维稳情报信息中心，共整合各类情报信息3000多万条，为决策部门提供有价值情报信息2120条，实现了技术共用、资源共享、信息共建。市委、市政府投入巨资用于城市智能管理系统建设，在主城区及各县（区）出入口、主要交通要道、人员密集场所、重要部位安装技防设施，技防水平得到明显提升。各级公安机关招录巡特警、辅警1700余人，市级公安机关、各县（区）分别组建300人和60~100人的应急处突力量，购置了装甲车、运兵车、排爆车、单警装备等必要的反恐防暴装备，全年共组织开展实战拉动演练157次，完成了"8.29"处置疑似劫机迫降等应急处突以及国家领导人来张警卫任务9次。同时，在乡镇（街道）建立完善了综治维稳平台、矛盾纠纷调处中心和巡逻队，在村（居）建立完善了综治维稳工作站、警务室和信息员、排调员队伍，进一步夯实了基层维稳根基。

【政法队伍建设】 注重政法各部门领导班子建设，配齐配强班子成员，通过日常谈话、检查考核等形式，始终保持班子健康发展。强化干警教育管理，在全系统深入开展政法干警核心价值观、"三自六不让"、"三增一做"等主题教育活动，先后58次邀请市委讲师团成员、专家教授、英模代表就理想信念、核心价值观、为民宗旨等内容为政法系统领导干部和广大政法干警作专题讲座。注重岗位技能培训，采取集中授课、专题辅导等形式，就提高执法水平、规范执法行为、维护社会稳定等方面业务知识，组织各类培训班199期，培训干警8323人（次）。严格落实各项铁规禁令，加强日常管理和工作考核，十八大安保中，全市政法系统共有89个集体和348名个人受到了表彰，树立了良好的社会形象。

（张治中）

机构编制

【推进管理体制改革】 2012年，组建市公安局特警支队、市维稳情报信息中心、市公安局驻京工作大队、市政府食品安全委员会办公室、市政府森林防火指挥办公室、市综合治税领导小组办公室、市环境应急中心、市新区开发建设办公室等18个管理机构。完善开发区（园区）管理体制，向省申报了察南新区，张北、万全、蔚县经济开发区，涿鹿、怀安工业园区，宣化黄羊滩自然保护区，赤城黑龙山国家森林公园，阳原泥河湾遗址保护区，涿鹿三祖文化产业园区，张北元中都遗址保护区等管理机构。按照省编委批复意见，组建了张北、万全、蔚县三个经济开发区管理机构，共新增3名副处级、24名科级领导职数。做好全市政法机关工勤人员编制的剥离、核定和省编委下达第二批政法专项编制的分配工作，将552名工勤人员全部剥离，不再占用政法专项编制，全部纳入新核定的工勤编制，并向省申请核定工勤编制639名；同时，通过走访座谈，提出省编委第二批分配张家口市政法系统的215名专项编制的分配意见，将公安系统155名、司法系统20名、检察院系统18名、法院系统22名全部分配到位。

【事业单位改革工作】 按照全省统一部署，切实加强领导，周密安排部署，精心组织实施，圆满完成全市事业单位清理规范工作，共撤销、整合事业单位145个，科学界定职责机构125个，规范经费形式机构289个，收回编制1279名，为下一步开展事业单位分类工作奠定了良好基础。

【机构编制管理】 合理配置机构编制资源，对于确需加强的重点领域和关键部位，在编制总量内做好调剂工作，引导机构编制资源向最需要的地方流动，先后为市口腔医院、市全民健身中心等公益性事业单位增加编制148名，下达事业单位编制使用计划120名、普通高校毕业生编制使用计划数372名、城镇退役士兵重点安置人员编制使用计划101名。继续加强机构编制实名制信息平台建设，对实名制数据库中机构和人员信息变化情况及时更新，确保数据准确，做到“证、账、库”一致，即“机构编制管理证”、“机构编制管理台账”和“机构编制实名制数据库”数据保持一致。扎实做好中文域名注册工作，及时印发了《关于切实做好中文域名注册管理工作的通知》，多次深入市直部门、县（区）进行督促、培训和工作指导，并于6月26日，在张北县召开了中文域名注册工作现场经验交流会，对此项工作进行了再动员再部署，全市共成功注册中文域名3828个，注册率为70%以上，位列全省第三，被省编委办评为先进单位。

【机构编制监管工作】 强化机构编制监督检查，健全以“12310”举报电话为核心的电话、信访、网络三位一体的机构编制违规违纪问题举报体系，注重做好日常机构编制使用的监督检查和信访案件处理工作，对涉及机构编制工作中的信访苗头隐患和矛盾纠纷情况进行排查、汇总、上报，建立健全了排查化解的长效机制和问责制度。继续加强事业单位登记管理，严格按照受理、审查、核准、发证、公告等五项程序进行办理，一律用图片将年检材料提交到网上，确保网上数据全面准确。重点审查事业单位住所、开办资金、法定代表人等登记事项，共办理变更登记131件，其中：开办资金变更74件、法定代表人变更35件、住所变更13件。

（李建敏）

信访工作

【从源头化解矛盾纠纷】 各县（区）均建立了联席会议第一召集人牵头负总责、乡镇部门主要领导抓落实、村（社区）干部力量驻一线的排查责任领导体系，构建了以县、乡、村三级基层矛盾排调员为重点的排查网络，积极整合责任部门、农村基层组织、社团行业等资源，并充分发挥9145名驻村干部作用，形成了排查工作的整体合力。坚持日常排查与集中排查相结合，“十八大”期间坚持每天对信访隐患和苗头排查分析一次，对重点领域、重点群体、重点人员，特别是土地征用、城镇拆迁、劳动社保、企业改制等关系民生和影响社会稳定的一些热点难点问题，进行全方位、广覆盖摸底排查，全面掌控各类矛盾纠纷和不稳定隐患。对排查出的每一起矛盾隐患和每个重点不稳定人员，全部逐案逐人逐项登记建档，并逐一实行“五包”和“五个一”责任制，其中重点隐患由县（区）党政主要领导亲自包案督办，直至问题化解销账。全市共排查信访苗头隐患4405件，化解3867件，矛盾化解率达到87.8%。

【多措并举推进事要解决】 制定下发《关于深入推进领导干部接待群众来访工作的实施意见》，从市级领导抓起，对领导干部接访、约访、下访从制度和措施上进行了硬性规定，并在全市创新开展了县（区）委书记“双休日献群众、大接访解难题”活动，全国“两会”和“十八大”安保期间，增加接访、下访、约访频次，市、县、乡每天安排一名党政领导干部在岗接待，县（区）委书记、县（区）长每天轮流接待，现场拍板、现场解决。同时，认真落实“谁接待、谁协调、谁解决”的首接责任制，重大疑难案件实行市级领导包案制度，十八大期间，市四大班子领导及市法院、市检察院主要领导实行“三包”（包县（区）、包重点群体、包信访案件）责任，对18类重点群体、重点领域，11类重点部位，1136个重点案件、重点人员进行分包，促进了信访突出问题的及时妥善解决。全年，市、县两级党政领导干部共接访约访下访10495次，解决信访问题5426件，化解率达到91.1%。二是分类推进信访问题解决。全面理旧案、清重案、防新案，及时发现和化解各类矛盾隐患。实行来信、来电、来访受理“三位一体”，严格受理程序，并严格实行首接首办责任制，将一大批信访问题吸附和解决在了市以内。全年，市信访局共受理群众来信来访5263件（次），同比上升27.6%，其中受理来信3278件，同比下降5.8%；来访1535批（次）、9446人（次），同比分别上升137.2%和44.4%，集体访258批次、6566人（次），同比分别上升60.2%和17.8%。办理中央、省交办要结果案件293件，按期结案率为92.8%，年终结案率为100%，息诉罢访率为64.4%；以“信访案件50天集中攻坚行动”、50天化解信访难案“攻坚大会战”和“双月攻坚”活动为载体，对全市2122件信访案件按照“一个积案、一名县级包案领导、一套工作班子、一个化解方案、一份会议纪要、一套稳控措施”的工作机制，严格落实“四定一限”（即：定包案领导、定承办单位、定承办责任人、定责任要求，限期解决）责任制，化解率达到97.3%，息诉罢访率达到72.3%。同时，充分利用中央下拨的200万元专项资金和县（区）配套的600余万元资金，化解重大疑难信访案件82件，全部息诉罢访；建立重大信访问题党政集中办公机制，对23件涉及企业改制、劳动保险、城镇开发等事关全局、影响重大的信访问题，市委、市政府先后5次召开集中办公会，逐案协调调度、逐个解决归零，成功化解了部分企业数万人退休职工要求提高医保比例问题、数千名“4050”公益岗位人员要求提高补贴标准问题及部分小区居民反映集中供暖、供气、办理房产证及物业管理等问题，维护了全市大局稳定；大力度推进信访终结，按照“四不欠”原则，对涉法涉诉案件，依法启动审理、再审或评查程序；对非涉法涉诉案件，依法按政策解决问题；对问题已解决到位仍坚持缠访闹访的，严格按照有关规定引导其进入依法终结程序，并做好思想疏导和稳控工作。全年，共上报省联席办依法终结案件151件，报中央联席办审查备案31件。

【推进机制建设创新发展】 以深入推进“八三”工作法为契机，制定了《市联席会议议事规则》、《关于全面推行八三工作法强化2012年度信访工作考核的意见》等11个文件，为做好新形势下的信访工作提供了重要遵循和有力保障；健全完善了市联席会议制度，把县（区）联席会议第一召集人纳入成员单位，实现了对信访工作的领导由弱到强、由虚到实，并完善了议事规则、成员单位职责等规章制度；强化督导问责体系，围绕迎接十八大、保稳定、促和谐，市信访局领导班子成员不定期深入到有关县（区）一线检查指导信访稳定工作落实，协调解决各类问题，对重点群体、重点地域、重点部位、重点案件、重点人员的排查、化解、稳控工作进行全程跟踪督办，并组织了3次全市性信访工作专项督导，同时，严格实行越级访月倒排通报制度，严格责任追究，先后5次约谈被省倒排和信访工作责任落实不到位、信访稳定工作出现疏漏的县

（区）、市直部门主要领导及包案领导，有效地将工作责任和压力传导到基层，推动了工作落实。

【提升转变干部素质作风】 市县两级信访部门普遍增加了领导职数和人员编制，市信访局增设了3个科室（接访三科、网络管理科和事业单位“群众来访接待中心”），增编16人（其中：行政编制4名，事业编制10名，工勤编制2名），一批懂政策、通经济、会法律的专业人才充实到信访战线，队伍整体素质大大提高。同时，依托已建成的市级联合接访中心，抽调住建、农牧、规划、人社、交通及信访量较大的市、县直部门副处或副科后备干部入驻中心全天候接访，实现了群众来访“一站式”接待、一条龙办理、一揽子解决。认真开展以“三家”（把来访群众当家人、把群众来信当家书、把群众诉求当家事）为主要内容的创先争优活动，提高全员为民服务水平；两次组织开展全市信访系统业务培训工作，并联合市委组织部，对全市4176个行政村的村书记、村主任、大学生村官普遍轮训了一次，提高了基层干部做信访工作的能力和水平；大力培树典型，市信访局副局长燕雷被国家人社部、国家信访局评为全国信访工作先进工作者。

（岳文喜）

政策研究

【概况】 2012年，市委研究室秉持“善谋立身，献智立行”理念，在课题研究上求突破，主动提高建言献策和服务决策能力，较好地发挥了服务决策、以文辅政、参谋助手的职能作用。全年撰写各类调研文章52篇，发《专送件》24期，编发《决策要参》10期，《要情反馈》2期，《重要观点》1期，《调研动态》3期，《决策参考》月刊10期、增刊4期。调研文稿得到回良玉，张庆黎、张庆伟、赵勇、臧胜业、梁滨、艾文礼、杨汭、王书利，王晓东、魏福刚、郑丽荣、赵占华、宋文玲、杨玉成、侯桂兰等国家、省、市领导肯定性批示29人（次）。其中总结撰写的《“双园”模式为党旗添彩》调研文章得到国家级领导批示，省委农工部、省委组织部联合发文，以冀农工〔2012〕38号文在全省转发推广。整体工作呈现出调研成果多，创新载体多，刊物发表多，领导批示多，市委主要领导、主管领导和省委政研室领导评价高的“四多一高”局面。

【理论探索类调研】 撰写的《建设经济强省和谐河北的政治宣言》、《引领河北人民奋发有为的方向指南》、《惠及燕赵大地的行动纲领》、《建设经济强省和谐河北的“灵魂”工程》、《建设经济强省和谐河北的重大战略抉择》、《打好新一轮扶贫开发攻坚战》等市委理论中心组署名文章，得到市委主要领导的肯定，先后在《学习与研究》、《河北公报》、《河北日报》、《河北发展》、《张家口日报》全文刊发。

【专题对策类调研】 撰写的《“思想力”炼就“金蛋蛋”》、《开局工作应肯定倾向问题须防止——对驻村工作组转作风树形象推进工作的几点建议》、《张家口市“十大战役”营造“十八大”良好环境》《小事不出家门大事不出社区——张家口市桥东区探索“13668”机制创新社区管理的调研》等文稿，分别得到省委常委、纪委书记臧胜业，省委政研室主任王书利，市委常委、组织部长魏福刚的肯定性批示。

【建议比较类调研】 撰写的《“桂冠”背后看精神—张家口市创建“国家园林城市”的调查与思考》一文，得到了省委常委、省委宣传部长艾文礼、副省长杨汭及省委政研室主任王书利的重要批示。撰写的《把“软环境”打造成“硬支撑”——对现阶段我市着力改善发展环境的调查与建议》，编发的“优化发展环境的典型做法和案例”、“外省就如何破解资金‘瓶颈’的好经验和好做法”等内容，分别得到副市长宋文玲、郑丽荣、杨玉成的批示。

【典型经验类调研】 围绕全市农村党员培训模式创新，和省委政研室联合调研撰写了《“双园”模式为党旗添彩》得到国务院副总理回良玉、省委副书记赵勇、省委常委、省委秘书长景春华，省委常委、省委组织部长梁滨，市委书记王晓东的肯定性批示。调研撰写的《最大限度保护农民经济利益——对康保县建立蔬菜收购明码标价机制的调查》，发省委政研室《送阅件》99号，得到省长张庆伟、副省长沈小平批示。

【重点命题类调研】 围绕全市新一轮扶贫攻坚战、“三增一做”、绿色崛起等中心工作，撰写了

《始终保持“决战”之势——对张家口市举全市之力强势推进扶贫攻坚的调查》、《永葆党同人民群众的血肉联系——我市开展“三增一做”活动的生动实践》，均得到市委书记王晓东的批示。撰写的《城镇人口过半后的“三农”政策取向探讨》刊登在2012年《学习与研究》第2期。

（李　彬）

理论教育

【主题宣讲活动】　组织开展“惠在何处、惠从何来”和省委八届二次全会精神宣讲活动，共作宣讲报告2000多场，听众达20多万人。组织开展十八大精神宣讲活动，抽调市县直有关部门领导干部、两级宣讲团成员、大学生村官、文艺工作者1500多人（次），深入全市各县（区）、各单位，集中宣讲2500场，听众30多万人。组建10个宣讲团开展十八大精神“走基层”活动，赴农村、社区、企业、医院、军队，面对面地宣讲政策，心贴心解疑释惑。

【开展理论研究】　组织市县（区）两级宣讲团成员和广大理论工作者开展理论课题研究，共向省委讲师团递交申请课题研究项目25项。与市委党校合作，组织编写30多万字的《学习型党组织建设简明读本》，向全市免费发放2500册。完成课题《张家口市农村建设社会主义核心价值体系的研究报告》，被评为河北省思想政治研究立项课题“优秀”等级，并在中宣部《调查与研究》2012年第2期发表。向省委宣传部、省委讲师团推荐优秀理论文章，《走好“三步棋”实现区域文化从自信走向自强》、《文化产业同样可以立县》等一批文章在省《党委中心组理论学习通讯》上发表。

（赵凤荣、王星海）

机关工委工作

【思想政治建设】　把十八大精神的学习宣传贯彻作为思想政治建设的主要内容和重要的任务。召开了市直机关学习宣传贯彻党的十八大精神部署会，开展了“书记讲党课、党员干部登讲台”宣讲十八大精神活动，举办了机关党务干部学习贯彻党的十八大精神培训班；组织观看了“感党恩、颂祖国”大型交响歌会；举办了“展党员风采、树机关形象、喜迎党的十八大”诗歌朗诵会、党的基础知识百题竞赛等活动。坚持把建设学习型党组织作为基础性工程，对市直机关的理论学习专门作出安排，开展了“推荐好书”活动，举办了“读书·思考·进步”学习交流会，68个单位共推荐156本好书，开展了123场“学会阅读、分享收获”交流会。开展了机关党建调研论文征集活动，召开学习型党组织建设经验交流会。开设了“党员讲坛”，领导干部讲党课、党员干部讲业务谈体会，全年有400多名领导讲了党课，有1068名党员干部登台讲业务作辅导。创新机关党员教育培训工作，探索方式创新，召开了党员教育培训工作座谈会，推行自主选学培训，购买培训教材30多册供基层组织培训使用。开展了“经济全球化条件下增强党员教育实效性的研究”调查问卷活动。年内共培训入党积极分子152名、机关党员2300多名、专职党务干部和基层党组织书记420名。

【基层组织建设】　深入贯彻落实中央《条例》、省委《实施办法》和市委《实施细则》，15个直属党组织按期完成换届，2个党组织进行改建。指导成立了会计、律师、旅游三个行业党委。严格执行《干部任用条例》，新配备专职党务干部18人。强化党建第一责任人意识，开展了“一把手谈机关党建”征文活动。统一印制了《入党积极分子培训证》，完善了持证培训、考勤登记、考试合格通过等制度。新发展党员134名，预备党员转正112名。全面推行了《全国党员管理信息系统》和《中国共产党党费管理系统》，机关党员管理实现了精细化。按照市委提出的“强基础、严规范、创一流”的要求，实施了党支部规范化建设工程，以“一党委一品牌、一支部一特色”为目标，深化机关党建品牌建设。重点打造，强势推进，示范引领，召开了机关党建品牌建设推进会，命名表彰了10个品牌建设先进单位，品牌示范效应进一步扩大。

【精神文明建设】　围绕改善发展环境、生态环境，实现绿色崛起、打造强市名城目标，开展了“改善两个环境，机关党建怎么办”讨论活动，举办了市县（区）机关党建专题研讨会，组织机关党员参加了市政府开展的“游大好河山·看科学发展”

活动，机关党员的责任意识进一步增强。继续深化创先争优活动，在市直机关深入开展了“走在前、作表率”主题实践活动，注重创新形式，在窗口单位和服务行业组织开展“三亮三比三评”活动，党组织对标晋位、党员认责承诺，努力打造群众满意机关。工委系统68个单位，共有120项工作达到了全国一流水平，其中33项工作获得中央国家及部委表彰；有302项工作达到了全省一流水平，其中190项工作获得省级表彰。党员干部中有31名获得中央国家及部委表彰、155名获得省级表彰。以加强社会主义核心价值体系建设为目标，深入开展了文明单位和文明科室创建活动，申报市级文明单位57个，省级文明单位21个。注重提炼总结创先争优活动成果。召开了创先争优表彰大会，组织编印了《市直机关创先争优活动巡礼》、《机关党建工作资料汇编》。《总结创先争优经验健全党建工作机制》、《推进五项建设提升服务能力为实现绿色崛起、打造强市名城提供坚强保障》两篇文章被《中直党建》杂志刊发。

【反腐倡廉与作风建设】 扎实推进市直机关党风廉政建设责任制的落实，立足实际，以教育、制度、监督、改革、纠风和惩治为内容，深化机关惩防体系建设。为市直机关800多名正科级实职党员干部充实了廉政档案内容。在具有行政执法、审批职能部门进行了科级以下党员干部关键岗位监督工作，开展了“岗位廉政大家谈”活动。积极从源头上预防腐败，查找廉政风险点，建立了党员领导干部党风廉政建设联系点制度。扎实开展党务公开工作，推荐市工商局、环保局、老干部局等3个单位参加了全市党务公开示范点单位评选。为机关党员领导干部印发了1000多张以“三自六不让”为主要内容的《党员学习周卡》，增强了教育效果。进一步深化廉政文化建设，对廉政文化走廊、科室、图书室等建设进行了督导检查，并在市直机关21个廉政文化建设示范点单位中开展了“回头看”工作。抓好民主集中制的落实，坚持中心组学习制和集体领导与分工负责制。开展了科室承诺践诺和“反对空谈，注重实干”讨论活动。全市市直机关在廉政和作风建设方面有8篇文章被省级刊物刊发，机关工委被市纪委、监察局评为纪检监察工作先进单位。

【服务基层与群团工作】 切实落实基层建设年的各项任务目标，专门下发了《关于市直机关党组织开展加强基层建设年活动的安排意见》，把开展活动情况列入机关党建工作考核内容进行考核。开展了“两破除两树立”、“三克服”教育，增强机关党员干部服务中心、服务基层、服务群众意识。开展了“走进百姓家中，倾听群众心声”入户走访、“帮扶贫困户、资助特困生”、“让雷锋精神在基层建设年闪光”主题志愿等活动。组织市直机关干部职工为保定洪涝灾区捐款46万元。印发了民情联系卡，工委机关发挥表率作用，工委领导先后12次到联系点调研，召开座谈会，全力支持驻村工作组为群众办实事，筹资140多万元，用于联系村搭建蔬菜春秋棚、铺设节水管道、开展“四清四化”、硬化主干道等；捐赠了彩电、电脑、图书，配备了会议桌、书柜，完善党员活动室和农村书屋。大力做好新形势下群众工作，筹资3.9万元，慰问机关困难党员、困难职工118名。开展了机关重大疾病医疗互助活动，筹集互助金19.8万元，救助32人。组织开展了职工健步走、乒乓球赛、篮球赛、羽毛球赛等一系列群众性体育活动。开展了“青年文明号”创建工作和“创先争优团旗红，争做先锋促提升”主题实践活动，指导8个单位建立了青年委员会。开展了巾帼文明岗、巾帼建功标兵、五好文明家庭评选活动。举办了“健康管理”知识讲座、妇女才艺展示等系列活动。机关工会、团工委、机关妇委会在加强和创新社会管理、构建和谐机关中发挥了积极作用。机关工会被评为全市优秀基层工会，团工委被团市委评为市先进单位。

（王连宝）

老干部工作

【老党员创先争优活动】 2012年，全市老干部系统开展了“系统创佳、岗位创优”和学习先进典型杨善洲等多种形式的学习实践活动，涌现出了以桥西区老干部先进群体为代表的先进典型，受到省领导的重视，并分别就此作出重要批示，成为全省离退休干部的学习典范。在2月召开的全省老干部工作会议暨“双先”表彰会上，市委老干部局离退休干部第一党支部等4个离退休干部党支部被授予全省先进离退休干部党组织荣誉称号；耿尚增等8名离退休干部被授予全省离退休干部先进个人称号；怀来县委老干部局等5个单位被授予全省老干部工作先进集体称号；荣国明被授予全省优秀老干部工作者称号；李志明等5人被授予全省先进老干部工作者称号。

【落实老干部“两项待遇”】 组织全市老干部学习党的十八大精神，举办各种辅导报告会190余场，座谈会140余次。市委老干部局与市委组织部联合举办全市离退休干部党支部书记培训班；全市单建老干部党支部538个，党小组475个。春节前夕，四大班子主要领导分组对担任过地市级实职的离退休干部和老红军进行走访慰问。1月，市委老干部局代表市委、市政府对全市67名地市级老干部、老红军和36位地市级老干部、老红军遗属进行走访慰问；“五一”、“十一”前夕，代表省委省政府、市委市政府对5名享受副省部级医疗待遇离休干部进行走访慰问；10月，省委组织部副部长、老干部局局长张增良在市委老干部局有关人员陪同下走访慰问了原市政协主席、百岁离休干部杨子清。市委、市政府两次召开市直单位离退休干部情况通报会，向与会人员通报本市政治经济形势和组织工作情况；“三八”妇女节，组织市直单位担任过副处级以上实职的妇女离退休干部参观城市建设项目；组织24位市级老领导到市产业集聚区、南山产业集聚区和望山循环经济示范园区进行参观视察；组织14位市级老领导参观“大好河山张家口·首届经济贸易博览暨名优产品展销会”；组织18位市级老领导到蔚县视察工农业生产建设项目和城镇建设；组织20余名离退休干部参加由市政府主办的“游大好河山·看科学发展”活动月启动仪式。围绕喜迎党的十八大、纪念干部离退休制度建立30周年，在全市老干部中开展“喜迎十八大·纪念干部离退休制度建立30周年”征求意见活动；在全系统开展干部离退休制度建立30周年理论研讨活动；组织全市离退休干部参与由燕赵老年报举办的“我的退休生活”主题征文活动；各级财政共投入帮扶资金90万元，使519名有特殊困难的离退休干部得到帮扶。为市直及下划到县（区）的111名离休干部无工作遗属发放生活困难补助金40余万元，为466名离休干部无工作遗属办理了城镇居民医疗保险。针对全市十七大以来离休干部各项待遇落实情况在老干部系统开展了自查、自纠活动，市委老干部局抽调人员对重点县（区）和单位进行了抽查，对发现的问题及时给予纠正。省委老干部工作督查组就十七大以来老干部政策落实情况到张家口市进行督导检查。张家口市对20个县（区）、53个设有老干部专职机构的单位进行联合检查。老干部信访工作办结率100%。

【发挥老干部作用】 全市14056名老同志在不同领域积极发挥作用，其中以全市1305个关工委组织和4766名关工委成员最为活跃。各级关工委组织共创建“英雄中队”208个，建立教育基地51个，报告团68个，近600名老同志担任校外辅导员，407名老干部持证上岗成为“五老”网吧义务监督员；成功举办“军民携手学雷锋，山城少年颂双拥”主题实践活动、庆“七一”迎“十八大”《北京李大钊故居专题展览》巡展活动、“延安精神进校园暨中华青少年传承延安精神活动年”学习实践活动研讨和推进大会，以及在宣化区举行为期三年的“关爱明天，普法先行”青少年普法教育活动启动仪式等活动，怀来县23名副处级以上离退休干部被沙城镇聘请担任街、村党支部第二副书记。万全县老年庭院经济规模扩大到606人，带动农户1200余户，年产值近200万元。11月，市关工委被市委创先争优活动领导小组授予“全市创先争优活动行业标兵”并通报表彰。

【老年教育和文体活动】 全市共有老年大学（学校）120所，在校学员25670人，县（区）级老年大学普及率100%，校舍总面积达14070平方米。市老年大学成立了张家口市老年大学东方银龄远程教育老年分校。市老年大学共开设13个专业、45门课程、45个教学班，在校学员1062名。市老干部活动中心和老年大学于5月和8月两次与市体育总会、市老年体协、市门球协会共同举办了全市离退休干部门球赛；8月举办“喜迎党的十八大、纪念干部离退休制度建立30周年”老干部书画摄影展；10月，在市广播电视台演播大厅举行市直离退休干部“庆重阳·喜迎十八大”文艺演唱会。

【做好“四就近”服务管理工作】 在巩固23个“四就近”服务工作试点社区的同时，进一步强化服务工作。各试点因地制宜，建立推广“爱心餐桌”、“助老餐车”、“法律咨询室”、“心理聊天室”等好做法。各级老干部部门积极协调民政、财政、人社等相关单位，进一步完善了社区为离退休干部服务的措施和机制。

（李卫东）

对台工作

【张台两地交流】 办好“共祭三祖”活动。按照市委、市政府安排部署，2012年，首次将祭祖范围扩大至全球华人。3～6月，共有台胞1000余人（次），海外华人华侨300余人（次）到张家口市进行祭拜中华三祖活动。7月31日，海峡两岸工商、旅游、学术、文化界人士和世界华商、侨商及社会各界群众2000余人共聚涿鹿三祖堂参加了“海内外台胞涿鹿共拜中华三祖大典”仪式。祭祖以“同根同宗同源，血脉文脉相连”为主题，进行了敬香祭拜，恭读祭文，敬奉美酒、五谷等隆重仪式。

全年先后有30个台湾团组，700余人（次）来张进行交流参访、项目考察；张家口市先后组织各类交流团组30余个，100余人（次），赴台开展参访交流活动。争取到台湾台塑集团捐建的明德小学项目2个，总投资180万元。

【对台经济工作】 参加举办“台企外商重点产业推介会”。7月29日开幕的“台企外商重点产业推介会”作为张家口市“大好河山张家口，名企名商荟名城”大型主题招商月的重要部分，包括了重点产业推介会、参观首届经济贸易博览暨名优产品展销会、专题项目合作恳谈会、县（区）考察等活动。市台办全力为推介会提供服务。最终确定7个团组，120多名台湾客商来张家口市就农业、城建、旅游、装备制造业等产业进行了意向考察。此次活动累计签约项目8项，总投资20.6亿美元，协议外资20.5亿美元，其中台资1项，合同台资1905万美元。

推进台商投资。通过小规模团组“走出去”赴台、赴台商投资密集区与“请进来”邀请岛内工商团体组团来张的办法，积极为台资企业和相关县（区）、部门招商引资牵线搭桥。在“走出去”方面，借助“台企外商重点产业推介会”活动的成功举办，由市直职能部门“一把手”为团长的食药、农业专业团组赴台进行考察洽谈，寻求进一步的合作。在“请进来”方面，进一步完善了重点项目资料、台商基础数据库，初步建立了符合市“4+3”产业定位的重点项目资料库，并藉此提高了邀商针对性和招商引资成功率。先后邀请并接待了台北企业家菁英会、台商二代青年企业家领袖团、澳门台商会、乡林集团、台湾西南旅行社等工商团体和台资企业来张实地考察，截至年末，共接待30余批次台商，700余人（次）。

积极营造良好投资氛围。为吸引更多的台商来张投资置业，出台了《张家口市台商创业园区优惠政策》，为台商投资提供了政策保障。同时，认真做好台企服务工作，为台资企业办实事，确保台企“请得来，留得住，发展快”。增强了台商投资信心，全年未发生台商投诉案件。

【加大涉台宣传力度】 对外宣传方面。逐步健全与台湾媒体合作的长效机制，通过争取上级部门的支持。在国台办的统一安排和省台办的大力支持下，张家口市被台湾列入“2012年大陆魅力城市专案”的宣传城市。8月，台湾旺旺中时传媒拍摄团队一行11名记者赴张家口10个县（区）进行拍摄，拍摄成果在岛内媒体上进行集中展示。在《中国时报》刊登“大陆魅力城市”领导专访专题图文报道1篇；《工商时报》专题报道半版；《旺报》专题报道4个全版；中国电视公司的《大陆寻奇》专题报道1集；并在中时电子报制作魅力专区和特派员专区。同时，抓紧与台湾东森电视台签订的宣传专案落实。至年末，张家口宣传广告在东森新闻台和东森亚洲新闻台公开播送1638次，总计610分钟；“中国大体验”专题节目制作2集，96分钟，共播出4次；拍摄纪录片一部，长度为48分钟，在东森电视播出；采访报道3则；新闻专题8则。

对内宣传方面。着力营造“大宣传”氛围，在不断整合宣传版面、宣传手册等传统宣传载体的基础上，拓宽信息收集面，开创互联网信息摘编新载体。针对涉台法律、经贸文化交流、新闻快讯、网络信息摘编等专题进行宣传。特别是针对“大好河山张家口，名企名商荟名城”大型主题招商月活动，收集整理了40余条新闻信息，70余张图片，编辑成《媒体报道集锦》。同时，整理涉台法律法规，为日常工作奠定了基础。

（高　扬）

保密工作

【十八大安保】 贯彻落实中央、省委和市委保密委“十八大”期间保密检查工作部署，分别在张北县和宣化区召开了全市保密检查工作会议，周密安排检查工作。市国家保密局集中检查工具，集中力量，集中时间，组织开展了“查问题、排隐患、保安全、促提升，喜迎十八大”为主题的保密工作大联查活动。从县（区）抽调了20名工作能力强、业务技术水平高的保密干部，分成5个检查小组，采取听、查、看、问等形式交叉进行检查，随机抽查县直单位不低于30%，乡镇不低于50%，废品收购站点达到100%。实行“谁检查、谁负责”的责任追究制度，确保检查效果。共检查了153个县直部门、79个乡镇和街道办事处，下达保密检查整改通知书170份，查封计算机79台。随后，又成立了2个保密检查小组，深入84个市直部门进行了拉网式保密检查。共检查了618台计算机，下达保密检查整改通知书78份，查封计算机40台，取得明显成效。全市没有发生一起失泄密事件。

【宣传教育】 6月20日，召开了市委保密委员会全体（扩大）会议，传达了全省保密工作会议精神，表彰了2011年度全市保密系统先进集体和先进工作者，通报了2011年全国窃密泄密案件情况，总结张家口市2011年保密工作，安排部署2012年保密工作。全市各级各部门认真组织实施“六五”保密法制宣传教育规划，重点抓好领导干部、涉密人员和保密专兼职干部的教育培训，召开各类教育培训会16次、保密业务培训会5次，深入基层讲课11次，发放《保密知识简明读本》等宣传教育资料8000余册，组织收看了《圣神的职责·永恒的主题》保密专题文艺晚会，社会各界反响强烈，全年共征订《保密工作》杂志880份，在全省继续保持了先进位次。

【保密管理】 组织对137厂保密重点部门进行了确认和审查，对环航和华威2家军工企业三级保密资格认证进行审核，对2家定点印制单位进行了年检，保密资质管理得到进一步加强。制定了市销毁中心涉密载体销毁工作流程和规章制度，做好市直机关南迁期间文件资料销毁工作。印制计算机各类标识1万余张，免费发放到各县（区）和市直各单位，计算机规范化管理扎实推进。严格配备范围，精心选购机型，为全市主要领导和重要涉密人员配备保密手机160多部。各级各部门主动做好政府信息公开保密审查工作，发布信息安全及时。

【保密检查】 加大日常保密监管力度，在全市范围内组织开展了多次保密检查，重点开展了涉密科研项目、网络设备、网络清理3项保密专项检查。与有关部门密切合作，完成了国家统一考试考务工作保密检查，保证各类考试顺利进行。协调配合省检查组对市公安局、市检察院、市财政局等6个重点涉密部门进行了保密检查，召集相关单位召开了检查情况通报会，对相关责任人进行了处理。

【系统建设】 制定印发了《“十二五”期间张家口保密事业发展规划》，全力推进涉密计算机监控平台建设。深入开展保密“系统建设年”活动，开展了县（区）保密机构规格、人员编制、内部设置、经费保障等情况摸底调查工作，协调有关部门将保密工作纳入全市大考核。加大信息反馈工作力度，《保密工作》刊登张家口市稿件5篇，《河北保密工作》采用29篇，《保密工作简报》改版为《张家口保密工作》，编辑8期。

（秦步文）

党史研究工作

【党史征编研工作】 完成《张家口市大事记》（2009—2011）的编印出版工作，全书35万余字；完成2012年大事记的收集、整理和2009~2011年全市副处级以上领导干部任免情况的录入工作，约16.9万余字；为省委党史研究室编纂的《科学发展和谐河北——从十七大到十八大》一书提供了张家口市2007~2011年经济社会发展概况以及在全国、全省受到表彰或宣传推广的典型材料1.6万余字，相关图片12幅；完成《河北年鉴2011》张家口部分的编写工作；按照省委党史研究室、省旅游局《关于组织编纂〈中国红色旅游系列丛书〉（国家卷）》的通知要求，组织完成张家口市入选国家卷的张北国防教育基地有关资料的征集工作；完成张家口市“大跃进”运动口述资料以及杨耕田、马万水、胡开明传记的修改报送工作，总计12万多字；完成张家口市“四清”运动有关资料的征集工作，共征集到综述资料14篇、口述资料37篇、典型材料2篇；完成党和国家领导人1949年前后莅临张家口有关情况的收集、整理工作。收集整理完成新中国成立后张家口行政区划隶属关系历次变更情况，中共张家口地、市委历任书记，地区专署（行署）、市政府历任专员、市长，地、市委历任秘书长以及有关察哈尔省、“八〇二”演习等资料；编纂《历史名城张家口》一书，初稿70多万字，预定稿30多万字，已进入出版前的最后统稿修订工作。

【党史宣传教育工作】 按照省委党史研究室评选“河北省中共党史教育基地”的要求，选报了怀来县董存瑞纪念馆、张北县苏蒙联军烈士陵园和位于市六中院内的晋察冀军区司令部旧址3个纪念地，完成了相关资料核实和补充。9月，晋察冀军区司令部旧址被省委命名为首批“河北省中共党史教育基地”。编辑出版两期内刊《张垣党史》，约22万字。对张家口党史网站开展党史宣传教育形式探索创新。一是增加了26集动漫片《号角》的影像内容，动漫片以普通的学生、工人、农民、士兵、知识分子、党员干部等为主角，通过他们的经历和感受，展示党史口号背后的历史事件，集中揭示口号的思想内涵，历史意义和深刻启示。二是为配合党的十八的胜利召开，增添了《党的历次代表大会》栏目。三是添加党史信息4篇，专题研究9篇，张垣人物23篇，党史博览24篇，党的历次代表大会14篇。协助省委党史研究室和省图书馆到察哈尔烈士陵园、晋察冀军区司令部旧址和察哈尔农民协会拍摄《红色文化》专题片张家口部分。协助河北电视台拍摄大型系列文献纪录片《西柏坡来电》中的第22、23集（新保安战役、解放张家口战役）。为赤城县大海陀平北抗日根据地纪念馆和察哈尔革命纪念馆提供有关史料、图片，参与陈列大纲的论证、征求意见和修改工作。

（韩鹏飞）

档案工作

【县级档案馆新馆建设】 2012年5月10日，察北管理区国家档案馆开工兴建，总建筑面积2364平方米，投资400多万元；8月3日，崇礼县国家档案馆新馆正式施工，总建筑面积2831平方米；投资2000万元的宣化区国家档案馆新馆建设工程，年末顺利竣工；怀安县拟建文体活动中心，规划档案馆面积2000平方米。截至年末，全市县级国家综合档案馆总建筑面积达到30292平方米，比“十一五”末增加67%。万全县、张北县、宣化区、涿鹿县、察北管理区和崇礼县6个县（区）建设新馆，占列入国家“十二五”期间支持建设的15个县（区）的40%。万全县和察北管理区国家档案馆新馆已投入使用。2009～2012年，全市县级档案馆建设共争取国家支持资金1146万元。

【档案数字化建设】 市、县（区）国家档案馆进一步加快档案数字化建设步伐，全市馆藏档案数字化转换总量达到718万幅。市档案馆数字化档案新增104万幅，10258卷，馆藏档案数字化总量达到555万幅，3.5万卷；怀来县档案馆聘请专业技术人员将馆藏婚姻档案全部录入微机，完成全文扫描13万幅；宣化区档案馆数字化工作得到了区委、区政府高度重视，拨付部分资金正式启动数字化工程，已进入公开招标阶段，项目总投资52万元；张北县、万全县档案馆分别完成档案数字化扫描10万幅；怀安县档案馆将馆藏5000卷婚姻档案进行了数字化转换。为推进全市电子文件归档工作，7月5日，市档案局印发《张家口市电子文件归档工作规定（试行）》，对全市各级国家机关和具有行政管理职能的事业单位的电子文件归档工作在管理职责、归档范围、归档要求、归档时间及方式等方面提出了具体要求。

【档案资源建设】 市、县（区）国家档案馆贯彻落实国家档案局第9号令《各级各类档案馆收集档案范围的规定》，进一步加强档案的接收、征集工作。全市国家综合档案馆新接收档案15486卷，46368件，馆藏档案总量达到887329卷、478456件。市档案馆接收原市人事局毕业生分配办1996～2000年大中专毕业生分配档案292卷，建立了2万多人的大中专毕业生人名索引数据库，丰富了馆藏民生档案内容。截至2012年末，馆藏档案总量达到186591卷、16497件。此外，还接收进馆资料260册，其中《梁氏家谱》、《乌兰察布方言》、《塞原春晓——张家口中共早期活动16年》等珍贵资料均由作者捐赠。

【国家重点档案抢救】 市档案馆申报国家重点档案抢救和保护费补助项目两项，分别是《晋察冀边区政府档案抢救》、《馆藏档案数字化扫描》，争取到中央财政资金8万元。对2011年度应抢救项目《党和国家领导人视察张家口档案复制和征集》，进行了文字和照片档案材料的摸底调查、梳理与收集，其中有馆藏毛泽东、周恩来、朱德视察官厅水库的文字材料和照片，胡耀邦视察张家口的讲话材料和照片，叶剑英、邓小平、江泽民、胡锦涛、温家宝视察张家口的照片，以及其他国家领导人视察张家口的新闻报道材料；收集到朱镕基到张北县视察防沙造林工程的照片。

【档案开放、开发与对外服务】 市档案馆按照国家和省档案局关于档案开放划控的新要求以及档案开放和控制使用的有关法律法规，进一步健全完善档案开放鉴定工作审核机制、规章制度和划控标准，制定了《开放档案重新鉴定工作实施方案》，对本馆已开放档案进行重新审核、划控。9～12月，共鉴定审查档案1.4万余卷，划控9086卷，并对数字化档案进行了严格审查清理，以确保开放利用中涉密档案信息的绝对安全。市档案馆编写完成《张家口市档案局（馆）组织史资料（初稿）》（2006年9月～2011年9月），并报市委组织部。市档案馆在加强档案基础建设的同时，强化对外服务工作，全面提高档案服务水平，接待查档1000多人（次），查阅档案资料3100余卷（册）。

【档案工作目标管理认定】 为全面推广《河北省机关档案工作目标管理认定办法》和《河北省企业档案工作目标管理认定办法》，市档案局以检察系统为重点，加强指导，强化监督，全市检察系统19个单位，全部申报了4A以上等级。7月，市绿垣投资开发集团有限公司通过3★级认定，成为全市第一家按新标准认定档案工作等级的企业。12月中旬，市检察院、桥东区检察院和宣化区检察院通过省档案局5A等级认定。

【社会主义新农村建档工作】 市档案局在对全市农村档案工作基本情况进行调查摸底的基础上，建立了农村档案工作基本情况数据库。截至年末，全市有39个乡镇档案室达到AA等级标准，实行档案集中统一管理的乡镇134个，适宜独立建档的行政村1883个，已建档案的行政村1391个，档案工作达到“五有一能”的行政村395个。张北县以张北镇王簸箕沟、二台镇东滩村为试点，逐步推开社会主义新农村建档工作，已完成了16个乡镇档案工作的规范管理。赤城县结合环首都扶贫攻坚安排，对扶贫重点村特别是环首都四个乡镇所属行政村进行了“五有一能”和AA级建档指导。

【档案法制宣传和执法检查】 市档案局对62个单位档案工作进行了执法检查，开具限期整改通知书9份。阳原县在《档案法》颁布25周年纪念日，开展了“依法治档、鉴古博今、科学利用、资政惠民”为主题的宣传活动，发放宣传资料1500份、《阳原县档案馆指南》600册。

（王树安）

党校教育

【干部教育培训】 2012年，市委党校举办主体班31期，培训各类党员干部4583人。其中县处级领导干部、中青年干部、公务员任职、宗教干部、民主党派等常规主体班7期，培训560人；学习贯彻党的十八大精神专题轮训班9期，培训约1700人；举办科学发展和社会管理主题培训班3期，培训219人。举办新疆和硕县、农二师24团干部培训班2期，培训104人。举办《行政强制法》培训班10期，培训2000人。在办好主体班的同时，积极做好对外培训和成人学历教育工作。此外，举办3期对外培训班，培训180人，招录在职研究生73名。

【推进教学改革】 把中国特色社会主义理论体系特别是科学发展观作为各类主体班培训的重要内容，并及时把党的十八大精神充实到主体班培训中，强化党性教育和反腐倡廉教育，切实用中国特色社会主义理论体系和党的十八大精神武装干部头脑；坚持围绕中心突出市情市策，重点围绕“实现绿色崛起，打造强市名城”的目标，认真分析研究张家口市情市策，提升教学的针对性和实效性；坚持按需施教，突出提升干部能力和素质培训，针对不同班次开设了提升领导干部执政能力、应变能力、执行能力等能力培训课程以及领导干部必备的各类业务素质的课程。

创新教学方法。全年共组织学员26次到各县（区）物质和非物质文化遗产、爱国主义教育基地以及经济社会发展中的重点、亮点地区开展第二课堂活动，调动教、学双方的积极性。坚持专兼职教师相结合的培训模式，全年邀请领导干部、专家、学者15人登上党校讲坛，其中国家有关部委领导3

名，市级领导3名。

【强化师资队伍】 先后安排24人（次）教师外出参加培训学习。其中参加北京大学、国防大学十八大精神培训19人，参加省人事厅公务员职业道德培训2人，参加省委党校师资培训3人。在张家口市推进文化大发展大繁荣活动中，张萍被评为“理论社科工作先进个人”；王天旺被授予“张家口市第二届社会科学优秀青年专家”。

【科研成果】 全年共发表论文56篇，其中核心期刊发表10篇，国家级16篇，省级30篇。共结项、立项科研课题33项，获各类奖项11项。在省委组织的“迎接省第八次党代会、我为河北发展献一计”活动中，科研成果《做好环京津农业这篇大文章》获得优秀奖；《农村土地管理制度根源之探析》获得河北省全省党校系统第八届优秀科研成果奖；《贫困县新农合可持续发展研究——以河北张北县为例》得到市政府领导批示。多数科研成果转化为教学课题，推动了教学与科研相互促进、共同提高。同时围绕市委、市政府工作中心以及改革发展的重大理论和实践问题，列出科研重点，加强调研，不断推出新成果，在为党委、政府提供政策咨询，发挥思想库作用中取得了进展。校刊《张垣论坛》改进版面，提高办刊质量，较好地发挥了党政领导干部理论研究阵地和对外宣传的窗口作用。

【加强办学功能】 投资500万元建成1841平方米的学员文体活动中心。投资13.7万元，装修改造了西阶梯教室，更换了电教设备，购置了报告厅课件背投等有关设备。形成了教学办公楼、学员综合楼、图书馆学术报告厅、学员文体活动中心“四位一体”的党校办学必备设施。投入10万余元，订阅报刊和图书馆馆藏文献、中国知网数字化图书，保证教师和学员教学研究所需。

【开展理论宣讲】 在学习宣传贯彻中央和省、市委各项方针政策，特别是在宣传党的十八大精神过程中，充分发挥理论宣传阵地优势，全力承担好全市党的十八精神专题轮训任务，同时，校领导和教师主动走出校园，深入基层，解读宣讲党的十八大精神，在推动党的十八大精神社会全覆盖中作出积极贡献。2012年，党校教师深入到全市各条战线、各个领域、各个层面50多个地方和单位，开展了88场（次）宣讲活动，有12430人接受了培训，同时应市电视台、电台、日报社的邀请，党校领导和教师做了多次新闻专题访谈。

（张　芹　赵桂丽）

国防教育

【教育活动】 党校成为各级干部国防教育主阵地。市、县（区）委党校每期培训都把国防教育列入计划，始终坚持“开班必设，逢班必讲”。市、县（区）国教办分别为同级党校订阅了《国防》、《国防教育》杂志和《中国国防报》等书刊杂志，确保了党校开展国防教育课教学的需要。

以学生军训为主要形式的青少年学生国防教育更加规范。市大中专院校及市属或区属及各县的初、高中入学新生绝大多数都结合本校条件进行了军训。据统计，全市参加军训的学生达4.97万人，以桥西区蒙古营小学少年警校为代表的40余所少年军校坚持活动不断线。活跃在全市国防教育大舞台上的100多所少先队“英雄中队”，利用各种时机开展国防教育活动。

以民兵整组、征兵宣传为主要时机的民兵预备役人员国防教育教育更加扎实。各县（区）国教办会同人武部门重点抓了基础民兵、预征对象、专业技术分队和应急分队成员的国防教育。10～12月，国教办会同各级宣传部门、兵役机关、新闻媒体抓好征兵期间的兵役法规和爱国拥军教育。10月26日，全市统一组织开展了征兵宣传日活动。

4～9月，组织全市26万名干部群众参加了以“热爱人民军队，共筑钢铁长城”为主题的全民国防知识竞赛活动，坚持把机关、学校和企事业单位作为重点，突出做好学校的参赛工作，以学校带动社会、以学生带动家长，努力扩大参赛面，确保了活动效果。张家口市被省评为活动先进单位。

【建立国防教育讲师团】 为有效推进国防教育的大力普及，组织开展了建立市县（区）国防教育讲师团工作，经背课试讲、综合考查，并报请市国动委批准，下发了张国动〔2012〕5号文件，确定了62名讲师团教员，并建立了组织领导机构和相关制度。

【教育基地】 年内，市、县（区）国教办积极协调有关部门，充分发挥遍布全市城乡的8所省级、11所市级国防教育基地的作用，组织广大干部群众特别是青少年学生开展参观、瞻仰、祭扫等革命传统教育活动，激发爱国之情、报国之志。10月，张北县野狐岭军事要塞被国家国防教育办公室命名为第二批国家国防教育示范基地。

【国防教育潜力数据调查】 10月，按照省部署和要求，在时间紧、数据多、要求严的情况下，认真组织县（区）国教办完成了张家口市国防教育潜力数据调查工作。

（邵子然）

张家口市人民代表大会常务委员会

综述

2012年，筹备召开市人民代表大会1次，举行常务委员会会议6次，召开主任会议9次；作出决议1个，作出决定10个。多次组织开展了视察、执法检查、工作评议和调研等活动。

重要会议

【张家口市第十二届人民代表大会第六次会议】
张家口市第十二届人民代表大会第六次会议于2013年1月8日~9日在市工人文化宫召开。会议应出席代表413人，实际到会374人。大会主席团常务主席李建举、明才分别主持会议。会议依法选举张庆黎、宋太平、刘永瑞、武志雄、王慧军、冯世斌、徐受棠、冯志广、赵会宁、马忠山、王凯、王栋、王树春、王俊英（女）、王晓东、毕晓娟（女）、刘文献、孙莉（女）、苏娜（女，满族）、苏富梅（女）、杜勇、李玉清、李向东、李宏（女）、李建举、李春坡、李闽、李莉（女）、杨连宝（女）、杨春雪（女，回族）、吴一凡、吴全、吴建春、岑万俊、迟桂友、张俊贵、张海、张登斌、武凤英（女）、范平利、周霞（女）、郑素梅（女）、赵海滨、段妍青（女）、侯东升（蒙古族）、侯亮、郭有和、康爱国、景秀萍（女）、魏福刚等50人为张家口市出席河北省第十二届人民代表大会代表。

【张家口市第十三届人民代表大会第一次会议】
张家口市第十三届人民代表大会第一次会议于2013年4月8~12日在市工人文化宫召开。会议应出席代表407人，实际到会401人。大会主席团常务主席李建举主持会议。会议审议批准了市人民政府代市长侯亮代表市政府作的《政府工作报告》；审查批准了市发展和改革委员会主任王世光《关于张家口市2012年国民经济和社会发展计划执行情况与2013年国民经济和社会发展计划草案的报告（书面）》，批准了张家口市2013年国民经济和社会发展计划；审查批准了市财政局局长高峰《关于张家口市2012年市本级预算及全市总预算执行情况和2013年市本级预算及全市总预算的报告（书面）》，批准了2013年市本级预算；审议批准了市人大常委会主任李建举代表市人大常委会作的《张家口市人民代表大会常务委员会工作报告》、市中级人民法院代院长刘福明作的《张家口市中级人民法院工作报告》和市人民检察院代检察长白剑平作的《张家口市人民检察院工作报告》，作出了相应的决议。会议依法选举李建举为市人大常委会主任，侯亮为市人民政府市长，刘福明为市中级人民法院院长，白剑平为市人民检察院检察长；选举张常喜、武凤英（女）、籍献平、戈亮禄、王志军、郭江为市人大常委会副主任，何江海、郑丽荣（女）、宋文玲（蒙古族）、李雪荣、李敏、李宏（女）为市人民政府副市长；选举王海江为市人大常委会秘书长，马占云等33人为市人大常委会委员。市委书记王晓东作了重要讲话。大会共收到代表建议54件（其中3件由代表议案转为建议）。市政府及各部门、各系统不是市人大代表、市政协委员的负责人，驻张的全国和省人大代表，出席市政协十届五次会议的委员和各县（区）不是市人大代表的县（区）人大常委会主任列席会议。担任过市级正职的老领导应邀列席开幕和闭幕大会。各县（区）和市高新区的人民法院院长、人民检察院检察长旁听了大会。

【张家口市第十二届人民代表大会常务委员会会议】
市第十二届人大常委会第二十八次会议于2012

年1月20日在市迎宾馆北六楼迎宾厅举行。市人大常委会主任李建举出席并主持会议，常务副主任明才，副主任张世林、肖文友、张秀发、武凤英、梁玉海，秘书长张瑞林及委员共33人出席会议。会议听取了市委常委、市政府常务副市长何江海作的关于拟任职人员情况的报告和说明，审议通过市政府提请的人事任命事项，决定任命侯亮为市人民政府副市长，陈胜为市人民政府副市长；决定接受王晓东辞去市人民政府市长职务的请求；听取和审议了市人大常委会副主任肖文友作的关于提请侯亮任职的议案，决定侯亮为市人民政府代理市长。会议分别听取了市法院院长崔存利、市检察院检察长程元臣作的关于拟任免职人员情况的报告和说明，审议通过有关人事任免事项。会议听取和审议了市政府常务副秘书长方继斌所作的关于市十二届人大四次会议代表建议办理情况的报告、市财政局局长高峰受市政府委托作的关于张家口市2011年市本级财政预算调整方案（草案）的报告、市人大常委会财经委主任李树田作的关于张家口市2011年市本级财政预算调整方案（草案）的初审报告、市人大常委会常务副秘书长王海江作的关于市十二届人大五次会议筹备工作情况的报告。会议审议通过市人大常委会关于对市政府办理市十二届人大四次会议代表建议情况报告的审议意见，市十二届人大五次会议议程和日程、市十二届人大五次会议主席团和秘书长等各项建议名单、市十二届人大五次会议列席特邀旁听人员名单、市十二届人大五次会议选举办法，决定批准市政府2011年市本级财政预算调整方案；听取了市人大常委会副主任、代表资格审查委员会主任委员肖文友作的关于补选代表代表资格的审查报告，确认补选的14名市人大代表资格有效。会议听取了市人大常委会研究室主任毕晓敏作的关于起草市人大常委会工作报告稿的说明，审议通过该工作报告稿。市人力资源和社会保障局、市财政局负责同志以及市人大常委会机关副处级以上干部列席会议。

市第十二届人大常委会第二十九次会议于2月17日在常委会机关五楼会议室举行。市人大常委会主任李建举出席并主持会议，常务副主任明才，副主任张世林、肖文友、张秀发、武凤英、梁玉海、张常喜，秘书长张瑞林及委员共27人出席会议。会议听取和审议了市司法局局长高天受市政府委托作的《关于“五五”普法工作开展情况和法制宣传教育第六个五年规划安排意见的报告》，审议通过市人大常委会关于进一步加强法制宣传教育的决议；听取了市人大常委会副秘书长李全军受主任会议委托作的《关于市人大常委会2012年工作要点（草案）的说明》，审议并原则通过市人大常委会2012年工作要点。市政府副市长李雪荣、市检察院检察长程元臣、市法院常务副院长刘志亮、市政府办公室和市司法局负责同志以及市人大常委会机关副处级以上干部列席会议。

市第十二届人大常委会第三十次会议于5月4日在常委会机关五楼会议室举行。市人大常委会主任李建举出席并主持会议，常务副主任明才，副主任张世林、肖文友、张秀发、武凤英、梁玉海、张常喜，秘书长张瑞林及委员共30人出席会议。会议听取了市委常委、市政府副市长郑丽荣作的关于拟任职人员情况的报告和说明，审议通过市政府提请的人事任命事项，决定任命杨春光为市人民政府副市长；分别听取了市中级人民法院院长崔存利、市检察院检察长程元臣作的关于拟任职人员情况的报告和说明，审议通过有关人事任命事项。市政府办公室、市人力资源和社会保障局的主要负责同志以及市人大常委会机关副处级以上干部列席会议。

市第十二届人大常委会第三十一次会议于7月23日在常委会机关五楼会议室举行。市人大常委会主任李建举出席并主持会议，常务副主任明才，副主任肖文友、张秀发、武凤英、梁玉海，秘书长张瑞林及委员共27人出席会议。会议听取了市委常委、市政府常务副市长何江海作的关于拟决定任免职人员情况的报告和说明，审议通过市政府提请的人事任免职事项，决定免去李义市住房和城乡建设局局长职务、康振安市农牧局局长职务；决定任命石满山为市住房和城乡建设局局长，刘永平为市农牧局局长。会议听取了市法院院长崔存利的关于拟任免职人员情况的报告和说明，审议通过市法院提请的人事任免事项；听取了市检察院检察长程元臣关于拟任职人员情况的报告和说明，审议通过市检察院提请的人事任命事项。会议听取和审议了市财政局局长高峰受市政府委托作的《关于张家口市2011年市本级财政决算（草案）的报告》、市审计局局长李洪波受市政府委托作的《关于张家口市2011年市本级财政预算执行和其他财政收支情况的审计工作报告》、市人大常委会财经委主任李树田作的关于张家口市2011年市本级财政决算（草案）的初审报告（草案）、市住建局局长石满山受市政府委托作的关于贯彻执行《中华人民共和国建筑法》和

《建设工程质量管理条例》情况的报告，审议通过市人大常委会关于批准张家口市2011年市本级财政决算的决定。市人大常委会副主任肖文友作了关于先行许可张家口市公安局下花园分局对市人大代表王德军采取取保候审强制措施的说明。市政府办公室、市财政局、市人力资源和社会保障局、市住建局、市审计局的主要负责同志和市人大常委会机关副处级以上干部列席了会议。

市第十二届人大常委会第三十二次会议于9月25日在张家口宾馆会议中心举行。市人大常委会主任李建举出席并主持会议，常务副主任明才，副主任张世林、张秀发、武凤英、张常喜，秘书长张瑞林及委员共27人出席了会议。会议听取、一并审议了市发改委主任王世光受市政府委托作的《关于张家口市2012年国民经济和社会发展计划上半年执行情况的报告》、市财政局副局长李艺代局长高峰受市政府委托作的《关于张家口市2012年财政预算上半年执行情况的报告》、市人大常委会财经委主任李树田作的《关于张家口市2012年国民经济和社会发展计划上半年执行情况的初审报告（草案）》和《关于张家口市2012年财政预算上半年执行情况的初审报告（草案）》，听取和审议了市中级人民法院院长崔存利作的关于全市法院刑事审判工作情况的报告。市委常委、市政府副市长郑丽荣，市法院院长崔存利，市检察院检察长程元臣，市发改委、市财政局的主要负责同志，市人大常委会机关副处级以上干部和各县（区）人大常委会主任或副主任列席会议。

市第十二届人大常委会第三十三次会议于12月31日在常委会机关新办公楼十二楼会议室举行。市人大常委会主任李建举出席并主持会议，常务副主任明才，副主任张世林、肖文友、张秀发、武凤英、张常喜，秘书长张瑞林及委员共28人出席会议。会议审议通过市检察院提请的人事任免事项，听取和审议了市体育局局长刘宝富受市政府委托作的关于贯彻落实《中华人民共和国体育法》和《河北省体育设施管理条例》工作情况的报告、市旅游局局长李正朴受市政府委托作的关于全市旅游景区提升品牌打造工作情况的报告，审议通过市人大常委会关于召开市十二届人大六次会议的决定。会议听取了市人大常委会副主任、代表资格审查委员会主任委员肖文友作的关于补选代表的代表资格的审查报告，确认补选的1名市人大代表资格有效；听取和审议了市人大常委会常务副秘书长王海江作的关于市十二届人大六次会议筹备工作情况的报告，审议通过市十二届人大六次会议议程草案、日程草案，审议通过市十二届人大六次会议主席团和秘书长、主席团常务主席、大会执行主席分组、大会副秘书长等各项名单草案和市十二届人大六次会议选举办法草案。市委常委、市政府副市长郑丽荣，市法院院长崔存利，市检察院检察长程元臣，市政府办公室、市体育局、市旅游局的主要负责同志，市人大常委会机关副处级以上干部列席了会议。

【张家口市人大常委会主任会议】 市十二届人大常委会第三十八次主任会议于2012年5月3日召开，市人大常委会主任李建举出席并主持会议，常委会副主任张世林、肖文友、张秀发、武凤英、张常喜，秘书长张瑞林出席会议。会议听取了市民政局副局长左树斌代局长宋忠礼受市政府委托所作的《关于全市第九届村委会换届选举工作情况的汇报》。市政府副市长杨玉成、市中级人民法院院长崔存利、市检察院检察长程元臣，市人大常委会和市政府有关部门负责同志列席会议。

市十二届人大常委会第四十一次主任会议于8月22日召开，市人大常委会主任李建举出席并主持会议，常委会副主任肖文友、张秀发、武凤英、梁玉海、张常喜出席会议。会议分别听取了市教育局局长胡守荣受市政府委托所作的《关于市属高等院校工作情况的汇报》和市农牧局局长刘永平受市政府委托所作的《关于全市设施农业（蔬菜）发展情况的汇报》。市政府副市长杨玉成、侯桂兰，市人大常委会和市政府有关部门负责同志列席会议。

市十二届人大常委会第四十二次主任会议于9月18日召开，市人大常委会主任李建举出席并主持会议，常委会常务副主任明才，副主任张世林、肖文友、张秀发、张常喜，秘书长张瑞林出席会议。会议听取了市民宗局鲁伟代局长杨成亮受市政府委托所作的《关于全市民族村经济社会发展情况的汇报》。市政府副市长陈胜，市人大常委会和市政府有关部门负责同志列席会议。

主要工作

【视察活动】 8月17日，市人大常委会常务副主任明才和部分省、市人大代表视察交通基础设施重点工程。视察组深入北绕城高速公路和机场军民合用改造工程施工现场，实地了解工程建设进展情况，听取市交通局情况汇报。建议破解资金和项目用地难题，抓好项目建设施工管理，不断提升从业人员素质，保障交通基础设施重点工程建设顺利推进。

8月29~30日，市人大常委会主任李建举、副主任梁玉海陪同省人大常委会副主任黄荣带领的视察组，深入沽源县和赤城县，专题视察新一轮扶贫开发攻坚工作。实地视察了扶贫产业、基础设施和资金投入等情况，听取了工作汇报。视察组对张家口市取得的成绩给予充分肯定，希望各级党委、政府再接再厉，进一步科学谋划扶贫开发思路，深化工作举措；发挥比较优势，加大产业扶贫力度；依托国家、省市相关政策的支持，借助社会、企业帮助，增加内力，走出一条长期稳定脱贫、科学发展的新路子，带领更多群众脱贫致富奔小康。

9月6~7日，市人大常委会副主任梁玉海和常委会部分委员及市人大代表深入康保县、张北县、涿鹿县、下花园区，专题视察水库除险加固、河道防洪护坝、灌区改造等工程以及节水灌溉、水土保持、农村饮水安全等水利工程的建设、使用和维护情况。建议加强节水知识宣传教育，加大水资源保护力度，提高水资源利用和管理水平，大力发展高效节水现代农业，加强水利工程维修和管护，加强农村人畜饮水安全工程建设，保证水利工程建设质量。

10月28~29日，市人大常委会党组书记曹英忠、常委会主任李建举和常务副主任明才，陪同省人大常委会副主任、省总工会主席马兰翠带领的视察组视察张家口市着力改善“两个环境”工作情况。视察组听取了有关汇报，与部分企业负责人进行座谈，视察了主城区垃圾处理场、污水处理厂，万全县行政服务中心、中粮粮食加工装备制造基地、怀来县京冀生态水源保护林工程等项目建设运行情况。视察组充分肯定张家口市取得的成绩，要求进一步完善工作思路，加大工作力度，不断将“着力改善两个环境”工作引向深入，确保各项工作取得实实在在的效果，确保两个环境建设走在全省前列。

【执法检查】 3月下旬至4月中旬，市人大常委会在全市开展《中华人民共和国文物保护法》、《河北省实施〈中华人民共和国文物保护法〉办法》（简称文物保护“一法一办法”）执法检查。

4月6~11日，市人大常委会副主任张秀发带领文物保护“一法一办法”检查组，深入怀来县、蔚县、宣化区、桥西区和市直相关单位，重点抽查了全国和省文物保护单位，充分肯定取得的成绩，建议市政府及相关部门切实加强文物的安全管理，坚持保护和利用相结合的原则，认真落实文物保护的措施和责任，提升文物保护质量和水平。

4月18~20日，市人大常委会党组书记曹英忠、常委会主任李建举和常委会副主任张秀发，陪同全国人大常委会副委员长韩启德带领的全国人大常委会文物保护法执法检查组深入怀来县、蔚县，详细了解文物保护工作，检查文物保护法执法情况。检查组充分肯定张家口市取得的成绩，韩启德要求正确处理文物保护与经济社会发展的关系，提高文物保护执法能力建设，努力开创文物保护事业新局面。

5月14~15日，市人大常委会副主任张常喜陪同省人大常委会内司工委副主任柳建志率领的省人大常委会检查组，对张家口市贯彻实施残疾人保障法律法规工作情况进行执法检查。检查组重点了解了2008年以来张家口市残疾人基本生活、劳动就业、医疗康复、教育和脱贫等方面的保障情况，充分肯定贯彻实施残疾人保障法律法规工作取得的成效。

10月9~12日，市人大常委会副主任张秀发带领执法检查组深入沽源县、崇礼县、下花园区和市全民健身中心，开展《中华人民共和国体育法》和《河北省体育设施管理条例》执法检查。实地检查了体育设施和场馆情况，听取了市体育局、市财政局等部门工作汇报，充分肯定贯彻落实“一法一条例”取得的成效，建议进一步完善城市体育事业和体育产业发展规划，加大投入，加强竞技人才培养和队伍建设，全面提升城乡体育事业和体育产业发展水平。

【大型活动】 2月23、24、27日，市人大常委会副主任张常喜和部分省、市人大代表深入崇礼县、张北县、怀安县、宣化县、高新区，调研全市第九届村委会换届选举工作，建议进一步加大《中华人民共和国村民委员会组织法》和《河北省村民委员会选举办法》的宣传力度，认真总结换届选举工作经验，进一步探索建立保障和激励机制，进一步加强建章立制和教育培训工作，提高村民自治水平，推动农村经济社会稳步发展。

3月21日，市人大常委会副主任张世林深入桥东区胜利北路街道办事处东方苑社区进行调研并慰问贫困户，了解社区活动场所和配套设施建设等情况，听取社区工作汇报。要求社区进一步加强与居民的沟通联系，尽力解决居民合理诉求；全心全意帮助居民办好事、办实事，让群众共同分享发展成果，全力打造精品社区。

3月28～29日，市人大常委会副主任梁玉海和常委会部分委员深入尚义县、万全县、崇礼县，对以蔬菜种植为主的设施农业发展情况进行调研，实地察看了设施蔬菜种植生产园区、基地、专业合作社、农业协会。调研组建议加大科技队伍建设力度，探索多元化投入机制，加大园区、龙头企业建设力度，大力实施标准化生产，强化组织管理、不断延伸产业链条。

4月11～13日，市人大常委会副主任梁玉海陪同由省人大常委会农工委主任李广恩任组长的河北省义务植树条例执法调研组，对张家口市贯彻实施《河北省义务植树条例》情况进行执法调研。调研组听取了情况汇报，实地调研了市区和万全县、涿鹿县的义务植树现场、义务植树基地、义务植树成林地、义务植树苗木基地。调研组充分肯定取得的成绩，建议进一步加大条例宣传力度，增强全社会爱绿植绿护绿意识；加大政府投入力度，保障义务植树资金需求；加大规划力度，加强义务植树基地建设；完善体制机制，充分发挥各级绿委会职能作用，推动全市义务植树工作扎实深入开展。

5月8～11日，市人大常委会副主任张秀发、部分常委会组成人员和市人大代表深入张家口教育学院、宣化科技职业学院、张家口广播电视大学、张家口职业技术学院，调研市属高等院校实施《张家口市中长期教育改革和发展规划纲要（2010－2020年）》、《张家口市教育事业发展“十二五”规划》总体运行情况以及教育投入与经费保障、师资队伍建设、专业设置与学科建设、招生就业、学生实践能力培养与实训基地建设等情况。调研组建议切实提升高校整体水平，全力实现教育学院升本目标，下大力化解市属高校债务，完善市属高校奖励性绩效工资发放工作，进一步畅通高校高端人才引进渠道。

5月15～17日，市人大常委会常务副主任明才和常委会部分组成人员对全市贯彻实施《中华人民共和国建筑法》和《建设工程质量管理条例》情况进行执法调研。调研组深入蔚县、涿鹿县、怀来县的部分建设工程项目施工现场和建筑企业，实地察看企业经营管理、建筑工程招投标及发包与承包、建筑工程质量安全状况及建筑节能等情况。调研组建议加大监管力度，确保工程质量和安全；健全管理制度，实现建设行为的规范化和法定化；加强队伍建设，提高执法人员的政治业务素质和执法水平；推进建筑节能工作，提高建筑能源利用效率；加快市属建筑企业改制步伐，提升企业的活力和竞争力。

5月31日，市人大常委会副主任张世林深入怀来县存瑞镇石盘口村进行调研，协调解决了该村在基础设施建设和发展种养殖业中遇到的资金缺口问题，提出“进一步完善三年发展规划、因地制宜优化种养殖结构、重点发展高效农业和旱作农业、积极开展农村“四清四化”工作、丰富农村文化娱乐生活”等意见。

6月15～18日，市人大常委会主任李建举、副主任张世林和常务副秘书长王海江，陪同省人大常委会副主任兼省人大财经委主任委员王增力带领的调研组，深入蔚县、涿鹿县、下花园区、宣化区及部分企业进行调研。王增力充分肯定张家口市近年来经济社会发展取得的成绩，建议进一步做大做强工业园区，加快城乡建设步伐，大力发展文化产业。

8月7～10日，市人大常委会副主任张常喜和部分省、市人大代表专题调研刑事审判工作。调研组深入下花园区、涿鹿县、赤城县和沽源县法院，实地察看、了解法院刑事审判工作整体情况，要求认真研究新形势下刑事审判工作面临的新情况、新任务，提升司法能力和办案实效；深入贯彻“宽严相济”政策，促进公正廉洁执法；加强业务指导和队伍建设，夯实公正司法基础；总结推广成功经验，维护群众合法权益和社会和谐稳定。

11月13～15日，市人大常委会常务副主任明才带领调研组深入蔚县、涿鹿县、赤城县，对贯彻落实《中华人民共和国城乡规划法》和《河北省城乡规划条例》情况开展执法调研，实地察看了城建重点工程的规划和建设情况，听取了有关汇报。

【人事任免】 市人大常委会坚持党管干部原则和人大依法任免干部有机统一，严肃、认真地对待人事任免工作。全年共任免国家机关工作人员122名，其中决定任命5名，决定免职2名；任命61名，批准任命17名；免职26名，批准免职10名；接受辞职1名。

【代表工作】 做好代表服务保障工作。根据市十二届人大五次会议以来代表变动的实际情况，组织指导有关选举单位完成了市十二届人大六次会议前的代表变更及补选工作，接受2名市人大代表辞职，补选1名市人大代表。全年编发7期《代表之声》，为各级人大代表订阅《中国人大》和《公民与法治》等资料，认真收集并向省人大常委会上报了编印省十一届人大代表画册的相关资料。组织代表参加省纪念代表法颁布实施20周年大会。程红路、郭建仁、李凤泉、聂印书、王凯、吴全、杨连宝等7名代表当选为省十一届优秀人大代表；10篇论文获奖（特等奖1篇、二等奖1篇、三等奖4篇，优秀论文提名奖4篇），其中市人大常委会的《论在加强基层建设年活动中充分发挥人大代表作用》、《关于创新人大代表工作的实践与思考》分获特等奖和三等奖，市人大常委会荣获论文征集优秀组织奖。召开纪念《代表法》颁布实施20周年座谈会。邀请部分驻张全国、省人大代表和市人大代表进行座谈，总结交流贯彻实施代表法取得的成绩和经验，研究探讨新形势下加强和改进代表工作的方法和途径，为不断推进代表工作提出很好的意见和建议。做好代表建议的交办和督办工作。市人大常委会对代表建议及时交办，并跟踪督办重点建议，市十二届人大五次会议期间收到的70件代表建议全部办结。做好县、乡两级人大换届选举总结工作。参加了全省县乡两级人大换届选举统计工作培训班，按时向省人大上报了县乡两级人大换届选举工作总结、全国人大常委会下发系统中市县乡级人大换届选举统计表以及选举县级、乡级人大代表情况和县、乡两级人大建设情况统计表、各县（区）换届选举工作经验等材料。做好省、市两级人大换届的前期准备工作。参加了省、市两级人大换届选举工作座谈会，起草并以市委张〔2012〕13号文件下发了《中共张家口市人大常委会党组关于市级人大换届选举有关问题的意见》。

【信访工作】 市人大常委会围绕确保全市和谐稳定、确保首都护城河安全两大任务，坚持原则，规范程序，认真处理大量群众来信来访反映的热点难点问题。人大信访办公室全年共受理人民群众来访来信225起（件），涉及817人。其中来访130批（次）284人（集体来访8起76人），来信95件涉及533人（集体联名信10件涉及142人）。依据《信访条例》有关原则，共向市政府有关部门转办来信5件，向公检法转办来信41件，向县（区）人大常委会转办38件，重复信件1件，为优化信访环境、促进社会和谐发挥了重要作用。

张家口市人大常委会及其工作部门主要领导

市人大常委会党组
书　　记：曹英忠
副 书 记：李建举　明　才
党组成员：张世林　肖文友　张秀发
　　　　　梁玉海　张常喜　张瑞林
市人大常委会
主　　任：李建举
常务副主任：明　才
副 主 任：张世林　肖文友　张秀发
　　　　　武凤英（女）　梁玉海
　　　　　张常喜（2月任）
秘 书 长：张瑞林
常务副秘书长：王海江
副秘书长：李全军　单东兴
市人大常委会工作部门
研究室主任：毕晓敏（女）
选举任免代表工作委员会　主　任：蒋书钢
　　　　　　　　　　　　副主任：刘宗怀（正处）
财政经济工作委员会　主　任：李树田
农村经济工作委员会　主　任：苏启君
城乡建设环境保护工作委员会　主　任：李永顺
教育科学文化卫生工作委员会　主　任：白玉香（女）
内务司法工作委员会　主　任：孙景义
民族宗教侨务工作委员会　主　任：李　忠
（李全军　朱凤林　程润林　田六六　庞　杰
张雪梅　刘枫霞　史　黎　薛　彦　鲁　飞
苏鹏鹏　武剑波　李　洁　史伟力）

张家口市人民政府

张家口市人民政府及其各部门主要领导

市　　长：王晓东（01月免）
代 市 长：侯　亮（01月任，02月免）

市　　　长：侯　亮（02 月任）
副　市　长：侯　亮（01 月任，02 月免）
何江海　郑丽荣（女）
侯桂兰（女）　杨玉成
宋文玲　李雪荣
杨春光（05 月任）
唐卫斌（挂职）
陈　胜（挂职，01 月任）
秘　书　长：郭　英
常务副秘书长：方继斌
副 秘 书 长：张垣庆　马旭东　杨永乐
甄桂星　曹瑰宝　张爱民
张治学　李玉清
市发展和改革委员会
主任：王世光
市工业和信息化局
局长：孙小川
市教育局
局长：胡守荣
市科学技术和地震局
局长：孙东峰（女）
市民族宗教事务局
局长：杨成亮
市监察局
局长：郭　江
市公安局
局长：杨春光
市民政局
局长：宋忠礼
市司法局
局长：高　天
市财政局
局长：高　峰
市统计局
局长：靳永旺
国家统计局张家口调查队
队长：汪　海
市人力资源和社会保障局
局长：程建国
市国土资源局
局长：武　卿（04 月免）
戎均文（07 月任）
市住房和城乡建设局
局长：李　义（06 月免）
石满山（06 月任）
市城市管理行政执法局
局长：宋润泉
市行政服务中心（市行政审批管理办公室）
主任：谢超峰
市环境保护局
局长：邱建国
市城乡规划局
局长：杨　锦
市交通运输局
局长：闫登仁
市农牧局
局长：康振安（06 月免）
刘永平（06 月任）
市水务局
局长：侯有龙
市林业局
局长：王海东
市商务局
局长：徐伟文
市旅游局
局长：李正朴
市食品药品监督管理局
局长：张　聪
市文化广播电视新闻出版局
局长：姜玉琛
市卫生局
局长：高　林
市体育局
局长：刘宝富
市安全生产监督管理局
局长：王秉冬
市人口和计划生育委员会
主任：杨贵平
市国有资产监督管理委员会
主任：张俊明
市审计局
局长：李洪波
市市直机关事务管理局
局长：赵义忠
市市政公用事业管理局
局长：石满山（6 月免）
任建海（6 月任）

市园林绿化管理局

局长：田家琳

市粮食局

局长：吴　钧

市供销社

主任：许会成

市物价局

局长：王世光

市人民防空办公室

主任：朱　旗

市政府法制办公室

主任：石　海（12 月免）

刘光福（12 月任）

市金融工作办公室

主任：刘　河

市产业集聚区领导小组办公室

主任：徐伟文

市扶贫开发办公室

主任：岳照瑞

市住房公积金管理中心

主任：曹世平

中直、省直派驻机构及垂直管理部门主要领导

张家口市工商行政管理局

局长：刘　烨

张家口市国家税务局

局长：杨春山

张家口市地方税务局

局长：刘伟峰

张家口市质量技术监督局

局长：陈占鲁

张家口市国家安全局

局长：丁建华

张家口市气象局

局长：王建平

张家口市出入境检验检疫局

局长：王铁林

张家口市邮政局

局长：朱　进

张家口市邮政管理局

局长：李　鹤（09 月任）

张家口市烟草专卖局

局长：付英乐

张家口市海关

关长：何永良

张家口市无线电管理局

局长：王书银

市政府办公室工作

【发挥职能作用，推动经济社会发展】　坚持在服务全市发展大局中把握方向、找准定位、开展工作，努力在主动服务、超前服务、优质服务上下工夫，切实履行政务工作核心枢纽的职能作用。

当好决策谋划“参谋部”。抓住全市中心工作和市领导关注的重点领域，主动协助领导研究问题、破解难题、进行决策，丰富和完善领导工作思路，发挥了重要的“智库”作用。在参与决策方面，配合市政府领导积极应对宏观环境趋紧、经济承压下行的严峻形势，对重点项目、产业培育、工业提升、城市建设、扶贫攻坚等重点工作深入开展调研，对保增长、促发展、调结构、转方式、惠民生、促和谐等重大问题积极出谋划策，先后组织安排市政府常务会议 4 次，研究通过了一批重要的政策文件，协助市委、市政府形成了一系列切实可行的新思路、新举措，推动了一些重大发展规划、重要工作方案的制定和完善。在文字材料方面，坚持高质量、出精品，着力抓好市政府领导会议讲话、工作汇报等材料的撰写起草工作，全年共起草和把关各类文字材料 1370 篇，成稿文字达 390 多万字，平均每个工作日完成 5.5 篇材料。其中完成服务市政府主要领导的讲话、汇报等综合性文字材料 350 篇，成稿达 180 余万字，得到了市政府主要领导的肯定。

当好综合协调“指挥部”。主动适应市政府领导工作标准高、要求严、节奏快的新情况和新挑战，科学安排市政府领导日常工作，搞好综合协调服务，全力协助领导抓大事、谋要事、解难题。按照市政府的部署要求，围绕重要经济指标、重点领域工作和重大项目建设等经济工作，围绕就业增收、社保扩面、济困救助、住房安居、医疗保障、教育提升、蔬菜直销、环境改善、市政便民、平安城市等民生工程，加大协调、调度、督办、落实力度，先后组织市长办公会议 37 次，组织市政府专题会议 310

次，集中研究解决了一批突出问题，化解了制约经济社会健康运行的大量“疑难杂症”；先后组织开展较大规模的督查活动40多次，开展专项督办20余次，有力促进了市委、市政府重大决策部署和重点工作的落实。同时，注重加强上下、左右、纵向、横向联系沟通，统筹协调市政府各项工作，合理安排领导活动日程，积极平衡各方面和各层面关系，发挥了重要的联系枢纽作用。

当好后勤保障“事务部”。针对办公室事务性工作较为繁重的实际，抓住主要问题和关键环节，强化细节服务，搞好后勤保障。先后组织和参与了贾庆林、李长春、周永康、刘云山等党和国家领导来张10多次高规格接待服务活动，组织和参与了中国世贸集团、中国吉利集团、英国泰丰资本、北京卓越航空公司等30多次重要客商的公务接待工作；协助市政府领导及时有效处置了“5·4”宣化县森林火灾事故、“7·17”下花园前山山体滑坡等18起突发事件，特别是在“十八大”安保的关键阶段，协助市领导依法妥善处置了“11·3救助怀来被困登山者”事件；高标准承办了“大好河山张家口、名企名商荟名城”大型主题招商月活动、“2012中国·张家口金融经济发展高层恳谈会”、重点项目调度观摩拉练等10多项全市重大活动的组织协调工作，同时承办其他方面项目开工奠基、竣工剪彩、揭牌典礼等重要活动40多次，圆满完成了工作任务。

当好便民利民“服务部”。充分发挥办公室沟通上下、协调左右、联系全局的优势，扎实推进服务群众各项工作，帮助群众解决实际问题。特别是按照市委、市政府关于十八大安保工作的要求和部署，全力做好办公室群众来信来访办理工作，推动实现“三个强化”：强化政府门户网站建设，着力打造一流门户网站，优化了“市长信箱”等群众互动栏目，成为群众了解政策、反映问题、解决困难的重要网络平台；强化12345市长热线工作，累计接听群众电话1.7万多个，直接回复、解答和处理1.4万多件，办结率达95%；强化群众来信来函办理工作，累计协调处理群众来信来函1600多件。通过以上三方面工作，帮助群众解决了劳动纠纷、涉法涉诉以及供暖、供水、办理房产本等大量实际问题。同时，认真抓好基层建设年驻村工作，市政府办驻怀来县沙城镇东水泉村工作组被评为省基层建设年活动优秀工作组，3人被评为省优秀工作组成员。

【强化内部管理，提高服务工作水平】 坚持从优化工作流程、细化服务环节、实化推进举措入手，以市委、市政府着力改善发展环境生态环境为契机，下决心整改实际工作中存在的突出问题，全力提升办公室服务效能和质量。

公文办理工作。在2011年改革调整公文办理工作的基础上，结合中办《党政机关公文处理工作条例》的实施，把2012年确定为“公文规范化处理提升年”，对公文处理收、发、办、管、用各环节程序进一步细化，推行限时办结制度，强化各环节责任，进一步提高了公文处理规范化程度和运转效率。同时，从严落实精简文件有关要求，有效控制发文范围和数量，发文质量明显提高，发文平均周期进一步压缩。2012年，共办理文件3649件，办理领导批示件2000余份，审核10个文种833个文号5万余件文件，交换文件232次3万余件，没有出现压办、漏办、错办等现象。

政务值班工作。根据政务值班工作发展的需要，积极向市委、市政府汇报争取，加大推动力度，4月正式成立了市政府总值班室。在硬件建设上，配备了专门人员，更新了值班设备，实现了与省政府值班室的全面对接；在软件建设上，完善了《市政府总值班室工作职责》等工作制度，加大了对政务值班工作的督导力度，推动全市政府系统值班工作实现质的提升。市政府值班室成立以来，非工作期间接听电话上万次，接收、办理各类文电600多件。

信息反馈和政务信息公开工作。信息工作，及时收集反馈全市重点、热点、亮点工作，充分发挥信息沟通作用。在2012年全省政府系统信息工作考核中，张家口市取得全省第二名的好成绩，这也是张家口市连续4年进入全省前二名，受到了市有关领导的充分肯定。信息公开工作，着力完善领导保障、信息发布、监督考核3项机制，狠抓制度、平台、场所、队伍4项建设，2012年全市主动公开政府信息12.7万多条，其中政府法规信息4083条，无举报、投诉等情况发生，总体工作居全省前列。

建议提案承办和政府法制工作。建议提案承办工作，不断创新办理方式，加强与代表委员的沟通联系，推行“开门办案”和“阳光操作”。全年承办各级人大代表建议、政协提案1849件，按时办复率和答复意见规范化率均达到100%，人大代表、政协委员和政协参加单位对建议、提案办理结果的满意率达到99%，全面完成了省考核的各项指标任务，被省政府办公厅评为优秀承办单位。政府法制工作，全面落实政府常务会议会前学法制度，先后两次在市政府常务会议前举办专题讲座，对于提高领导干部依法行政意识和能力起到了促进作用；扎实开展规范性文件审查、清理工作，全年共审核各类文件171件，并对超过有效期的规范性文件展开全面清理；认真完成市政府重大决策法律审核工作，先后参与了吉利沃尔沃汽车、张家口机场建设与运行、云计算等招商合作项目洽谈及协议的审核把关工作，为市政府依法决策行政提供了法律保障和智力支持。

公务接待和外事侨务工作。公务接待工作，不断创新理念和方法，组织准备重精细，服务方式重精心，工作队伍重精干，2012年累计接待来张领导、客商486批4600多人（次）。外事工作，严把党政干部公款出国（境）监管关口，全年审批因公出国团组29批次、129人（次），接待国内外来访团组20余批次、400多人（次）。侨务工作，进一步强化归侨侨眷服务，稳妥做好涉侨信访工作，2012年被国务院侨办评为“全国侨办系统信访工作示范单位”。

老干部工作，赢得了广大老干部的普遍赞誉。地方志工作，编纂完成了《张家口年鉴》（2012），荣获2012年度河北省设区市地方志工作先进单位。

【加强机关建设，带出一流干部队伍】 坚持把干部队伍自身建设摆在重要位置，以中央、省、市开展各项学习教育活动为契机，强化学习培训和教育管理，狠抓干部培养和作风建设，着力打造思想好、业务精、作风硬的高素质干部队伍。

强化学习提高。坚持用中国特色社会主义理论体系特别是科学发展观武装党员干部头脑，坚决抵制各种错误思想理论的影响；引导办公室同志自觉加强党性修养和党性锻炼，切实做到讲政治、顾大局、守纪律，始终与党中央保持高度一致；狠抓道德培养，突出社会公德、职业道德、家庭美德教育，教育引导党员干部讲党性、重品行、作表率。针对办公室同志业务能力的薄弱环节，着力推进干部培训常态化，走出去、请进来，有计划地安排各类培训。重点聘请专业人士开展了公文写作和处理、个人礼仪等方面的培训，有效提升了办公室人员的综合素质和履责能力。特别是8月25～26日，邀请国内公文处理领域的知名专家余国瑞教授对全办人员就“公文处理与写作”进行专题培训，取得了非常好的效果。

营造良好环境。推行“党组积极教育引导，干部自我管理约束，处室互相监督评价”的管理方式，以尊重人、关心人、帮助人、培养人为目标，注重营造良好的工作、学习、生活环境，调动每一位同志的积极性，使大家各司其职、各负其责、各展其才。特别是在干部培养上，坚持公道、公平、公正，注意在急难险重环境中发现、培养和历练干部。2012年，市政府办有6名正科级干部被提拔为副处级领导。在办公室开展了科级职位竞争上岗，按照严格的工作程序，经过笔试、面试、民主测评、党组评议等环节的公平竞争，确定9名正科级领导职位、7名副科级领导职位、10名正科级非领导职位的拟任人选，并同步安排办公室轮岗交流，对9名干部调整了工作岗位，进一步优化了干部队伍结构，激发了全办同志的热情和活力。

打造务实作风。办公室领导班子成员以身作则、率先垂范，实际工作中靠前协调、处理问题上公道公正、解难帮困上尽心尽力、工作作风上求真务实、团结共事上襟怀坦荡，以良好形象带动了全办同志，推动形成了团结向上、干事创业的浓厚风气。2012年，政府办公室先后有26位同志受到了市级及市级以上表彰奖励，办公室集体先后被授予全市“创先争优”先进基层党组织等荣誉称号。

保持清正廉洁。按照市委、市政府推进惩防体系建设和党风廉政建设责任制有关规定，结合“三自六不让”、“三增一做”、着力改善“两个环境”等活动的开展，认真落实“一岗双责”要求，狠抓日常教育、责任落实、风险防范、提升效能等重点工作，稳步推进党风廉政建设和反腐败工作开展，全年办公室党员干部没有出现任何违纪违法问题。办公室班子成员带头严格自律，带头严守党的各项纪律规定，带头接受各方面监督，使清白做人、干净做事成为全办同志的自觉追求和自觉行动，营造了干部清正、政府清廉、政治清明的良好氛围。

（庞　文）

【督查工作】 2012年，市政府督查室围绕政府的重大决策和重要部署，按照“强势推进、狠抓落实”的主基调和总要求，有计划、有重点、有针对性地开展各项督查活动，全年共组织开展较大规模的督查活动40余次；制发《督查专报》19期；办理市政府下达督办事项20余件，市委、市政府领导批转重要文件30余件（次）；撰写督导调研文章4篇，有效地促进了各项工作落实。

围绕政府重大决策部署抓落实。一是立足全局开展督查。以全面落实《政府工作报告》中的各项任务目标为督查工作主线，按照“年初建账、年中查账、年终算账”的工作思路，将《政府工作报告》细化梳理为70项重点内容，进行量化、细化，并逐一分解落实到41个责任部门和单位，明确了牵头部门和主要承办单位，强化了责任落实。督查室对各项重点工作目标任务完成情况定期督查、定期通报，全面反映工作进展状态。同时，根据目标完成情况，结合工作实际，对重点经济目标进行全程跟踪，将重点工作任务完成情况及时反馈给市政府主要领导，促进了各项任务目标的完成。二是突出重点开展督查。围绕政府中心工作，以重点项目、招商引资、城镇建设、扶贫攻坚、保障和改善民生、两个环境建设、产业集聚区建设等为重点，全年督查、跟踪督办，从而使政务督查更贴近政府中心工作、贴近领导工作思路。对百家央企进河北、招商会签约项目、城镇建设重点工作、十大民生工程、四清四化等重点工作实行了定期督导汇报。对保障性安居工程、校舍安全工程、主城区冬季供热、森林草原防火等工作，督查室由专人负责全程跟踪督办。切实做到监督到位、协调到位、解决到位、参谋到位，做到了“以督查促服务到位，以督查促责任到位”，推动了各项重点工作扎实推进。三是积极开展对会议议定事项的督查。对政府常务会、市长办公会议议定事项和重要工作部署，作为阶段性督查工作重点，进行分解立项，明确专人，按照任务和时间要求，不断强化责任，有力地推动了各项工作的落实。2012年，先后对重点项目、重点企业办理审批手续过程中存在困难和问题、全市蔬菜产业发展、创建国家森林城市、信访“八三工作法”、经济运行分析会等重要会议议定事项落实等，深入到县（区）和部门开展专项督查，确保政府阶段性重点工作得到全面落实。

注重搞好专项督查和跟踪督办。一是抓好领导批办事项的督办。严格规范批示件办理登记、查办催办、反馈上报和整理归档等流程，在认真分析、全面深刻领会和把握领导意图的基础上，按照“批给谁、谁承办、谁负责”的原则，确定具体承办单位和承办人，明确办结时限，专人盯办、严格审核、及时反馈、定期通报。先后对全市民营经济考核、城市绿化工作、县（区）消防安全责任状落实、清理拖欠农民工工资、城管数字化平台建设、盛华公司及煤机公司搬迁、城市建设“三大节点”工程、十八大期间县（区）和部门值带班工作等，会同相关部门开展了专项督导，基本上做到了“件件有着落、事事有结果、项项有回声”，一些工作还得到了市委、市政府领导的好评。二是配合省政府督查室等上级部门做好重点工作督查。对省委书记在《国内动态清样》上批示落实、利用外资签约项目督导、贯彻落实省委常委会精神加强土地管理、省政府重大决策部署和重点工作目标完成情况等项工作开展了专项督导。按时办结率全部达到100%。三是积极办好领导交办的其他各项任务。督查室在做好自身工作的同时，还高质量地完成了市委、市政府和市领导交办的其他各项任务。对高新区专项资金和“小金库”治理检查、调整有关工作领导小组（委员会、联席会议）组成人员名单、十八大维稳及“六大攻坚会战”等，联合相关职能部门，按照任务安排和要求，深入县（区）和相关部门，开展了认真细致地检查和考核，各项工作都得到了相关领导和部门的好评。

创新督查工作机制。借鉴各地的先进做法和经验，积极探索督查工作新路子。一是加强督查协作。充分利用领导的授权，加强与市委督查室以及各相关职能部门的联系和沟通，重大事项统一行动，分兵作战，“借势”、“借力”，共同促进决策的落实。2012年督查室联合市发改、住建、公用、林业、审批中心等部门开展较大型督查活动10多次，从而大大增强了督查工作的力度和权威性。二是创新督查方法。全面督查与重点督查相结合、定期督查与动态督查相结合，专项查办与联合督查相结合，督导检查与政策调研相结合，明察和暗访相结合，把握好力度与尺度，督中有导，催中带帮，实事求是推动政府工作落实。在校舍安全、森林草原防火等专项整治行动中，督查室采取一线督查法，直接深入现场，了解情况，发现问题，并开展“回头看”活动，对工作向纵深推进发挥了积极作用。三是办好督查内刊。以专报、调研报告、通报等形式，反馈情况、通报进度，鞭策后进，鼓励先进，推广经验和典型，全年编发《督查专报》、通报及各类报告共20多期，有力推动了政务落实。

（曲锦威）

【人大代表建议、政协提案办理】 2012年，全年共承办各级人大代表建议、政协提案1849件，其中：省人大代表建议、政协提案12件，市人大代表建议、政协提案367件，县（区）人大代表建议、政协提案1470件。经过各承办单位和工作人员的共同努力，所有建议、提案均在规定期限内办结并文字答复人大代表、政协参加单位和委员，建议、提案按时办复率和答复意见规范化率均达到100%，建议、提案中所提问题得到解决、基本解决和采纳的比例达到54%，实现了对代表、委员的全部走访，人大代表、政协参加单位和委员对建议、提案办理结果的满意率达到99%。全面完成了省考核的各项指标任务。负责承办的全国政协林嘉騄委员提出的“关于鸡鸣驿保护开发”提案的办理成果被省政府办公厅推荐在全国政协本届政协提案办理成果展览中展出；在全省政府系统承办工作考核中市政府被评为“优秀承办单位”，市政府办公室被市政协表彰为提案办理工作“先进单位”。

学习贯彻落实“两办”《意见》。中办发〔2012〕13号《关于进一步加强人民政协提案办理工作的意见》印发后，市政府主管市长、秘书长及时做出批示，要求认真学习领会，提高思想认识，结合工作实际，制定切实措施，抓好“两办”《意见》的贯彻落实。通过学习培训会、编印《承办工作通报》、制发专题材料等形式提高承办部门、承办人员的认识，进一步增强做好承办工作的责任感和使命感；对会议研究、文件交办、目标责任、全员办理、复前审核等制度进行了充实完善。

提高承办工作质量。市政府办公室利用电话催办、现场抽查、定期通报、联合督导等方式进行全面督办；对涉及多个部门的问题，市政府有关领导及时做出批示，由有关秘书长专项督办；对代表、委员不满意的进行个案督办；对重点建议提案会同市人大、市政协有关部门联合督办；对有影响的承办大户实行定期督办。

创新办案方式。2012年，市政府主办的4件省人大代表建议和政协提案均得到较好解决和落实。如韩继德委员提出的“恢复和发展察哈尔品牌，大力推进文化和旅游产业”的提案，市政府及相关部门十分重视，市文广新局、市旅游局及尚义县政府采取切实措施，使提案中提出的意见和建议得到较好落实，委员关注的由张家口市承办的第三届“察哈尔公共外交年”活动即“察哈尔公共外交年会张家口2012”于8月18日如期举行，全国政协副主席郑万通、全国政协外事委员会主任赵启正、副主任韩方明出席会议并讲话。

巩固提高办理成效。按照省人大常委会办公厅下发的《关于开展代表建议办理专项督办活动的通知》（冀人常办〔2012〕49号）、省政府办公厅下发的《关于进一步做好人大代表建议政协提案办理工作专项督办活动的通知》（办字〔2012〕110号）的要求，全市认真组织开展了专项复查督办工作，对2008年以来承办的省及以上人大代表建议和政协提案进行了“回头看”。自2008年以来，市政府共承办省以上人大代表建议、政协提案共66件。其中：全国人大代表建议10件，政协提案3件；省人大代表建议27件，政协提案26件。通过复查、落实，代表、委员关心关注的问题都得到程度不同的解决和落实，尤其是受代表、委员持续关心、关注的“蔚县剪纸艺术及多种文化发展”、“大境门长城文化保护开发”、阳原“泥河湾”遗址群保护开发、张北“元中都”遗址的发掘和申遗、怀来“鸡鸣驿”古城的保护和开发等，均取得显著成效。如“关于加强蔚县剪纸艺术和多种地方文化建设发展”问题是近年来各级代表、委员关心、关注的热点，省政协委员朱立新、省人大代表慈金明、市政协委员徐正成分别于2009年、2012年在省、市“两会”上均提出相关问题，对此，市、县政府十分重视并积极采纳代表、委员的意见和建议，采取切实措施付诸实施，并投入大量的人力、财力、物力，使首届中国剪纸艺术节于2010年8月在蔚县成功举办，确立了“世界剪纸看中国，中国剪纸看蔚县”的地位。5月12～13日，中共中央政治局委员、中央书记处书记、中宣部部长刘云山在中宣部副部长、文化部部长蔡武等领导陪同下，深入蔚县调研基层文化建设工作时指出：“蔚县剪纸推动了内容创新、技艺创新、业态创新，很好地实现了文化资源优势向文化发展优势的转化”；10月8～10日中共中央政治局常委李长春在蔚县调研时，指出“中华文化的精神价值是‘魂’，剪纸等传统艺术是‘体’，要把两者有机结合起来，做到相辅相成、强魂健体”。蔚县在各级领导和有关部门的支持下，在剪纸产业发展上已累计投入资金4.5亿元，相继建成了中国蔚县剪纸艺术博物馆、中国剪纸第一街、中国剪纸第一村、国际剪纸交易中心等，挂牌全国文化产业示范基地。6月，第三届中国剪纸艺术节暨第二届蔚州国际剪纸艺术节在蔚县成功举行，期间有8个国家和国内28个省、市、自治区的1600多名剪纸艺术大师和专家学者出席和参加活动。对怀来“鸡鸣驿”古城的保护开发，省人大代表景庆雨、全国政协委员林嘉騄先后在2008年省人代会和2010年全国政协会议上提出建议、提案，使鸡鸣驿古城文物抢修保护工作得到国家文物局、河北省政府和张家口市领导及中央省市有关部委的进一步重视和关注，国家发改委批复了1.07亿元资金用于基础配套设施建设，并给予5000万元资金支持。按照省文物局批准同意的《河北省怀来县鸡鸣驿城内文物建筑保护维修工程设计方案》，鸡鸣驿城墙修缮工程已在2011年9月底完成，工程投资4800万元；重点文物保护修缮工作正在有序进行，其中从2011年9月开始修缮的永宁寺、龙神庙戏台、关帝庙戏台、文昌宫后院四处文物建筑已基本完成；这一提案的办理成果被省政府办公厅推荐到全国政协征集本届政协提案办理成果展览中展出。

（戴文静）

【政府信息公开】 2012年，全市政府信息公开工作按照市政府“加大信息公开力度，提升为民服务水平”的总体要求，深入贯彻落实《中华人民共和国政府信息公开条例》和《河北省实施〈中华人民共和国政府信息公开条例〉办法》，突出抓薄弱环节，抓重点领域，抓规范提高，抓制度落实，在做好保密审查的前提下，全面、及时、准确地公开政府信息，充分发挥政府信息对人民群众生产、生活和经济社会活动的服务作用，努力建设法治政府、阳光政府。

明确一个目标要求。把政府信息公开工作作为转变政府职能，建设责任政府、阳光政府的重要途径，要求全市政府系统紧紧围绕“建设服务型政府，让群众满意”这一目标，开展政府信息公开工作，进一步提高政府公共服务的效率和质量。

做到两个确保。按照“涉密信息不公开，公开信息不涉密”的要求，年初，市政府办下发了《2012年张家口市政府信息公开工作要点》，用于指导全年全市政府信息公开工作，提出了2012年工作的总体思路和目标要求。依据主动公开政府信息的体裁分类，对每一类政府信息如何公开，公开过程中注意的环节都提出了具体要求，其中重点提出要加大政策法规文件信息、行政执法和行政服务信息、财政财务信息及办事指南信息公开的比例。

10月，市政府办公室会同市监察局、市保密局深入20个县（区）和52个市直部门对政府信息公开工作进行专项督导，重点检查制度、规范和流程的落实。通过督查调度，使主动公开、依申请公开工作做到了有章可循，总体工作步入常态化。

始终强调处理好“三个关系”。一是处理好“可与否”的关系，准确把握公开与保密的界限。在做好保密审查的前提下，凡是不影响国家安全、公共安全、经济安全和社会稳定的政府信息都主动上网公开，维护好公众知情权。二是处理好“多与少”的关系，实现可公开信息量与质的双提升。多公开政策法规文件、办事指南、行政审批事项、政府采购等对百姓有价值信息；少公开百姓不需要或需求较低的信息。三是处理好“快与慢”的关系，切实提高工作效率。该公开的信息必须在规定时限内予以公开，即信息产生的20个工作日内必须发布，公告公示类时效性强的信息实现文件生成和公开相同步。

完善三项机制。进一步完善领导保障、信息发布和监督考核三项机制，确保信息公开工作深入细致开展。一是领导保障机制。市政府对政府信息公开工作非常重视，并将网站信息公开工作列入对市直各部门和各县（区）政府的年度考核内容。各县（区）、各有关单位切实加强了对政府信息公开工作的领导，成立了政府信息公开工作领导小组，下设了专家咨询组，从组织机构和领导力量上精心组织，积极推进。二是信息发布机制。始终将政府信息公开的审核把关工作贯穿于文件生成的全过程，文件生成和审核过程同步进行，在文件进入审签程序时必须明确该信息可否公开，并在规定时间内对可公开的信息予以发布。三是监督考核机制。注重政府信息公开工作的监督考核，采取过程性督导与年终考核相结合的方式，推动政府信息公开工作水平不断提高。市政府信息公开工作在日常督导调研的基础上，每季下发工作通报，及时肯定县（区）和部门好的思路和做法，指出存在问题，推动工作顺利开展。同时，进一步细化了考核方案，根据年初《工作要点》要求，按照公正、公开、透明的原则对县（区）政府和市直部门政府信息公开工作进行考核，以推进全市政府信息公开工作的顺利开展。

加强四项建设。一是制度建设。绝大多数县（区）政府和有关单位进一步健全和细化了政府信息公开工作流程，完善了相关工作制度。二是平台建设。配合“中国·张家口”政府门户网站完善提高，对“中国·张家口”市政府信息公开平台页面部分栏目进行了调整完善，使之设置更为科学、合理。县（区）政府和各有关单位也根据工作需要，对原有平台进行了完善提高，并建设了新的公开平台。三是场所建设。在原有档案馆、图书馆公开查阅场所的基础上，将政务服务中心（电子触摸屏）拓展为公开查阅场所，多数县（区）、乡镇和部分县政府部门也相应开辟了政府信息公开查阅室。四是队伍建设。始终将队伍建设放在信息公开工作的首要位置，强化人员配备，注重人员素质的提高。2012年有关县（区）和市直单位对信息公开工作人员进行了调整充实，将个人素质高、业务能力强的一批年轻同志充实到了政府信息公开工作岗位。全年由市政府主管副秘书长主持，分期分批对平台组成部门和各县（区）政府办工作人员进行了业务培训。同时，市政府办公室还结合电子政务建设，对政府信息公开工作如何适应当前社会信息化的要求进行了两次专门培训。各县（区）政府和市直各部门也分别组织了多次培训活动，累计受训人员达1800余人（次），印发培训材料1200余份。

工作成效明显。2012年，按照及时、全面、主动的工作要求，全市在“中国·张家口”门户网站政府信息公开平台主动公开信息127402条，占全省主动公开政府信息总量的25.6%，其中市直部门主动公开政府信息总量22043条，县（区）政府公开总量为105359条。市直部门共向档案局、市政务服务中心、市图书馆3个政府信息查阅点移交纸质文件131册。全市行政机关共受理政府信息公开申请1件，涉及医疗保险方面政府信息。受理单位在规定的时间内予以答复，申请人对答复结果表示满意。全市各级行政机关对申请人的信息公开申请全部免除相关费用。全市未发生因政府信息公开引发的行政复议、行政诉讼案例。

（刘晓彤）

【政府门户网站建设】 2012年，“中国·张家口”政府门户网站进行多次调整升级，增加了“领导之窗”、“文明办网”、“专项资金公开网”等栏目和专题；开通了手机移动版政府门户网站。全年网站共发布动态信息73191条、办事信息461条、基础和专题信息13159条，答复市长信箱来信1562封，政策问答252封，咨询投诉116封，“市长热线”接听电话1.7万多个，组织政府部门发布了26期在线访谈，开展了10余项征集调查活动，下发网站通报四期。“中国·张家口”政府门户网站被评为2012年度河北省文明网站。

（李大鹏）

【应急管理】 编制修订应急预案。年内，制定完成了《张家口市网络与信息安全应急预案》、《张家口市民航机场突发航空事件应急救援预案》、《外国记者到张家口市采访突发事件和热点敏感问题处置预案（试行）》等市级专项预案，重新修订完成了《张家口市自然灾害救助应急预案》、《张家口市突发地质灾害应急预案》、《张家口市食品安全事故应急预案》、《张家口市地震应急预案》、《张家口市中心城区城市防汛应急抢险预案》、《张家口市突发事件生活必需品市场供应应急预案》等市级专项预案。全市完成预案编制及修订的企业达到14372家，编制及修订各级各类生产安全事故应急预案1.8万余个。

突发事件信息报告。全年参与处置包括“5·4宣化县森林火灾”、“8·22特大低温冷冻灾害”、“11·3暴雪救助怀来被困登山者”在内的较大级别以上突发事件18起，均按要求、按时限汇总信息、核实情况、协调处置并上报，无任何错误、差漏、延误等情况发生，对突发事件的妥善处置、维护社会稳定起到积极的作用。

应急值守和政务值班。5月，市政府总值班室与市政府应急管理办公室正式合并办公，按照“严谨、细致、规范、高效”的要求，认真履行职责，做好上情下达、下情上报工作，并做好跟踪督办。严格执行应急值守各项工作纪律，认真落实通报制度和责任追究制度。共接收、办理各类文电600多件，均按程序和时限要求进行有效办理，做到“来文即办、日清日结”，充分发挥了市政府应急办（总值班室）的“政务服务中心”、“综合信息中心”和“应急指挥中心”的作用。

突发事件汇总。每月统计、汇总、分析全市自然灾害、事故灾难、公共卫生事件、社会安全事件等突发事件信息，全年共印发《突发事件月报》、《社会大稳定动态月报》各12期；1月，组织市民政、安监、卫生、公安等部门和县（区）应急负责人共同编制并印发《2011年度张家口市突发事件应对工作总结评估报告》，确保省、市领导及时全面掌握全市突发事件发生和应对处置情况。

应急管理工作信息。全年共上报《河北省应急管理工作动态》稿件39篇，刊发13篇，名列全省第一名。二是充分利用“中国·张家口”政府网站的应急管理专栏发布应急预案、科普宣教及应急动态信息60余条，打造全市应急管理工作经验交流的网络平台。

科普宣教工作。5月，利用“国家防灾减灾日”等宣传时机，在全市各电视台、LED室外屏幕、商场宣传屏等播发《防灾避险应急知识动漫宣传片

(第3集)》。全年共发放防震减灾宣传资料和明白纸8万份，举办培训和讲座63期，组织大规模现场应急演练16次。市主城区40个应急避难场所，全市共251处应急避难场所全部实现挂牌。

京张应急合作。11月27日，在北京市举行“京张两地应急机制联动工作座谈会”，会议就京张制定应急联动工作计划，建立信息通报、资源共享等机制，统一应急资源调度，共同维护首都和周边地区的安全稳定达成初步共识，开创京张应急管理合作新局面。

(谢艳盛)

【民生工作】 2012年，全市民生工作以十大民生工程为主线，把“关注弱势、救助贫困”作为工作重点，把“普惠与救助相结合，重点在于救助”作为工作方向，把“农村主攻扶贫开发、城市强化社区服务”作为工作重心，全年用于民生领域的财政资金达到了200.5亿元，占到全部财政支出的75.6%。

构建民生工作载体。坚持从最基础的工作抓起，从群众呼声最强烈的方面入手，构建了“百事惠民活动”载体，通过征求部分群众代表的意见和建议，组织协调教育、卫生、民政等29个民生重点部门，对各项重点民生工作进行了认真梳理，最终确定了123件民生实事，涉及就业增收16项、社保扩面7项、济困救助27项、住房安居6项、教育提升9项、医疗保障15项、文化繁荣8项、环境改善12项、市政便民12项、平安城市11项。

建立健全工作落实机制。对123件民生实事进行了任务分解，对年度工作目标进行分解细化、量化指标，做到了定人员、定任务、定时间、定要求，每季度组织召开调度会，对承担123件惠民实事的29个部门和县(区)进行协调、调度、督导，着力破解了一些基础性、根本性、长远性、机制性和普遍性的民生问题，确保了123件民生实事年度目标任务的全部完成。

推进民生状况持续改善。在具体工作中，更加注重民生的“特惠”、“长惠”和“普惠”，努力推动公务服务均等化。特别是在基本养老、基本医疗、城乡低保方面，基本实现了社会保障“全覆盖”。全年城镇新增就业5.4万人，下岗失业人员再就业1.8万人，均超额完成年度目标；新开工保障性住房2.39万套、竣工1.32万套，开工和竣工率均居全省第一；实施了3个市属医院、2个县级医院、7个乡镇中心卫生院等一批新改扩建项目，人口计生惠民投入达到8927万元；推进了144所幼儿园和中小学新改建工程。实施了国家“营养改善计划”和“蛋奶工程”，惠及15.4万学生；城市低保主城区月保障标准提高到350元，其他县(区)统一提高到320元，农村低保年保障标准提高到1900元。稳控物价成效明显，物价指数全省最低。

认真做好宣传引导工作。市民生办联合市政府新闻办，会同市住建、人社等有关部门，以详细解读、明晰政策、公开承诺的形式，举行了“百事惠民活动”新闻发布会，在全省尚属首次。作为全国“喜迎十八大大型系列直播·幸福城市”9个代表性城市之一，搭借中央人民广播电台直播访谈节目—《幸福城市·张家口》这一宣传平台，向全国听众详细介绍了张家口市实施的一系列民生工程、惠民举措和成果。同时，与市委宣传部密切协作，结合“百事惠民活动”、“惠在何处，惠从何来”、“三增一做”主题教育活动，在张家口日报、晚报、电视台、电台开办了一系列民生节目，宣传了党的方针政策，监督了部门工作。

搭建民生信息平台。为进一步拓宽百姓民生诉求渠道，构建起社情民意的“连心桥”、“直通车”、“快车道”，初步建立了覆盖市直29个重点民生部门和各县(区)的信息网络系统，29个市直部门均确定了责任领导和民生工作联络员，初步搭建起了民情信息平台，建立了更加快捷、高效的民生舆情收集、办理、反馈系统，切实做到了上情下达、下情上传。

(张学元)

【外事工作】 规范因公出国(境)秩序，2012年，进一步规范因公出访工作，严格党政干部公款出国(境)的监督和管理。按照“出访有计划、经费有预算、审批有原则”的要求，严格按出访计划进行报批和申办，维护了因公出国(境)管理工作的严肃性。年内，全市因公出国团组29批129人(次)，其中：出国人员22批72人(次)，赴港澳人员7批57人(次)。对于出国(境)团组，采取行前发放“友情提示卡”和归国后情况总结汇报相结合的制度，做好出访前教育，提醒出国(境)人员注意归国时间和外事纪律，杜绝违纪情况的发生。

确保出访成果。把推动项目合作作为领导干部因公出访的必备任务，凡无专业需要和与完成经贸、招商、科技项目无关的一般性考察团组，一律不予受理。由于出访目的明确、任务具体，对发展张家口市外向型经济、扩大科技、文化等领域的对外交流与合作均发挥了重要作用。4月，以市委书记王晓东为团长的张家口市代表团参加了2012年香港投洽会，发布招商项目100项，拟利用外资76.8亿美元，签约项目14个，协议利用外资29.3亿美元，同时与香港中华总商会、香港工业总会等著名商会建立了联系，拓展了张家口市在香港的客商资源；5月，副市长侯桂兰、李雪荣分别随团参加了第22期新加坡中国市长研讨班和中欧城镇化论坛，学习城市管理、城市建设等方面的先进经验；5月，市长侯亮带领张家口市代表团出访瑞典、西班牙两国，获得圆满成功，省委书记张庆黎的批示“访问成果，战果颇丰”；6月，副市长郑丽荣带领张家口市代表团参加了韩国丽水世博会，尚义县政府与韩国希杰集团签订了10万吨有机饲料加工建设项目。

优质高效做好外宾接待工作。2012来，全市共接待国内外来访团组20余批400多人（次），涉及俄罗斯、蒙古国、瑞典等20多个国家和地区。在接待工作中，重点抓好重要来宾的接待，充分掌握来宾尤其是主宾的基本状况，详尽制定接待的具体计划，包括来访团组和重要人物的背景资料，来访的目的、要求，以及迎送、会见、宴请、食宿、交通、新闻报道、活动日程等内容；掌握各国民族禁忌。认真做好每次接待的前期沟通和准备，在工作方案落实、人员落实、责任落实等各个环节上明确责任，层层把关，圆满地完成了每一项接待任务。

开展外事服务。为了改善张家口市对外开放形象和投资环境，主动开展外事服务活动。外事办与公安、教育部门密切配合，为全市聘请外国文教专家的单位发邀请函20多份，先后聘请长、短期外籍文教专家及教师20多人（次）。出具换发驾驶执照证明40份，受到有关企业、学校等单位的肯定和好评。调查了解部分外籍人员在张的工作和生活情况，力所能及地帮他们解决所遇到的一些问题。承担了市政府领导及全市大型招商活动翻译工作，截至年末，翻译文字资料达15万字。

稳妥解决突发涉外事件。及时妥善处理涉外事件是消除安全隐患，确保对外活动正常开展的重要保障。8月，蒙古国1名游客途经张家口市突发疾性病，11月，日本4名爬山爱好者在怀来县山区因暴雪受困，市外事办迅速联系相关单位、部队、医院进行搜救、治疗，并在第一时间向省外办报告。经过及早介入、快速应对和多方协调，使两起涉外事件得到了妥善处理。

（王艳坤）

【侨务工作】 2012年，市政府侨务办公室被国务院侨办评为“全国侨办系统信访工作示范单位”。

推进侨法宣传教育。认真按照省侨办《关于“六五”普法期间开展侨务法规宣传教育工作的规划的通知》（冀政侨政字〔2011〕17号）精神要求，利用各种新闻媒体和宣传工具，强化侨法宣传教育，印发了《关于“六五”普法期间认真开展侨务法规宣传教育活动的通知》，发放侨法宣传材料8000多份，举办培训班3期，培训学员120人，全社会侨务法制观念明显增强。并通过巡讲、提供法律咨询服务、开辟侨法宣传专栏等多种方式向归侨侨眷广泛宣传，在上门走访、来人来访时，侨务处向他们赠阅侨法手册，注重提高广大归侨侨眷的法制观念，推动了新侨法的贯彻实施。

优化为侨服务。张家口市作为安置蒙、朝侨的重点市，归侨侨眷中，下岗职工多，要求照顾多，上访人数多。面对这一侨务工作现实，侨务处结合全省实施的“归侨侨眷关爱工程”，采取有效措施，加大依法行政，依法护侨的工作力度，并落实到了具体工作中。一是继续将散居农村归侨侨眷全部纳入低保救济，对城镇困难归侨侨眷根据特点给予适当照顾。对全市散居农村的贫困归侨侨眷进行细致摸底，及时将他们纳入了农村低保范围；对城镇困难归侨侨眷，按照有关政策在就业、就学、安置等方面给予一定的照顾。按照《张家口市人民政府侨务办公室〈关于实施归侨侨眷关爱工程的具体工作计划〉》，市侨办先后帮助联系民政、社保、扶贫等有关部门落实解决有关问题70余人；为遭遇突发事故的归侨王书礼、徐富贵特别安排救济金2000元；举办了两期共40人的归侨侨眷劳动技能培训班。通过培训，使培训归侨侨眷掌握了一定的专业技能，为其再就业打下了基础，二是对贫困归侨侨眷访贫慰问。采取了重大节日与日常走访相结合、物质援助与精神慰藉相结合等多种形式对全市贫困归侨侨眷进行走访慰问，并重点安排好“两节”慰问工作。侨务处共统筹安排两节慰问金（含市、县自筹资金）21.5万元，全市慰问归侨侨眷186户350人。其中，日常走访60余户，走访受益人数达100余人。通过“送温暖、献爱心”活动，市侨办在对困难户进行帮扶的同时，注意倾听他们的呼声，进一步摸清了他们的具体困难和存在的一些实际问题，并将在今后工作中区别对待，尽力予以解决。三是严格落实归侨职工退休生活补贴政策。在落实好归侨侨眷各项政治待遇的同时，按照省人力资源和社会保障厅等三部门联合下发的《关于归侨职工退休后发放生活补贴的通知》（冀人社发〔2010〕26号）要求，积极协调相关部门，联合下发文件，认真组织实施。年末，全市近百名归侨职工退休补贴的申报、审核、报表、统计工作基本结束，复核、预算列支、补贴发放工作已经展开。四是认真做好涉侨信访工作。在侨务信访工作中，带着感情做工作，对来信来访做到一张笑脸相迎，一份诚心办事，一个宗旨为侨。同时，做好侨务走访工作，主动走访重点归侨侨眷，倾听侨界呼声，及时发现信访苗头，把问题解决在萌芽状态。截至年末，共受理归侨侨眷、华侨华人的上访和函件近537件（次），信访涉及的范围有华侨华人、港澳同胞来张投资，归侨子女就业安置，企业转制、改制、破产后的工龄买断，房屋拆迁补偿，医疗救助等，基本做到事事有着落，件件有回音。对于日常的侨务信访问题，主管秘书长都要亲自过问，指导侨务部门帮助解决。全市未发生一起归侨侨眷进京赴省上访。同时，主管秘书长带队走访侨企和重点商会，先后协调解决了张家口华新裘皮制品有限公司和香港辽海国际投资有限公司的融资、土地权确认问题。五是积极开展社区侨务工作。及时掌握侨情发展的新特点，做好侨情资源信息化管理工作，将社区内归侨侨眷"空巢家庭"、新华侨华人眷属等纳入工作视野，不断拓展社区侨务工作的服务对象和领域，将宣传侨法、维护侨益列入社区侨务的重要工作内容。全市已建成3个适应社区特点的社区侨务工作示范单位。

鼓励和扶持海外侨胞投资兴业。截至年末，在侨务部门的指导帮助和参与下，全市由华人华侨、归侨侨眷搭桥谈成的经济技术合作项目有8项；签订意向书30多项；成交贸易40多批（次），成交额达3000多万元人民币。市侨务部门先后邀请了世界华商联合会、泰国企业家考察团到张家口市参观考察，根据侨商企业家投资欧式大型超市和高科技企业的投资意向，重点安排他们考察了西山产业园区、怀来县、涿鹿县、宣化区，向他们推荐项目50多个，有些项目已达成了合作意向。同时，还借助国侨办有关领导掌握着大量的侨务资源积极联系海内外侨胞参与赤城、崇礼等县的"侨爱工程—万侨助万村活动"。

完成上级机关布置的工作任务。进一步做好国内侨务扶贫救助工作。按照河北省侨务办公室《关于做好2012年全市侨务扶贫救助工作有关事项的通知》（冀政侨政字〔2012〕5号）的精神，推进"归侨侨眷关爱工程"工作的深入开展，对贫困归侨侨眷进行了全市范围的摸底工作。初步统计，全市共有符合条件的贫困归侨侨眷家庭100多户。同时，采取各项措施，认真做好贫困归侨侨眷社会保障和生活救助工作。做好"四侨"考生中、高考出证工作。严格按照省侨办的规定，坚持原则、严把政策关，保证了出证材料的真实性和历史资料的完整性。坚持初审、预审、终审三级审批后的出证程序。共为中、高考生出证29份。

协同市人大民宗侨委深入重点侨务县（区）以及侨资企业进行调研，掌握了侨务工作的一些新情况、新特点，为做好侨务工作奠定了基础。在办理涉侨建议、提案过程中，以"让代表、委员满意，让归侨侨眷受益"为目标，以提高办理质量和解决率为重点，主动上门征求意见，高标准、高质量地完成人大、政协涉侨建议、提案办理工作。

（袁程宏）

【地方志工作】 依法修志。根据国务院《地方志工作条例》和《河北省地方志工作规定》，省政府把二轮志书编纂工作列入了年度重点督查事项。市方志办把握契机，采取有效措施，推进督导落实，确保志书编纂进度。2012年2月，市政府督查室对《张家口市志》的编纂情况进行了全面督查，对25个单位下发了政府督办卡，要求这些单位在保证质量的同时尽快报送初稿，5月末，市志资料征集工作全部结束，转入志稿总纂阶段。9月，省政府执法检查组到张家口市，就贯彻落实"两法"情况进行执法检查。市政府常务副秘书长方继斌代表市政府向检查组汇报了自2008年3月《河北省地方志工作规定》颁布以来，全市积极组织社会各界认真学习，全面落实条例规定，明确修志工作要求，加大督促检查力度，将修志工作纳入考核范围，明确任务目标，促进了全市地方志事业的健康发展，地方志工作呈现良好态势。二轮修志工作已取得初步成效，年鉴编纂工作成绩显著，史志类地情书硕果累累。各县（区）政府主管领导分别汇报了各自县（区）的地方志工作情况。

"四审"整改。1月，省方志办印发《关于做好志书"四审"整改工作的通知》，市方志办将文件转发到各县（区）档案史志局，组织全系统人员进行学习落实，对未完成志书出版任务的赤城县、崇礼县、尚义县、蔚县、涿鹿县、桥东区、桥西区进行了重点整改。市方志办制定出《张家口市地方志稿评审表》，严格规范各级志稿的评审程序，要求在报送志稿的同时必须报送《张家口市地方志稿评审表》，否则不予评审。截至年末，赤城县、崇礼县已按照规定完成志书四级评审，涿鹿县、桥西区完成志书二级评审。

志书编纂。2010年9月9日，《张家口市志》（1993~2008年）编修工作正式启动。《张家口市志》暂设26编，计划250万字。市志编辑部采取定人员、定任务、定完成时限等措施，按照《河北省地方志书编纂质量标准》，严把政治、体例、语言、史实、数字关，截至年末，已有大事记、自然地理、地方人民代表大会、地方政治协商会议、教育、地方志档案党史、人物、民主党派、文化艺术、广播电视报刊、人民团体、金融保险、经济总情、医药卫生14编及部分章节定稿，总字数约200万字，完成率80%。

全市有15部县（区）志书列入河北省二轮志书出版规划，截至年末，已有9部县志出版发行，其中，2012年《赤城县志》出版发行。

综合年鉴。截至年末，全市有宣化区、赤城县、怀安县、宣化县、怀来县、张北县、康保县、万全县和高新区9个县（区）开展了综合年鉴编纂工作，年鉴编纂覆盖面已达45%。

读志用志。市方志办利用自身优势，为党委、政府中心工作服务，发挥志书“资政、传承、育人”的作用。

出版发行《志在张垣》。2011年7月，市方志办与张家口电视台合作，以访谈的形式，将首部社会主义新方志《张家口市志》展现在广大电视观众面前，以志说史，详细介绍了全市自然、政治、经济、文化和社会等各方面情况的发展脉络。2012年5月，经过市政府领导全面策划，将此电视片制作成集文字、影像为一体的图书资料，全面提升读志用志层次。

完成《中华人民共和国政区大典·河北卷·张家口分卷》撰稿任务。张家口分卷编纂内容包括8个方面，市方志办负责编写政区概况、重大事件和著名人物3个方面的内容。在“政区概况”中，提供了张家口市的名称来历、地理位置和政区沿革。在“重大事件”中记述了土木之变、京张铁路、新保安战役、官厅水库、“八〇二”演习、张北地震、泥河湾遗址等7件大事。在“著名人物”中介绍了魏象枢、侯俊山、王老赏、李泰棻、张苏、冯子存、康世恩、董存瑞等具有代表性的8位典型人物。全稿1.4万字。

参加“大好河山张家口”城市文化形象研讨。2012年，全市强势推进文化大发展大繁荣大会提出要“集中打造‘大好河山张家口’这一城市形象品牌”。3月28日，市委宣传部就张家口城市文化形象品牌召开研讨会，市方志办作为特邀单位之一参加了会议，并就“地方志的记载与大境门文化的传承”作了专题发言，将地方志文化融入到全市文化大发展中。

为全市的招商引资工作服务。4月，市委书记王晓东率团到香港举办招商会进行项目推进，在准备招商会所需张家口项目概念性策划资料时，市方志办负责提供张家口地区与察哈尔相关的人物事件和历史资料，市及县（区）方志办人员在时间紧任务急的情况下，放弃休息日，利用半天时间就完成了任务，共上报文字资料近20万字。

组织全市地方志系统参加社科评奖活动。5月，市社科联组织第八届社科成果评奖活动，全市申报3部县志（张北、宣化县、康保）、4部年鉴（市两部、赤城县、宣化县）、1部大事记（赤城）。年末评奖结果已揭晓，《张家口年鉴》（2011）荣获著作类一等奖、《赤城县大事记》荣获著作类二等奖、3部县志荣获著作类三等奖，市地方志办公室获优秀组织奖。

指导县（区）创造性开展工作，提升全市方志工作整体水平。宣化区档案史志局邀请3名有资深学识和经验的专家对《宣化府志》进行点校并撰写约10万字的导语，年末完成重新印刷和翻译工作；尚义县档案史志局一方面抓县志编纂，另一方面利用征集的资料编辑了《尚义县口头文学志》、《尚义县千年大事》；桥西区档案史志局编写出版了桥西区第一部综合性记事文献，收集了考古、文物所反映的历史以及有文字记载可查的远古至2010年间桥西区境内发生的大事、要事和新事；赤城县档案史志局出版了《赤城英烈》。

做好《张家口市方志工作动态》编辑工作。全年出版11期58篇，其中被《河北省方志通讯》采用23篇，被《中国地方志通讯》采用2篇，每期动态不仅包括全市方志工作的最新情况，还设立《方志广角》栏目，专题记述张家口市的历史，文化、人物、风俗等方面资料。

（闫雪卿）

政府法制建设

【依法行政能力普遍增强】 在2011年普遍建立政府常务会议学法制度的基础上，2012年各级各部门强化常务会议学法制度的落实，认真组织法制讲座、领导干部依法行政专题研讨班等，加强领导干部学法用法。康保县各分管县长结合本人分管工作在政府常务会上分别讲解相关法律法规，市司法局专门编发了《领导干部学法读本》，市科技局建立干部学法档案等，促进了领导干部依法行政能力的提高。各县（区）、市直行政执法部门采取多种形式进行依法行政宣传，在部分门户网站设立依法行政专栏，及时反映依法行政工作动态，宣传依法行政工作，提高各级各部门依法行政意识。强化领导干部任职前法律知识测试制度的落实，全面提升领导干部依法行政的意识和能力，市司法局对全市1700多名新任处级领导进行了法律知识测试，市人社局对全市230多名新任科级领导干部任职前进行统一的法律测试，市发改委在科级干部竞争上岗笔试中专门设置了法律知识试题，张北县制定了《张北县新提拔科级干部任职前法律知识考试办法》。

【依法行政各项制度逐步健全】 各级各部门及时调整了依法行政领导小组组成人员，依法行政的领导体制和政府（部门）领导听取依法行政工作汇报制度得到了有效落实。截至2012年末，各县（区）和市直各部门都按时向市政府作了依法行政报告，阳原县组建了由镇长任组长的依法行政工作领导小组，将依法行政工作进一步推向深入。全面开展依法行政考核工作，强化依法行政工作力度。2012年是全市依法行政考核工作开展的第二年，各县（区）按照省市依法行政考核精神，相继开展了对县（区）各部门和乡镇一级政府的依法行政考核。开展了依法行政示范创建活动，宣化县、涿鹿县等县（区）在本县开展了示范创建活动，培育先进典型，总结推广先进经验。建立实施了行政监督制度和完善了群众举报投诉制度，自觉接受人大常委会专项法律监督检查，主动邀请人大代表、政协委员视察和参加会议，参政议政发表意见；积极接受媒体和社会舆论监督，解决新闻媒体和群众举报问题。如市国土局专门聘请了29名特邀监察员，对本局的工作开展实时监督。认真落实领导干部问责制度，严格执行中央、国务院《关于实行党政领导干部问责的暂行规定》。全年共问责干部241名，宣化县委县政府、崇礼县委县政府和市公安局等单位制定了新规定，将这些规定延伸到了一般干部，并实施了责任追究。

【依法科学民主决策能力与水平得到提高】 部分县（区）和执法部门对重大行政决策的程序都做了严格的规定，崇礼县、张北县等县（区）《重大行政决策规则》先后出台，重大决策事项集体讨论决定，会前交由法制机构合法性审查已成必经程序。市规划局在规划审批方面局领导班子集体讨论研究后做决定；市林业局成立了林业行政案件审定委员会，市环保局分别成立了处罚委员会、复议委员会、重大项目委员会，由会议研究后决定，将依法、科学、民主决策落到实处。依法决策、依法办事意识增强。各级领导干部逐步改变过去凭经验拍板的老做法，开始注重发挥法制机构的参谋助手作用，多数市直部门聘请了专门的法律顾问，在重大决策、经济合同签署和规范性文件制定等方面，充分听取法制机构和法律顾问、法律专家的意见。宣化区成立了法制专家咨询委员会，充分发挥法律为经济社会发展的保驾护航作用。规范性文件的“三统一”制度得到有效的落实，加大了依法制定规范性文件和规范性文件合法性审查工作力度，拓展了向社会各界征求意见和建议的范围与频率；认真落实部门规范性文件审核、备案制度和规范性文件前置审查制度。2012年，共审核各类文件178件，其中规范性文件审核16件，部门前置审查11件，省征求意见24件，市政府征求意见1件，其他涉法性文件16件；报省政府备案件7件，受理县（区）报备的规范性文件110件。建立政府（部门）规范性文件评估和清理制度，对规范性文件进行及时清理。截至年末，全市清理规范性文件工作已基本完成。市政府及市政府办公室印发的规范性文件361件，（含涉密规范性文件17件）最终保留了规范性文件165件，修改规范性文件102件，废止规范性文77件。清理市政府部门规范性文件477件，其中保留规范性文件375件，修改规范性文件21件，废止规范性文件81件；清理县（区）政府（包括乡镇）规范性文件965件，其中保留规范性文件831件，修改规范性文件35件，废止规范性文件99件；清理县（区）政府部门规范性文件47件，其中保留规范性文件27件，修改规范性文件2件，废止规范性文件18件。市政府保留修改废止的规范性文件目录已以《张家口市人民政府关于保留、修改、废止规范性文件的决定》（政字〔2012〕151号）正式印发，同时在市政府官方网站向全社会公布，方便市民查阅和监督。

【行政执法程序逐步完善】 完善行政执法体制和机制，大力推进集中行政处罚权工作，解决行政执法工作中存在的多头执法，重复处罚，执法扰民等问题。按照市政府政字（〔2012〕137号）规定步骤，第一批市城管局、桥东区、桥西区、宣化区、下花园区、高新区、张北县、万全县等县（区）的相对集中处罚权方案已经市政府第32次常务会议研究后，报省政府审批。其他县（区）的申报工作正在积极准备。健全行政执法程序，较好地实施了行政处罚自由裁量权基准制度。各级各部门结合工作实际和运行情况进一步完善了相关制度。市工商局、市国税局、市地税局、市公安局、市交通运输局等部门的工作开展较为突出。行政执法责任制、行政执法案卷评查、执法评议考核等常规工作开展得扎实有效。围绕规范行政执法行为优化发展环境的主题，开展了专项监督检查工作。市法制办和市监察局重点对食品药品、环境保护、安全生产、交通运输、住房保障、城市管理等关系国计民生的部门进行了抽查。共抽查了市县（区）56个部门835卷执法案卷，对检查出的有关问题，提出了整改意见，并责成被检查单位限期整改。通过强化对行政执法人员培训、行政执法证件和行政执法监督检查证件管理，严格执法资格审验，坚持持证上岗，促进了行政执法人员素质的提高。2012年，对市本级2207名行政执法人员进行了《行政强制法》全员培训，各县（区）也完成了14987名行政执法人员《行政强制法》培训工作，宣化区还建立了行政执法人员电子档案，实现了对行政执法人员动态管理。

【依法化解社会矛盾纠纷】 建立行政复议案件调解机制，健全了行政复议接待制度，强化对疑难案件的论证，做好行政复议咨询和案件承办，提高行政复议案件的执行力。2012年全市共受理行政复议案件44件，并做到案结事了。加大行政复议宣传力度。市审计局在张家口电台的“市民热线”栏目，宣传行政复议接待制度、受案范围、审理程序等，并在本单位电子屏滚动播放。各县（区）和市直行政执法部门都按要求建立了由政府（部门）负总责、法制机构牵头、各职能部门为主体的行政调解工作体制，充分发挥行政机关和法制机构在化解行政纷争与民事纠纷中的作用。

【仲裁工作扎实推进】 加强案件管理，提升案件质量。强化仲裁员对案件的实体责任，办案秘书对案件的程序责任，并把提高“三率”贯穿于仲裁程序的每个环节，突出程序优先的特点。实行疑难复杂案件专家咨询制度和裁决书逐级审核制度，既保证了案件裁决质量又提高了裁决书书写水平。全年共受理仲裁案件37件，标的额1.6亿元。加大推行工作力度。除继续巩固已有推行成果之外，又延伸至汽车销售类合同、风电设备买卖合同等，受到本地市场主体甚至外省市场主体的信任和青睐。建设了一支高素质仲裁队伍。增聘部分市场经济专家、企业家，并吸收了部分优秀律师，在仲裁庭的组成上注重专业搭配，突出仲裁的市场特性和法律特性的有机结合。同时加强了对仲裁员和秘书处工作人员的培训，利用多种方法，提高办案秘书的工作水平和服务质量。

（孔华英）

民族宗教工作

【民族团结进步创建活动】 广泛部署开展“中华民族一家亲”、“民族团结单位”、“民族团结乡村”等活动推进民族团结进步进机关、进学校、进企业、进乡村；在全市第二个民族团结进步宣传月期间，市区景观大道两旁设宣传栏，张贴各族人民喜迎国庆大幅宣传画，全市民族乡村、社区共开展知识竞赛、专题培训等宣传教育活动34次，发放宣传材料3万余份，受教育群众15万人（次）；市、县民族工作部门利用“彩色周末”平台组织了“民族团结进步”主题文艺演出8场；全市各中小学全面落实《学校民族团结教育指导实施纲要》，桥西区通顺街回族小学被命名为“青少年国学教育培训基地”，桥东区回民小学举办了“最炫民族风”艺术节，民族团结教育活动形式更加贴近师生。

【民族经济持续健康发展】 2012年4月，沽源县大宏山满蒙联合村等3个试点村被省民宗厅授予

"全省民族工作示范村"，尚义县四台蒙古营村作为特色村寨继续保留，与崇礼县黄土嘴蒙古族村、赤城县官路坊蒙古族村开展2012～2014年示范村创建活动。10月，张家口市获得省民宗厅、财政厅少数民族发展资金270万元。12月，国家民委、财政部、中国人民银行批准了张北顺达油脂有限责任公司、张北县祥云食品有限公司为"十二五"期间全国民族特需商品定点生产企业，享受技改贴息等优惠政策。推进基层建设年活动扎实开展。市民宗局驻沽源县大二号回族乡西大二号村工作组协调人畜饮水、蔬菜种植配电等项目4个，涉及资金近230万元；在该乡开展了民族政策法律法规宣传活动，发放宣传单200余份。2012年，34个市民委成员单位共为民族村、社区办好事实事45件，落实少数民族帮扶项目38个，帮扶资金475万元，帮助争取贷款880万元。

【城市民族工作】 推动回民殡葬事业发展。在永丰堡回民公墓开展了新式墓坑建设项目，得到了穆斯林群众的认可和好评；先后修建了停车场到南坡道路200米，平整停车场1300平方米，修筑护坡5000平方米，植树300余棵，配备了卫生间、宣传亭、道路指示牌、10吨水罐等基础附属设施，并铺设了永丰堡村通往公墓地下污水管1300米，力争2013年实现铺油。完善了《张家口市少数民族流动人口信息台账》、《张家口市清真食品信息台账》，全市共开展了三次清真食品市场大检查，检查生产经营清真食品单位和个人800余个（次）。

【民族文化教育体育事业】 年初，召开了"民族一家亲"迎新春茶话会，市领导为张家口市在全省第三届少数民族文艺调演中获奖节目演员颁发了荣誉证书。在河北省第十届"燕赵群星奖"评选中，张家口市有3个节目获"燕赵群星奖"，其中音乐类获奖作品器乐合奏《古道乡音》作为河北省音乐类重点节目，于11月在威海顺利通过了全国第十六届"群星奖"（音乐类）复赛，将于2013年冲击全国大奖。在全市84个民族村中，有52个民族村建成了文化室，41个民族村建设了农家书屋。7月，成功承办了全省少数民族传统体育项目蹴球比赛，张家口市选手王一鸣获单项第二名，市民宗局、体育局分获"优秀组织奖"。9月，张家口市组队参加了在邯郸市举办的全省少数民族传统体育项目秋千比赛，获"体育道德风尚奖"。44个民族村完成了农民体育建设工程。按照"百事惠民活动"安排部署，市民宗局先后筹措资金150万元，完成了4所民族学校的校舍改造、硬件升级等6个项目，完成预定任务的150%。

【促进少数民族群众生活改善】 全市民族村已全部通电，79个民族村通了公路，82个民族村通了电话，77个民族村实现通邮，67个民族村通了自来水，65个民族村完成了广播电视"村村通"工程，50个民族村实现了互联网入户，46个民族村建立了村卫生室。

【宗教基本情况调查摸底】 3月，市委召开全市宗教领域维稳工作会议，市委主要领导明确要求在全市开展一次宗教基本情况调查，切实摸清底数，市委、市政府联合下发文件，统一印发入户登记表格，市民宗局牵头联合有关部门、相关县（区）制定工作方案，在万全县、崇礼县、桥西区、宣化区先行试点，7月，在全市全面展开，年末，全市入户调查工作已经完成，开始进行数据录入汇总和分析总结。

【宗教教职人员认定备案】 制定了《张家口市宗教教职人员认定备案表》，下发到各县（区）民宗局，按照属地管理的原则，逐级征求意见后上报市局，并要求县（区）按照规定时限完成此项工作。对各县（区）、各宗教团体上报的《宗教教职人员认定备案表》及教职人员教职证明、户籍证明复印件、居民身份证复印件等进行核实，并进行登记、备案。建立了宗教教职人员认定备案电子档案及信息数据库，实现了认定备案动态化管理。年末，张家口市已协助省厅、省宗教团体认定备案194名宗教教职人员，全市认定备案基督教传道员62名。

【教职人员参加社会保险】 组织各县（区）民宗局、市级宗教团体，对全市宗教教职人员参加社保工作进行摸底，向市政府申请资金，为教职人员加入社保体系提供补贴资金。年末，已全部完成本市户籍和外地户籍认定备案宗教教职人员养老保险工作。

【宗教人员参政议政】 全年积极协助有关部门完成了市政协委员、市佛教协会副会长释果岚关于《发挥宗教文化增强我市文化软实力方面的积极作用》、王辉委员《关于挖掘我市宗教文化旅游潜力，为推动旅游文化产业发展发挥作用的建议》、释海素委员《发展宗教旅游，助推我市经济》、徐正成委员《关于在云泉禅寺建筑“云泉书画院”的建议》4项提案。

【开展“宗教政策法规月”和“安全年”活动】

根据国家宗教局和省厅的有关要求，制定张家口市的“宗教政策法规月”和“安全年”活动方案并下发县（区）和各宗教体，指导组织县（区）开展活动。做到学法、懂法、用法、依法、不断提高依法管理宗教事务水平。

（玉润田、彭兴旺）

机关事务工作

【科学管理得到深化】 财务和资产管理。严格落实财务代管单位《固定资产管理暂行办法》，加强机关土地、房屋、车辆和办公设备、用品等资产的管理，健全资产账卡和使用档案，定期清查盘点。完善了30个财务代管单位固定资产管理和财务登记工作，对30个单位数据进行了核对、补录，确保账卡相符、账实相符、账账相符。规范组织代管单位年度财政预（决）算，严格执行财务报账审批程序。规范组织通泰大楼维修及设备采购工作的账户开设、合同审核、资金转付、账务登记等工作。完成了市委、市人大、市政府、市政协机关以及本局机关的个人公积金信息和数据核对上报。

公共机构节能管理。全年全市公共机构能耗总支出2.3亿元，比上年下降2.6个百分点。公共机构用电量16212.82万千瓦时，人均用电量899千瓦时，同比下降8.9个百分点；单位建筑面积用电量7.86千瓦时，同比下降4个百分点。公共机构用水量126.15万吨；人均用水量84吨，同比下降8个百分点；单位建筑面积用水量为0.74吨，同比下降2.5个百分点。由于市区和部分县（区）进行集中供暖，原煤消耗大幅下降，2012年全市公共机构用煤量为13.54万吨，人均用煤量为0.6吨，同比下降76个百分点，单位建筑面积用煤量为0.007吨，同比下降75个百分点。全市公共机构汽油消耗5037.51万升，车均耗油量为5864升，同比下降10个百分点。

政府集中采购。以全市公共资源交易市场建设为契机，进一步规范了信息发布、标书受理、评标议标等操作行为。2012年完成政府采购项目133项，其中：公开招标46项；竞争性谈判56项，询价采购22项，单一来源采购9项。采购预算金额达2.2亿元，实际完成金额2亿元，节约资金2054万元，资金节约率9.32%。

公务用车专项治理。在全面清查20个县（区）80个市直部门公务用车底数的基础上，重点在核定编制、严格纠处和健全制度等三个方面下工夫，建立健全了公务用车规范管理的长效机制。

根据中央和省公车办有关要求，以“总量减少、费用下降、管理规范”为目标，坚持严格控制总量、严格审核程序和“双压缩”的原则，依据新编制标准及市、县编办提供的党政机关领导职数和人员编制，重新核定全市公务用车编制4899辆，比原编制数下降8个百分点。

按照公开、公平、公正、诚实信用和分级负责的原则，由公车办牵头，协调纪检监察、机关事务、财政、审计等有关部门，对拟拍卖的违规车辆采取统一收缴、集中封存、公开拍卖的方式进行处置。在车辆报废上，按照单位申请、公车办审核、交管部门鉴定的程序进行。全市清理违规借、换车284辆，调剂使用368辆，公开拍卖30辆，报废19辆。

研究制定了张家口市党政机关《公务用车配备使用管理办法》和《越野车配备使用管理暂行办法》，明确了公务用车的配备标准和编制标准，规范了公务用车更新配备审批程序，完善了公务用车经费预（决）算管理、日常管理等制度，健全了按编制、按标准、按规定配车、购车和以制度管车的长效机制。

【服务水平明显提高】 餐饮服务。组建了垣健畜牧养殖有限公司，向机关餐厅供应有机农副产品，保证餐厅食品安全。加强农副产品基地建设与管理，共划分种植区、养殖区和温室大棚三个区域。新建各类设施建筑面积2078平方米，腰站堡菜地1.2公顷，种植各类蔬菜30余种，年产蔬菜6万千克。机关搬迁后，对干部职工就餐费用进行补贴，进一步优化餐厅运行模式，提高了餐饮服务的能力和水平。共新建餐厅6个，其中第一餐厅面积786平方米，可容纳700人同时就餐；第二餐厅面积321平方米，可容纳220人同时就餐。每月就餐人数1.6万人（次），较南迁前增加2.3倍。

车辆保障。科学调度，加强管理，车管科下辖四个车队集中管理各类车辆123辆，2012年全年安全行车450万千米，有力保障了全市重大活动和四大机关公务用车。每季度邀请市交警支队干警对驾驶员进行安全行车专题讲座，教育驾驶员牢固树立“责任意识、窗口意识、表率意识、安全意识、形象意识、和谐意识”等六种意识。

安全保卫。在机关安保工作中，实行自主管理、委托服务的市场化运作方式。以“十八大”安保为重点，认真摸排矛盾隐患，修订完善了应急预案。加强与市委值班室、市政府值班室、市信访局的配合协作，规范应对信访压力。

物业管理。在物业管理上，全面推行服务时限承诺、服务过程监督和服务质量回访等制度，努力提高服务对象满意率。以2个小区为试点，实行对外承包，取得了较好的效果。

医疗服务。市直机关搬迁后，更换并升级了机关医务室设施设备，改善了就医环境，为机关干部职工提供了更为舒适、便利的就医就诊条件。

实体经营。加油站引进社会资源，实行股份制合作经营，进一步壮大了企业实力，增强了市场竞争力。文印中心以内部承包的方式实现了经营模式的转变，经营效益明显好转，职工工资稳步提高，并足额缴纳了各类保险。

会议服务。“集中管理，统一服务，合理收费，以会养会”的运行模式日渐成熟，2012年以较低的资金投入保障各类会议300多场（次），圆满完成了各类会议接待任务。机关南迁后，在两个月时间内，保障了85场会议的顺利召开。同时，完成了市直机关搬迁前34间会议室近3500平方米的装修改造及设备安装任务。公开招聘工作人员，推行标准化服务，服务水平和保障能力明显提高。

【机关搬迁顺利实施】 强化工作协调，推进合力攻坚。克服大楼图纸资料不全、各项系统尚未完成验收等实际困难，抽调相关人员对大楼建筑施工、设施设备等情况进行详细调查摸底。报请市政府统一协调市住建局、交通局、规划局以及高新区等有关单位和部门加紧完备大楼审批手续；协调市消防支队、市供电公司、市煤气公司等单位对大楼配套设施进行检测和维修，明确责任分工，形成工作合力，限时组织实施。

强化目标管理，加速施工进度。制定了《维修改造工程倒排时间进度表》，倒排工期，落实责任，多头并进，狠抓落实。先后召开调度会、协调会等30余次，研究工作方案，制定推进措施。连续奋战4个月，高标准完成了墙面、地面整修、卫生间维修、餐厅改造、会议室装修、停车场改造，以及各项系统的维修改造等任务，确保了市直机关在供暖期到来之前完成搬迁。

统筹空间布局，合理安排用房。为方便干部职工工作生活，统筹安排文件交换中心、报刊分发中心、内外网中心以及机要交换站等办公场地，引进了办公用品超市、生活用品超市等有偿服务单位，配套了单身公寓和健身场馆。在办公用房的分配中，严格按照1999年国家计委颁布的《党政机关办公用房建设标准》，结合部门工作性质、机构设置、人员编制等情况，合理摆布，充分酝酿，保证了31个市直部门近2000名干部职工的用房需求。

强化资产管理，有序组织搬迁。成立了搬迁工作协调组，详细制定搬迁工作方案和管理措施，合理安排部门搬迁时间和搬迁通道，协调高新区城管、交管等部门，加强对机关搬迁车辆的引导。编印《入驻指南》1000余份，确保搬迁工作在统一安排下，安全有序进行。组建了机关旧院留守处，对机关搬迁后，旧院的房舍、水电暖管网以及各类设施设备逐一清查登记，加强日常管护，确保安全完整。

（贾春艾）

行政审批工作

【概况】 2012年，张家口市行政审批服务中心更名为张家口市人民政府政务服务中心（以下简称“中心”），全年共受理各类行政审批及服务事项308883项，办结305795项，按时办结率达99%。

【项目梳理与调整工作】 “中心”根据《张家口市人民政府关于印发〈张家口市依法实施的行政审批项目目录〉和〈张家口市取消、暂停、下放和改变管理方式的行政审批项目目录〉的通知》和《张家口市人民政府关于调整行政审批项目的通知》，对各部门上报的行政审批、行政监管和服务事项逐部门逐项目进行了梳理核对和分类汇总，共梳理各类行政许可、非行政许可审批及监管服务事项493项，其中，行政审批事项407项，行政监管及服务类事项86项；44项审批和监管服务项目被取消下放（16项取消，28项下放）。

【市级集中审批】 坚持“应进必进，不进为例外”原则，前后5次启动推进政务服务项目进驻“中心”工作。综合考虑市“中心”办公场所，各部门行政审批项目特点，采取设置部门常驻服务窗口、综合服务窗口、设立分中心等措施，使市级47个审批职能部门的433项行政审批、行政监管及服务事项全部实现了进“中心”集中办理，市级集中审批率达到97%。其中，32个部门，382个事项设置常驻窗口进厅办理；15个部门，30个审批事项进驻“中心”综合窗口办理；新成立了“社会保险、出入境管理和出租车管理”3个分中心，共涉及21个审批事项；广电网络、中国移动、中国电信、供气、供水等5个服务单位进驻“中心”设立便民窗口。

【三县审批权下放】 根据省政府《关于对我省特定区域进一步下放行政审批权限的意见》精神，按照“审批权限下放与审批体制创新结合起来”的要求，坚持“凡省要求下放的审批权要坚决下放、凡下放的审批权要坚决衔接到位、凡下放到特定区域的审批权都要集中审办”的原则，狠抓省、市下放环京津怀来、涿鹿、赤城3县100个行政审批事项的下放与衔接落实工作（除“海洋使用权审核”和已按国务院拆迁新条例取消的“城市房屋拆迁许可”事项外，实际下放98项）。截至年末，涿鹿、怀来、赤城县分别已衔接到位省、市下放审批事项86项、77项、82项。

【推行领导坐班制】 根据市委办、市政府办联合下发的《关于对进驻市行政服务中心部门实行主要领导现场坐班和分管领导首席代表负责制的通知》，4月10日起，正式启动进驻单位部门领导现场坐班制，市发改委、规划局、住建局、安监局等16个部门主要领导每周至少到“中心”坐班办公一次，主管领导每周至少坐班4天；其他16个进厅部门主管领导每周至少到“中心”现场坐班签批或“窗口”巡视一次，从而把部门审批职能从领导层面转移进驻“中心”，提升了行政服务效率。至年末，坐班主管领导共现场签批各类审批事项870项。

【创新审办流程】 “中心”经过4次审批流程创新，将市级行政审批项目审办时限压缩到一般建设投资项目50个工作日，产业集聚区基本建设项目10个工作日，注册登记2个工作日，前置并联审批项目5~7个工作日，房地产开发项目15个工作日，比省规定的减少2个工作日。组织协调各部门大力简化审批前置条件评审程序，全市共取消无法定依据或自行设定的前置条件227个。对省、市重点项目开通绿色直通车审批，采取由“中心”统一协调、联合审批、集中服务的方式办理，压缩了审办时限；对房地产开发项目实行了全程代办服务，提升了审批效率。

【搭建网上审批和电子监察平台】 按照“科技+创新”的工作思路，“中心”积极推进集信息服务、网上审批、电子监察于一体的网上审批和电子监察平台建设，实现网络审办服务和大厅实体服务的有机结合。制定出台了《关于加快推进全市网上审批工作的实施方案》，明确了加快全市网上审批及电子监察平台建设的基本思路和工作部署。按照利用现有网络平台升级改造，采取外网受理、内网审批、内外网物理隔离实施网上审批的工作思路，编制了项目需求报告，并组织专家通过评审论证，年末已完成软硬件公开招标，并开始对市级政府网上审批服务事项、部门网上政务服务资源、跨部门业务协同等进行网络软件开发设计；网上监察系统完成安装调试，开始启动试运行。

【行政审批服务标准化体系建设】 按照“一切行为有依据、一切依据有规范、一切规范有标准、一切标准有监督”原则，“中心”制定出台了《张家口市行政服务中心标准化体系建设实施方案》。组织进厅部门和相关科室召开专题会议，聘请专家开展标准化建设培训，树立标准化服务理念；组织进厅部门综合审批科长赴标准化工作先进地市学习调研，借鉴成功经验。在广泛征求意见的基础上，构建适合“中心”实际工作需要的自有的内控标准体系构架，力争使“中心”从设施、环境到服务程序、质量、管理等各方面都纳入标准化体系范围。同时，对大厅工作人员的仪容仪表、各种导办告示标志进行标准化规范，实行了各窗口及“中心”工作人员统一着装，在各部门窗口设置了电子灯箱式标示等，“中心”标准化建设迈出坚实一步。

【构建四级政务服务中心】 截至年末，全市应建立政务服务中心的17个县（区）全部完成了组建工作，乡级政务服务中心达到了123个，有8个县（区）开展了村级政务服务代办站组建工作，成立村级政务服务代办站1444个。同时，各县（区）积极开展“中心”迁址扩建工作，使进厅审批事项逐年增加，进厅办理审批事项由上年的1817项增加到2040项，特别是张北县、万全县实现了全部审批事项进驻“中心”审办。

（李和子）

中国人民政治协商会议张家口市委员会

主要工作

【全委会议】 1月31日～2月3日，市政协十届委员会第五次会议在工人文化宫开幕。会议期间，与会委员听取并讨论了市委常委、政法委书记李青春代表中共张家口市委在大会开幕式上所作的重要讲话；听取并审议了吴泽林代表政协张家口市第十届委员会常务委员会所作的工报告和狄志惠代表政协张家口市第十届委员会常务委员会所作的提案工作情况的报告；听取和讨论了市委副书记、代市长侯亮所作的《政府工作报告》；选举唐树森为政协张家口市第十届委员会主席，王忠富为政协张家口市第十届委员会副主席；审议通过《政协张家口市第十届委员会提案委员会关于第五次会议提案审查情况的报告》、审议通过《政协张家口市第十届委员会第五次会议政治决议》及其他决议；市委、市政府领导王晓东、侯亮、李建举等分别深入委员界别小组，围绕政府工作报告、政协常委会工作报告及全市经济社会发展中的重大问题和人民群众普遍关心的热点、难点问题，进行了讨论。会议期间，委员们就形成科学的工业发展格局，加快文化基础设施建设、深化农村医药卫生体制改革、加快装备制造业民营企业发展、野生花卉开发利用、破解水资源短缺等问题进行了广泛讨论。市委副书记、代市长侯亮代表市委作了讲话。

会议期间共收到提案326件，其中集体提案62件，委员联名及个人提案264件。经审查，符合立案条件的314件，占提案总数的96.3%。市委、市人大常委会、市政府、市纪委、军分区领导和市法院、市检察院、市公安局领导和担任过市级正职的老领导和历届市政协老领导以及市各民主党派、工商联负责人和驻张省政协委员也应邀列席大会。

【常委会议】 1月13日，召开十届十九次常委会议，会议决定十届五次全会于1月31日～2月3日召开，审议通过即将召开的十届五次全会相关事项。会议听取了市政府常务副秘书长方继斌作的关于政府系统2011年度办理政协提案的情况通报。听取了市委组织部关于增补市政协十届委员会委员情况的说明，审议通过了增补名单。市政协主席乔登贵出席会议并讲话。

2月2日，市政协召开十届二十次常委会议。会议审议通过了《政协张家口市第十届委员会主席、副主席候选人名单（草案）》，《政协张家口市第十届委员会第五次会议选举办法（草案）》、《政协张家口市第十届委员会第五次会议总监票人、监票人建议名单（草案）》，决定将上述草案提交第三次全体会议审议通过。乔登贵出席会议并讲话，

2月2日，市政协召开十届二十一次常委会议。会议审议通过了《政协张家口市第十届委员会常务委员会工作报告的决议（草案）》、《政协张家口市第十届委员会常务委员会关于十届四次会议以来提案工作情况报告的决议（草案）》、《政协张家口市第十届委员会第五次会议提案审查情况的报告（草案）》、《政协张家口市第十届委员会第五次会议政治决议（草案）》。乔登贵出席会议并讲话。

5月23日，市政协十届二十二次常委会议在蔚县召开。会议围绕弘扬历史文化、加强历史文物保护与开发进行了专题协商，视察了蔚县玉皇阁、蔚州署、蔚县博物馆、暖泉西古堡、王敏书院等文物古迹；听取了市文化广电新闻出版局关于文物保护和开发利用工作的情况介绍、蔚县文物保护工作汇报，市政协联谊会就“泥河湾遗址群的保护和开发”作专题发言，提出了意见建议，市政协专题调研组以“弘扬历史文化、加强文物保护与开发”为题进行了大会发言。张北县政协、阳原县政协、涿鹿县政协、下花园政协、蔚县政协就如何推动全市文化事业发展分别提交了书面发言材料。政协主席唐树森出席会议并讲话，副市长侯桂兰应邀出席会议并讲话，张宝华、安俊杰、张瑞应邀出席会议，各县（区）政协主席、市直有关单位负责人列席了会议。

8月16日，市政协召开十届二十三次常委会议，围绕“转变工业发展方式、改造提升传统产业”主题建言献策，会议听取了市工业和信息化局负责人就该主题所作的情况汇报，副市长宋文玲应邀出席会议并讲话，会议通报了周林辞去政协副主席职务事项。唐树森主持会议并讲话。各县（区）政协主

席、市各民主党派、工商联负责人和市直有关单位负责人列席了会议。

【主席会议】 1月11日，市政协召开十届四十五次主席会议。会议决定十届十九次常委会议1月13日召开。会议听取了市委组织部关于增补市政协十届委员会委员情况的说明。会议还研究了提交常委会审议的关于召开十届五次全会的有关事项。

2月16日，市政协召开十届四十六次主席会议，学习贯彻市"两会"精神和市委书记王晓东在市委十届三次全会、市人代会闭幕式上的讲话精神，安排部署2012年工作。会议听取了各专门委员会、办公室关于今年工作安排的汇报，对2011年度反映社情民意先进个人进行了表彰。

4月1日，市政协召开十届四十七次主席会议，传达学习省委书记张庆黎在保定市涞水县、省委副书记赵勇在赤城县调研的重要讲话精神和近期召开的市委常委会会议精神；听取市政协加强基层建设年活动驻村工作组工作情况汇报，对相关工作进行部署。

4月26日，市政协召开十届四十八次主席会议，围绕全市农村医药卫生体制改革及医疗保障工作协商议政，会议听取了市医改办、崇礼县医改办的情况介绍，并深入到崇礼县狮子沟乡中心卫生院、狮子沟乡十号村卫生室进行了现场视察。

5月15日上午，市政协召开十届第四十九次主席会议。会议传达、学习了中共中央政治局委员、中央书记处书记、中宣部部长刘云山视察张家口市的讲话精神和王晓东在市委常委会上的讲话精神；讨论、审议并原则同意了《关于提高常委会议和主席会议质量的意见》；听取了市政协第二十二次常委会议筹备情况的汇报。

6月28日，市政协召开十届五十次主席会议，重点围绕"加强社区建设，创新社会管理"建言献策。与会人员实地视察了桥西区西山底社区、桥东区万嘉社区、高新区纬一路社区，听取了市民政局关于全市社区建设工作情况的汇报。

7月27日，市政协十届五十一次主席会议在宣化县召开，重点围绕"扶持中小企业（民营经济），促进县域经济发展"主题建言献策。与会人员实地察看了春成煤矿机械公司、大为高新材料公司、庞大汽贸公司等企业，听取市工信局关于全市中小企业（民营经济）发展情况的汇报后，提出建设性意见和建议。

8月8日，市政协召开十届五十二次主席会议，研究十届二十三次常委会议相关事项。会议听取了市政协经济和人口资源环境委员会关于市政协十届二十三次常委会议筹备情况的汇报。会议研究了有关人事事项，对组织驻张省政协委员视察张家口市重点工业项目事宜进行了安排。

9月24日，市政协召开十届五十三次主席会议，就做好全市政协换届工作进行安排部署。会议传达了省委关于换届工作有关文件精神，学习了省纪委和省委组织部关于严肃换届纪律的"四个严防"、"十七个不准"和"五个一律"。

11月22日，市政协召开十届五十四次主席会议，听取了市食安办负责同志就2012年"1号"提案的办理情况的汇报，政协副主席狄志惠代表督办调研组作了发言。市食安办、市食品药品监督管理局、市工商局、市商务局、市质量技术监督局、市农牧局、市卫生局分管食品安全工作的负责同志列席了会议。

12月12日，市政协召开十届五十五次主席会议，围绕张家口市"保障性安居工程建设与分配管理"工作，实地调研、专题视察。与会人员先后到高新区奥林第一城保障性住房综合项目、桥西区枫谷小区项目、桥东区水泉沟保障性住房综合项目进行了实地视察，并听取了相关部门的工作汇报。

【提案工作】 2012年，共收到提案330件，其中集体提案62件，委员联名及个人提案264件。经审查，符合立案条件的314件，占提案总数的95.2%。截至10月下旬，提案全部办结。市政协围绕群众关心的食品安全问题，将《加强食品安全监管工作，坚决遏制食品安全事件发生》确定为2012年"1号"提案，由主席会议集体对"1号"提案进行督办，先后有8位副主席参与"1号"提案的督办，历时近5个月，涉及食品生产加工、流通销售、质量检测等18个方面，涵盖了食品安全的绝大部分领域，取得了良好的效果。

【编发《社情民意》】 全年编发《社情民意》70期，其中一些内容引起市委、市政府领导重视，并转化为党委政府决策。

【新闻宣传】 与有关单位合作，联合举办了"起瑞杯"政协情征文活动。编辑出版了《委员风采》画册，收录了38位政协委员事迹。编辑出版了《张垣骄子》报告文学集，收录了32位政协委员的事迹。编辑出版了20多万字的《政协委员学习手册》。张家口政协网编发反映政协工作的各类稿件300余篇（条），在全国各级新闻媒体发表反映政协工作、政协委员事迹的新闻稿件500余篇。

【文史资料】 辑录了《张家口文史资料》1－46辑总目录。编撰了《河北文史资料全书·张家口卷》并由省政协出版发行，该卷涵盖了张家口市从辛亥革命到2010年张家口百年的历史。编辑出版了《张家口文史》第10辑（总第47辑）和《张家口历史文化研究》第11、12期。组织编撰了首部《张家口市政协志》，初稿已编撰完成。

【联谊交往】 5月3～12日，张家口市组成由市政协常务副主席吴泽林任团长，副主席薛宝玺任副团长，秘书长曲苏、市台办主任苏建君、市政协港澳台侨委员会主任刘彤为秘书长，市直有关部门、市政协相关委室负责人为成员的张家口市经贸文化参访团一行，赴台进行经济文化交流参访活动，拜会了国民党荣誉主席吴伯雄、国民党副主席蒋孝严等政要，参访了台湾知名工商团体、科学工业园区等企业；考察了市政建设和文化旅游资源开发情况。

3月19～20日，辽宁省辽阳市政协主席张洪武一行到张家口市就文化建设及文化体制改革等情况进行考察。唐树森、吴泽林、何兰等陪同考察。

3月20～23日，乌兰察布市政协主席刘俊一行到张家口市就文化产业总体规划布局、特色文化旅游项目、文化创意产业项目进行考察。乔登贵、唐树森、吴泽林、王忠富陪同考察。

4月11～14日，省政协副主席、党组副书记刘永瑞率调研组到张家口市就深化环首都“护城河”工程进行调研，市政法委书记李青春就张家口市“护城河”工程情况作综合汇报。省政协社会和法制委员会主任王宽、市政协主席唐树森、副主席袁秀平陪同调研。

6月16～18日，省政协主席付志方到蔚县代王城镇、南留庄镇视察扶贫攻坚工作。省有关部门领导，市委、市政府、市政协主要领导陪同。

7月9日，全国政协常委、民建中央常委、民建中央经济委员会主任方兆本带领民建中央“支持环首都欠发达地区发展”调研组一行到张家口市实地调研。韩立友陪同调研。

7月12～13日　中共中央政治局常委、全国政协主席贾庆林到涿鹿县、张北县、市产业集聚区实地调研，省、市主要领导陪同。

8月4～5日　上海市政协社会和法制委员会主任缪晓宝一行，到涿鹿县、崇礼县和张北县就“地方性法规在政协听取意见工作的做法与经验”进行参观考察。省政协社会和法制委员会主任王宽，市政协副主席袁秀平陪同考察。

8月5～10日　省政协副主席崔江水，省政协提案委主任陈虎一行先后深入张北县、沽源县、涿鹿县、阳原县和张家口卷烟厂等重点企业进行了调研视察，并听取了相关情况汇报。唐树森，吴泽林、狄志惠、王忠富等陪同调研。

8月18日，全国政协副主席郑万通深入到张家口市国家风光储输项目基地进行考察。省政协副主席段惠军，市领导王晓东、唐树森，赵占华，吴泽林陪同。

8月22～24日，省政协党组副书记、副主席刘永瑞就“重点项目建设和文化产业发展”到张家口市调研。市领导王晓东、侯亮、吴立芳、唐树森、郑丽荣、吴泽林、袁秀平、韩立友陪同调研。

9月4日，全国政协副主席、科技部部长万钢到张家口市视察国家风光储输示范工程项目建设情况。科技部、国家电网公司，省政府、省政协，市委、市政府、市政协主要领导陪同。

9月5日，省政协副主席赵文鹤到张家口市产业集聚区、南山产业集聚区和望山产业园区等地调研。市领导王晓东、唐树森、魏福刚、王江陪同调研。

张家口市政协常委会及其工作部门主要领导

主　　　席：乔登贵（02月免）
　　　　　　唐树森（02月任）
党 组 书 记：乔登贵（02月任）
　　　　　　唐树森（02月免）
党组副书记：周　林（09月免）
常务副主席：吴泽林
副　主　席：狄志惠　薛宝玺　袁秀平
　　　　　　肖　楷　韩立友　祁万利
　　　　　　何　兰（女）　张　辉
　　　　　　王忠富（02月任）
秘　书　长：曲　苏
常务副秘书长：田少先
副 秘 书 长：郭军声　杨泓乾

提案委员会

主任：李中如

学习宣传委员会

主任：王玉龙

文史资料委员会

主任：张书平

经济和人口资源环境委员会

主任：贾福生

教科文卫体委员会

主任：郜志平

社会法制民族宗教委员会

主任：王天祥

港澳台侨委员会

主任：刘　彤（女）

（王秀琴、谢大远、赵铁成、葛一娴、赵小虎）

民主党派·工商联

中国国民党革命委员会张家口市委员会

【概况】　2012年，民革张家口市委有党员173人，平均年龄55岁，其中：女党员74人，高级职称85人，中级职称27人。下辖桥东、桥西、宣化3个区委，9个基层支部，全年发展党员11人。

【参政议政】　紧紧围绕市委、市政府中心工作和全市经济社会发展的热点、难点，认真履行政治协商、民主监督、参政议政职能，积极建言献策，在各级"两会"期间，共提交提案、议案、社情民意150件。民革市委提出的第9号提案《关于加快我市深度对接京津晋蒙区域步伐的建议》，获市政协优秀提案；8件个人提案获市、区政协优秀提案。

【调查研究】　争取高层领导对张家口市经济社会发展的关注和支持。经民革市委牵线，民革中央副主席厉无畏为蔚县2012年剪纸节题写贺词，为县委、县政府编撰的《中国蔚州民俗文化集成》题写书名。7月31日～8月1日，邀请全国人大常委、外事委员会副主任、民革中央副主席齐续春，率民革中央调研组到涿鹿县就中华"三祖同根文化"进行调研。继续在党员中开展"大调研、大献策"、"一人一案"活动，全年收到党员建议120件。组织党员深入宣化、康保、尚义、张北等地进行调研；针对电子商务、旅游、文化等调研课题深入到市旅游局、商务局等单位进行调研。

【社会服务】　支持民革中央对贵州省毕节地区纳雍县的帮扶工作，帮助完成了纳雍专题视频片《磅礴乌蒙潮起纳雍》、视频片解说词的创作工作，编纂纪念民革中央帮扶纳雍20周年画册《同心博爱纳雍情》；为纳雍的女企业家举办了"民营经济管理知识"专题讲座。与民革市委定点帮扶了尚义县大营盘乡六十庄村进行工作对接，为村里争取扶贫项目和扶贫资金25万元。

【自身建设】　完成市级组织换届工作。中国国民党革命委员会张家口市第十次代表大会2012年1月16～17日召开。大会听取并审议了市政协副主席、民革九届市委主委肖楷《深刻把握第一要务，践行核心价值体系，为发挥民革参政党作用而努力奋斗》的报告。选举产生了民革张家口市第十届委员会及出席民革河北省第十一次代表大会代表；通过了《中国国民党革命委员会张家口市第十次代表大会决议》。在民革张家口市第十届委员会第一次全体会议上，李品军当选为主任委员。

建立健全各项制度。修订了《民革市委关于支部工作目标管理和量化考核试行办法》、《民革张家口市委组织发展工作实施意见》、《民革张家口市委员会各部门工作制度》，对各部门工作做了明确规定。增设了"妇女青年工作部"。

开展了"同心"思想教育活动，组织民革市委委员，各区委副主委、基层支部宣传委员以上的干部参加各类培训班。开展"同心实践、服务社会"，"光明之旅"进校园、进社区，扶贫帮困献爱心活动。共发放宣传资料2000份，为贫困学生免费验光、配近视眼镜1000人（次），帮扶20户困难孤寡老人，送去米、面、油等物品。拓宽宣传方式，创刊《张家口民革》内部学习交流刊物。刊物开设"工作动态"、"自身建设"、"政策导航"、"参政议政"、"祖国统一"、"党员风采"、"理论园地"等十几个专栏，全年出刊3期。印发各类文件36个，上报专题工作信息58期。

主任委员：李品军

（刘雅萍）

中国民主同盟
张家口市委员会

【概况】 民盟张家口市委辖3个区委，2个总支部，39个基层支部，有盟员696名，平均年龄54.8岁。有高、中级职称人员529人，占76%。

【参政议政】 在市政协十一届五次全会上，民盟市委提交大会集体提案9件，个人提案26件，其中，被民盟省委确定为省政协集体提案2件，大会发言1件。在市政协全会上，民盟市委提出的《关于积极争取构建“冀北生态经济特区”，使我市跻身全省经济发展大格局中的建议》的提案作为大会发言，被评为年度优秀提案，列为市政协副主席祁万利的督办件；《关于拓宽杂交谷子销售渠道的建议》、《关于我市奶业发展的建议》两件提案，被确定为中共市委统战部部长周林和市政协副主席吴泽林的督办件；8月，在市政协常委会上，民盟市委提出的《转变工业发展方式，强力实施工业立市战略》作为大会发言。全年有4件反映社情民意的信息被选送中央统战部，其中，“关于解决西部贫困地区教师住房问题的建议”和“关于重视我国土地质量问题的建议”被中央统战部采用。

【宣传工作】 筹建了民盟市委网站，宣传统战理论和方针政策，反映民盟工作动态。民盟市委研究室撰写了《坚持中国特色的政党制度，绝不照搬西方的多党制》、《欠发达地区农村土地流转的探索》、《用社会主义核心价值观教育培养青少年》等多篇论文，在相关杂志上发表。其中，《树立依法监督理念、发展中国特色的参政党民主监督的研究》被民盟省委评为一等奖，有两篇分别被评为二等奖和三等奖。《民主党派在人民政协中更好地发挥作用的探索》被选送省政协和民盟中央。

【组织建设】 2012年1月13～14日，民盟张家口市第九次代表大会召开，大会选举产生了以杨玉成为主委的民盟张家口市第九届委员会及出席民盟河北省第十次代表大会代表；新一届委员会选举产生了25名市委委员和1名主委、5名副主委。全年发展新盟员12人，20个基层支部进行了换届工作。

【社会服务】 3月5日，全体机关干部深入到桥东区社区的多名贫困家庭，送去慰问品；协助社区多方联系，解决诸如子女上学、困难补助等问题。6月29日，组织参加了迎七·一“同心实践、服务社会”主题实践活动。以科技宣传为主题，邀请法律、天然气使用、食品安全、家庭理财、环境保护等各方专家现场咨询，发放宣传资料3000份。9月7日，与铁路斜街社区共同开展了“法律宣传进社区”活动，咨询服务上百人（次），发放宣传品千余份。对万全县高庙堡乡杜坛庄村“养羊合作社”项目协调资金35万元。为赤城县样田乡下马山村争取扶贫资金30万元。

主任委员：杨玉成

（师晓红）

民主建国会
张家口市委员会

【建言献策】 依托人大、政协主渠道，坚持高标准、高水平、高质量地做好议案、提案。在“两会”上共提交各类建议、提案53件，其中：市级建议、提案20件，市级集体提案10件，区级建议、提案33件。副主委马春炜撰写的《突出“工业强市”的主导地位，形成科学的工业发展格局》提案、副主委于丽娟撰写的《排除隐患，构建校园“安全网”建设的建议》提案被选为阅批件；宣化区委员会《进一步优化商业步行街环境，打造我区“宣府第一街”的几点建议》提案被宣化区政协作为一号提案重点办理；市委委员张爱梅撰写的《加强事业单位专业技术人才队伍建设》提案，获下花园区优秀政协提案。

【社会服务】 发挥自身优势，开展社会服务活动。主委韩立友和副主委于丽娟到涿鹿县卧佛寺乡姜家窑对口扶贫村调研，根据调研情况制定了相应的帮扶计划。民建会员企业家开展扶贫助困活动，全年累计捐款达175万元。

【自身建设】 坚持“在巩固中发展、在发展中调整”的方针，积极稳妥吸收新人入会，会员队伍的年龄、文化、界别得到改善。全年发展新会员16人，年末，共有会员511人。

对市各专门委员会人员进行了调整、补充。市理论工作委员会围绕中共市委、市政府的中心工作，撰写了10篇集体提案；妇女老龄工作委员会配合市委工作，对老会员进行慰问，送去组织的关怀和温暖；各专委会完成了省各专门委员会人选的推荐上报工作。

基层组织建设，桥西区基层委员会就“三农问题”赴万全县开展调研。宣钢支部组成“加强企业技术创新促进企业健康发展”专题调研组赴宣钢轧钢厂一线调研。

【参加中央、省委换届工作】 全市有15名代表出席民建河北省委第八次代表大会。市委主委韩立友、副主委于丽娟当选为民建河北省委常委，杜勇、管成当选为民建河北省委委员。市委主委韩立友于12月出席在北京召开的民建中央第十次全国代表大会。

主任委员：韩立友

（李　明）

中国民主促进会张家口市委员会

【概况】 民进张家口市委会辖4个区委会，2个总支，36个基层支部。2012年末，会员总数561人，平均年龄52.4岁。离退休会员264人，占总数的47.1%。中级以上职称428人，占总数的76.3%，其中高级职称113人，占总人数的20%。新社会阶层人士24人，占总数4.3%。会员中，中共党员人数42人，占总数的7.5%。全年新发展成员20人。

【组织建设】 换届后，市委会结合新形势要求和组织建设需要，根据《省各民主党派组织发展若干问题座谈会纪要》和《中国民主促进会基层组织工作条例》精神，围绕主体，适当拓展界别。15名会员代表出席了民进河北省第八次代表大会。会议选举产生了民进河北省第八届委员会，李金生等7人当选为省委委员，何兰、贾锋当选为省委常委，何兰被选举为河北省出席民进第十一次全国代表大会的代表。

【参政议政】 坚持“围绕中心，服务大局”，自觉主动地履行参政党职能，积极探索参政议政新渠道、新思路、新方法，促进了参政议政能力的切实提高和工作的有效开展。

2012年，在市政协五次会议上，提交集体提案9件。主委何兰作了题为《关于繁荣我市文化事业，推进文化产业大发展的建议》的大会发言，受到与会领导和委员的好评；市委会提交的《关于加强我市水土保持力度，确保京津地区生态环境的建议》受到市委、市政府领导的高度重视，主要领导都作了重要批示。两会期间，会员中的代表、委员共提交建议、提案53件。

10月24日，民进省委领导和专家来张，召开参政议政工作座谈会，收集了解一些群众关心的热点难点问题，广泛开展调研，形成提案建议。对宣化县黄羊滩林场进行了走访考察，撰写了一篇调研报告，已经被民进中央采用。撰写的《关于缓解环京津地区贫富差距、促进京津冀经济一体化的建议》也被采用。

【宣传教育】 5月，组织市委委员参加市委统战部举办的“各民主党派新一届市委委员培训班”，25人参加了培训。7月，驻会副主委参加了中共省委组织部、统战部在省社会主义学院组织的为期1个月的“全省县处级党外干部培训班”，系统学习了党的统战理论和政策，接受了提高4种能力的教育和培训，对建设经济强省、和谐河北有了新的认识。9月，邀请民进省委组织部长来张为三年来入会的会员进行了培训。中共十八大后，市委会认真组织会员学习宣传领会十八大精神实质，积极参加市委统战部组织的问卷答题活动，近百名会员参与其中。

【社会服务】 始终坚持以经济建设为中心，以服务大局、服务社会为宗旨，以促进社会效益为根本，按照“发挥优势、突出重点、全会动员、求实创新”的方针，充分发挥智力、人才密集的优势，调动各级组织和广大会员的积极性，采取多种形式广泛开展了以科技示范、发展教育、引进资金和项目、培训人才等为主要内容的活动。在讲学办学、科技咨询、智力扶贫等方面做了一些工作。

6月，参加市委统战部组织的全市统战系统“同心实践、服务社会”大型主题活动，会员创办的燕山大学张家口函授站、文化艺术传媒学校等6个办学单位参加了活动。

7月1日，组织会员中各类医疗专家和特邀的一些知名专家共15人，深入张家口军休一所，为部队离退休干部和群众200余人进行免费义诊。

7月21日，邀请全国人大教科文卫委员会副主任、民进中央副主席、中国民办教育协会会长王佐书一行15人，到张家口市就民办教育进行专题调研，参加了民进北京海淀区委在万全举行的助学支教活动启动仪式。在仪式上，民进101中学支部向万全县梁家庄小学捐赠了6000册图书。民进海淀企业支部捐赠了电脑、太阳能热水器、路灯和校服等物品，总价值20多万元。

8月28日，“民进华耐助学金”颁发仪式在宣化科技职业学院举行。会员贾锋对2012年高考“成绩特优、家庭特困”的23名学生每人捐助5000元。

主任委员：何　兰

（吴　全）

中国农工民主党张家口市委员会

【参政议政】 2012年，农工党市委切实结合实际，就认真履行参政党职能，围绕市委“推进科学发展、致力跨越赶超、实现绿色崛起、打造强市名城”的工作主题，为推动我市工业强市、文化兴市、生态靓市和着力提升百姓“幸福指数”积极建言献策。集体提案“深化农村医药卫生体制改革全面提升人民群众健康水平”被列为市领导批阅件，“关于进一步加强草原野生花卉在园林绿化中应用的建议”，被市政协评为优秀集体提案。市委会上报的社情民意信息，被省委会推荐了4篇，其中“关注青少年发展，青少年宫应重回公益”与“关于加强学校医疗卫生保健工作的建议”，被省委统战部采用。

【社会服务】 4月，组织医疗专家队赴沽源县脑包山村为百姓义诊。5月，在宣化新兴街社区为居民举办健康保健知识讲座、义诊和法律咨询服务。6月，参与统战部组织的“同心实践服务社会”活动，进行义诊，免费为群众送药。11月，举办国际科学与和平周纪念活动，农工党省委在全省设立了张家口、承德2个会场。13日，与农工党省委、桥东区委、区政府在汉桥街北社区联合举办了第二十四届国际科学与和平周活动启动仪式，邀请知名度较高的医疗专家到社区就诊，为500余名社区居民提供医疗服务，免费发放常用药品480盒，发放健康宣传资料2000余份。

主任委员：张　辉

（刘敏艳）

九三学社张家口市委员会

【参政议政】 在各级“两会”期间，社各级人大代表、政协委员共提出各类提案82件（1件为市政协十届五次会议大会发言、1件为领导阅批件）、建议18件，计100件。其中，《加强食品安全监管工作，坚决遏制食品安全事件发生》、《加大结对龙头企业的扶持力度，是带动行业快速发展的有效着力点》两件提案，分别被确定为市政协2012年1、2号提案。

与社省委工作衔接，重新设置了参政议政工作委员会。按成员从事的工作专长和参政议政能力设立了科技经济、农林水环境、文教医卫、社会法制4个专委会，服务于参政议政工作，各基层组织有参政议政骨干69人。为社省委参政议政专委会推荐了成员17名，其中5人分别当选为省农林、科技教育、社会法制委员会委员。

10月19日，社市委召开了参政议政工作会议，对参政议政调研工作进行了具体布置，要求每个专委会按工作领域的专长，分别在规定的时间内高质量地完成6个调研课题，全年共提交社市委31份调研报告和提案。

【自身发展】 遵循“在工作中发展，发展是为了工作”原则，在稳步增加社员数量的同时，注重质量的提高，优化了社员的行业和年龄结构。全年，发展新成员18名。年末，各级社有成员344人，其中高级职称的193名，占成员总数的56，1%，中级职称的135名，占成员总数的39.2%。

【服务社会】 5月10日，社机关工作人员到怀来县官厅镇安家漩村进行扶贫调研。社市委起草了扶贫村情况说明，制定了水利工程可行性报告，并与市政府、扶贫办、水务局等有关部门进行了接洽，为该村发展尽绵薄之力。

组织社桥西区委员会组织医疗、农林、皮革检验、地震等专家赴东窑子镇外东窑村开展送医疗科技下乡活动，为40多名村民检查身体、诊治病情；接受科技咨询百余人（次），发放各种技术资料千余份。

主任委员：祁万利

（付贵元）

张家口市工商业联合会

【综述】 2012年，全市工商联系统新发展会员808人，新建和调整基层分会15个，新建行业商会11个。市联新成立直属商会3个、新发展直属会员17个。年末，全市工商联会员已达5826个，县（区）工商联组织19个、基层商会80个、基层分会209个，市联直属商会11个、直属会员71个。

【参政议政】 围绕全市产业发展规划，向市委、市政府提出《组建全市蔬菜产业商会和蔬菜产业集团的报告》，得到重视，蔬菜集团和蔬菜商会先后于4月和7月成立，为提升“张家口坝上蔬菜”品牌、推动坝上蔬菜占领北京中高端市场发挥了重要作用。《关于加快我市装备制造业民营企业发展的调查建议》，在市政协十届五次会议上被列为重点提案并大会发言。围绕全市“名商名企荟名城”招商月主题活动，邀请全国工商联农业产业、汽车摩托车配件、新能源等7个商会59名企业家出席了“名商名企荟名城”和“坝上蔬菜节”活动，部分商会和企业就今后合作达成协议。围绕全市两个环境改善，联合和配合市纪检委先后召开优化发展环境民营企业代表座谈会，在部分县（区）进行了专题座谈调研，为市领导决策提供了基础数据和有效建议。围绕全省工商联系统小微企业“保生存谋发展”活动开展专题调研，建立了“促进中小微企业发展监测点”，形成专题调研报告12篇。

【光彩事业】 一是选树先进典型。省联副主席、市联副主席、弘基集团董事长张海被中央统战部授予“光彩事业奖章”；在“善行河北·情暖张垣”首届十大经济风云人物评选活动中，有7人被评为十大经济风云人物，6人被评为十大经济优秀人物；联合市个体私营协会、人民银行对66家“诚信兴商”优秀会员企业进行了表彰。推进光彩事业行动，全年全系统投入光彩公益事业资金1383万元。温州商会投资20余万元为桥西区东窑子镇菜市村进行了饮水管网改造；女企业家商会、代理商联合会、完美文化艺术有限公司为市福利总院“爱心捐赠”累计18.5万元；“基层建设年”活动中，组织协调县（区）、商会和会员企业为宣化县谢家湾村、桥西区永丰街社区、宣化区碾儿沟村、赤城县沈家沟村累计捐款、捐物和争取资金150余万元。

【服务会员】 独立和联合市财政局、工信局等部门培训会员8期1600余人（次），市联执委和直属会员全部得到轮训。与张家口职业技术学院就成立“张家口民营经济培训学院”签署了战略合作协议书。与农业银行张家口分行签署了战略合作备忘录，战略合作市级银行已达4家。新成立民营经济信用担保商会6家，总数达20家。经过调研、论证、考察，注册资本金2亿元（财政注资2000万元）的“张家口宇德担保有限公司”前期工作已全部完成。全系统担保商会和担保公司为会员企业提供担保融资8.7亿元。会员宣传方面，《张垣商界》会刊正式创刊发行，全年出版5期，每期发行8000册以上。

主席：武凤英

（史维强）

社会团体

张家口市总工会

【概况】 2012年，市总工会多项工作受到全国总工会、省总工会及市委、市政府表彰。被全国总工会授予“全国五一劳动奖状”、“全国工会帮扶工作标兵单位”、“全国职工教育培训示范基地”，六项单项工作受到省总工会表彰，被市委、市政府授予“文明单位”，领导班子被评为“实绩突出领导班子”。

【开展劳动竞赛】 深入开展各种形式劳动竞赛，全市有41.6万名职工参与。借助全省技能大赛年契机，积极组织职工技协理事单位开展技术比武、技术练兵活动，全市有5个单位、30名职工参加了全省10个工种的角逐，有5名选手进入前10名、有4个工种进入团体前5名，有3名职工获得省“十佳职工发明家”、“十佳职工创新能手”、“十佳金点子建议”。继续开展以促进企业安全生产为重点的“安康杯”竞赛活动，980家企业、21.8万名职工参赛。与市安全生产监督管理局联合开展“喜迎党的十八大，我为安全生产献一计”合理化建议征集活动，全市共征集合理化建议2.1万余条，参评优秀合理化建议 60 条。召开全市庆祝“五一”劳动节表彰大会，授予 62 名先进个人“五一劳动奖章”。为市级以上劳模 2105 人进行体检，慰问、救助各级劳动模范 621 人（次），发放慰问救助金 218.7 万元。

【发展和谐劳动关系】 一是工资集体协商工作。市委连续三年将该项工作列入对县（区）党政领导班子考核内容，市政府连续三年将该项工作写进《工作报告》，并列入 2012 年市委、市政府“百事惠民”工程。20 个县（区）全部召开了工资集体协商集中要约会议，参会企业 2260 家。年内，全市有 10363 家企业单位建立工资集体协商制度，建制率 90.8%，涉及职工 54.2 万人。该项工作列入河北省十大工会工作创新成果候选项目。二是劳动关系和谐企业创建。申报省级劳动关系和谐企业 7 家，评出“市级劳动关系和谐企业”40 家。三是厂务公开民主管理工作。年内，全市新建乡镇、街道职代会 62 个，累计达 176 个。召开市协调劳动关系三方会议，就构建和谐劳动关系、推进工资集体协商、职工社会保险及劳动争议仲裁处理等问题进行研究部署。各县（区）全部建立工会与政府联席会议制度。

【工会组织建设】 市委、市政府两办制发《关于进一步加强县级工会自身建设的实施意见》，各县（区）普遍将工会基层组织建设工作纳入党建考核目标。年内，新建工会组织 400 个，新增会员 64592 人，涵盖法人单位 2318 个，企业建会率 96%，均超额完成省总工会下达的任务。在直属企业中围绕建家活动开展“单位互评、会员直评”活动。依托各级个体私营企业协会促进私营企业建会工作。启动劳务派遣企业建会“百日集中行动”，全面完成劳务派遣单位建会职工入会任务。

【保障和改善职工民生】 全市县（区）全部建立职工服务中心，基本实现有场地、有人员，明确了信访接待、法律维权、困难帮扶、大病互助、技能培训、就业推介六项基本职能，并完善各项管理制度和工作流程。开展的第五期职工大病医疗互助活动共筹集互助金 822.8 万元，共为 3971 名患病职工发放互助救助金 745 万元。开展职工“白内障”光明项目，为 292 名职工做了复明手术。通过“两节”送温暖、夏季送清凉、粮油补贴、日常救助等形式，累计筹集资金 1200 余万元，帮助困难职工 11886 人（次）。通过开展“助学 + 助能 + 助业 + 助志”金秋助学活动，共筹集资金 107.3 万元，帮助 291 名困难职工家庭子女上大学，帮助 27 名困难职工免费上大连工业学院。开展职工技能培训和就业援助工作，根据职工意愿和企业所需，对企业职工、下岗失业人员、农民工开展各类短期技能培训，共培训 10947 人，成功推介就业 3230 人，跨区劳务输出 421 人。依托工会组织建立群众工作室 4973 个，各县（区）总工会全部开通“12351”热线。全市各级工会接待法律咨询 5327 人（次），接待来信来访 1517 件（次），登记处理来电 1577 件（次），排查矛盾纠纷 943 件。市、县（区）两级共代理调解劳动争议案件 167 起，调解成功 101 起，涉案企事业单位 152 个、涉案职工 1210 人，追讨赔偿金 100 余万元。市总工会和市中级法院建立“诉调对接”机制，调解案件 52 起，成功调解 18 起，撤诉 7 起，成功率 48%。

【活跃职工文化生活】 加强职工书屋建设，新增全国职工书屋 2 家，选树职工文化建设先进单位 6 家、职工文化优秀阵地 3 家、职工文化优秀团队 6 家、优秀职工文化骨干 95 位。开展“我爱我的企业”厂歌、行歌展播活动，展播单位 11 个。组织了有 42 支代表队、300 余人参加的全市职工乒乓球比赛，并组队参加全省职工乒乓球比赛，获得男子团体第六名。举办全市职工书法大赛，172 幅作品入选，85 幅作品获奖。组织参加全省职工书画作品大赛，有 5 幅作品获奖。举办“魅力之城”大型元宵节灯展。举行“庆五一职工文艺演出”。与市体育局联合开展工间操推广活动，在全市职工中推广普及第九套广播体操，并培训一批职工教练员。年内，有两个县（区）成立职工文体协会。

主席：魏福刚

党组书记、常务副主席：朱立新

（杨金荣）

中国共产主义青年团张家口市委员会

【青少年领航工程】 以主题教育、文化建设和新媒体运用为载体，不断增强青少年思想引领工作的针对性、适用性和普遍性。深化“学党史、知党情、跟党走”主题教育活动。召开学习十八大精神座谈会。组织青年马克思主义者、少先队辅导员等培训班71场，培训8756人。举行纪念建团90周年大会暨第八届张家口市十大杰出青年表彰大会。开展“学习雷锋好榜样”、“争当四好少年”和“红领巾心向党——感受你的爱”全国统一主题队日系列活动。举办“用声音传递美好、用心灵感悟青春”校园广播主持人大赛和“精彩在沃”2012年河北省（张家口赛区）大学生校园歌手大赛。利用微博开展“多植一棵树——保护母亲河走进张家口”公益植树、“历史上的今天”、“看图识张家口”、“青春晨思”、“感悟十八大·青春正能量”等活动，搭建团组织与青年的网络直通车。

【青年建功工程】 对接中国华电、中国华能、中国航天科技等央企团委，开展结对帮扶扶贫开发重点县活动。深化与北京团市委联系，开展扶贫助困、生态绿化、支农支教、交流培训等活动，助推扶贫开发示范区建设。在全市“大好河山张家口·名企名商荟名城”大型主题招商月活动中，圆满完成全国青联、中国青年企业家协会和世界杰出华商协会企业家的邀请及接待工作。结合“青春致富大讲堂”，开展种养殖实用技术、餐饮服务、电器维修、金属制造等培训，培训2.1万余人。向京津等地输出农村青年3104人。以青年文明号为主体，开展以提升优质服务评比、青年岗位能手亮牌和创建省级青年文明号为主要内容的实践活动，全年创建省级青年文明号集体30家，环境整治青年示范区（街）、植树绿化示范林（路）各99个，涌现出省、市级青年岗位能手159人、青年安全生产示范岗43个。建立青少年舆情分析机制，建立青少年舆情信息报告点47个，选聘基层信息员（观察员）886人，全年收集、反馈、处理集中反映的重大问题15个。

【青年民生工程】 举办第三届“百企千岗”张家口青年就业招聘会，参加7000余人，达成就业意向1700余人。在河北北方学院等院校举办招聘会5场，应聘2万人（次）。建立青年就业创业见习基地167个，提供见习岗位2000余个，800余名青年在各级“青年就业创业见习基地”进行定岗实习。与金融机构合作，培训乡镇青年信贷宣传员900余人，发放青年创业小额贷款2379笔、9857万元，扶持创业青年2379人，带动青年就业6038人。利用12355青少年维权热线和青少年维权网，开展“轻松备考阳光行动”、“晓风有约”、“春风送暖”等系列活动，进行考前心理辅导10场，专家讲座15场，提供心理咨询和疏导640余次，发放心理小贴士5000套。开展万名青年志愿者服务基层大行动，深入全市616个乡村（社区）开展“两节两进六送”活动（乡村文化节、社区文体节，进农村、进社区，送科技、医疗、文艺、金融、法律、关爱），惠及基层群众20万余人。开展“张垣有爱温暖过年”全城公益行动，筹集过年、学习物资约合200余万元，受助万余户。年内，累计筹资1118.6万元，援建寄宿制希望小学3所，捐建希望音乐室、厨房、电脑室等255个，资助困难学生2236人，“圆梦行动”资助贫困大学生388人。

【基层团组织建设】 圆满完成全市4111个村级团组织换届工作，新建非公团组织410个，以乡镇实体化“大团委”建设为抓手，完成全市4214个基层团组织的建立工作。五四前夕，《中国青年报》对市委主要领导进行专访，并刊发《张家口党建带团建的魅力何在》文章。在全市率先开辟新媒体工作阵地，在市、县两级共青团组织和团干部中开通微博，张家口共青团官方微博影响力位居全省前列。建立覆盖市、县、乡、村四级团组织和团干部的“青春直通车”网络平台，实现信息直接沟通和有效层级管理。

书记：高　薇

（杨婷婷）

张家口市妇女联合会

【概况】 2012年，市妇联被全国妇联评为全国农村妇女“两癌”免费检查工作先进集体，被省政府妇儿工委评为河北省实施妇女儿童发展规划先进集体，被市委、市政府评为创建国家园林城市先进集体、文明单位、创先争优先进集体。

【推动城乡妇女全面发展】 开展以创业就业为主题的演讲、风采展示等活动，营造推动妇女全面发展氛围。“三八”期间，召开全市城乡妇女岗位建功表彰大会，表彰城乡妇女岗位建功先进集体110个、先进个人117名。开展尽显巾帼风采展播和“三八”专版，宣传妇女典型。举办100余名女领导干部、女企业家参加的联谊会。举办“三八”妇女维权周暨推进百万家庭“学法律、促和谐”宣传活动，巾帼法律宣传队通过精彩的文艺节目宣传法律知识。

培树2个全国、6个省级、45个市级巾帼现代农业示范园区，辐射带动3万余名农村妇女发展现代农业。举办“春风送岗位”等25场（次）女性就业招聘活动，现场解答咨询3300人（次），达成就业意向1340个。抓住第九届村级“两委”换届契机促进女性进“两委”，比例达90.2%，比上届提高44个百分点，其中女村书记、村主任326名，占村正职的8%，位居全省之首，分别比上届提高4.1和2.6个百分点。落实妇女儿童发展规划，召开全市第三次妇女儿童工作会议，全面部署“十二五”妇女儿童工作，以市政府文件印发《妇女儿童发展规划(2011－2020年)》。

【实施妇女儿童民生工程】 一是实施妇女创业就业帮扶工程。实施母亲小额循环、沃尔玛妇女发展基金等项目，争取资金318.5万元，位居全省之首。培育女技术骨干1300名，女大户、女能手700名，共惠及7600余名农村妇女创业，辐射带动2万余名妇女增收致富。承办河北省玫琳凯女性创业基金母亲小额循环项目启动仪式，河北省110万女性创业基金全部落户张家口。实施巾帼创业小老板培训工程、妇女职业技能培训工程、阳光培训工程，全年组织培训81期，培训近万人。二是实施妇女儿童健康工程。全市“复明12号”手术车治疗贫困白内障患者1445例，列全省第一。新争取母亲健康快车8辆，为5万余名妇女进行免费体检，直接受益农村妇女15万人。新增5个“两癌”检查项目县，共为5.2万名农村妇女进行免费“两癌”筛查，争取救助资金66万元。危难困境儿童救急项目救治儿童60名，每名儿童得到2000～5000元救助资金，合作医院为其减免20%医疗费用。承办全国“母亲邮包”张家口站启动仪式，为1500名贫困母亲发放总价值18万元“母亲邮包”。争取中国妇基会支持，为贫困家庭发放总价值55万元衣物1899件。开展妇科病检查、儿童义诊等惠民服务活动，为10万余名妇女儿童健康普查。三是实施妇女维权工程。全面推行妇女信访代理，建立四级工作平台，统一制定工作制度，建立信访代理员队伍，吸纳5012名村妇代会主任、民调员、律师等为代理员。召开全市妇女信访代理推进会，共代理案件337件，其中被省妇联评为优秀妇女信访代理案件91件。市、县妇联年内接待信访653件，全部结案。四是实施贫困儿童助学工程。建立助学助困长效机制，募集社会各界捐赠款物300余万元，使4200余名贫困生得到一对一救助，其中从中国儿基会争取春蕾女童班2个，资助贫困女童150名，救助金额18万元，争取到《雷锋全集》2000套，价值20余万元。市春蕾女童罗丹获河北省“十佳春蕾女童”荣誉称号。

【助推社会和谐】 在全市妇联系统组织开展喜迎“十八大”和学习宣传十八大精神活动，组织优秀妇女代表200余人参加“游大好河山，看科学发展”活动。开展“善行河北、情暖张垣、幸福家园”创建活动。举办“幸福大讨论、大征集、大宣传”、“张家口家庭文化大讲堂”、“寻找家庭幸福力”等活动50余场（次）。举办“幸福家园”妇女书法展览，征集作品近百幅。开展“践行雷锋精神、巾帼志愿者在行动”、“巾帼创造洁净美环境”、“爱心代理妈妈”、“爱心代理儿女”等志愿服务活动210余次。

【妇联组织建设】 创新基层妇女组织模式，加大在“两新”组织中建立妇女组织力度。全市43个基层妇联被评为全国妇联基层组织建设示范单位，226个基层妇联被评为省妇联基层组织建设示范单位，市妇联“巾帼先锋”党建品牌被评为优秀党建品牌。“妇女之家”由挂牌成立逐步向制度化规范化建设推进，由农村、社区全覆盖向女性集中的其他领域拓展，评选省市县级示范点114个，得到省妇联1.2万元资金和100个报架奖励。建立妇联干部直接联系妇女群众机制，在妇联系统开展“一联八”贴心扎根工程，全市四级妇联干部共与33978名妇女群众拉手结对，为妇女群众办实事办好事38650余件。

主席：张淑梅

（宇清秀）

张家口市科学技术协会

【提升服务能力】 一是以第十四届中国科协年会“装备制造业改造提升及再生能源利用”专题调研座谈会为契机，助力张家口市产业结构调整和升级。邀请中国科学院胡文瑞等6位院士专家参加专题调研活动，深入国家风光储输示范项目和装备制造企业，了解张家口市风电、机械装备制造产业发展现状，出席座谈会与企业进行面对面探讨交流。胡文瑞院士还在市工人文化宫作了题为《能源危机和可再生能源发展》专题报告。

二是加大对农技协工作指导力度，推广农业先进技术，促进农民增收致富。按照《基层农村专业技术协会规范化建设标准》，对全市农技协开展督查检查，建立健全组织机构和管理制度，提高农技协服务能力，提高产品质量。加大对农技协帮扶力度，鼓励农村专业组织和集体登记注册农技协，帮助争取项目建设资金。年内，获得省级表彰奖励农技协1个、国家级表彰奖励农技协4个。发挥先进农技协辐射带动作用，加强农技协对周边农户的科技培训和指导。三是以项目工作为突破口，推动科普工作创新发展。完成2012年“基层科普行动计划”先进典型申报推荐工作，获得国家级和省级“科普惠农兴村计划”先进典型10个，获奖补资金138万，获得国家级和省级“科普益民计划”先进典型6个，获奖补资金60万元。为市青少年科技教育协会、高新区宁远堡小学申报省级公民科学素质教育示范单位和省全民科学素质教育典型案例，获奖励资金4万元。四是市科技咨询服务中心完成科技司法鉴定案件52件，其中建筑工程司法鉴定32件，汽车机械司法鉴定19件，地质矿产司法鉴定1件。市科技干部进修学院与河北大学联合函授在校生612人。

【提高全民科学素质】 一是开展科普品牌活动。面向重点人群开展科普宣传系列活动，内容涉及养生、健康、防灾减灾、食品安全等。组织安排科普讲座和科普宣传活动120余场，发放《科学饮食，健康生活》、《科普之光》等科普宣传资料8000余份。组织开展“科普大篷车”进校园活动，在6县4区的28所中小学进行巡展，共接待学生2万余人，培训小小讲解员700名。完成第十四届中国科协年会张家口市科普嘉年华系列活动，在康保县举办河北北片地区科普文艺汇演暨张家口市科普嘉年华启动仪式，举办青少年科技创新成果展览，各县（区）35个幼儿园、中小学参展。面向社会征集论文10余篇，为年会创作的主题曲《只因为有你》及系列剪纸图样均被采用，丰富了年会成果。二是抓科普硬件提升。市科技馆完成升级装修、旧展品修复，定制的27件新展品交付安装，编印的《食品安全与食品添加剂》宣传册获省科协资助，正在编辑的《社区科普口袋书——急救避险》获市科技局资助。三是推进青少年科技教育工作。第二十七届河北省青少年科技创新大赛，张家口市取得11金、16银、36铜好成绩，市科协获省优秀组织单位奖。

【强化学会管理】 一是成立法医学会，筹建园林生态修复工程学会，指导城市科学研究会、超声医学工程学会和畜牧水产学会完成换届选举工作，对机械工程师协会、地质学会变更挂靠单位。二是组织20多位学会专家成立科普宣讲团，赴县（区）开展科普宣讲活动。“三八”妇女节，组织中医学会3位专家，赴市科协帮扶点——宣化县塔儿村乡西甘庄村，开展“情系村民‘三八’义诊活动”，义诊600余人（次）。三是指导和帮助市机械工程学会、市医学会等学会举办各类沙龙、学术交流和研讨会80余次。市机械工程学会配合市科协组织相关专家实地走访企业10余家，发放调查问卷20余份，撰写《能源危机和可再生能源发展》等论文30余篇，其中由专家主笔的《关于加快张家口市装备制造业改造升级的调研报告》受到中科院专家高度评价。

主席：封心青

（韩锦艳　焦　彦）

张家口市文学艺术界联合会

【推动“大好河山”品牌建设】 1月，由《中国摄影家》杂志社等单位联合主办，市摄影家协会承办的“中国·张家口大好河山‘雪韵冬趣’摄影展”在北京朝阳公园举行，展出张家口市冬季独特景色照片120幅，参观展览的中外游客50余万人（次）。6～11月，市音协会同有关单位举办“华润杯”大好河山张家口青少年艺术风采器乐大赛，参赛选手500余名。8月，由中国摄影家协会、张家口市委市政府联合主办，市摄影家协会承办的“大好河山畅游四季”第三届中国·张家口（国际）摄影展分别在北京王府井步行街、清华大学校园和国家旅游局展示。9月，市音协和交响乐团在张家口第十中学举办“大好河山张家口”2012年原创音乐大型交响歌会。同月，由市委宣传部、市文联、市电视台联合主办，市舞蹈家协会承办的“大好河山张家口”首届电视舞蹈大赛在市电视台演播大厅举行，2000余人参加了东路二人台歌舞、民族民间舞、国标舞等比赛。10月，由联合国中国书会、张家口市文化建设协会共同主办，市摄影家协会承办的“大好河山·绿色家园·中国·张家口联合国总部摄影展”在纽约联合国总部开展，这是张家口市首次走出国门举办摄影展。同月，由市文联、市工业经济联合会共同举办的“中国工艺美术精品展”暨“张家口市首届‘大好河山杯'工艺精品展"在市展览馆开展，特别邀请20余位国家、省工艺美术大师携作品参展。12月，会同有关单位举办“大好河山张家口”壬辰篆刻雅集活动，17名篆刻家现场创作篆刻作品51件，这是张家口市首次举办篆刻雅集活动。同月，与桥西区委区政府在市展览馆举办尚峰国际杯·张家口市第三届书法篆刻作品展，共展出作品近200幅。

【举办系列主题活动】 1月，市戏剧家协会举办张家口市2012年戏曲盛典颁奖晚会。2月，市影视家协会举办“2012年张家口市元宵晚会”。6月，为庆祝中国共产党成立91周年，由市委市政府主办，钻石交响乐团承办的大型交响歌会在市工人文化宫举行；由市委宣传部、市工业和信息化局、市文联联合主办的“张家口百强企业大型图片展”在市文化广场开展，展出照片千余幅。5月，为纪念毛泽东同志在延安文艺座谈会上的讲话发表70周年，由市委宣传部、市报社、市广播电视台、市文联、市文广新局主办，市戏剧家协会、张家口演艺集团承办的“走进文艺的春天里”——戏曲名家名段专场演出在市工人文化宫上演。12月27日，会同市委宣传部、市广播电视台、张家口卷烟厂主办“大好河山张家口”——春天你好2013年新春跨年交响歌会。

【开展特色文艺活动】 7月，市书协、市美协与桥东区委区政府共同举办“颂党恩，喜迎十八大书画摄影展”。同月，市作协和下花园区委统战部、宣传部共同举办“‘喜迎十八大’张家口作家书法作品展”。8月，市美协与市人寿保险分公司联合举办“牵手国寿，运动快乐少年儿童绘画作品展”，共征集作品473件，评出一等奖6件、二等奖20件、三等奖40件，选送参省展作品15件，其中获省三等奖6件、纪念奖5件，入围全国优秀作品4件。9月，由市委宣传部、市教育局、市文联、市广播电视台与张家口卷烟厂联合主办的“颂祖国唱家乡”——大好河山张家口大型原创音乐作品交响歌会在市第十中学校园上演。11月，市美术家协会在市展览馆主办“董善明绘画作品展”，展出年画、连环画、中国画、书法等作品60余幅。同月，市书协与保定市委宣传部、张家口市委宣传部、河北省书法家协会共同主办“塞外风·李根茂书画作品展”，展出书画精品50余幅。

【开展文艺慰问活动】 市剧协组织会员多次深入阳原、蔚县、赤城等县的定点扶贫村进行戏曲慰问演出。市舞协编排、创作了一批反映社区工作和社区群众生活的舞蹈作品。市民协组织会员开展楹联下乡活动，组织基层会员和群众共同开展楹联创作活动。8月，组织文艺家深入塞北管理区，创作了一批反映当地经济建设成就和自然风光的作品，在《张家口日报》、《张家口晚报》和《长城文艺》等报刊发表。市乡土文化协会和市钻石交响乐团多次参与县（区）彩色周末活动演出。

【开展文艺进校园活动】 市音协和交响乐团多次到宝善街小学、逸夫回族小学等学校开展交响乐演出，在青少年中普及高雅音乐知识。市曲协开展曲艺进校园活动，举办慰问演出6场，观众5000余人。市美协、察哈尔书画院与张家口教育学院共同主办“张家口书画精品展览”，展出名家作品30余幅。

【地方特色文艺精品】 市民协在省以上报刊发表各类民间文学作品300余篇（件），出版书籍5部。於全军出版个人作品集两部，并在《民间文学》、《故事会》、《百花悬念故事》等民间故事专刊发表中、短篇故事30篇；张春海主创的儿歌集《小蜜蜂》由金盾出版社出版；李世聪创作出版《霞城情怀》；刘义军出版《水源木本》；梁挺爱完成了五场新编历史剧《大境门》、二人台大戏《走东口》、二人台小戏《假日农民工》、喜剧小品《团圆年》；杨畅、戴世敏合作的九场晋剧《山城红女》发表于河北《大舞台》杂志；闫宪创作大型戏剧《洗心》和《隶书悲歌》；李舒华创作大戏《魂归》、小戏《清水桥》、《接访》、小品《烛光里的妈妈》等20余部，其中小品《烛光里的妈妈》由口梆子剧院排演，参加华北矿业能源文艺汇演；杜忠、梁挺爱、王有成合作创作大型口梆子现代戏《少年董存瑞》已公演。年内市民协共获得各种奖励近百项。口梆子现代戏《少年董存瑞》荣获河北省第九届戏剧节金奖第一名；戴世敏与人合作的晋剧《毛毛匠》获河北省第九届戏剧节金奖；梁挺爱为市特殊教育学校编的《蔚县剪纸生肖歌》在省残疾人文艺汇演中获二等奖；於全军创作的《特殊拍卖》、《生死五秒钟》等8篇故事荣获多项奖项；阎宪创作的新编大型戏剧剧本《探春远嫁》在全国戏剧文学学会第二届“文化奖”评选中，进入复评。市楹联协会会员参加全国性征联比赛百余次，共获得一等奖13人（次），二等奖27人（次），三等奖48人（次），优秀奖

100余人（次）。花建明作品入展全国第二届册页书法展、王羲之全国书法展；王为民、丁建强作品入展“百年西泠·诗书画印大赛”。市美协选送24幅作品参加“全国纪念毛泽东在延安文艺座谈会上的讲话诞生70周年大型展览”；钱宗飞、王子亮、丁建强、崔志凌、王桂卿参加河北省美协主办的“大陆·台湾·两岸艺术家交流展”，作品相继在两岸展出，并出版画集；选送作品参加了由省文联和省行业文联共同举办的“东方物探杯”书画摄影展，10幅作品入选，崔志凌获优秀奖；吕跃东、戴瑞卿、陈巍入选全国“吾士吾民——系列油画邀请展”；秦玉军创作的油画《下岗之后》、《美丽家园》获中国美协主办的“魅力新疆·第七届中国西部大地情中国画、油画作品展”优秀奖；郭树斌创作的中国画《萌动》入选中国国家画院、河南省委宣传部共同主办的“荆浩杯中国画双年展”。市曲协“东口数子”代表作《口菜谣》参加全国曲艺邀请赛，被评为创作一等奖和表演一等奖，并荣获第七届中国曲艺牡丹奖“节目提名奖”；成杨创作的相声《救，不救?》由北京嘻哈包袱铺高晓攀、尤宪超表演，参加了中央电视台第四届CCTV相声大赛，荣获专业组表演金奖和最佳作品奖。付兰创作的舞蹈作品《我的舞台我的梦》在全国大学生文艺汇演中荣获三等奖；赵慧创作《阳光少年》获河北省中小学舞蹈比赛一等奖；姬虹创作的《灵鹤飞翔》在河北省舞蹈大赛中荣获一等奖、华北五省市舞蹈比赛一等奖。市音协出版了《大好河山张家口群众喜欢的原创歌曲集》、《原创歌曲集——第三集》，收编原创歌曲近80首；在中国音乐最高期刊《歌曲》发表《永远的篇章》、《腾飞的塞外》等作品。市工艺美术家协会组织参加中国工艺美术家协会举办的“金凤凰”扬州赛区创新产品设计大奖赛，荣获银奖1个、铜奖3个、优秀奖2个。

【发现和培养文艺人才】 一是成立群众文艺团体。市音乐家协会相继成立西豪丽景合唱团、音协女子民乐团，并多次参与各种大型文艺演出。二是开展专题研讨。市美协先后组织了王根深作品研讨会、中国画作品观摩研讨会；市书协举办大型书法学术研讨会；市民协组织楹联会员进行研讨交流、开展理论讲座。三是举办各类比赛。各协会共组织参与各类比赛20余项，10余名优秀者成为协会发展后备力量。四是深入基层采风。组织20名音乐家到宣化县、康保县进行采风活动，创作原创音乐作品20首；组织作家深入赤城、蔚县创作采风，发表散文10余篇；组织民间文艺家到涿鹿县境内的战国长城和明长城进行地域考察，搜集整理了关于赵家蓬区蟒石口村古装戏（河北梆子老调）、民俗（绕花）、古民居等民俗文化活动的文字资料。

主席：薛美华

（池维伟）

张家口市归国华侨联合会

【帮扶困难归侨侨眷】 摸清全市贫困侨情状况，为全市140户特困归侨建立侨情档案。10月，坝上4县遭受冰冻灾害，部分靠种菜为生的归侨侨眷生产和生活遇到了困难，市侨联及时对部分受灾归侨侨眷进行资金、物资救助，同时上报省侨联。省民政厅拨专款委托市民政局和市侨联对坝上4县33户102位归侨侨眷进行救助。每人救助现金300元，每户救助取暖煤0.5吨。

【引进项目】 在“名企名商荟名城”主题招商月活动中，市侨联在中国侨联、省侨联支持帮助下，成功邀商90余人，占全市邀商总数30%，一批有实力的商人如北美矿业集团董事长刘洪利、石家庄河北源好机动车检测有限公司董事长顾小利、中国侨联经济与科技部长安晨、省侨联主席马法严、副主席包东、季加宇都莅临会议。河北源好机动车检测有限公司投资3000万元在高新区开工建厂，北美矿业集团拟投资5亿元收购扩建沙城白酒厂，项目已经过多轮洽谈，进入实质性合作阶段。

【开展侨谊活动】 一是继续承办由省委统战部、省侨联组织的“两岸四地大学生交流营”活动。7月15~18日，交流营成员在桥西、张北、阳原、蔚县、涿鹿5个县（区）参观了大境门、西境门、《记忆张家口图片展》、中都原始草原度假村、元中都博物馆、阳原泥河湾遗址和中国规模最大的旧石器专题博物馆——泥河湾博物馆，游览了蔚县暖泉古镇和剪纸博物馆，在中华三祖堂举行了祭祖仪式，并参观了合符坛、黄帝城等景点。市侨联还举办多场交流座谈会、文娱联欢会，使来自港澳台法33所大学的66名大学生了解了张家口的历史文化、物产风情，加深了两岸四地及全世界华人同宗同源的情感认同。二是诚邀台湾中华侨联总会理事长简汉生、原台湾“交通部长”简又新等赴市参加冀台会和经贸会，简汉生先生多次在中国台湾和大陆报纸上发表文章，赞美张家口，宣传张家口，把泥河湾文化和三祖文化推向台湾，推向全世界。三是积极推荐张家口市职教中心礼仪队为中国侨联召开的华侨华人科技创新表彰大会提供礼仪服务。

主席：王　平（06 月免）

（陈　曦）

张家口市残疾人联合会

【基础设施建设】　截至年末，张家口市残疾人康复中心主体装修工程全部完工，正在进行内部细化装饰及设备预定、调试、安装等工作。该中心完全按照国家二级残疾人康复中心标准建设，投入使用后，将为全市残疾人提供 14 种康复项目和就业、培训、文体服务项目。全市有 9 个县（区）的残疾人基础设施建设达到中、省残联标准。

【基层组织建设】　一是开展创建全国一流残疾人示范乡镇（街道）、示范村（社区）工作。在上年创建 64 个基础上，重点创建了 100 个示范点。7 月，对残疾人专职委员 100 人进行业务培训。10 月下旬，对各创建示范点进行全面验收，从机制建设、组织建设、设施建设、服务项目和基础档案入手，对原有基层组织建设进行提升和完善，圆满完成创建任务。二是开展村、乡镇、县级残联换届工作。9 月下旬，召开全市换届工作会议，作安排部署。10 月下旬，进行分片督导。截至年末，村残协换届工作全部完成，244 个乡镇残联完成换届，宣化区残联完成换届。

【残疾人生活保障】　一是将全市符合条件的贫困残疾人 11.69 万人全部纳入城镇和农村低保，其中城镇 6987 人，农村近 11 万人。二是下半年实现残疾人新型养老保险全覆盖，重度残疾人 100 元个人缴费全部由财政负担。三是对因病、因灾、因学造成特殊困难的贫困残疾人实施应急救助。与市财政局联合制定《张家口市残疾人应急救助基金管理办法》，对 172 名申请救助的残疾人提供应急救助经费 56.48 万元。四是协调民政部门，将一、二级重度残疾人低保标准提高 20%，34282 名残疾人受益。五是中秋、国庆期间，组织开展慰问活动，市本级慰问 472 户，县（区）慰问 1894 户。

【残疾人就业保障】　一是市县两级残联全年共组织残疾人就业招聘会 22 场，参加 1320 人（次），实现就业 977 人。市县两级 19 个就业服务窗口为 2560 名残疾人进行了求职登记、咨询和推荐就业等服务，1530 名残疾人经推荐实现了稳定就业。二是市残联制发《关于做好扶持城乡残疾人个体从业工作的实施意见》和《关于切实做好高校残疾毕业生就业工作的通知》，为 102 名新创业残疾人每人提供 3000 ~ 5000 元资助，120 名残疾高校毕业生实现稳定就业。三是配合市邮政局在市区设立第一批残疾人自强创业亭，15 户残疾人家庭实现创业。四是分散、集中安置残疾人就业。截至年末，全市党政机关、企事业单位分散安排残疾人 621 名稳定就业，15 个残疾人扶贫基地集中安置残疾人 187 名稳定就业，辐射带动 1076 户残疾人从业。

【残疾人康复服务】　一是基本形成四级康复服务网络。市级残疾人康复中心已基本建成，新建乡镇残疾人康复服务站 23 个，所有康复器材由市统一配备。截至年末，全市有 20 个县（区）、154 个乡镇、157 个社区、2611 个村建立残疾人康复服务站，县级建站率 100%，乡镇级建站率 73%，社区建站率 65%，村级建站率 62%。二是开展各类免费康复服务项目。为 10167 名残疾人提供了有效的康复服务，其中假肢制作、白内障手术等常规性康复服务 3147 名，发放辅助器具 2300 件，为视力残疾人提供康复服务 2200 名、为聋人提供服务 1000 名，为白内障患者免费手术 1000 名。“彩票公益金”项目补贴 520 名，“七彩梦”项目补贴 82 名。市残联辅助器具流动服务车还深入到 10 个县（区）的 25 个乡村开展“下百县走千乡进万户”活动，为残疾人配发辅助器具 1260 件。为对口援助的新疆和硕县 7 个乡镇配备了 7 套总价 7 万元的康复训练器材和 80 辆轮椅。三是规范、完善残疾儿童定点康复机构。市残疾人康复工作办公室印发《关于加强残疾儿童定点康复机构管理工作的通知》，对 5 个康复机构法人进行了培训，与各定点康复机构签订了目标责任协议书，与市财政局联合制定《张家口市贫困残疾儿童抢救性康复项目救助办法》，投入资金 99.6 万元，作为全市 0 ~ 6 岁残疾儿童抢救性康复训练补贴。

【残疾人教育】 一是提升残疾学生义务教育水平。全市已建特殊教育学校14所，有残疾学生714名，在普通学校随班就读的残疾学生408名，全市盲聋哑、智障三类残疾儿童入学率达97%。二是加大对贫困残疾学生资助力度。市“扶残助学金”投入15.85万元，资助贫困残疾大学生88名；71名学前儿童享受到彩票公益金助学项目补贴21.3万元。年内，市残联与市财政局、教育局联合制定《关于对考入高等院校的贫困残疾人子女实施资助的意见》，首批受助贫困残疾家庭大学生19名，受助9.5万元。三是残疾人技能培训。与科技、农牧、教育等部门协作，社会化培训残疾人及亲属5000人（次），为3600名接受培训的农村贫困残疾人提供补贴86.8万元，并实名制录入中残联管理系统。

【残疾人文体活动】 6月下旬，全市首届残疾人文化节启动仪式暨第三届残疾人书法、绘画、摄影作品展在市文化广场展览大厅举行。7月中旬，组织参加全省第七届残疾人艺术汇演，选送的3个节目一个获二等奖，两个获三等奖，市获得优秀组织奖。8月中旬，市残联召开首届残疾人文化艺术研讨会。同时，还组织残疾人参加河北省残疾人书法绘画摄影作品展、“善行河北·自强与扶残”演讲报告会，并在各县（区）举办读书会、棋类比赛、送文化下乡、青年志愿助残、“文化进社区”等系列活动。市残疾人竞技体育工作取得历史性突破，在第14届伦敦残奥会上，张家口市籍肢体残疾运动员赵帅在男子乒乓球TT8级单打比赛中夺得金牌。

【社会助残服务体系建设】 第二十二个全国助残日期间，市残联在市展览馆举办助残日庆祝活动暨残疾人自强创业厅启动仪式，桥西区残联举行“爱之源·爱从这里传播”志愿者助残启动仪式。6月下旬，市残联联合市司法局成立市残疾人法律维权服务中心，为涉及残疾人权益的11个项目提供“三优先、四当日”法律援助服务，各县（区）也都与司法部门联合建立法律援助中心。依托社区服务机构开展100个爱心助残超市创建工作，并通过发放爱心救助卡等方式，为残疾人提供优惠的生活用品及劳务服务。对100户重度肢体残疾人的住房实施示范性无障碍改造。

理事长：刘振山

（武俊峰）

张家口市消费者协会

【概况】 2012年，市消费者协会围绕“消费与安全”年主题，开展系列纪念宣传活动，有20余个党政部门、14个行政执法单位和30余家经营、服务企业参与，活动中为消费者提供咨询服务627人（次），受理消费者投（申）诉266件，解决189件，散发各类宣传资料15万余份。全年消协系统受理消费者咨询20016件、申诉4022件、举报1711件，市维权调解中心共受理投诉652件，解决639件，为消费者挽回经济损失67万元。桥西区消费者协会的“整合维权资源，创新维权机制，全力构建‘六位一体’维权模式”获得河北省消费者协会系统工作创新奖。

【“张家口市消费者最喜爱的品牌”评选】 市消费者协会和市报社共同组织了“张家口市消费者最喜爱的品牌”评选活动。参评的有餐饮、房地产、家电数码、电信、汽车、金融保险、医院药房、农资、服饰、卫生洁具、化妆品、烟酒、家居建材、地方特产、超市卖场等15个类别，500余个品牌。

【“汽车家电服务下乡”活动】 3·15期间，市工商局、市消协在文化广场举行“汽车家电服务下乡”大型活动启动仪式。此次活动涉及25家企业，23个品牌。

【召开消费维权新闻发布会】 3月12日，市消协组织召开2012年消费维权新闻发布会，参加会议的新闻媒体有河北日报、河北电视台、河北电台、河北经济日报、河北工人报、燕赵都市报、张家口日报、张家口电视台、张家口电台、张家口晚报、张家口新闻网、张家口广播电视报、长城网、张家口新视网，会上发布了2012年消费年主题及2012年3·15消费者权益日纪念活动方案、2011年消费者申诉举报情况和全市流通领域商品质量监测情况。

会长：赵志强

（张晓军）

张家口市工业经济联合会

【举办中欧经贸交流暨欧洲商贸会展中心项目双向投资推介会】 11月30日，市工信局、市工经联、市商务局、中国机电产品进出口商会共同举办“中欧经贸交流暨欧洲商贸会展中心项目双向投资推介会”。会上向客人介绍了张家口经济、政治、社会、文化、环境等发展情况，宣传了张家口交通、能源、工业等方面的独特优势，引起了客商的投资热情。法国驻中国大使馆前商务参赞、法国摩泽尔省政府高级商务顾问达保罗先生等客商出席会议，法国科麦斯集团大中华区总裁易青先生介绍了欧洲中国商品出口基地综合项目。会上全市有29家企业与法国科麦斯集团签定了投资意向书。

【开展全市百强企业排序活动】 2012年，市工经联继续与相关部门组织全市百强企业排序活动，排出的百强企业营业收入总额达1033.4亿元，同比增长29.91%，百强企业销售收入占全市企业销售收入的80%以上。同时，还排出“2012年张家口重点行业排头兵企业”，91家企业入选。市工经联还积极组织全市企业参加省百强企业排序活动，全市进入省百强企业4户，分别是张家口卷烟厂有限责任公司、怀来土木煤炭市场物流服务中心、冀北电力有限公司张家口供电公司、大唐国际发电股份有限公司张家口发电厂，入选省百强企业数量比上年增加1户。同时，张家口卷烟厂有限公司等3家企业入选2012年河北省制造业百强企业，中煤张家口煤矿机械有限公司等24家企业入选河北省重点行业排头兵企业。

【开展行业监管和社会组织评估】 认真履行对各行业协会监管，对34家行业协会进行年检初审，指导2家行业成立了行业协会，帮助3家行业协会进行筹建工作。根据《河北省社会组织评估管理办法》和民政部门部署，对成立时间满2年的6家协会，进行了双评推荐和评估工作的初审，其中3家被推荐为2A级社会组织，1家被推荐为3A级社会组织，2家被推荐为4A级社会组织。加强行业协会财务管理工作，市工经联组成检查组，对10家行业协会进行财务检查，对检查情况进行通报，对存在问题的协会要求限期整改。

【组织协调协会工作】 年初，市工经联召开第二届理事会第二次会议，对上年工作进行总结，对全年工作进行安排，对先进协会和先进个人进行表彰，会议还邀请市工信局、商业银行、工商银行领导就政府扶持企业技改资金的使用政策、企业融资方式等进行宣讲。市工经联利用网站、信息简报与各协会、理事单位沟通，提供相关信息，介绍工作经验，推进工作交流；免费为张家口煤机等会员企业，在河北省冀展网进行多方位立体宣传展示；组织协调市工艺美术协会与唐山工艺美术协会联手开展“大好河山张家口”工艺美术展，展示全市陶瓷制作、剪纸、雕刻等制作艺术水平；指导市酒类流通协会规范行业秩序、维护会员利益。

【实施重点人才工程】 贯彻落实市委、市政府《关于张家口市重点人才工程的实施意见》，根据市委组织部要求，为34家协会建立了人才信息库，及时汇总、更新人才信息，同时依据各协会发展现状制定培训方案，邀请高层人士开展协会人才队伍培训。

【行业协会党建工作】 以市工经联文件下发《关于加强全市经济类行业协会党建工作的意见》，明确规定，在协会建立独立党支部、联合党支部、临时党支部、党建工作联络员制度，在协会工作的党员参加协会党组织活动。年内有6个协会成立独立党支部，其他协会党的组织正在筹建中。

会长：张宝义

（田　华　邵　霞）

中国国际贸易促进委员会张家口市支会

【组团出访】 5月，应瑞典沃尔沃汽车公司和西班牙塞戈维亚省邀请，市长侯亮率代表团前往欧洲，考察瑞典、西班牙两国汽车工业、现代农业等产业。考察期间代表团分别赴Campofrio食品集团、塞戈维亚商业发展署、盖得维亚养猪场进行洽谈、参观。6月，组成由市委常委、副市长郑丽荣为团长的张家口市经贸代表团，赴韩国参加韩国丽水世博会河北周开幕式等经贸洽谈活动。7月，组成以副市长唐卫斌为团长的张家口市经贸代表团，赴韩国对浦项、水原两市进行访问、考察和经贸洽谈，并以贸促会名义与浦项商工会议所签署共同促进两市经贸往来的友好合作协议书。

【国内展会】 7月11日至8月16日，“名企名商荟名城”大型主题招商月活动之一的“张家口首届经济贸易博览暨名优产品展销会”，在张家口市经贸博览中心举办，市贸促支会人员全程参与了展览展销活动。11月，组织阳原县皮毛大市场管理处和华益皮草公司等单位，赴石家庄参加第四届中国石家庄国际皮革裘皮博览会，期间展示了华益皮草公司的裘皮产品，散发了阳原国际裘皮城招商资料，中国食品土畜进出口商会、石家庄市政府和省商务厅领导亲临参观，燕赵都市报等新闻媒体进行了采访报道，销售产品20余件，金额30余万元，并与国内外多家客商达成合作意向。参与省政府举办的冀台（张家口）经济合作洽谈会、环洽会等活动。协助市商务局做好5·18经贸洽谈会展览活动和9·8厦门经贸洽谈会展览活动。

【出证认证工作】 按照新的统计方法，年内，市贸促支会共办理出口货物原产地证明190份，涉及FOB总额4650.5万美元，主要商品是机电、医药和轻工产品，输往国家以韩国、印度、俄罗斯为主，企业以宣钢、宣工等国有集团企业为主，共办理单据认证16份，代办商事证明9份，代办领事认证24份。年内支会新增注册企业7家。

会长：徐伟文

（马平安）

张家口市红十字会

【博爱项目建设】 争取到省红十字基金会40万元用于改建怀来县新保安博爱卫生院和尚义县三工地博爱卫生院。争取到北京市红十字会10万元援建崇礼县高家营乡中山沟村博爱卫生站，已投入使用。争取到中国红十字基金会30万元用于援建怀来县黑土洼村博爱小学。

【“博爱一日捐”活动】 3月，下发募捐活动通知，召开动员大会，层层分解目标任务，机关全体人员深入到大的企事业单位进行劝募，同时通过新闻媒体，对募捐过程中涌现出的典型事例进行报道。共募集资金150万元。

【献血捐髓】 6月14日，与市中心血站联合在文化广场开展以“每一个无偿献血者都是英雄”为主题的宣传活动，向市民们展示造血干细胞捐献和无偿献血相关知识，专家现场为群众义诊、咨询，发放宣传资料2万余份。全市新增造血干细胞血样入库640余人，宣钢职工裴晶晶、怀来县居民季富新的造血干细胞血样分别与白血病患者配型捐献成功。

【救助救灾】 春节前，开展“博爱送万家”活动，下拨116万元用于救灾和救助市直单位因病致贫的干部职工；夏季，部分县（区）遭受暴雨灾害，积极上报尚义县、万全县等6个县（区）的灾情报告，并对高新区部分受灾居民下拨应急救灾款2万元；参加桥西区“爱之源”公益项目活动，捐助爱心资金和救助款物2万余元；参与市儿童福利院病残儿童康复训练设施建设的认捐，援助1.6万元，用于建设康复矫姿训练室；对因病致贫、因病返贫的112户家庭进行救助，发放救助金25.6万元；为8名先心病和19名白血病患儿申请了中国红十字基金会的救助。

【救护知识普及培训】 市红十字会救护培训中心推进救护培训进社区、进农村、进学校。对尚义县国华风力发电厂、康保县风力发电厂、蔚县风力发电厂共189名工作人员开展救护培训，普及急救知识，提高自救互救能力。8月中旬，参加河北省红十字系统卫生救护演练比赛，市红十字应急救援队获得全省第3名。

会长：侯桂兰

（邓士兵）

国防建设

◆张家口军分区

◆武警张家口市支队

◆人民防空

张家口军分区

【重点应急力量建设】　年初，对全市民兵应急队伍进行了布局调整，形成了市建营、县（区）建连、乡（镇）建排的格局。第二季度，按照省军区下发的训练大纲制定训练计划，根据各单位担负的不同任务，展开基础性训练，提升民兵应急专业分队的质量，参训率和合格率均达到95%以上。在落实基础训练基础上，分专业、分类型、分层次完成应急战术训练2000余人（次），累计完成56个训练小时，提升了民兵应急分队遂行任务的专业处置能力。军分区采取阶段考评和综合考评，全程对民兵应急力量训练活动进行检查。7月21日，在市民兵训练基地组织了一场以民兵应急分队为主体，公安、武警及其他应急力量参与的应急处置行动实兵演练。全年，军分区先后组织协调驻军2000余人（次）、民兵6000余人（次）参与灭火。

【"铸盾－2012"战役演习】　6月12～15日，参加省军区组织的"铸盾－2012"战役演习，军分区首长机关和所属人武部全体干部全程参加演习，参训率达95%以上。演习过程中，依据作战进程，主动把国动委各专业办公室成员纳入参演范围，突出作战过程中国防动员问题研究，解决了以往演习要素设置不全的问题。针对这次战役演习第一次带人武部参训的实际情况，在统一接收省军区导调文书的基础上，自导自演，随机给所属人武部下发情况，诱导人武部完成相关作战任务，军分区与人武部互动效果明显提高。

【民兵组织整顿】　从2月20日开始至4月30日结束，依据《河北省民兵预备役部队重点应急专业力量建设规范》，按照"在不突破现有编制条件下，依托现有力量专门抽组"和"任务牵引、专业匹配，规模适度、合理布局、重点突出、整体推进"的原则，突出抓了民兵应急队伍、支前保障队伍和军兵种预编人员的落实，共编组基干民兵2.4万人，民兵组织基础更加巩固。贯彻河北省《关于加强非公有制企业和开发区武装工作的意见》，本着"严格条件、规模适当，逐步发展、按级审批、成熟一个、建设一个、规范一个"的原则，继续在非公有制企业开展武装工作，建立民兵组织，同时，非公有制企业新建民兵组织初步实现了向城市和重点乡（镇）转移、向高新技术行业转移、向交通干线转移的目标要求，编组质量水平得到显著提升。

【征兵工作】　按照"一季征兵，四季准备"要求，结合民兵整组工作，联合市政府，对县（区）兵役机关的工作职能进行强化，根据上年的征集情况，统筹分解年度征兵任务，把预征预储、兵役登记、兵役宣传、检查督导等工作逐渐常态化。针对征集主体向各类院校转移的情况，加大了驻地高校人武部兵员征集工作的指导力度。6月，组织驻地各院校人武部（学生处）采取问卷调查、集体座谈、个别了解等形式，对符合应征条件的7000名大学生的情况进行了详细摸底。在各高校统一开设了一站式报名服务中心，把大学生征集的基础性工作做在院校、抓在平时。河北建工学院、河北北方学院等4所高校报名的大学毕业生增加到800多人。10月，统一开展了征兵宣传月活动，市政府分管领导、军分区主要领导、中心城区军政主要领导及各县（区）领导走上街头，现场解答征兵政策，进行宣传发动。结合新出台的《退役士兵安置条例》，协调地方政府出台配套保障政策。截至12月12日，全部兵员送往部队。全年共征集男兵1900人，女兵38人，直招士官21人。

【参谋骨干能力集训】　2月20～28日，依托市民兵训练基地，组织军分区机关、各县（区）人武部参谋人员以及新交流干部31人，以参谋业务和信息化知识为主要内容，组织了能力集训。突出信息化知识学习，重点安排了一体化指挥平台、"北斗一号"定位导航系统、机动指挥信息系统等信息化装备的学习与操作，解决了参谋人员信息化素养不高的问题。通过集训，提升了全区参谋人员的能力素质、信息化素养和自身建设水平。

【冬季适应性训练】　12月20～22日，以参加河北省综合防卫作战为背景，突出信息化和严寒气候条件下非战争军事行动课目设置和演练，采取参训人武部分南北两片，军分区机关分片随队参训的方式昼夜连续实施。全区200多人参训，动用各型车辆60台，南北片总计行程1000多千米，拟制各类导调文书80余份，设置情况40余个，在完成指挥所开设、组织指挥和野炊等课目的基础上，重点进行了非战争军事行动课目演练，圆满完成了冬季适应性训练任务。

【人武部机关正规化建设与规范化管理现场观摩会】　7月4日，军分区在阳原县人武部召开了人武部机关正规化建设与规范化管理现场观摩会。军分区部门以上领导、机关各科室负责人、18个团级单位主官、军事参谋参加了会议。会上，参观了阳原县人武部机关“四个秩序”规范情况，听取了阳原县人武部抓管理的经验介绍，集中传达学习了北京军区、省军区近期下发的一系列安全稳定工作指示，结合当前安全形势，总结回顾了前一阶段全区组织的安全事故隐患排查、“百日安全无事故竞赛活动”和“四个秩序”教育整顿等情况，对下一步安全管理工作作出了具体部署。印发了机关规范化管理、现役干部日常管理规定和考评细则，达到了再次动员、深化认识、制定制度、抓根固基的目的，为确保安全稳定打下了基础。

【应急处突行动演练】　7月21日，军分区组织市国动委领导过“军事日”，在市国防教育训练中心组织了一场以民兵预备役应急力量为主体，公安、武警及其他应急力量参与的应急处置行动实兵演练。演练活动以有效应对突发事件为主题，汇报演示了防化救援行动、抗震救灾行动、森林火灾扑救和抗洪抢险行动5个课目。演练共出动民兵预备役人员800余人，动用大型机械、应急专业装备器材200余台（件），各型便携式应急救援器材600余件（套），迫击炮12门，消耗迫击炮、灭火弹200余发。“四大班子”领导、国动委全体成员、军分区部门以上首长、各县（区）党委书记、人武部军政主官、基层武装部部长代表300余人出席了现场观摩活动，省军区副司令员李毅率工作组莅临指导。这次演练规模大、力量多元、实战性强，充分展示了应急力量的建设成果，锻炼提升了民兵预备役人员应对突发事件的能力。中央电视台军事频道、河北电视台、张家口电视台、河北日报、张家口日报分别进行了报道。

【安全管理】　贯彻军委总参谋部、北京军区和省军区关于安全稳定的一系列指示精神，突出“六个坚决防止”、“八个方面不出问题”为目标，按照“抓教育强认识、抓制度严纪律、抓督导促整改、抓奖惩严责任”的总体思路，强势推进，狠抓落实，着力在强化安全意识、健全安全设施、完善安全制度、营造安全氛围、加强安全督查上下功夫，确保部队的集中统一和安全稳定。军分区把安全管理作为责任工程、保底工程摆上重要议事日程。坚持突出重点，狠抓车辆管理，健全车辆动用审批登记制度。为人武部车辆安装定位系统，加强对全区车辆的动态监控。坚持以点带面，在阳原县人武部召开了正规化建设与安全管理现场观摩会，制定了《军分区规范化管理实施细则》、《军分区现役干部日常管理规定》和《人武部量化考评实施细则》，确立标准，明确奖惩。指派2个工作组，采取突击查、反复查、相互查的办法，对军分区机关和18个团级单位一个单位一个单位地过，一个环节一个环节地查，按发现问题多少进行排队，排名后2位的单位，军政主官在全区干部战士大会上做检查，并给予相应的组织和行政处理。坚持跟踪问效，军分区常委分片包干，对各单位存在问题整改情况反复进行回头看，有力地促进了各项安全制度和规定在末端的落实，确保了部队的安全稳定。

【党管武装工作】　落实党管武装各项制度，定期召开市委议军会议，组织全市党、政、军、警300余人举办过“军事日”活动，组织县（区）人武部党委第一书记述职，各级党管武装的意识明显增强。加强专武干部队伍管理，制定了《关于进一步加强专武干部队伍建设的意见》，规定专武干部的任免由乡、镇、街道党委推荐、县（区）组织部门和军事机关协同考察、县（区）人武部主官签署命令，强化军事机关对专武干部队伍的管控。2012年，转业到张家口市的9名正团职干部安排了实职领导岗位，近百名副团以下干部安排到事业单位，并安排了38名随军家属。在2月全国双拥模范城命名大会上，张家口市第七次被命名为“全国双拥模范城”。

【后勤战备建设】　在上年度战备建设试点工作的基础上，对战勤室、战勤资料室、战备物资库进行了补充完善，修订完善各种方（预）案共7大类91种，指导人武部完成了各类战备物资的储备，使全区战备设施设备建设处于最好时期，为提高应对多种安全威胁，完成多样化军事任务的后勤保障能力奠定了良好的物质基础。

司令员：黄德顺（02月离任）
　　　　袁　畅（02月任）
政治委员：曹志民

（黄士凯　贾俊杰）

武警张家口市支队

【政治建设扎实有效】 抓好“两项重大教育”和“十八大”精神学习，开展形势教育，编印《主题教育教案汇编》、《董存瑞故事集》学习资料，将常委网上授课和基层指导员轮流授课制度常态化，提升教育效果。加强网络文化建设，投资40余万元，为基层购买配发电脑120台，完善网络学习室建设；投资28万元购买投影机和笔记本电脑，进行多媒体教学。开展送法到基层活动，两次组织法律图片巡回展和庭审进警营活动，邀请高新区法官和251医院心理专家利用网络解答官兵法律、心理问题，解决战士家庭涉法问题3起。

【圆满完成中心任务】 率先在总队完成执勤模式改革，14个看守目标全部实现AB门上勤。注重隐患治理，对所有目标单位电网进行检测，为所有岗楼安装暖气、立式空调，维修加固监墙防护网，统一值班室监控电视。落实首长机关查勤制度，加大勤务检查督导力度，确保执勤绝对安全。完成中央首长视察张家口警卫等临时勤务40余起。

【军事训练成效明显】 推进“五种力量”建设，组织一中队进行综合演练，提升处突反恐救援能力。以勤训轮换、“五小”练兵为主要形式，开展单兵专业训练，基层官兵受训率达到98%。以“卫士”系列演习为推动，开展首长机关实兵战术演练、兵力抽组演练、公安武警联合演练、市应急反恐力量演练。召开“十八大”安保临战训练现场会，提高部队应急反应和快速处置能力。

【部队管理正规有序】 认真贯彻军委《指示》、总部《意见》精神，全年按照“区分六个阶段、打好六大战役”要求，扎实做好部队安全管理工作。把有效治理“五个重点问题”作为实现“两个确保”的突破口，开展每天1小时安全警示教育。严密组织安全隐患排查、涉密载体安全防范，确保部队总体安全稳定。7月，在一中队召开内务建设现场会，规范部队内务设置。9月，迎接总部“四项设施”检查，在张北中队召开正规化建设现场会。

【后勤保障坚强有力】 按照“保中心、保生活”要求，筹措资金359万元，购置防暴车，建设网络学习室，安装岗楼空调，绿化机关营区。为部分中队新建荣誉室、电话间，更换餐桌。基层“四项设施”建设达标率100%。加强经费管理，落实集中采购要求，改革经费核销办法，加大支队集中理财和财务归口管理力度。承诺为官兵办好的“十件实事”，均按照时间节点落实。

【扑救“5·4”森林大火】 5月4日，宣化县洋河南镇殷庄子村突发森林大火，火借风势蔓延至涿鹿县境内。支队出动70名兵力，联合驻地军民，奋战40余小时，将林火扑灭。

【剪纸艺术节安保】 6月16~18日，由中国文联、民间协会，河北省委宣传部、文联、文化厅，张家口市人民政府联合主办的“第三届中国剪纸艺术节暨第二届蔚州国际剪纸节”在蔚县举行，支队出动官兵30人，出色完成现场安全保卫任务。

【野三坡景区抢险救灾】 7月21日，因连日强降雨引发山体滑坡，保定市涞源县野三坡景区近万名游客、村民被困。22~23日，支队官兵60人赶赴灾区，连续奋战30余小时，安全疏散转移游客1360名，清理废墟400多平方米，义务巡诊50余人（次）。

【张家口机场备勤】 8月29日晚，一架北京飞往纽约的波音747客机上疑似有爆炸物，备降张家口机场。支队立即出动40名兵力，携带武器装备，只用10分钟就赶到机场。后因客机降落首都国际机场，任务解除。支队反应敏捷、到位迅速的整体素质，得到市领导高度评价。

【十八大安保】 10月30日，支队召开“十八大”安全保卫誓师动员大会。支队领导传达武警部队《加强十八大期间部队安全管理10项措施》和总队《加强十八大期间安全管理特别措施》。会上，层层签订责任状，中队之间展开挑应战，环京的涿鹿、怀来、赤城中队也进行了安全保卫宣誓。

【十四中队转隶】 12月21日，根据总队命令，担负大秦铁路线永定河大桥守护任务的第一支队四大队十四中队转隶武警张家口支队。总队军需处处长向支队长转隶交接。

支队长：于灿民

政　委：原部红

（武文全）

人民防空

【工程建设】　按照全省直属公用人防工程建设动员会的要求，全力抓好全市的人防工程建设。“301”改扩建工程一期已完成，二期工程完成了图纸设计；人防预备指挥所及地面应急指挥中心项目通过市政府审批，并完成了土地划拨等前期手续；万全县医疗救护站工程已于上半年开工建设，主体工程已基本完工，填补了市人防办专业性人防工程建设的空白；崇礼县6800平方米的人员掩蔽工程已完成立项、专家评审、施工图设计工作；怀来县6000平方米掩蔽部工程、涿鹿县2100平方米物资库工程、沽源县3000平方米人员掩蔽工程、沽源县和尚义县的人防指挥中心工程均上报省人防办立项。招商引资。明德南路人防地下商业街一期1.2万平方米工程主体竣工，9月投入使用。引资10亿元、16万平方米的胜利北路人防工程，国家人防办已批准立项，前期资金已经到位，计划2013年开工。人防“结建”工作。全年全市批建人防工程9.65万平方米，收取易地建设费6584万元。其中，市本级完成批建7.1万平方米，收取1177万元。完成“结建”任务较好的县是：万全县收取1612万元，沽源县收取902万元，怀来县收取590万元，张北县收取524万元，蔚县收取458万元。

【人防工程维护管理】　年内，对现有的人防工程进行调查摸底，分类建档，形成了较为完善的资料。按照省人防办要求，对全市现有人防工程均悬挂人防工程及应急避难场所等标识牌，共计110个。对大境门影院口部、天伦嘉园地下车库、建国路主巷道进行了修缮。拆除了早期人防工程4处，即：原第七中学、怡安街庆丰影院、硫酸厂、冷冻厂，共计193平方米，收取人防工程拆除补偿费39万元。

【指挥通信建设】　人防指挥通信体系建设围绕防空、防灾一体化主线，以解决基础设施薄弱、装备器材短缺、专业队伍不强为重点，着力推进指挥通信规范化、体系化、信息化，使人防指挥通信应急保障能力得到进一步提升。完善指挥通信手段。按照省办《加快推进县级人防小型机动指挥通信车和固定短波电台建设的通知》要求，年内，有10个县（区）完成了车辆购置，其中崇礼县、宣化区、宣化县、尚义县、万全县5个县（区）已完成了设备安装、调试任务，通信效果良好，为今后移动短波通信网建设打下基础。同时还对崇礼、沽源、万全等13个县（区）的125瓦固定短波电台进行了调试，保障了联络畅通。市人防办下发了《张家口市无线电台管理规定》，加强无线电通信管理，新装警报器14台，完成了市人防办和宣化区、下花园区、崇礼县、怀来县、怀安县、涿鹿县等6县（区）的警报统控。为加强与周边省市的人防指挥通信（信息）支援工作，市人防办分别与内蒙古锡林郭勒盟人防办、山西省大同市人防办及北京市延庆县民防局签订了《指挥通信信息支援（对接）协议书》，建立常态化人防指挥通信（信息）支援保障模式，搭建起跨区人防指挥通信（信息）网络平台，实现了与友邻市（县）兄弟单位指挥通信（信息）互联互通，资源共享。加强指挥所建设。宣化区、万全县指挥所主体工程竣工，正在完善配套设施；怀来县、沽源县、尚义县指挥所工程已批准立项。强化人防专业队伍建设。调整了人防常备队、应急队、直属队人员编组，全市共编有抢险、医疗、通信、运输、消防、防化、治安7种人防常备专业队和引偏诱爆、隐真示假两个新型专业队。按照省人防办的要求，完成了组建心理防护队试点任务，开展心理防护专业工作。崇礼县印发了《崇礼县人防办关于2012年人防志愿者队伍工作意见》，依托县团委、工会组织和西湾子镇街道社区，组建了75名人防志愿者队伍；怀来县组建了50人的志愿者队伍。参加北京军区“铸盾—2012”演习。市人防部门高度重视，成立了演习领导小组，负责筹划参与演习的各项工作，进行编写脚本、布置会场、绘制作战图纸等项筹备。按照演练规定内容，完成了演练任务，受到省军区、人防办领导的肯定。

【宣传教育】　注重在创新形式、丰富内容、形成特色上下工夫。7月，经市政府同意，印发了《批转市人民防空办公室〈关于开展人防宣传教育“五员”建设的意见〉的通知》，重点是在创新宣传教育方法，提升宣传效果上做文章。媒体宣传。充分发挥人防宣教网络平台作用，深入推进信息公开，使网络成为人防宣传的有力阵地。《河北省结合民用建筑修建防空地下室管理规定》颁布后，为及时宣传新规，释疑解惑。4月13日，市人防办组织新华社、河北日报、河北电视台、长城网等15家新闻媒体，举办新闻发布会，印发宣传材料30000余份。10月26日，以“喜迎十八大·市人防办特刊”的形式，在《张家口日报》用两个版面对全市人防发展建设情况进行全面介绍。至11月，市办在市以上报刊刊稿61篇，其中国家级7篇、省级27篇、市级（报纸、电台、电视台）27篇，制作专题片3部。开展形式多样的宣传活动。5月11日，市人防办与市科技地震局、桥西区政府在市十六中组织了“5·12防灾减灾应急疏散演练”，赠送《防灾减灾应急手册》1800册，组织人防知识展览。5月14日，在市文化广场举办了“张家口市防空防灾宣传日”活动，通过文艺演出、材料发放、现场咨询、展牌展览等形式宣传人防法律法规和防灾减灾知识。蔚县为县一中1000余名师生举办了人防知识讲座，增强了师生的防空意识和自救互助技能；万全县结合警报试鸣，在万全县一中、明德小学等6所学校进行应急疏散演练，参加人数1500余人。宣化区确定河子西乡中心小学为该区农村的第一所人防教育示范基地，为学校配备防灾减灾宣传挂图30张，防灾减灾知识图本800余本，总价值7000元。宣教基地建设。人防市办投资65万元，对惠安苑地下人防工程进行装修改建，以作为全市集战时防空与平时防灾、知识传授与技能训练、动态演示与静态展示于一体的人防宣传、应急教育宣传基地。宣化区结合新建应急指挥中心，筹建国防和人防知识及防灾减灾知识展厅；万全县人防宣传教育基地的调研、立项、初设已完成；其他县（区）也都采取各种方式，加强人防宣传教育，宣教成果显著。

【行政执法】 2012年，省人防办确定为人防法规政策落实年。市人防办严格按照省人防办要求，抓好落实，形成了权责明确、行为规范、监督有效的法制型人防。一是加强法规政策宣传。3月，对2000年来国家和省出台的宣传法规进行认真梳理，汇编成册。将省政府22号令内容与《张家口市落实〈河北省结合民用建筑修建防空地下室管理规定〉实施细则》印制成《人防法规》宣传手册，计一万余册，发放相关单位。二是加强执法人员培训。11月，举办了全市人防执法人员培训班，就人防工程审批、质量监理、日常执法检查等相关问题进行学习，市、县、区计45人进行了培训。三是加大行政执法力度。年初，市人防办成立了清欠小组，在全市开展了针对部分开发商拖欠易地建设费的专项清缴执法行动，市本级清缴欠款380万元；县（区）清缴欠款126万元。

【机关“准军事化”建设】 按照上级对机关“准军事化”建设要求，开展了以改善“两个环境”、“三自六不让”为主题的学习教育活动。邀请省人防办副巡视员周廷君、市反渎职侵权局局长刘景平、市委党校副校长邱晓清做专题辅导。先后制定完善了各项规章制度12类共48项，汇编成册，下发机关、直属事业单位和县（区）人防办。统一规范机关资料管理标准，强化日常制度落实，提升办事效率。按照市委、市政府部署，抽调骨干力量，组成下乡工作组，深入赤城县雕鹗镇黎家堡村进行驻村帮扶。全年，协助该村先后建起了生猪养殖基地、蔬菜大棚规模化种植与销售；完成了村容村貌整改、文化广场建设、农家书屋等10件实事，帮扶工作得到省、市领导的肯定。还对赤城县东万口乡小京门村、涿鹿县武家沟镇石子坡村，资助了10余万元的健身器材及村委会部分办公用品；为堡子里办事处武城街社区解决了冬季取暖用煤问题。

【县（区）人防建设】 对各县（区）人防机构设置、人员配备、办公设施进行详细统计，掌握基本情况。根据省人防办环首都县（市）人防建设座谈会精神，市人防办领导多次带工作组深入涿鹿、怀来、赤城三县调研，研究与中央直属机关、中央国家机关人防办共建对接等事宜。上报省人防办涿鹿县矾山镇、怀来县东花园镇辛房村、赤城县后城镇后城村3个疏散基地共建项目和两项共建人防工程。

（金建民）

政法

◆审判

◆检察

◆公安

◆司法行政

审 判

【概况】 2012年，全市法院扎实开展“走基层、察民情、化纠纷、促和谐”主题实践活动，加强审判执行和自身建设，为实现张家口绿色崛起、打造强市名城提供了有力的司法保障。全年共受理各类案件47956件，审（执）结47712件，同比分别上升16%和18%，结案率99.5%。其中，市中院受理3169件，审（执）结3140件，同比分别下降1%，结案率99.1%。全市法院共有12个集体、27名干警受到省级以上表彰奖励。其中，有2个法院和6名法官被省法院评为“全省优秀法院”、“全省优秀法官”、“全省法院办案标兵”，崇礼县法院民一庭庭长吴希林被最高院评为“全国法院办案标兵”。

【执法办案成效明显】 全年审结刑事案件1908件，判处10年以上有期徒刑、无期徒刑、直至死刑224人。组织开展了为期3个月的“严打整治”专项斗争。期间，共判处罪犯721人。市人大常委会组织人大代表对全市法院刑事审判工作进行了视察，收集人大代表的意见、建议18条。审结民、商事案件38837件。认真抓了小额案件速裁工作，为新的《民事诉讼法》的实施积累了经验。妥善化解了小辛庄村民集体上访等一大批上访老案。进一步完善了10大平台建设，利用平台调解金融纠纷案件24件，委托工会调解劳动争议案件114件，收到了良好的法律效果和社会效果。审结行政案件46件。发挥行政审判职能，推进“两个环境”建设。成功化解了白X等诉怀来县政府征地土地保险案、张X诉张北县政府拆迁案等难案。共执行案件4147件。两级法院实际执结率和执行标的到位率2项质效评估指标均为100%，在全省排名前三位。加大对民生类案件的执行力度，市中院执行监督处6天化解6起执行上访案件，及时将农民工工资执行到位。

【审判质效实现提升】 共组织全市法院评查庭审1501件，庭审观摩757件，院级领导开示范庭52件，庭级领导开示范庭182件，遴选优秀庭审134件。评查裁判文书22380件，其中法官互查15707件，专项评查5863件，中院抽查349件。评选优秀裁判文书5726件，中院被评为全国“两评查”先进集体。所推荐的文书中，有1份被评为全国优秀文书、5份为全省优秀文书；推荐的庭审中，全国优秀庭审2个、全省十佳庭审2个、全省优秀庭审3个、全省法院领导优秀庭审1个，2次在全省审判管理会上做了典型发言。

【能动司法品牌效应凸显】 在保障“两个环境”建设上，设立了重点项目建设和环首都绿色生态经济圈建设服务平台，能动司法成效明显，得到市委肯定。在市委推荐的5个出席全省改善“两个环境”先进单位中，市中院被评为全省先进单位。历经3年实践，能动司法逐步形成了全省法院的品牌模式。市中院向河北信用联社张家口办事处提出的一揽子司法建议及崇礼县法院关于矿区3个村庄集体搬迁的司法建议，被评为全国法院首届优秀司法建议。

【涉法涉诉信访工作扎实有效】 按照省、市委要求，在谋划各项工作时，把“十八大”安保维稳工作作为主线，加强涉法涉诉信访工作制度的落实，强化群众观念，注重源头治理，对上访案件层层分解任务，强化督促指导，化解矛盾，平息事态，完成了省、市委政法委提出的目标任务。全市法院涉诉进京访实现了“零登记”、“零回流”，法院内部安保实现了“零事故”，安保维稳工作得到省高院和市委的肯定。全市法院经过8个月奋战完成了省、市政法委提出的目标任务，为“十八大”胜利召开营造了良好社会环境。

【司法为民强力推进】 扎实开展“走基层、察民情、化纠纷、促和谐”和“三增一做”等项活动。开展送法进乡镇、进社区、进企业、进校园、进军营300场（次），参与构建“无讼村”、“无讼社区”和“无讼单位”200多个。18个基层法院的199个业务庭、338名法官走出机关，在基层确定联系单位163个，联系点188个，建立法官工作室81个，初步形成了联系基层、服务群众的网络。诉前化解纠纷260件，诉外化解劳动争议180起，为群众办实事132件。

【队伍建设进一步加强】 完成了三级法院高层次人才培养对象储备库的建立，共建基层法院高层次人才培养对象81名，中院机关20名，全市法院系统41名，全省法院系统5名。省高院司法巡查组在张家口市法院进行了为期半月的司法巡查，对法院队伍建设给予较高评价。

院长：崔存利

（梁金前）

检　察

【发挥打击职能，维护社会稳定】 以提升群众安全感，维护和谐稳定为着力点，配合有关部门开展了“严打整治”、“清网”、“燕赵利剑”等行动，全市共批捕犯罪嫌疑人1379人；起诉2589人，同比增长15%；出庭支持公诉1510件，同比增长19%。注重办案效果，明确重大敏感案件范围以及请示报告、风险评估程序，进一步提升把握重大疑难敏感案件的能力和防范风险能力。

【强化法律监督，维护公平正义】 进一步提升批捕、起诉工作质量。健全完善相关办案规范和标准，细化适用非法证据排除规则的具体程序，提高审查运用证据、出庭支持公诉的能力。全力推进案件质量集中管理工作。案件管理部门受理提请逮捕案件1376件；受理移送审查起诉案件2016件，不予受理10件；受理自侦部门移送玩忽职守案1件，贪污受贿案5件。审查起诉退查率有所降低，办案效率和质量有所提高。

【加强刑事立案监督，维护职业道德规范】 深入开展专项侦查监督活动，纠正应报捕而未报捕、不当变更逮捕措施、超期羁押、滥用拘留延长期限等问题。对2011年提请批捕、起诉时注明的“另案处理”的885人进行审查，纠正处理不当18人，减少了规避法律制裁的情况。全市监督立案153件179人，监督撤案116件124人，书面纠正违法331件，纠正漏捕209人。

【加强刑事审判监督，维护社会公平公正】 重点加强对重罪轻判、轻罪重判、有罪判无罪等在认定事实上和适用法律上确有错误及严重违反法定程序影响公正判决案件的监督。积极探索解决现有条件下简易程序出庭公诉问题，对5起交通肇事案件实行了集中出庭公诉，为执行新的《刑事诉讼法》积累了经验。全市纠正漏诉51件112人，提出书面纠正违法通知119件，提出抗诉18件。

【加强刑罚执行和监管监督】 完善了刑罚变更、执行同步监督制度，加强对减刑、假释、保外就医案件的实体审查。推行巡视检察、被监管人员死亡检察、在押人员约见派驻检察官、安全防范大检查等机制。全市审查提请减刑870人，提请假释238人，纠正不符合减假保规定的41人，纠正监外执行违法155人（次）。

【加强民事行政监督，维护公民合法权益】 加大对当事人恶意串通、通过调解协议损害国家利益的监督力度，加强对民事执行活动的法律监督，执法办案化解矛盾的作用进一步增强。全市民事行政申诉立案145件；向中院提出抗诉11件，提请省院抗诉11件；再审检察建议65件，法院采纳51件；出席再审法庭12件，办理支持起诉案件124件，发检察建议14件，执行监督31件。

【查办职务犯罪，树立大局意识】 把“加大力度，调整结构，增强效果，确保安全”贯穿职务犯罪案件查办的全过程，以期收到良好的社会效果。一是抓重点，调结构。紧密联系区域特点和社会热点，全力落实省院有关查办职务犯罪的安排部署，着力调整办案结构，在查办大案要案、国家机关工作人员职务犯罪以及贿赂案件上下工夫。全市反贪部门立案83件144人，提起公诉77件129人，法院作出有罪判决83件124人。渎检部门立案31件62人，提起公诉25件56人，法院作出有罪判决21件47人。二是保稳定，促发展。把服务大局作为查办职务犯罪案件工作的总方向，要求执法办案绝不能影响稳定、绝不能影响发展、绝不能产生不良影响。查办职务犯罪案件更加讲究方式方法，更加注重影响效果，严格执行办案安全规范，严格落实全程同步录音录像，办案质量和规范化程度进一步增强。

【保障民生民利，服务经济建设】 一是深化打击侵犯知识产权和制售假冒伪劣商品犯罪专项行动，全市批捕侵犯知识产权和生产销售伪劣商品犯罪嫌疑人12人，监督行政执法机关移送涉嫌制假、售假刑事案件4件6人。查办的销售85万元病死猪肉案，有力打击了食品领域的制假、售假行为。二是进一步增强保障民生民利的实效性。查办农村土地征用、城镇房屋征收拆迁、教育医疗、社会保障、城市公共服务管理等领域的职务犯罪。办理的怀安县人力资源和社会保障局原局长涉嫌受贿、巨额财产来源不明案，沽源县国土资源局3人玩忽职守窝案，打击了侵犯群众利益的职务犯罪。三是深入开展涉农检察工作。全市涉农工作队深入乡（镇、村）404次，进行法制宣传讲座450次。接待来访举报405人（次），化解集体访15件135人。批捕涉农案件425件655人，起诉343件474人，查办涉农职务犯罪嫌疑人150人。

【学习法律法规，扎实工作基础】 组织全市检察干警集中收看了高检院、省院新修《刑事诉讼法》视频讲座，选派业务骨干参加了全国、全省举办的各类研修班，为每名检察干警发放了学习《刑事诉讼法》有关资料。各处、室建立了定期学习研讨制度，增强学习效果，确保学用结合。加大对实施《刑事诉讼法》的调研力度，市院开辟修改后的《刑事诉讼法》专题研讨栏目，发表调研文章50余篇。在第三届检察公诉实务论坛上，有3篇文章入选。

【强化“护城河”主体责任，筑牢首都安全屏障】 贯彻化解积案，杜绝新案，两手抓、两手都要硬的工作思路，市、县（区）检察院都成立了由检察长任组长的稳定工作领导小组，在坚持每月一调度的基础上，召开全市检察长会2次、维稳工作推进会30余次，有效强化了检察机关的“护城河”主体责任。通过重点区域巡回检察、派驻驻村帮扶工作队等方式，加大在环京三县等重点区域的维稳力度，全面筑牢“护城河”防线。开展涉检矛盾隐患排查工作。先后开展3次全市规模矛盾隐患集中排查，逐一分析调查走访，成功化解并稳控了14项涉检矛盾隐患。集中力量实施涉检信访积案化解。全年全市共有3件涉检信访案件，当事人要求高、反复性强，市院加强领导，加大引导教育力度，顺利完成化解任务，为十八大安保赢得了主动。落实对重点人的稳控，按区域管辖明确了稳控领导、稳控责任人和具体措施，实施全方位、全时段、无缝隙稳控，确保了十八大期间涉检信访零发生。

【参与社会管理，化解热点难点】 依托监督职能，着力解决社会管理中群众反映强烈的问题。在办理一起未成年人抢劫案时，建议市文广新局开展网吧专项治理，有效减少了青少年上网引发的社会问题，受到省院肯定，《检察日报》、《河北法制报》予以转载。加强检察建议的跟踪回访力度，全市制发检察建议298份，收到反馈279份。推进未成年人刑事检察处建设，未成年人犯罪检察工作经验被省院转发。加强对重点人群的衔接管理、安置帮扶工作，建立社区矫正对象公益劳动教育基地，为检察机关参与社区矫正进行了有益探索。

【开展核心价值观教育，提高执法为民意识】 扎实推进“基层建设年”和“三增一做”活动，在帮扶100个村镇、250名困难群众的基础上，先后抽调7名处级干部带领27名干警深入赤城、崇礼、西山集聚区等县（区）山村，开展扶贫工作，走访群众万余人（次），与村干部座谈上百次，协调落实建设项目36个，争取资金260多万元。为帮扶村修桥筑路，改造农田水电设施，建设农家书屋和村卫生所。

【推进检察文化建设，培养干警综合素质】 开展检察文化建设，举办了具有鲜明检察特色的书画展、摄影展，增强检察文化的推进，起到陶冶情操、鼓舞士气、凝聚人心的作用。进一步加强检察宣传工作，宣传稿件的数量、质量较往年有了提高，全市在国家级报刊发表稿件911篇，在省级报刊发表稿件815篇。加强检察培训工作。全面实施领导素能培训、任职资格培训、专项业务培训和岗位技能培训，提高检察干警的综合素能。全市共有2311人（次）参加各级各类培训41期。注重检察人才培养，全省检察业务专家评选，7人参评，5人入选。

检察长：程元臣

（卢根）

公安

【维护社会治安大局稳定】 坚持打击与整治有机结合，适时开展了打击黑恶势力犯罪、盗抢犯罪和“命案攻坚”、“山城亮剑”等20多项专项打击整治行动，提高了整体打击水平。全年共立各类刑事案件8534起，破获5792起，抓获作案人员2651人，提起公诉1547人，维护了社会治安大局的稳定。把“打黑除恶”作为一项常抓不懈的工作来抓，搜集犯罪线索，广辟案件来源，打压犯罪空间。全年共打掉蔚县以夏XX为首的涉黑团伙和盘踞在各县（区）的30个涉恶团伙，破获了包括“10.21”抢劫杀人等大要案在内的各类刑事案件18336起，抓获犯罪嫌疑人4238人，打掉犯罪团伙328个。其中现行案件破案率同比提高了219.8%。推进“打四黑除四害”专项行动。全年共捣毁黑作坊52个，黑工厂21个，黑市场12个，黑窝点81个，打掉犯罪团伙13个，抓获违法犯罪人员94人；查没收缴制造假劣商品原材料0.5吨，假劣商品折价23.4万元，各类制假设备4台，赌资18.7万余元。打击“黄赌毒”违法犯罪。先后组织开展了多次集中清查行动，查处相关案件1080起，抓获违法犯罪人员2098人。特别是加大了对涉毒犯罪的打击力度，全市共破获涉毒违法犯罪案件725起，抓获犯罪嫌疑人847人。铲除罂粟2.40公顷，计14.76万株，铲除株数同比下降73%。缴获杜冷丁片剂304片、杜冷丁针剂4112支、冰毒1886.16克、鸦片2693.97克，吗啡19克，咖啡因588克，安纳钾825克。查获易制毒化学品治安案件4起，缴获盐酸200千克，硫酸5千克。开展了危爆物品专项整治行动，全年共检查涉枪涉爆单位3760家（次），排查非法矿点58处；查处涉爆案件1起，抓获犯罪嫌疑人1名；发现安全隐患42起、整改42起；收缴炸药22.15公斤、雷管1773枚、工业索类6808米、烟花爆竹405万头；收缴各类枪支16支、各类子弹2268发。开展了打击经济犯罪百日会战。规范市场经济秩序，预防涉众型经济犯罪等新型犯罪对社会矛盾的诱发；开展了打击拐卖妇女儿童犯罪，保护了妇女儿童的人身权利，回应了社会对家庭安全的期待。集中开展社会治理工作。在全市范围内开展了治安乱点、重点部位大整治活动，对火车站、汽车站等一批治安乱点和城中村、城乡结合部等重点部位，进行了集中清理整治，廓清了社会治安环境。

【打造“护城河”工程，确保首都安全】 加强人、财、物建设，全市共设立了4个环京公安检查站、30个警务工作站、70个治安哨卡，增加财政保障人员2600余人，累计投入资金达1.1亿元，“护城河”的装备水平、人员实力明显提升，科技含量和信息化水平明显增强。分布在各条防线、各大战区、各条防护带、各张防控网上的848支巡防队与公安专业力量优化配置，形成强大合力。在全国“两会”、“上海合作组织峰会”等安保工作中，及时启动护城河体系，先后于9月28日、10月25日启动了“护城河”工程二级、一级勤务模式，严格落实查控措施。共出动警力4.73万人（次）、治安巡防力量8.34万人（次）。共检查车辆66.94万辆、人员15.23万人，劝返车辆483辆、人员1067人，抓获在逃人员28人。共查控重点人员209名，查获仿真枪89把、烟花爆竹60.55万头、危险化学危险品750千克、管制刀具251把。

【抓好查控与管控，保持主动防范】 开展化解信访案件攻坚战，全市各级公安机关在会战中，成功化解了部、省、市交办的信访案件100起（公安部交办15起，省级交办的17起，市级交办68起），化解市级重复访163人（次），维护了社会政治稳定。开展化解矛盾纠纷主动战，依托“三访三评”、“三增一做”活动载体，发挥社区警务战略优势，深入推进矛盾纠纷排查、化解工作，共排查化解各类矛盾纠纷15896起，对尚未化解完毕、有发生问题苗头的，提高防范等级，依靠各级党委、政府全面落实了管控。开展网下网上联查共控打击战，通过提升对虚拟社会的掌控能力，强化对现实社会的创新管理，完成梳理涉及张家口市贴吧、论坛、QQ群4600多个，对26个敏感信息较多和78个较为活跃的虚拟社区落实了巡查制度。开展了网上同步专项巡查，共处置各类有害信息28302条。“十八大”安保期间，摸排网上不稳定因素39件，涉及重点人员38人，及时采取了落地查人和管控措施。破获1起利用互联网扬言实施极端行为案件，查处了1起利用互联网出售违禁品的案件，还通过网安优势，抓获93名网上逃犯。

【狠抓基层基础建设，推动各项工作开展】 加强基层基础建设。谋划实施了“大情报”系统建设、综合警务站建设、虚拟社会管控、技侦侦控系统建设、基础设施建设、社区和农村警务室建设、城市智能管理系统建设等10项重点工程。投资4.5亿元的市局综合警务中心和投资2.5亿元的城市智能管理系统工程已开工建设。加强并完善了执法勤务类装备、单警防护类装备、单警信息化装备建设，共配备单警装备3253件（套），电脑3828台，执法记录仪1784台，对讲机1075台，照相机2693台，各类车辆1155辆。将缺口的113个公安派出所、4个公安看守所、6个公安拘留所纳入《全市公安基础设施建设“十二五”规划》，完成了阶段性建设任务。推进社区和农村警务建设。全市共建成标准化警务室467个，其中，城市社区警务室86个、农村警务室306个、流动警务室75个。配备社区和驻村民警565人，刑侦、交通、国保等警种755名民警纳入多警联动。有392个警务室接通公安网，327个警务室接通互联网，全市共开通“网上警务室”356个，公安基层基础工作的触角得到广泛延伸，社区警务工作模式基本形成。6月14日，省政法委书记张越在张北县马莲滩警务室、永义街警务室视察时，对社区警务建设给予肯定。以信息化建设为抓手，拓宽了治安管理信息系统的管理和服务功能，同时，加大对行业场所从业人员的教育培训，有效提升了从业人员守法意识和业务素质，促进了治安管理制度落实。会同工商局、商务局对主城区的回收业进行了全面的清理整顿，主城区现有180个回收经营摊点，根据社区分布情况建设再生资源回收站98个，改变了城市废旧物资回收中散、乱、差的传统回收方式，对防范违法犯罪、节约城市资源、净化城市环境收到明显成效。在典当行建立了“治安管理信息系统”，提升了典当业治安管理整体防控水平。澄清了实有人口和房屋底数。通过大力开展入户访查，摸清了全市实有人口总量为4818770人，其中，常住人员4684034人，暂住人口84496人，流动人口48000人，未落常住人口1434人，散居社会境外人员806人。实有房屋309783间。出租房屋36687间，用工单位2047个，中小旅店1830间，建筑工地678所，娱乐场所835间。做好出入境管理工作。全年，全市共受理公民因私出境申请36227人（次），外国人签证、居留许可831人（次），共接待境外人员6768人，其中常驻人员577人。

【创新管理手段，提升工作水平】 提升运行层次，整合情报信息资源。2月，成立了全市维稳情报中心，与市局情报中心合署办公，将情报信息工作上升到党委、政府层面，整合了全市28个部门的情报信息资源，拓宽了情报渠道，实现了情报共享。依托完善的“大情报”系统，市维稳情报中心先后为决策部门提供有价值情报信息2120余条。启动等级勤务后，全市共搜集获取各类情报信息217条，通过情报平台向县（分）局下发预警信息713条，召集会商研判5次，查控重点人员127名，实现了情报对警务工作的引领和支撑。完善指挥体系，提升应急处突能力。完成特警队伍的组建工作，建立起扁平化、可视化、点对点的指挥体系，落实了内部联勤、外部联动、全社会梯次响应的应急机制和领导干部应急值守“六个必须”等制度。开展了全市反恐处突综合演练等157余次实战拉动演练，完成了8.29处置疑似劫机迫降等应急处突工作及国家领导人来张调研共9次警卫任务。突破界线壁垒，开展区域警务协作。2月，就实施环京“护城河”32445工程与北京市委、市政府、市公安局进行了对接座谈，率先与首都警方实现了更为高端的警务对接。与北京市门头沟、延庆，内蒙古乌盟、锡盟，山西省大同市建立完善了区域协作机制，成立了延（庆）怀（来）赤（城）区域警务合作联合指挥部。

【抓队伍管理，加强职业化建设】 开展人民警察核心价值观教育。在全警中实施了以人民警察核心价值观为主要内容的“警魂锻造”工程，努力根植“忠诚、为民、公正、廉洁”的人民警察核心价值观，确保全市公安队伍政治立场更加坚定、宗旨意识更加牢固、价值取向更加端正，作风素质更加过硬。在全国公安英模大会上，巡特警支队4名警察受到表彰，其中，陆真安被授予“全国特级人民警察”荣誉称号。优化警力资源配置。积极协调争取省公安厅及市（县）两级政府的支持，更新增加警力，全年正式入编人民警察队伍125名；市本级为巡、特警招录和补充事业编人员258名，各县（区）招录事业编人员2380名，全市事业编文职人员总数为2638名。推进执法规范化建设。全市所有县级公安机关全部开通短信自动评警系统，接处警回访率达到100%，回访满意率达到100%。各分、县局均按照规定开通了本单位的门户网站，建立了“执法公开”、“网上服务”、“网上办公”、“警民交流”、“群众评议”版块，将公安机关的办案制度、执法流程、便民措施、警务工作全部在网上公开，主动在网上受理群众咨询、投诉和评议。深化和谐警民关系建设。开展了“走亲日”、“警民恳谈日”、“回访日”、“矛盾纠纷化解周”、“‘警民故事会’征集评选”、“平安创建-局长访谈”、“警民和谐DV展播”及社会各界议警大恳谈等活动。在窗口服务、执法办案、社区警务中全面推行了短信评警，逐级开展了“窗口服务亮点征集评选”活动。全市民警走访企业1484家，走访群众18000余人（次），联系群防群治力量16357人，征求各类意见、建议300余条，发放宣传资料68821份。

【破解体制难题，创新道路交通管理】 围绕“防事故、保畅通、促和谐”的工作目标，先后开展了“燕赵利剑”、“交通安全大整治”、“打非治违”、“交通秩序大整治”、“六清一查”、“途安行动”等预防事故专项整治工作，排查各类交通安全隐患，打击各类交通违法行为。全市共发生各类道路交通事故166起、死亡66人、受伤176人、财产损失166.63万元，事故4项指数同比分别下降了76.6%、53.6%、82.1%、85.3%，全市未发生一起死亡3人以上重特大道路交通事故。针对农村机动车数量迅速增长，农村地区道路交通管理薄弱，安全问题日益凸显的现状，把农村道路交通管理工作作为消除安全隐患，防范重特大交通事故发生的重要工作来抓，提出了“农村派出所参与道路交通管理”的工作新思路，确立了“分、县局统一领导，交警部署运作，派出所具体管理”的责任管理体制，对派出所参与交通管理各项工作制定了详细的方案和办法，对执法权限、管理区域、执法管理、监管方面做出了明确规定，在派出所建立交通管理警务室，确定派出所一名副所长为交警中队副中队长，指定1名民警为“兼职交警”，履行交通管理工作职责。

【创新管理模式，推进消防社会化管理】 推进“网格化”、“户籍化”管理，完善消防安全监管机制。提请市政府下发了《关于街道乡镇推行消防安全网格化管理的指导意见》，发动221家公安派出所的4000余名专兼职民警，对全市232个大网格，4304个中网格，9499个小网格逐户、逐家、逐单位开展隐患排查。建立“红、黄、绿”消防安全分类预警监管制度。与多个单位签订《社会单位消防安全承诺书》，督促责任单位落实消防安全管理，及时消除隐患。加大火灾隐患督察和执法力度。全年共检查社会单位2.9万家，督促整改火灾隐患和违法行为13.6万处，罚款529.92万元，下发临时查封决定书390份，责令“三停”单位276家，全市131处重大火灾隐患部位全部整改完毕。全年未发生较大亡人火灾和有影响火灾。

（王福兴）

司法行政

【普法依法治理】 2012年，全市依法治理工作不断深入，基层法治示范单位建设取得了初步成效。赤城县雕鄂镇黎家堡村被评为全国民主法治示范村，成为全市第五个全国民主法治示范村，有效巩固和推进基层民主法制建设进程。针对普法宣传对象不同需求，以“法律八进”活动为载体，不断延伸各领域普法宣传，提高法制宣传教育的实效性。开展了领导干部学法、守法、用法活动，落实党委（党组）中心组集体学法、政府常务会议会前学法、法制讲座、法制培训、法律知识考试考核等制度；健全完善领导干部任前考法制度；建立健全领导干部学法、守法、用法考核制度；加大对行政执法人员法律知识培训力度，完善法律知识考试考核制度和持证上岗制度。开展了青少年法制宣传教育，推进中小学法制教育课时、教材、师资和经费“四落实”，扩充配齐法制副校长和法制辅导员，建立完善青少年法制教育基地，形成了学校、家庭、社会“三位一体”的青少年法制教育格局。2012年，司法局被团省委、团市委评为“优秀青少年维权岗”。开展了人员普法宣传月活动，将5000多套法律挂图送进4176个村委会。围绕村民自治、两委换届、农民工维权等农民关心的问题，组织村两委干部、村民、外出务工农民进行了法制培训和普法讲座，增强农民的法律意识和法制观念。组织全市企事业单位和新社会组织开展普法宣传教育工作，提高经营者依法管理和依法办事能力，不断推进各行业依法自律与规范执业，将法制培训纳入企业负责人的培训内容，把依法决策、依法经营、依法管理情况作为考核企业经营管理人员的重要内容，特别是将食品、药品等行业经营管理人员的法制宣传教育作为重中之重；进一步完善企业法律顾问制度，发挥法律顾问在企业依法经营管理中的作用，全市80%的国有大中型企业聘请了法律顾问，70%以上的大型企业专门设置了法律机构。充分利用重要节假日，发挥司法行政牵头职能，积极开展各类法制宣传教育活动。全年，发放各类宣传资料6万余份，出动宣传车230车（次），出板报、宣传栏260余期，发放各类法律知识手册7000余册，发放法律服务进乡村（社区）联系卡2200余张，利用报刊、电视、网络等媒介进一步扩大普法宣传影响面，先后在各类媒体宣传70余次，向群众解答法律咨询万余人（次），受教育群众达4万余人。

【人民调解】 以贯彻落实《人民调解法》为契机，加大了对人民调解组织机构、人员配备、经费保障等方面的支持保障力度，对全市4811个人民调解组织、37646名人民调解员进行了全面调整，特别是对个别矛盾突出、问题复杂的村、社区配强了人民调解力量，有效巩固了县、乡、村、组、联户5级人民调解组织网络。在此基础上，积极拓展延伸人民调解领域，加强了专业性、行业性调解组织建设，建立完善了以医疗、交通事故、劳资、土地承包、保险理赔、食品安全、环境污染等容易产生纠纷、久调不决的领域为重点的专业性、行业性人民调解组织。积极研究探索解决新形势下人民调解工作的新方法，建立起“警司联调”纠纷调解机制、“民情倾听室”、人民调解联席会制度，参与法院民事案件的全程调解，全市先后建立了32个法庭调解室，切实发挥了人民调解在“三位一体”大调解体系中的基础作用。年初开始，全市开展了矛盾纠纷“大排查、大调解”专项行动，及早排查、掌握苗头性、倾向性问题，及时组织人员督导检查，分类梳理，建立台账，细化措施。对社会治安重点地区、矛盾纠纷多发地区，有针对性地进行了矛盾排查，组织基层司法行政工作人员、人民调解员深入城乡结合部、“城中村”、治安复杂的社区（村）、街巷、刑释解教群体进行了重点排查。怀来县、赤城县、涿鹿县重点围绕“筑牢护城河工程第一道防线”，与北京延庆县建立联席会议制度，情况互通，共同防控，确保两地安全稳定。2012年，全市共调处民间纠纷24733件，涉及当事人9.6万人（次），调处成功24207件，调解成功率97.9%。防止民间纠纷转化为刑事案件83起171人（次），劝阻群体性上访388起14023人（次），防止民间纠纷引起群体械斗25起136人（次）。

【社区矫正和安置帮教】 全市市、县、乡三级全部实现了社区矫正和安置帮教工作组织机构覆盖，组建634人的专职工作者队伍、608人的社会工作者队伍和1118人的社会志愿者队伍。市司法局协调市中院、市检察院、市公安局联合下发了《张家口市社区矫正工作执行细则》，明确了各单位在各个工作环节中的职责范围和执行流程，进一步规范了全市社区矫正工作有序进行。深入开展了网上信息核查和走访排查摸底工作，对全市社区服刑人员和重点刑释解教人员进行排查梳理，实行动态监控和静态观察，制定管控方案，建立台账表册，从源头上预防，从苗头上控制，防患于未然。全年共核查社区矫正人员信息5739人，核实成功4755人，动态核实率保持在95%以上。加强特殊人群信息化管理，全面启动社区矫正GPS定位信息管理平台，完善刑释解教人员网上资源共享机制，建立起刑释解教人员“一人一档”信息库，有效杜绝了“三假”人员信息，真正做到底数清、情况明。2012年，全市新接收社区矫正人员573人，累计接收社区矫正人员2768人，目前在册1127人，收监执行12人，其中重新犯罪6人；全市新接收刑释解教人员589人，衔接577人，目前在册刑释解教人员4499人。扎实推进全市过渡性安置基地建设，确保刑释解教人员无缝对接。建立起安置基地14处、培训基地3处。与张家口监狱开展超前对接工作，对出监人员就业政策、就业形势、申请低保等内容进行教育解读和技能培训，积极协调各有关部门帮助解决刑释解教人员就业、就学、社会保障等问题，最大限度地防止脱管、漏管和重新犯罪现象的发生。

【法律服务】 法律服务机构在服务全市经济和社会发展中发挥专业优势、扩大法律影响。律师行业和公证机构树立开拓意识，主动担任政府法律顾问，参与社会风险评估、化解法律纠纷，为政府决策、经济发展、和谐稳定出谋划策；联系企事业单位，参与解决改转制、破产、债权债务清理等法律问题，提供法律意见书；服务重点建设项目，为招商引资、城建开发、旅游项目等提供法律支持，降低法律风险，有效预防了大量矛盾纠纷和诉讼纷争。2012年，全市律师共担任法律顾问457家，办理刑事诉讼辩护580件，民事诉讼代理3156件，行政诉讼代理7件，非诉讼法律事务109件，仲裁137件，咨询和代写法律文书9645件（次），参加公益事业和各种社会活动2977次。全市18家公证处共办理公证8685件，其中民事5312件，经济2111件，涉外1233件，涉港澳台29件。基层法律服务以“三农”为着力点，担任中小企业法律顾问563家，代理诉讼事务1174件，代理非诉讼事务546件，调解纠纷910件，解答法律询问9183件。法律援助以“为民服务创先争优年”活动为载体，全面建成法律援助立体网络，80%的市、县法律援助中心已开通“12348”法律援助热线电话，依托司法所，建立工作站241个，依托各级信访、工、青、妇、残等部门建立工作站138个。在妇女维权、农民工讨薪、工伤保险待遇、残疾人维权等群众关心的民生问题上，降低受援条件，简化受理流程，不做经济困难标准审查，切实解决弱势群体的法律需求，把党和政府对弱势群体的爱护落到实处。全年各法律援助中心共办理法律援助案件3381件，解答各类法律援助咨询8000余人（次）。司法鉴定工作稳步发展，全市17家司法鉴定机构（法医鉴定机构13家，司法会计1家，建筑工程类1家，科技事务类1家，精神疾病司法鉴定1家）全年共办理司法鉴定1039件，无一件假鉴、错鉴，采信率100%。顺利完成

2012年国家司法考试组织工作，全市共有679人报名，584人参加考试，考试全程未发生泄密、差错和重大违纪事件，确保了国家司法考试的严肃性和公正性。

【劳教、戒毒、法制教育】 加强同公安机关的沟通协调长效机制建设，重点对群众反映强烈的多发性侵财违法行为、街头违法行为和黑恶势力违法行为及邪教组织等6项32个类型的违法人员、邪教人员及吸扎毒人员坚决进行劳动教养和强制隔离戒毒，全年共集中收容、收治强制隔离戒毒人员251人，劳教人员6人，艾滋病、强戒人员6人，非正常上访劳教人员1人。市劳教所是全省唯一一家担负收容、收治艾滋病劳教强戒人员的监管场所。法制教育学校坚持发挥教育转化阵地作用，在“奥运”、“国庆”、“两会”等重大敏感时期，集中对长期无理缠访闹访人员进行法制教育，对其进行心理疏导，确保不发生重大事件。

【司法行政基础建设】 按照市政府《关于进一步加强司法所建设的意见》要求，从机构设置、管理体制、队伍建设、业务建设、基础设施建设、经费保障等方面积极推动全市司法所规范化建设进程。全市国债投资所214个，除涿鹿县矾山镇因与镇政府一起搬迁正在筹建中外，其余全部完工，国债投资所占司法所总数88.7%，有27个基层司法所未纳入国债投资计划（其中街道办事处23个，乡镇2个，管理处2个）。全市80%的司法所安装了电话，85%左右的所配备了微机，60%的所配备了交通工具。全市19个县（区）司法局实现了对223个司法所的垂直管理，187名司法所长落实了副科级待遇。以“五好司法所”创建活动为抓手，开展了“争创优秀司法所、争当优秀司法所长”活动和“争当优秀人民调解员”活动，全市共评选出“全省优秀司法所”2个、“全省优秀司法所长”3名，评选出“全国人民调解能手”9名、“全省人民调解能手”9名、“全市人民调解能手”16名。

【司法行政服务】 结合实际情况，加强对司法行政人员的“四个执业”教育，有针对性地开展业务指导，开展了岗位大练兵、“十佳律师”、“十佳公证员”评选，开展了纪律作风教育整顿，组织研讨培训班22期，培训科级以上干部670多人（次），培训乡、镇司法所长120多名。抽调15名干部，深入5个村1个社区驻村帮困扶贫，驻赤城西万口村工作组，筹措扶贫资金102万元，改善当地村容村貌。市局筹资5万余元为赤城县下关村修建水泥道路，出资2万余元为红旗楼北社区添置了新的办公设施。

积极参与“市民热线”等活动，向社会发放民主评议工作征求意见函300余份，征集社会各界意见建议5类19条。按照“七查七看”要求，制定整改措施；健全服务承诺、首问责任、限时办结、AB岗工作、一次告知制和过错责任追究制，完善了行政效能考核机制，强化了行政绩效管理。在“中国·张家口”门户网公开了职权目录、工作机构及职责，公布行政许可、非行政许可、行政处罚等10项，深化了行政权力公开、透明性。

做好涉法涉诉信访排查化解工作，深入开展了“清积案、减新访、理访序、促和谐”专项活动，组织优秀律师到涉法涉诉联合接访服务中心值班，主动参与涉法涉诉案件评查和日常接待，正确引导上访群众通过法律渠道依法解决信访事项，切实做到为政府分忧解难。

（张帼霞）

综合政务管理

- 宏观经济管理
- 统计管理
- 审计管理
- 人力资源管理
- 社会保障管理
- 民政管理
- 国土资源管理
- 人口与计划生育
- 物价管理
- 工商行政管理
- 食品药品监督管理
- 质量技术监督
- 安全生产监督管理
- 城市管理行政执法
- 无线电管理

宏观经济管理

【概况】 2012年，全市实现生产总值1233.67亿元，同比增长10.0%。其中第一产业实现增加值205.89亿元，同比增长4.6%；第二产业实现增加值529.05亿元，同比增长11.9%；第三产业实现增加值498.73亿元，同比增长9.9%。人均生产总值达28142元。三次产业增加值占全市地区生产总值的比重分别为16.7%、42.9%和40.4%。全市城市居民消费价格指数为102.4，同比增长2.4%。全市规模以上工业企业431家，全年实现工业增加值397.30亿元，同比增长13.3%。全社会固定资产投资完成1184.44亿元，同比增长20.0%。实现社会消费品零售总额435.10亿元，同比增长15.5%。限额以上批发和零售业商品零售额93.11亿元，增长23.2%。实际利用外资24960万美元，同比增长33.6%。实现进出口总额38363万美元，比上年增长22.8%，其中出口额实现31770万美元，同比增长27.1%。全部财政收入完成214.15亿元，同比增长19.4%，其中地方一般预算收入完成106.56亿元，同比增长28.4%。城镇居民人均可支配收入18441元，同比增长12.4%。农民人均纯收入5564元，同比增长14.6%。

【编制年度计划】 年初，编制下达全市国民经济和社会发展计划。初步将蔚县、赤城县和下花园区列入《全国资源型城市可持续发展规划（2012-2020年）》，为下一步在发展资源型产业方面获得国家财力支持奠定了基础。将桥东区、宣化区列入《全国老工业基地调整改造规划（2013-2022年）》初稿选定的全国老工业基地城区老工业区之列，已通过省筛选，并上报国家发改委，为下一步在企业搬迁、棚户区改造方面争取国家支持打好基础。同时，张家口市列入第三批全国发展改革试点城市，成为全省唯一一个地级市试点城市；蔚县蔚州镇列入第三批全国发展改革试点城镇，使全市试点城镇增加到3个（前两个为崇礼县西湾子镇和宣化县沙岭子镇）。积极争取国家新型能源示范城市，并初步得到能源局领导首肯，已启动规划编制工作。

【推进重大项目】 年内，全市初步筛选市重点建设项目100项，总投资3949.8亿元，年计划投资480.2亿元，分别比上年计划增长13.4%、29.2%。重点推进国家风光储输二期、京张高速铁路、蔚县电厂一期、沃尔沃轿车生产基地、云计算一期等重大项目。在重点项目选择上，坚持“四优先、四侧重”原则，即优先安排战略性新兴产业项目、先进制造业项目、现代服务业项目、农业产业化项目，侧重安排工业生产性项目、绿色产业项目、央企和京企战略合作项目、产业聚集区项目。对云计算、沃尔沃等重大项目，实行一个项目、一名领导、一套班子、一抓到底。对重点项目建设情况一月一通报，一季一见报，及时督促检查项目进度。对国家审批核准全省75个重大项目中涉及张家口市的13个重点项目，重点盯办，抓好落实。严格执行省分配给市的重点项目建设土地指标，切实解决要素制约，续建项目确保资金、设备、材料及时到位，新开工项目倾斜建设用地指标、环境容量指标等政府可调控资源，前期项目积极协调落实各种前置条件，力争尽早启动建设。

【调整产业结构】 围绕“一产抓特色、二产抓提升、三产抓拓展”工作思路，坚持在转型升级中促进发展，在加快发展中优化结构，推动传统产业、战略性新兴产业、现代服务业统筹融合协调发展。年内，市产业集聚区和东山产业集聚区被评为省级高新技术产业园区，6个重点项目列入省战略性新兴产业发展专项。一是围绕“特色”方向，推进农业产业化。蔬菜产业以建设设施蔬菜标准园和露地蔬菜标准园为重点，全市500亩（33.33公顷）以上蔬菜专业基地村达到527个。畜牧产业主要实施察北蒙牛现代牧场扩建工程、塞北诺干牧业万头牧场、蔚县正邦集团百万头生猪现代农业示范园等养殖项目。“大好河山张家口坝上蔬菜进京物流配送中心”于9月正式挂牌运营。全市共实施农业产业化重点项目182项，其中亿元以上项目72项，完成投资60亿元。张北博天糖业日处理3500吨甜菜迁址、塞北弘基农业马铃薯全粉加工及良种繁育等一大批项目圆满完成年度投资任务。全市新增市级以上龙头企业75家，农民专业合作社发展到2000个，农业产业化经营率达到62%。圆满完成了特色农产品调查和盐碱地治理基本情况调查。二是围绕“高端”方向，推进工业新型化。新型能源业重点推进国家第二个百万千瓦级风电基地、国家风光储输二期工程以及国华尚义、中投宣化和中节能赤城等一批光伏发电项目。年内，全市在建风电项目19个，新增风电装机62万千瓦、并网99万千瓦，累计装机571万千瓦、并网491万千瓦，13个光伏发电项目已获得省发改委开展前期工作的批复。装备制造业重点促成沃尔沃轿车生产项目落户建设，沃尔沃发动机一期工程厂房主体已完工。电子信息业重点确定计划总投资1400亿元的云计算基地项目，可打造包括云计算数据处理、运营服务、设备制造在内的完整信息产业链。三是围绕“品牌”方向，推进服务业现代化。旅游服务业重点推进实施崇礼密苑、张北塞那都、蔚州古城及暖泉古镇等亿元以上旅游项目，年内，完成投资78.26亿元。现代物流业重点培育张家口通泰物流产业集聚区这一全市唯一省级物流产业集聚区，规划在年初已通过省级评审。筛选上报阳原县裘皮产供销一体化项目、张家口通泰物流城、崇礼县崇河农业开发有限公司蔬菜物流建设、赤城县屯军堡绿色果品综合批发市场、赤城县康庄蔬菜保鲜储备加工及中转批发交易市场建设项目，申请省级现代物流业专项资金680万元。

【推进节能减排】 年内，全市单位GDP能耗预计下降7%，4个“双三十”县（区）和4个“双三十”企业提前完成全年节能目标。共实施循环经济重点项目5个，安排节能项目30个。淘汰8个行业在12个县（区）21家企业的22项落后产能。同时，抓好墙体改革工作，全年新型墙体材料产量完成20.89亿块标砖，实现生产节能6.97万吨标煤，节约土地226.67公顷；全力推广使用散装水泥，全年预计完成散装水泥供应量274万吨，可节约包装纸1.63万吨，节约煤炭、电力和水资源分别为2.13万吨、1955万度和406.6万吨。

【基础设施建设】 一是惠民工程建设。启动新区建设，尚峰国际、容辰东区综合体等7个项目主体完工，五一广场综合改造、威尼斯大酒店等8个项目顺利实施，引进总投资30亿元的世贸中心项目。实施“万株大苗进城”、“生态廊道建设”等工程，城市主次干道、城区出入口、滨河公园绿化和景观得到明显提升。争取中央资金3.9亿元，重点实施廉租住房、国有工矿煤矿棚户区改造、国有林场危旧房改造以及城市配套基础设施建设等项目。新建廉租住房项目22个、3395套，争取中央预算内补助资金6790万元。利用国家和省专项资金，解决43.21万人饮水不安全问题。争取到全省4个易地扶贫搬迁试点县中的3个（张北、赤城和沽源县），可支持3214人搬迁。实施农村公路改造工程项目2个，项目总投资276.4万元。争取空白乡镇邮政局（所）建设项目24个，获国家、省补助资金432万元。村通公路8107千米，通村率93.8%。二是交通道路建设。张唐铁路在加紧建设；京张高速铁路除环评手续待批外，其他支撑性文件全部完成；张呼铁路初步设计已获批，正在做施工图设计；蓝张铁路报国家发改委核准。北绕城高速公路、张涿高速公路已建成通车，京新三期、京蔚一期、张承二期高速公路开工建设，张石连接线（市新区景观大道）、京北、涿京等一级路前期工作进展顺利，计划2013年开工建设。三是农业基础设施和生态建设。年内，共争取各类涉农项目资金84894.8万元，同比增长19.3%。其中国家79485.1万元，省配套5409.7万元，项目资金规模位居全省设区市前列。在资金、项目等方面对赤城、蔚县、沽源3个扶贫攻坚示范县进行重点倾斜，集中实施一批巩固退耕还林成果专项规划、京津风沙源治理、以工代赈、农技推广、重大水利工程以及标准化养殖小区等项目。

【关注民生事业】 年内，争取社会事业项目国家资金20582.78万元，省配套676万元，比上年增加1942万元。其中教育项目59个，卫生项目48个，基层就业和社会保障服务设施建设、残疾人康复、旅游基础设施等项目6个。全市城镇基本医疗保险参保人员114万人，参保率92.1%，新农合参加人数293.4万人，参合率95.26%，县（区）城镇居民医保和新农合均实现门诊统筹，100%医疗费用即时结算。

【推进改革开放】 一是推进医药卫生体制改革。全市政府举办基层医疗机构219个全部实行基本药物零差率销售和药品统一招标采购配送制度，积极推进村卫生室实施基本药物制度。全市4062个村卫生室标准化建设任务全部完工。开展了涿鹿县全省首批县级公立医院综合改革试点县工作。二是加强对外经济技术合作。参与了省政府组织的香港投洽会、廊坊经洽会、韩国丽水世博会、厦门投洽会等经贸活动，共签约18个项目，其中利用外资项目16项，总投资26.2亿美元，内资项目2项，总投资43.8亿元人民币。成功举办“名企名商荟名城”大型主题招商月活动，共签约内资项目33项、总投资814.11亿元，签约外资项目8项、总投资20.6亿美元，协议利用外资20.5亿美元。承办“九市一盟”区域合作（2012）峰会。年内，全市共签约经济技术合作项目483项，总投资675.45亿元，合同引资661.82亿元，其中亿元以上项目123项。全市共执行经济技术合作项目875项，引进市外资金601.38亿元，同比增长31.65%，其中，与北京签约项目155项，总投资260.15亿元，合同引资254.69亿元，引进北京资金248.06亿元，同比增长12.43%。截至11月末，全市实际利用外资1.908亿美元，增长14%。三是重点推进与央企的对接合作。全市与117家央企中的32家建立了合作关系，合作项目176个，吸引投资3028.77亿元。在“百家央企走进河北战略合作恳谈会”上，省政府与央企签署框架协议9个，其中涉及张家口市的19个项目（事项），总投资727.93亿元，年计划投资258.85亿元，实际完成投资271.14亿元，占年计划任务的104.75%。此外，顺利完成对口援疆的新疆和硕县“河北新村”建设任务和兵团二十四团社会福利院项目建设，开展保定市涞水县灾后恢复援建工作，推进与重庆市丰都县树人镇的援助对接工作，援建总投资6000余万元。

（王海涛）

统计管理

【开展数据评审】 改进和完善“GDP联审制度”、“建筑市场统计联审制度”等各项制度，定期召开评估分析会，对全市1000余家三上企业，重点做好历史数据和当前数据、目标数据和直报数据的评估。对各县（区）和20余个市直有关单位的主要数据进行审核，分析经济运行变化情况，掌握全市经济发展态势，及时解决存在问题，保证统计上下级之间、各部门之间、综合核算与专业统计之间数据的关联性、匹配性和一致性。

【确保数据质量】 完善数据质量“三级把关”、“领导签字”和“责任追究制度”，建立“分项收集、专业预测、科长负责、阶段上报、即时通报、统一汇总、集中反馈”的数据分析报送工作机制，从数据采集、传输、汇总、审核、发布等方面实行全过程监控。各专业上报数据，严格按照报表制度和数据处理规范化规定，认真把好初审、复审、机审等审核关。规范审核程序，利用复查、实地抽查和重点检查等手段严格控制数据质量，切实做到准确、及时、科学、严谨。

【统计监测】 首次开展全面建设小康社会统计监测，完成了全面建设小康社会2000～2011年数据收集和编报工作，牵头开展保障性安居工程统计工作，开展县（区）城镇化发展统计监测。调整规范了重点能耗企业工业增加值计算方法，按季通报重点耗能企业和各县（区）节能降耗完成情况，加强能耗监测。围绕“三农”工作，客观、准确反映全市农村经济发展形势。新增综合治税相关数据填报工作。同时，不断完善粮食生产、社会发展水平、科技进步、妇女儿童等统计监测工作。

【统计调研分析】 开展2012年农业、工业、服务业、固定资产投资、消费、进出口及民生方面统计调查，配合省统计局开展全市企业景气调查、残疾人抽样调查、宗教基本情况调查、组织工作满意度调查等。全市县级以上统计部门共编发各类统计分析文章1306篇，编报《统计信息》322期，编报《情况报告》、《统计报告》96期，编报《统计月报》11期，《统计专报》12期。完成《张家口市工业投资的现状、问题及发展对策》、《张家口市服务业在结构调整中平稳发展》等16个重点研究课题。参与全国、全省能源课题研究。撰写政务信息1000余篇，506篇被《中国信息报》、国家网站、省网站等媒体采用。在市政府门户网站发布统计信息1200余条。撰写的《城镇面貌三年大变样评价体系实证报告》，引起各级领导高度关注，撰写的《加快产业振兴 强力提升河北省综合竞争力》获全省第十一届统计科研优秀成果二等奖，撰写的《县域经济发展任重道远》、《挖掘资源提升品位给张家口旅游产业插上腾飞的羽翼》获三等奖，撰写的《经济平稳较快增长实现“十二五”良好开局》、《发展乡镇经济推动绿色崛起》等论文获全省统计分析报告三等奖。

【统计服务】 积极推进政府信息公开，通过统计年鉴、统计公报、统计信息网站、媒体报道等多种形式，开展全方位的数据解读，为社会公众提供信息服务。及时办理“两会”提案和建议，有效服务“两会”和社会各界需要。针对目前大众对统计数据尤其是CPI的高度关注，除了每月及时发布价格指数外，还通过新闻媒体结合数据解读进行专题介绍，使大众更加了解统计知识，支持统计工作。充分开发利用统计资料，编印《张家口市“十一五”时期经济社会发展情况》等统计资料；新创刊《张家口统计会刊》，全年编辑5期；为“两会”编印《实现“十二五”良好开局》统计手册；编辑《科学发展，成就辉煌——十六大到十八大全市经济和社会发展成就专刊》。结合一套表改革，坚持图、文、表并用，在《张家口日报》、张家口电视台以及利用“中国统计开放日”活动展示和宣传全市经济社会发展成果。

【统计管理体制改革】 加大对尚义县、蔚县两个未完成改革县的督导和帮扶力度。截至9月末，17个县（区）全部高质量完成了乡级统计管理体制改革任务，243个乡镇全部建立了统计站，1086个村建立了统计室，乡镇统计人员达到496名，县（区）统计局每年掌握乡级统计工作站业务经费达250万元以上，实现了人权、事权、财权统一管理。

【规范乡镇统计工作】 8月3日，召开全市统计局长座谈会，现场观摩康保县统计基础规范化建设，开展“三定四个规范”回头看活动，即：稳定工作人员、固定办公场所、锁定数据处理设备，规范人员管理、规范报表数据管理、规范统计资料管理、规范数据处理设备管理。各乡镇统计站对照要求标准，进一步加大“双基”建设力度。初步实现基层统计管理制度化、工作规范化、调查法制化、人员专业化、手段现代化。

【统计执法检查】 开展统计联合执法大检查。市政府下发《关于认真开展“企业一套表”联网直报工作统计执法大检查的通知》，成立由市监察、司法、发改、商务、工信、住建、工商和统计八部门为成员的领导小组，用4个月的时间在全市范围内开展统计执法大检查，切实解决基层基础工作差、管理不规范等问题，促进了统计数据质量整体提高，为统计数据联网直报提供了保障。开展统计综合巡查。对涿鹿县、宣化县、康保县、尚义县、高新区和桥西区进行统计巡查，共巡查12个乡镇和168家基层单位，取得了满意效果。开展专项执法检查。围绕工业、能源、贸易、项目投资、房地产、建筑业、劳资等开展专项执法检查，对万全县、怀来县、沽源县、宣化区等17个县（区）进行了专项检查，与90个基层项目单位和部门进行座谈，解决存在问题。年内，共检查各类企业、事业单位1621家，发现统计违法单位166家，立案131起，结案128起，通报批评80起，在网络、新闻媒体上公开曝光21起。

【城乡居民生活】 城乡居民收入不断增加。据城乡居民住户抽样调查资料显示，全市城镇居民人均可支配收入18441元，同比增长12.4%，城镇居民人均消费性支出11498元，同比增长5.9%，城镇居民恩格尔系数为35.6%；农民人均纯收入5564元，比上年增长14.6%，农民人均生活消费支出4364元，同比增长0.1%。城乡居民住房条件逐步改善。城市居民人均住房建筑面积26.75平方米；农民人均住房面积22.5平方米，比上年增加0.4平方米。

社会保障体系日益完善。全市基本养老保险参保人数74.27万人，同比增长4.3%，基本医疗保险参保人数115.98万人，同比增长1.6%；年末城市居民享受最低生活保障人数12.78万人，农村居民享受最低生活保障人数41.01万人；年末全市收养类社会福利单位109个，有床位1.46万张。物价水平平稳上涨。全市城市居民消费价格指数（CPI）同比上涨2.4%，涉及调查的八大类商品中仅交通和通信类下降0.8%，其余七大类全部上涨，其中食品类上涨2.9%、烟酒类上涨0.5%、衣着类上涨0.7%、家庭设备用品及维修服务类上涨1.3%、医疗保健和个人用品类上涨5.5%、娱乐教育文化用品及服务类上涨3.4%、居住类上涨2.6%。就业形势趋好。全年城镇新增就业人员5.43万人，下岗失业人员实现再就业1.79万人。年末城镇登记失业率为4.5%，控制在全年预定目标内。

（李守明　郭晓娟）

审计管理

【概况】 2012年，全市审计机关共审计和审计调查286个单位，查出违纪违规资金12809万元，纠正管理不规范资金192553万元。

【社保资金审计】 按照“确保审计力量、工作质量、规定动作、时间节点、社会稳定和审计纪律”的要求，完成了7个年度、12大类、19项社保资金审计。市审计局被审计署授予全国社保资金审计公务员集体嘉奖，荣获全省社保资金审计先进集体，全市审计机关有89人荣获省先进个人。

【财政审计】 按照抓主动、抓提高要求，安排预算执行审前调查，起草《2011年市本级预算执行和其他财政收支情况的审计工作方案》，完成对财政、地税等6个重点部门、单位和1户中央驻张企业审计，延伸审计6户企业纳税情况，并受市政府委托，向市人大常委会提交审计工作报告。按照省审计厅统一安排完成18个县（区）地税审计，完成保定市定兴县、张家口市尚义县两个直管县财政决算审计。各县（区）也按照年初计划组织实施县级财政预算执行审计。

【经济责任审计】 根据市委、市政府主要领导及市委组织部领导批示精神，统筹市县审计力量，分期对换届中转任、离职的县（区）长及市直单位主要领导开展离任经济责任审计。按照“严、细、深、实、快、好”总体要求，完成6个县（区）原任县（区）长、2位市直部门领导干部离任经济责任审计任务。抽调专人参与省厅审计组对唐山市市长的任中审计。

【固定资产投资审计】 完成张石高速公路二期决算财务收支及项目管理审计。京化高速公路项目进入审计收尾阶段。对张石高速公路三期、张承高速、洋河治理、城投大厦、机场、云洲水库、全市智能化管理系统等14个重点建设项目进行全程跟踪审计。完成省厅安排的河北援疆和硕县牧民搬迁项目跟踪审计。

【金融审计和企业审计】 抽调人员赴沧州市参加省厅组织的融信农村商业银行审计工作。完成尚义县农联社资产负债损益审计。实施市恒达交通房地产公司“左卫国际接待中心”项目、通泰房地产公司“山中城”东山基础设施项目财务收支情况审计。

【农业与资源环保审计】 参加省厅外资处组织的河北省世界银行贷款林业综合发展项目审计，实施了对廊坊市广阳区、大城县林业发展项目审计。

【专项审计】 按照审计署安排，开展全市农村中小学布局调整情况及相关资金管理使用情况专项审计调查。实施市本级保障性安居工程跟踪审计和赤城县义务教育阶段寄宿制学校“蛋奶工程”审计。

【内部审计】 建立内部审计统计报表制度，组织开展对民营企业内审情况调研，基本摸清全市内审工作情况。按照省内审协会要求，对现有内审人员持证上岗情况进行调查，健全内审人员持证上岗制度和后续教育制度，使全市内审工作逐步走向正规，促进内审质量提高。

【审计质量控制】 修改完善《审计业务会议制度》，制定《张家口市审计机关行政执法过错责任追究办法》，修订完善《审计处罚自由裁量权细化标准》。按照新《审计准则》要求，制定印发《审计通知书》、《审计报告》等10余种审计文书格式，并推行和完善，审计业务基础工作得到进一步规范和提升。举办了建局以来规模最大、人数最多、规格最高的审计干部培训班，提高了全市审计机关干部政治、业务素质。全市审计系统有2个项目被省审计厅评为表彰审计项目。

（刘　广）

人力资源管理

【公务员招录和事业单位招聘】 与市委组织部、编委办、监察局、财政局联合下发《关于进一步规范事业单位公开招聘工作的通知》，进一步完善报名、笔试、面试、体检、政审考察等各环节工作程序和制度。组织公务员录用省市县乡四级联考和选调生选拔，报名9600人，招录公务员98人，选拔选调生100人，招录政法干警75人。事业单位集中招聘报名4762人，招聘事业单位工作人员551人，招聘公安巡特警150人。

【公务员管理】 制定《公务员法执法检查暂行办法》。在全市应用公务员考核奖励微机处理软件，按不同职务层次对全市各类人员进行行政考核，共考核25860人，评出优秀等次4025人。考核事业单位人员92384人。对124名初任公务员以及新担任科级领导职务人员进行初任和任职培训，指导各县（区）、市直各部门开展公务员专门业务培训1200人（次）。完善政府系统科级领导干部竞争上岗程序，确保公开公正。开展省人民满意公务员和公务员集体评选推荐活动，市巡警支队马培欣等2人和市信访局等3个集体被推荐为候选单位。

【事业单位岗位设置和聘用】 统筹兼顾岗位聘用

政策和专业技术人员实际情况，对事业单位岗位设置实施动态管理，对12个单位的1063个岗位重新进行设置。完善事业单位专业技术岗位聘用审批办法，60%事业单位专业技术岗位聘任工作已完成。

【企业薪酬调查和机关事业单位工资统计】 对71户企业的人工成本和劳动者工资报酬进行抽样调查，确定50户为试点单位。为310名享受政府特殊津贴人员、省有突出贡献中青年专家、“三三三人才工程”各层次人选发放工作津贴92.24万元。为杨才等3名即将达到退休年龄的专家办理延长退休年龄手续。为工作在“农林第一线科技人员”落实浮动工资政策。

【职称评聘管理】 建立5大类、35个系列专业技术人员信息库，对专业技术人员评定、聘用等跟踪管理。对上年评审通过的2437名高中级专业技术职务任职资格人员按政策进行聘用。年内，申报通过高级职称1024人。组织27类专业技术人员职称考试，参考23885人。组织机关事业单位21个行业、112个工种、2433名中级工、172名初级工晋升考试，并进行625名初、中级技术工人不合格人员补考。对41460名专业技术人员进行公共科目等业务提升培训。在全市公务员中开展“素质提升工程”。对12660名专业技术人员开展继续教育培训。组织两期有12个省（区、市）121名领导、专家参加的“光温敏两系杂交谷子技术应用”和“脱毒马铃薯及其高效生产技术”高研班。在市技师学院设立沃尔沃汽车项目中国区培训中心，对引进外部人才提出分四个层次引进的办法。市政府专门设立人才引进资金，支持沃尔沃项目建设，其中发动机制造引进的关键岗位人才37人已到位。

【内育人才培养】 “名家名师”培训工程，初步推选1280人作为培育对象。加大企业技师考评力度，全年考评企业技师543人、高级技师122人。开展优秀专家选拔活动，享受政府特殊津贴人员4名、省有突出贡献中青年专家7人已报省待批。经层层选拔，市农科院被批准建立全市首家博士后创新实践基地，成为全省第一批实践基地。市第一医院、市建筑设计院申报省第二批博士后创新实践基地。加大引进国外智力工作力度，察北管理区雪川农业公司等4个项目获得国家、省外专局资助。

【落实就业政策】 争取中央、省就业专项资金19863万元，惠及40432名下岗失业人员。深化小额贷款支持创业带动就业功能，提高发放个人总贷款额度，动用2550万元失业保险金用于担保基金。全市共发放贷款2037笔、12156万元，直接扶持各类自主创业人员2037人，带动就业7520人。调研测算全市公益性岗位岗位工资补贴现状，调整提高岗位工资补贴。年内，全市城镇新增就业54304人，下岗失业人员实现再就业17871人，就业困难人员实现再就业7982人，分别完成年任务108.6%、116%和124.7%。城镇登记失业率3.75%，控制在4.5%以内。

【重点群体就业】 建立市属大中专技校（职高）学生资源信息库，收集市属10所院校生源册，初步建立33084名在校生数据库；支持高校毕业生自主创业，招聘高校毕业生“三支一扶”志愿者90名，177名大学生走上就业见习岗位，全市机关事业单位招录招聘974人，办理大学生报到派遣手续11200人（次），接收毕业生档案15320份，办理就业手续5342人（次），毕业生档案已全部实现网上查询；为困难家庭高校毕业生6252人（次）发放失业补助金325万元。对78127名农村劳动力实行转移培训，全市农村劳动力向非农产业转移77915人。以创建“充分就业社区”为载体，对121户“零就业”家庭始终保持动态清零；桥西区西山底社区成为国家级充分就业社区；由就业专项资金出资，安排787名城乡贫困家庭中符合条件的子女免费上技校、学技能。

【就业实用技能培训与鉴定】 全市职业技能培训14990人，创业培训3585人。举办全市巾帼创业小老板创业培训班。张北、赤城等6县作为省级农村劳动力转移培训工程项目实施县完成技能培训1400人。在宣化、涿鹿、赤城3县新建3所国家职业技能鉴定所，对18583人实施技能鉴定。鼓励大中专学生972人参加职业技能全国统考。制定实施《张家口市失业保险促进就业实施意见》，对享受失业保险待遇期内失业人员，可用失业保险基金支付职业培训、职业介绍补贴，503人免费培训。对现役军人、监狱在押人员等不能到技能鉴定站鉴定人员，上门提供技能鉴定服务，分别到二炮某部和沙岭子监狱为1030名服役士兵和在押人员进行中式烹调师、服装裁剪、锅炉工等8个职业的技能资格鉴定考核。

【就业服务】 深化“春风行动”、“就业援助月”、“民营企业招聘周”等公共就业服务专项活动，有针对性地搭建各类就业服务平台，实施各类招聘活动55场，为26566人提供就业岗位，介绍就业16897人。在中心城区和赤城等5县（区）实施“创业帮扶工程”，帮助5900余人创业就业，对符合条件者每人补贴1500元。

【就业工作信息化】 张家口市人力资源市场信息网与全国公共招聘信息网联网对接，公共就业机构招聘信息可在全国范围内互联互通和共享发布。组织高校毕业生就业服务网络招聘周活动，实现招聘活动从市场实地招聘向网络虚拟招聘过渡。组织开展春、夏、秋、冬网络联盟网上招聘活动，网民登陆突破350万人（次），比上年增长45%。全省联网制发《就业失业登记证》系统正式启动，实现“服务延伸、数据集中”管理模式，保证就业失业登记证的唯一性。对农村劳动力实行实名制管理，实名登记7.5万人。

【家庭服务业】 突出家政服务、养老服务、社区照料服务和病患陪护服务4个重点，推动家庭服务业发展，确定好月嫂家政服务中心为大型规模型企业，张垣大嫂家政服务有限公司等3户为中小型规范化企业，夕阳红公寓等5户为家政服务品牌，好月嫂家政服务中心为千户家庭服务企业。

【依法维权】 实施劳动用工备案制度，完成微机应用系统建设，为40户、15654人完成劳动用工备案。以创建和谐社会为前提，完善提升“劳动关系和谐企业（单位）”创建工作，并实行动态管理，全市有国家级劳动关系和谐企业2个、省级69个、市级250个。全年依法检查用人单位2941户（次）、涉及劳动者20.25万人，补签劳动合同1.09万份，督促176户用人单位缴纳社保费2002万元，为5764名劳动者追讨工资2349万元。组织开展清理整顿人力资源市场秩序专项行动。经市政府批准成立市劳动人事争议仲裁委员会和劳动人事仲裁院，受理劳动人事争议案件2003件，涉及职工2045人，结案率97%，案外调解争议1222件，裁决612件，涉案经济标的2263万元。年内，接待群众来访4856批（次）、涉及8186人（次），化解率97.5%。复查复核各县（区）涉及人社工作信访事项57件，全部按期办结。应对行政复议案件9件，受理行政许可、管理服务类和其他审批项目523件、涉及16447人，办结523件，办结率100%。

（赵春伟）

社会保障管理

【基本养老保险】 2012年，全市基本养老保险参保人数74.2万人，同比增长4.3%。城镇职工五险新增参保人数11.9万人，完成市政府年初确定的6.3万人目标，其中企业基本养老保险净增42927人，完成省目标的128.8%；工伤保险参保46.72万人，完成省目标的100%；城镇基本医疗保险参保116万人，同比增长1.6%，完成省目标的100.5%；生育保险参保20.7万人，完成省目标的112%；参加失业保险人数达38.5万人，新增参保9392人，完成省目标的117.4%。20个县（区）全部实施城乡居民社会养老保险，实现城乡居民社会养老保险制度全覆盖，参保201万人，超额完成200万人目标任务。

【社保金收支】 全年争取中央、省职工养老保险调剂金22.3亿元，比上年同期增长41.5%。收入社保金56.3亿元，增长24.6%。支出各类社保资金71.2亿元，增长36.1%。加大历史欠费清欠力度，对职工养老保险参保单位按有无缴费能力划分为A、B、C、D四类。严格落实动态管理和分类管理，完成126万人社保卡信息采集工作。

【提高社保待遇】 企业退休人员取暖补贴标准每人增加600元，调整后坝上各县及赤城、崇礼取暖费标准为1560元，其他各县（区）取暖费标准为1400元。第8次为企业退休职工上调养老金，月人均增加177元，基本养老金由调整前月人均1367.72元增加到1544.72元。失业保险金最高标准由630元增至730元，最低标准由480元增至520元。调整扩大《门诊特殊病用药和诊疗范围》，共新增药品179种，新增诊疗项目52项，同时对门诊特殊病中的脑梗、心梗两病种实行年度统筹基金支付最高限额管理办法，确保医保基金合理安全使用。提高城镇居民住院统筹基金支付比例，统筹基金支付比例调整为一级医院及社区卫生服务中心75%、二级医院65%、三级医院55%、转院50%，基本医疗保险政策范围内报销比例达到57%，加上居民补充医疗保险和大额医疗保险报销比例，住院报销比例达到70%，9509人享受到新报销标准。

【提高抚恤金标准】 提高企业离休人员死亡一次性抚恤金标准，由本人生前20个月基本离休金，调整为上年度全国城镇居民人均可支配收入的2倍加本人生前40个月基本离休金（基本养老金）。提高企业职工丧葬补助金和遗属抚恤金标准，遗属抚恤金调整为一次性发放最多不超过20个月的上年度全省企业退休人员月平均基本养老金，丧葬补助金标准调整为本人生前两个月基本养老金。设立困难企业军转干部住院医疗费用补助办法。

【规范社保稽核流程】 完善《张家口市社会保险稽核工作流程》，规范各险种书面、实地稽核操作程序，严格按照稽核工作的7个阶段实施。制定《关于进一步加强和完善城镇基本医疗保险定点医疗机构管理的意见》。张北县、宣化县医疗保险进入市级统筹。265家国有破产、困难集体企业3.2万退休人员纳入医保统筹。采取个人不缴费、保险费由失业保险基金按现当地缴费基数60%支付，为7861名领取失业保险金人员支出医保费用656万元。按照征地区片价10%落实社会保障费4207万元，按照不低于5%的标准提取风险基金752万元，追缴2007～2009年风险基金2323万元，并在万全县开展失地农民参加职工养老保险试点。年内，核销破产企业欠费27户，核销欠缴职工基本养老保险费个人账户以外部分6047万元，为3594名职工顺利接续养老保险关系。

【工伤保险】 制定《张家口市补充工伤保险实施办法》，扩大工伤保险报销目录和支付比例，报销内容由抢救、治疗为主，向以最大限度恢复工伤职工机能转变，选定市中医院为工伤康复定点医疗机构。

【最低生活保障】 截至年末，城市居民享受最低生活保障7.13万户、12.78万人，农村居民享受最低生活保障31.66万户、41.01万人。

（赵春伟）

民政管理

【减灾救灾】 2012年为“防灾减灾救灾工作基础建设年”。年内，有效应对洪涝、冰冻、雪灾等自然灾害123次，及时下拨各级救灾资金3255万元、衣被1.4万件，对受灾群众基本生活进行妥善安排。支援“7.21”野三坡抗洪救灾，为保定市捐赠抗洪救灾资金183.8万元。开展“全国综合减灾示范社区”创建工作，设立应急避难场所59个，向省民政厅新申报“全国综合减灾示范社区”28个。

【城乡低保】 建立低保保障标准与全国、全省平均水平同步增长机制。城市低保主城区月人均保障标准由310元提高到350元，月人均补差220元，其他县（区）月人均保障标准由260～280元提高到320元，月人均补差200元。农村低保年保障标准由1500元提高到1900元。保障标准均比上年提高13%，略高于全省平均水平。全年共拨付城乡低保保障资金9.53亿元，同比增长30.6%，有效保障53.78万名城乡低保对象的基本生活。

【五保供养】 农村五保集中年供养标准提高到3200元，分散年供养标准提高到2300元，均比上年提高14%。年内，全市共发放供养资金7251.6万元，保障了2.4万名农村五保对象的生活和医疗。省、市、县三级共投入资金1.9亿元，新建市本级及崇礼、张北、怀安4所“三院合一”民政事业服务中心，集中供养能力和生活条件得到提升。

【城乡医疗救助】 张家口市作为全省唯一的重特大疾病医疗救助试点市，年内，修订了《张家口市城乡重特大疾病医疗救助实施办法》，将救助病种扩大至14类，全面实施了城乡医疗救助“一站式”即时结算服务和城乡低保、农村五保对象中长期服药又无需住院人员门诊救助，全年共支出城乡医疗救助资金1.07亿元，对城乡患病困难群众52.1万人（次）进行了有效救助。

【临时救助】 发放救助资金185万元，对临时性、突发性原因造成暂时困难的2630户家庭实施临时救助。妥善做好困难群众越冬取暖保障，市、县共安排越冬取暖补助资金5076万元，对主城区城市低保家庭按每户500元补助，对农村低保家庭特困户、因灾无自救能力户、分散供养五保户，按每户450元补助。对全市65所县建县管民政事业服务中心，每所补助20万元，确保困难群众不挨饿、不受冻。

【双拥·优抚·安置】 2月27日，张家口市连续第七次荣获全国“双拥模范城”荣誉称号，市委、市政府和军分区对全市双拥模范单位和先进个人进行了表彰，筹备成立了张家口市军民关系促进会，不断拓展双拥工作平台。开展“爱心献功臣”、军民共建等双拥活动，为驻张独立团以上部队赠送慰问金、慰问品共计235万元，妥善安置随军家属38名。

制定《关于改进和完善优抚对象医疗保障制度的指导意见》，优抚对象医疗“一站式”服务覆盖率达到100%。提高优抚对象抚恤补助标准，全年共发放各类优抚保障资金1.2亿元。全面落实19203名重点优抚对象生活和医疗待遇，为60岁以上农村籍老兵和60岁以上烈士子女共19054人发放了定期生活补助。新投入烈士陵园修缮资金1579万元，迁建零散烈士墓1893座，就地维护烈士墓1487座、纪念设施18处。

推进退役士兵安置改革，对2011年度中心城区83名重点安置对象进行了阳光安置。投入培训资金87.2万元对109名退役士兵进行免费培训。扶持城镇退役士兵自谋职业，年内，为373名退役士兵办理了自谋职业手续，发放经济补助费1751.6万元。完成75名军休干部、退休士官接收任务，落实了军休干部“两个待遇”。

【城市社区建设】 市委、市政府印发《关于进一步加强城乡社区建设管理的意见》，初步形成“党委领导、政府负责、社会协同、公众参与”的社会建设管理格局。桥东区开展的社区网格化管理做法被《中国社会报》报道，引起外省（市）高度关注和学习。高新区“两有两优四化”全面推进现代品牌社区建设的做法，受到省委书记张庆黎肯定。全年争取省财政奖补资金和省福彩公益金240万元用于社区建设，新建和改扩建社区办公和服务场所近5000平方米。

【村民自治】 完成4175个行政村村委会换届选举工作。进一步健全和完善村民会议、村民代表会议、村务公开、财务管理等各项民主决策、民主管理、民主监督制度，全市村务公开的规范化程度得到优化和提高。

【老龄工作】 印发《张家口市社会养老福利机构建设及床位运营补贴暂行办法》，激发社会创办养老服务机构积极性。全市已有公办养老机构89家，民办养老机构29家，老人拥有床位数比上年新增加2400张，总数达到15400张，每千名老人拥有床位数从19张增加到22张。全市居家养老呼叫网络实现全面覆盖，入网新老用户3万余人，有各类加盟商2052家，开通“12349”便民服务热线。建立高龄老人补贴制度，全年共为3076名90岁以上老人发放高龄补贴134.3万元。加快农村互助幸福院建设，新建幸福院894所，总数达1682所，覆盖率达到41%。依托社区开展居家养老服务，新建社区老年人日间照料站7个，建成24小时全托为老服务站点40余个。桥东区红旗楼办事处“阳光家园”爱心托养服务中心和桥西区创建社区“为老十分钟服务圈”等先进典型，为老年人和残疾人提供了日间照料多项服务。

【社会行政管理】 一是社会组织管理。年内，全市共有社会组织984个，其中社会团体818个、民办非企业166个，登记合法率100%。全面开展社会组织评估工作，上报省级评定5A级社会组织2个，市级评定3A级社会组织7个。在社会组织中开展“万家社会组织下基层进社区为民服务”活动，全市社会组织为1000余个服务对象提供近1200个服务项目，资金投入1500余万元，减免学费、书本费200余万元，提供各种培训3000余人（次）。二是殡葬服务管理。加大殡葬改革宣传和执法力度，全市火化率达86%。加快殡仪服务基础设施建设，市殡葬管理处先后完成太阳能热水、山体公园规划等技改项目，万全、怀安、涿鹿3个县新建殡仪馆工程基本完工，崇礼县、宣化县新建经营性公墓已投入建设。市本级及各县（区）均落实了殡葬惠民政策，共为2300余个贫困家庭减免基本丧葬费用约200万元。三是流浪乞讨人员救助。印发《张家口市流浪乞讨人员救助工作绩效评价制度》，规范救助工作流程，开展“爱心救助”、“暖冬救助”等活动。全年共救助3456人，跨省救助1467人，救助未成年人28人。四是婚姻、收养登记。全市婚姻登记、收养登记合格率达100%。对全市现有852名孤儿和315名事实无人抚养儿童进行信息系统录入，发放供养保障资金719万元，保证孤儿养育费及时、足额发放。以争创3A级婚姻登记处为契机，加快婚姻登记示范窗口建设，宣化区、下花园区、高新区3个婚姻登记处通过省厅3A级验收。五是福彩发行工作。实施弘扬福彩文化和打造福彩品牌工程，提升福彩知晓率和发行量。全年福彩销售总额2.09亿元，同比增长12%。依法查处违法经营站点6家，净化了福彩销售环境。举办第十一届“福彩助学”活动，投入72万元福彩公益金，资助220名贫困学子。

【民政项目建设】 积极构建“财政投入一块、福彩公益金资助一块、市场化运作一块、慈善捐助一块、政策优惠一块”民政项目资金多元投入格局，推进民政项目建设。市福利总院综合搬迁项目（张家口市民政事业服务中心），总造价约1.1亿元，总建筑面积4万平方米。全市社会福利院、儿童福利院、儿童保护中心、救助站、救灾仓库等场所硬件设施达到规范化建设标准。察哈尔烈士陵园建设项目，工程总概算1800万元，革命纪念馆已开馆运行，园容园貌实现大改观。军干休一所棚户区改造工程项目，采取市场运作方式，投入资金1亿余元，新建综合服务楼1栋、离退休老干部回迁楼3栋，实现当年开工，当年投入使用。市殡仪馆技改和人民公墓东西墓园扩建项目，总投资1200余万元，其中火化炉、冷藏间升级改造和东、西墓园改建、园区绿化整治项目已完工。

（高小京　郑　军）

国土资源管理

【耕地保护】 截至年末，全市耕地932203.73公顷，基本农田836745.07公顷，圆满完成省政府下达耕地保有量不少于873133.33公顷，基本农田保护面积不少于798470公顷保护目标。全年上报建设用地135件、2748.2701公顷，其中农用地2076.9074公顷（耕地1135.0587公顷）、建设用地199.5364公顷、未利用地471.8263公顷。

【用地管理】 2012年，省共下达全市（含扩权县）计划指标1342.33公顷，其中年初预分用地计划指标803.8公顷，2012年省长预备用地指标70.67公顷，国家追加用地计划指标74公顷，省调剂用地计划指标62.33公顷，国家年底追加指标53.33公顷，省留高速公路（宣左公路）用地指标228.2公顷，省调剂追加指标50公顷，有效缓解全市经济建设用地压力。全市供应保障性安居工程建设用地107.47公顷。

【地籍管理】 完成年度土地利用现状变更调查工作，更新市、县（区）第二次土地调查数据库，确保图、数、实地相一致。全市国有土地使用权发证737本，集体土地所有权应发证8533本，实发证8428本。完成张家口市洋河新区30平方千米新区路网土地权属地类调查，绘制相关影像图件，统计汇总权属地类表，为市政府领导决策提供基础资料。

【矿产管理】 截至2012年末，全市共开发利用矿产品64种，有矿山642个，从业4.5万人，年产矿石0.4亿吨，年产值71亿元，矿产品销售收入65亿元，综合利用产值2亿元，利润总额12亿元。年内，共审批发放采矿许可证76个，其中新发证7个，延续发证11个，变更发证58个。审批采矿权转让10个。委托张家口市矿业权交易中心挂牌出让采矿权23宗，交易金额8924.62万元，转让采矿权交易16宗。加大矿产资源整合工作力度，全市煤矿由157个整合为92个，金属矿山162个，有60个参与整合，其余矿山将继续参与整合。

【储量管理】 年内，对17个县（区）的653个矿山进行年检，实际年检547个，年检率83.77%。全年办理矿山占用储量登记证116个，提交矿产资源储量年报273份。委托评估公司进行采矿权价款评估71个，委托河北省地质学会地质勘查项目监理部张家口分部进行采矿权价款计算28个，备案99个。完成小型矿产储量报告、储量核实报告评审141份，备案141份，为采矿权的设置、延续、变更、转让提供依据。

【地质找矿】 年内，实施省地勘资金项目15个，投入资金8982万元。地质找矿取得较好成绩，其中涿鹿县下园坨一带锰矿普查项目预计提交锰矿石量241万吨，赤城县黄土梁金矿东部外围及深部普查项目预计提交金金属量1.7吨，赤城县下窝铺铅锌铜多金属矿普查项目预计提交锌金属量1.008万吨。申报省地勘资金项目27个，通过专家会审，列入省地勘资金项目库17个，由省厅分批次予以安排执行，项目总资金1.2亿元。

【执法监察】　一是全面完成2011年度土地卫片执法检查工作。土地卫片执法检查工作，共涉及全市18个县（区），1122块图斑，全市新增建设用地1771.25公顷，其中耕地620.24公顷。确认违法用地232宗，237.75公顷，其中耕地79.26公顷，违法占用耕地面积占新增建设用地占用耕地总面积的1.18%。232宗违法用地案件全部查处到位，共计收缴罚款2317.08万元，没收建筑面积96.82万平方米，拆除违法建筑物面积2.4万平方米。依法给予相关责任人党政纪处分37人，移送司法机关追究刑事责任16人。矿产卫片执法检查工作，共涉及全市15个县（区），218个图斑，其中确认违法图斑181个，全部整改查处，共计收缴罚款114.2万元，没收违法所得209.5万元。二是深入开展打非治违专项行动。全市国土资源系统共出动执法人员9500余人（次），动用车辆2400余台（次），开展联合执法45次，对全市20个县（区）的110余个乡镇进行督导检查和明察暗访。共查处非法矿井（点）285处，其中无证采矿206处、越界开采22处，以采代探51处，擅自改变开采方式6处，拆除房屋147间、遣散外来务工人员176人，没收各种机械设备68台、毁闭（封堵）井口57个、拉倒井架20个，罚款约320万元。

【市场建设】　全市土地供应总量502宗，1726.87公顷，其中，利用国有存量土地654.55公顷，占供应总量37.9%，利用新增建设用地1072.32公顷，占供应总量62.1%。办理划拨土地使用权166宗，970.18公顷，办理出让土地使用权549宗，1396.92公顷，出让金总额34.8亿元。其中，招拍挂出让454宗，1206.5公顷，出让金额49.94亿元。国有土地使用权转让面积15.65公顷，金额1.04亿元。市辖区（含察北和塞北管理区）土地供应总量80宗，166.58公顷。办理划拨土地使用权25宗，51.25公顷，出让土地使用权55宗，115.33公顷，出让金总额12亿元。

【地质环境治理】　全市共排查出崩塌、滑坡、泥石流、地面塌陷、地裂缝等地质灾害隐患点710处。全市共有19个县（区），其中本年度5个县（区），被国土资源部命名为地质灾害防治“十有县”。年内，累计缴存矿山地质环境治理恢复保证金2.69亿元。编制并通过市政府批准颁布《张家口市地质灾害防治规划》（十二五）、《张家口市矿山地质环境保护与治理规划》、《张家口市突发性地质灾害应急预案》。会同气象部门联合发布三级（黄色）地质灾害气象预警8次，预警短信1万余条，监测预防提示信息16次，短信1.6万条，未发生因灾伤亡损失。组织地质灾害应急演练6场，参演人员1085人。开展“10.13”国际防灾减灾宣传活动，组织22场防灾知识及业务知识培训。完成西太平山崩塌治理工程、东太平山崩塌治理工程、大东沟泥石流地质灾害治理工程、卧龙山崩塌地质灾害治理工程（二标段）、流平寺采石场矿山地质环境治理二期工程。有3人分别被评为市防灾减灾先进个人、国土资源部“守护家园、守护生命”先进个人和全国优秀群测群防员。

（李亚楠）

人口与计划生育

【落实奖励救助政策】　2012年，全市共确认奖扶对象27469名、特扶对象1725名，发放扶助金2846万元，资格确认和资金发放准确率均为100%。市人口和计划生育委员会把2012年作为全面落实独生子女父母3000元一次性奖励关键年，把8月份作为“奖励政策落实月”，先后召开3次会议进行专题研究部署，市财政专门安排450万元用于兑现市属破产、关闭、改制企业退休职工奖励，全市累计兑现率87.2%。年内，全市为农村独生子女父母61404名、城镇独生子女父母113912名落实每人每月10元奖励，为农村独生子女4627名办理中考、高考加分奖励。加大对计生困难家庭救助力度，全市共筹集计生救助公益金491.77万元，其中市级20万元，对1257户计生困难家庭发放救助金399.7万元，筹集和救助标准逐年提高，救助长效机制进一步形成。继续开展多种形式关爱女孩活动，全市各级共资助女孩247名、51.46万元，其中8月份市级对考上大学的100名计生贫困家庭女孩实施集中救助，发放救助金20万元。

【计生惠民服务】　年内，安排经费653.9万元，为全市112万名农村妇女进行生殖健康免费服务。各县（区）服务项目均由3项增加到5项，由单一下乡服务为主，改为免费接送群众到县服务站服务与下乡服务相结合，提升了服务质量和吸引力。推进免费孕前优生健康检查试点工作，6个县列入国家孕前优生健康检查试点县，7个县列入省试点县，开展孕前检查14200名，出生人口素质进一步提高。争取省“少生快富”工程贴息资金30万元，贷款262.7万元，拉动投资近千万元，帮助468户计生困难家庭发展项目。累计投入“幸福工程”资金75万元，滚动资金248.39万元，对703名计生贫困母亲实施救助，带动群众脱贫致富，取得良好经济效益和社会效益。推动“新农保”、“新农合”、新民居建设、养老服务、城镇化等有关政策向计生家庭倾斜，全市134541户计生家庭享受优惠536.32万元。

【人口计生宣传教育】 市人口计生委和计生协会将2012年定为“人口计生宣传年”，开展“四载体”（环境、媒体、网络、社会宣传）、“五进村”（流动课堂、生育文化宣传、婚育服务队、生殖保健科普知识、协会工作宣传进村）和“十登门”（婚前、新婚、孕期、产后、节育、术后、保健、科技、政策、流动人口服务登门）活动，在市电视台《市民热线》栏目制作播放人口计生专题节目，在市电台开办人口计生专栏，全年在市以上媒体刊登和播出稿件246篇，其中《中国人口报》刊登26篇。全市各级举办各类大型宣传活动160余场（次），发放各种宣传品150余万份，制作大型宣传展牌和电子显示屏128个，建成“宣传一条街”180条，为群众提供各类计生知识咨询10万余人（次）。组织开展人口计生宣传年暨“5·29”纪念大型活动，国家计生协、省计生委和计生协有关领导到场讲话。全市1200余所人口学校、2400余个计生协会会员之家、400余支基层文艺演出队开展丰富多彩宣教活动。2012年，全市出生人口性别比103.8，连续13年保持在正常范围，是全省唯一没有重点治理县的市，抓源头、控过程、治标本，“四道保障线”促使出生人口性别比长期稳定均衡的经验得到国家和省人口计生委肯定，国家人口计生委性别比简报对张家口市经验进行推广，《中国人口报》在头版予以刊发。

【流动人口计生管理】 2012年，全市有流动人口35.4万人，其中流出24.8万人，流入10.6万人。针对流动人口逐年增多实际，坚持按照“属地化管理、市民化服务”原则，落实流动人口与户籍人口均等技术服务、优生优育和奖励优惠等政策待遇，将流动人口纳入“民心工程”服务范围，流入已婚育龄妇女免费接受孕检率、现居住地免费药具获得率和可及率均达到90%以上，实现免费技术服务全覆盖。推进军民共建工作，开展人口计生“一通三”工程，制定优先优惠办法，对242个定点单位进行挂牌，为123名军人家属开展服务，减免费用2.4万元。

【计生队伍建设】 对各级人口计生人员开展系列培训，共培训6560人（次）。组织继续教育、学历教育和特色练兵活动，全市计生队伍整体素质稳步提高，结构日趋合理。进一步配强村专干和育龄妇女小组长，落实工资待遇，村专干工资均不低于村支书、主任的80%，90%的小组长补贴达到每月80元以上，全部列入县级财政开支。

（赵会敏）

物价管理

【稳定市场物价】 2012年，全市居民消费价格总水平（CPI）上涨2.4%，低于预期调控目标1.6个百分点，低于全省和全国平均水平（均为2.6%）。市物价局坚持节假日和敏感时期主要商品价格日监测，坚持按月分析价格形势，科学预测价格走势，及时提出价格调控政策建议，为领导决策提供可靠依据，全年向市委、市政府上报《民生价格资讯》49期、《要情专报》9期、《物价工作简报》24期。坚持在张家口物价网上公布惠民蔬菜北方市场当日交易价格，指导惠民蔬菜销售网点合理确定惠民蔬菜销售零售价格。全市各级物价部门充分利用广播电视、报刊、网络媒体等平台，多方位、多角度宣传稳价安民服务发展政策措施和成效，在市级以上媒体刊发稿件119篇，接受电台、电视台专访17次，在张家口政府门户网站公布月度价格分析12次。

【优环境促发展】 发挥价格职能作用，助推促进产业转型和结构调整。一是借政策扶持促进产业升级。全力支持风能、秸秆等可再生能源发电上网电价政策，合理制定车用天然气价格、旅游景区门票和交通运输服务价格。二是借清费促进产业壮大。强化《收费许可证》审验管理，对全市36个行政事业部门、403个单位的收费项目和标准进行全面清理，落实国家和省取消行政事业性收费项目，实行行政事业性收费下限制。严格核发《进企业收费批准通知书》，从源头上遏制涉企乱收费行为。落实减免涉企行政事业性收费，在全市免征小型微型企业部分行政事业性收费、出入境检验检疫费，取消海关监管手续费、铁路货物运输延伸服务中的发送综合服务和到达综合服务收费，年可减轻企业负担2780余万元。

【关注民生价格】 一是加强医药价格管理。分3批降低148个品种、600余个规格药品价格，仅中心城区年减轻群众负担1800万元，遴选确定20个单病种在12个市级医院和34个县级医院推行单病种最高限价管理模式。二是加强教育收费社会公示力度。2月24日、27日分别在《张家口日报》和《张家口晚报》向社会公布中小学收费项目和标准，加强对示范高中收取择校费和中等职业学校免学费政策落实情况检查。三是加强保障性住房价格管理。研究测算市中心城区公共租赁房租金标准，降低部分小区居民生活用水二次加压收费标准，落实商品房销售备案和商品房明码标价制度。

【价格改革】 一是深化水价改革。调整市中心城区和宣化区、涿鹿县城市供水价格和水资源费标准，合理简化水价类别，增强社会节水意识，促进水资源的合理利用。二是推行居民用电阶梯电价改革。配合省局调查测算主城区及怀来、蔚县、宣化3个县5000余户居民用电量。7月1日全省启动居民生活阶梯电价改革后，针对实施过程中蔚县、宣化区反映的电采暖及多人口居民用户用电问题，及时向省局报告，省局做了具体明确规定。加大差别电价实施力度，对燃煤发电机组实行脱硫优惠电价，对全市3家高耗能企业实行惩罚性电价。三是推进油运价格改革。落实国家成品油价格改革方案8次（4升4降），价格调整已成常态。按照《河北省道路运输价格管理办法》，建立道路客运价格与成品油价格联动机制，随着成品油价格调整，4次启动联动机制调整燃油附加费标准，疏导运价矛盾。制定万全、尚义、沽源3县客运出租汽车运价。调整市中心城区和宣化区居民管道液化气价格。

【规范价格秩序】 年内，全市共查处价格违纪案件133件，经济制裁金额685.98万元，其中退还43.96万元，没收违法所得627.30万元，罚款14.72万元。一是组织开展涉农、教育、医药、商贸流通、商品房销售明码标价等价格收费专项检查，特别是医药价格专项检查，利用先进电子检查手段检查医疗机构12家，查处违纪金额466.77万元。二是开展以打击价格欺诈等不正当价格行为为主要内容的市场价格专项检查，先后发放《张家口市物价局关于商品和服务实行明码标价有关问题提醒告诫书》5000余份，依法查处并曝光5家涉嫌价格欺诈和28家不规范明码标价企业，推行跟踪检查、行政告诫、约谈提醒和价格申报备案等监管方法，进一步提高监管效率和水平。三是按照“受理及时、介入快捷、办理优质、回复高效”原则，及时化解价格矛盾，畅通“12358”举报电话，年内，全市共受理价格举报1129件，其中政策咨询1090件，立案检查39件，经济制裁金额16.197万元。四是以“价格服务进万家”活动为桥梁，推进价格公共服务，召开中心城区15名社区工作者代表参加的民生价费恳谈会，编发《民生价费优惠政策汇编》1000余册。

【助推“三农”建设】 召开6县2区物价局长参加的蔬菜收购明码标价工作现场会，推广康保县蔬菜收购明码标价试点经验。开展对国土、住建、人社、水利、民政等部门136个涉农收费单位专项检查，共查处价格违法案件58件，经济制裁总金额195.47万元。

【夯实价格基础】 高质量完成19项农本调查任务。完成供水、供热、景区门票、天然气等16个行业民生价格成本监审31项，监审标的总金额6.73亿元，核减不合理成本费用1.03亿元。全市共受理各类价格认证、价格鉴证案件1445件，鉴证、认证总价值10932万元。

（杨　林　邢瑞景）

工商行政管理

【扶持市场主体发展】 制定《全面支持市场主体发展的30条指导意见》，从优化企业投资环境、注册环境、发展环境、行政审批环境四个方面，将省、市改善两个环境的政策措施进行细化和量化，并及时开展指导和培训。加大对市场主体扶持力度，年内，全市新增各类市场主体10293户，同比增长

9.5%。继续推进零成本注册，为各类企业特别是小微企业减免费用698.14万元。对重点项目和重点企业实行全程跟踪服务。继续对“红盾便民通”、“验资E线通”、“联合商务网”进行完善升级。帮扶沃尔沃汽车发动机部件制造项目和马来西亚云顶集团投资的“大好河山”旅游项目成功落户张家口。

【融资服务】 积极搭建银企合作平台，推进邮储银行百亿送贷工程，助推银企对接。创新融资方式，开展“支持企业融资，服务经济社会发展”活动，通过股权质押、动产抵押、商标专用权质押等多种形式，帮助企业拓宽融资渠道，盘活企业资产。年内，共帮助企业实现融资51.83亿元，特别是帮助三道沟旅游胜地有限公司和香港马来亚银行办理股权出质登记手续，一次性为企业融资9900万美元。

【商标注册】 坚持特色创优工作思路，及时为企业实施商标战略提供行政指导，打造以“宣化牛奶葡萄”地理标志为主的葡萄种植产业、以“坝上蔬菜”为主的绿色蔬菜基地、以“穗康”省著名商标为主的玉米深加工产业、以“桑洋河谷”为主的葡萄精深加工产业四大农产品商标体系。“坝上蔬菜”品牌注册成功，为农产品进京打开通道，使农民多增加收入2000余元。突出抓好驰著名商标跑办力度，“长宇液压油缸”驰名商标申报成功，首开张家口市民营企业跻身全国驰名先河。截至年末，全市有驰名商标6件、著名商标98件，注册商标3485件。

【市场监管】 集中半年时间，在全市开展以“强化市场监管、拓宽维权渠道、规范执法行为”为主要内容的“百日会战”，集中执法力量，将消费者投诉较多、社会反应较为强烈的流通领域商品质量、食品安全、侵权仿冒、制售假冒伪劣商品作为重点，认真做好风险排查、防范机制建设、市场监管、专项整治、案件查处等项工作。在规范食品流通许可，把好食品流通市场准入关的前提下，完善食品安全网格化监管、责任追究、索票索证、风险预警等一系列措施，在全市食品流通行业全部安装食品安全监管信息系统，实行“流动采样、集中检测”快检新模式。下大力开展农村食品市场、节日食品、乳制品、“地沟油”、食品添加剂等专项整治，全市共投入抽检经费174.32万元，抽检各类食品2474个批（次）、快检6417个批（次）。

【红盾护农】 深入实施农资打假扶优机制，强化农资经营者自律制度建设，规范完善农资商品进销货台账制度、索证索票制度，实现农资商品可追溯监管，继续开展农资商品质量监测工作。全年共组织举办红盾护农宣传、实物展览23场（次），举行行政约谈活动13次，抽取农资样品97批（次），为农民避免经济损失115万元。

【民生维权】 全市各级工商部门以拓展工商职能，打造维权品牌为着力点，努力在解决群众投诉难、维权难问题上下工夫，在继续巩固“四位一体”维权模式基础上，提出消费维权进社区工作思路，在社区建立工商维权工作站，并在桥西区和宣化区进行试点，有效拓展维权领域与范围，取得良好社会效果。全面开展12315进企业、进商场、进超市、进市场、进景区工作，深入开展消费维权恳谈、行政约谈和12315开放日活动，引导广大经营者进一步强化自律意识，诚实守信经营，自觉维护消费者的合法权益。截至年末，全市已建立12315消费维权服务站500家，受理消费者申诉举报5872件，办结率98.6%，为消费者挽回经济损失586万元。推进建立“京张两地跨区域消费联盟”，建立起消费者投诉联动协作处理机制，实现维权信息共享，为保护消费者合法权益、化解异地消费纠纷、降低维权成本、维护社会和谐稳定起到积极促进作用。

（崔 浩 范保华）

食品药品监督管理

【食品安全】 年内，先后组织召开联席会议3次、联络员会议5次，组织完成春节及“两会”期间食品安全检查、“五大”专项整治、舆情监测处置等10余个大项工作，协调完成“3·15”国际消费者权益日和“共建诚信家园，同铸食品安全”为主题的食品安全宣传周活动，接受省政府食品安全考核3次，办结上级移送及群众举报案件16起。

【监管体制调整改革】 7月市食品安全委员会落编运行，市食药局的综合协调职能移交市食安委。全市餐饮服务食品、保健食品和化妆品监管职能全部划转食品药品监管系统。市局及各县（区）局ADR监测中心全部落编运行，市、县两级12331投诉举报电话全部开通，全省96321食品安全有奖举报电话张家口市举报平台也已开通。全市食品药品监管系统体制调整改革任务全部完成。

【餐饮服务】 根据国家局、省局安排部署，制定《张家口市餐饮服务食品安全监督量化分级管理工作方案》，成立评审委员会，细化评审条件，建立评前培训、评后公示机制，保障评定工作公正、公平、公开。年内，共发放量化等级公示牌2296块，完成首个动态等级评定和年度等级评定1038家，其中A级企业53家、B级企业224家、C级企业761家，全市学校（含托幼机构）食堂及大型以上餐饮服务单位食品安全监督管理量化评级工作全部完成。组织开展小餐饮整规工作，全市共整治小餐饮单位4641家。6月份在宣化区召开餐饮服务食品安全量化分级管理现场会，9月份在张北县召开小餐饮食品安全整规试点工作现场会。

【药械监管】 加强基本药物重点生产企业和重点品种监管，完成2家企业4个品种的工艺处方核查，对存在安全隐患的1家生产企业负责人进行约谈，对暂不具备生产条件的云峰制药厂给予责令停产处理，确保了基本药物生产安全。完成基本药物配送企业电子监管核注核销工作，对基本药物经营使用单位加大检查力度，先后两次实施全覆盖式检查，共下达整改通知书25份。加强药品注册工作，对2个品种8个规格24个批（次）的药品注册申请进行现场核查，对4个品规的药品进行药品再注册恢复生产现场检查，对全市14家药品生产企业和5家医疗机构制剂室使用的药包材进行质量监督抽验。医疗器械监管得到强力推进，对医疗器械经营使用单位进行“拉网式”检查，查处违法违规案件26起。

【铬超标胶囊剂药品清查】 央视曝光问题胶囊节目播出后，局党组立即启动应急处置机制，成立相关组织，明确清查责任，深入一线督导，提出“确保没有一粒问题胶囊产品出厂、确保没有一粒问题胶囊剂药品流通使用”的两个确保目标，明确清查、召回、封存、销毁、检验处置措施。全市涉药单位检查覆盖率、问题胶囊剂药品清查率均达100%。

【保健食品化妆品监管】 编印《保健食品、化妆品法律法规及日常监督现场检查工作指南》，发至各经营企业，并组织了培训，在保健食品化妆品监管的制度建设上迈出了一大步。严格准入标准，加强审核验收，年内，共完成224家新开办保健食品零售企业审核验收工作。

【安保工作】 一是强化企业责任意识，对“四品一械”重点企业，进行集体约谈，并签订安全责任状。二是深入推进隐患排查整治，对市本级监管的餐饮服务食品、药品、医疗器械、保健食品、化妆品生产、经营、使用单位进行全面摸排，对发现的风险隐患和违法违规行为彻查彻办、追根溯源，全市食品药品监管系统共排除一般性安全隐患21个。三是完善餐饮药品安全突发事件应急预案，督促餐饮药品企业制定应急处置预案。四是认真受理群众举报，安排熟悉业务人员对“12331”、“96321”投诉举报电话实行24小时值守。市局被市委、市政府表彰为“十八大”安保工作先进集体。

（刘　伟）

质量技术监督

【质量管理】 贯彻落实国务院《质量发展纲要（2011－2020年）》和河北省《质量发展规划（2012－2020年）》，起草张家口市《质量发展规划（2012－2020年）》和《市长质量奖管理办法》，经市政府常务会议审议通过，设置了市长质量奖。强化质量宏观管理，编制了2011年度、2012年前三季度和2012年度《张家口市质量安全状况分析报告》。确定10家试点企业开展省“双五百、双五十”工程和争创“双百优”活动，建立了443家重点产品生产企业质量信用档案。年内，河北张家口煤矿机械有限公司获河北省政府质量奖提名奖，河北万矿机械厂“WK”牌破碎机等13个产品获河北省名牌产品，北汽宣化福田雷萨泵送机械厂“福田”牌搅拌车等11个产品获河北省优质产品，冀北电力有限公司张家口供电公司等4家企业获河北省服务名牌，张家口市煤气总公司等3家企业获河北省服务质量奖，张家口市卷烟厂有限公司等4家企业获得质量效益型企业称号。开展了QC小组、技术攻关、技术改造等群众性质量管理活动，有7个班组被命名为河北省质量管理活动优秀班组，10个成果被命名为河北省质量管理活动优秀成果。截至年末，全市共有国家地理标志保护产品4个、中国名牌2个、河北省名牌37个、河北省优质产品31个、河北省政府质量奖3个、河北省服务质量奖7个、河北省服务名牌7个、河北省质量效益型先进企业9家、河北省质量管理活动优秀班组16个、河北省质量管理活动优秀成果17个。

【认证认可】 做好实验室管理工作，提高全市产品检验能力和实验室管理水平，对全市107家取得计量认证的实验室实行分类监管，完成29家实验室的监督评审，监督检查125家企业认证的有效性，建立健全全市获证实验室档案。开展了卓越绩效模式推广工作，年内，45家企业通过质量管理体系认证，18家企业通过环境管理体系认证，10家企业通过职业健康安全管理体系认证，10家企业通过危害分析与关键控制点体系认证。截至年末，全市共有254家企业通过ISO9000质量管理体系认证，57家企业通过ISO14000环境管理体系认证，42家企业通过ISO18000职业健康安全管理体系认证，10家企业通过HACCP危害分析与关键控制点体系认证，36家企业通过“3C”认证。

【特种设备安全】 加强特种设备安全监管，开展“打非治违”、制冷行业压力容器和压力管道、气瓶两站、电梯四个专项行动和特种设备质量风险排查整治活动。完善特种设备数据库建设，实施动态监管和分类监管，定期检验特种设备7776台，重点设备定检率达100%，监督检验特种设备2722台、气瓶53923只、蓄能器6110只，安全阀校验2700台，锅炉水质检测489台，特种设备作业人员考核4025人（次）。特种设备使用登记发证率100%，重点设备发证率100%，特种设备使用单位现场全面检查率99.60%，重点监控设备使用单位现场全面检查率、设备使用登记率、定期检验率均达100%，气瓶充装站现场检查率200%。年内，全市未发生特种设备安全事故，事故率为0，万台死亡率为0。

【食品安全】 全面贯彻落实《食品安全法》，牢固树立科学监管理念，实施食品企业重点监管，严格监管2个重点区域、50家重点企业、7类重点产品，现场核查76家换发证企业，注销57家企业的57张食品生产许可证。10家乳制品企业建立了电子溯源系统，17家企业开展了食品质量安全示范企业创建活动，50家规模食品生产企业建立了质量安全管理机构。约谈食品生产企业30家（次），专家会诊企业2家，组织培训班2期，实验室开放日活动2次。实施生产加工重点环节监管，规范食品生产加工行为，开展食品安全监督抽查和问题企业整改、后处理工作，重点食品企业的企业负责人质量安全承诺率、原料查验率、产品质量安全管理机构成立率、购进和使用原料台账登记率、监督抽检后处理率均达100%。年内，共监督抽查13类食品1242批（次），不合格23批（次），合格1219批（次），合格率98.1%。2012年，全市未发生食品安全事故。

【监督管理】 全面落实“产品质量监检一体化”，监督检验覆盖率达95%以上。年内，国家监督抽查全市产品6批（次），合格率100%；省级监督抽查全市产品85批（次），合格率90.6%；市级监督抽查74个批（次），合格率100%。对不合格产品生产企业进行了后处理，后处理率100%。建立和完善工业产品生产许可证监管制度，严格获证企业后续监管工作，全市获工业产品生产许可证的51家企业57个产品全部列入监督抽查计划和监管范畴，并实施ABC分类管理，获证企业日常检查率、监管情况记录建档率、年度自查企业完成率均达100%。落实机动车安检机构监督管理工作，强化机动车安检人员培训和考核，举办培训班2期，加强机动车安检机构资质和安检人员管理，对全市15条机动车安检线进行巡查和监督检查。年内，全市没有无证安检机构和严重违规违法安检机构。全面开展宣化钻机区域性产品质量提升工作，产品监督抽检合格率从92%提升到98%，市场占有率从33%提升到45%。

【标准化】 加强标准制修订工作，加大标准实施工作力度，推进全市工业、农业和服务业健康发展。年内，完成国家、行业标准制修订15项，完成省级地方标准起草和审定7项，完成市级地方标准43项。完成工业标准化工作办理采标9项，完成1项国家级农业标准化示范区阶段性工作任务，3家省级服务业标准化试点和2家标准化良好行为企业试点通过省局验收，新建3家省级服务业标准化示范点，第七批国家级农业标准化示范区博天糖业甜菜种植全面实施。

【计量工作】 积极推进计量工作，普查全市15家法定计量检定机构计量器具，辖区内最高社会公用计量标准合格率100%，引导全市93家加油站、商场、医院等企业事业单位实现诚信计量自我承诺，对辖区内5家计量器具制造企业开展监督检查，完成对5类定量包装商品生产企业的计量监督检查，对全市42家重点能源用能单位进行检查，完成15家企业的计量保证能力合格确认，完成1家双百重点耗能企业的测量管理体系认证。继续实施“计量惠民”活动，累计减免费用200余万元，免费检定集贸市场在用计量器具1721台，检定率100%，检定乡村医疗卫生机构在用医用计量器具2768台(件)，检定率96%。加强民用“四表”计量监管工作，市区内煤气表、水表、热量表首检率100%，年内，市计量所检定民用“四表”67891块，其中热量表26889块、水表20294块、煤气表13208块、电表7500块。

【稽查打假】 2012年，全市突出对重点产品、重点区域开展执法打假行动，有针对性地组织开展“利剑行动”、“春苗行动”、“清新居室”、打击“黑心棉”、农资产品、建材产品等10余次专项打假行动，重点开展打击侵犯知识产权和制售假冒伪劣商品行动（“双打”行动)，深入开展食品打非治滥专项行动，严厉查处非法添加、制售假冒伪劣食品、包装和标签标识等违法犯罪行为，共出动执法人员869人（次)，查办案件300余起，立案246起，捣毁制假售假黑窝点8个，查获假冒伪劣产品标值总额1500万余元，移送案件3起。加强12365举报投诉处置系统建设，畅通群众产品质量咨询和投诉举报渠道，全市系统12365共受理举报投诉331件，涉及产品6大类34种，案件办结率100%。全市范围内制售假冒伪劣质量违法行为得到有效遏制。

【风险排查】 开展质量安全风险排查整治工作，坚持“三个结合”（与创先争优活动相结合、与机关标准化建设相结合、与贯彻落实《质量发展纲要》提升企业素质相结合)，做到“六个到位”（思想认识到位、责任落实到位、检查企业到位、依法处置到位、整改落实到位、建档立制到位)，达到“四个效果”（提高企业质量主体责任意识和质量管理水平，提高监管人员责任意识和业务水平，提高地方政府质量安全意识和重视程度，提高技术机构检验检测业务能力和管理水平)。市局和19个县（区)局均向地方政府报送了《质量安全风险排查整治工作情况的专题报告》。截至年末，全市共排查生产经营单位1325家，特种设备使用单位1952家，发现各类风险隐患和问题564个，下达特种设备安全监察指令书172份；监督抽查产品1351批（次)，发现食品问题23批（次)、工业产品问题5批（次)；各县（区）局共建立企业排查档案769份，其中工业产品143份、食品247份、小作坊379份，建档率100%。全市质量安全风险得到及时排查和全面整治。

【质检科技】 强化科研项目和全市质监系统检验检测技术机构建设，年内，2项科研项目被省质监局立项，4项国家地理标志保护产品项目被国家质检总局入库储备，3家县级法定计量机构开展改造提升工程，完善5个省级重点食品实验室建设。

（王克东）

安全生产监督管理

【概况】 2012年，全市共发生各类事故487起、同比下降46.4%，各类事故死亡人数98人、同比下降21.6%，占省下达指标120人的81.7%。全年没有发生较大及以上生产安全事故。亿元国内生产总值生产安全事故死亡率为0.081，工矿商贸就业人员十万人生产安全事故死亡率为0.73，道路交通万车死亡率为1.3，煤矿百万吨死亡率为0.22，特种设备万台死亡率为0，均在省下达控制指标之内。年内，市政府共组织召开各类全市性安全生产会议15次，其中全市安全生产工作会1次、安全生产调度会议（例会）6次、国家和省市电视电话会议8次，召开成员单位联络员会议6次。市委、市政府主要领导多次带队深入基层、企业检查工作，帮助解决安全生产工作中遇到的主要矛盾和突出问题。

【“打非治违”专项行动】 年内，开展“两打两规范”（打击非法生产、打击非法火工品，规范矿业秩序、规范部门行为)、“打非治违百日集中执法”、“安全隐患大排查大整治”和“尾矿库专项治理”等一系列专项行动，有效打击矿山非法盗采行为。在 “打非治违”专项行动中，坚持做到“五个到位”（全面排查到位、自查自纠到位、宣传发动到位、联合执法到位、严格督导到位)。行动中，全市共派出执法检查组768个，出动执法人员1.8万余人（次)，检查企业16540家（次)，纠正各类违规违章24500起，取缔非法矿点240处，治理交通违法行为10.2万起，查处路政案件358件，取缔黑出租46部，破获涉爆案件8起、收缴炸药5466千克，行政拘留547人，有效震慑了安全生产领域违法犯罪分子。

【地方煤矿兼并重组】 一是建立强有力的组织领导体系。全市召开动员会5次、专题会28次、调度会43次、现场会12次，市政府主要领导、分管领导40余次深入基层，研究解决突出矛盾和问题。二是严格政策标准。市政府制定了科学合理、周密细致的地方煤矿兼并重组方案，建立了符合实际、市场运作的私人小煤矿退出机制。蔚县政府对主动提出申请关闭的煤矿出台了奖励政策，除按其核定生产能力给予30万元/万吨资金补偿外，再给予20万元/万吨奖励，并退还剩余采矿权价款和安全生产风险抵押金。涿鹿县政府坚持一个县设置一个整合主体的原则，与山东肥城矿业集团公司签订了整体收购协议。对不符合整合条件的99处小煤矿全部予以关闭，矿井数量减少了一半以上。三是坚持从严监管。产煤县（区）政府向停产停建矿井都派驻不少于4人的工作组，实行24小时驻矿监管；有关部门对停产整顿矿井的供电系统加装限电装置，拆除提升设备；井下通风排水的矿井，每班下井人员控制在5人以内，确需进行井下维修、维护巷道的矿井，必须经市政府批准，每班下井人数不得超过9人。加强对技改矿井监管，市政府制定了《地方煤矿技改开工管理意见》，技改矿井必须经过验收，履行备案手续，并每月向安监和煤监分局上报工程计划及进展情况。加强对正常生产矿井执法检查，严防“超能力、超强度、超定员”组织生产。

【汛期安全生产】 5月12日，市安委会印发《关于认真做好汛期安全生产工作的通知》，对井工矿山防淹井、露天矿山防洪、尾矿库防溃坝、危化品防雷击、建筑施工风险防控、道路交通安全管控、水利工程除险加固、学校防雷电等八个方面进行重点部署。进入主汛期后，市安委办制定三条特殊措施应对尾矿库安全度汛：一是紧急停产撤人。接到暴雨天气预报后，全市所有矿山一律停止生产和建设，尾矿库停止排尾，存在重大事故隐患的尾矿库，下游人员必须实施紧急撤离。二是严格“四个一律”。在用尾矿库一律降低库内水位，停产、停用以及履行闭库程序的尾矿库一律将库内存水排尽，降雨期间一律禁止向库内排放尾矿，所有尾矿库主要负责人一律全天候在位，实施昼夜现场值守巡查。三是严格执行驻矿包点。各县（区）、各集团公司每名领导带领一个工作组，分包一个尾矿库，24小时驻矿，严防死守，确保安全。

【安全生产基层基础】 一是加强机构队伍建设。全市所有县（区）都成立了专门安监机构，163个重点乡镇建立了安监站，1182个村委会成立了安全领导小组。全市安监系统干部职工由2005年组建时的96人增至632人。二是加强宣传教育。市委印发《关于进一步强化企业主体责任的意见》，市安委办编印《企业主体责任读本》，作为重要培训内容，纳入年度培训计划。组织开展全国第11个“安全生产月”活动，发放宣传资料630余万份，接受咨询40余万人（次）。三是加强安全培训。共培训企业主要负责人3949名、安全生产管理人员2331名、特种作业人员10469名、职业健康管理人员411名、其他从业人员31400名。四是加强职业卫生监管。所有县（区）均完成职业健康监管职能划转，开展职业危害治理专项行动，推动职业危害申报工作，全市已完成申报1419家，完成申报率100%。五是加强标准化创建活动。全市有15处煤矿达到二级以上标准，有61家非煤矿山企业达到三级以上标准，20家危险化学品生产企业达到三级以上标准，195家危险化学品经营企业达到三级标准，15家烟花爆竹批发企业达到三级标准。

【安全生产行政执法】 全市安监系统组织开展了“首季执法行动”、全国“两会”集中执法、“打非治违”、“安全生产大会战”、“决战四十天，迎接‘十八大’”等大型执法行动。共出动执法人员39213人（次），执法检查企业7444家，查出问题隐患19019条，整改18562条，整改率97.6%。经济处罚1563.4183万元，暂扣安全生产许可证2家，吊销许可证1家，责令停产整顿60家，企业累计投入整改资金22716.87万元。全市未出现行政复议和行政诉讼，案件差错率为零。

（李小鹏　宁海明）

城市管理行政执法

【市容市貌管理】 一是组织开展“环境卫生清洁月”和“春季大清理行动”、“优化发展环境、喜迎国庆、‘十八大’”市容环境卫生整治活动、“市容环境卫生志愿服务行动”。截至9月下旬，累计清理卫生死角1.15万处、积存垃圾8.84万吨，更新垃圾专用容器1.4万个。二是开展市容市貌集中整治攻坚行动。5～9月，累计规范和清理占道经营6575处、临时市场46处、露天烧烤625处、烧烤经营商户320家、店外经营3336处、乱贴乱画17180处、乱搭乱建21处、广告牌匾3270处、车辆乱停乱放12965辆（次）、施工现场38个，查扣道路遗撒车辆55台，开辟设置2个集中烧烤区域。三是开展专项整治。印发《开展校园周边环境专项整治》、《整顿规范道路两侧占道设施》、《加强中心城区施工工地马路遗撒管理》等通知，组织各县（区）、市直有关部门分头行动。截至9月下旬，累计整顿规范各类占道行为1.2万次，整治施工现场673个，增设围挡8.5万米，整治河道148千米，打捞清理河道水草和漂浮物350吨，对56所大、中、小学周边环境进行彻底清理，消除裸土部位1.2万处，美化树穴7.5万个，补植绿篱5.4万米，补植草坪10.6万平方米。四是督导街道景观提升工作。制定《2012年街道景观环境改造提升工作方案》，年内，中心城区长青路、东安大街、马路街、清水河路、滨河路、胜利路、建设东街、钻石南路、解放路、建国路、武城街、明德路、西坝岗路等13条街道整治完成，累计投资1200万元。其他县（区）完成街道整治54条、92千米。

【加大环卫投入】　市政府投入资金3300万元新购置环卫机械作业车辆295辆，中心城区实现主次干道机械化清扫、保洁全覆盖。主城区主次干道机械化清扫率达到50%以上。做到主次干道和重点区域24小时保洁，城市出入口、老城区、背街小巷等部位16小时保洁，全市城区垃圾实现了密闭收集运输、日产日清。

【数字城管建设】　年内，中心城区实现数字城管全覆盖，完成市级数字城管增设12路视频监控点的选址、电路协调和招投标采购工作，加强“12319”城管服务热线平台管理，规范受理用语和处理程序，实行首接责任制和24小时限时处理反馈制度，组织蔚县、怀安、万全、崇礼4县开展数字城管县级平台建设，已完成数据普查工作。

【深化体制机制改革】　一是实施高位监督、高位指挥。发挥市城管委对全市重大城市管理事项的统筹协调职能，强力开展全市“脏乱”整治、中心城区市容市貌整治、市县（区）数字城管平台建设、违规建设项目查处等重点工作的督导和协调。7月中旬，召开全市首次城管执法系统工作会议，督导各县（区）成立城管委和城管办，将城管执法工作的重心逐步延伸到县（区），主城区和部分县已成立了城管委和城管办。二是推进体制机制创新。经市领导同意，组织市区有关部门开展城市管理体制机制考察调研，起草上报《关于调整市中心城区主要街道市容市貌管理和城管执法职责及招聘城管协管员的请示》，得到市政府主要领导肯定，正在组织实施。三是推动城市管理进社区。指导各区在街道办事处建立城管科，派驻城管执法中队，完善城管执法网络。四是规范城市管理行政审批工作。制发《城市管理行政许可项目审批实施细则》，实现行政审批进驻市行政服务中心。五是召开市城市管理协会成立大会暨第一届会员大会。

【加强城管舆论宣传工作】　年内，在国家、省、市级刊发稿件115篇（幅），编辑出版《城管时讯》38期，拍摄、编导城管执法工作汇报片、形象片7部，留存城市整治活动前、中、后期各类影像资料3000余幅（小时），同时利用网络平台、电视访谈、行风热线远程交流媒介强化互动和反馈。

（郭俊和）

无线电管理

【行政许可】　年内，共受理审批行政许可事项40件，办理设台站手续1545部，其中新增超短波固定台15部、移动台85部，撤销台（站）45部。核发执照245张，补发执照1255张，换发执照662张。截至年末，全市有各类无线电台站7711部，有手机374万余部。

【重大活动无线电安保】　完成“十八大”、春运、两会、党代会等重大节日和活动期间无线电安全保障工作。修改和完善《张家口无线电安全保障应急预案》；加强对民航、铁路、广电和公众通信等重点频段保护性监测；做好监测、检测设备维护保养工作；开展卫星干扰器、对讲机专项整顿活动，依法查处非法设台行为，净化电磁环境；加强值班和应急演练，严格执行24小时值班和监测值班，确保通信联络畅通。

【专项整治和执法检查】 重点核查广播电视台站126座、MMDS台站4座、短波台站42座；修改数据库数据4000余条，将电信运营商室外直放站和公安系统350MHz集群纳入管理；建立数据库B库。利用辖区10个固定监测站和3辆移动监测车对30－3000MHz频段进行监测，累计监测约5000小时，分析信号74个，排查不明信号12起，准确掌握全市台站分布使用情况和电磁环境，建立高质量数据库。开展日常监管和行政执法检查61次，核查固定台站182座，检查设台单位55家，立案查处行政处罚案件11起，罚没无线电设备15台。

【对讲机管理】 宣传国家对讲机模拟转数字政策，利用工作会、日常监管、走访调研等机会向设台用户宣讲对讲机频率规划和模拟转数字政策，引导设台用户对讲机由模拟向数字转换，10月23日，张家口市第一套数字对讲机通信系统正式投入使用。实行标签式管理，便于统计数量，易于识别合法性，有效避免擅自设置使用及瞒报对讲机数量现象。

【无线电干扰查处】 做好日常监测，累计监测22000小时，分析排查不明信号32起，配合省监测站对张家口民用机场电磁环境进行测试。加强干扰信号排查力度，受理并及时解决干扰投诉3起。

【考试保障】 严密防范和严厉打击利用无线电进行考试作弊行为，共执行高考、研究生考试和各类职业资格考试保障任务14次，出动保障人员224人（次），确认作弊信号8个，查获8个，没收非法无线电设备7台。

【基础设施建设】 做好监测设施运行维护。对全市固定站、小型站进行实地检测维护，排除故障，优化系统；对监测铁塔及其监测接收系统进行全面检查，做好紧固、避雷等工作，排除安全隐患。完成一期站升级改造和怀来县、尚义县、赤城县测向站、小型站选址及设备安装工作。

（刘华涛　宗　瑾）

农业

综 述

2012年，坚持以科学发展观为指导，以社会主义新农村建设为总揽，以统筹城乡发展为主线，全面落实省第八次党代会和市十次党代会精神，牢牢把握农村经济再上新台阶的主基调，在整体经济低谷运行的情况下，克服8月末、9月初两次特大低温冷冻灾害的不利影响，全市农业生产实现稳中趋进，农民收入实现稳步增长，农村经济整体实现持续向好的发展局面。农业生产能力稳步提升。全年实现农林牧渔业现价总产值366.8亿元，比上年增长4.62%。粮油生产喜获丰收。粮食播种面积47.53万公顷，总产量154.7万吨，同比增长321吨，实现产值45.9亿元；亩产217千克，同比增长0.8%，粮食总产再创新高。油料作物种植面积5.13万公顷，同比增长1.6%，总产量5.4万吨，同比增长9.7%。蔬菜生产稳中有升，总播种面积9.93万公顷，总产量638.8万吨，实现产值87.0亿元，同比增长13.2%。园林水果生产加快发展，全市水果总产量61.4万吨，同比增长8.3%，实现产值24.1亿元，同比增长9.1%。葡萄产业增势迅猛，产量达38.8万吨，同比增长11.8%，占园林水果总产量的63.2%，实现产值17.8亿元，占园林水果产值的73.9%，葡萄产业在园林水果生产中的主导地位愈加突出。畜牧业生产稳中有升。全年生猪出栏254.85万头，牛出栏32.49万头，羊出栏312.05万只，家禽出栏3127.73万只，同比分别增长1.5%、0.1%、0.8%和4.0%。肉类总产量35.02万吨，同比增长2.4%；牛奶总产量124.33万吨，同比增长1.5%；蛋类总产量为20.5万吨，同比增长0.1%。全年畜牧业实现产值167.3亿元，同比增长1.9%；畜牧业增加值91.4亿元，同比增长1.69%。农民生活水平快速提高。农民人均纯收入达5563.8元，同比增加710.1元，增速为14.6%，高于全省1.1个百分点。全年农民人均生活消费支出4364.4元，同比微增0.1%。其中食品消费支出1891.1元，同比增长2.3%；衣着消费支出355.9元，同比增长7.9%；居住消费支出723.6元，同比下降24.6%；交通和通讯消费支出389.7元，同比增长0.7%；文化教育、娱乐消费支出301.8元，同比增长35.2%；医疗保健消费支出462.3元，同比增长24.3%。生活消费结构的变化，显示全市农民生活水平不断提高，精神文化生活日趋丰富，医疗保健意识日渐增强。全市参合农民296.5万人，新农合参合率达到95.26%，人均补助标准提高到240元，新型农村社会养老保险参保人数达到104.1万人，农村低保标准提高到1900元，惠及低保对象40.8万人，农民群众幸福指数得到提升。农村整体面貌不断改善。2012年，省级批复全市幸福乡村示范村117个，批复新民居示范村63个，示范村总数达到了180个。全市117个幸福乡村计划示范点全部完成规划编制，完成投资9亿元，硬化路面14万米，铺设地下管网14.3万米，新建卫生院65个，新建农家书屋70个，安装体育健身器材538套，植树10万多棵。全市63个新民居示范村全部完成了村庄建设规划，完成投资3.7亿元，新建住宅2641套，改建住宅4012户。在幸福乡村计划示范点的带动下，各县（区）加大农村基础设施建设。全市已累计完成农村危房改造28225套，解决了27.5万人饮水安全问题，新改建乡村道路486千米，村内街道硬化425千米，改造农村公路危桥9座，投入农村电网改造资金2.27亿元，新建农家书屋734家。扶贫攻坚快速推进。全市12个重点县投入贫困村的各类资金达80亿元，其中，贫困村基础设施建设、中心村建设、设施蔬菜产业发展、养殖小区建设投入资金50.83亿元。全市37.5万贫困农民稳定脱贫，占全市扶贫对象的40.76%。12个重点县扶贫对象人均纯收入增长29%，超重点县农民人均纯收入增长幅度14个百分点。产业化经营步伐加快。全市农业产业化经营率达到62%。国家、省、市级龙头企业分别达到3家、36家、305家，省级以上龙头企业实现销售收入120.5亿元，同比增长17%；市级以上龙头企业实现销售收入160.4亿元，同比增长33%，为近5年最大增幅。全市实施农业产业化重点项目182个，总投资352亿元，全年实际完成投资60.3亿元，同比增长23.2%，建成亿元以上大项目10项。张北、涿鹿、怀来3个省级农业产业化示范基地园区建设完成投资18亿元，加工企业销售总收入达到53.6亿元。通过银企对接贷款龙头企业达到161家，贷款总额21.7亿元，同比实现翻番。全市农民专业合作社发展到2000多家，比上年增加535家，总资产达到19.9亿元，入社社员达12.9万户、带动农户45.6万户。全市符合国家农业部要求的“一村一品”专业村达到699个，“一村一品”专业村发展呈现区域化、标准化、市场化、品牌化、特色化发展态势。马铃薯贮藏窖项目顺利实施，争取农业部农产品产地初加工补助项目资金2000万元，补助资金量全省第一。蔬菜产业提档升级，在北京昌平区、顺义区建成2个大型蔬菜物流配送中心，在北京超市设立蔬菜直销专柜97个、直销点118个，覆盖多种销售终端的“配送中心+超市专柜+直销点”的蔬菜进京物流配送体系模式初步建成。完成了《京张蔬菜产销协作框架协议（2013——2017年）》续签工作，推动以京张蔬菜产销协作为主要内容的京张农业区域合作深入开展，京张农业协作成为区域合作的成功典范。

（赵海燕）

种植业

【概况】 2012年，全市农作物播种面积699230公顷。粮食作物播种面积475234公顷，产量154.73万吨。其中玉米播种面积178618公顷，产量88.26万吨；马铃薯播种面积92440公顷，产量34.93万吨（折粮）；谷子播种面积39737公顷，产量11.42万吨；小麦播种面积44251公顷，产量4.6万吨；莜麦播种面积64268公顷，产量6.79万吨；豆类播种面积29861公顷，产量3.66万吨；黍子播种面积22751公顷，产量3.62万吨；水稻播种面积2206公顷，产量1.05万吨；高粱播种面积1102公顷，产量0.4万吨。

蔬菜种植面积97733公顷，产量625.32万吨。油料播种面积51498公顷，产量5.41万吨。其中胡麻播种面积32968公顷，产量2.92万吨；菜籽播种面积4394公顷，产量0.45万吨；葵花播种面积13250公顷，产量1.87万吨；花生播种面积812公顷，产量0.15万吨；其他油料播种面积74公顷，产量0.01万吨。瓜类播种面积4834公顷，产量15.37万吨。甜菜播种面积14197公顷，产量59.42万吨。药材类播种面积2827公顷，产量0.87万吨。烟叶播种面积1999公顷，产量0.23万吨。青饲料种植面积50588公顷。其他作物播种面积320公顷。

2012年，种植业总产值为178.6亿元，占农林牧渔总产值的48.7%。蔬菜产值为86.98亿元，占种植业总产值48.7%，占农林牧渔总产值的23.72%。

2012年，崇礼、赤城、涿鹿、怀来4个省级蔬菜示范县建设取得了明显成效，一批示范村发挥了良好的示范作用。推动新一轮“菜篮子”工程建设，列入全市“菜篮子”工程的近郊4区6县完成蔬菜种植4.18万公顷，产量达263.17万吨，分别完成目标的101.2%，114.4%。

【质量安全】 认定无公害农产品基地87块、8.68万公顷，其中无公害蔬菜产地82块，面积4.68万公顷。涉及全市11个县（区）、82个乡镇。全市有54家无公害产品企业，139个获证产品（包括同一产品不同地点）取得国家无公害蔬菜产品认证证书。40家绿色食品企业、90个产品通过绿色食品认证，其中当年新认证绿色食品23家，57个产品。在全市无公害蔬菜基地、市内蔬菜批发市场、农贸超市设置100个检测点，每月定期随机抽检，年内，共抽检蔬菜样品22774个，合格率99%。加强综合执法力度，推进了投入品监管和质量安全大排查活动，检查农资市场1340个（次），查获违法农药3000千克、化肥500千克、种子500千克，依法查处农资经营案件7起，受理农民投诉案件7起，挽回经济损失9万元。

【农业科技培训】 结合农村劳动力培训“阳光工程”、“科技促进年”等活动，组织全市436名农业干部下基层包县、包村，开展技术推广服务。认定阳光工程农民培训基地66个，完成了职业技能培训9400人、专项技能培训6900人、基层农技人员知识更新培训600人。全市完成冬春科技大培训30万人（次），全市农广校系统共完成各层次学历教育及农民科技普及性培训450期约8万人（次），提高了农民在种、养方面的专业技能。

【农业技术推广】 完成800个土壤样品的有机质、全氮、碱解氮、有效磷、速效钾、PH值等6项指标的化验，推广使用配方肥2.2万吨。组织选育和引进新品种参加品种试验和审定，在坝上和坝下不同类型生态区共安排区域和生产试验项目18个，参试品种93个，试验点（次）116个。对28个普通玉米品种、5个青贮玉米品种进行了品种DNA真实性鉴定和抗病性鉴定，对7个玉米生产试验品种进行了转基因鉴定。

【病虫害防控】 加强病虫测报与重大病虫防治工作，对草地螟、蝗虫、粘虫、玉米螟、马铃薯晚疫病、鼠害等社会影响大、危害重、关系农业生产安全的暴发性害虫进行了严密监测和防控。全年防治主要农作物病虫害126.67万公顷（次），挽回产量49万吨。共发布病虫情报110余期。

【新能源生态建设】 推广循环经济模式，年内，共建设农村户用沼气838个、乡村服务网点25个，建设联户沼气1660个，大中型沼气工程1处，节能炕1680铺，为农户安装太阳能热水器6152台、太阳灶28245套。10个市级农村清洁工程示范村实现了家园清洁、田园清洁、水源清洁。

【土地流转】 加强土地流转服务机构和农村土地承包纠纷仲裁机构建设，引导和规范土地流转合同签订，推进流转信息电子化备案，为乡村农户提供信息服务。全年土地流转面积达到11.13万公顷，其中适度规模经营面积7.53万公顷，流转率16%，居全省首位。加强了农村集体“三资”管理，推进村级公益事业一事一议财政奖补政策全面落实，对1500多名人员进行了有关法律政策的培训。

【农业信息化】 年内，京张蔬菜产销信息平台采集蔬菜市场信息6000余条，农业短信平台发布涉农信息300多万条，累计达到4亿多条，受到农村经济人和农民的好评。完成市级农业政务网建设和县（区）农业综合信息服务网站建设工作。共示范推广温室大棚智能监测系统6处，实现了设施蔬菜智能化管理方式的创新。

（李达、张艳欣、王丽）

水　利

【概况】 2012年，共组织实施各类重点工程54项，完成水利投资7.91亿元，比上年的6.43亿元增长了23%。全市新增农业节水灌溉2.07万公顷（其中膜下滴灌0.8万公顷），占年度目标任务的103%；完成了50万人农村饮水安全工程建设任务；完成了张北石湾子等10座重点小（二）型水库除险加固和万全城西河、沽源葫芦河、尚义鸳鸯河3条中小河流治理工程年度建设任务；全市治理水土流失面积201.48平方千米，完成年初计划的101%。投资2968万元完成了崇礼县、宣化区等7个县（区）山洪灾害非工程措施项目，山洪灾害预警能力大幅提升，全市实现安全度汛。

【农村饮水安全】 市局多次到省厅跑办，与财政、发改等部门沟通，筹措建设资金，将农村饮水安全工程作为“百事惠民活动”和“加强基层建设年活动”中保障和改善民生的一项重要民生工程，成立了农村饮水安全建设领导小组，明确了行政、技术、安全、监理等职责，责任落实到人，为饮水安全项目建设和管理工作规范有序进行奠定了基础。2012年，全市共完成投资2.62亿元，解决了50万农民的饮水不安全问题。其中，省里分两批解决了43.21万人的饮水不安全问题，总投资2.0173亿元；总投资352万元完成列入加强基层建设年帮扶村的农村饮水安全项目，7000余农村群众受益；市级联村集中供水工程的9个水厂共解决6.09万农民饮水不安全问题，总投资5702万元。全市完成打井692眼，埋设饮水管道245.82万米，安装调蓄设备500处，安装消毒设备300台，建其他辅助工程690处。

【农业节水灌溉】 2012年，市政府下达的新增和改善节水灌溉面积是2万公顷，其中水利项目完成1.07万公顷，农业开发项目完成0.53万公顷，土地整理项目完成0.2公顷，农工委建设0.13万公顷，其他项目完成0.07万公顷。项目布局为坝上地区1.2万公顷，坝下地区0.8万公顷，其中膜下滴灌工程0.8万公顷。全年新增节水灌溉面积2.07万公顷，占年度任务的103%，水利项目共计完成1.37万公顷，占年度任务的128%。2012年，围绕构建工程网、信息网、服务网、监测网和水量分配“四网一分配”高效节水体系，坝上高效节水全面发展，建设高效节水灌溉面积1.2万公顷。建立了县、乡、村“三位一体”的水利信息化网络，建设监测井140眼，实时对坝上地区地下水资源进行动态监测。实行了水量分配，建立了水交易市场，地下水位明显回升，截至年末，140眼监测井中108眼地下水水位回升，占77.4%，监测井水位平均回升2.02米，回升最大幅度12.68米；32眼水位下降，占22.6%，平均降幅0.82米，最大降幅4.8米，地下水连年大幅下降的趋势得到遏制。坝上高效节水工程已得到广泛认可，在国内处于领先水平，得到国家及省领导好评，国务院副总理回良玉对坝上高效节水工作给予充分肯定，黑龙江等省先后组团到张家口市学习考察。张北县获全国农田水利基本建设先进单位。坝上高效节水现代管理综合示范区项目通过国家级专家评审，被列入水利部、财政部部级示范项目，总投资达6.4亿元；坝下涿鹿、宣化两县已列入全国第四批小农水重点县，蔚县、阳原被列入全国第五批现代农业县。

【水库除险加固与中小河流治理】　列入市政府年度考核任务的张北石湾子等10座水库全部完工，完成投资2669万元；4个已批复的中小河流治理试点项目已完成年度建设任务，当年完成投资2371万元（中央投资1423万元，省投资570万元，地方配套378万元）。列入全国重点病险水库除险加固工程的11座重点小（一）型水库、23座重点小（二）型水库完成年度建设任务。万全城西河、沽源葫芦河、尚义鸳鸯河等3个中小河流治理后续项目完成年度建设任务，完成投资7871万元。

【水土保持综合治理】　2012年，全市治理水土流失面积201.48平方千米，占年度任务的101%，其中，京津风沙源治理工程水利项目完成小流域治理面积40平方千米，水源工程936处，完成中央投资1736万元；中央预算内投资水土保持综合治理项目完成水土流失治理面积10.48平方千米，完成投资416万元；“21世纪首水规划”水土保持续建项目完成水土流失治理面积51平方千米，完成中央投资1115万元；清水河上游水土保持综合治理工程完成水土流失治理面积100平方千米（其中新治50平方千米，补治50平方千米），完成各类拦砂坝729道，护岸、护坝3519米，道路54.3千米，完成投资3243万元。开展了360多项在建项目的水保执法检查；15个列入国家水保监督管理能力建设的县（区）完成了实施方案；全市征收建设项目水土保持补偿费647万元，较上年度的536万元增加21%。

【防汛抗旱】　雨水：汛期全市雷雨天气频繁，降雨明显偏多。全市平均降雨量428.8毫米，比常年同期394.6毫米偏多8.7%。7月，全市平均降雨量139.5毫米，比常年同期106.2毫米偏多31%，比上年同期82.9毫米偏多68%。7月20日夜间至22日凌晨，出现了入汛以来全市范围的最大一次降雨，平均降雨量39.8毫米，有41个站（点）超过50毫米，达到暴雨，2个站（点）超过100毫米，达到大暴雨，暴雨区域主要分布在坝下区域，最大降雨量为涿鹿县大河南121.4毫米，其次为赤城县茨营子103.5毫米。

2012年，降雨总量较多，降雨过程比较平稳，降雨时段较长，河道没有产生大的径流。受上游局部强降雨影响，6月25日凌晨4：18，东洋河发生165立方米/秒的洪水，7月7日22：24，东洋河再次发生40立方米/秒的洪水，其他河、库无较大汛情。

抗旱：争取省抗旱资金620万元，用于抗旱应急工程建设，抗旱高峰时全市日投入劳力26万人，开动机井8626眼，泵站73处，投入机动抗旱设备3790台（套），完成抗旱灌溉24.13万公顷，解决了2.9万人因旱临时饮水困难。

防汛：市水务局在“7.21”和10号台风抗洪抢险救灾中因贡献突出被省委、省政府授予先进集体称号。为全市88座小水库和“头顶库”下游村配备了100台手摇报警器，提高了预警能力；投资200万元在清水河上游新建、更新改造4个洪水监测站及调度系统；全市组建群众性防汛抢险常备队1694个、78322人，预备队1581个、80803人；清水河河务处组建了60人的防汛抢险机动队伍，协调市军分区成立了一支120人建制的防汛抢险应急分队。

【水资源管理】　市政府印发了《张家口市实行最严格的水资源管理制度实施方案》，将“三条”红线涉及的用水总量控制指标、地下水用水总量控制指标、农田灌溉水利用系数、万元工业增加值用水量、重要水功能区达标率五项指标分解到各县（区）。全面落实河道7月1日至8月15日禁采期禁采制度，组织完成了对万全、怀安洋河河道三个采砂企业的河道采砂可行性论证报告的审查。完成了5个建设项目的水资源论证，全年共征收水资源费4551.7万元，较上年的2815万元增长62%以上。

【水利工程管理】　市政府印发了《关于深化中小型水库管理体制改革，加强水库管理的意见》，提出国有中小型水库维持县级管理体制不变，农村集体组织小型水库的管理权调整到县级水行政主管部门管理等改革意见；对落实水库管理单位“两费”、落实水库安全管理责任、明确防汛调度权限、推进确权划界、实施除险加固等工作提出了要求。制定印发了《张家口市水利工程项目申报管理意见》、《张家口市水务局关于进一步加强水利工程建设管理工作的意见》和《张家口市水利工程项目建设资金管理意见》，规范和细化水利工程的项目申报、建设管理和资金管理。市水利工程质量监督站由于工作突出被水利部授予“全国水利工程建设质量管理先进集体”荣誉称号。出台了《张家口市水利改革发展考核办法》，成立了“张家口市水利改革发展考核工作领导小组”，制定了《2012 年度水利改革发展考核实施方案》，印发各县（区），初步建立了推动水利改革发展的约束机制。

【规划计划】 2012 年，市水务局编制完成了《洋河防洪治理可行性研究报告》、《张家口市水利扶贫规划》、《张家口市水土保持规划》、《张家口市小型水库规划》等一批规划，其中崇礼、怀安等 6 个县（区）的水土保持列入国家规划，阳原、怀安、张北等县的 10 座小型水库列入全省一般小（二）型水库规划，怀安、张北等 3 条中小河流治理项目作为水利扶贫项目上报水利部。着手开展的《张家口市水中长期供求规划》、《张家口市灌溉发展规划》和《张家口市环首都经济圈重点水利项目规划》为全市 5～10 年水利建设奠定了基础。

【水利扶贫】 开展对口援疆工作，帮助新疆巴州地区和硕县制定《水资源总体利用规划》，列入河北省援疆项目“十件实事”之一。筹措资金 1330 万元，用于省、市领导重点帮扶村解决农村人口饮水不安全等问题。在市扶贫攻坚重点县赤城县推进重点项目建设，投资 2100 万元，在后城镇、雕鹗镇各建设 1 个集中供水水厂，解决了 2 万人饮水不安全问题；委托中国灌排中心编制完成二炮至雕鹗、后城一线 2066.67 公顷产业带规划，投资 450 万元组织实施 133.33 公顷高效节水设施蔬菜和 100 公顷露天蔬菜水利配套工程。

【清水河管理】 清水河日常保洁实现制度化，对清水河 5 号、6 号库区进行清淤，工程历时 40 天，共清淤 15.1 万立方米。清运水草 17 万袋、7000 吨。

【部门职能发挥】 全年共办理各类水行政审批事项 104 项，满意率达到 100%，市水务局综合审批科因良好的服务被河北省水利厅命名为“文明服务示范窗口单位”。完成了全市 11 座水电站的设备定级及安全生产大检查，为设备维护、改造、更新提供了科学依据，11 座水电站安全运行无事故，全年共发电 1300 万度。按程序及时拨付移民后期扶持直补资金 0.67 亿元，完成大中型水库库区和移民安置区后期扶持项目建设资金 0.35 亿元，是上年度的 2.3 倍。按时完成了第一次水利普查任务，普查档案通过了上级验收。强化水利宣传。多家省级以上媒体相继对坝上高效节水、农村饮水安全等工作进行了报道，宣传了民生水利的最新成果，营造了水利工作良好舆论氛围。

（胡胜华）

林　业

【概况】 2012 年，张家口市林业工作以科学发展观为指导，以创建国家森林城市为抓手，以转变林业发展方式为措施，以实现“双增双保”为核心，构筑‘一市三带四区’生态格局，打造功能完备的林业生态体系、发达的林业产业体系、繁荣的生态文化体系和便捷的林业信息化体系，生态建设按照“四个转变、两个调整”思路，推进张垣城乡绿化一体化、京张生态一体化进程，全市生态文明建设不断深化。

【营造林工程】 以京津风沙源、退耕还林等林业建设工程为依托，加大造林绿化力度，改善生态环境。全市完成造林绿化 8.37 万公顷，其中京津风沙源治理 3.02 万公顷，塞北林场人工造林 0.43 万公顷，退耕还林荒山匹配任务 0.33 万公顷，京冀生态水源保护林 0.33 万公顷，环首都绿色经济圈造林绿化 3.72 万公顷，社会造林 0.37 万公顷，高速公路生态廊道绿化 0.17 万公顷。完成了市级重点生态建设工程清水河上游综合治理林业工程 30.83 平方千米。2012 年，市林业局被评为河北省国土绿化突出贡献单位。开展森林抚育工作，巩固生态建设成果。全年完成巩固退耕还林成果专项规划林业建设任务 5.7 万公顷（其中补植补造 1.33 万公顷、抚育经营 3.4 万公顷、林业产业基地 0.9 万公顷、中药材种植 0.07 万公顷）；实施国家森林抚育补贴试点 0.8 万公顷；启动实施坝上杨树低质林改造试点 0.07 万公顷，该项目是全省第一个低质林改造项目。

【义务植树】 2012 年，全市完成义务植树 1012 万株，超年计划 6.5%，参加人数 229 万人，尽责率 95%。新增义务植树基地 133 个，新增基地面积 0.26 万公顷。“黄帝城文化旅游义务植树基地”等 10 个市级义务植树基地正式挂牌。全省首个碳汇造林项目—中国绿化基金会 66.67 公顷碳汇林落户下花园区。

【林果产业】 全市新增果品基地面积0.68万公顷，干鲜果品基地总面积达到27.56万公顷，总产量达到58.8万吨，林果产业总产值达到50亿元。新增葡萄基地0.33万公顷，总面积达到3.45万公顷，总产量37.5万吨；新建杏扁基地0.22万公顷，基地总面积达到14.01万公顷，产量1.71万吨；完成杏扁嫁接改造0.94万公顷，其中“围选一号”0.11万公顷；完成花卉基地建设0.8万公顷，其中万寿菊0.07万公顷、中国红玫瑰0.01万公顷；新发展欧李0.02万公顷，设施果树9.33公顷。“桑洋河谷”葡萄商标注册成功，为全市葡萄产业发展提供了唯一的区域性葡萄品牌。2012年，市局获全省果品工作先进单位称号，张家口市被中国果品流通协会授予“中国海棠之乡”称号。

【林业改革】 深化集体林权制度改革。全市已完成了主体林改任务，明晰产权率为100%，达到省100%控制指标，登记发证率97%，产权到户率71.79%。推进林权配套改革，赤城、蔚县、阳原、涿鹿4县建立了林权交易及森林资源资产评估机构，带动了林权流转和林权抵押贷款业务的开展。全市共进行林权流转5.58万公顷，流转金额13804万元，林权抵押0.24万公顷，贷款金额7707万元。推进国有林场改革。成立张家口市国有林场管理处，由市林业局管理，单位挂靠在塞北林场，负责17个国有林场和大海陀自然保护区的管理工作，依据法律法规对国有林场、保护区资产和森林资源的保值增值进行监督管理和合理开发利用，组织指导国有林场和自然保护区的生产经营活动和中长期发展规划。

【森林资源保护】 按照“森林防火抓预防、有害生物抓防控、林地保护抓规范、涉林案件抓打击”的总体要求，推进森林资源保护体系建设。森林防火。以《市政府〈1号令〉》发布了封山防火管制规定，出台了《森林防火工作责任追究暂行办法》，全市列支1248.8万元防火经费，购置补充了防火设备。有害生物防治。全市林业有害生物发生面积5.38万公顷，共防治5.05万公顷，防治率达到93.9%。全市林业有害生物成灾率为0.34‰（省下达指标4.3‰以下），无公害防治率达到了97.04%（85%以上），林业有害生物测报准确率为97.01%（85%以上），种苗产地检疫率为97.6%（93%以上）。森林资源管理。重点完善了各县（区）《林地保护利用规划》，开展公益林大检查活动，对2011年度全市森林采伐限额执行情况进行了检查，完成了张家口坝上湿地、闪电河国家湿地公园、黄羊滩省级自然保护区3个湿地保护建设项目编制。涉林案件查处。重点开展野外违法用火、滥捕乱猎野生动物、非法占用林地、林区禁种铲毒四个专项严打活动。2012年，全市森林公安机关共查处涉林案件572起，其中涉林刑事案件立案58起，破案58起，共抓获作案人员79人；涉林行政案件受理514起，查处514起，处理违法人员608人（次），罚款220.02万元。崇礼县森林公安局森林警察大队被公安部评为全国优秀公安基层单位。

【生态文化建设】 在全市倡导生态文明理念，建设繁荣的生态文化体系，加快国家森林城市创建，推进生态旅游开发，重点推进国家、省森林公园、湿地公园和市级生态文化教育基地的“两园一基地”建设。启动了由中国科学院、国家林业局、中国农科院、中国林科院、北京林业大学和河北农业大学专家主导的张家口市森林与湿地生态系统服务价值评估研究项目，对张家口的森林与湿地生态系统的资产总量和服务价值进行评估。成立了张家口市森林文化协会，成为全省首个生态文化教育平台，协会创办了《森林文化》专报，举办了第一届张家口森林文化书画摄影展。截至年末，全市已建成国家森林公园2处、国家级自然保护区2处、国家级湿地公园1处、省级森林公园19处、省级湿地公园5处、市级生态文化教育基地14处。

【国家森林城市创建】 按照《张家口市人民政府2012年创建国家森林城市工作计划》，市、县两级共同加大工作力度，全力推进各项工作，使创森取得新进展。完成了创森总体规划。《张家口市国家森林城市建设总体规划（2011—2020）》通过由国家林业局、中国林科院、北京林业大学、河北省林业厅、河北农业大学、河北省林科院专家学者组成的评审组的评审，为全市创森工作的开展奠定了基础。推进了绿色张家口基金工作。成立了由市人大、市政府、市政协领导及相关部门、县（区）、企业组成的绿色张家口基金领导小组。市绿委办制定了《中国绿化基金会绿色张家口基金管理办法》和《中国绿化基金会绿色张家口基金募捐工作方案》，为创森募集资金做好准备。制定了市级森林公园管理办法。从市级森林公园的设立、规划、管理和奖惩方面给予明确规定，为全市森林公园发展和推进创森工作的规范运行打好基础。

（张建国　王敬忠　何立涛）

畜牧业

【概况】　2012年，全市主要畜产品肉、蛋、奶产量达到42万吨、21.8万吨、165万吨，同比增长11.7%、15.3%、15.4%；主要畜禽牛、羊、猪、禽分别发展到105万头、520万只、512万头、6265万只，同比分别增长1.6%、5.3%、12.3%、25.9%。其中奶牛存栏达到45万头，增长6.2%。

【奶业】　围绕建成国内重要乳制品生产加工基地目标，狠抓奶业提质扩模，全市奶牛养殖场（区）和专业合作社领办的专业村发展到509个，新建奶牛养殖场22个。总投资4亿元的察北蒙牛现代牧场三、四期工程完成10栋牛舍建设，总投资2亿元的塞北诺干牧业万头牧场建设项目完成4栋牛舍土建工程。全市402个奶站全部达到“五有一符合”标准，发放了《生鲜乳收购许可证》，并按照农业部、国家工商总局制定的示范文本与乳品企业签订了《生鲜乳购销合同》，由企业接管。252辆生鲜乳运输车辆全部发放了《生鲜乳准运证明》。年内，争取奶牛冻精良种补贴723.6万元，共采购并发放奶牛冻精良种48.24万支，所有奶牛都纳入良种补贴范围，实现了优质补贴冻精配种改良全覆盖，奶牛良种率达到了90%以上。

【肉业】　新建规模养殖场70家，其中肉牛8家、肉羊30家、生猪17家、肉鸡15家。沽源县百万只肉兔生产加工、北京二商集团的赤城县生猪养殖加工一体化、正邦集团的蔚县100万头生猪现代农业示范园建设、怀来双大二期工程、康保乾信肉鸡养殖加工一体化、万全百万只肉鸡养殖基地等一批畜禽养殖项目全面实施。

【草业】　全面开展草原确权承包经营和草原资源普查工作，基本完成了张北县、沽源县、康保县、塞北管理区草原划定及野外调查工作。完成京津风沙源草地治理禁牧舍饲圈舍建设任务31.32万平方米，招标采购饲料机械1620台。退耕还林后续产业项目完成草地建设400公顷、禁牧舍饲圈舍建设18.53万平方米。全市种植当年生饲料作物11.1万公顷，青贮饲草117万吨。建设草产品加工企业15家，完成草产品加工23万吨。加大草原保护力度，提高生物防治比例，防治草原虫害10.85万公顷、鼠害10.04万公顷，实现了全年草原零火灾。

【饲料】　全市获证饲料生产企业达到43家，其中，饲料添加剂企业4家，动物源性饲料企业3家，配合饲料企业36家。全市饲料总产量达到29.29万吨，同比增长9%；饲料工业总产值7.69亿元，同比增长12%。全市饲料产业强化质量安全，三聚氰胺、“瘦肉精”等有害物质抽检合格率100%，5家饲料生产企业通过验收，成为蒙牛集团饲料供应商。完善了饲料产业行业管理，建立了责任追究制度，落实了质量安全追溯制度，加强专项整治力度，确保了饲料工业水平提升。

【畜产品质量安全监管】　落实农产品质量安全责任制，逐级签订责任状。采取多种方式宣传农产品质量安全相关法律法规，举办各类培训咨询活动35次，悬挂条幅71条，张贴宣传标语1375条，发放宣传资料10.2万余份，农民现场咨询2.99万人（次）。加大了农畜产品检测力度，全年共抽检畜产品262批，合格率99.9%。开展了生鲜乳、“瘦肉精”等专项整治行动，在生鲜乳收购站检查、运奶车监测检查、“瘦肉精”检测上实现了全覆盖，“瘦肉精”检出率为零。

【重大动物疫病防控】　在常年防疫基础上组织春季和秋季重大动物疫病防控行动，实施了高致病性禽流感、口蹄疫、猪瘟、高致病性猪蓝耳病、鸡新城疫、羊与肉牛布病的强制免疫，免疫率达100%。市、县级兽医实验室全年动物疫病监测4.5万份，防止了重大动物疫病的发生和蔓延，实现了全年无重大疫情发生的目标。

【动物卫生监督】　全年共检疫生猪52.17万头、牛3.83万头、羊49.55万只、禽580.67万羽、其他动物0.73万只，规模养殖场的动物产地检疫率达100%，散养动物的产地检疫率达95%。加强定点屠宰检疫、外埠肉定点批发监管工作力度，对肉类交易市场、定点屠宰场、冷库、超市、生肉销售、加工点等流通环节进行重点监管。强化公路站的管理工作，杜绝了公路“三乱”现象的发生。继续对养殖场进行科学防控和依法监管，县（区）申报各类养殖场488家，屠宰场24家，复审487家，发证450个。对证章标志管理、发放工作继续实行“五专五统一”、“三查一处理”的管理制度。组织进行了执业兽医的报名、初审、复审，对已取得执业兽医资格证人员进行了注册、备案。畜牧兽医综合执法工作有序开展，全年共出动执法人员110378人（次），车辆3150次，对经营加工、储藏、屠宰动物及动物产品场所和畜禽养殖场进行监督检查。共查处违法案件54起，罚款4.95万元，处理不合格动物及动物产品7100余千克，按要求进行了无害化处理。

【良种繁育体系建设】 加大品种改良力度，推进用西门塔尔、夏洛来等优质品种杂交改良肉牛，兼顾发展弗莱维赫乳肉兼用牛，用德国美利奴、无角道塞特等国外优良肉用羊改良本地羊，重点发展杜长大三元杂交和斯格配套系生猪，以艾维因、罗斯等品种为主发展肉鸡。继续完善市、县、乡、村四级良种繁育网络服务组织，加强奶牛冻精的使用管理及种畜禽场的建设与管理，提高畜禽良繁供种质量，推进全市畜禽良种繁育工作。共建设家畜改良站647处，其中牛改站417处、羊改站128处、猪改站102处；新增种公猪站4个、牛羊配种站（点）11个；新增畜禽标准化规模场27个，完成省下达任务的100%。改良站（点）均配备了专门设备，家畜繁殖人员均通过国家职业技能培训达到合格标准，配种改良质量得到保证。

（李达、彭鹏、耿振宇）

渔　业

【概况】 2012年，全市渔业继续实施渔业“四百工程”，发展健康生态型特色渔业，加强渔业标准化示范区建设，抓好大水域增殖、冷热水特色渔业和水产品加工。全市水产养殖面积9737公顷，水产品产量达到11970吨，比上年增长了4.54%，其中大水域产量9193吨，池塘产量2682吨，捕捞产量95吨。生产鱼苗1733.09万尾，生产鱼种115吨。全市拥有机动渔船40艘，总吨位43吨，功率704千瓦。水产加工企业1家，年生产水产冷冻加工品1000吨。全市渔业场（户）2005户，渔业从业人员2960人，专业从业人员829人。

【增殖放流】 按照省水产局《2012年河北省渔业资源增殖放流项目实施方案》，在官厅水库增殖放流池沼公鱼发眼卵7.5亿粒和10厘米以上鲢鳙67万尾；按照省农业厅、财政厅《河北省2012年国家下达水生生物增殖放流项目实施方案》，在官厅水库增殖放流10厘米以上花白鲢40万尾；社会投入资金2万元，连续第10年对官厅水库实施生物净水放流方案，通过人工增殖放流滤食性、杂食性池沼公鱼和鲢鳙鱼类，达到净化水质和修复水域生态环境，使官厅水库实现恢复首都北京饮用水源地的目标，增加了渔业资源蕴藏量，保护和修复渔业生态环境，促进渔业可持续发展和库区人民增收。

【标准化健康养殖示范区】 张家口市正式挂牌的3家标准化健康养殖示范场：赤城冷水鱼渔业标准化健康养殖示范区的赤城县鑫虹冷水鱼养殖场、阳原罗非鱼标准化健康养殖示范区的阳原三马坊水产良种场、涿鹿冷水鱼标准化健康养殖示范区的涿鹿岔河冷水鱼养殖场。赤城县的张家口鑫虹冷水鱼养殖场获得“农业部（第七批）水产健康养殖示范场”称号。

【水产养殖权制度】 按照农业部和省水产局有关要求，开展新版《水域滩涂养殖证》换发工作，对县级水域滩涂核查发证人员进行发证培训，加大了宣传力度。年末，全市及所辖14个相关县（区）的养殖水域滩涂规划已编制完成，正在使用的养殖证共65本，发放面积4032.09公顷，其中，新版养殖证发放22本，面积314.19公顷，到期需更换的旧版养殖证26本，面积539.04公顷，旧版养殖证未到期的有17本，面积3178.86公顷。

【河北省“菜篮子”水产品项目】 建设2012年农业部和河北省扶持“菜篮子”产品水产项目，申报并完成了涿鹿岔河冷水鱼健康养殖示范场改建项目。农业部健康养殖示范场涿鹿县岔河冷水鱼养殖场新建场院围墙260米，修整流水养殖池1.2公顷，扩建孵化设施150平方米，修整进排水渠道1000米，制定了严密的生产措施，按照各项标准进行标准化生产管理，完成了项目各项计划指标任务，取得了可观的经济效益、社会效益和生态效益，起到良好的示范带头作用。

【水产养殖病害预警预报】 根据省病害测报站的

要求与张家口市水产养殖的区域性和养殖的品种规模等渔业生产具体情况，对全市水产养殖病害测报区、测报点进行了科学布控，选择有代表性的重要养殖区域重新作了调整，在冷水鱼养殖区域实施全面监控。确定赤城县、涿鹿县、阳原县、宣化县、蔚县为全市水产养殖病害测报区，分设15个测报点，测报面积748公顷，全市测报员21人，监测品种有虹鳟、罗非鱼、鲢、鳙、鲤、草、鲫鱼7种，涵盖了主要养殖方式与品种。全年发生的病害种类有虹鳟不明病因病和鲤鱼车轮虫病两种，发病面积共2.07公顷，损失产量8.91吨，损失金额38.46万元。自3月开始，进行了水产养殖病害的预警预报工作，每月15日前对往年曾经发生过的以及可能发生的鱼类病害及时发出预警预报。

【渔业船舶年度检验与机动渔船燃油补贴功率核查】 根据河北省财政厅、农业厅有关要求，汇总全市机动渔船的相关数据，坚持船证相符，为财政部门发放柴油补贴提供准确的船舶和机动渔船功率数据，对船主和机动渔业船的信息张榜公示，确保数据的精确化、公开化、透明化，为机动渔船的安全生产作业提供了保障。对2011年已经领取登记检验证书的机动渔船进行了常规检查。查看船舶捕捞许可证，核对船舶登记证书、检验证书上记录的各项数据（包括船长、船宽、船深、总吨位、船舶发动机型号、额定功率数）。全年共检验机动渔船39艘，检验船用产品3种，机船受检率100%，检验总功率622.61千瓦。

【水产品质量安全监管】 水产养殖场按照属地管理原则划片分组，监管职责落实到具体责任科室和责任人，签订了水产品质量安全承诺书。对全市的无公害水产品产地、苗种生产场家进行了水产养殖执法检查。全年共出动检查520人（次），共检查水产养殖场98家、水产苗种生产场3家。进行宣传培训，重点就鱼种放养、饲养管理、水质调控、鱼病防治、药物使用、养殖质量安全、药物与饲料的真假识别等关键技术开展培训，发放了宣传材料3000余份，举办渔民培训班28次，受教育人数达840多人（次）。7月，配合农业部水产品质量安全检测检验中心北京分中心抽取蔚县、阳原、沽源、赤城、怀来12个无公害水产品产地的鲤鱼、草鱼、罗非鱼、虹鳟共12个样品，进行了药残检测，全部合格。

【渔政管理】 对全市各大水域进行市、县联合渔政检查。为维护各大水库渔业生产的正常秩序，打击非法捕捞行为，严格执行禁渔期、禁渔区制度。全年共出动执法快艇110艘（次）；执法汽车285辆（次），没收违规船5艘、网具120条、电鱼用的柴油机2套、电瓶10套，维护了水库渔业生产秩序。

（侯海翔）

农业综合开发

【概况】 2012年，张家口市农业综合开发项目总投资1.78亿元（其中：各级财政资金1.41亿）。土地治理项目24个，产业化经营项目31个。

【土地治理项目】 充分开发地上水，高效利用地下水，倾力推广高效节水新技术。加大管道输水、推广微灌、扩大喷灌，农业开发项目区实现了节水化。打造了蔚县、怀安县2个高标准农田建设示范工程项目，在张北、康保、蔚县、尚义、万全等县扩大了膜下滴灌试点。24个土地治理项目总投资12168万元，其中财政资金10732万元，群众自筹1436万元；土地治理面积6460公顷，其中2个高标准农田建设项目1633.33公顷，21个中低产田改造项目4220公顷，1个生态综合治理项目606.67公顷。打机电井305眼、购仪器设备26台（件）、埋设管道448.87千米，衬砌渠道12.91千米、渠系建筑物590座、喷灌566.67公顷、微灌804公顷；改良土壤5066.67公顷，机耕路190千米；造林206.67公顷；种草160公顷；技术培训3830人（次）、示范推广3633.33公顷，实现新增和改善灌溉面积6233.33公顷，新增节水灌溉面积6033.33公顷，年节约水量905.34万立方米。增加农田林网防护面积4313.33公顷，扩大良种种植面积2426.67公顷，治理沙化面积566.67公顷，项目区优质农产品种植面积达到2993.33公顷，其中优质粮食种植面积为1673.33公顷。新增粮食产量1005.7万千克，糖料420万千克，干草36万千克，饲料作物984.3万千克。项目区年直接受益农户2万户，直接受益农业人口6.7万人。项目区直接受益农民年纯收入增加总额4668万元，人均696元。

【产业化经营项目】 扶持对农民增收致富带动强、对全市主导产业升级起重要作用的蔬菜、马铃薯、畜牧、葡萄、杏扁等优势产业，推进蔬菜、畜牧业、农副产品加工产业。2012年，产业化财政补助项目10个，总投资3761.5万元，其中财政补助资金1456万元。项目分别是：宣化县200头优质奶牛养殖扩建项目、尚义县100头种公猪人工授精繁育扩建项目、阳原县200万穗糯玉米加工扩建项目、阳原县3200只獭兔繁育养殖基地扩建项目、阳原县600头肉牛育肥基地扩建项目、万全县30万只肉鸡养殖基地扩建项目、万全县1600头良种猪自动化养殖繁育基地扩建项目、万全县700万穗常温保鲜糯玉米加工新建项目、怀来县500万株葡萄育苗基地新建项目、涿鹿县120万千克设施蔬菜项目。10个财政补助项目年新增肉类83.4万千克，奶96万千克，加工转化农产品285万千克；年新增总产值5900.9万元，年新增增加值2238.9万元，年新增利税1484.69万元；年新增农村劳动力就业302人。受益农户2639户，受益农业人口8502人，直接受益农民增收1566.3万元。产业化经营中央财政贴息项目31个，涉及贷款5.09亿元，中央财政贴息资金1931万元，企业自筹1.96亿元。31个贷款贴息项目年实现加工转化农产品1.2亿千克，农产品交易额3亿元；年新增总产值2.66亿元，年新增增加值1.33亿元，年新增利税8014万元；年直接受益农户数量43415户，年直接受益农业人口13.03万人，直接受益农民年收入增加总额2.92亿元，年新增就业1072人。

【资金管理】 农发资金由财政部门统一管理，实行县级财政报账制度，专人、专户、专账管理；建立项目资金审计制度，把项目实施、工程验收与资金拨付相结合，确保资金发挥最大效益。根据项目工程任务、进度，先预拨部分资金，待工程竣工验收合格后，凭有关规范票据核销全部农发资金。严格农发物资政府采购制度，对工程所需主要物资由省统一招标采购，保证工程主要物资质量，降低工程成本。

【监督管理】 试行社会中介机构全权负责农业综合开发项目验收审计制度，尝试立项实施与验收审计分离，对验收审计存在问题的整改情况，采取大排查方式跟踪问效；对万全、蔚县2县2010年度项目进行了绩效评价试点，取得初步成效，对完善农业综合开发管理进行了初步探索。

（张树桐）

扶贫开发

【概况】 2012年，按照国家新一轮扶贫开发方针政策和省委、省政府提出的举全省之力打好新一轮扶贫开发攻坚战的决策部署和工作要求，张家口市紧盯“3个环首都示范县3年脱贫、其他重点县3年基本脱贫”目标，精心组织，强势推进，狠抓落实，取得成效，全市37.5万贫困人口稳定脱贫，12个重点县（区）扶贫对象人均纯收入增长达到29%，高于全市农民人均纯收入增幅14.4个百分点。10月，国际减贫会议在北京召开期间，与会代表到赤城县对扶贫开发攻坚经验及成果进行考察观摩。全省环首都扶贫开发攻坚示范县调度会、全省扶贫办主任现场观摩会先后在张家口市召开，重点推广学习张家口市扶贫开发的经验。

【扶贫定位】 全市突出抓好“三个一”的主攻方向。明确一条思路。即：坚持区域发展带动扶贫开发、扶贫开发促进区域发展的基本思路。在具体路径上，以强力推动中心村建设为突破口，以产业提升、社区建设、移民安置、生态保护、劳务输出5大任务为重点，统筹布局，综合施治，连片开发，整村推进，推动农村人口有序集聚，带动贫困人口脱贫致富，加快建设幸福乡村，促进城乡一体化发展。完善一个格局。即：集中打造“一轴两带四线”区域扶贫攻坚战略格局。在空间布局上，以“四山一原”（太行山、燕山、阴山、熊耳山和坝上高原）为重点区域，整合建设735个中心村，重点打造洋河河谷集中发展轴，环首都快速发展带、中西部纵向发展带和涿（鹿）蔚（县）、阳（原）赤（城）、张（北）沽（源）、尚（义）察（北）4条发展线。产业布局上，以交通干线为轴，以中心村为节点，全市谋划扶贫产业带40条，覆盖行政村1441个，农户45.3万户、128.8万人，其中覆盖贫困村430个，贫困农户12.7万户，贫困人口36.8万人。编制一批规划。重点编制扶贫开发总体规划、燕山—太行山片区区域发展与扶贫攻坚实施规划、环首都示范区扶贫攻坚规划和县、乡、村扶贫开发规划、村庄布局规划。在规划目标上，按照省委“环首都示范区9县3年基本脱贫”要求，确定“赤城、沽源、蔚县3个示范县3年脱贫，其他重点县3年基本脱贫（3年内，85%以上的扶贫对象脱贫）”。在规划内容上，对产业发展、基础设施建设、农村公益事业、乡村环境治理等内容统筹考虑，同步规划。在规划制定上，坚持专家规划与征集民意相结合，每项规划都聘请国内一流规划设计单位专业人员进行编制，并广泛征集基层组织和干部群众的意见建议，确保每项规划都合民意、顺民心。市、县、乡、村各类规划已完成，建立起“户有页、村有册、乡有簿、县录入、市统汇”的系统化规划档案。

【强势扶贫】 一是全党抓扶贫，超前谋划。在省委、省政府对环首都扶贫攻坚示范区建设做出部署后，市委、市政府主要领导高度重视，2月13日，市委书记、市长分别率领相关部门负责人到扶贫开发重点县密集性调研扶贫攻坚工作。2月16日，市委召开常委会专题研究全市扶贫攻坚方案，确立了“全党抓扶贫，重点抓攻坚”、“牢固树立率先脱贫思想、力争走在全省最前列”的工作目标和要求，组织力量对全市的贫困状况详细摸底，细致谋划，安排部署全年扶贫攻坚工作。二是强化领导力量，凝聚合力。成立了由市委书记任指挥长、市长任常务副指挥长的扶贫开发攻坚战指挥部，同时增设市委常委、秘书长和市政府2位副市长组成工作协调小组，共同协调指挥扶贫攻坚各项工作；从市委农工委、市委研究室、市发改委、市扶贫办等部门抽调业务骨干20多名，组建扶贫开发攻坚战指挥部办公室；各重点县同步成立相应的扶贫攻坚指挥部和办事机构，全市上下形成强有力的组织领导体系。实行扶贫工作领导包联制度，市委11名常委和人大、政协主要领导分包各重点县，对所包县进行指导和调度，集中向市委常委会汇报。三是发动全民参与，营造氛围。先后召开全市扶贫开发攻坚动员会、拉练观摩会、再动员会等3次高规格、大规模的扶贫会议，将各项扶贫攻坚工作部署要求传达到基层。全市组织12个宣讲工作队，刻制宣传光盘、印制宣传手册200余万份，进村入户广泛宣讲新一轮扶贫开发有关政策和精神；各重点县在醒目位置建造扶贫标志牌，在临街墙体、公路主干道两侧刷写扶贫标语、树立宣传牌26300多条（块）；发挥媒体作用，在市级报刊、电台、电视台和网络开辟“走基层—扶贫攻坚一线行”专栏，滚动立体宣传，调动群众和社会各界的积极性，形成“全民参战”的浓厚氛围。

【机制保障】 一是定点帮扶机制推动。全力构建专项扶贫、行业扶贫和社会扶贫“三位一体”的大扶贫格局，组织协调各级党政机关、企事业单位、人民团体、高等院校、驻张部队主动承担相应的定点帮扶任务，组建帮扶工作队，工作、职责、任务一定4年，不脱贫不脱钩，不致富不撤离。7个中直单位帮扶11个重点县（区），89个省直单位帮扶157个重点村，41位市级领导包联42个重点村，市、县两级共组织974个部门和企事业单位、53个团级以上驻张部队积极开展定点帮扶，共抽调2775名机关干部对中央、省直单位帮扶之外的925个重点村进行帮扶，定点帮扶实现了全覆盖。中央、省、市、县帮扶单位累计投入帮扶资金9284.7万元，落实帮扶项目773个。二是资金保障机制拉动。积极争取国家和省的支持，重点整合部门资金、挖掘民间资金、撬动金融资金、吸纳社会资金，确保扶贫开发资金稳定增长。2012年，争取省级以上专项扶贫资金3.2亿元，比上年增长1.6亿元。市、县财政安排专项扶贫资金4.69亿元，是上年的20多倍，全市投入各类扶贫攻坚资金达80多亿元，其中，中心村建设、产业提升、基础设施等扶贫攻坚重点项目建设共投入各类资金50.83亿元。三是督导考核机制促动。实行严格的定期调度拉练制度，通过实地观摩、现场查看、工作点评等方式，相互比、相互看，找经验、查不足，调动各县（区）的积极性和主动性。强化考核评价机制，把扶贫攻坚纳入各级领导班子和领导干部的实绩考核范围，细化考核指标、加大考核权重，半年一测评、年终一考核，严格按照考核结果兑现奖惩。

【扶贫成果】 一是产业项目集中布局。结合各地资源禀赋、特色优势和主导产业发展，按照“一村一品、多村一业”的连片开发模式，全市谋划确定了设施蔬菜、马铃薯、葡萄、杏扁、生猪养殖等40条扶贫主导产业带，其中环首都示范区3县谋划了7条产业带初步成型。年内，各重点县（区）设施蔬菜大棚投入资金11.84亿元，建成蔬菜春秋棚3.56万个、冬暖式大棚6969个、小拱棚10.4万个，建设规模超过年初计划和上年末全市设施棚室面积留存的总和。设施养殖小区建设投入资金10.12亿元，建成553个、在建164个，建成数和在建数占上年末留存数的80%。二是基础设施建设立体推进。按照“幸福乡村”计划和扶贫开发整村推进的要求，整合项目、资金、技术、人力等各类资源，开展水、电、路、讯、房“大会战”。2012年，各重点县

（区）重点实施了水利、道路、“四网”覆盖、危房改造等工程，共投入资金20.5亿元，建成基础设施项目1375个，在建项目265个。三是有序实施移民搬迁。以中心村建设为依托，推进深山区贫困村和“空壳村”、“散居村”向中心村整体搬迁或向条件较好的行政村就近搬迁。按照“做大县城、做强集镇、扩容乡镇政府所在村、建设中心村”的梯级式发展思路，规划建设209个新型农村社区、735个中心村。全年中心村建设开工135个，完成投资8.4亿元。四是加快劳务输出。实施“阳光工程”和“雨露计划”，组织开展蔬菜栽培、畜禽养殖、建筑安全、家政服务等实用技术培训；进一步完善市、县、乡三级劳动力就业服务网络，开拓劳务市场，变分散输出为有序输出，变自我输出为有组织输出。全年组织各类培训500余场（次），培训农村劳动力15万余人；全市累计转移农村劳动力50万人（次），劳务创收50多亿元。

（李久德　赵庆余）

农业机械

截至2012年末，全市农机总动力达到305.96万千瓦，其中柴油机动力257.15万千瓦、汽油机动力3.31万千瓦、电动机动力45.5万千瓦。拖拉机拥有量达到8.4万台，其中大中型9284台；拖拉机配套农具12.09万部，其中大中型1.16万部。推广机械化保护性耕作2.67万公顷，马铃薯全程机械化种植2.33万公顷，机械化深松0.53万公顷，张杂谷子机械化种植0.8万公顷。机耕53.61万公顷、机播38.19万公顷、机收20.55万公顷，耕、种、收综合机械化作业率达到58.59%。全年落实农机购置补贴资金5921.979万元，累计购买各类补贴农机具10806台（套），4432个农户或服务组织受益。

市级农机化管理机构1个，在职人员3人，均为公务员；县级机构19个，在职人员166人，其中科技人员84人；乡级机构206个，在职人员310人，其中科技人员105人。市级农机化推广机构1个，在职人员26人，其中技术干部14人（研究员2人，高级3人，中级5人，初级4人），工勤人员12人；独立县级推广站17个，乡镇区域站122个，县、乡农机推广从业人员358人。市级农机安全监理机构1个，在职人员23人，其中技术干部11人（正高2人，副高2人，中级4人，初级3人），工勤人员12人；县级安全监理机构13个，在职人员99人，其中科技人员74人。

（陈　菲　杜全喜　杨月桂）

张家口市农业科学院

【概况】　张家口市农业科学院是市委、市政府直属事业单位，是张家口唯一一所集农、林、牧、工程等多学科为一体的综合性农业科研机构，该院共设马铃薯、谷子、燕麦、作物、油料、豆类、园林花卉、蔬菜、果树、畜牧等10个专业研究所，研究领域涉及相关作物育种、栽培、植保、加工等20多个专业，其中杂交谷子和莜麦育种研究处于国际领先水平，马铃薯、亚麻和花卉育种及栽培技术研究处于国内领先水平。全院设9个管理处室和3个技术开发部门，是“农业部薯类产品质量监督检验测试中心（张家口）”和“国家杂粮加工技术研发分中心”的技术依托单位；同时挂牌“河北省高寒作物研究所”和“河北省农林科学院张家口分院”。

全院有在职职工212人，其中各类专业技术人员127人，有高级技术职称人员59名，研究员20名，其中已聘二级岗位研究员7名。拥有国家现代农业产业技术体系岗位专家5位、试验站站长7位；享受“国务院特殊津贴”人员3名，省管优秀专家3人；有1人为河北省新世纪“三三三人才工程”第一层次人选、3人为第二层次人选、41人为第三层次人选；有张家口市杰出人才1人、市级拔尖人才9名、优秀人才8名；博士研究生1人，硕士研究生25人。有中共“十六大”代表1人、十一届、十二届全国人大代表1人、省第八次党代会代表1人、市人大常委会委员1人、市政协常委1人；有全国劳模3人、省五一劳动奖章2人、市劳模5人；有中国“敬业奉献好人”1人、河北十大新闻人物1人、河北省十大经济风云人物1人；有河北省“三八”红旗手（标兵）2人、张家口市十大女杰1人、张家口市巾帼标兵1人。该院是全市科技人才最集中的单位之一。

【科技创新】　承担各类研究项目43项，其中国家级21项。与华大基因研究院合作完成的杂交谷子基因测序科研成果“谷子基因组序列将对草本植物进化及其生物燃料潜力提供深入理解”，在国际著名杂志《自然·生物技术》上发表，影响因子23.26，引起了科技界极大关注。作为主要完成单位，该院和中国农科院、河北农科院共同完成的“抗除草剂谷子新种质的创制与利用”科研成果获国家科技进步二等奖。主持完成的“同生态型系列化麦片加工与饲草兼用皮燕麦新品种选育及应用”和“高产、高蛋白黍子新品种冀张黍1号选育及应用”科研成果获市科技进步一等奖，亚麻科研成果获市科技进步三等奖，再创本市科技成果奖励新辉煌。该院首次主持国家科技支撑项目——杂交谷子项目正式启动实施，进展顺利。“坝上秋留晚耕播燕麦丰产保土保墒关键技术与集成示范”科研成果经专家鉴定达到国际领先水平；国家发改委生物育种高技术产业化专项“光（温）敏两系抗除草剂杂交谷子新品种繁育高技术产业化示范工程”及河北省重大技术创新项目“谷子杂种优势利用技术研究与良种示范基地建设”通过验收。在全省市级农科院率先成立了“博士后创新实践基地”。制定省、市地方农业标准7个，发表科技论文45篇，著书2部，《冀北农业科普教材》集中编写了张家口市26种大田作物和5种主要蔬菜的实用栽培技术，全书110万字，2012年10月，由中国农业科学技术出版社出版。与河北工业大学等单位合作开展了航空育种，杂交谷子、仙客来种子资源随“神八”遨游太空，跟上了国际先进育种技术的步伐。

【科技服务】 承办了人社部国家专业技术人才知识更新工程“光温敏两系杂交谷子技术应用”、“脱毒马铃薯及其高效生产技术”两个高级研修班，来自全国17个省（区）的100多名专家学者参加了培训学习，受到了上级部门和学员好评。协办了北宗黄酒“首届封缸节万粒归仓大会”。该院建立科技示范基地50多处，示范面积近667公顷，技术覆盖近13.1万公顷，发挥了科技对农业发展的引领作用。根据农时季节，组织开展了技术培训与现场观摩100多场（次），培训技术骨干2000多人（次），发挥了科技对农民致富的拉动作用。科技服务遍及全市70%的乡村，60%的农户受益。与宣化巡天、弘基薯业等企业开展了“院企合作”项目，促进了该院科技成果的转化。结合加强基层建设年活动，与怀安县第三堡乡等联合开展了“院乡合作”项目，建立农业科技综合示范基地280公顷，提供优良种子2万多千克，价值4万多元；怀安县第三堡乡专门送来锦旗，感谢该院对村民的帮助和支持，帮助更多的村民享受到农业科技带来的实惠。副院长许建铭带领11位技术干部深入赤城县8个乡镇的11个村担任科技特派员，有针对性地开展了实用技术培训及新品种、新技术示范推广服务活动；52位技术干部深入张北、怀安、赤城、万全4县的74个村参加了河北省基层建设年千名专家服务基层活动，结合专业特点开展了科技服务。与此同时，市直10多个单位邀请该院专业技术干部到其所包村进行技术培训和现场技术指导，并为其调剂农作物良种5万多斤。

【科技人才】 该院获张家口市“五一”集体奖状、优秀基层工会称号。谷子研究团队被省委、省政府命名为河北省首批“巨人计划”创新创业团队，赵治海被命名为领军人才。在中央文明办与中国文明网承办的“我推荐身边的好人”活动中，赵治海荣登“中国好人榜”，当选中国“敬业奉献好人”。谷子所专家王晓明当选河北省第八次党代会代表；副院长赵雪峰当选张家口市总工会委员；冯琰被评为张家口市“巾帼标兵”。该院14位专家被市党员干部培训学院聘为兼职教授。

【对外交流合作】 由中国农科院主办、该院协办在北京举办了第九届世界燕麦大会，会后国际燕麦委员会主席帕梅拉博士专程到该院考察交流燕麦科研与生产情况，对该院科研与生产给予了高度评价并签订了科技合作协议。国际杂交谷子培训中心筹建工作正式启动。与河北农大共同承办了商务部国际杂交谷子培训班，来自11个非洲国家的20名科研与管理人员参加了培训。接待了来自尼日利亚、乌克兰、澳大利亚、美国、日本等9个国家农业专家和官员的专访，签订了合作协议。与河北省农科院、蔚县县政府共同主办了全国五谷文化高层研讨会。3位胡麻专家应邀在美国参加了国际胡麻学术会议。1位副院长应邀参加了由联合国国际培训机构组织的赴泰国、荷兰国际组织机构的培训学习，对该院今后举办国际培训活动具有很好的借鉴作用。参加了河北省举办的院士工作联谊会、国际薯业博览会、国际马铃薯年会。组织6位科研与管理人员到江苏、山东两省全国前5名市级农科院考察学习；主办了7省（区）16市农科院（所）合作与发展研讨会。

【领导关怀】 8月4日，赵治海应中共中央、国务院邀请到北戴河疗养休假，受到了中央领导人习近平和李源潮接见。6月9日，中共中央政治局常委周永康在省委书记张庆黎、市委书记王晓东陪同下到怀来县视察杂交谷子科研成果，听取了赵治海关于杂交谷子研发进展情况汇报，周永康对杂交谷子给予了充分肯定，并勉励继续搞好杂交谷子研发工作，为世界粮食安全做贡献。9月24日，市长侯亮、副市长杨玉成率市编办、人社局、财政局等9个部门主要领导到该院检查指导工作，对该院工作给予高度评价，表示要大力支持科研事业的发展。侯亮指出："近年来，农科院的工作取得了巨大的成就，在谷子、马铃薯、燕麦、亚麻、蔬菜、杂豆等多个特色作物研究上实现了重大突破，在品种改良上有了很大提升，处于国内外领先地位，成就辉煌、硕果累累，特别是杂交谷子在国内外引起很大反响，引起多位国家领导人的重视和高度评价，是革命性、历史性的重大科研成果，对于解决几十亿干旱贫困地区人口的温饱问题是一个极其重大的发明，是一个值得庆贺的大事，对当地的社会经济发展、对全中国乃至全人类的粮食安全做出了重大贡献。农科院几十年坚持不懈搞科研的精神实在难能可贵，成果来之不易。我市要把农科院艰苦奋斗的工作作风作为张家口精神的主要方面认真总结，组织力量宣传，发扬光大"。

院长：张进京

（任全军　张颖利）

工业

◆ 综述
◆ 煤炭工业
◆ 矿产品精深加工业
◆ 化学工业
◆ 装备制造业
◆ 医药工业
◆ 电子信息产业
◆ 国防科技工业
◆ 电力工业
◆ 烟草工业
◆ 食品加工业

综 述

2012年，全市工业经济工作以科学发展观为指导，坚持以调结构和转方式为中心，实施“工业提升”计划，推进“工业强市”战略，克服外部环境复杂多变、重点行业发展低迷、企业综合成本上升等诸多不利因素，科学制定工业发展目标，完善运行监测机制，加快产业技改升级，全市工业经济实现平稳健康发展。

一是工业经济持续平稳健康运行，工业经济规模不断壮大。全市规模以上工业累计完成增加值397.3亿元，同比增长13.3%；完成主营业务收入1074.5亿元，同比增长4.5%；完成利润66.7亿元，同比增长3.03%。规模以上工业企业数量达到431家，较上年增加40家。二是传统产业加快改造升级、新兴产业加快发展，工业结构调整进一步优化。中煤张煤机新厂区建设及宣工工业园等一批传统装备制造业骨干企业技改升级项目加快推进，高端装备制造项目沃尔沃轿车发动机即将下线，弘基马铃薯全粉等一批食品加工业龙头企业兴起，农业产业化发展步伐加快；火热电企业节能降耗力度加大，张家口发电厂增容获批，张北国家风光储输示范项目一期工程建成投产，全市风电并网容量突破500万千瓦，成为世界风机检测基地；涿鹿半导体元器件、怀来华美光电子光通信元器件等高新技术企业发展加快；光伏发电、高端装备制造业项目的加快推进，为战略性新兴产业发展奠定了基础。在2011年全市淘汰落后炼钢384万吨、炼铁267万吨、水泥53万吨产能的基础上，2012年淘汰落后水泥产能278.6万吨，淘汰落后造纸产能2.5万吨，淘汰落后酒精产能3.5万吨。三是主要工业产品产量再创新高，企业规模和实力进一步提升。铁精粉、黄金产量同比增幅分别达到35%和25%；开滦蔚州矿业物流业加快发展，企业主营业务收入首破100亿元；全市年主营业务收入超百亿元企业数量增至两家；张家口卷烟厂卷烟产量、产值、销售收入等指标均创历史新高，结构烟比例由2011年的28.7%提升到49.5%，对拉动全市工业经济增长贡献明显。全年原煤产量1630万吨、铁精粉产量1291万吨、乳制品产量62万吨、黄金产量3.9吨、葡萄酒产量5673万升。2012年，全市新增省著名商标18件。其中张家口长宇工程机械液压油缸有限公司的“长宇”商标被国家工商总局商标局认定为中国驰名商标，是张家口市民营企业中国驰名商标零的突破；新时代橡胶制品有限公司、河北万矿机械厂等17家企业的19个产品获省中小企业名牌产品称号；中地装备探矿机械有限公司、万全京仪机床获高新技术企业称号。张家口中航液压装备股份有限公司在天津股权交易所挂牌上市，成为全市中小企业中第一个在天交所三板市场上市的企业，实现了零的突破。宣钢集团、河北宣工、中煤张煤机、弘基农业、中地探矿机械装备等企业参与制定了16项国家或行业标准修订工作。四是工业项目建设成果显著，工业发展后劲增强。固定资产投资累计完成491.8亿元，同比增长17.5%，其中，技改项目累计完成投资314.5亿元，同比增长41.3%。技改投资占工业投资比重达到63.9%。重大项目中，总投资60.6亿元的河北盛华循环经济氯碱项目一期工程中的20万吨/年离子膜烧碱、20万吨/年PVC树脂、配套自备热电站项目及节能环保型蒸压粉煤灰砖项目已竣工投产；总投资23.6亿元的张煤机煤机装备产业园项目机电分厂、锻造车间实现投产；沃尔沃轿车整车项目正在加快推进；总投资120亿元的国家风光储输示范工程一期已投产，二期扩建工程已着手规划；总投资5.24亿元的河北骞海鼓风机制造项目、总投资5亿元的张北伊利乳业原奶扩建项目等一批重点项目实现竣工投产，河北蔚县电厂项目2x60万千瓦项目获得国家批复，标志着工业发展后劲逐步增强。五是工业节能和综合利用扎实推进，圆满完成既定目标任务。2012年，万元工业增加值能耗下降目标为5.3%。截至年末，全市规模以上工业企业综合能源消费量（当量值）1061.84万吨标准煤，单位工业增加值能耗下降12.59%；规模以上工业企业综合能源消费量（等价值）722.84万吨标准煤，单位工业增加值能耗下降12.76%。六是对标工作成效显著。制发了《2012年全市工业企业对标行动工作要点》，完善了对标指标体系，公布了省、市工业企业部分行业对标指标，实现了对标指标体系的动态管理。重点开展了管理对标活动，选树了张烟公司和中煤张煤机为全市管理对标标杆企业，重点推广。将提升企业管理水平列入市委、市政府工业经济“八大提升工程”之一，要求全市工业企业以对标行动为抓手，加快建立现代企业制度，普及推广先进管理理念和模式，提升企业管理水平。依托大企业、大集团先进管理资源，采取“一对一”或“一对N”方式，开展了“企业互助发展、进一步提升管理水平”活动，明确了市级20对重点结对帮扶企业，并督促企业实现了对接。通过开展对标行动，全市年内已成功挖掘和培育出了一大批企业管理优秀成果。如张矿集团的“成本管理标准模型”，塞北蒙牛“MNWCO”卓越运营管理模式，张家口发电厂“全面责任管理全员业绩考核”的“两全”管理模式等等。12月14日，全省工业企业管理对标现场会在张家口市召开，市对标工作得到省工信厅领导的高度评价，会议将张烟公司树立为全省管理对标标杆企业，要求各市、各企业学习借鉴张烟公司管理经验，实现企业综合实力提升。张烟公司、中煤张煤机等9家企业获得省对标示范企业称号。为推进企业对标行动，健全了激励机制，完善了“工业企业对标行动考核办法”和“工业企业对标行动的扶持激励办法”，通过对各县（区）和各有关企业的考核评审，市政府对2012年度开展工业企业对标行动工作成绩突出的先进县（区）、先进单位、先进企业和先进个人给予通报表彰，并给予奖励。调动了全市工业企业开展对标行动的积极性。七是推进两化深度融合，工业企业信息化水平进一步提升。组织企业开展了两化融合百家重点企业向省申报工作，怀来宏达矿业有限公司、张家口雪川农业发展有限公司等9家企业入选2012年河北省百家两化融合重点企业。以项目带动企业信息化发展，突出抓好装备制造、食品加工等行业两化融合项目建设，已有张家口弘基马铃薯良种繁育中心有限责任公司散装马铃薯种薯规模化储藏设备信息化管理项目、张家口塞北现代牧场有限公司现代牧业（塞北）牧场信息化畜禽养殖两化融合项目等10个项目入选省第一批工业企业重点技术改造项目“两化”深度融合专项，累计总投资7.52亿元，固定资产投资5.89亿元，截至年末，累计投资2.31亿元。项目完成后，新增销售收入17.25亿元，新增利税3.56亿元。八是加强对外合作，重大项目引进取得显著成果。10月31日，与北京市经信委正式签署“京张共建战略性新兴产业合作协议”，张北县政府与北京云基地创业投资有限公司、北京市开云世纪科技有限公司分别签署了“祥云云计算产业园数据中心项目投资协议书”。推动中瑞（张家口）中小企业合作产业园项目建设，争取国家、省的支持。组织参加各类招商活动，先后组织企业参加了河北省（香港）投资贸易洽谈会、5·18廊坊国际经贸洽谈会张家口名牌名品展、“推进科学发展、实现绿色崛起”主题招商月、百家院所走进河北合作恳谈会、全国信息化与工业化融合成果展览会等大型招商和展会活动，分别进行了项目发布，对重点招商项目组织了推介洽谈。

（田利军　冯　强）

煤炭工业

【概况】　2012年，张家口市地方煤矿兼并重组工作任务基本完成，9个产煤县（区）减至8个，矿井数量由193处减至91处，地方煤矿矿井单井生产规模均达到15万吨以上，全市煤矿总生产能力达到3000万吨以上。

【隐患排查治理】　为排查和整改煤矿各类事故隐患，遏制重特大生产安全事故的发生，督促指导煤矿企业依法开展经常性的隐患排查治理工作。组织了4次隐患排查专项检查，对排查出的隐患全部登记建档，落实人员、责任、资金和措施，2012年，共排查各类安全隐患591条，已全部整改完毕。

【煤矿关闭接管】　督导县（区）政府对列入2012年公告关闭的16处矿井填实了井筒，拆除了地面建筑物，妥善遣散了从业人员，按照“小煤矿关闭标准”已经关闭到位。加大对各产煤县（区）和三大集团接管小煤矿工作督查力度。开滦蔚州地煤公司整合接管后保留19处矿井；冀中能源张矿集团整合接管后保留34处矿井。两大集团公司对上述矿井派驻了人员，实现了安全、生产、技术、经营全面接管。

【煤矿监管】　加强对正常生产矿井执法检查，加强现场管理，严防“超能力、超强度、超定员”组织生产。督导县（区）向“双停”煤矿派驻不少于4人，实行24小时驻矿监管，将下井人员控制在规定人数以内。监督煤矿企业对拆除的提升设备、自备电源等不得擅自安装。加强对技改煤矿的管理。针对技改矿井数量的逐渐增多，出台了《关于张家口市地方煤矿技改开工管理意见》，对技改矿井进行严格的规范。要求煤矿企业严格按照设计进行施工，杜绝边技改边生产的现象发生。对原技改设计需修改的10处矿井技改设计进行了修改批复。按照国家安监总局等四局委联合下发的《关于进一步加强煤矿建设项目安全工作的通知》要求，对符合联合试运转条件的8处矿井进行了审查批复。采取定期检查和突击抽查等形式对全市煤矿进行了8次执法行动。对11处矿井进行了处罚，共罚款30万元。

【煤矿安全质量标准化建设】 按照省煤管局《关于进一步加强煤矿安全质量标准化建设的实施意见》精神，督促煤矿企业建立安全质量标准化组织领导体系，完善安全生产责任制度。全市有3处生产煤矿达到了国家级安全质量标准化标准，12处生产矿井达到了省二级标准。

【煤矿瓦斯治理】 针对重点矿井（如宣东煤矿），开展了煤矿瓦斯治理专项行动。聘请权威专家对企业瓦斯治理能力进行了评估，对生产过程中难点问题进行了会诊。按照省煤管局《关于开展2012年度煤矿瓦斯等级鉴定工作的通知》精神，对全市15处生产矿井，7处联合试运转矿井瓦斯等级进行了鉴定，省局已对上述22处矿井瓦斯等级进行了批复。

【煤矿井下“六大系统”建设】 根据省煤管局《关于加强煤矿井下安全避险“六大系统”管理的通知》，督促煤矿企业按规定进行“六大系统”建设，对照标准将全市25处生产矿井和联合试运转矿井“六大系统”建设情况进行了检查验收。其中有2处矿井“六大系统”建设全部完成，23处矿井完成了除紧急避险系统外的“五大系统”建设。

【煤矿打非治违】 根据市政府《关于认真开展安全生产专项整治行动的通知》精神，结合全市煤矿实际，印发了《张家口市打击煤矿非法违法生产建设行为专项行动实施方案》，确定了各个阶段的工作任务、方法步骤和工作职责，市、县（区）和三大公司都成立了相应的煤矿打非治违工作领导小组。通过20余次拉网式执法检查，共查处各类事故隐患206条，针对执法检查中发现的问题，下达了整改指令，并作出了相应的处罚。

（咎金亮）

开滦（集团）蔚州矿业有限责任公司

【概况】 2012年，开滦（集团）蔚州矿业有限责任公司（以下简称蔚州公司）安全管理、安全生产平稳发展，基础工作得到加强，安全质量标准化和安全综合管理水平得到进一步提高。主要指标：原煤产量完成752.39万吨，比预算增加62.39万吨，同比增产32.38万吨，增长4.50%。销量完成762.12万吨，比预算增销78.12万吨，同比增销42.61万吨，增长5.92%。营业收入完成119.19亿元，同比增加42.43亿元，其中商品煤收入完成22.88亿元，同比减少2500.72万元。综合成本完成283.87元/吨，比上年同期降低19.42元/吨。利润完成14223.82万元，比上年同期减少696.51万元，剔除预算外增支因素，完成19080.82万元。转型发展：物流贸易发展壮大，年营业收入达到94亿元；现代设施农业产业园一期工程完工，经济效益、社会效益、政治效益初步显现；煤矸石砖厂一期工程开工建设，预计2013年一季度末建成投产。基地建设发展：北阳庄矿建设进入收尾验收阶段，首采面加快掘进；县办国有煤矿分流人员妥善安置，煤矿整合进入签订兼并重组协议阶段；德胜庄矿采矿权争取进入报批程序，前期筹备工作加快进行；陈家洼资源已列入工作视线。

【经营管理】 内部投资预算。2012年内部投资预算指标为5.83亿元，其中：本年提取资金2.04亿元，银行贷款及股东投入项目资本金3.79亿元；实际完成投资6.42亿元，完成全年预算的110.04%，与预算规模相比超出0.59亿元。安全费用预算。2012年煤炭生产安全费用预算规模10350万元，其他高危行业安全费用预算规模60万元，合计10410万元。节能减排。编制了突发环境事件应急预案，经河北省环境执法监察局审查，符合要求；西细庄矿生活污水处理工程通过市环保局验收；单侯矿20吨锅炉通过蔚县环保局验收。法律工商事务。2012年1月，对蔚州公司的营业执照到蔚县工商局进行了变更，经营范围增加了农作物、林木、花卉苗木种植，矸石砖瓦制造、销售；3月，蔚州公司现代农业产业园与南留庄镇白南场村委会签订了合作协议书；5月21日，蔚州公司申请注册的“蔚林”牌商标被国家商标局受理，领取了《申请注册受理通知书》，“蔚林”牌商标如获注册，可用于包括矸石砖瓦、林木苗木、蔬菜花卉、肉蛋等三大类30项商品的商标；7月，蔚州公司及下属各子、分公司的12个营业执照通过了工商年检；8月，蔚州公司下属南留庄矿、郑沟湾矿、西细庄矿完成注册登记，取得了营业执照；12月27日，市工商局核准了“张家口开滦蔚州建材有限责任公司”（矸石砖厂）的名称，取得了《企业名称预先核准通知书》，该公司由开滦（集团）蔚州矿业有限责任公司与南通凯斯特机械有限公司二个投资人出资，注册资金2500万元，蔚州公司出资比例51%、凯斯特公司出资比例49%。企业管理。年初制定下发了开蔚经字〔2012〕34号文，明确了公司非年薪人员预算工资、绩效工资提取政策。考核政策以利润为中心设置预算工资考核指标体系，提高公司主营业务的创利能力；公司医院和机电中心绩效工资考核指标增加外部利润指标，引导辅业单位对外增利；10月，集团公司对利润指标进行了重新调整，加大公司利润考核指标，确保全年各项经营目标的完成。对职工通勤车情况进行调研，为提高上座率，减少费用支出，出台蔚州公司通勤车有偿结算办法；协调机电中心价格调整，并将机电中心厂房、设备等固定资产进行了界定划分，全面完成了移交；对公司农业产业园的经营模式进行调研，形成了调研报告。

【财务管理】 扭亏增盈工作。一是强化预算调控。科学编制各项预算，制定产量、利润奋斗目标，优化煤炭销售内部价格结算方式，全年3次调整预算，确保预算滚动平衡；二是深化扭亏增盈，推进全面成本管理，逐级制定2012～2015年扭亏增盈工作实施意见，细化成本管理目标，逐级分解落实；三是推广“降本增效金点子”，加强日常调度，制定措施，推动金点子推广工作深入开展，组织召开“金点子”经验交流会，逐级开展考评工作，调动各单位积极性。

资金管理工作。一是适时办理流动资金融资，及时跑办财务公司2亿元贷款及工行5000万元贷款续贷工作，开展银行承兑汇票融资1700万元；二是筹措项目资金，在国家开发银行办理北阳庄项目资金1.96亿元，利用国家优惠政策，申请政府补贴1565万元，其中煤矿产业升级改造项目贴息610万元，棚户区改造政府补贴955万元；三是清收应收款项，组织所属单位全面清收应收款项，较好完成了清收目标。2012年末，应收款项时点预算指标为1.71亿元，实际账面完成1.19亿元，比预算降低0.52亿元。

【技术更新改造】 生产技术：西细庄矿采煤方法升级，公司、西细庄矿与院校、厂家合作选型，回采工作面支护采用悬移组合顶梁支架支护代替原来的悬移支架支护，支架采用整体架底减少了对煤层底板的比压，重点解决了一号煤柱子钻底的问题，提高了工作面的支护强度，3月，在1123工作面试采成功；5月，单侯矿在南翼回风巷开拓岩巷机掘月度单进268米，在蔚州公司安全高效矿井建设中，该矿在同行业中保持了特级矿井水平。一通三防：4月，由公司生产技术部组织相关专业人员，配合市安监局和煤监局组织专家对公司所属各生产矿井的安全避险“六大系统”中的“五大系统”（不包括紧急避险系统）进行了为期7天的检查验收，通过对各矿五大系统的地面设施设备、内业管理资料和井下建设情况系统的检查打分，顺利通过验收；9月，蔚州公司到市安全监督管理局煤炭办将崔家寨矿、兴源矿、南留庄矿、西细庄矿、郑沟湾矿五矿紧急避险系统设计进行备案；12月，由公司生产技术部组织相关专业人员，配合市安监局专家对公司单侯矿井下紧急避险系统进行了检查验收，通过对地面设施设备、内业管理资料和井下建设情况进行系统的检查打分，通过验收；兴源矿经过一年多的通风系统优化、设计、改造，9月17日，新主扇正式投入运行；12月27日，开滦（集团）蔚州矿业有限责任公司科研项目《蔚州矿区煤自燃特性及高效防灭火技术研究》通过了中国煤炭工业协会鉴定验收。地测防治水：完成矿区防治水科研项目——《蔚州矿区重点矿井底板突水评价和疏水降压预测预报技术方案》（四大规律之一）并通过集团公司验收；为提高应急物资统一调配、资源共享和保障能力，预防和处置各类突发灾变事件提供重要保障，制定了《蔚州公司重大灾害应急救援物资储备管理办法》；单侯矿顺利通过省煤管局防治水示范矿井验收。

董 事 长：王树春

党委书记：张子东

总 经 理：彭余生

（乔金荣　曹　森　佟志强）

矿产品精深加工业

【概况】 2012年，全市规模以上矿产品精深加工业完成工业增加值186.21亿元，同比增长11.16%，占全市46.87%；实现销售收入527.73亿元，同比增长1.41%，占全市49.12%；实现利税31.32亿元，同比减少1.24%，占全市28.22%；实现利润25.82亿元，同比减少5.24%，占全市38.73%。

【主要产品产量】 铁矿石及铁精粉产量快速增长，生产铁矿石6155.56万吨，同比增长14.85%；铁精粉1291.17万吨，同比增长39.98%。钢铁材产品产量略有下滑，生产生铁579.468万吨，同比减少6.23%；粗钢556.15万吨，同比减少4.48%；钢材545.73万吨，同比减少6.15%。生产黄金3916.44千克，同比增长20.49%；白银6644千克，同比减少24.4%。生产水泥熟料187.3万吨，同比增长16.03%；水泥412.69万吨，同比减少5.28%。生产焦炭254.98万吨，同比减少2.01%。全市矿产品精深加工业实现产销率93.44%。

【在建项目】 宣钢能源管理中心建设工程计划总投资1.2亿元，2011年3月开始实施，已全部完工，累计完成投资1.19亿元。高炉煤气资源综合利用发电工程总投资2.1亿元，项目占地0.87公顷，建筑面积4745平方米，建设热力车间，采用汽轮发电技术，购置2.5万千瓦凝汽式汽轮发电机组两台和180吨/小时燃气锅炉一台，年供电量达到3.31亿千瓦时。备案、环评、规划、土地手续已办理，招标完毕，正在处理地基。炼钢转炉饱和蒸汽发电工程总投资4308万元，项目占地0.6公顷，建筑面积2070平方米，建设发电车间，采用饱和蒸汽发电技术，购置0.75万千瓦凝汽式汽轮发电机一套，年供电量4593万千瓦时。备案、环评、规划、土地手续已办理，招标完毕，正在处理地基。

（王　岩）

河北钢铁集团宣化钢铁公司

【概况】 截至2012年12月末，河北钢铁集团宣化钢铁公司（以下简称宣钢）资产总额379亿元，在册职工22067人。主要装备有高炉5座、转炉5座、轧钢生产线9条、焦炉6座、发电机组14台（总装机容量18.5万千瓦）。热轧带肋钢筋、热轧钢带、热轧圆盘条等产品获“河北省名牌产品”称号，热轧带肋钢筋、热轧等边角钢、热轧槽钢、热轧圆钢等产品获国家“冶金产品实物质量金杯奖”。2012年，宣钢获“河北省诚信企业”、“河北省工业和信息化工作先进集体”称号，连续8年获得全国“安康杯”竞赛优胜企业称号。

【主要指标】 全年完成工业总产值191亿元，同比降低24.6%；工业增加值20.8亿元，同比降低17.6%。完成生铁578万吨，同比降低16.3%；粗钢556万吨，同比降低15.7%；钢材546万吨，同比降低14.7%。实现营业收入194亿元，实现利税总额1.18亿元，实现利润总额618万元。

【生产经营】 开展铁前、钢后两大攻关。铁前降本增效攻关成立操作优化、结构优化、资源优化三个攻关组，通过稳炉况、保顺行，攻指标、降燃耗，调结构、降成本，优资源、降费用，促进了铁前生产进步。钢后提质增效攻关成立提高产品质量降废减损、降低炼钢工序成本、降低轧钢工序成本、优化销售结构提高产品创效水平四个攻关组，推进技术进步，降低工序成本，提高产品质量，优化品种结构，实现提质增效。技经指标持续改善，炼钢钢铁料消耗完成1054.19千克/吨，同比降低1.04千克/吨；轧钢综合成材率、日历作业率在行业内保持先进水平。2012年，大宗原燃料采购总成本同比降低32.6亿元，降低率为18%。通过优化产品销售结构与销售区域结构，增效1.3亿元。销售出口材26.05万吨，同比增长110.9%，出口创汇1.6亿美元；直销当地及内蒙古钢材30.9万吨，同比增长85%。

【对标挖潜】 推进“五级对标”和“七项专题对标”，改善技经指标，向对标要效益。2012年，宣钢与全国同行业各工序可比指标共29项，宣钢22项指标优于行业平均水平，占76%；其中6项指标进入行业前3名，占21%。

全年两次制定下达挖潜增效任务，各单位、各部门层层分解指标、落实责任，形成“千斤重担人人挑、人人肩上有指标”的全员挖潜增效格局。扣除采销两头市场因素，通过内部优化、强化管理，全年实现挖潜增效3.26亿元，可比成本降低率为1.7%。

【科技创新】 推进卓越绩效管理和质量标准管理，在各工序开展细化、深化工艺技术管理和质量攻关活动，提升产品质量。全年质量异议发生起数同比降低45%，吨钢损失同比降低30%。全年开发生产耐低温高强度角钢、高强度抗震钢筋、美标系列冷镦用钢盘条等27个新品种；品种钢（不含四级钢）产量为219万吨，品种钢比例为40%，全年品种创效8000万元。

【节能减排】 全年节能2.06万吨标准煤，吨钢综合能耗、吨钢耗新水、化学需氧量排放、二氧化硫排放、氮氧化物排放、氨氮排放均完成与河北省政府签订的责任状目标。焦炉煤气实现零放散；高炉煤气放散率同比降低0.13个百分点；转炉煤气回收同比提高9.92立方米/吨；自发电率完成46.5%，同比提高9.2个百分点。7月，炼钢转炉饱和蒸汽发电、高炉煤气综合利用工程技改两个项目建设开工。

【安全生产】 推行公司、分厂、车间、班组“四级安全确认制”责任保障体系，对各级作业进行分级管理，规定相应的安全措施、现场监督落实等工作程序，促进安全确认制落实。组织各级管理人员和岗位职工对安全规范、标准、规程、制度等安全知识学习和考试，不合格者不得上岗。制定作业分级安全监管、审批程序，根据不同的作业危险等级，分别规定作业的安全措施审批程序和到现场进行安全监管的级别。全年设备事故、故障停机率由上年的0.9‰降至0.6‰。

董事长：张　海

总经理：迟桂友

（陈　阳）

化学工业

【概况】 2012年，化学工业增加值实现9.4亿元，同比下降6.44%；总产值38.18亿元，同比下降18.78%；销售收入31.41亿元，同比下降22.53%；实现利税0.07亿元，同比下降16.97%；实现利润1.16亿元。全市化学工业产品主要有烧碱、农用化肥、化学农药等。烧碱全年生产量10.33万吨，同比下降12.23%；农用化肥3.35万吨，同比增长13.37%；化学农药7131万吨，同比下降1.37%。

【重点化工项目】 盛华化工“40万吨/年烧碱、40万吨/年PVC树脂及配套自备热电站项目”一期工程于10月末竣工，完成投资25.76亿元，已进入试生产阶段。20万吨/年电石项目已完成投资2.68亿元，项目土建工程已完成80%，设备安装完成50%。200万吨/年利用电石渣制水泥项目一期2500吨/日水泥生产线已建设完工，进入试生产阶段。

【试点建设】 望山循环经济示范园区和矾山磷矿分别入选为河北省第一批5个资源综合利用试点基地和13个试点企业。河北盛华化工有限公司氯碱循环经济示范工程项目入选全国第一批23项工业循环经济重大示范工程。

（冯　强）

装备制造业

【概况】 截至年末，全市装备制造企业达400余家，主要分布在万全县、产业集聚区、宣化区、桥东区、桥西区、高新区、怀安县、涿鹿县、张北县、宣化县。全行业从业职工近5万人，拥有固定资产近百亿元。全市规模以上装备制造企业完成工业总产值157.25亿元，同比增长9.23%；实现工业增加值42.22亿元，同比增长7.68%；实现主营业务收入92.70亿元，同比增长2.78%；实现利税7.74亿元，同比下降22.22%，其中实现利润4亿元，同比减少1.22亿元。规模以上装备制造业工业增加值、主营业务收入分别占全市规模以上工业的10.63%、8.63%。2012年，全行业共实施技改项目60个，估算总投资125亿元，年末完成投资60亿元。

【工业园区项目】 中煤张家口煤矿机械有限责任公司煤矿机械产业园项目，累计完成投资19亿元，项目建成达产后正常年份可形成年产17.18万吨的生产规模，年实现销售收入50.08亿元，实现税金2.7亿元，实现利润总额5.7亿元。河北宣化工程机械股份有限公司宣工工业园项目，累计完成投资1.8亿元，铸造项目一期工程投产后可年产铸铁件2万吨。沃尔沃汽车发动机项目，已完成投资4.3亿元和价值6.5亿元的发动机加工、组装、测试线设备招标订购工作，预计2015年达产，达产后年销售收入63.9亿元，利税7.36亿元。张家口中地装备探矿机械产业园项目正式立项。

（冯建华）

医药工业

【概况】 全年累计实现工业增加值0.4亿元，同比增长-24.17%；实现产值2.9亿元，同比增长-46.57%；主营业务收入2.97亿元，同比增长-42.94%；主营业务税金及附加296万元，同比增长-98.04%；利润总额881万元，同比增加2962万元。化学药品原药累计产量46吨，同比增长-97.90%；中成药0.02万吨，同比增长50.65%。

【技改项目】 神威药业集团GMP三期技术改造工程项目总建筑面积5万平方米，一期项目为现有设备改造，二期项目为回复水丸剂、原材料生产，三期项目新建中药提取车间、质检中心、动力中心、物流中心等配套设施。总投资10亿元，完成投资1亿元。

（王　东）

电子信息产业

【概况】 全市电子信息产业制造企业30家，形成了光伏产业、通信产业、行业电子三大行业，主要产品有高速光电收发元器件、消防报警装置、锗硅合金单晶及晶片、单晶硅、半导体制冷片、生化分析仪、智能仪表、光缆等，其中10个产品或技术为自主研发，高速光电收发元器件和消防报警装置在国内处于领先水平。截至年末，全市拥有单晶硅炉397台，已占到全省单晶硅炉总量的30%。2012年，全市电子信息产业入统的19家企业实现主营业务收入10.13亿元，工业增加值2.88亿元，利税0.58亿元，分别同比增长28.25%、-14.84%和-26.3%。

【产业园区】 2012年，全市已有东山产业集聚区、宣化信息产业园、涿鹿信息产业园、怀来信息产业园“四大园区”。产业园区的集聚功能明显提升，凝聚力得到加强。其中，东山信息产业集聚区一期工程基础设施建设完成，已有太阳能、风光互补照明设备制造、新东亚·数码港项目入园；涿鹿信息产业园入驻企业15家，单晶硅炉有350台，生产达到一定规模；怀来信息产业园引进了华美光电子、特种光缆等高技术项目；宣化信息产业园生产半导体材料起步早、技术先进，正向产品深加工方面发展。

【开工项目】 长飞优创特种光缆及无源器件生产项目总投资4000万元，达产后可新增销售收入1.3亿元，利税2490万元。新东亚·数码港项目，总投资2.5亿元，主要引进电子信息、新能源等企业，达产后可新增销售收入2.40亿元，利税2640万元。

【投产项目】 河北华美光电子有限公司10Gb/s-60Gb/s超高速光电模块产业化项目总投资6632万元，达产后可新增销售收入1亿元，利税1000万元。河北北大青鸟环宇消防设备有限公司扩建综合楼、实验楼项目，总投资1500万元。

（张玲彦）

国防科技工业

【军工及民爆主要指标】 2012年，各军工和民爆生产流通企业全年生产工业炸药（含自产自用企业数量）17887吨，同比增长15.99%。销售工业炸药30753吨，同比增长83.49%；工业雷管892万发，同比增长25.67%；工业索类170万米，同比增长13.33%。环航机械制造有限公司和华威化工有限公司实现销售收入1040万元，同比减少3.7%。

【打非治违专项行动】 在“打非治违”工作中，严格履行职责，落实监管责任，做到政令畅通，对发现的安全隐患建立专题档案，并实施重点监管和跟踪整改。检查中发现安全隐患27项，要求企业限时整改和立即整改，其中需立即整改的2项。7月末，27项安全隐患全部整改到位，10月22日，通过省国防科工局安全生产督办检查。

【军工产学研合作与项目对接】 建立和完善军民结合，寓军于民的武器装备科研生产体系，是国防现代化建设的必然选择，推进军工开放，引导社会资源进行武器装备科研生产，结合全市军工产业具体情况，支持和发展一批军民结合高新技术产业，谋划和建设一批军民结合重点项目，使全市军民结合产业做强做大，成为经济建设的一支重要力量。截至2012年6月末，上报河北燕兴机械有限公司、张家口市环航机械制造有限公司、中核沽源铀业有限公司三家企业军民结合项目，争取资金支持。

（冯立平）

电力工业

发　电

【概况】　2012年末，全市电力装机容量1063.853万千瓦，主要为火电、风电。

【火电】　全市上网火力发电机组装机容量为474万千瓦，其中大唐张家口发电厂8×32万千瓦，大唐下花园发电厂1×20万千瓦，怀安热电厂2×33万千瓦，张家口热电厂2×33万千瓦，宣化热电厂2×33万千瓦。正在谋划的有蔚州煤电路一体化——蔚县发电厂、张家口热电二期、宣化热电二期和怀来热电厂等项目。全市小火电机组装机容量为12.35万千瓦，其中：河北盛华化工5.7万千瓦、宣钢5万千瓦、宣化化肥厂0.3万千瓦、下花园电石厂0.3万千瓦、双环化肥厂0.3万千瓦、张北糖厂0.6万千瓦、长酿集团0.15万千瓦。

【风电】　张家口坝上地区被国家确定为第一个百万千瓦级风电基地和首个双百万千瓦级风电开发基地。2012年末，全市风电装机累计571万千瓦，并网491万千瓦，当年新增装机62万千瓦，累计装机容量和并网容量均在全国地级市中排名第二，成为全国风电大市。2012年末，全市已全部建成的风电场71个，装机容量487万千瓦；在建项目27个，已完成装机容量84万千瓦。

【光伏与生物质发电】　国网新源公司建成光伏发电站，属风光储输示范工程项目，已建成光伏发电站容量为4万千瓦。国华尚义0.002万千瓦（不并网），省建投沽源0.001万千瓦（不并网）。涿鹿华达生物热电有限公司2×2.5万千瓦热电站项目，已投产一台2.5万千瓦机组，另一台在建设中。

【重点项目】　张家口坝上地区第二个百万千瓦级风电基地项目15个，装机总容量165万千瓦。2012年末，已建成投产的风电场6个：尚义麒麟山风电场扩建（二期）10万千瓦、康保屯垦风电场扩建10万千瓦、沽源坝缘风电场10万千瓦、沽源大脑包风电场扩建（二期）10万千瓦、张北油篓沟元山子风电场10万千瓦和张北绿脑包风电场10万千瓦。其他项目均在开展前期工作。

风光储输项目：2012年年末，国家电网所属的新源控股有限公司与张北县、尚义县开发建设的全国第一个风光储输综合示范项目已建成10万千瓦风电、4万千瓦光伏发电和2万千瓦储能。2012年10月30日，国家电网公司决定建设国家风光储输示范工程二期工程，拟建规模为风电40万千瓦、光伏发电6万千瓦、储能5万千瓦，同时配套扩建220千伏智能变电站，总投资60亿元，项目推进工作全面启动。项目建成后将成为世界上最大的太阳能光伏发电场、最大的风光储实验中心、第一个超百万千瓦风电集中输出检测基地、世界上规模最大的风光储三位一体示范工程。

（刘　峰）

供　电

【概况】　2012年，张家口供电公司完成售电量99.59亿千瓦时。完成电网建设投资10.14亿元，供电可靠率99.95%，电压合格率99.89%。维护35千伏及以上变电站177座，变电容量10705兆伏安，其中，220千伏变电站17座，110千伏变电站45座，35千伏变电站115座；35千伏及以上输电线路443条、7883千米，其中，220千伏线路71条、2184千米，110千伏线路128条、2646千米，35千伏线路244条、3053千米。

【安全生产】　落实“安全年”活动88条重点措施，开展春季安全生产大检查、全员安全日等活动。贯彻十八项电网重大反事故措施，制定六级以上安全事故（事件）防范措施173项，发布电网风险预警90次，地区电网经受了大风、暴雪、极寒天气的考验。初步实现市、县调控一体化和52项变电D类检修项目运维一体化，试点配网状态检修和农网带电作业，提高设备运维水平。十八大期间，公司建立16个保电防区，组建26支应急队伍，5200余名保电人员严密监控、变电巡视3400余次，线路特巡6万余千米，完成保电任务，公司被市委、市政府评为十八大安全保卫工作先进集体。

【电网建设】 滚动修编电网发展“十二五”规划，配合完成张北—南昌特高压项目和张北、尚义、康保3座500千伏变电站的站址选择等前期工作，大青沟等4个项目获得核准。建立基建“日预控、周点评、月协调”机制，黄盖淖、大青沟、察北—沽源等3项110千伏输变电工程开工，君关220千伏输变电工程，望山、吉家房、察北配套、义缘—尚义等4项110千伏输变电工程投产。2012年工程形象进度完成82%，425个帮扶村电网改造工程和怀安县新农村电气化建设工程完工。

【经营管理】 加强综合计划和预算管理，预安排公司2013年综合计划，预算管理覆盖所有二级核算单位。面对售电量下滑的形势，制定14项增供扩销措施，完成河北盛华等重要客户送电全过程服务，推进涿鹿金隅自备电厂统购统销工作，增售电量3.8亿千瓦时。强化电价电费工作，居民用电阶梯电价政策平稳实施。推广应用电子商务平台，实现所有物资类采购业务线上运转。

【体制改革】 在“三集五大”体系建设过程中，科学制定总体操作方案和9个分项方案，完成11个本部部门优化调整、6个业务支撑机构组建、2419人岗位调配和327项资产业务划转工作，梳理修订规章制度233项，14个信息系统同步调整到位，完成4876人（次）岗位适应性培训，率先完成新模式导入，高质量通过冀北公司验收，“适应大规模风电接入系统的调度运行管理模式”等9个经验做法得到好评和推广。

【标准化建设】 启动标准化建设工作，成立组织机构，梳理标准化目录852项、流程140项。10项科技成果获得国家专利授权，怀来县域通讯试点县建设通过国网公司验收。蔚县分公司暖泉供电所被国家电网公司评为“标准化示范供电所”，6个供电所分别获得冀北公司“标准化示范供电所”称号，怀安县被河北省发改委和冀北公司联合命名为河北省新农村电气化县。

【社会责任】 推进“社企和谐兴冀”活动，与各县（区）政府座谈调研电力需求情况，编制发布冀北公司服务张家口市经济社会发展白皮书。参加张家口广播电台“市民热线”直播，组织“惠民、助企、兴冀”“3·15”宣传日活动和供电服务满意度调查。参加“爱从这里传播”志愿者助残经验交流现场会，签订代购电、代缴电费帮扶协议，为社区孤、残居民提供定期上门收费、售电服务。推进采集系统建设，完成智能表换装79.12万只。

【优质服务】 深化“社区光明同行”活动，实施95598光明服务工程和“五进”服务工程，开展居民用电服务质量提升专项行动，实现县（区）24小时自助缴费服务。干部员工在工作之余提供服务1500余人（次），挖掘梅佳、张爱等坚持多年奉献爱心的感人事迹，5件事例入选冀北公司特色服务典型事例汇编。成立16支共产党员服务队，组织供电“服务之星”劳动竞赛和“双百”评选活动，公司被评为2012年度居民用电服务质量监管专项行动先进集体。

总经理：曹　伟（07月免）
　　　　覃朝云（07月任）

（任　帅）

大唐国际发电股份有限公司张家口发电厂

【概况】 大唐国际发电股份有限公司张家口发电厂拥有4台30万千瓦机组，4台32万千瓦机组，总装机容量248万千瓦，是华北电网骨干火力发电厂。2012年末，在职职工2051人，其中高级职称70人。全年发电量139.44亿千瓦时，上网电量130.78亿千瓦时，产值48.92亿元，供电煤耗330克/千瓦时。

【经营管理】 发电厂沟通电网公司、省发改委、国家电监会，于3月末完成了1、2、4、7号机组铭牌变更，机组额定容量由300万千瓦升至320万千瓦，增加电量计划4.6亿千瓦时，增加利润近5000万元。强化员工抢发电量意识，抢发经济时段电量，优发电价高、可靠性强、发电成本低的机组电量，实现电量边际收益最大化。争取外部有边际利润的替代电量6.72亿千瓦时，增加收入2.7亿元。全年完成发电量139.44亿千瓦时，累计利用小时完成5810小时，较区域电网燃煤机组平均水平高145小时。全年实现盈利685万元。

优化进煤结构，控制同煤等高价煤种的到货量，加大神华等经济煤种及褐煤的采购力度。为推动入厂标煤单价降低，加强褐煤掺烧量，全年共掺配褐煤221万吨，超出年初职代会提出的200万吨掺烧目标，掺配比例达到30%，节约燃料费用9658万元。入厂标煤单价完成584.9元/吨，同比下降52.29元/吨。打通了蒙煤外运的第一条火运通道，降低了对同煤火车煤的依赖程度。正式投运第三煤场，汽车煤接卸效率大幅提高。

利用国家税收优惠政策，争取到节能环保设备所得税减免302万元，通过强化物资采购管理，节约成本460万元，开展降库存和修旧利废工作，实现经济效益760余万元。

【安全生产】 推行实施自动化点检，实现了点检专业全覆盖。推进6S管理、文明生产和三讲一落实三个评星活动。开展降非停、降异常、降缺陷行动，机组可靠性明显提高。开展金牌机组创建活动，1、4、8号机组被集团公司推荐评选2012年金牌机组。

开展各类安全生产查评和应急预案演练工作。安评、经评、环评共查出问题358项，各项整改工作有序推进，共完成应急预案演练47项。

【环境保护与节能减排】 狠抓节能降耗有成绩。加强机组启动管理，全年机组启动、助燃用油共计685吨，单位油耗率完成4.91吨/亿千瓦时。严密监控水塔氯根保持在合理范围内，脱硫和除灰用水使用废水回收系统浓水，保证废水回收系统正常投运，全年发电水耗完成1.83千克/千瓦时，同比降低0.18千克/千瓦时。严控重要辅机单耗，厂用电率完成5.41%，同比降低0.19%。降低机组热耗，提高锅炉效率，完成了5、6号机组通流改造工程，机组供电煤耗持续下降，供电煤耗完成329.62克/千瓦时，同比降低2.7克/千瓦时。

严控污染排放见效果。对脱硫设施进行深度治理，实施了脱硫浆液循环系统增容等多项技术改造，制定了保证脱硫设施投运率和脱硫效率技术措施，针对脱硫设施中存在的突出问题，成立了相应攻关小组，多措并举解决脱硫石灰石品质较差的问题。完成了废水二期工程建设工作，实现废水零排放。完成了6号机组脱硝改造工程建设，氮氧化物每年可减排5000余吨，符合国家排放标准。完成三煤场挡风墙工程，缓解了周边村庄粉尘污染问题。加强灰场管理，扬尘治理取得效果。

【人才培养】 人力资源管理迈出新步伐。制定了《张家口发电厂职工技能竞赛管理办法》，组织开展了两次技能竞赛，为“闯关型”人才管理模式的形成及完善奠定了基础。培训基地建设工作扎实有效，大唐国际范围内继电保护专业人员参训率超过90%。2012年3月，继保培训基地成功举办了大唐国际继电保护知识和技能竞赛。大唐国际防磨防爆培训基地完成验收，受到专家组好评。人才队伍建设成果喜人，3人获得“大唐国际技术能手”称号，4人获得“大唐国际优秀技能选手”称号。公司集控运行人员调考中，前四名均为该厂人员，79人被评为集团公司“112人才”，其中A级人才3名，B级人才26名，C级人才50名。

科技创新获得新突破。QC质量管理等民间技术交流平台建设不断完善，连续两年获“全国电力行业质量管理小组活动优秀企业”和“河北省质量管理小组活动优秀企业”称号。热控车间辅控班获得国家六部委颁发的“全国质量信得过班组”称号，是大唐国际唯一获此殊荣的单位。煤粉锅炉双尺度低氮燃烧技术获得中国电力科学技术二等奖。7项实用型专利取得了专利证书，14项实用型专利取得了受理通知书。班组技术管理建设快速推进。“王海峰创新工作室”建设持续加强，完成了17项创新攻坚项目。

【多元发展】 检修公司完成系统内外15台机组检修任务，实现对外创收4558万元，利润总额100万元。各项规章制度健全，提高了人力资源效益。兴唐检修队组建成立，增强了对外检修实力，实现了异地多台机组同时检修的目标，具备了同时进行一台半60万千瓦机组大修能力，检修质量标准不断提高，获得客户认可。

塔山精品项目部成立了安全、指标、管理、文明生产和6S管理、培训五个行动计划组，通过细化目标、制定措施、落实责任，规范了各项工作，得到了项目发包方塔电公司的认可。

实业公司经营管理围绕“优质服务、综合利用、对外创收”三大定位，全面开展工作。职工满意餐厅摘取集团公司唯一一家“五星”级员工餐厅桂冠。满意乘车精品项目获得员工称赞。生态蔬菜、绿色猪肉、放心面粉相继推出。粉煤灰和磨细灰销售稳步提高，分别达到121.83万吨和20.26万吨，同比提高 11.73% 和 0.95%。全年实现对外创收 3725 万元。

厂长：韩旭东

（王建云）

烟草工业

【概况】 截至 2012 年年末，张家口卷烟厂有限责任公司（以下简称张烟公司）总资产达到 31.64 亿元，固定资产净值达到 12.45 亿元，流动资产 17.95 亿元，资产负债率为 32.99%，从业人员 4291 人，其中在岗员工 2819 人。

2012 年，张烟公司落实以培育品牌为重点，重基础、调结构、严管理、促规范、强素质的行业“1+5”目标任务，开展“管理创一流”活动，促进“三标一体”建设与生产管理工作融合，举办全省工业企业管理对标现场会。加强 13 项创优新指标的分析、分解力度，丰富、完善“6661”创建模型。抓好规范“工程投资、物资采购、宣传促销”项目管理与办事公开民主管理的有机结合。专卖内管得到加强，落实“六个严禁、一个严控”有关规定，开展法制宣传教育培训工作，增强规范意识和法律素质。

2012 年 2 月，省安全生产委员会办公室授予张烟公司“2011 年度全省安全生产管理先进单位”；省委、省人民政府授予张烟公司“河北省扶贫开发工作先进集体”。4 月，中华全国总工会授予张烟公司“全国五一劳动奖状”。6 月，省设备管理协会、省工业设备管理创新发展峰会组委会授予张烟公司“河北省工业设备管理创新成果评估创新企业”奖牌。8 月，被省委、省人民政府评为“河北省 2010—2011 年度文明单位”。9 月，省诚信企业评审委员会办公室授予张烟公司“河北省诚信企业”称号。

【生产经营】 2012 年，生产卷烟 445 亿支（89 万箱），同比增长 2.3%。其中：生产合作品牌 56.5 亿支（11.3 万箱）；一类烟 2.3782 亿支（0.47564 万箱）、二类烟 7.2851 亿支（1.45702 万箱）、三类烟 210.7329 亿支（42.14658 万箱）、四类烟 172.3892 亿支（34.47784 万箱）、五类烟 52.2146 亿支（10.44292 万箱）；销售卷烟 445.7825 亿支（89.1565 万箱），同比增长 3.7%，其中：一类烟 2.5655 亿支（0.5131 万箱）、二类烟 7.1317 亿支（1.42634 万箱）、三类烟 213.5178 亿支（42.70356 万箱）、四类烟 170.362 亿支（34.0724 万箱）、五类烟 52.2055 亿支（10.4411 万箱）；一二三类烟比例 50.07%，同比提高 21.95 个百分点，实现税利 50.12 亿元，其中利润 6.45 亿元，同比分别增长 23.01% 和 31.71%。2012 年，省外销售卷烟 77.6 亿支（15.52 万箱，不含联营加工的 11.29 万箱），省内销售卷烟 311.75 亿支（62.35 万箱）。

总体平均能耗指标：万元产值综合能耗 19.73 千克标煤；万支卷烟综合能耗 3.49 千克标煤；平均消耗烟叶 6.94 千克/万支；滤棒 2101.08 支/万支；盘纸 596.38 米/万支；水 0.088 吨/万支；电 7.36 千瓦时/万支；公司三项费用率 7.7%。

【主要产品】 2012 年，企业在产卷烟有：钻石系列、北戴河系列、石家庄系列、大丰收（硬）。其中钻石系列包括钻石（软景泰）、钻石（硬锦绣）、钻石（120 硬蓝）、钻石（120 硬红）、钻石（本香）、钻石（硬吉祥 5MG）、钻石（硬中国红）、钻石（金石二代）、钻石（绿石二代）、钻石（硬喜庆）、钻石（软如意）、钻石（软如意）带奖、钻石（软如意）红省外、钻石（硬玫瑰紫）、钻石（绿二代银）、钻石（硬红）、钻石（红石二代）、钻石（硬蓝新一代）、钻石（硬蓝）、钻石（软红）、钻石（软红）省内、钻石（硬特醇）。钻石全年生产 336.3 亿支（67.26 万箱），销售 337.23 亿支（67.45 万箱）。

与红塔烟草（集团）有限责任公司合作生产了红塔山（硬经典 100）、红塔山（硬经典 100）新、红塔山（软经典）、红塔山（软经典）新；与龙岩卷烟厂合作生产了七匹狼（硬红）、七匹狼（硬白）。

【品牌营销】 2012 年，钻石品牌销往全国 33 个省级市场，311 个市级公司。产地营销围绕钻石“强势品牌”奋斗目标，深化工商“协同营销”，和张家口烟草公司制定发布《工商协同营销共育“钻石”品牌工作实施方案》，明确职能定位，深度互动合作，配合市场管理，钻石品牌销量稳步增长，结构持续提升。

【原料保障】 2012 年，根据中烟烟叶调拨进度，结合张烟公司库容及生产实际，按照烟叶交易专用合同，接收烟叶 264621.42 担、烟梗 70690.4 担、薄片 18129 担、梗粒 570 担。根据生产计划安排，做好生产投料和省内省际烟叶调剂工作。对调入的烟叶实行全程质量跟踪，严格规范烟叶工作程序、标准，确保调入调出烟叶的规范性、合法性。

【技术创新】 2012年4月26～27日，公司《核子秤逻辑横算监控系统的研发》、《ZJ17卷接机组烟丝在线回收装置的研制》以及《减少GD包装机小盒透明纸拉带调整时间》3项成果获中烟公司QC成果一等奖。6月26～29日，制丝车间《核子秤逻辑横算监控系统的研发》以及卷包车间《减少GD包装机小盒透明纸拉带调整时间》研发小组被省质协命名为河北省优秀质量管理小组。7月，张烟公司“我当家QC小组”的《ZJ17卷接机组烟丝在线回收装置的研制》获全国烟草行业第二十三届优秀QC小组成果发布会一等奖。9月，张烟公司一车间“钻石缘”QC小组的《核子秤逻辑横算监控系统的研发》成果在全国第34次质量管理小组代表会议上被中国质量协会、中华全国总工会、中华全国妇女联合会、中国科学技术协会命名为2012年全国优秀质量管理小组，并获成果发表优胜奖。2012年，累计申报专利12项，批准11项。

【企业管理】 2012年，实施行业对标、管理对标、项目对标和岗位对标，发挥标杆引领作用，被河北省工信厅确定为管理对标示范单位。实施公司领导课题负责制，课题成果取得突破。获行业优秀QC成果一等奖，连续两次获“国优QC小组”称号与成果优胜奖。“两项工作”网站和网上办公系统运行良好。财务管理全面细化，严格预算项目编制、过程控制和归口管理，理顺产权关系，完善资产处置程序，资金监管系统上线运行，总资产贡献率159.16%，同比提高32.53个百分点。启动经济运行评价体系建设，提升财会电算化水平，成本费用继续保持合理、可控状态，销售收入成本率36.24%，同比降低3.24个百分点；三项费用率7.70%，同比降低0.13个百分点。强化审计监督职能，认真做好行业全面审计，加强工程项目和招标采购项目审计监督，被评为“河北省内部审计先进单位”。

【人力资源管理】 深化“四定”工作，推进员工岗位能力提升及职业成长体系建设，完善收入分配机制，优化岗位管理，推行岗位交流，推进技能提升，细化职业培训。全年共调整岗位等级138人，调整档次1925人，聘任高级技师1名、专业技术类技师8名，技能鉴定特有工种、通用工种386人。组织培训104期，参训9042人（次）。举办了全省烟草工业系统“第一届卷烟生产操作工职业技能竞赛”。

【企业文化】 2012年6月，召开了宣传贯彻推行钻石文化暨安全文化、质量文化建设启动大会。围绕“质量安全，就在身边”的“质量月”活动主题，开展了质量教育培训、质量课题阶段性评审和课题攻关、工艺质量自查自纠以及“明星机台”和“质量之星”评选等活动，促进了质量文化建设的开展。开展了以“关注产品质量，提高服务水平，实现安全发展”为主题的劳动竞赛、消防演练以及安全知识答题等活动，提升了全员的安全意识和安全素养。

总经理：胡自强

（张建民）

食品加工业

【概况】 全市食品加工企业300多家，其中规模以上企业54家，完成产值198.78亿元，同比增长24.72%；实现工业增加值87.8亿元，同比增长16.1%；主营业务收入168.69亿元，同比增长17.86%；主营业务税金及附加37.26亿元，同比增长22.96%；实现利润总额13.39亿元，同比减少0.33亿元；应交增值税10.40亿元，同比增长6.85%。

【重点项目】 以龙头企业为带动，重点发展怀涿葡萄酒产业集群、坝上乳业集群、马铃薯加工产业集群，做大做强卷烟、制糖等优势企业，提升食品加工业水平。全市续建、新建的食品加工类项目62个，估算总投资70亿元。已开工建设的有总投资5亿元的中绿（河北）食品开发有限公司饮料项目，完成投资0.5亿元；总投资10.8亿元的宣化新钟楼啤酒有限公司50万千升啤酒生产项目，完成投资2亿元；总投资10亿元的北京仙源食品酿造公司调味品标准化生产基地项目，完成投资2亿元；总投资3亿元的塞北现代牧业第四奶牛养殖场项目，已完成全部投资。

（王　东）

国内贸易

- 市场体系建设
- 商贸流通
- 供销合作商业
- 烟草管理
- 石油供销
- 粮食流通

市场体系建设

【农产品批发市场与农贸市场升级改造】 2012年，根据《河北省商贸流通发展专项资金管理办法》的要求，按照《商务部关于印发2006年度农产品现代流通体系建设项目建设标准与验收规范的通知》规定，争取到1个农产品批发市场项目（沽源县闪电河蔬菜交易市场冷链和交易厅棚建设改造项目）和2个农贸市场项目（万全县孔家庄村农贸市场交易厅棚建设、尚义县和丰蔬菜交易农贸市场冷链系统建设）。争取国家市场建设资金200多万元，改善和提高了批发市场容量。

【扩内需、保增长】 全市开展的家电下乡工作取得了较好成绩，直接拉动消费14.86亿元。据商务部家电下乡信息系统和省厅统计显示，2012年，全市已备案家电下乡销售网点516个，家电下乡产品累计销售量达到516034台，累计销售金额11.33亿元，累计已申领补贴金额1.37亿元，拉动了消费。

【农村流通网络建设】 以“万村千乡市场工程”为契机，开拓农村市场。“万村千乡市场工程”2005年开始启动，已发展农家店3000多家，建设农村配送中心14个（扩建10个、新建4个），覆盖了100%的乡镇、65%的行政村。2012年，实现销售收入2.2亿元。“万村千乡市场工程”的实施，实现了“老百姓得实惠、企业得市场、政府得民心”，为扩大农村消费，开拓农村市场发挥了积极作用。现代农村流通网络（含日用百货、农业生产资料、家用电器）的逐步形成，改变农村原有的消费模式，方便农民群众放心消费、安全消费。

（黄文亮）

商贸流通

【概况】 2012年，全市实现社会消费品零售总额435.09亿元，同比增长15.5%。其中，城镇零售额实现338.14亿元，同比增长14.8%；乡村零售额实现96.95亿元，同比增长17.8%。分行业看，批发业实现零售额70.57亿元，同比增长39.81%；零售业实现零售额300.86亿元，同比增长14.1%；住宿业实现零售额6.76亿元，同比增长15.2%；餐饮业实现零售额56.90亿元，同比增长23.2%。

限额以上批发和零售业商品零售额93.11亿元，增长23.2%。其中，煤炭及制品类增长91.1%，电子出版物及音像制品类增长61.7%，中西药品类增长27.6%，化妆品类增长27.5%，汽车类增长27.2%，金银珠宝类增长24.6%，粮食、食品、饮料、烟酒类增长24.4%，服装、鞋帽、针纺织品类增长21.1%。

2012年，宣化朝阳楼饭店、柴沟堡熏肉制品厂被评为“中华老字号”正式挂牌，每个企业获35万元保护经费；永辉超市（张家口市尚峰国际店）正式开业。

【酒类流通监管】 继续加强全市酒类流通监督管理。一是严格落实酒类经营许可制度。按照《河北省酒类商品监督管理条例》和省酒监局规定的条件、标准、权限和程序办理酒类经营许可证，全市批准颁发及变更《酒类零售许可证》1520个，查处无酒类经营许可证经营酒类案件109起，取缔无酒类经营许可证经营酒类企业（个体户）20个。二是执行以酒类流通随附单为中心的酒类商品溯源制度。全市酒类监管部门发放《酒类流通随附单》8.1万余份，查处涉及《酒类流通随附单》违规案件31个。三是依据《河北省酒类商品监督管理条例》和商务部《酒类流通管理办法》，严厉打击假冒伪劣酒，净化酒类市场。全市开展执法行动1900余次，出动执法人员8900余人（次），查处假冒伪劣酒案件24起，查获假冒伪劣酒2140升，案值20.20万元，移送司法机关1起，涉案货值11.70万元。

【定点屠宰管理】 全年定点屠宰生猪企业共屠宰生猪50.3万头，检出并无害化处理病害猪1428头。开展审核清理工作。全市原有生猪定点屠宰企业52家，通过审核清理，保留生猪定点屠宰资格企业38家，其中厂15家，点23家。关闭企业12家，其中厂1家，点11家。限期整改企业2家，其中厂1家，点1家。强化专项整治行动。全年共出动执法人员4800余人（次），车辆1500余台（次），检查生猪定点屠宰企业75家（次），牛羊鸡定点厂30家（次）。推进“放心肉”体系建设。为怀安县宏都食品有限公司等6家生猪定点屠宰厂安装了生猪屠宰技术监管系统，实现了省、市、县三级现代信息技术工作平台上下贯通。对这6家规模以上企业，从生猪进厂验收到检验出厂等多个环节实行全程监控，确保了肉品的安全，杜绝了企业的不规范行为，做到了让人民群众吃上“放心肉”。加大教育宣传力度。为提高人民群众的食品安全意识，3月15日，在市文化广场开展了食品安全宣传，当日发放宣传材料2000余份，接受群众咨询80余人（次）；6月11日、13日根据市政府食安办统一部署和要求，两次开展主题为“共建诚信家园、同铸食品安全”的现场宣传活动，共制作大型展板两块，横幅两条，发放宣传材料5000余份，解答咨询120多人（次）。增强了群众对食品安全的消费信心，强化了维权意识，提高了自我保护能力。

（黄文亮）

供销合作商业

【概况】 2012年，全市供销合作社系统完成商品购进总额30.34亿元、商品销售总额32.92亿元、实现利润244万元，分别比上年增长26.75%、27.62%和41.04%；碘盐供应完成2.34万吨，比年计划增长2.18%；烟花爆竹销售完成4532万元，同比增长7.90%。涿鹿“新合作”公司“农超对接”、市农资公司开拓配方专用化肥生产、市土产杂品总公司建立烟花爆竹安全经营体系的经验，在全省有较大影响。7月下旬，全省供销合作社系统市级社主任座谈会在张家口市召开，市委和省社主要领导对张家口市供销合作社的工作给予高度评价。

【新网工程】 2012年，全系统共争取到国家和省、市政府“新网工程”建设专项资金330万元，其中市级第一次支持40万元，各级社也加大了自身配套投入力度。建成农资、日用消费品、农副产品、再生资源、烟花爆竹、食用盐6大经营网络，11555个网点，其中农资类1470个、日用消费品类3213个、农副产品类617个、再生资源类421个、食盐类5674个、烟花爆竹类160个。为城乡居民提供质优、价廉的商品和快捷方便的服务，帮助农民年销售当地土特农副产品500多种，价值2亿元。“新网工程”被列入市政府“百事惠民工程”。佳禾、福隆、盐业、土产、北华、回收公司等市级龙头企业和涿鹿“新合作”、康保顺达农产品公司等县级龙头企业规模扩大，实力增强，带动全系统6大经营服务网络发展。“新合作”元丰商贸有限公司先后建成日用工业品直营店11个、加盟店580个，在涿鹿县城、张家口市区和下花园区均建立了2000平方米以上的超市。通过设立惠民蔬菜直销店、建立蔬菜生产基地、启动张家口市区蔬菜分拣中心、与专业合作社对接等方式，惠及了城市居民，增加了农民收入，提高了专业合作社的经济效益。各级盐业企业和盐政管理机构加大盐业市场监管力度，严厉打击私盐贩销行为，碘盐供应覆盖率达到100%；各级农资企业与多家化肥厂家联合经营，扩大化肥淡季商业储备规模，杜绝假冒伪劣产品通过供销合作社渠道流入市场；市土产杂品总公司落实烟花爆竹“统一经营、归口管理”政策，联手公安、安监部门和县级烟花爆竹经营企业共同打造平安烟花爆竹市场。

【基层组织建设】 市社按照“政府主导、农民主体、供销社主办”的方针，开展基层组织体制改革，被省社评为全省基层社组织体制改革先进市级社。全市通过新建、改造的新型基层社总数达到195个，其中新建35个、改造160个，团体会员323名，个人会员7490名，服务农民4.5万户，新型基层社覆盖全市93%以上的乡镇。利用当地专业合作社与基层社联合，重组新型基层社，采取专业合作社带动模式86个，占44.10%；引进农民能人组建新型基层社，采取农村能人加盟模式38个，占19.49%；基层社组织健全但已实行租赁经营很难持续发展的实行“供销社+村两委+合作社”的方式联合组建新型基层社，采取专业联合改造模式31个，占15.90%；利用供销社控股或参股的龙头企业引领基层社达到新型标准，采取多业联合龙头带动模式22个，占11.28%；发挥供销社特有经营业态，与多种合作经济组织相联合，打造集合作经济、网络流通等综合服务功能于一体的新型基层社，采取一社多制、一社多业模式18个，占9.23%。通过改革，已完成的新型基层社均拥有固定的办公场所、供销合作社标识，理事会设有工作机构，有较完善的组织结构和管理体制。经营网络覆盖到各县（区）主导和特色产业。

全系统建立“农合联”及其分会57个，发展各类农民专业合作社336个、专业协会100个，农村社区综合服务中心80个，辐射带动农户54.2万户。开展各类培训2.57万人（次），科技服务1141次，发布各类信息2076条，维权代言42宗，推销农副产品3.1亿元，助农增收5843万元。依托“农合联”搭建的“三农”服务平台，组织农民专业合作社进行标准化生产、品牌化经营，组织当地优质、特色农产品进入超市销售，实现“农超”对接4491万元。涿鹿县农合联会员新合作有限公司与爱心豆宝宝公司合作开展惠民蔬菜直销点建设，解决了市民吃菜贵与农民蔬菜销售难的问题，得到了市政府的肯定与支持。以市、县供销社为依托，以新型基层社为重点，抓好专业合作社的创办、整合和规范发展工作。全市供销社系统围绕蔬菜、优质杂粮、葡萄、杏扁、药材等主导产业通过新建、吸纳、入股等多种方式发展专业合作社336个，带动农户16万户。市政府下发了《张家口市人民政府关于认定2012年第三批农民专业合作社市级示范社的决定》，认定全市200家合作社为第三批农民专业合作社市级示范社，其中供销社系统有52家。随着农民专业合作社的发展壮大，形成了多种主体牵头兴办，农民群众积极参与，多种模式竞相发展的格局，弥补了农村社会化服务体系的不足，解决了农村社区集体经济“统”不了，政府部门“包”不了，单家独户“办”不了的事情，实现了与千家万户和千变万化的大市场对接，提高了农产品进入市场的组织化程度。

【项目建设】　全系统抓在手的项目111个，投资总额74.91亿元，其中已建成项目11个、在建项目42个、筹建项目58个，投资额1000万元以上项目52个。位于西山产业集聚区、占地3.33公顷、可储存化肥5万吨的市佳禾农资市场，占地6.67公顷、有4栋A级库、12栋B级库的市土产杂品总公司王家寨烟花爆竹库区，县级供销社直接与央企合作的涿鹿“新合作”元丰商贸有限公司，康保县华林“新合作”购物广场等项目继续做大做强。经过上年的筹备，市佳禾农资公司与中国农资公司天津分公司合资建设的“张家口中农佳禾肥料有限公司”于3月8日投入生产运营，是全市唯一一家生产测土配方专用肥的企业，可为农户根据自己的土壤、土质科学施肥提供服务，保护农业生态环境；市城郊社与达贸汽车有限公司合作，建成省内首家纯进口韩国现代轿车的4S店运行良好；市盐业公司1000平方米食盐储备库、福隆超市公司农副产品直供基地、佳禾清真回民市场、北华果品市场等项目也立项运行。集购物、住宿、餐饮、休闲、娱乐为一体的县城商贸综合体建设继续在全省领先。投资6.5亿元、占地9.73公顷、建筑面积26万平方米的沽源县商贸综合体上年8月开工；投资8000万元、占地1.47公顷的涿鹿县商贸综合体二期工程完成前期筹备工作；投资1.1亿元，占地面积2公顷的怀安县商贸综合体完成建设工程许可证申办和施工图设计，已具备开工条件。

【民生工程】　市、县两级社在主城区和部分县城建成的14个2000平方米以上的超市、商场、市场，为城市无业人员和农村剩余劳动力提供了5000多个就业岗位。市直系统筹资1600多万元，解决了市直14家企业2400多名退休职工终身参加医疗保险问题，各县（区）社也通过不同方式为2108名退休职工缴纳了终身医保。妥善安置了市副食品水产总公司496名职工，原供销宾馆、畜产总公司等已改制企业的个别遗留问题也得到解决。

【盐政管理】　在3·15消费者权益日当天组织各县（区）进行盐业行政执法宣传活动。各县（区）在主要商业街道发放盐业知识宣传单，讲解吃私盐的危害，现场推广多品种食用盐。5月15日，配合卫生局地方病防治中心，开展了以消除碘缺乏病危害为主题的宣传活动，全市各盐政处（所）在市区繁华街道进行宣传活动，向群众讲解关于盐产品的知识与正确食用碘盐的方法，现场演示如何辨别无碘盐、劣质盐。活动中共发放《食盐专营办法》、《盐业管理条例》等宣传材料5000余份。

组织全市及各县（区）进行打击私盐专项攻势，确保食盐市场安全供应。对食品加工用盐单位和用盐大户整治规范，对辖区内各食品腌渍加工厂（户）、宾馆、饭店、学校食堂、街头食品加工摊点等单位进行清查，查处购进使用私盐、无碘盐、工业盐、劣质盐、盐化工废料和副产品的行为。根据省社盐管办和省盐业专营集团公司《关于组织开展全省食盐销售旺季盐业市场集中整顿的通知》精神，市供销合作总社盐政处自2012年10月1日至12月31日在全市范围内联合开展为期3个月的全市食盐销售旺季盐业市场集中整顿。制定了《全市食盐销售旺季盐业市场集中整顿活动方案》与《食盐销售旺季盐业市场集中整顿工作计划》。各县（区）供销社、公安局联合，协调卫生、工商、质检、新闻等有关部门强化执法手段，加大执法力度，通过对重点环节、重点区域、重点部位、重点盐种流通秩序的整治规范和对严重危害盐业市场的案件严厉查处，遏制私盐、无碘盐、工业盐、劣质盐等假冒伪劣盐产品冲击食盐市场势头，打击暴力抗法违法犯罪行为。2012年，全市共发放宣传材料近5万多份，电视广播宣传30余次，检查用盐户519个，检查食盐批零点3578个，出动人员2256人（次），车辆683车（次），查缉私盐近20吨。

检查张北、蔚县及市公司食盐储备库情况（张北储备500吨，蔚县储备1000吨，市公司储备1000吨），2500吨的储备量保证了全市3个月食盐的基本供应，能够应对突发事件。与省检查组对怀来、崇礼、沽源、张北、蔚县的食盐安全进行检查，检查的内容包括食盐计划执行、食盐供应、食盐碘含量新标准等，各项指标全部达标。2012年，全市共建立食盐安全村2886个，发放食盐零售许可证8887个。

（王春梅）

烟草管理

【概况】 张家口市烟草专卖局、河北省烟草公司张家口市公司机关共设办公室、综合计划科、专卖监督管理科、内部专卖管理监督派驻办公室、法规科、财务管理科、审计派驻办公室、人劳科、安保科、监察科、政工科、卷烟销售管理科、烟叶科、物流中心、服务中心、信息中心、零售公司等17个部门；下辖沽源县、尚义县、张北县、康保县、怀安县、赤城县、万全县、涿鹿县、蔚县、阳原县、怀来县等11个县级烟草专卖局（营销部），宣下分局、城区稽查局等两个区级烟草专卖局（营销部）以及未上划的宣化县、崇礼县烟草专卖局（公司）；全市共有从业人员542人，总资产83891万元，管辖零售户15995户。

【卷烟营销】 2012年，全年累计销售卷烟16.09万箱，同比提高1.08%。三类以上卷烟销售7.8万箱，同比提高41.33%，一、二、三类烟增幅分别达到65.76%、107.88%、35.32%。其中省产烟销售8.04万箱，同比提高10.39%。全年实现税利5.26亿元，同比提高28.34%。实现税金2.32亿元，同比提高23.7%

【专卖管理】 2012年，共破获各类涉烟案件199起，查获真烟292件，假烟677件，刑拘28人，批捕17人，已判刑1人。其中打掉案值百万元以上标准网络案件2个，案值30万元以上标准网络案件14个，累计实物案值425.58万元。怀来县局侦破的“6.29”制售假烟网络案件被公安部列为“集群会战”的重点案件。

【烟叶种植】 2012年，蔚县烟区烟叶种植面积1226.67公顷，涉及11个乡镇，62个村，603户烟农。收购烟叶5万担，上等烟比例32%，均价18.68元/千克，实现烟农收入4671.2万元，上交各类税金1005万元，亩产量同比提高10.3千克，亩产值同比提高10%以上，用工同比减少20%左右。

（关云龙）

石油供销

【概况】 河北张家口石油分公司作为中国石油化工股份有限公司地市级分支机构，主要经营汽油、柴油、煤油、润滑油等石化产品及便利店商品。公司设有6个职能科室和4个专业机构；拥有总库容量4.2万立方米、铁路专用线1100米的现代化储运油库1座；下设15个零售县（区）分公司，在营加油站及农村网点100多座，遍布市区、县城、国省道、高速公路等重要位置，网络布局日趋优化完善；拥有先进的B级油品化验室一个，可24小时对汽、煤、柴、润四大类成品油的39项指标进行精准化验，确保张家口全区中石化系统内所售商品全部符合国家相关标准。2012年，销售各类油品35万吨，实现成品油销售收入29.94亿元，实现利税9059万元。

【经营管理】 随着成品油需求增加，张家口石油分公司加强资源组织，保障辖区资源供应，发挥成品油供应主导作用。在重点工程、春耕、秋收农业生产用油和防洪、抗旱、抢险、赈灾等公益事业方面的用油中，发挥了保障市场供应的主渠道作用。结合各阶段工作重点灵活营销措施，提高服务水平。抓住张家口市加大旅游发展的契机，在夏季坝上旅游、冬季滑雪等重要旅游时段，通过增加97#高标号清洁汽油销售站（点），加大高标号汽油资源供应，满足全国各地游客出行需要，将加油站打造成为“汽车生活的驿站”，丰富加油站非油品品类，让顾客在加油的过程中就可以购买到所需的商品。开展“每枪多加一升油”活动与油中感谢、保险团购等活动，强化服务与监督，提高服务质量，把“为民服务创先争优”活动搞成“客户、职工”双满意工程。推进自助加油业务，加大现场推介工作，引导客户持卡消费，通过自助加油减少了顾客等待时间，提高了工作效率。做好重点大客户供应，主动走访和开发全市重点工矿企业，完善客户联系走访机制，尽可能帮助客户解决实际困难，提供各种便利服务。

【网络建设】 一是加大形象改造，精选加油站改造项目，统一形象设计，争取上级公司资金支持，为更好地服务地方经济发展奠定基础。二是加快加油站网络发展，取得了9条段高速公路19个服务区的经营权，与市交通局高等级资产管理中心签订了高速公路服务区经营权转让协议，为全市高速公路建设和发展提供了资金保障。三是配合机场管理处落实航煤接卸工程，协助跑办消防、铁路、设计等相关部门手续，主动参与工艺流程设计。

经理：张福聚

（马福英）

粮食流通

【宏观调控】 2012 年，全市粮食系统狠抓粮食宏观调控能力建设，夯实粮食安全基础。一是加强储备粮建设与管理。按照市政府下发的《关于进一步充实地方粮食储备确保全市粮食安全的通知》要求，加快县级粮食储备建立和入库工作。2012 年，张北、康保、赤城、怀来、涿鹿、蔚县、宣化县 7 县确定建立县级储备 4.6 万吨，涿鹿县已完成 4000 吨玉米入库，提高了应急保障能力。完成了 1.9 万吨省储玉米和 1.7 万吨市储小麦的到期轮换，对 2000 吨市储成品粮按期轮换，确保不过保质期。为全市粮食安全奠定了物质基础，提高了应急保障能力。二是强化全市粮食预警监测体系建设。重点抓了市场监测点和市级粮食市场信息工作站的建立完善。增加了全市监测点的数量，调整了粮油价格重点监测点的监测密度和价格报送频次，确保第一时间准确反映粮油供求和价格变化情况，提高了预警信息和统计数据的及时性、准确性，为政府宏观决策提供了依据。三是强化粮食应急保障能力建设。在出台各级粮食应急预案的基础上，着眼于加强粮食应急保障网点的跟踪和管理工作，一方面做好市级应急储备成品粮油的管理，一方面利用冀北粮油批发交易市场组织粮油货源，保证粮油市场供应。四是加强粮食质量检验检测体系建设。筹备成立粮油质量检验检测中心，在 2011 年争取到国家投资 100 万元的基础上，2012 年又争取到国家投资 150 万元，并得到国家授权挂牌。

【企业改革】 一是完成了企业整合。对未完成重组任务的 5 个县的国有粮食企业数量由原来的 21 家整合为 7 家。完成了企业改制重组任务，将 66 家国有粮食购销企业进行了二次改革，重组整合为实力较强的 35 家新企业，提高了企业运行效益。二是在完成重组的县（区），集中精力、资源搞活经营，完善体制。推行了集团化运营模式，取得了依托集团化经营组织实现规模化经营的成果和效益。三是盘活企业资产，利用存量土地、仓房等资产，招商引资，培育和扶持粮油加工业发展杂粮杂豆精深加工，推进粮食产业化经营，收到很好效果。

【重点项目】 一是争取上级资金，新建和维修改造了一批老旧设施。共争取到省农资补贴资金 537 万元，用于粮食基础设施项目建设。资金使用范围包括怀安县天丰省级粮食储备有限公司新建 5 万吨粮食仓储项目，万全县省级粮食储备库仓房维修、硬化地坪项目，宣化区粮食局粮油仓库仓储基础设施改造维修项目等多个项目。二是推进市区粮食企业退城进郊，推进粮食仓储物流业发展。建设“张家口冀北粮油仓储物流中心”项目，前期工作取得实质性进展，项目用地协议已经签订，并取得了政府扶持项目实施的相关政策。全市 8 个县（区）根据自身实际情况谋划和建设的仓储物流项目进展顺利。怀安县新建 5 万吨仓容投入使用；康保县新建 2800 吨仓容，维修 2800 吨仓容的县级粮食储备库项目年末完工并通过验收。

【粮食购销】 放心粮油工程和军粮特供品牌深入人心，取得良好社会效益和经济效益。一是抓好军粮供应工作。加强了军供企业规范化管理，得到驻地部队的普遍好评。二是推进军供企业开展多种经营，扩大军粮特供网络规模，全市网点已经发展到 15 家，在宣化区建起了配送中心，军粮特供店基本实现各县（区）全覆盖，在全市范围内树立起“军粮特供”的优质品牌，完成了省局要求的军粮特供急保障体系目标，为应对突发事件中保证部队粮食及食品供应工作打下基础。投入运营的门店销售总额达到 1810 万元，比上年增长 90%，创利 132.7 万元。三是发挥国有粮食购销企业在收购中应有的作用。各县（区）和企业在没有收购贷款的情况下，通过职工集资、代购、代储、代销等办法开展购销活动。引导多元市场主体入市收购粮食，满足农民售粮需要。四是推进城乡粮油服务网络建设。推进了放心粮油示范企业认证，在农村探索了“两代一换”、连锁配送、订单农业等新型购销形式，为“放心粮油”进农村开辟了新路子。

【监督检查】 粮食执法以粮油食品安全监管为重点，一是在日常工作中，把专项检查与常规检查结合起来，查处粮食市场违法违规行为，维护粮食收购市场秩序。主要开展了对省级储备粮轮换的监督检查专项活动、对全市粮食库存检查工作和对全市国家政策性粮油出库监督检查工作；建立了全市粮油经营者监督检查信息档案，共有国有及民营企业180家纳入统计范围。二是解决执法困难。围绕粮食监督检查机构不健全、多数县（区）缺少粮食执法经费的现状，与各县政府沟通，怀安、沽源两县率先得到监督检查专项经费支持，取得了突破。三是结合市食品安全宣传活动，于6月中旬开展了《粮食流通管理条例》宣传活动，共发放《管理条例》宣传品、粮油储藏小常识、劣质粮油鉴别材料1万多份。四是在粮食收购资格审批上，重点加强了粮食收购资格的审核工作，转变作风，改进服务，及时审批办理粮食收购资格，得到粮食经营者的好评。

【仓储管理】 一是在三级承储企业规范化达标基础上，推行精细化管理，对已达标企业进行跟踪考核，强化后续管理。二是落实好安全生产责任。针对全国粮食系统发生多起严重安全生产责任事故的现状，开展了有针对性的安全生产教育和安全生产检查活动，按照“安全生产年”活动要求，对全市粮食系统开展安全生产领域“打非治违”活动，在汛期和重要节假日及重要时段，开展安全生产检查及隐患排查治理，确保了全年不发生安全生产事故。

【成立市粮食行业协会】 按照省局要求，2012年11月，成立了张家口市粮食行业协会。协会的成立提高了全市粮食行业自律管理和规范服务的能力，为市政府与粮食企业的沟通联系建立了桥梁。通过国家粮食行业协会加大对张家口市杂粮杂豆等优势农产品对外宣传的力度。7月，联系国家粮食行业协会杂粮杂豆分会在张家口市召开企业发展座谈会；8月，国家粮食行业协会会长白美清到蔚县考察杂粮杂豆产业；10月，组织全市优势龙头企业参加2012年中国（西安）杂粮精品展示交易会，拓展了张家口市杂粮杂豆产品的市场影响力。

（杜　健）

对外开放

◆ 对外贸易
◆ 招商引资
◆ 园区建设
◆ 海关
◆ 商品检验检疫

对外贸易

【概况】 2012年，全市外贸进出口总值实现3.9亿美元，同比增长22.8%。其中：出口实现3.2亿美元，同比增长27.1%；进口实现0.7亿美元，同比增长5.4%。

【区域出口结构】 21个县（区、管理区）中，15个县（区）有出口实绩。1～12月，全市按出口额多少排序为：宣化区出口3581万美元，同比增长17.5%；桥西区出口2792万美元，同比增长123.6%；阳原县出口2544万美元，同比增长26.6%；高新区出口2101万美元，同比增长30.2%；桥东区出口1290万美元，同比增长63.1%；万全县出口1250万美元，同比下降2.4%；康保县出口1071万美元，同比增长27.1%；怀来县出口516万美元，同比增长2.9%；蔚县出口244万美元，同比增长13.2%；张北县出口240万美元，同比增长10.9%；尚义县出口158万美元，同比下降21%；涿鹿县出口149万美元，同比增长1.4%；怀安县出口65万美元，同比下降23.1%；沽源县出口54万美元，同比增长100%；宣化县出口16万美元，同比下降28.2%。

【经营主体结构】 私营企业占比大于外资企业。全年，国营企业出口17483万美元，同比增长74.7%，占全市出口总值的55%；私营企业出口9361万美元，同比增长3.8%，占全市出口总值的29.5%；外资企业出口4929万美元，同比下降17.4%，占全市出口总值的15.5%。

【大宗出口商品】 钢铁出口增长迅猛，化工产品、裘毛皮制品等产品出口下降。1～12月，机电产品出口2.22亿美元，同比增长81.6%，其中钢铁出口1.57亿美元，同比增长82.4%，拉动了全市出口总量；农副产品出口2652万美元，同比增长17.7%；化工产品出口874万美元，同比下降32.3%，其中农药出口567万美元，同比下降30.6%；裘皮、毛制品出口3972万美元，同比下降15.1%；医药原料出口439万美元，同比下降84.8%。

【主要出口市场】 亚洲、拉美及美、俄出口额增长，欧洲、非洲出口额下降。全年对亚洲出口1.80亿美元，同比增长23.7%；对美国出口4123万美元，同比增长132.1%；对拉丁美洲出口3101万美元，同比增长85.1%；对非洲出口828万美元，同比下降18.1%；对欧洲出口4829万美元，同比下降24.7%（其中对欧盟出口2643万美元，同比下降43.4%；对俄罗斯出口2069万美元，同比增长29.2%）。

【进口结构】 主要以设备和生产原料为主，全年略有增长。1～12月，进口实现6593万美元，同比增长5.4%，主要进口商品为葡萄酒原料和澳皮，进口额分别为2203万美元和1436万美元，生产设备进口额839万美元。

（黄文亮）

招商引资

【概况】 全市实际利用外资2.50亿美元，同比增长33.6%，增加幅度居全省第二位，超全省平均增幅（14.7%）18.9个百分点，超全国增幅（-3.7%）37.3个百分点，完成省年度目标任务的128%，完成市年度目标任务的116%。外商直接投资实现2.46亿美元，同比增长80%；对外借款实现339万美元，同比下降32.2%；全年新批三资企业5家，比上年同期减少5家；合同总额实现3.68亿美元，同比下降65.4%；合同外资额实现1.23亿美元，同比下降70.4%；新注册三资企业4家，注册资本金实现1.62亿美元，同比下降52%；外商注册资本金实现1.22亿美元，同比下降50.9%。

【参加2012年河北省（香港）投资贸易洽谈会】 2012年4月16～20日，由省政府主办的“2010年河北省（香港）投资贸易洽谈会”在香港举行。市委书记王晓东，市委常委、副市长郑丽荣率领经贸代表团一行63人参加了本届“投洽会”。活动内容主要有：“沿海大省·京畿重地投资环境说明会暨项目签约仪式”、“深化河北与华润集团战略合作座谈会”、“河北企业香港上市融资推介会暨合作备忘录签署仪式”、“冀港新兴产业合作项目对接会”、“冀港文化产业合作项目对接会”、“港中旅与省市领导交流会”、“中联办与省市领导交流会”，“香港科技园参观考察活动”。4月18日上午，“张家口市重点招商项目发布会暨签约仪式”在香港君悦酒店举行。会议是张家口市代表团赴港活动的重头戏。会议得到省委、省政府的重视和支持，省委常委、副省长聂辰席，省政府副秘书长孟祥伟，省科技厅厅长贾红星，省财政厅厅长邢国辉，省环保厅厅长姬振海，省发改委副主任王立忠等亲临会议，市委书记王晓东致辞，市委常委、副市长郑丽荣向与会客商介绍了张家口市的投资环境。会上还发布了重点招商项目，举行了项目签约仪式和张家口新能源资本管理有限公司暨张家口新型能源发展基金揭牌仪式。本届洽谈会共发布招商项目100项，总投资77亿美元，拟利用外资76.8亿美元。

【举办“名企名商荟名城”大型主题招商月活动】 2012年7月中旬至8月中旬，张家口市举办了“大好河山张家口，名商名企荟名城”大型主题招商月活动。招商活动历时1个月，先后举办了20多项专题活动，既有项目合作对接洽谈，又有文化旅游考察交流。招商月活动扩大了对外宣传，树立了城市新形象；增进了与央企、民企、京企、港企、台企、外企、华商，以及周边城市之间的交往；推动了项目合作，达到了让更多的客商走进张家口、认识张家口、投资张家口的办会目的。会上，累计签约项目42项，其中外资项目9项，总投资25.4亿美元，协议外资25.2亿美元；内资项目33项，总投资814.1亿元。签署了《进一步深化“九市一盟”区域合作框架协议》。

【参加第十六届中国国际投资贸易洽谈会】 2012年9月6～11日，以副市长陈胜为团长的经贸代表团一行52人，赴厦门参加了“第十六届中国国际投资贸易洽谈会”。会议期间，代表团参加了省政府主办的主宾省专场推介会暨欢迎酒会、省领导会见华南美国商会代表团和英中贸易协会代表团、主宾省展馆开馆式、河北省重点园区专场推介会、闽冀经贸合作午餐交流会、“魅力河北，欢聚9·8”金桥之夜文艺晚会、2012第三届闽商论坛、主宾省河北项目签约仪式等活动，以及大会组委会举办的“2012国际投资论坛”、“第六届海外华商投资中国峰会”、中外商对华投资项目对接会、“《2012年世界投资报告》中文版发布暨新一代投资政策研讨会”等项目对接和论坛研讨活动，成功举办了“张家口市项目对接交流会”，参加了主宾省展馆展览活动。

主要成果：一是会展工作取得突破。按照省政府、市政府要求，圆满完成了张家口市首次在“9.8”厦门投洽会的参展任务。市产业集聚区组织了4家企业9个产品参展，安排2名讲解员现场开展讲解、咨询工作，受到与会者好评。二是密切了与厦门台协等商协会的联系。三是结识了来自美国、英国、德国、加拿大、南非、中国香港、中国澳门、中国台湾等国家和地区，以及国内其他省（市）的一大批客商，扩大了对外交往，推动了项目洽谈。四是对张家口市投资环境和产业发展进行了广泛宣传。

【引进内资】 全市签约经济技术合作项目483项，总投资675.45亿元，合同引资661.82亿元，其中：总投资1000万元以上的项目322项，上亿元项目123项。全市执行经济技术合作项目875项，引进市外资金601.38亿元，同比增长31.65%。其中：引进省外资金472.67亿元，同比增长29.11%；引进省外技术项目292项，其中与北京签约项目155项，总投资260.15亿元；合同引资254.69亿元；引进北京资金248.06亿元，同比增长12.43%；引进省外技术人才2561名。

（黄文亮）

园区建设

【概况】 截至2012年末，市属4大园区（市产业集聚区、东山产业集聚区、南山产业集聚区、望山循环经济示范园区）基础设施建设已累计投入资金33.53亿元，起步区一期工程16平方千米基础设施配套更加完善。4个园区签约项目达76个，超亿元项目49个，计划总投资622亿元，开工项目52个，累计完成固定资产投资147亿元。其中18个已建成或部分建成投产，全年实现产值10.34亿元，上交税金1743万元。2012年8月，市产业集聚区和东山产业集聚区被省政府批准为省级高新技术产业开发区。

【基础设施建设】 4个市属园区完成各项基础设施建设投资2.15亿元。其中，市产业集聚区投资0.05亿元，铺设排水管网4.82千米，砌井91座；南山产业集聚区投资0.71亿元，完成道路路基2.8千米，铺油2.8千米，铺设排水管网7千米，砌井145座，铺设供水管网1.8千米、供热管道1千米，道路绿化3千米，绿化面积2.7万平方米，道路亮化4.7千米；东山产业集聚区投资0.06亿元，完成道路绿化2.4千米；望山循环经济示范园区投资1.33亿元，完成征地6公顷，完成道路路基5千米，铺油5千米，铺设排水管网4.9千米，砌井78座，铺设供水管网1.6千米、通讯管线3千米，道路绿化2.7千米，道路亮化2.8千米。各园区污水处理厂均已开工建设，其中市产业集聚区已投入试运行，南山产业集聚区主体工程和望山产业集聚区土建工程基本完成。市产业集聚区110千伏变电站投入使用，南山产业集聚区35千伏变电站进入设备安装阶段，望山循环经济示范园区110千伏变电站开工建设。

【招商工作】 市属园区新签约项目5个，其中东山产业集聚区1个，计划总投资2亿元；望山产业集聚区4个，计划总投资3.55亿元。市属园区在谈意向性项目35个。

【入区项目生产】 4个园区52个开工项目中，大为高新材料、河北瑞泰电器、东旭粮机、河北广建等18个已建成或部分建成投产，全年实现产值10.34亿元，上交税金1743万元。其中，市产业集聚区10个投产项目，实现产值4.91亿元，税金1601.2万元；东山产业集聚区5个投产项目，实现产值5.23亿元，税金93.8万元；南山产业集聚区3个投产项目，实现产值2000万元，税金48万元。

【重点项目建设】 南山产业集聚区沃尔沃发动机项目2011年10月开工建设，主体厂房建设完成，开始设备安装。望山循环经济示范园区河北盛华氯碱及氟化工基地项目一期工程于2010年7月开工建设，2012年10月末，项目土建及安装工程全部完成，树脂整套装置于2012年11月11日全线贯通投入生产。市产业集聚区中煤张家口煤矿机械装备产业园项目一期工程于2009年7月开工建设，2012年，8个分厂主体厂房全部完工，锻造、液力分厂开始试生产。

【政策体系】 加快全市园区建设步伐，针对园区建设发展在管理体制、发展空间、土地利用和建设资金等方面存在的问题，按照市政府要求，市园区办牵头起草了《关于加快推进产业集聚区建设发展的实施意见》，经市政府常务会议和市委常委会议研究确定，以张字〔2012〕36号文件下发执行。文件围绕加快推进产业集聚区建设发展核心，详细阐述了发展的重大意义，确立了指导思想、基本原则和发展目标，理顺了管理体制，拓展了发展空间，出台了10条扶持政策和10条保障措施。之后，市园区办根据文件要求对《张家口市产业集聚区项目建设财税激励奖励试行办法》文件进行了适应性修改，以政办字〔2012〕140号文件下发执行，至此，关于推进园区规划建设发展的文件达到15个，形成了较为完善的政策体系。

【管理体制】 经市委、市政府研究确定：市、县（区）两级政府为园区的管理主体，分别负责所属园区的发展规划、政策落实、项目布局和要素保障。其中，市属4个园区按照有利于长远发展、有利于优化产业布局、有利于维护社会稳定的“三个有利于”原则，由市产业集聚区工作领导小组统一领导，采取“市级主导，县区运作”的管理模式运作。市产业集聚区由万全县托管；南山产业集聚区由怀安县、宣化县共同运作；望山循环经济示范园区和太阳能新城并入东山产业集聚区统一管理，形成一园三区的运作模式。

【县（区）工业园区建设】 全市县（区）建设的工业园区共计18个，总规划面积为282平方千米，基础设施累计完成投资40.95亿元，签约入驻项目（企业）共300个，固定资产累计完成投资173亿元，实现产值230亿元，税金13亿元。

为解决主城区产业发展空间受限问题，市委、市政府研究决定：一是将万全县万全镇的苏家桥村委托桥西区管理，列入桥西区新兴产业园区规划，使园区规划面积由5平方千米扩大到16平方千米；二是将以姚家庄镇6个村为主的空港物流园区交由桥东区管理，规划建设经济技术开发区。将姚家庄镇（不含玉宝墩村）整建制交回桥东区管理；三是通泰集团在市高新区许家庄附近原规划的10平方千米商贸物流园区交由高新区规划建设；四是将位于宣化北山工业园周边宣化县贾家营镇的大慢岭村及曹庄子、大梁顶2个“飞地”村委托宣化区管理并列入园区规划，使北山工业园规划面积由5平方千米扩大到10平方千米。

（郝永红）

海 关

【概况】 2012 年，张家口海关共审核报关单 87 票，监管货值 2891 万美元、货运量 116 万吨，监管车辆 111 辆、集装箱 85 标箱，征收税款入库 3432 万元；办理减免税税款担保 45 份，加工贸易手册备案 32 份（备案金额 1580 万美元），减免税备案 3 份，审批用汇额度 2700 万美元；审批征免税证明 108 份，货值 5817 万美元，同比增长 99.64%，减免税款 7291 万元（全省减免税为 9.2 亿元，张家口海关减免税占 8%），同比增长 171.69%。审批 A 类（AA 类）企业 19 家，办理企业注册登记 58 家，企业稽查 14 次，保税核查 20 次，减免税核查 19 次。

2012 年，全市实际利用外资 2.50 亿美元，同比增长 33.6%，完成进出口总值 3.84 亿美元，同比增长 22.8%，出口总值 3.18 亿万美元，同比增长 27.1%。

【服务经济】 加强政策宣传，提升通关服务效能。坚持提前介入，跟踪服务，对进口单证材料提前预审，为企业搭建政策宣传、业务咨询、快速通关三位一体的服务平台。就科技重大专项、新版内外资产业目录、科研教学用品、国批减免、无偿援助、重大技术装备政策调整等召开政策宣讲会 24 场，发放宣传手册 600 多份，接受电话业务咨询 500 多个，走访企业掌握有关进出口货物的原理、性能、规格、流程、产地、价格，现场提供税收优惠政策咨询和业务指导。2011 年后，就减免税业务共审批鼓励项目货值 3695 万美元，减免税款 2896 万元；运用科教用品、科技开发、外资研发中心、中小企业科技示范平台等国家优惠措施，审批科教用品货值 247 万美元，减免税款 314 万元。

实施“一站式”管理、开展“一条龙”服务。以创建服务型“青年文明号”集体为载体，在审批现场设置了“党员模范咨询窗口”，实行“关长现场带班制”和每月一次的“关长接待日”制度，由关领导面对面听取企业和社会各界的政策咨询、情况反映和举报投诉；建立特邀监督员制度，聘请 10 名特邀监督员，畅通监督渠道，落实首问负责制、限时办结制和责任追究制，提高“窗口”服务水平；与企业建立通关预约制和三贴近服务机制，为重点企业提供减免税个性化服务、专业化服务以及贴身服务，实行 5+2 工作制无假日预约通关。

夯实业务基础，提升征管水平。收集整理近年来总署和总关下发的减免税政策性文件近 4000 份，按照张家口进出口企业减免税涉及的类别进行分类，为减免税审批提供文件依据；利用归类系统、估价系统等平台，在参考大量资料的前提下确保归类估价的准确性；以归类监控和价格核查为抓手，加强归类、估价等征管政策和技术的研究，统一执法尺度，提高科学审批水平。

发扬小关精神，强化服务意识。张家口海关发扬“自律自强、团结协作、勤奋敬业、争创一流”为内涵的小关精神，每月由关领导带队到有代表性的重点企业进行走访调研，就如何适应国家政策调整与企业交换看法，共同研究对策；为企业提供政策咨询，使企业用足用好国家税收优惠政策，降低生产经营成本，提高综合竞争能力；了解企业诉求，就属地通关和为企业提供便捷服务等方面进行沟通，帮助企业解决进口中遇到的困难和问题；为地方经济发展出谋划策，定期向地方政府通报海关新出台的政策措施和允许对外公布的业务统计数据，为地方党政领导决策提供支持。

【促进发展】 为贯彻落实国务院《关于促进外贸稳定增长的若干意见》、《海关总署关于促进外贸稳定增长的若干措施》以及市委、市政府的有关要求，张家口海关出台《张家口海关促进河北外贸稳定增长的措施》，主要包括：

落实国家各项税收优惠政策。主动跟踪全市经济社会发展重点项目，提前介入可行性研究论证，加快减免税项目备案及审批办理速度，引导企业用足用好税收优惠政策。开展优惠政策调研工作，跟踪反馈政策实施效果，向主管部门提出优惠政策意见，主动建言献策。支持扩大进口，确保全市对外贸易平衡发展。

支持张家口企业“走出去”。扩大保税政策的应用范围，对企业投资和对外承接工程出口到境外使用的设备、工具需复进口的，海关采用“不作价设备”账册和“保税工厂”方式，对相关设备和工具进行监管。对企业“走出去”所获得的需返回国内的货物，如属回国加工后复出口的，允许企业以保税方式办理进出口手续，为“走出去”企业降低经营成本。对“走出去”企业投资回运产品，海关在符合估价制度原则的前提下，尊重贸易实际，合理运用估价方法审查确定相关进口货物的完税价格计征税款，减轻“走出去”企业税费负担。

加快出口退税办理速度。以实施货物贸易外汇管理制度改革为契机，提高出口退税联签发效率，在企业单证齐备的情况下及时出具盖有海关验讫章的《出口货物报关单（出口退税联）》，对AA类、A类出口企业以及国家鼓励行业、产业出口商品和鼓励出口商品，优先签发，确保企业及时退税。

降低企业通关成本。规范通关环节收费，根据海关总署统一部署，2012年10月1日，取消收取进出口货物纸质报关单证明联（进口付汇用、出口收汇用）和出口报关单退税联打印费、报关单条码费和海关监管手续费。巩固和完善分类通关改革，申请在张家口开展无纸化通关改革；提高查验速度，采用机检方式，减少人工查验比例；扩大税费电子支付企业适用范围，开展进口商品预审价和原产地预确定工作；对于符合条件的企业，给予免担保待遇，为企业降低通关成本，营造效率快、措施优、成本省的通关大环境。

扩大区域通关适用范围。拓宽国内最便捷的通关模式——“属地申报、口岸验放”通关模式的适用范围，从原来仅适用于A类以上企业，扩大到一年内无走私违规记录、资信良好的B类生产型出口企业，拓宽区域通关企业的受惠面。

加大对进出口企业的帮扶力度。发挥“12360”海关服务热线作用，加强咨询服务，完善通关应急机制，及时解答和解决企业在通关过程中遇到的紧急、疑难问题。为省、市重点扶持企业指定海关联络员，帮助企业协调解决涉及海关事务，逐步向中小微企业延伸，提升“一对一”帮扶效应，促进重点帮扶企业发展。实行7×24小时预约通关，落实“首问负责制、限时办结制、服务承诺制”。调整企业分类标准，将AA类企业评定标准从年出口值3000万美元下调为50万美元。自2012年10月1日起至2013年12月31日止，对上一年度进出口额未达到50万美元或进出口报关单票数未达到3000票的，企业报关差错率虽超过3%、5%，但记分次数总计不超过20次的AA类、A类企业，暂不下调其管理类别，保持企业原分类等级；此前已下调AA类、A类企业类别的，经申请恢复企业原分类类别。对A类生产型企业适用较低查验率、实施便捷的通关待遇。

发挥特殊区域优势。发挥海关特殊监管区域的政策优势，支持企业设立保税仓库，鼓励企业发展保税货物仓储、配送、分拨等物流服务功能，扩大重要物资进口和储备。强化内陆港海关监管区的功能优势，吸引更多加工贸易企业进区，扩大加工贸易方式进出口。落实加工贸易内销便利化措施，设立审批专窗或绿色通道，引导符合条件的企业实行集中内销，促进加工贸易转型升级。

提供辅助决策服务。第一时间向市政府提供当月进出口统计数据，及时跟踪分析张家口市外贸发展形势，为市委、市政府提供决策参考。每月定期开展进出口商品、市场和主体等情况的统计、分析与研究，做好月度进出口统计监测、季度产业预警监测分析，为进出口企业提供信息服务。为应对贸易摩擦企业提供数据分析、咨询和指导。

营造良好贸易环境。优化对进出口物流的监管，完善运输工具、舱单、监管场所、查验“四位一体”的物流监控体系建设。加强执法统一性建设，实现执法原则、执法标准和执法要求的基本统一，规制自由裁量权。加强海关知识产权保护，引导拥有自主知识产权的企业申请知识产权海关保护备案。履行打私职责，营造规范、公平、竞争、有序的发展环境。

提升队伍服务水平。开展争创“国门先锋”、“为民服务创先争优”及“共产党员示范岗”等活动，健全海关志愿服务组织，开展为民服务活动。加强准军事化纪律部队建设，充实口岸监管力量，加强业务培训，提升基层一线关员的执行力，推动各项优惠措施的落实，降低企业通关贸易成本，提升进出口企业核心竞争力。

（吕　涛）

商品检验检疫

【概况】 2012年，检验检疫出入境货物2936批（次），金额1.96亿美元，同比批（次）增加14.02%，金额减少0.06%。其中检验检疫出境货物2645批（次），金额1.21亿美元，同比批（次）增加18.29%，金额减少6.62%；检验检疫入境货物291批（次），金额7439万美元，同比批（次）减少14.16%，金额增加12.85%。检验检疫不合格出境货物9批（次），金额26万美元。出口货值前十位的商品是：热交换器、保鲜蔬菜、金属制品、牛筋串、瓷餐具、汽车、裘皮服装、速冻玉米、杂粮杂豆、辣椒粉。其他出口较大商品有：机床、钢瓶、酵母、绝缘子等商品。

全年签发各类原产地证书572份，签证金额8641万美元，与同比签证数量增长24.62%，签证金额增长154.25%，为辖区出口企业获得682万美元的普惠制优惠。1~9月，减免出口农产品检验检疫费30.7万元。10~12月，减免各类进出口检验费和签证费51万元，惠及企业56家。

【执法把关】 一是开展质量安全风险排查整治活动。通过实地排查、执法检查、书面核查等方式，共完成对19大类商品、69家进出口生产企业的质量安全风险分析，为辖区出口企业营造了安全生产、诚信经营的良好环境。二是推行ISO 9000、HACCP等认证工作。帮助4家出口食品加工企业建立HACCP管理体系，4家企业建立ISO 9001质量管理体系，使辖区内大的出口食品企业ISO 9000、HACCP整合体系达到全覆盖，产品质量安全有了保障。三是对外来有害生物实施监控。在市区、涿鹿县等5个区域布点61个，对检疫性实蝇、苹果蠹蛾、斑翅果蝇进行监测，对舞毒蛾、外来杂草进行查验和监测，防范了外来有害生物入侵、保障了辖区农林生态安全。四是强化了食品农产品监控。实施对白萝卜、白菜、西兰花、辣椒等7个蔬菜品种83项监控检测，对葡萄、苹果、李子等5个水果品种114项监控检测。通过分析数据，研究农药降解期，掌握了检测风险点，为出口农食产品安全用药提供了科学依据。五是进行食品农产品风险分析。对出口乳制品、葡萄酒、酵母、辣椒粉、钙性饲料添加剂、保鲜蔬菜、速冻玉米、罐头、杂粮杂豆、水果、干坚果和进口生皮等13种商品进行风险分析，确定风险源，为避免发生质量安全问题提供了科学依据。六是确保进境苗木安全。对盛唐葡萄酒庄园有限公司从美国进口的28个品系23万株葡萄苗实施隔离检疫工作，对该公司因进口砧木与公司接穗粗细不一致而无法按原计划种植的12万株葡萄苗进行了监督焚烧销毁，防止了植物疫情传入。

【服务地方经济建设】 一是跟进服务重点企业、重点项目。通过走访有关部门、参加重点项目联席会议，及时掌握全市重点项目引进国外技术、设备的信息，为重点项目建设和原料进出口提供专业高效的查验监管和快速通关服务。跟踪服务宣化工程机械股份有限公司和张家口煤矿机械有限责任公司技改项目、沃尔沃发动机进口项目、阳原达鑫陶瓷新建项目、万全京仪机床生产项目、弘基马铃薯全粉加工项目等全市重点产业项目。二是开展企业大培训活动。举办出口食品生产企业备案知识培训班和出口蔬菜企业植保员培训班，帮助企业完善质量安全管理体系。建立检企QQ群、博客、电子邮箱等平台，实现检企便捷化互动交流。开展以大宗出口商品为重点的“对标行动”，提升企业管理水平。组织出口蔬菜备案种植场对标行动、冷冻玉米出口企业对标活动，共计40家企业，70多名管理人员参加。组织辖区出口陶瓷生产企业开展“实验室铅、镉盲样比对试验”，举办“实验室铅、镉检测培训班”，提高辖区出口陶瓷企业实验室检测人员的技术能力。宣传《质量发展纲要（2011-2020年）》，使企业生产经营者按照《纲要》中规定的质量责任和义务，承担质量主体责任。三是探索内陆港检验检疫监管模式。派员赴北京局朝阳口岸办事处考察检验检疫在内陆港必备的设施情况，赴上海检验检疫局学习如何开展集装箱检验检疫、卫生除害处理和放行通关工作，为在张家口内陆港全面开展检验检疫业务打好基础。四是制定落实张家口出入境检验检疫局《服务地方经济促进外贸增长十项措施》。促进辖区机械制造、汽车制造、葡萄酒酿造、马铃薯深加工、高端奶制品、特色农产品等优势产业和重点产业的发展。

【科技实力建设】 一是实验室能力建设取得新突破。投入71.55万元完成对微生物洁净室、陶瓷浸泡室、实验室集中供气系统及排风系统4部分的改造升级。新开展了重金属铬和锑、甜蜜素、山梨酸等34项检测项目，扩大了检测范围，使张家口局的检测项目基本覆盖了农食产品的农残、微生物、重金属、添加剂等领域。参加了国家认可委组织的能力验证和测量审核活动7次，均获满意结果。综合实验室通过河北局验收组常规实验室核查验收和国家认监委实验室资质认定专项监督检查，成为河北省大型科学仪器资源共享联盟成员单位。二是科研制标工作取得新成绩。全年申报科研项目7项，其中地方标准5项（合格评定方法两项、检测方法一项、产品标准两项）、总局科技计划项目一项、省局科研自主立项一项。申报的《河北省出口辣椒碎生产企业卫生管理办法》通过河北检验检疫局2012年度第一批科研自主立项审批，填补了张家口局科研自主立项空白。完成了省局立项《出口蔬菜常用农药安全间隔期研究》生菜、甜椒在张家口辖区的科研项目。牵头研制了陶瓷产品废酸液处理系统应用专利，于10月上报国家专利局。

【工作创新】　一是出口农食产品基地备案管理成效显著。贯彻落实《出口食品原料种植场备案管理规定》56号公告要求，从备案申请材料、种植场位置示意图、种植场标识牌、农用化学品管理等多方面给予企业指导。推广黄板诱杀、太阳能杀虫灯和性诱杀3种物理防治虫害技术，减少农药使用量，降低出口农食产品质量风险。辖区蔬菜、鲜食玉米、蔬菜罐头原料种植场备案企业45家，备案面积达4675.53公顷，为张家口鲜食玉米、蔬菜产业的发展奠定了良好的种植基础，促进了张家口特色农业产业的健康发展。二是出口食品农产品质量安全示范县（区）建设走在全省前列。多次与有关县（区）政府协调，明确了相关部门分工负责的责任制。对种植基地、出口加工、农药残留监控、产品追溯管理、诚信体系建立等方面实施分级管理。加强了出口农产品质量安全标准化宣传、培训和推广，使所有出口企业和相关部门对建设质量安全示范县目标任务和运行体系有了明确认识。按照《出口农产品质量安全示范县现场验收核查表》，逐项进行了预考核，查找出存在的问题与不足，明确责任与整改时限，使之具备现场验收条件。6月，尚义县“省级出口蔬菜质量安全标准化示范县”通过了专家组现场验收，成为张家口辖区第二个通过省局验收的“示范县”；10月，万全县“国家级出口鲜食玉米质量安全示范区”通过了专家组现场验收，成为全省四个国家级出口产品质量安全示范区之一。2012年，尚义保鲜蔬菜出口创汇589万美元，同比增长73.7%；万全鲜食玉米出口创汇515万美元，同比增长31.38%。三是17020管理体系有效运行。坚持用体系管理的手段确保各项管理工作效率全面提升。10月，通过国家认可委专家组对ISO/IEC17020管理体系的监督评审。四是检务窗口标准化建设通过验收。2012年，通过示范窗口达标建设，张家口局服务窗口达到了布局合理、标识醒目、环境温馨，通过了总局组织的检验检疫示范窗口达标验收和检务工作质量安全风险排查整治督查。

（尹志玲）

财政·税务

◆ 财政管理

◆ 国家税务

◆ 税务学会

◆ 地方税务

财政管理

【概况】 2012年，全市财政收入突破“双百亿”大关，实现了历史性跨越。全部财政收入完成214.15亿元，增长19.41%，增幅排全省第三位，增收34.81亿元，完成年初目标任务的105.23%；地方公共财政预算收入完成106.56亿元，增长28.41%，增收23.57亿元，完成年初目标任务的111.66%；地方公共财政预算收入占全部财政收入的比重达到49.76%，较上年提高了3.49个百分点。县（区）级财政收入完成127.77亿元，同比增长15.16%，占全市收入的59.67%；20个县（区）中超10亿元的县（区）达到了4个，赤城县财政收入首次突破10亿元；超5亿元的县（区）达到13个，较上年新增2个，分别是涿鹿县和万全县。全市财政支出累计达到265.26亿元，其中，用于民生领域的支出200.5亿元，占地方公共财政预算支出的75.6%。

【财政职能】 全年争取上级各类财力性转移支付资金25.5亿元、中央及省级财政经济建设专项资金37.57亿元、农业专项资金20.35亿元。成功转让张家口蔡家营铅锌矿业公司国有权益7亿元和市财政执股的市商业银行股权5.83亿元，确保了汽车城项目、军民合用机场等全市重点项目建设需要；落实水利建设资金6.2亿元，支持了全市农业高效节水灌溉、防汛抗旱等工程实施；落实省、市扶持资金1.7亿元，采取贷款贴息、专项补助等形式，对煤机、盛华等165家企业予以支持，带动项目投资137亿元；为市级中小企业信用担保中心注入资本金2000万元，全年担保机构累计为中小企业提供贷款担保4.6亿元；市本级安排旅游发展专项资金5000万元。

【强农惠农】 落实惠农补贴政策，发放惠农补贴资金5.5亿元，重点支持退耕还林、大中型水库移民和农作物良种补贴；发放粮食直补、农资综合补贴资金3亿元，补贴面积56.33万公顷；加大农业保险补贴力度，落实资金5890万元，用于补贴种植业和养殖业保险，受益农户9万多户；争取上级“一事一议”财政奖补资金1.6亿元，支持了1867个行政村道路硬化、人畜饮水等公益事业项目建设；落实农业综合开发资金1.57亿元，土地治理项目面积达到6460公顷；筹集农村危房改造资金4.49亿元，解决了4万多户农村困难群众居住安全问题；支持基层建设年和扶贫攻坚，争取省以上扶贫攻坚资金5.3亿元，整合市级支农资金1.4亿元。

【社会事业】 一是支持教育优先发展。全年教育支出累计达到51.6亿元，完成了省政府责任状核定的教育投入目标。拨付资金1.78亿元，建立了从学前教育到高等教育全覆盖的困难学生资助体系；投入资金8742万元，结合“蛋奶工程”全面启动农村义务教育学生营养改善计划。二是提高社会保障标准。筹集资金7.6亿元，农村低保和城市低保保障标准年均分别提高400元和480元；筹集资金5.9亿元，城镇居民医保、新农合财政补助标准由2011年的人均200元提高到240元。三是促进就业再就业工作。筹集专项资金2.4亿元，支持以创业带动就业，实施小额担保贷款贴息、就业岗位培训等工程。四是落实保障性安居工程。争取上级各类保障性安居工程补助资金5.24亿元，市本级筹措资金1.6亿元，用于发放租赁补贴和保障房建设。五是建立社会维稳和救灾工作机制。落实资金8950万元，启动了平安城市网络建设，保障了十八大安保和社会稳定；应对部分县（区）50年一遇的特大低温冷冻灾害，筹集救灾资金3389万元，保障了灾区群众的基本生产、生活需要；筹集资金2200万元，支持了保定市涞水县7.21特大洪水灾害援建。

【财政管理改革】 开展“财政系统建设三级联创”活动，通过“系统抓、抓系统”，市、县、乡三级财政标准化建设水平有了新的提升。构建财政监督大格局，加大对各类财政资金的监督检查力度，推行向重点项目、民生资金、重点部门派驻监督员，使各类财政资金置于监督之下，保障财政资金安全运行；完善国库管理改革，推行了财政授权支付和财政直接支付相结合的模式；加强预算绩效管理，开展绩效评价，构建了较为完善的绩效指标体系框架；深化政府采购管理，开展政府采购预算管理、采购方式审批、采购程序运行的规范化建设，推进政府采购电子化进程；加强政府债务管理，清理化解乡村垫交税费、高校债务2.5亿元；推进乡镇财政所标准化建设，全市209个乡镇中有192个财政所完成了标准化建设，通过了省级验收。

（赵伟宁）

国家税务

【概况】 截至2012年末，全市国税系统有在岗干部职工1747人，市局机关内设机构11个，直属机构5个，事业单位4个，下辖县（区）局20个。全市共有各类纳税人45253户，其中：内资企业15166户，涉外企业174户，个体经营者29913户；一般纳税人6278户，小规模纳税人38975户。

【组织收入】 2012年，省局分配全市的税收计划为98.3亿元，比上年实际完成数增长13%，市政府分配的收入任务100亿元，同比增长14.9%，全年实际完成税收收入100.73亿元，同比增收7.86亿元，增长8.5%。完成政府口径95.00亿元，同比增收8亿元，增长9.2%。其中，增值税完成47.51亿元，同比增收4951万元，增长1.3%；消费税完成33.35亿元，同比增收6.81亿元，增长25.7%；企业所得税完成14.12亿元，增收6266万元，增长4.6%；个人利息所得税完成150万元，减收383万元，下降71.9%；车辆购置税完成5.72亿元，减收1408万元，下降2.4%。

【税种管理】 增值税管理。推行《增值税进销项数据分析监控管理系统》，将全市2974户煤炭、铁精粉经销企业、采选企业、年销售500万元以上的一般纳税人商贸企业纳入了监控系统；落实总局《农产品增值税进项税额核定扣除办法》，对全市43户液体乳及乳制品、酒及酒精、植物油生产加工企业执行农产品增值税进项税额核定扣除办法；强化小规模超标企业管理，对417户销售收入超过小规模纳税人标准，但不申请认定增值税一般纳税人的企业，按适用税率进行征税；强化免征增值税管理，根据《国家税务总局关于取消饲料产品免征增值税审批程序后加强后续管理的通知》，对9户饲料生产企业的23个品种饲料产品进行抽样检测，确保饲料企业增值税政策执行到位；完成了增值税起征点调整政策落实工作，全市共有起征点以下纳税人20349户，免征增值税2750万元。消费税管理。对全市所辖的13户白酒生产企业和26户葡萄酒生产企业进行基础数据摸底，落实总局新的《卷烟消费税计税价格信息采集和核定管理办法》，按月做好卷烟价格信息采集和审核工作，确保对卷烟生产企业消费税计税价格监督和审核落实到位；对异常品目和重点行业原材料、燃料、动力、产成品价格变化因素进行成因分析，为上级决策提供翔实的数据参考。所得税管理。对市级备案的10户、省级备案的15户企业，共计免征应纳税所得额9.29亿元；做好所得税预警分析有效调控指标数据工作，两次共补做所得税税种登记18户，纠正所得税征收方式录入错误150户，加大对零申报和亏损户管理力度，对839户两税差异户进行核查，对560户存在问题企业做了补充申报；开展大企业风险应对工作，对16户低风险企业和23户中等风险企业共219个风险点进行排查，下发疑点指标要求企业开展自查，共补缴入库企业所得税22.75万元，加收滞纳金28.51万元；通过纳税评估，共调增企业所得税应纳税所得额222.56万元，补缴企业所得税55.64万元，加收滞纳金624万元。

【作风纪律整顿】 在全省组织开展的作风纪律整顿过程中，市局根据省局下发的2011年《疑点手册》，共完成省局下发疑点任务3386条，经核实有问题的1966条。共补缴税款1354.03万元，罚款52.56万元，加收滞纳金132.32万元，入库合计1538.91万元；调增应纳税所得额696.89万元，进项税转出557.07万元。按照直接责任、连带责任和领导责任划分标准，对核查发现的35类业务问题涉及的570人进行了追究。全系统共计追究2161人（次），其中批评教育768人（次），责令书面检查1137人（次），通报批评1170人（次），经济追究560人（次），追究金额6.69万元。组织处理6人，行政追究12人。进行数据分析，对税收征管业务中户籍管理、个体集贸市场管理、普通发票管理以及纳税评估等进行全方位抽取、收集，共分析整理出5大类、14个疑点问题，制定详细的整改意见，规范工作程序，改进工作方式，以此为抓手，选准纪律整顿着力点，推动征管基础工作迈上新台阶。

【科技管税】 纳税人信息采集及申报管理。强化外部信息采集与交换平台的运用，监控定额户、购票户的申报情况，定期通报并要求各县（区）局整改企业会计报表报送率不高的问题，使报送率由1月的68.12%提高到11月的92.49%。提升数据监控分析应用水平。落实《张家口市国家税务局税收征管状况分析与征管质量监控办法》，按季度发布《税源与税收征管监控数据分析报告》，扩大数据分析范围，支持业务部门实施信息管税。强化风险特征库建设，推动风险管税工作的开展。运用风险特征指标对2011年税收征管数据全面扫描，完成风险识别、积分、等级排序各环节内容，下发评估任务1205户，核实任务345户。通过评估，发现有问题457户，共计补税445.69万元，加收滞纳金34.4万元，罚款16.19万元，调减留抵1133.5万元，弥补亏损6510.2万元。建设综合治税平台。参与全市综合治税管理信息平台建设工作，畅通部门间信息交换渠道，加强与各职能部门的信息共享与交换。在市政府的统一组织下，市局与财政、地税、工商、金融等部门协作，加强各类数据信息共享，于6月中旬实现了上线运行，至年末，累计收集涉税信息近200万条。

【优化税收法治环境】 加强税收秩序。按照省局部署，重点对3户广告业，4户办理电子、服装类产品等出口退（免）税企业，65户煤炭经销企业及部分重点企业进行专项检查。对省局部署的5户废旧物资企业和市局确定的12户重点铁精粉经销企业进行专项整治。与公安经侦部门联合行动，查处133起违法发票案件，曝光违法发票案件3起，拘捕犯罪嫌疑人7人，查处128户企业，查处违法发票82494份，涉案金额4864.25万元，共计查补入库546.05万元。委托协查发票1942份，涉及金额30260.11万元，税额4812.06万元，全部回函，其中有问题发票51份。委托协查信息完整率98.23%。累计受托收到发票1359份，涉及金额202378.27元，税额3422.9元，均按期回复，受托协查按期回复率100%，受托协查信息完整率为99.98%。截至11月末，共检查企业481户，查补收入7056.06万元。其中：稽查人员直接检查471户，查补收入6977.54万元，占全市年度查补收入考核目标9000万元的70.65%；组织企业实施自查10户，自查查补收入78.52万元，查补入库率90.89%、结案率92.36%，选案准确率为100%。搭建宣传咨询平台，降低纳税人办税风险。突出“面对面”沟通，在每个办税服务厅设置功能齐全的咨询辅导台，赋予咨询辅导台以咨询辅导、涉税指引、诉求受理、应急处理、资料发放5种职能。完善“线对线”服务，市局将市、县两级业务部门及全市办税服务厅的咨询电话印制成《纳税服务宣传手册》、各县（区）局印制了包括服务电话与投诉电话的“纳税服务联系卡”发放给纳税人，方便纳税人以电话方式咨询涉税事宜。注重“网连网”受理，在张家口市国家税务局的门户网站建立“在线咨询”栏目，咨询人可以自己查找或提出问题由税务人员定期答复。打造快捷办税平台，降低纳税人办税成本。开发“自助办税服务系统”。4月，全市开通运行了“自助办税服务系统”，纳税人在办税服务厅可自助办理“税控IC卡报税、一窗式票表比对、IC卡自动清卡、专业发票认证、公路内河货物运输业统一发票以及机动车销售统一发票认证”等涉税事项，减少了纳税人“多头跑、多头找”的现象，缓解了窗口人员的工作压力。建设联合办税平台，更好地服务纳税人。6月，以万全县为试点，将国、地税两个办税服务厅整合成联合办税服务厅，实现了纳税人“进一个厅、取一个号、到一个窗、办两家事”的新型“一窗通办”模式，实现真正意义上的彻底的联合办税。8月，推行了纳税人涉税事项“免填单”服务系统，解决了纳税人办理涉税事项时填写表格繁多、报送信息重复、办税效率低下等纳税人反映强烈的问题。加强视频监控管理，依托互联网视频监控管理系统在全市国税系统办税服务厅实现了远程实时监控。做好权益保护工作，满足纳税人合理需求。向纳税人公布了负责纳税服务投诉机构的通讯地址、投诉电话、电子邮箱，以及与纳税服务投诉有关的法律、行政法规、规章等，保证了投诉渠道的畅通无阻。做好省局12366投诉工作和市局的电话、信件，以及网络投诉工作。丰富服务内容，创建“税e通”纳税服务平台。与地税及移动公司联合开通运行了以互联网站为主导，以短信和手机网站为两翼，为纳税人提供信息化纳税服务的“税e通”纳税服务平台。主要提供通知类、查询类、互动类三大类服务。创新税法宣传方式，办好纳税人学校。2012年，全市两级纳税人学校共办培训班12期，1500余名纳税人参加了培训，开设了企业所得税纳税评估、企业所得税汇算清缴操作实务、个人所得税政策解读及应用、企业纳税自律与税务稽查注意事项、土地增值税政策解读、房地产营业税政策解读、发票管理办法及新版发票解读、涉税票据与税前扣除、小企业会计准则讲解等课程。加强执法监督。逐步建立和完善了以防范税收执法风险为核心内容的内控机制，全系统各工作岗位均明确了“风险点”，形成全员参与、全面覆盖、全程防控的工作格局；结合作风纪律整顿，对全系统的责任追究情况进行分类划分，编制了《分类型责任追究统计表》、《分单位责任追究统计表》和《分岗位责任追究统计表》；

落实税收执法责任制，加大责任追究力度，全年通过税收执法管理信息系统检测出税收执法过错3601条，准予无过错调整3099条，调整后过错数502条，共扣1121分，经济惩戒295人（次），经济惩戒金额5605元，行政处理295人（次）；开展税收执法督察工作，全市20个基层征收单位和市局6个职能科室，对照省局检查内容一一进行了自查，自查面达100%；做好内部审计工作，全年市局对稽查局提交的10个案件进行了集体审理。

（祁占利）

税务学会

张家口市税务学会是由张家口市税务界、教育界、司法界、工商企业界有关人员自愿结成的地方性、学术性社会团体，属于非营利性社会组织。2012年，学会有单位会员111名，税务学会办事机构设在张家口市国家税务局。2010年9月，张家口市税务学会被评为全国大中城市社科联先进学会。

开展理论研究，服务中心工作。学会围绕全市税收中心工作，实施有针对性的调查研究，并通过召开税收调研座谈会、片会、分析会，成立课题组，参加市社科联组织的学术交流等活动，丰富学会工作、拓宽会员视野，提高研究能力，形成了一批有价值的研究成果。先后有5篇论文在国家级报刊上刊登或在国家级研讨会上交流，其中《税收管理过程中权力寻租的分析与思考》获国家税务总局税收科学研究所税收研究资料编辑部的《税收研究资料》优秀文章三等奖，《税收专业化管理运行模式分析》参加了2009年国家税务总局在广西召开的专题研讨会。另有十几篇文章在省级税收理论成果评比中分别获得一、二、三等奖。

出版会刊《张家口税务》。《张家口税务》是由市国税局、市地税局、市税务学会主办的内部季刊，截至年末，总计出刊93期，并邮寄给全国50多个省市税务学会，已成为会员学习交流的平台，社会了解税收工作的窗口，税务系统之间信息交流的平台。

编辑出版《税务年鉴》。《税务年鉴》是由市国税局、市税务学会编辑的内部资料，主要反映年度市国家税务局的基本情况，为各级国税机关和税务干部服务。已编辑《税务年鉴》20期，专刊16期。

编纂《张家口国税史志》。2012年，市国税局、市税务学会编纂了《张家口国税史志》（1994～2011）专著，系统地记述了18年来张家口市国税工作发展和变化情况。该书100多万字，2013年发行。

会长：董存英

（程红路）

地方税务

【概况】 2012年，全系统共有各级地税机构252个，其中正处级单位1个（市局机关）、副处级单位1个（市局稽查局）；正科级单位45个，其中税源监控分局1个、机关科室16个、市稽查局科室8个、区局5个、县局15个（含察北和塞北地税分局）；副科级单位97个，其中：县（区）稽查局18个，管理分局61个，征收分局18个；股级单位108个。全系统共有人员1340人，其中公务员1266人，事业干部22人，工人52人。机关人员440人、稽查人员220人、征收管理人员680人。共管理各类纳税户56300户，其中私营以上12243户，个体44057户。2012年，共组织各项收入118.38亿元，同比增长10.98%。其中税收收入80.5亿元，同比增长9.52%，足额完成了省局调整任务数；社保费收入49.01亿元，增长79.5%。

【组织收入】 抓收入督导。市局负责人分片深入基层督导收入，解决工作中存在的困难和问题，督促各县（区）局集中力量、集中时间抓好组织收入工作。抓收入调度和分析预测。坚持税收收入五日报，及时掌握收入进度，搞好收入调度。利用税收分析模型，每旬进行一次税收分析预测，及时了解影响收入的各类不确定因素，有针对性地制定应对措施，把握收入工作的主动权。抓专项检查工作。组织开展了房地产业税收专项检查，查实税款2.1亿元。在全系统组织开展契税专项检查工作，对2011～2012年契税征管的各环节进行全面检查，查找管理漏洞，提高征管水平。抓堵漏挖潜促增收。盯紧重点税源、重点建设项目，确保实现税收及时足额入库；完善和落实行业和税种管理措施，加强源泉控管，挖掘增收潜力，做到应收尽收。

【税收征管】 开展税源普查工作。按照省局开展税源普查工作的部署和要求，制定税源普查工作实施方案。利用新闻媒体、互联网、办税服务厅等宣传平台，向社会发布《关于开展税源普查工作的通告》，明确税源普查工作的对象、步骤及内容。通过全市视频会、县（区）局纳税人培训会及深入重点纳税户辅导等多种形式，就税源普查工作流程及《普查信息表》如何填报等，对纳税人进行培训辅导，培训辅导各类纳税人2.4万户，应普查纳税人辅导面达到100%。制定了《税源普查工作阶段分解表》、《税源普查流程图》，落实“谁签字，谁负责”制度，对数据采集、数据核查更正环节按照规定执行管理员、分局长和主管局长三级签字审核制度，确保达到纳税人的生产经营数、账簿记载数、账务报表数、纳税申报数、录入系统数的“五数统一”。加强填报初审，确保数据真实准确，将电子版税源普查表与纸质资料二次核对无误后，随时采集随时导入税源普查软件，加快了普查工作进度。在网页上开通咨询平台，及时解答普查工作中出现的问题。抽调12名业务骨干组成6个督导组，由市局主管局长和有关科室负责人带队，包县（区）对税源普查工作进行督导，对查出的漏管户及时催办税务登记，对漏征的税款及时追缴入库，对各项登记信息差错及时补正完善，对因税务人员工作不力、把关不严、审核缺位等原因导致的问题，严格责任追究，确保按时保质保量圆满完成税源普查工作任务。

推进税收业务重组工作。按照省局年初工作部署，市局结合实际，推动税收业务重组和流程再造工作。4月，组织有关人员赴广东佛山市、安徽宣城市地税局对税源专业化管理工作进行了实地考察学习。在把握税源专业化管理工作的先进理念和发展趋势的基础上，结合自身实际，明确了推进“五个专业化”的工作思路：深化税源分类管理，实现税源管理对象专业化；实行税源监控与日常管理相结合，实现管理机构专业化；实行“管户制”向“管事制”转变，专岗专责，实现管理人员专业化；实行税收业务重组，实现流程专业化；实行集中征收，优化服务措施，实现纳税服务专业化。6月初，市局制定了推行税源专业化管理指导意见，确定桥东区局、怀来县局、张北县局3个不同类型的县（区）局作为试点单位，市局加大督导推进力度，做到边推进、边完善，为全市推行税源专业化管理工作积累经验。结合全系统职责调整工作，合理分配重点税源管理分局和一般税源管理分局的工作职责，合理调配征管力量，全系统共设立重点税源管理分局21个，强化了主体税源专业控管；按照省局《全省地方税收业务重组工作方案》的要求，在11月10日前，将首次辅导、双定户首次定额核定、首次领购发票票种核定等工作前移到办税服务厅；将部分发票管理事项和票证管理事项从县局股室下放到征收分局；对省局确定的141项终审权在县局以下的备案、审核事项实行先办后审，将5项审批权限在市局的审批、备案事项下放到县局审批，将44项审批权限在县（区）局的审批、备案事项取消了管理部门调查审核环节。

【优化服务】 服务“两个环境”建设。市局制定了《纳税服务工作指导意见》，与市国税局联合下发了《关于加强国地税联合办税实施方案》，在万全县创建了全省首个“一窗通办”联合办税服务厅，做到纳税人“进一个门，取一个号，到一个窗，办两家事”，被省局评为“优秀服务品牌”；搭建以互联网站为主导、以短信和手机网站为两翼的“税e通”信息化服务平台，实现了税企实时沟通；组织了首届纳税人税法知识竞赛，收到好的效果；在市区推行涉税事项“同城通办”，启用了24小时自助办税终端，并逐步在各县（区）推广。利用纳税人学校举办税收政策专题培训班30余期，培训企业财务人员2800余人（次），编印、发放《地方税收分类型优惠政策摘编》2000余册，帮助纳税人用足用好税收政策。落实推动产业结构优化升级、提高科技创新能力、支持小型微型企业发展等方面的税收优惠政策，共减免、抵免企业所得税8100万元；为5114户小微企业减免地方税2900万元；为4263户小微企业和个体工商户减免发票工本费122万元，促进了企业发展。开展执法督查和执法监察工作，在县（区）局全面自查的基础上，市局抽调21名业务骨干，以交叉检查为主要形式，采取人机结合、远程预查、实地检查、入户检查等方法，集中两个月时间，对6个单位的税收执法工作进行了重点检查，并对检查发现的问题逐条逐项剖析根源，制定有针对性的整改措施，建立健全规范税收执法的长效机制，解决屡查屡犯问题的发生。通过明察暗访、监督检查、聘请监督员、走访纳税人等方式，发现和整改税收人员在执法中存在的问题，提高执法水平。

【税务稽查】 把强化房地产业税收清查、稽查骨干专业化培养、加大大要案查处力度作为稽查工作的三项重点突破口，提升稽查工作水平。全面开展了房地产业税收专项清理工作。自6月起，集中时间、集中力量，在全市范围内组织开展了房地产业税收清查活动，通过企业自查、县（区）集中检查和市局重点抽查，累计清缴入库税款2.1亿元，取得较好效果。深化稽查骨干人才专业化培养。按照稽查骨干人才专业培养五年规划，一方面突出提升行业稽查技能，继续以房地产行业为平台，坚持“训、模、练、考、谈”五步走的理论培训与实战练兵相结合，对稽查人员行业稽查技能进行再培训、再实践、再提升。一方面突出提升电子查账技能，适应稽查信息化工作趋势，成立攻关小组，组织人员外出学习电子查账先进经验。全系统共购买查账软件23套，集中全市稽查骨干40人，选取信息化管理较好的4户企业进行了电子查账实战练兵。在开展好各项重点检查、专项检查、打击假发票违法犯罪活动的同时，抓好大要案查处工作，落实目标管理。共查处30万元以上大案要案33件，查补税款2278万元，查处案件数量和查补税金额两个增幅居全省第一。

（柳成林）

金

◆ 综述
◆ 人民银行
◆ 外汇管理
◆ 银行业监管
◆ 工商银行
◆ 农业银行
◆ 中国银行
◆ 建设银行
◆ 商业银行
◆ 农业发展银行
◆ 邮政储蓄银行

◆ 农村信用社
◆ 证券
◆ 中国人保财险
◆ 中国人保寿险
◆ 中国平安寿险
◆ 中国太平洋财险

综　述

【概况】　2012年，全市人民币各项存款余额1673.87亿元，同比增长14.71%。人民币各项贷款余额1192.9亿元，同比增长12.22%。人民币存量存贷比71.27%；增量存贷比60.51%；不良贷款率2.38%，实现了“双下降”。签约项目贷款实际到位340亿元，到位率达94.44%，比上年提高1.44个百分点。年内，全市保险业实现保费收入35.98亿元，证券业实现交易额189.06亿元。

【推进金融市场主体建设】　2012年，新设6家县级支行、1家村镇银行和1家离行式自助银行。纳入全省获批筹建计划的——宣化区宣泰农村商业银行已完成组建工作。引进交通银行在张家口市设立的二级分行，于12月18日试运营。中信银行、民生银行在张家口市设立分支机构的计划已上报国家银监会待批。

【支持中小微企业发展】　协调各县（区）专门举办针对中小微企业融资的银企对接活动20余次，协调各银行成立了小微企业信贷处专营机构（农发行、农信社未成立），推出了“联保贷”、“动产贷”等信贷新产品20多种。为解决中小微企业贷款担保难题，与市工商联共同组织在怀来县召开现场会，要求所有县（区）建立民营经济信用担保商会，至少注入财政资金200万元以上。年末，全市有17个县（区）建立了民营经济信用担保商会，其中有7个县（区）财政已注资，共注入资金1400万元，有465家民营企业入会，自愿组成124个联保小组，注入资本金总额1.18亿元，共为366家会员企业提供担保，累计贷款11.19亿元。

【推动企业直接融资上市】　张家口中航液压装备股份有限公司在天津股权交易所成功挂牌，成为全市第一家在天交所上市的企业。积极指导各县（区）培育上市后备企业共70家，其中重点培育企业5家：涿鹿北大青鸟、河北城通网络集团、张家口雪川农业发展公司、万全长城液压油缸、怀来华美光电子。此外，通泰集团发行30亿元中期票据，建设集团发行6亿元企业债券，为企业直接融资树立了榜样。

【加强中小企业信用体系建设】　开通了中小企业信用网络系统，在全省率先启动了中小企业信用信息数据库系统，采集了2.5万家企业工商登记、纳税缴费、信贷记录等信息24万余条，提供查询、信用报告、统计分析服务，并能对企业信用评分。该系统已为1096户企业、96.65亿元贷款出具了企业信用信息报告和企业信用评分报告。

【加大小额贷款公司发展和监管】　全市共设立小额贷款公司42家，注册资本19.41亿元，其中，新增小额贷款公司5家。年内，全市小额贷款公司累计发放贷款25.24亿元，贷款余额17.9亿元。为加强小贷公司监管，研究制定了《张家口市小额贷款公司考核奖惩办法（试行）》，通过现场检查、专项审计、系统监控、报表监测、社会监督、有奖举报等方式，对小额贷款公司实行积分制考核，半年检查，年终总评。

（王雪鸿）

人民银行

【贯彻稳健货币政策，支持实体经济发展】　制定印发了两个指导意见。《关于加强金融服务支持全市实体经济发展的指导意见》，提出10个方面29条具体措施，在全国是出台类似意见比较早的，具有符合当地实际和可操作特点；《关于做好金融支持扶贫开发工作的意见》，从6个方面提出了支持扶贫开发工作措施，指导全市金融机构做好支持扶贫开发工作。两个指导意见受到市政府高度评价。积极推动银企对接工作。协助市政府在石家庄举办了“2012中国·张家口金融经济发展高层恳谈会”，签约资金到位323.96亿元，资金到位率达89.99%。推动9个县（区）开展银企对接活动，各银行机构与259家企业签订合作意向，授信总金额26.54亿元。提高信贷业务创新水平。推动了一对多的融资担保，如“企业联保贷款”、“行业联保贷款”、“1+N”连锁贷款等。积极争取信贷投放增量。在对地方法人信贷规模进行控制的情况下，有效指导城市商业银行加强与工商联、担保公司合作，建立中小企业合作交流平台，开展中小企业服务宣传月、小微企业对接会等活动；指导农村信用社出台了《张家口市农村信用社支持小微企业加快发展的实施意见》，对小微企业给予利率优惠、提高审批效率；积极为全市法人金融机构争取信贷规划，年末，贷款实际新增68.16亿元，同比多增5.5亿元，确保了中小微企业和农户正常资金需求。

【完善征信体系，推进中小企业信用体系试验区建设】 推进征信管理工作。通过对临柜人员的培训、开办电话预约、推进网上办卡业务等方式提高工作效率和服务质量。年末，累计为1194户企业办理贷款卡，对3705户企业进行年审。开展了机构信用代码证发放工作，为41828户企业办理了信用代码证。与工商联联合评选出60家“诚信兴商优秀”企业，给予表彰，以弘扬诚实守信之风。完善中小企业信用信息系统。与市统计局、市工商联签订了相关协议，与21个政府部门达成信息共享协议，征集19个共享单位的信息23万余条，征集10家金融机构信贷信息3万条。为实现银企信息充分对接，张家口市中小企业信用信息管理系统于2012年6月投入运行。年末，累计为银行提供企业信用报告和评分报告各1050份。建立银企网上融资对接平台。依托中小企业信用信息数据库，最大化应用数据库信息成果，积极搭建应用平台，建立了“张家口市企业信用信息网”和“银企网上融资对接平台”。6月1日，银企网上融资对接平台正式启动并投入使用。年末，共有1862户企业和148户金融机构在对接平台注册了用户和对接邮箱，1108户企业通过平台向金融机构递交了贷款申请，其中，828户企业获得银行贷款68.45亿元，银企网上融资对接平台多方共赢的效果显现。

【维护金融稳定，推进综合管理】 深入推进“两管理、两综合”工作，召开人民银行重点工作通报会。向市级各银行、保险、证券机构通报了2012年人民银行的货币政策、金融管理、外汇管理、金融服务和市中心支行安排部署的重点工作。加强对金融机构开业和营业管理，年末，受理并办结金融机构开业管理业务13家，受理金融机构重大事项报告22次。开展对金融机构执行人民银行政策的综合评估。对市内各银行、证券、保险等107家金融机构进行了现场评估；对27家金融机构2011年反洗钱工作进行了综合监管评价；对16家农村信用联社进行了后续监测考核；对2家村镇银行进行了经营状况考核。制定《张家口市中心支行反洗钱现场走访办法》，对2011年金融机构风险监管评价结果为C级的2家保险公司进行了反洗钱现场走访。组织辖区金融机构2849名人员参加反假货币上岗资格考试；组织全市8家金融机构支付结算部门负责人、账户管理人员及市区各对公营业网点的会计主管、账户业务人员共260人参加了人民币银行结算账户管理的相关培训；对27家金融机构营业网点会计主管及业务人员共81人进行了支付系统准入考试。制定监管规划并拓宽监管范围。通过对8个监管职能科室和4个监管协作区2012年监管项目进行收集、整合。对市区22家金融机构开展了征信管理、账户管理、金融市场管理、外汇管理和人民币管理等6个方面29项内容的现场巡查；组织4个监管协作区对13县2区63家金融机构9项业务进行了现场检查；组织了2次对市区8家金融机构包括财政性存款在内的5个项目进行了现场检查。制定并印发了《金融监管协作援助办法（试行）》，石家庄中支主管行领导对此给予肯定。推进金融消费者权益保护工作。围绕“以服务促维权”的金融消费者权益保护工作特色和重点，举行了全市金融消费者权益保护大型宣传活动。协调市金融办、银监分局、保险行业协会联合出台了《张家口市金融消费服务指引》、《张家口市金融消费服务考核评价办法》、《张家口市金融消费服务投诉协调管理办法》，中心支行专门建立了金融消费者权益保护工作办公室，配备了专职人员，建立了内部和金融系统两个投诉受理机制。全年，金融系统受理维权案件10件（其中人行受理3件），均得到有效处理。指导协调开展金融业信息安全工作。起草了《张家口市金融业机构计算机信息安全检查方案》，联合公安局网警支队对全市银行业金融机构信息安全进行了检查，全面掌握了各银行业金融机构机房及网络架构情况。开展了2012年银行卡联网通用专项检查，抽查POS机具终端30台。

【优化金融环境，提升服务水平】 推进农村支付环境改善工作。按照《张家口市银行卡助农取款推广方案》和《张家口市银行卡助农取款宣传方案》，组织开展银行卡助农取款服务宣传活动和现场督导工作。全市共设有助农取款服务点3224个，乡（镇）覆盖率100%，行政村覆盖率75.71%，基本实现了农村金融支付服务生态环境“三年大变样”。做好账户核准和货币金银等业务服务工作，营业部门核算质量达到“八相符”，完成了全年发行基金调拨和残币销毁任务。组建反假人民币宣传表演队开展反假宣传，承担了“残币复点管理信息系统”的升级改造，进展顺利。查处了一起地方晚报违规刊登人民币虚假广告。坚持抓好政务信息，年末，政务信息工作在天津分行、石家庄中心支行和市委市政府排名均在前列。稳步推进金融司法合作，坚持法官值班制度，及时提供司法咨询，为金融部门案件防范提供重要参考。积极参加“基层组织建设年”活动，为扶贫村协调解决了2公顷建大棚土地集中和流转问题，协助开展了“助农五户联保贷款”试点，协调帮助落实信贷资金57万元。

行长：曹建强（11月免）

张广君（11月任）

（杜桂林　杨　鹏）

外汇管理

【外汇收支】　全年，国际收支78592万美元，同比增长42.9%，其中外汇收入64689万美元，同比增长57.4%，外汇支出13903万美元，与去年同期持平，收支顺差50786万美元，同比增长86.8%。全市银行结售汇总额60968万美元，同比增长12.5%，其中结汇总收入50238万美元，同比增长19.5%，售汇总支出10730万美元，同比下降12%，结售汇顺差39508万美元，同比增长32.4%。

【涉外经济运行】　进出口贸易收付汇情况。2012年，全市出口收汇总额31428万美元，同比增长24%；全市进口付汇6718万美元，同比下降15%。具体情况见下表：

张家口2012年货物贸易外汇收支数据

项　目	进口付汇	出口收汇	收付汇差额
1月	993	1066	73
2月	405	2135	1730
3月	702	2969	2267
4月	452	3034	2582
5月	589	3501	2912
6月	445	3295	2850
7月	726	3387	2661
8月	171	2536	2365
9月	767	1891	1124
10月	926	3710	2784
11月	254	2385	2131
12月	289	1519	1230
合计	6718	31428	24710

外商投资和利用外债情况。2012年，张家口辖区新登记外商投资企业3家；合同利用外资10525万美元，同比增长152%；实际利用外资15459万美元，同比增长47%。年末，全市实存外商投资企业118家，累计合同利用外资92561万美元，累计实际利用外资69954万美元；实存境外投资企业3家，境内投资者协议投资总额266万美元，累计汇出投资资金217万美元。

全辖外债总余额28686万美元，同比增长155%。外债转贷款1649万美元，同比下降1%；国内外汇贷款120万美元，同比下降38%。年末，辖区办理外债签约登记3笔，金额25884万美元；提款登记4笔，金额25384万美元；办理外债（转贷款）购付汇核准13笔，金额552万美元。

【外汇管理与服务】　服务政府当参谋。2012年共编发《张家口外汇快报》5期，其中起草上报市政府《张家口2011年涉外经济发展情况分析》被市政府以《政务工作交流》的形式印发。

开展调研做宣传。3月，中心支局牵头，市商务局、国税局、财政局、海关、进出口检验检疫局等单位组成联合调研组，深入辖区12个县（区）45家重点外贸企业进行调研。通过调研，外汇局把外汇管理新政策及时传导到企业，针对企业涉汇问题和困难提出建设性意见。10月，副市长郑丽荣带领市外汇局、发改委、商务局、统计局等领导分别到怀来县、宣化区、张北县、尚义县和阳原县就外资外贸工作进行调研督导，就有关重点问题提出解决意见，宣传外汇政策。10月22日，副市长郑丽荣主持召开会议，专门就河北华澳矿业有限公司3.6亿元人民币权益转让款入统事宜进行调度，采纳了中心支局的处理方案，对外汇局的工作给予肯定。

加强沟通谋发展。2012年，中心支局组织召开或参加了3次涉外部门联席会，就涉外经济发展情况、取得成果、存在困难和解决途径等方面的问题进行交流探讨，为全市涉外经济发展出谋划策。继续深化预约服务，提高服务水平，改善服务质量，接受社会公众和企业电话咨询800多人（次），办理预约业务180多笔，在节假日和休息日为企业办理业务36笔。在中心支局的帮助指导下，三道沟（张家口）旅游胜地有限公司与马来西亚银行成功签约9900万美元境外银团贷款，中心支局为其办理了外债签约登记，这是张家口市历年金额最大的一笔外商投资企业境外借款。常务副市长何江海对中心支局的工作批示："市外管局的精心服务，有效支持了我市龙头旅游项目的建设发展。"该企业负责人到中心支局赠匾致谢，表达感谢之情。6月，中心支局还核准通过了全省首笔国有权益跨境转让业务，18日，河北华澳矿业有限公司国有权益转让对价款7亿元人民币经核准成功支付，有效支持了张家口市涉外经济的发展。

诚信建设优环境。2012年，深入推进外汇信用体系建设，不断优化涉外经济发展环境。开展银行柜台和窗口宣传活动，在银行营业大厅张贴诚信兴商宣传张贴画，通过柜台和窗口发放诚信兴商宣传册，依托银行对外宣传服务功能，开展宣传教育活动。创新工作思路，制定《外汇指定银行监督外汇交易行为管理办法》，旨在充分发挥外汇指定银行对外汇交易行为的监督职能作用，有效传导和落实外汇管理政策，规范外汇交易行为。

【外汇政策与改革】 推进货物贸易外汇管理制度改革。为推进贸易便利化，改进货物贸易外汇服务和管理，国家外汇管理局、海关总署、国家税务总局决定，自2012年8月1日起在全国实施新的货物贸易外汇管理制度，全面取消了企业出口核销管理，对企业实施动态分类管理，调整出口报关流程，简化出口退税凭证，加强部门联合监管。此次外汇管理理念和方式"五个转变"改革，对于推进贸易便利化、提升外汇服务与管理水平、促进对外经济发展意义重大。

推进直接投资外汇管理政策改革。2012年，国家外汇管理局发布了《关于进一步改进和调整直接投资外汇管理政策的通知》，对现有的50项直接投资行政审核项目，取消了35项，简化合并了14项，自2012年12月17日起实施。取消部分直接投资项下管理环节，简化管理程序，进一步放松直接投资项下资金运用的限制，促进投资便利化。

局长：曹建强（11月免）
　　　张广君（11月任）

（乔进宝）

银行业监管

【化解融资平台贷款风险】 准确把握"控制总量、分类管理、区别对待、逐步化解"的政策要求，做好动态监测和协调推动，督导各银行业机构落实抵质押整改，抓好逾期政府融资平台（以下简称：平台）贷款清收，督导存在风险的银行机构积极与相关平台公司磋商，按要求完成整改，提前完成了全年平台贷款抵质押品整改工作。加强监测与指导，抓好逾期平台贷款清收，认真调查了解辖区内农联社逾期平台贷款相关情况，组织年内集中出现逾期贷款的农联社与政府协调制定还款计划。年末前，全部清收了11笔、8500万元逾期贷款。积极支持符合条件的平台和国家重点在建、续建项目的合理融资需求，辖区各银行机构全年共发放5.7亿元平台贷款，有效支持了政府平台合理融资需求。

【落实房地产调控政策】 执行房地产调控政策和差别化房贷要求，完善辖区银行业机构房地产开发企业"名单制"管理台账，将"名单制"管理台账从法人机构扩展至全部机构，实现"一对一"管理。持续开展压力测试，指导城商行按季开展房地产及上下游相关行业压力测试，引导银行业机构认真落实《关于认真做好公共租赁住房等保障性安居工程金融服务工作的通知》，按照风险可控和商业可持续原则，做好保障性安居工程金融服务工作。年末，全市房地产业贷款余额 49.63 亿元，比年初增加 5.73 亿元，同比少增 2.61 亿元，增速 13.05%，同比下降 10.39 个百分点。

【有效管控流动性风险】 以地方法人和高风险机构为重点，督促银行业机构准确计算流动性缺口，提高核心负债依存度比例，适当增加超额准备金，合理匡算库存现金，测算净资金流出情况和业务所需资金的稳定性情况，合理控制存贷比例及贷款集中程度，调整资产负债期限结构，实现长短期贷款、定活期存款均衡增长，有效降低流动性风险隐患。年末，农联社和张家口市商业银行资产流动性比率分别为 61.79% 和 69.79%，高于指标 36.79、44.79 个百分点；存贷比分别为 68% 和 55.67%，分别低于指标 7、19.33 个百分点，最大 10 户授信占比分别为 50% 和 55.2%，指标 50、44.8 个百分点，各项流动性指标皆优于监管规定标准。

【扎实开展案件防控】 继续完善银行业案件防控组织体系，制定了案件防控工作目标，与各银行业机构签订了案件防控责任书，督促其建立案件防控领导小组和办事机构，内部逐级签订案件防控责任书。每次现场检查必对风险隐患大的重点岗位、重点人员和关键环节进行检查，建立案件风险隐患问题整改台账，进行后续跟踪检查，督导各银行机构落实。2012 年 9 ~ 10 月，分局集中监管力量，对辖区各银行业机构 242 个网点、邮储银行、农村中小金融机构 158 个营业网点进行了全面检查，针对检查中发现的重要岗位员工未严格执行轮岗制度、对账操作不认真、安保制度落实不全面等问题及时采取措施。

【积极支持地方经济建设】 指导银行业机构加强国家宏观调控政策与市重大产业项目对接，落实"分类指导、有扶有控"要求，制定科学合理的发展战略和经营计划，支持"4 + 3"产业结构调整战略，支持按规定审批的在建项目，逐步压缩"两高一剩"和淘汰落后产能等"退出"行业的贷款投入，增强重点领域和薄弱环节金融服务。年末，全市银行业金融机构各项存款余额 1677.62 亿元，比年初增加 214.18 亿元，增长 14.64%，各项贷款余额 1193.20 亿元，比年初增加 129.92 亿元，增长 12.22%。

【加大涉农、小微企业扶持力度】 落实《关于进一步加强和改进农村金融服务工作的指导意见》、《银行业开展小企业授信工作指导意见》，明确涉农、小微企业贷款投放领域，鼓励金融创新，各银行业机构增设县域网点，扩大覆盖范围，金融服务向村镇延伸，为涉农、小微企业量身制作金融产品，助力"三农"、小微企业发展。年末，全市银行业机构涉农贷款比年初增加 84.67 亿元，增幅为 20.07%，高于全部贷款增幅 7.85 个百分点，同比多增 1.63 亿元。小微企业贷款比上年增加 50.02 亿元，增幅为 22.92%，高于全部贷款增幅 10.07 个百分点。涉农和小微企业贷款整体完成了增量不低于上年同期、增幅不低于全部贷款增幅的目标。

【促进城商行优化发展】 引导张家口市商业银行逐步完善公司治理、加强内部控制、培育核心竞争力。督促银行机构积极引进民间资本，促进市财政局落实逐步退出承诺，将其持有的 1.88 亿股权以拍卖形式转让 4 家民营企业，城商行民营企业股本占总股本的 86%，股权结构进一步完善。通过督导建立动态拨备和资本补充机制，完善公司治理架构，建立有效制衡机制，优化信贷管理流程，提升资产质量管理水平，改变发展方式，提高核心竞争力。2012 年，张家口市商业银行新设县域支行 3 家，实现了对县域的全覆盖。在省内其他地市拓展业务，设立了张家口市商业银行唐山分行，在石家庄市新设立了 7 家支行。

【推动农村中小金融机构改革发展】 做好农信社改革和达标升级工作，推进农信社改制深入进行。按照《农村合作金融机构 2011 – 2013 年风险管理达标提升规划》，督促各联社有效改善经营管理，增加盈利能力，全面化解风险。各农联社资本充足率、不良贷款率、拨备覆盖率、拨贷比、存量包袱 5 项主要监管指标进一步趋好，促进了各项业务的稳健发展，16 家联社中，12 家联社完成了年度风险管理达标提升规划目标任务。推动拟改制的联社处置不良贷款，改善监管指标，规范组建程序，确保程序合规。宣化区联社改制为宣泰农村商业银行，已正式开业。对崇礼、康保联社全省首批改制股份制农村信用社进行了全程指导和把关，一次性通过审核。

鼓励辖区村镇银行发展壮大，新成立1家村镇银行（宣泰农村商业银行），蔚县银泰村镇银行设立1家分支网点。辖区已成立3家村镇银行，4个营业网点。年末，村镇银行存款余额5.61亿元，比年初增加1.70亿元，增长43.48%；贷款余额4.45亿元，比年初增加1.48亿元，增长49.83%。

局长：赵万峰（03月免）
　　　陈学敬（03月任）

（张搏飞）

工商银行

【概况】 年末，存款余额229.71亿元，净增24.26亿元，增幅11.8%；贷款余额201.2亿元，净增27.62亿元，增幅15.91%，全年累计发放各类贷款89.44亿元；实现拨备前利润6.44亿元，同比增加1.06亿元，增幅19.69%；实现中间业务收入2.12亿元，同比增加1681万元，增幅8.63%。被省行授予“经营绩效进步先进单位”；在全国288个二级分行经营绩效和业务发展考评中，综合排名91位，较上年提升42个位次，首次跨入全国“二级分行综合排名进步前30强”。

【支持地方经济发展】 加快项目贷款投放。发挥银行对地方经济发展的保障和支撑作用，围绕金融经济发展高层恳谈会签约项目、城建重点项目及“4+3”产业项目等，主动做好与发改委、金融办等政府职能部门、项目业主的沟通和对接工作，加大对重点项目的帮扶力度。2012年，签约项目贷款投放57.12亿元，其中公司贷款15.94亿元、住房贷款7.8亿元，小企业贷款及涉农贷款33.38亿元，签约贷款完成率为104%。

支持中小企业发展。针对中小企业贷款难题，着力创新业务发展模式，加快金融产品创新，综合运用网贷通、国内保理、贸易融资、商品融资等信贷产品，全力满足中小企业资金需求。2012年，累计发放小企业贷款27.85亿元，贷款余额达20.18亿元，较年初增加7.18亿元，增幅55.16%。

丰富创新融资渠道。全年办理表外融资业务4.97亿元，其中，成功为某集团公司办理了1.2亿元应收账款收益权信托融资业务，此笔区域性财产收益权信托理财业务是资产业务创新迈出的重要一步，为客户提供了更加丰富的融资渠道；成功办理全省工行系统首笔小企业融资租赁业务，为某公司办理了1100万元设备融资租赁业务，填补了业务空白；积极探索存量贷款流量管理，成功转让某房地产开发公司贷款6203万元，创造了支持经济发展的新模式，解决了企业贷款融资难问题。

【金融创新能力持续增强】 加快金融产品创新力度，大力发展贵金属、电子银行、理财业务，组织各支行、网点进社区、机关团体、企业、高校，通过定期举办理财沙龙活动，满足客户金融需求。全年累计销售品牌金95.7千克，销售如意银571千克，是上年销售量的2.1倍，居系统首位。新增WAP手机银行5.55万户，新增个网证书动户客户4.63万户，新增企网证书动户客户500户。灵通卡新发卡17.36万张，信用卡新发卡14467张，净增6171张。国际结算量5.11亿美元，较同期增加3.89亿美元，增幅318.85%。

【履行社会责任积极主动】 响应市委、市政府加强基层建设年活动号召，派驻工作组到赤城县后城镇常胜庄村定点帮扶。投入帮扶资金，为村小学96名学生购买书包和学习用品，为常胜庄村安装了两组广播喇叭，新安装路灯30盏，为村办协调水泥20吨，协调学生桌椅80套。同时为帮扶慰问困难群众，开展了第三届“爱心日”活动，深入革命老区、福利院、敬老院，为社会孤老病残幼送温暖、献爱心，回报社会。“爱心日”期间共捐款3万余元，用实际行动履行了大型银行应尽的社会责任。

【服务水平大幅提升】 优化网点功能、提升服务内涵。全年，共实施渠道优化建设项目18个，完成物理网点装修并投入运营5个、完成网点购置3个；新建离行式自助银行投入运营11个、装修改造附行式自助银行2个，新装ATM、自助终端等各类自助设备396台。自助服务渠道已覆盖全市各个县（区），在各交通枢纽、大专院校、医疗机构、大型社区、商业中心，为客户提供24小时查询、转账、存取款等金融服务，优化了服务环境。

行长：杨力民

（王红宇）

农业银行

【概况】 2012年，农业银行张家口分行各项存款余额185.44亿元，同比增加20.74亿元；贷款余额88.03亿元；实现中间业务收入1.01亿元；实现拨备后利润3.16亿元。

【支持重点项目建设】 围绕全市“4+3”区域经济结构调整和产业转型升级总体部署，落实年初金融经济发展高层恳谈会签约项目的信贷支持，加大跑办力度，协调贷款规模，确保信贷投放。全年，支持钢铁、机械制造、电力、能源、城市基础设施建设等14个项目，共投放贷款37.35亿元。以城镇面貌“三年大变样”为抓手，以市主城区和各县城为重点，围绕张家口市“东企西扩”、“南资北移”发展趋势，投放贷款1.15亿元，有效承接产业转移，推动经济转型升级。

【服务县域经济】 一是成立“三农”金融分部，深化体制机制改革，增强县域支行经营活力，提高“三农”金融服务水平，推动“三农”金融事业部深入开展。二是做好县域中小企业的信贷支持“三农”特色产品的推广工作，县域小企业贷款增势逐渐强劲。形成了以县域中小企业动产质押贷款、县域中小企业产业集群多户联保贷款、小企业葡萄原酒抵押贷款、小企业简式快速贷款、季节性收购贷款等模式。三是研究探讨县域城镇化建设项目，有选择地进行基础设施、便民工程、配套设施建设的信贷尝试，拓展“三农”业务新领域，助推中小企业发展。

【提升网点服务质量】 围绕全市经济发展规划，对全辖32个网点进行了装修改造。在完成网点标准化建设的基础上，以项目管理方式，针对岗位清分、人员配置、绩效管理、前后台流程、网点文化等内容，遵循“一点一策”原则，开展网点落地导入，实现“网点分类、功能分区、业务分流、客户分层、产品分销”目标，增强网点服务营销能力，全面提升网点竞争力。认真对待客服联动，对每一位咨询或投诉客户建立档案，定期回访，及时收集和反馈客户意见和建议。

【提高风险管控能力】 一是强化内控合规管理。组织“合规经营，从我做起”专题教育活动，以学习培训、案例教育等形式引导员工养成合规习惯。制定《检查实施方案》，落实检查的时间范围、业务范围，落实问题整改“一把手”负责制，加强对问题归类、剖析，有针对性地制定整改措施，对检查中发现的问题全部整改到位。二是强化信贷管理。做好信贷审查、贷后管理，将平台融资贷款、房地产贷款、小额农户贷款、中小企业贷款作为风险防范的重点，加强日常监测，及时预警处置，严格客户准入和退出机制。三是推进运营集约化管理。稳步推进运营监控中心、集中授权中心和作业清算中心建设，加快支行金库与网点库的撤并进程，对所有县级金库实行标准化管理。四是抓好案件防控。严格对重大违规违纪问题当事人和管理人员的处理处罚，发挥责任追究震慑力，全年没有发生重大经济案件、刑事案件、责任事故和声誉风险事件。

行长：张书辰

（袁东日）

中国银行

【概况】 2012年，全行人民币各项存款（不含理财）余额达到230亿元，新增40亿元，其中，公司存款余额和新增额分别为102.6亿元和20亿元，余额和新增市场占比分别为31%和35%。人民币各项贷款余额为210.5亿元，新增18.2亿元，其中，公司贷款余额和新增额分别达到138.51亿元和8.3亿元，余额和新增市场占比分别为33%和99%。中间业务收入完成1.09亿元。累计净收入10.26亿元，实现净利润5.17亿元。

【存款拓展】 公司存款。一是针对重点客户做好过程管理，确保财政、社保、交通等传统龙头客户的绝对份额，2012年，全行财政、社保系统存款占公司存款近55%。二是把产品作为沉淀存款的重要手段，全年，累计叙做对公表内理财74.51亿元，新增38.62亿元。三是开辟新的存款源头，全行非税收入执收单位达到462户，年末，存款余额达到4.1亿元；通过新农保、新农合业务吸收对公存款1.8亿元；市交警罚没、罚缴分离项目上线，年吸收罚没存款1亿元以上。

个人存款。一是发展代发薪业务，全年共营销代发薪单位100家，新增代发客户1.52万户，月新增代发额6000余万元。二是抢抓热点存款项目，累计争揽拆迁款、市区出租车油补、企业破产补偿款等热点存款6123万元。三是公私联动，将对公企业高层纳入中高端客户营销范围，共新增个人中高端客户4560户，日均新增金融资产9123万元。四是以重点产品带动个人存款，做好客户理财产品到期对接，全年累计销售个人表外理财12.3亿元，表内理财26亿元。安装固话POS1900余台，沉淀存款5500余万元。

【客户拓展】 公司客户方面，成功营销了市公共资源交易中心、张北县、怀来县公共资源交易中心、中铁国电物流有限公司、沃尔沃汽车集团的发动机生产企业凯盛汽车发动机制造公司等大型企事业单位在该行开户；营销了怀来、下花园、张北3县的住房维修基金专户；抓住与社保局合作的有利时机，成功营销了市第一医院、第二医院、华佗药房等77家医保定点单位的结算账户，结算量达到6300万。全年新增工商验资E线通593户，现金管理平台3户，企业年金账户1.7万户，对公网银客户1438户，中小企业新模式客户20户。个人客户拓展方面，社保卡有效卡量达到26万张，客户覆盖市区2200多家单位；公积金联名卡新增发卡4.2万张，客户覆盖到了移动、电信、电力、烟草等该行空白行业；借记卡用户有效卡存量达到102.7万张，新增发卡43.8万张。

【产品创新】 一是金融机构业务成为亮点。先后营销了外地同业的多笔本外币定期存款业务，提前超额完成了本外币全年目标任务，为省行金融机构部实现百亿存款的目标做出了贡献。全年分行共为同业办理存放业务69笔，总计810亿元，办理对公表内理财69.52亿元。二是创新融资性理财产品，先后为宣钢、华电沽源风电、华澳矿业等客户叙做融资性理财业务、信托贷款达39.5亿元。三是学习推广新产品、新业务，先后成功叙做了全省首笔银承质押委托债权投资业务10亿元、全省首笔货币互存业务5亿元、全省唯一一笔城商行债券分销业务3000万元。个人业务方面，分行与社保局合作推出了“医达通”项目，该项目被省行列为1号项目，先后与附属医院、二五一医院签署项目合作协议。目的是使市区的医保定点药店、已签约的大型医院都可实现刷“社保卡”就诊买药，极大地带动个人有效客户的增加。张北、蔚县支行以“新农保”业务为平台，共发放农保卡12.4万张，创新了助农支付模式，借助农村超市、药店等提供助农支付服务，在当地形成了惠农、便农的金融服务圈。

【资产发展】 一是切实盯紧抓牢全市重大项目，加强对大型骨干企业的金融支持，全年累计投放贷款48.59亿元。其中，14.31亿元贷款支持了尚义风电、康保风电等新型能源业发展；20.13亿元贷款支持了中煤集团张家口煤机厂、宣钢等制造业和钢铁行业的优化升级；4.22亿元贷款支持了冀中能源张矿集团等矿产品精深加工业发展；5亿元贷款支持了张涿高速等交通行业的发展，其他4.9亿元支持了中小企业的发展和产品开发。二是加强金融创新，服务实体经济。为宣钢、大唐等办理融资性理财业务，解决融资需求39.5亿元。三是加强对中小企业的服务。年末，中小企业新模式客户达到30户，累计为中小企业投放贷款2.03亿元，办理贸易融资业务21.39亿元。四是个人授信业务发展迅速，全年共完成各类尽职项目98个，投放个人购房贷款10.6亿元，投放经营性贷款2.1亿元。

【渠道建设】 新增网点建设进展迅速，赤城支行、清河湾支行、崇礼支行顺利开业。网点深度转型全面推进，全行所有网点全部取得对公业务开办资格，网点对公业务开办率达到了100%，开办业务涉及票据贴现、贸易融资、电子回单箱等多个种类。年末，全辖网均新增人民币公司存款达到344万元，网均新增单位银行结算账户达到23户，网均新增单位银行结算账户增长率达到171%，网均对公产品开办数量达到7个。自助渠道建设有序进行，全行有8家自助银行投入运营，共投放ATM机38台，自助终端59台。

【队伍建设】 扩大优秀人员的招录和储备，在全辖公开、公正、公平地选拔了6名正职人员、9名副职人员、3名管理培训生充实管理者队伍。推进员工培训工作，为提升员工技能水平，开展了“技能大比武”和“技术练兵月”活动，建立了技能奖励专项基金。为提升全辖的营销服务水平，专门聘请了北京人上仁礼仪文化传播公司对全辖所有一线员工进行了培训。

行长：刘文广

（苏海东　张经伟　李　丹）

建设银行

【主营业务】 2012年，全口径存款时点余额244.2亿元，比年初新增36.8亿元，增幅17.7%。一般性存款新增32.8亿元，居同业第一。对公存款新增20亿元，同比多增6.6亿元；储蓄存款新增12.8亿元，同比多增1.2亿元；同业存款新增4亿元，同比多增4亿元。全行各项贷款余额186.9亿元，比年初新增4.9亿元。市场占比27.2%，同业排名第三。公司类贷款余额123.5亿元，比年初减少0.8亿元。个人类贷款余额63.2亿元，比年初新增5.6亿元。不良贷款余额1660万元，较年初增加794万元；不良贷款率0.09%，比年初增加0.04个百分点。全行中间业务净收入1.4亿元，同业排名第二，同比少收入0.8亿元。共实现拨备前利润5亿元，同业排位第三，市场份额22.12%。

【支持经济发展】 加大对“4+3”产业支持力度。共投放信贷资金17.7亿元，主要投向：新型能源业13.2亿元、矿产品深加工3.3亿元、装备制造业0.3亿元、电子信息业0.1亿元。围绕“绿色崛起”主题，加大新型能源项目投入力度。为风电企业提供结算、融资、造价咨询等金融服务。累投风电项目贷款8.8亿元，有信贷关系的风电企业达到20家，风电项目贷款余额达到47.7亿元。向3家热电项目投放贷款4.5亿元，新增1亿元，热电项目贷款余额为8.2亿元。围绕“工业提升计划”，助推重点企业加快转型升级，保障重点项目建设正常开展。向河北盛华氯碱工业基地项目投放贷款3.4亿元，为民用机场扩建项目发放金额为5000万元、期限半年的委托贷款融资。小微企业方面，累计投放信贷资金5.4亿元，余额为5.3亿元，较年初新增0.9亿元。

【完善体制机制】 根据省分行的政策导向和阶段性工作要求，适时调整财务资源配置重点，完善了指令性计划与买单相结合的考核政策，改进了等级行考核方案，实现了保障有度和激励有力，当年员工费用同比增长16%。按照省分行事业部制改革要求，实现了事业部制改革预期目标，进入运转阶段。事业部制实施后，对公条线实现业务的“纵向上移”，个人条线实现业务“下沉”，中、后台部门进行有效整合，理顺了分行部门组织架构，建立了符合市场需求的运行机制。对于部员工岗位进行科学调配，为深入推进改革发展奠定了基础。

【基础建设】 2012年，开设了全市首家私人银行，新建的西山区支行、张北师范西路支行投入运营。新开自助银行2个，业务和辐射力进一步拓宽。全年商户净新增439家，年末，商户存量达1137家。新安装POS终端940台，在用的POS终端2006台。投放自助设备51台，存量183台。投放设备投产率91%，投产进度列全省前三名。结合网点“三综合”建设，打造综合性网点、综合制柜员和综合化营销队伍，实施前后台分离，提升网点服务能力，服务渠道转型顺利推进。

行长：齐光临

（郭建军）

商业银行

【业务经营】 通过增设机构拓展业务，开展金融服务进社区活动，促进了存款稳定增长。年末，全行各项存款余额336.7亿元，较年初增加63.7亿元，增幅23.3%，其中，对公存款136.9亿元，储蓄存款199.8亿元。围绕中小企业、重点项目、市民百姓投放信贷资金，提供金融服务，年末，各项贷款余额187.4亿元，比年初增加37.6亿元，增幅达25.1%。监管指标日趋良好。年末，资本充足率为16.1%，拨备覆盖率为1603.6%，贷款损失准备充足率为925.1%，不良贷款率0.26%。中间业务发展迅速，成功上线了支付宝快捷支付和银联在线业务，增加了短信提示、代发工资、定活互转、电子银行功能、带动了中间业务快展。年末，发好运卡8万余张，代理收费金额2000多万元。资金业务稳健拓展。与150多家同业机构进行联系合作，拓展投、融资渠道，提高资金盈利水平，累计资金业务交易量达到8000多亿元，比上年增加1500亿元。

【完善公司治理架构】 按照章程要求，组织召开股东大会和董事会议，审议了《董事会工作报告》、《机构规划报告》等20多项议案。在市政府的支持下，完成了财政局股权转让。5月，市财政局委托河北金融资产交易所，将其持有本行部分股份进行公开拍卖并成交，受让方为省内4家优质企业，通过财政转让减持，进一步优化了股权结构。

【加快网点建设】　年内，申请批准了1家域外分行、5家县域支行和5家社区银行，全部开业运营，实现了张家口县域网点全覆盖。对通泰支行进行了迁址，对蔚县、桥西2家支行进行了装修改造。

【支持经济建设】　贯彻政府和监管部门关于加大对中小企业支持力度的精神，通过创新服务模式破解担保难，丰富信贷产品解决融资难，优化审批流程解决效率慢等措施，召开中小企业服务承诺改善大会、银企对接会、门户网站增设服务专栏，努力为中小企业提供便捷全面的服务。全年，小微企业贷款余额90.55亿元，较年初增加27.63亿元，增长43.9%；涉农贷款余额77.15亿元、较年初增加27.83亿元，增长56.43%，实现了监管要求的“两个不低于”目标。发挥机制灵活、服务高效的优势，为市重点项目建设提供15.1亿元信贷支持。

【强化风险防控管理】　建立闭环管理。即建立制度、规程、标准、执行、检查多环节管理，形成有业务就有制度、有制度就有规程、有规程就有标准、有标准就有执行、有执行就有检查的闭环式管理模式。健全内控体系。开展了内控“环境好、机制好、监督好”的“三好行部”建设活动；建立了分支机构行长、副行长、条线主管内控三级必查制度。强化案件排查。对重点业务、重点环节、重点人员开展风险排查，将案件防控责任按照管理级次，逐级分解落实，形成覆盖全行的案防制度。全程控制风险。构建了信用、操作、市场、流动性、信息科技、法律和声誉等全面风险管理架构，保障安全运营。

董事长：梅爱斌

行　长：师炯宇

（任　德　赵国梁）

农业发展银行

【概况】　中国农业发展银行张家口分行按照“稳进发展年”要求，强化风险防控，狠抓“双基”管理，业务保持稳健经营态势，发挥了政策金融支持全市新农村建设的骨干作用。年末，全辖贷款余额35.04亿元，各项存款余额12.58亿元。实现账面利润7486万元，资产利润率2.0%，成本收入比38.1%。不良贷款继续保持为零。实现中间业务收入101万元。

【信贷支农】　全力抓好粮食收储主体业务，稳健拓展非经营贷款项目，突出信贷支持重点，不断优化信贷投向，在严防信贷风险的基础上，在信贷支农中加快有效发展。年末，累计发放贷款5.37亿元，收回贷款6.07亿元。

【保证粮食收储】　支持中储粮直属企业玉米自主轮换工作，及时按需足额发放“中央储备粮轮换贷款”3000万元，收购玉米1349万千克；发放省级储备贷款3780万元，收购玉米1750万千克。发放省级储备轮换贷款525万元，收购玉米234万千克；支持市级储备收储、轮换管理；批复县级储备贷款3200万元，已发放2200万元，收购玉米1300万千克；积极发放准政策性粮油收购贷款，着力解决收购“空白点”，向具有收购贷款资格的企业累计发放准政策性粮食收购贷款1550万元，收购玉米831万千克。

【政策性中长期贷款】　支持全市水利建设和新农村建设，在防范风险和合规合法有效前提下，全年累计发放政策性中长期贷款4亿元。

【支持非粮油产业发展】　稳妥支持产业和区位优势突出的成长型和成熟型农业小企业，发放农业小企业贷款350万元。择优扶持非粮油产业化龙头企业。支持张家口塞北现代牧场有限公司的饲草收购5000万元流动资金贷款。

【信贷政策执行】　按照上级行制定的“两轮驱动”业务发展战略，围绕落实年初全省分支行行长会议精神，以确保粮食收购不出问题为目标，以防范风险为重点，继续调整客户结构，狠抓信贷基础管理和规范操作，严格按照银监会关于银行业务经营“七不准”，服务收费“四公开”的有关规定规范各类经营业务，认真落实“三个办法、一个指引”有关要求，实现了整体信贷业务的健康发展。

【加强制度建设】　抓好“三基建设”，提升管理水平。按照制定的《中国农业发展银行张家口分行县级支行领导班子成员多维度考核评价》试行办法，对所辖14个县级支行（分行营业部）上年度领导班子和33个支部成员，进行年度民主测评和经营绩效综合考核评价，对先进单位和优秀个人进行了隆重表彰。开展“基层建设年”活动。班子成员转变工作作风，深入基层、深入实际调查研究，总结经验，解决热点难点问题，帮助制定工作措施，进一步凝聚全员合力；加强员工培训工作，进一步提升职工队伍的整体素质。制定《2012年员工培训计划》。采取在岗培训、网络视频和上下交流等方式，加大各条线员工培训力度。

行长：张国栋

（高登凡）

邮政储蓄银行

【概况】 2012年年末，分行各项存款余额为101.4亿元，同比增加174.16亿元，增幅20.37%；各项贷款余额为12.55亿元，同比增加3.21亿元，增幅34.36%。业务发展和服务能力已基本具备现代商业银行服务功能，成为又一支支持地方经济发展的重要力量。

【支持重点项目发展】 加大项目贷款市场的开发力度，继2010、2011年连续两年成功向宣钢集团累计发放10亿元流动资金贷款后，2012年再次向其发放流动资金贷款5亿元。

【支持涉农产业发展】 以服务“三农”、服务中小企业为出发点，加大信贷投放力度，为辖区中小企业、县域经济和农村地区发展提供金融服务。一是注重优化产品结构，突出小额贷款业务的优先发展，实行上下联动，银政合作，推进县域专业市场开发工作，打造地区特色产业，有效加大对“三农”产业的信贷支持。二是搭建平台，加强合作。与市、县（区）共青团委合作，做好青年创业贷款发展，与各县、乡（镇）政府合作，开展信贷业务宣传工作。三是继续完善风险管控，严格执行信贷制度，强化审计检查，及时预警，有效防范和化解信贷风险。2012年，涉农贷款发放2.63亿元，贷款余额达到2.38亿元，较上年同期增加0.96亿元。

【强化风险管理】 围绕发展经济中心工作，全面提升全行的风险管控能力，通过完善机构、健全队伍，严格执行“五个标准”，落实各项规章制度，防范了金融风险；坚持以内部审计为主导，优化内生动力建设，扎实开展案防工作，实现了案件零发目标；采取对逾期贷款进行分类、分析逾期原因，多渠道、多手段的找准突破口和切入点，在较短时间内将逾期率降至可控范围，信贷逾期率保持全省较好水平；安防设施软硬件建设实现了突破，连续5年被省公安厅授予“金融安全保卫工作先进集体”。

【优化服务能力】 对部分县支行办公、营业场所进行装修改造，网点建筑营业区均符合省行对“旗舰店”的要求。通过制定《网点服务评定办法》、“神秘人”检查、开展服务培训等手段，提升了前台窗口人员服务意识和服务技能，服务质量明显提升，客户投诉率保持在全省最低水平。

行长：张可弟

（刘芙蓉）

农村信用社

【概况】 2012年，全市农村信用社共有县级联社16家，机构网点407个，员工4000人。年末，全市农村信用社各项存款余额达396.70亿元，贷款金额达276.77亿元，资产总额达446.27亿元。“信通卡”发行量突破199.64万张，布放EPOS机1220台，占全市行政村63%，使当地群众“足不出村”就享受到小额现金支取、转账交易、刷卡消费、汇款等基本的金融服务。

【拓展农户小额信用贷款】 农村信用社坚持服务“三农”的市场定位，改进支农服务，拓宽为“三农”服务领域。农户小额信用贷款以农户信誉为条件发放，满足农户农业生产、生活资金需要。其简便、灵活、快捷的方式成为信贷支农的主要业务产品，深受广大农户的欢迎。在保证农户小额信用贷款和农户联保贷款的同时，重点支持县域经济的主导产业、重点龙头企业，积极探索支持农村新民居建设、市（县）重大基础设施建设的有效途径。通过农户小额信用贷款推广工作，提高了服务、信用意识和经营管理水平。年末，全市农村信用社涉农贷款余额241.25亿元，占全市各家金融机构投放总量的90%以上。

【强化贷款营销】 搞好提前授信，储备优质客户。把银企座谈会作为一种制度，各联社按季召开“黄金客户座谈会”或“银企对接座谈会”，办事处和县联社建立了两级优质客户储备库，全辖16家联社累计对接的企业达到460多家。加强与政府有关部门的联系沟通，搜集客户信息，发掘优质项目，贷款营销实现了新突破。树立服务理念，提高审批效率。积极推进“限时服务”和“阳光信贷”，充分发挥决策链短、机制灵活的竞争优势。客户向信用社提出书面贷款申请后，在10个工作日内完成贷款调查，给予客户“可贷与不贷”的答复。各联社制定了统一的宣传公示栏，公布所经营贷款的种类、期限和利率，并向借款人提供咨询服务；公开贷款审查的资信内容和发放条件、程序；公开承诺贷款办结时限，接受社会的监督，用服务取信客户，赢得市场。

【加快电子化建设】 大力开发中间业务，着力提高金融服务能力，开办了“信通卡”和“农民工银行卡特色服务”业务。年末，农村信用社银行卡发卡量已突破199.64万张，年内完成POS机布放1220台，投入运行ATM机208台。特别是“农民工银行卡特色取款服务”业务的开办，标志着农村信用社的服务领域已向全国农村信用社柜面延伸，受理农民工特色服务业务交易量突破2000万元，解决了农民工城乡往返携带现金的烦恼。与全国8万家农村合作金融机构网点全面联网农信银支付结算系统，实现了“八万网点连城乡，通存通取汇四方”。

【开展“农信进万家”活动】 按照省联社统一部署，开展了“进农户、进基地、进企业、进社区、送信用、送产品、送服务”的“农信进万家”活动，广大农户、中小企业通过活动得到了实惠，农村信用社借助活动提升了服务“三农”水平。活动开展以来，累计进农户43390户、进基地78个、进企业1231个、进社区117个。

【落实“三大工程”】 办事处根据全市农村信用社实际，拓宽工作思路，以强农、富农、惠农为根本出发点，下沉服务重心，强化农村金融服务创新，确保金融服务多角度、广覆盖。年末，建立农贷信用档案30.63万户，已授信12.11万户，授信金额95万元。全面实施“农信村村通”工程，通过在农村地区小超市、小商店、小门诊、农资销售点等免费布放EPOS机，设立助农金融服务点，为当地农民群众办理刷卡消费、转账汇款、小额取现、涉农补贴发放等业务，覆盖全市行政村达60%，从根本上解决了金融服务村空白镇问题，改善了农村地区金融支付结算环境，使广大农民群众真正足不出村便能办理各种基础金融业务。

【推进阳光信货工程】 以提高信贷业务透明度为目标，结合贷款5项新制度的贯彻落实，扎实推进阳光信贷工程，辖内249个开办信贷业务网点均实施了阳光信贷。全市农村信用社通过公示贷款条件、流程、贷款结果和贷款服务承诺，积极推行“首问负责制”、“一次性告知制”和“一站式服务”等服务方式。以满足“三农”金融需求，创新农村金融服务方式，扎实推进富民惠农金融创新工程。

办事处主任：刘　强

（姚有峰）

证　券

【概况】 2012年全市证券营业部股民开户数3344户，比上年同期减少2737户，全年实现证券交易额130.47亿元，同比下降54.30%，实现利润1373.89万元，同比下降52.83%。

【证券工作】 加大投资者教育力度，引导投资者树立风险意识，加强市场风险管控力度；努力扩大市场规模，加大各类业务的推动力度，丰富投资品种；积极走访辖内的优质企业，增加机构投资者数量，做大市场规模；加强安全管理，加大反洗钱监控力度，加大对“老鼠仓”、代客理财等违规行为的打击力度。

【证券营业部】 证券营业部有4家：财达证券张家口明德南街营业部，财达证券怀来县营业部，广发证券张家口建设东街营业部，广发证券宣化区营业部。辖内上市企业1家：河北宣化工程机械有限公司。

（田素慧）

中国人保财险

【概况】 中国人保财险张家口市分公司共有21个分支机构（5家市区支公司、16家县级支公司）、有员工657人、营销员1006人，194个乡镇“三农”保险服务站，928个村级“三农”保险服务点，农村保险联络员1122人。服务保障范围涵盖机动车辆险、财产险、船舶货运险、责任信用险、意外健康险、能源及航空航天险、种植业和养殖业险等领域。

【履行企业公民责任】 2012年，在支持重点工程建设方面，累计为全市近30万个单位和个人承担各类风险责任超过1000亿元。在支持全市重点工程建设方面，履行企业公民责任，全方位保证各项工程建设，先后为各项在建工程提供各类风险保障逾20亿元。在支持当地企业发展方面，全年累计为各大生产企业的各类财产提供风险保障逾300亿元。在贯彻国家惠农政策方面，充分利用服务网络遍布全市4区13县，近两百个代理、代办网点的优势，为能繁母猪、奶牛、玉米等农业生产提供各类风险保障逾10亿元，支持了全市的“三农”发展。

【完善提升客户服务】 2012年“5·18客户节”期间，举办了客户答谢座谈会，广泛邀请社会各界人士征求对公司发展和服务的建议，推出理赔无忧、四海通行；4001234567人保电话车险“零距离”服务；“epicc网上人保24小时不打烊”活动；“人保在行动”公益系列活动；“走进中国人保”客户答谢活动和“十一”黄金周客户自驾游增值服务等6项主题服务。公司还推出了更多快速、便捷的特色服务。在“理赔无忧四海通行”的服务主题下，推出了10项车险服务和4项非车险服务，率先推出非车险理赔服务承诺。网销也推出各种特色活动以及针对客户的回馈活动，围绕“人保在行动”主题，开展一系列公益活动。

【处理农险理赔案件】 自2007年开办政策性农业保险后，以服务“三农”为己任，开办险种从当初单一的养殖业险发展到包括种植业、养殖业、森林保险等在内的多个险种。2012年，共为全市农业发展提供保险保障10.3亿元，支付各类农险赔款近1亿元。“7·21雨灾”和“8·22冻灾”发生后，公司积极履行企业公民责任，用优质迅捷的理赔服务第一时间为受灾群众送去了希望与慰藉。

【依法合规经营，严控经营风险】 2012年，公司培育合规文化，落实依法合规经营承诺制度，加大培训力度，引导广大干部员工在规范中求发展、在规范中求效益。全面梳理业务财务工作流程，理清风险控制点，规范操作行为，及时弥补制度和执行缺陷，努力建立管理层、前后台、各部门紧密协同、高效运作的合规管理体系。严格执行公司统一法人制度以及“六条禁令”、“十五条禁令”等规定，筑牢各级风险防线。加强业务、财务系统信息化建设，把制度落实在流程上、融入到信息系统中，通过信息技术的刚性管控，着力减少手工干预对经营数据和经营结果的影响，全面降低违规风险。开展合规检查，加强监察审计、法律合规人员队伍建设，强化财务巡查机制，统筹使用各种监督检查力量，加大违规违纪违法案件的查办力度，严格落实责任追究制度，确保将依法合规经营落到实处。

总经理：崔庆欢

（张惠云　曹　群）

中国人寿保险

【概况】 2012年，分公司在坚持以科学发展观为统领，在凝心聚力加快发展的同时“抓执行、强管理”，进一步夯实基础，增收节支，开拓创新，进步明显。2012年实现总保费收入11.05亿元，同比增长4.25%，在全省系统排第三位，市场占有率达48%，继续保持主导地位；长期险首年保费收入5.22亿元，完成计划比例在全省系统排第二位；长期险首年标准保费收入0.55亿元，同比增长33%；短期险保费收入0.54亿元，同比实现正增长；代理财产险保费收入比例列全省系统第一位，公司整体经营状况良好。全年累计赔（给）付案件1.4万件，共涉及资金1.90亿元，5日内结案率为98.46%，实现了高效赔付。

【业务发展势头强劲】 公司执行“统一部署，齐头并进，重点突出，优势崛起”的战略方针，充分发挥三个业务发展渠道的优势，使各项主要考核数据均实现同比正增长，关键数据取得了新突破。个险渠道全年共计出台60多个推动方案，抓住每个节点，组织好每次竞赛，尤其在系统内和山东淄博的对抗赛中，通过“捍卫尊严，为荣誉而战”极大地激发了全员的斗志，最终取得了胜利。在业务拓展方面，着力推广了“新康宁”这一款健康险产品，为全市广大客户提供了优质的保险保障。银保和团险渠道同样保持了系统先进位次，渠道合作优势进一步突显，积极地为各区（县）城乡居民提供了优质的大病医疗保险服务。

【队伍建设扎实推进】 2012年，全员学习了《时间管理》、《保险基础知识》等网络课程，300多名员工全部考试合格。公司还举办了10多期各类专业技能提升培训班，取得了明显的效果。响应上级部门号召，共招聘大学生村官20人，全部充实到关键岗位。在销售队伍建设方面，公司也取得优异成绩，新增人力、举绩率等主要考核指标均圆满达成，获得省公司的表彰。公司销售队伍持证率达到100%，并严格落实了各项规章制度，为业务发展保驾护航。

【注重基础建设，弘扬双成理念】 公司继续加强思想作风建设，不间断地组织开展再学“六讲”（讲正气、讲原则、讲团结、将胸怀、讲大局、讲风格）活动，公司上下达成“攻坚克难快发展，攀高比强勇争先”的共识；坚持“周例会”制度，不断传承“成己为人，以心换心、成人达己，人兴己兴、成己志高远，成就无止境”的双成理念，深入贯彻“创新 拼搏 务实 奉献”的企业精神，使各级管理干部和普通员工一道，为公司发展献计献策。

【加大风险管控，强化经营管理】 通过组织开展的控制差异化对比工作，成功树立了先进榜样标杆，通过对标杆、学先进活动，在全辖18个展业单位和市公司本部9个部门中掀起了比学赶超的氛围。公司不断强化内控合规手册的学习培训，全面开展签署承诺书活动、内控知识考试工作，取得了实效。不断加强财务管理，严格落实资产盘点制度，严防各类财务风险。加强业务管理，严把承保和理赔关口；加强各类单证、印章管理，有效地从源头处防范了风险。

【发挥品牌优势，服务地方经济】 公司新开通了客户服务远程监控，极大地提升了客户服务满意度；组织开展了国寿客户节、国寿大讲堂、中国人寿杯少儿绘画比赛、3·15客户咨询服务台等形式多样的活动；在《张家口日报》、张家口电视台、电台等当地主要媒体和市区主要公交线路发布广告，对新产品进行大张旗鼓的宣传，极大地提高了公司的知名度和美誉度。

总经理：徐国林

（史俊杰）

中国平安寿险

【概况】 2012年实现保费收入1.18亿元，较上年同期1.08亿元增长8.93%；理赔661件，理赔金额达572.82万元，同比增长18.2%。公司内勤人员55人，保险营销员676人。保险代理人持证率为100%。人力不断增长的同时，为失业人员提供了再就业的空间。

【立足市场优势，创新险种组合】 公司以保险代理人个人营销为主要销售渠道，经营各类人身保险业务，主要经营保险产品有：医疗健康保险、意外伤害（医疗）保险、少儿教育储蓄保险、定期和终身保障保险、两全保险、养老保险、分红养老保险、万能分红险等。为满足社会大众对保险不断的需求，公司产品也不断推陈出新，在养老、医疗、大病保险等领域为市民送去保障。

【加强保险理念宣传，提升百姓保险意识】 为让市民更多的了解保险常识和保险产品，公司开展了多场保险知识讲座及咨询活动。全年共组织了80余场保险产品说明会，大力宣传保险的意义和功用。除利用报纸、电视等传统媒体对保险知识、理念、产品进行宣传外，还广泛采取电子屏、消防宣传栏等各种公益方式扩大宣传辐射面，向老百姓宣传保险理念，提高全民保险意识。

【开展教育培训，提高员工素质】 在经营管理中，公司对员工教育工作坚持常抓不懈。全年开办了包括保险代理人班、新人班、精英班、主任班、新产品培训班176次，参训人员达2783人，保险代理人持证率达到100%。6月，特邀省公司法律顾问为张家口中心支公司全体内外勤员工进行了题为《诚信守法大道平安》的法律讲座，系统讲解了《保险法》、《反洗钱法》等政府监管相关法律法规，有效提升了员工合规经营的法律意识。持续不断、全方位的培训有力地促进了业务持续发展，保证了业务品质。

【加强风险管控，维护消费者权益】 根据保监会《人身保险新型产品信息披露管理办法》及《人身保险业务基本服务规定》等监管制度，公司持续加强对销售、承保、回访等关键环节的风险管控，对每一件新契承保的客户进行100%新契约回访，全面保护客户利益；严格按监管规定组织产品说明会，切实保护消费者合法权益，促进人身保险业持续稳定健康发展。

【强化服务意识，创新服务品牌】 为让客户充分享受平安多渠道的服务，公司全面推广E化服务，利用公司强大的IT平台，为客户建立方便、快捷的服务，真正让客户足不出户，就能享受平安各项服务。E化服务主要包括“一账通”、95511电话自助服务、电子函件订阅等。这些创新服务大大地节省了客户办理业务的时间，有效地提升了服务效率，适应了不同客户个性化的服务需求，在保险行业处于领先地位。

【开展客服节活动，履行服务承诺】 公司秉承“服务客户，回馈社会”的服务理念，5月18日开展了第十七届平安客服节活动，为期3个多月，以“平安有约，健康同行”为主题，开展了涉及环保、健康、安全自护、家庭才艺等多个方面的活动。举办了6次不同形式的VIP客户活动，为客户送去附加值服务。

总经理：李金立

（赵世军）

中国太平洋财险

【概况】 2012年，中心支公司实现保费收入12273万元，完成全年计划的81.82%。其中，非车险实现保费收入1488万元，完成年计划的87.52%，同比增长6.24%；机动车具业务实现保费收入10785万元，完成年计划81.09%。理赔新立案件9137件，已结案件9273件，结案率89.3%，累计赔款支出7436万元，综合赔付率58.45%，在全市财险保险公司中居第三位，保费收入在全市财产保险市场占9.69%。

【合规经营成效显著】 中心支公司建立内控自查组织，明确工作职责，规范工作要求，提升内控自查工作。年末，公司应收保费率实现了零应收，全年机构处罚率为零，客户有效投诉率低于全省平均水平。

【打造行业领先的服务体系】 根据总公司理赔集中管理的安排部署，继续推进理赔省级集中相关工作，持续优化理赔程序；3G快速理赔设备、职能核赔系统等新技术手段的应用，提高了理赔管理的效率和质量；优化理赔流程和规则，对各环节进行细化管理，增强衔接的科学性、合理性和可操作性，进一步缩短结案周期、提高结案率；对理赔重点环节提前介入、过程跟踪，为出险客户提供“一对一”的全程服务，帮助客户解决人伤案件理赔难题，减少人伤案件纠纷，减轻被保险人理赔负担。建立健全投诉案件专人联系制度和省级问责制度、定期会商通报制度和整改督查反馈制度，重点针对制度性、流程性问题，集中精力加以整改，减少客户投诉。根据“以客户需求为导向”的战略转型要求，坚持从客户端需求和体验出发，力争“服务取胜、品质制胜”，将客户服务质量的提升作为竞争力的重要方面，打造透明、快速、便捷的服务模式，为客户提供全方位、优质、高效的服务。

总经理：张　昆

（杨薇薇）

建设·环保

- 城乡规划
- 城市建设管理
- 建筑市场管理
- 市政公用事业
- 园林绿化
- 环境保护

城乡规划

【编制新区总体用地布局规划】 《张家口市新区总体用地布局规划》于6月份编制完成，8月24日市政府批准实施。该规划在《张家口市城市总体规划》基础上，对新区30平方千米范围内的发展目标、战略定位、功能结构和用地布局进行分析和规划，为新区空间布局、建设时序以及城市设计、控制性详细规划等下位规划等提供了科学、合法的决策依据和规划保障。

【编制专项规划】 协同市公用事业局委托华北市政设计院编制新区给水、燃气、供热、雨水、电信、管线综合、污水处理等市政专项规划。启动新区30平方千米城市设计和控制性详细规划编制。委托市规划设计院编制完成《张家口市风貌近期建设规划》和《云泉寺区域控制规划》。委托天津大学城市设计院编制《南站广场城市设计》。

【完成城市地形图测绘】 委托西安煤航信息技术有限公司，完成规划区范围内120平方千米1：500地形图、360平方千米1：1000影像图测绘工作，为数字城市建设奠定了基础。

【编制县域镇村体系规划】 指导各县（区）县城总体规划修编，使之与各县（区）工业园区规划编制相结合，合理扩大县城规划面积，怀来、万全、张北、沽源、康保、赤城、塞北、察北8个县（区）完成总体规划前期评估。全市各县（区）县域镇村体系规划全部编制完成，崇礼、尚义、宣化、阳原、沽源、怀来、蔚县7个县获市政府批复，全市209个建制乡镇有202个完成规划编制任务，全市425个帮扶村的村庄规划全部编制完成。

【项目规划编制及评审】 年内，共组织各类规划项目评审会、技术审查会、方案预审会16次，对高新区玉宝墩城中村改造、凤凰国际城（A地块）、昶昊首府商业综合体、市民广场周边地块区域开发、弘基·紫金庄园小区、市公安局综合警务中心、金垣置地广场等18个建设项目规划进行评审，严格规划设计条件，着力打造精品建筑、精品街区。

【提升审批效能】 坚持非限即许、非禁即准，以程序最简、时限最短、服务最优为目标，重新编制建设项目规划审批流程图12个，对实施依据、适用范围、审批时限、运行监控等作出明确规定，共削减审批环节10项，取消建筑工程规划许可前置条件3项，压缩审批时间8天。制定和修改完善首问责任制、限时办结制、服务承诺制、一次告知制、AB岗工作制、规划审批管理监督规定、行政审批过错责任追究制、优化服务环境“六个不准”规定等9项制度和规定，形成较规范的规划行政许可审批程序和制度保障体系。坚持以统一促规范、提效能，对各职能科室各类审核事项全面梳理，共修改完善6大类、42个建设项目规划审核告知单，并汇编成册，印发各科室、分局严格执行。对所有报件，均由监察室一口进出，对审批项目全程跟踪、监督落实。9月15日实行新的项目审核手续后，共发放各类告知单77个，受理各类规划审批服务事项23件（次），项目审查按时办结率达100%。对重点工程、重点项目实行“保姆式”服务，凡市政府招商项目和工业、仓储、物流、重点公建项目，实行特事特办、跟踪服务、随到随办，先后为市北部供水水源处理工艺升级改造工程、市特教学校教学楼、二十一中学改扩建、通泰国际大酒店等9个项目开设绿色通道，局领导带领有关科室负责人先后深入建设工地9次，实行现场办公。定期召开有主城区区政府、相关部门和建设单位负责人参加的规划项目对接会，实行现场办公，强化衔接，解决难题，年内共召开与通泰集团、城投公司、河北建工学院等服务对象的项目对接会9次。

【规划管理】 在制定《张家口市城乡规划管理办法》基础上，连续制发《关于进一步提高城乡规划设计管理水平的通知》、《浅山区域建设管理规定》、《中心城区城市风貌管理办法》、《城市规划管理技术规定》等规范性配套文件，为完善规划体系和开展各类规划调整提供制度保障。严格城市“三区”（禁止建设区、限制建设区、适宜建设区）、“五线”（红线、蓝线、绿线、紫线、黄线）规划管理，加大规划执法力度，对全市78个在建项目进行批后跟踪管理，及时纠正违规建设行为。4月，借助住建部在张家口市召开利用卫星遥感技术辅助城乡规划督察工作协调会契机，加大现代科技在规划监管中的应用，进一步增强城乡规划督察工作效果。

（徐　宝）

城市建设管理

【城建项目建设】 2012年，全市完成城建投资409亿元，其中中心城区159.4亿元、其他县（区）249.6亿元，市住建局负责实施的项目共完成投资20.7亿元。年内，市建设发展集团完成城建项目融资21.96亿元，其中发行债券6亿元、争取财政性资金3.61亿元、银行贷款12.35亿元，完成土地收储14.27公顷。大境门综合改造工程进展快，关帝庙、山神庙、三娘子庙修缮工程以及牌楼、戏台、城墙西南角楼、永顺门门楼及来远堡南商业楼建设工程全部完工，明德北步行街商业楼、来远堡内城隍庙、奶奶庙及部分商业楼已完成主体工程；崇礼滑雪场补水工程8.1千米隧洞掘进任务全部完成；城市智能管理系统建设项目全部完成；大地汽车搬迁及扩建项目已累计完成投资1.2亿元，大地公司已完成搬迁；西山污水处理厂实现试运行。年内，市鸿泽排水公司污水处理厂被评为全省污水处理运营示范单位，清水河下游地域文化长廊项目被省政府授予“2012年度河北省人居环境范例奖”。

【民生工程建设】 新开工保障性安居工程项目146个、23900套，占省责任目标的100.6%；已竣工13187套，占省责任目标的138.8%；2008～2012年，全市累计竣工52160套，分配入住47124套，分配入住率90.3%，开工率、竣工率、分配率均在全省名列前茅。新开工农村危房改造31095户、竣工28916户，分别占计划的117%和109%，共争取国家和省补资金28375万元，补助29761户，超计划3261户，在全省名列第一。完成“以商养厕”试点工作，在中心城区新建公厕2座、维修维护65座，清掏清运粪便5.5万吨、厕所垃圾1400吨。赤城、怀来、涿鹿3县的4个人才家园建设项目全部开工。

【城镇建设】 一是基础设施建设。塞北管理区污水处理厂实现试运行，蔚县、怀安、沽源、尚义、崇礼5座污水处理厂完成升级改造，垃圾卫生填埋场渗滤液全部得到有效处理。张北县、怀来县被省政府授予“2011—2012年度河北省人居环境进步奖”。二是农村“四清四化”工作。全市累计投入6.59亿元，集中清理垃圾、杂物、残垣断壁、路障和危房，实施绿化、美化、硬化和亮化。赤城县雕鹗镇黎家堡村新农村建设项目被省政府授予“2012年度河北省人居环境范例奖。三是村镇污水处理设施建设。全市拟建4个村镇污水处理建设项目，其中怀安县左卫镇基本完成设备安装，怀安县怀安城镇、蔚县西合营镇除土地指标外，其他前期手续都已办结，宣化县洋河南镇正在办理土地专用手续和开工手续。四是名镇名村申报保护工作。蔚县宋家庄镇、万全县万全镇被省政府命名为省级历史名镇，蔚县代王城镇石家庄村被命名为省级历史名村。对全市7个名镇名村全面启动了保护工作。

（薄红年）

建筑市场管理

【概况】 2012年，全市实现建筑业总产值111.51亿元、税金4亿元。项目招投标进场交易80个，交易额34.11亿元；查处违法违规行为，罚款总额245.5万元；强化市场监管，先后两次对2011～2012年新开工、投资额500万元以上施工项目进行检查。对全市房地产交易、市场管理涉及的12项重点工作进行检查督导，注销不符合条件和违法违规企业15家；对房地产销售过程中一房多售、双重抵押和发布虚假信息等行为进行查处。备案登记房地产经纪机构200余家，备案管理从业人员777名，办理外埠企业进冀、进张手续235项，进行企业动态检查257家。

【加强行业管理】 一是严格落实工程质量终身责任制，加大对工程质量通病建设监理和预拌混凝土专项治理。对全市2011～2012年开工的保障性住房、中小学校舍、大型公建进行专项督查，全市竣工工程一次验收合格率达到100%。市质监站被评为“全国建设工程质量监督先进单位”，全市12个项目荣获河北省“安济杯”奖（省级优质工程），6项工程荣获河北省用户满意住宅工程奖。二是与各县（区）签订安全管理目标责任书，对2587名相关人员进行安全技术培训，对87项在建工程实施安全检查。三是完善城市防汛预案，对防汛抢险地段、责任进行划分，落实到单位和个人。对河流、桥梁、低洼院落等重点部位和薄弱环节实施整改，制定抢险措施。在中心城区组建21支专业应急抢险队和57支业余应急抢险队，落实车辆、编织袋、铁锹、铁镐、对讲机等应急物资。四是对全市159家物业企业进行全面检查，在限期整改的12家物业企业召开现场会。年内，有1家物业企业获全国物业管理协会颁发的“突出贡献奖”、7家企业获省级荣誉或奖励。五是办理各类房屋交易13387套，比上年增长9%，成交建筑面积110.75万平方米，比上年增长8.6%，累计完成各类房屋交易总额36亿元，比上年增长44%。市房地产交易产权管理处被省委创先争优领导小组办公室授予“为民服务创先争优群众满意窗口”。六是成立建筑节能办公室，加大节能强制性标准监管力度。年内，共办理建筑节能备案69项，建筑面积276万平方米，进行建筑节能验收30项，建筑面积128万平方米。有两个项目被省住建厅评为“绿色建筑示范项目”，一个项目被评为“绿色建筑设计阶段评价标识二星级”。

【服务企业】　为企业办实事解难题。对15家房地产开发企业的资质给予延期；筹备成立担保机构，为企业承揽项目进行融资担保，解除企业资金困扰；帮助企业承揽业务，减免费用，加快各类手续办理进程。发挥行业协会作用。积极开展法律、政策、技术、业务等咨询服务和教育培训工作，帮助企业提高素质，增强创新能力，改善经营管理。年内，市三建公司被全国总工会授予“全国五一劳动奖状”，市第一建筑公司被中国施工企业管理协会授予“技术创新先进企业”，全市有3家建筑企业荣获河北省建筑业诚信企业称号，8家建筑企业荣获河北省建筑业先进企业称号。

（薄红年）

市政公用事业

【城市供水】　实现优质供水2410万吨，完成计划的103%，供水普及率、水质综合合格率保持100%。加快推进北水源升级改造工程，实施腰站堡水源、主干管改造等一系列技改工程，改造扩建南瓦大街供水设施，提高供水水质，改善了6万居民用水条件。完成望山园区供水工程，成为园区公共服务建设项目中首个完成的政府重点工程。更新西苑中南路等供水管线6千米，管线总长度达到312千米，管网已覆盖至纬四路及西山、望山园区，为城区南扩提供了基础保障。

【城市燃气】　安全供应煤气1676万立方米、天然气4306万立方米、液化气479吨、CNG　71万立方米，保障市区居民安全稳定用气以及CNG公交车和出租车正常运营。加快天然气置换步伐，结束了中心城区运行24年的人工煤气历史，推进置换液化气工作，同步加大新用户开发力度，15万户居民用上清洁高效天然气，城市各类燃气用户达到16.5万户。推进油改气工程，中心城区建成运行或基本建成CNG加气站6座，能够满足城市车辆加气需求。完成10.4千米燃气高危管线更换和400余处沉降引入管改造，提升燃气安全运行水平，燃气管网总长度达到585千米。

【城市供热】　新增大型热源集中供热面积402万平方米，超计划14.9%，提升了中心城区约11万居民冬季采暖质量，集中供热普及率达83.8%。完成既有建筑热计量改造90.83万平方米，超计划13.5%，住宅供热计量收费面积比例达35%。顺利推进热力调度中心建设，完成建筑面积10347平方米，完成投资3500万元。

【城市亮化】　中心城区装灯率100%，亮灯率98%以上，维修及时率100%，照明设施总量达到26.9万余盏。

【市政建设】　坚持建管结合，确保设施正常运行，各类设施完好率达90%以上。加大市政设施建设力度，完成东兴街路灯节能改造、纬一桥至明湖桥照明设施改造等工程，完成东建南街等9条小巷改造，改善了周边约5万居民的出行环境。

（白利清）

园林绿化

【概况】　2月成功创建“国家园林城市”。年内主城区新增绿地面积220.81公顷，完成种植乔灌木27.55万株（丛），地被花卉21万平方米，绿地率、绿化覆盖率分别达到37%、41.45%，人均公园绿地面积11平方米。

【省园博园建设】　市园林局完成河北省第一届园博园张家口展区室外8000平方米、室内200平方米建设任务，在山、水、园、城四方面充分展示“大好河山张家口”城市形象，获得最高奖项——造园艺术综合一等奖，同时获组委会特别奖、室内展览区一等奖、城市文化主题活动一等奖。

【景观长廊建设】 全市20个县（区），分31个标段，在清水河两岸建设富有县（区）文化特色园林景观133组，种植乔木6557株、灌木11.65万丛，铺设草坪地被10.29万平方米，硬化铺装1万余平方米，新添观光缆车，修建滨河绿道，营造了独具特色的园林景观。

【万株大苗进城工程】 在城市主次干道、城市出入口、滨河公园等地栽植胸径大规格常绿或落叶乔木22510株，完成目标任务102%，城市绿量有效增加，城市景观整体绿化效果得以提升。

【国际雕塑创作营活动】 开展以“城市生活，文化艺术”为主题的国际雕塑创作营活动，打造富有城市文化特点的雕塑作品91组，并精选40组优秀作品在张家口植物园进行展示。

【公园广场与精品庭院小区建设】 中心城区重点推进张家口植物园、龙泉广场、水母宫景区、体育公园、大境门广场等5个公园、广场建设，并新建土尔沟、赐儿山路、长宁街等社区游园3.3万余平方米。在全市大力推行庭院小区绿化建设，打造指标合格、乔灌配植合理、特色景观突出的庭院小区。年内，创省级园林式庭院小区4个、单位6个、街道2条，创市级园林式庭院小区13个、单位49个。升级改造七里沟路、府城北街等小街巷10条。

【立体绿化与绿色廊道建设】 在快速路崖壁、城市道路栏杆、沿清水河两岸砌筑花池，大量种植爬山虎、牵牛等攀援植物500余万株，营造立体绿化景观，弥补城区绿化用地不足，实现绿量最大化目标要求。年内，完成绿色廊道建设工程65千米，其中小白山和八角台山地健身休闲绿道10千米、洋河与戴家营河滨河生态绿道20千米、西太平山长城历史文化绿道10千米、清水河下游滨河生态绿道20千米，其他绿道5千米。

【绿化管理】 制定《张家口市城市园林绿化养护技术规范》，编制“张家口市园林绿化统计报表审核汇总管理系统”。按照《张家口市建设项目异地补建绿化用地管理办法》、《张家口市城市树木砍伐和临时占用绿地管理办法》，加强各类建设项目绿线审批、验收工作，年内，办理办结审批事项20件。强化古树名木和风景名胜资源抢救保护工作，对121803株古树名木及大树资源、36个古树群落、175个风景名胜资源（风景类50个，名胜类125个），建立电子档案，进行统一挂牌，建立专业保护与群众保护、定期养护与日常养护相结合的保护机制。

（张立文）

环境保护

【环境质量】 城市空气质量继续保持二级较好水平。市区空气综合污染指数为1.45，比上年下降4.6%；可吸入颗粒物、二氧化硫、二氧化氮年均值分别比上年下降3.4%、5.1%、4.5%，分别位居全省第一、第二、第二；PM2.5均值为0.031毫克/立方米，好于国家新公布的空气质量二级标准；II级及好于II级以上天数347天，比上年增加7天，其中一级天数190天，比上年增加2天，处于全省最好水平。水环境质量继续保持稳中有升。全市主要流域水质监测断面功能区达标率达100%，地表水Ⅰ~Ⅲ类水质断面占90%，比上年提高30%，Ⅳ类水质断面占10%，无劣五类水质断面，其中永定河入官厅水库前八号桥断面水质稳定达Ⅳ类，高锰酸盐指数、氨氮均值分别比上年下降1.1%、2.3%，白河后城断面水质稳定达Ⅲ类标准。

【污染减排】 通过优化调整产业结构、推动产业集聚、淘汰落后产能、加强企业监管，实施电厂脱硝、锅炉脱硫、污水处理厂提标改造、畜禽养殖业全过程综合治理等93项新建减排工程（列入国家、省污染减排责任书18项），经省核算，2012年，张家口市化学需氧量、氨氮、二氧化硫、氮氧化物排放量分别比上年下降4.78%、2.57%、11.15%、5.88%，均超额完成国家、省下达的年度减排目标任务。

【项目审批与争取项目和资金】 深化项目审批制度改革，下放审批权限，清理项目环评审批前置条件，简化审批环节，主动对接全市重点项目，如京张城际铁路、蔚县电厂等，实现服务前移，积极做好项目建设和技术改造服务工作，严格项目环境管理，提高项目环境准入标准，对不符合国家产业和环境政策要求的项目一律不批，切实发挥环评管理在产业结构中的调整作用。年内，共审批项目131个，其中通过国家、省环保部门审批项目22个，为118个项目提供了总量指标。向上级部门申报三河三湖等五大类项目35次，申报专项资金1.56亿元，已到位资金8588.98万元。

【环境执法】 一是加大对涉重、涉危废、涉化学品等重点企业监管力度，解决了一批历史遗留和现实影响较大的环境风险源，如怀来长城农化废红酸已处置完毕，委托中科院生态环境研究中心以万全农药厂为典型开展了张家口万全化工企业场地环境调查及风险对策研究。二是加强对重点流域日常监管，加大对重点河流沿岸日常巡查，完善生态补偿机制，继续强化实施跨界断面水质目标考核。三是加强饮用水源地环境管理，完成市中心城区饮用水源保护区环境状况评估，编制《市中心城区饮用水源地环境突发事件应急预案》，加大水源保护区内污染隐患综合整治力度，全市共取缔水源地内各类环境污染隐患18处。

【环境应急管理】 在全省环保系统率先成立应急中心，认真做好“十八大”环境安全保卫工作，与国家环境规划院合作起草《官厅水库上游及周边区域环境风险防控规划》，在全面推进三级防控体系建设基础上，在六大区域探索建立环境应急四级响应系统，开展永定河流域京西北地区六部门环保交流与合作，建立领导互访等工作机制。

【环保能力建设】 环境监察和监测能力得到提高。13个县环境监察机构通过省环境监察标准化验收；5个县（区）环境监测站通过省环境监测标准化验收；怀来县等14个县（区）完成空气自动站建设。科研能力和理论水平不断提高。与中科院合作开展《区域持久性有毒污染物生态风险评价与调控技术应用示范》课题研究，并申报国家科技进步一等奖；开发《绿色环保志愿者信息管理系统》软件，并取得了软件著作权证书；与中国科学院有关部门联合编写出版《地方信息化探索与实践》一书；与环保部应急中心、省环保厅共同编写《环境风险防范与应急响应——张家口实践与探索》一书，即将出版。

（武澍然、李金山）

交通·邮电

◆ 铁路

◆ 公路

◆ 民航

◆ 邮政

◆ 中国联通张家口分公司

◆ 中国电信张家口分公司

铁　路

【概况】　张家口车务段行政机构设劳动人事科、计划财务科、职工教育科、运输和统计科、办公室、安全技术科、信息技术科，党群组织设党委、纪委、工会、团委，辖党群工作办公室。下设郭磊庄、王玉庄、孔家庄、张家口、张家口南、沙岭子、宣化、贾家营、赵川、侯家庙、辛庄子、下花园、西八里、新保安、沙城、土木、狼山、东花园、邢家堡、官厅、官厅西、旧庄窝、旧庄窝东、万全西站、小蒜沟站、列车乘务、客运车队等27个车间。年末职工总数3140人，其中干部395人，女职工410人，具备中、初级专业技术职务（含政工）人员分别为39人、141人，工人技师62人，高、中级技工分别为724人、1078人。

【设备管辖及担当任务】　张家口车务段管辖京包线84.500千米至117.903千米，丰（台）沙（城）大（同）线61.200千米至225.000千米，宣（化）庞（家堡）线0.000千米至29.942千米，张家口至张家口南线0.000千米至7.508千米，张集线0.000千米至55.000千米。管辖车站25个，管内有货场4个、货物线41条，装卸设备70台；专用线58条、专用铁道1个。担当张家口至北京西4447/4448次、张家口至北京4415/4416次2对旅客列车的客运乘务工作。固定资产原值5047.56万元。

【事故处理】　1月2日，张家口车务段下花园站发生一起错误操纵、使用行车设备耽误列车一般D类事故。2012年1月2日12：56分，因配合工务用单轨小车运送路料，下花园站车站值班员吴××将4道的中间出岔35#反位单操锁闭。16：23分，车站值班员指示操纵助理胡××准备4道K7702次（图定15：59到，16：02开）上行接车进路，操纵助理依次按压始端按钮SLA和终端按钮X4LA，发现上行进站信号机S开放而进路信号SL不能开放，此时两人没有检查35#道岔（腰岔）开通位置，而是盲目臆测为设备故障，登记《运统－46》，通知电务、工务现场检查。K7702次16：32分机外停车，列车调度员布置变更Ⅰ道接车（16：54到，17：01开）。16：52分，电务通过微机监测发现35#道岔在反位锁闭，解锁后设备恢复正常。

【生产力布局调整】　2012年4月8～27日，根据路局〔2012〕210号文件要求，将房建系统移交至北京建筑段。调出在职干部职工共320人，退休职工312人。

【生产与经营指标】　年内，张家口车务段运输收入265733.1万元，运输业劳动生产率73485元/人年；装卸收入20807.92万元，装卸利润681.83万元；旅客发送量398.8万人，货物发送量3415万吨；日均装车1409车，日均卸车577车；中转时间1.5小时，停站时间16.9小时。截至年末，实现连续安全生产365天，实现安全年。

【地方铁路】　2012年6月18日，铁道部组织对京张铁路可行性研究补充报告进行了评估，根据专家意见，设计单位完善后由北京市、河北省人民政府、铁道部共同行文报国家发改委审批。

2012年6月20日，铁道部组织对张呼铁路项目进行初步设计评审待批。前期工作基本完成，施工图待批复。

蓝张铁路蓝旗至黑城子段38千米已开工建设。累计完成投资1.9亿元，完成静态投资的42%；路基工程累计完成336.30万立方米，完成设计的88%；大中桥工程累计完成1180.63延长米，完成设计的86%；框架小桥累计完成58.63顶平方米，完成设计的15%；涵洞工程累计完成802.26延长米，完成设计的78%。蓝张铁路黑城子至张家口段可研报告已经铁道部审查通过；土地预审已组卷上报国土部待批复；环评报告、水保报告书、林地勘界报告书、节能评估报告书均已编制完成。

张唐铁路一期土地组卷工作已完成，铁路沿线地上附着物清登工作已全部完成，占地勘界工作除孔家庄车站外也已完成，占地补偿至年末全部完成，红线图征地完成302.98公顷，评估矿企76户，评估民房356户，其中已审定199户，签订框架协议2份，500千伏电力迁改协议3份，对三电迁改进行了三个季度的验工计价及拨付。张唐铁路张家口境内设计里程157千米，隧道17.5座，总计86566米，开工13.5座，累计完成43092千米；桥梁37座，开工24座；路基设计32.3千米，完成挖方136万立方米，完成填方113万立方米。已完成总工程量的45%，完成投资18.3亿元。

张家口车务段段长：韩　启

（李　羚　闫文静）

公 路

【高速公路建设】 2012年，新增高速公路通车里程76.829千米，全市高速通车里程达到808千米。北绕城高速公路竣工通车，张涿高速公路部分竣工通车，京新高速公路三期开工建设，二秦高速公路、京蔚高速公路、京尚高速公路北段、宣左一级公路、西山隧道项目完成投资25.09亿元。与中石油、中石化合作，将已经建成、在建和待建的高速公路服务区打捆出租，获租赁资金18.3亿元；将张承、张涿两条高速公路整体移交省高管局，减轻了债务，收回了项目建设资本金。项目移交省高管局后，后期建设进展顺利。利用张承、张涿两条高速公路移交省高管局收回的资本金付款合同进行融资贷款。

【干线公路建设管理与养护】 大中修工程共11项，其中：大修3项工程，中修8项工程，建设里程201.296千米，9月末全部完工，完成投资2.19亿元。

公路养护管理完成小修挖补2.6万平方米，边沟清淤239千米，路面灌缝112千米；完成了112线、109线、110线、省道宝平线等部分路段的街道化治理8.13千米，安装了标志牌234块，施划标线650千米，完成观测站建设9项，道班房建设2项。在宝平线全长87千米养护示范工程上，共进行平交路口治理3项，公路文化景观建设6项，公路服务设施建设4项，重点街道治理路段4处，重点绿化路段3段，监控及安保设施建设4处。完成宣左公路连接线工程与新区中央景观大道工程。

【地方道路】 全年共完成农村公路建设投资3.68亿元，其中农村公路建设计划改造项目共75项，318.7千米，完成投资2.35亿元；危桥改造项目共301延米/7座，完成投资0.19亿元；安保工程共240.4千米/12项，投资0.18亿元；完成农村公路养护中小修工程投资7500.81万元。

2012年，全省开展基层建设年活动，张家口市共安排主街道硬化任务425个村，建设里程443千米，完成投资0.96亿元。

完成“十二五”期间农村公路网络化及连村道路建设规划。市规划修建农村公路8760千米，新建及维修加固桥梁3200延米/107座，估算总投资90亿元，可解决2391个行政村达到连村条件。

【高速公路收费】 2012年，实现通行费收入16.49亿元，同比增长2.39%。其中京藏高速征费6.89亿元，张石高速征费2.96亿元，京新高速征费6.56亿元，张承高速征费0.08亿元（张承高速5月28日归属于省高速管理局，统计数字截至5月27日）。全年共进行稽查739次，发现违纪现象191起，对87人进行了违纪处罚，其中因严重违纪给予14人停岗处分，因贪污票款开除5人；采取有力措施做好保畅工作，保证了无一起堵车现象发生。做好文明服务和礼仪接待工作，增设外勤礼仪，增加文明用语内容，开展和完善各项便民服务举措，向司机和车主提供热水、维修工具、应急药品，为过往车辆排忧解难，回答旅游咨询、提供路况信息等，体现了良好的窗口形象。按照交通运输部相关政策要求，全年共计减免绿色通道车辆26.33万辆（次），减免金额为3246.03万元。全年共查获假冒绿色通道车辆523辆，挽回通行费损失近26万元。

【运输管理】 一是道路运输经济实现新发展。全市道路运输共完成客运量4461万人（次）、客运周转量29.19亿人千米，同比分别增长14.7%、11.1%；货运量5895万吨、货运周转量167.69亿吨千米，同比分别增长14.3%、14.4%。共有客运班线1104条，客运车辆2588辆，行政村通车率达98%，乡镇通车率达100%；共有货运服务组织113家，其中从事危险货物运输业户30家，营业性货运车辆58496辆、701853吨位；汽车综合性能检测站15家，一二类维修企业220家，驾校47所（一类驾校5所、二类驾校39所、三类驾校3所），具有从业培训资格学校12所。二是城乡客运一体化发展开创了新局面。强力推进“公司化经营，公交化运作”的模式，张家口到崇礼的班线由原来的微型小客车整合为18部宇通客车，实行定时、定点、统一售票、统一排班，循环运行；张家口到万全、怀安方向的班线整合完毕，实现了统一管理。三是站场建设取得新成果。下花园综合枢纽站、沽源县汽车站获省立项审批；完成了全市二级客运站的年度审验；对已完成建设的69个农村客运站进行了验收。四是行业节能减排工作有了新进展。推广应用先进成熟的节油环保型车辆，发展中高级客车，加速淘汰能耗高、技术状况差的运输车辆，全年共更新县际以上车辆107部。五是货物运输发展取得了新突破。新增危货运输企业1家，新增危货运输车96辆，年审危货运输车594辆，组织了押运员培训班17期，培训人员314人、复训人员761人。研究全市物流园区建设，发展物流企业，宣化工业物流中心已通过省立项审批。六是车辆维修、驾培管理上了新水平。新增汽车综合性能检测站3家，一类维修企业1家，二类维修企业7家，三类维修企业7家。全年共考发从业资格证1.3万余人，结业证5万余人；推广应用计算机计时培训管理系统，与公安交通管理部门实现信息共享，形成了机动车驾驶员统一监管平台。七是安全生产工作采取了新举措。春运四十天、清明节、“五一小长假”、“十一”黄金周、“十八大”期间，没有发生安全责任事故和旅客积滞留现象。三类以上班线客车均配备了卫星定位装置，卧铺客车全部安装了车载视频装置，全市农村客运车辆安装GPS覆盖率达到53.6%。推动货运源头治超工作，开展全省创建“无双超”示范市、县活动，信用企业达121家，创建率达60%。连续开展了4次客运市场联查整顿工作，没有出现一起“三乱”行为。

【出租车管理】 张家口市主城区拥有正规运营手续的车辆2713辆，截至11月15日，共开展集中治理非法营运活动5次，查处非法营运“黑车”80余部；开展执法培训3次，培训人员143人（次）；开展精神文明创建活动3次；出租汽车升级工作全面推进，全年共更新505部。2012年，按照省交通运输厅要求，市出租车管理处与市运管处公交科合并组建城市公共交通管理处。

【民生交通】 加快推进城际公交化，完成市区至崇礼班线整合；实施了“农村班线进城、城市公交下乡”试点工程；调整延伸开通城县乡公交线路8条；开通公交“祭扫专线”2条；增加城市绿色天然气环保公交车91部；更新出租车505部；建成各级客运站（场）37个，候车亭1025个，招呼站牌614个；建设景观性公交候车亭60座；完成公交平门、通泰桥站场建设；完成了下花园综合枢纽站、沽源县汽车站的立项审批。

【重点企业】 通泰控股集团以市场化的方式参与京尚高速公路北段、京蔚高速公路东段、西山隧道等交通基础项目建设。2012年，自主完成房地产项目开发66.66万平方米；全年完成收费17.02亿元，同比增长4.8%。削减隐患，规避发展风险，降低企业负担，终止不良合作项目8个，科学合转并停企业19家。集团立足本市，不断向市外拓展市场，路桥集团市外中标工程7亿元。2012年，通泰控股集团扩大再生产和技改共投资4.48亿元，实现产值18.32亿元，实现利润0.98亿元。

（闫文静）

民航

张家口军民合用机场建设项目已列入《全国民用机场布局规划》和《河北省“十一五”民航发展规划》。该项目属国内支线机场，是河北省民航机场体系和华北地区民航机场网络的重要组成部分。张家口机场军民合用改造工程是对空军张家口机场进行改扩建，除跑道与军方共用外，其他设施独立建设，军民航各成系统。项目总投资5.3亿元。

2012年，项目基础设施建设全部完成，完成投资0.7亿元，成功完成试飞，具备通航条件。项目前期各项工作取得突破性进展，为下年度实现通航打下基础。

（闫文静）

邮政

【概况】 2012年，全市邮电业务总量达30.53亿元。其中，邮政企业业务总量1.72亿元，同比增长15.12%；邮递函件544.75万件，同比下降6.12%；发送快递362.81万件，同比增长59.37%；报纸发行量5809.38万份，同比下降0.32%；杂志发行量286.86万份，同比增长9.47%；汇兑业务36.37万笔。全市邮政业务收入绝对值列全省第七位；同比增幅列全省第三位，高于全省平均增幅1.5个百分点；从业人员劳产率同比增长12.1%。收支差额完成省公司调整后计划进度。

【项目建设】 围绕市场、围绕客户、围绕需求做项目，全年运作各类项目49个，其中C类项目23个，50万元以上项目达到10个。金融类营销项目经验在邮务类业务中得以复制和推广。创新产说会项目模式，组织“农村产说会”、“节日产说会”等各类产说会百余场，创造了可观的销售利润。

【信息化建设】 个人会计稽核系统顺利上线，电子商务信息平台移植成功，营业系统二期工程建设完成，加大对邮政网点、金库、局院等场所电视监控设施改造建设力度。信息网运行质量和运维水平提高，在省公司组织的信息网安全大检查工作中，市局取得99.3分的好成绩，全省排名第三。

【提升服务质量】 继续组织开展了邮政营投“双十佳”评选和邮政金融网点“服务进优”活动，邮政营投窗口与金融网点服务水平明显提升。全市综合满意度为92.4分，超过了省公司考核标准。理顺和畅通全局服务投诉平台，做好用户投诉工作。参加市电台“市民热线”和省电台“阳光热线”节目，密切关注网络对邮政服务的反映，督促相关部门处理和答复用户意见。全年未发生重大通信事故和通信案件。2012年，获省公司“质量管理三等奖”、“营业管理二等奖”。11月，张家口地区遭受冰雪灾害，市内多条邮路中断，全市各级网运、投递部门启动应急预案，严密组织，抗击冰雪，杜绝了邮件积压延误、丢失损毁事件的发生，确保了经营生产的顺利运行。强化用户欠费管控，全年累计用户欠费率2.31%，控制在省公司考核目标（3%）以内。

【体制改革】 继2005年国务院实施邮政体制改革，实行政企分开，成立国家和省级邮政管理局之后，为推动邮政业健康发展，强化邮政市场监管，根据《国务院办公厅关于完善省级以下邮政监管体制的通知》、中央机构编制委员会办公室《关于省级以下邮政监管机构设置人员编制的通知》和河北省人民政府办公厅《关于印发完善省级以下邮政监管体制工作实施方案的通知》精神，张家口市邮政管理局于2012年9月10日正式成立，11月15日举行挂牌仪式。该局主要职责是贯彻执行国家邮政法律法规、方针政策和邮政服务标准，研究拟订全市邮政发展规划，监督管理全市邮政市场及邮政普遍服务和机要通信等特殊服务的实施，负责行业安全生产监管、统计等工作，保证邮政通信与信息安全，承办上级邮政管理部门和市政府交办的其他事项等。局机构规格比照同级政府部门管理机构确定；局领导职数按1正1副配备。核定内设机构为：办公室、普遍服务（机要通信）科、市场监管科，核定编制10人。

2012年10月16日，张家口市邮政管理局召开了全市速递公司座谈会。局领导与全市36家速递公司负责人进行座谈，了解张家口市快递市场的基本情况，查找出其中存在的主要问题，探讨解决问题的办法。12月20日，为推动张家口市邮政业健康发展，强化邮政市场监管，根据省邮政管理局相关文件精神，市邮政管理局与市发展和改革委员会、教育工委、科技局、工业和信息化局等28个相关单位，共同组建了邮政业市场发展和维护市场秩序领导小组。同日，市邮政管理局针对快递单号买卖事件召开了专题会议，号召全市快递企业加强自身管理，保护好用户信息。

（要鹏光　王　堃）

中国联通张家口分公司

【创新业务品牌】 按照全业务的经营理念，张家口联通公司为适应移动互联网时代，在经营中确立3G融合品牌战略。“精彩在沃”3G品牌凸显联通3G网络优势、技术优势和终端优势，在iphone等明星终端助力下，引领高端、时尚的通信消费潮流。联通2G新势力、如意通、世界风三大品牌业务为用户量身定做各种套餐，以最低的资费提供最优惠的服务，体现通信惠民。推进光纤化改造，实现免费光纤宽带提速升级，体现优质优价。“沃·家庭”、“沃·商务”将固话、手机和宽带服务融合在一起，“共享时长，一单付费”，实惠便捷。“联通集团虚拟网”着眼城市企业、校园、政府等的实际需要，网内固话、宽带、手机联合组网，互打免费、辅以“一卡通”、“人员定位”等行业应用，展示了信息化建设能力。

【提升网络能力】 2012年，公司继续投入巨额资金改善固网和G网质量，提升用户体验和感知。在3G网络建设上，WCDMA网络已覆盖全市13个县（区）与重要交通干线和重要旅游景区，推进3G网络向村延伸，同时进行了全网HSPA+升级，网速可达21Mbps。在2G网络上，对高速、主干道、景区等进行集中优化，在重点区域进行网络加强、提高网络覆盖广度和深度，开通了EDGE，改善了用户上网感知。在固定网络上，完成了核心网向下一代网络（NGN）演进，在提高网络基础能力的同时，持续推进光纤化战略，采取宽带FTTH（光纤到户）/FTTB（光纤到楼）相结合的建设模式，实现光纤化改造及宽带用户提速。公司继续加大 WLAN 热点建设工作，使宽带无线城市的建设取得实质性的进展，为全市信息化发展打造更高、更广的网络平台。

【推进信息化建设】 自 3G 商用以来，基于其高速数据传送能力和远端数据采集能力，坚持为行业客户提供以创新科技为核心的全方位、高品质的移动信息化服务，通过 3G 行业信息化应用助力社会信息化，争当移动互联网时代的行业区域领导者。2012 年，联通公司与市检察院推出了车务通业务，为其提供车辆定位管理服务，与中共张家口市纪律检查委员会合作，为其成功搭建网络舆情监测服务和廉政网络舆情调研基地，与中煤集团张家口煤矿机械有限公司联合推出销售人员管理系统、与新水源景联合推出 VPDN 水源监控系统、与烟草公司联合推出 VPDN 车辆管理系统、与张北县公安局推出了警务管理系统，并逐步在各县（区）推广，与宣化医院联合推出“数字化医院”信息化系统，完成了河北建筑工程学院一卡通、张家口职业技术教育中心一卡通等校园信息化项目建设。

【强化服务工作】 解决热点和难点问题。偏远地区基站停电相对频繁，加上路途远，供电保障一直是个难点。公司采取综合治理的办法，建立起有效的保障机制。推出了一批便捷服务措施，包括“打10010，装宽带”、“24 小时宽带专家服务”、“自助缴费”“宽带无条件受理”等。组织营销小组，开展现场营销活动，将服务窗口搬到百姓家门口，现场为群众讲解公司现有的资费和营销政策，现场回答群众相关业务方面的各种咨询，使每位群众最终都能办理到最合适、最优惠的业务。加强与客户沟通，公司领导及各级管理人员深入呼叫中心、营业厅、社区接待客户，面对面征求客户意见，对服务改进形成强有力的推动。

【管理上水平】 根据集团、省公司的要求，公司对内部组织机构进行了改革，整合建立了集客、销售、产创、电子商务、导航等专业体系，加快推进管理扁平化、资源集中化、分工专业化的组织体系建设。撤销了原市区桥东、桥西和高新区服务中心，将各区域经营责任、发展责任、服务责任在市公司重新划分，落实到位。以标准化班组建设为抓手，强化基层管理和基础管理，统一规范，去虚务实，删繁就简，以新的经营理念和文化理念加以引导，管理工作迈上了新台阶。

总经理：聂印书

（兰海军）

中国电信张家口分公司

【概况】 张家口电信公司依托中国电信拥有国家长途干线光缆 70% 的资源优势，在张家口行政区域内开展基于固定电信网络的话音、数据、图像及多媒体通信与信息服务；基于 CDMA2000 移动通信网络的话音、短信、数据、无线宽带、移动办公及多媒体通信，包括网页浏览、电话会议、电子商务等多种信息服务，是一家大型综合信息服务提供商。中国电信拥有“我的 e 家”、“商务领航”、“天翼”三大业务品牌。2012 年，张家口电信公司分别获得市级、省级“文明单位”称号，被河北省质量促进会评为“河北省服务质量优秀单位”，被河北省工商行政管理学会评为“2012 年度重质量守信誉单位”。

【经营状况】 2012 年，中国电信张家口分公司市场份额与影响力逐步提升。移动业务用户规模日益扩大，实现了自 2008 年 10 月接收 C 网以来的收入翻番；电信宽带始终以服务优、网速快的特点，深受山城百姓喜爱；作为综合信息应用提供商，为用户提供综合化应用解决方案，与河北北方学院签订的“数字化校园协议”，让全校师生体验综合信息化应用带来的便利，凭中国电信 CDMA 手机除了可以通话上网外，还可以实现刷卡消费、借阅图书等实用功能，实现了“一机在手，畅行无忧”。

作为最早运营 3G 网络的运营商，中国电信运营的 CDMA2000 网络凭借高速、稳定、覆盖广的巨大优势受到越来越多消费者的青睐。中国电信张家口分公司始终把引领 3G 浪潮最前沿为己任，不断丰富 3G 与 3G 智能手机种类，不断开发综合化 3G 应用，百余款中高端电信智能手机与高速无线网络的配合，让应用与用户的身份品位整合在一起，以智能手机为主导的手机互联网时代已经来临。

【网络建设】 2012 年，张家口电信加大移动网络建设力度，年末，张家口本地网基站达 774 个，其中 3G 基站达 735 个，3G 网络高速公路覆盖率为 93.80%，国道覆盖率为 87.35%。2012 年，新增 3G

基站151个，满足日益增长的电信无线网络发展需求。

【优化服务环境】 公司加大内部硬件设施的建设力度，2012年7月，张家口新营业楼建成，是张家口电信公司加快综合信息服务发展的良好开端，具有重要和深远的意义，为更好地服务于政府、企事业单位和用户提供了更优质的平台。

总经理：王继军

（吴　凡）

旅游业

◆ 综述

◆ 宣传活动

◆ 行业管理

综 述

张家口作为环京津休闲产业带的重点城市之一，人文历史独特，文化积淀深厚。以泥河湾文化为标志，东方人类从这里走来；以黄帝、炎帝、蚩尤涿鹿合符为标志，中华文明从这里走来。良好的生态环境和优越的区位优势为全市旅游业发展提供了得天独厚的条件。近年来，特别是新一届市委、市政府在推进新一轮产业结构战略调整过程中，立足实现张家口绿色崛起、打造强市名城战略目标，将旅游服务业确定为全市第一主导产业优先发展，按照“打造国际化、生态型、民族魂，富有特色、充满激情的中国优秀旅游目的地”这一发展思路，全面推进葡萄（酒）品游、滑雪温泉、草原风情、民俗精品、历史文化等五个旅游产业大区建设，统筹整合旅游资源，全面推进基础建设，全力打造旅游品牌，全市旅游业呈现出迅猛的发展态势，取得了可喜成绩。

截至2012年年末，全市有市级旅游咨询服务中心1家、县级4家，各类旅游接待设施达到600多家，建成景区景点43处，其中A级景区33家、4A级景区12家；星级酒店44家、四星级酒店12家；旅游集团1家；旅行社68家，持证导游发展到1680人，旅游从业人员达到10万多人；专业旅游院校和开设旅游专业的中高等院校达到6所；基本形成了集休闲度假、观光避暑、运动康体和商务会展为一体的旅游产业体系。全年累计接待游客2118万人（次），同比增长40.3%，旅游创收128亿元，同比增长47%，分别比2008年增长292.2%和329.5%，游客接待人数和旅游创收同比两项指标增幅连续三年均居全省第一。崇礼滑雪被评为中国体育旅游精品项目，崇礼县被评选为中国县域旅游之星十强。“大好河山张家口”城市形象品牌影响力、知名度越来越大，受到海内外民众的广泛关注和认同。

宣传活动

【媒体广告】 在央视CCTV—1《朝闻天下》播出的以宣传张家口四季旅游为重点的“大好河山张家口”主题形象广告，时长15秒。在《人民日报》、《中国旅游报》、《河北日报》、《张家口日报》、《张家口晚报》、人民网等强势媒体发布专题广告。在京津两地举办了旅游推介会和四季风光摄影展，在北京3500辆公交车体和首都机场LED屏进行宣传，并组织了“京城媒体走进张家口”旅游宣传推广活动，有力提升了张家口旅游的知名度和美誉度。由央视投资、张纪中担纲总制片人的《英雄时代·炎黄大帝》在涿鹿开拍，中华三祖圣地——黄帝城遗址文化旅游景被确定为外景基地。

【节庆活动】 先后主办了欢乐迎春嘉年华、欢乐消夏嘉年华、旅游形象大使选拔赛、草原婚庆大典、越野e族崇礼英雄会等活动，承办了中国崇礼国际滑雪节、张北坝上草原文化旅游节、怀来葡萄采摘及葡萄酒节、首届中国剪纸艺术节等节庆活动，协办了世界旅游小姐大赛中国区总决赛、草原音乐节、刘老根大舞台走进大草原等赛事活动，将张家口旅游不断推向高潮。

【区域合作】 先后主办了和参与京晋冀“11+3”区域旅游合作会议，积极参加了冀蒙五市草原旅游推广、冀蒙辽区域联合促销等活动，与周边省市建立了良好合作关系，构建了协调联动、相互配合、整体促销的新格局。

【旅游惠民】 按照“政府引导、市场运作、企业让利、群众受益”的原则先后开展了旅游惠民大拜年、四季旅游大惠民等“张家口人游张家口”活动。整合滑雪、温泉、民俗、树花、美酒等各类旅游资源，推出了崇礼滑雪健身一日游、怀来温泉酒庄一日游、蔚县民俗古镇一日游、张北冰雪军事一日游4条特色鲜明、吸引力强的旅游线路。首次推出了旅游惠民直通车免费坐的惠民举措，参与旅游惠民活动的长城岭滑雪场等相关景区也都推出了最低的特惠价格，最高优惠幅度的线路达55%，4条旅游线路的平均优惠幅度达到了33%。活动期间，除去法定节假日和双休日，市县所有星级酒店、宾馆全部让利让价，推出特价房、特价菜，实现让利于民最大化。全市参与人数达到10万多人（次），惠民3000多万元。

行业管理

【旅游规划】 市政府始终坚持先规划、后开发的原则，注重规划的科学性、前瞻性、特色性，坚持高起点、高标准、大手笔，全力推进市、县、景区三级旅游规划体系建设。先后遴选确定了中国科学院、北京绿维创景、深圳麟德和河北地理科学与资源研究所等四家国内顶尖级设计单位，编制完成了《张家口旅游发展总体规划》、《张家口滑雪大区规划》、《鸡鸣山驿一体化规划》和《张家口市中心城区旅游发展规划》，进一步明确了旅游发展的方向和重点。同时，指导沽源、怀来、涿鹿、怀安等县完成了旅游发展规划等各类规划编制二十多项，初步建立起以全市旅游发展总体规划为总纲、各县（区）旅游发展规划为主干、各景区景点规划为脉络的旅游规划体系，为全市旅游业的长足发展奠定了坚实基础。

【旅游项目】 围绕“五个旅游大区”建设，狠抓招商引资，以冀台会、香港洽谈会、廊坊经洽会、厦门洽谈会等为平台，通过会议招商、小团组招商等形式，全力对接国际国内大企业、大集团参与张家口市旅游资源开发，重点抓好崇礼密苑、万龙、张北塞那都、元中都、宏昊大酒店、桥东区宝龙国际酒店等一批重大产业支撑、提升和配套项目，从而实现了全市旅游业整体水平质的提升。2009～2012年，全市累计实施亿元以上旅游项目100个，完成投资172.32 亿元。仅2012年，全市旅游项目投资额就达到62.5亿元。特别是崇礼密苑项目已累计投入15亿元，建成了有30条雪道和3条高速索道的云顶滑雪场，建筑面积13万平方米的五星级酒店；张北塞那都项目累计投入8.67亿元，巴伐利亚滑雪小镇、高尔夫球练习场和尼斯会馆投入运营。同时，与泰丰资本、西部控股、北京百龙等多家企业集团达成了合作意向，新签约项目30个，协议引资1000亿元。特别是河北两大文化名片招商取得重大突破，总投资10亿元的泥河湾国家考古遗址公园旅游项目也正式签约。

【旅行社管理】 扎实开展旅行社市场整治活动。在全市范围内开展了旅行社市场综合整治督导检查，要求各县（区）局对照督导检查具体内容，采取明察暗访方式对全市旅行社、分社和门市部进行拉网式督导检查。并将检查中发现的问题汇总归类，分别向各旅行社下达检查整改通知书48份。积极扶持旅行社做大做强。继国旅、金桥旅行社被国家旅游局批准经营出境旅游业务之后，积极扶持蓝天国际旅行社做大做强，帮助指导蓝天国际旅行社组织材料申报出境游资格，已通过省旅游局初步审核，报送国家局待批。报批了2家国内旅行社，省旅游局已批复，全市旅行社已达70家。

【星级酒店】 积极指导张北宏昊假日大酒店评定星级饭店，1月份经省旅游星级饭店评定委员会的评定性检查，对创建工作给予了充分肯定，并通过了省星评委的检查验收，张北宏昊假日大酒店荣膺国家四星级饭店。

【人才队伍】 积极开展了以导游员职业道德、服务规范、张垣文化、历史沿革、市情市貌、人文地理、重点项目为主要内容的业务培训，共组织专题培训会和各种培训活动10余次，参训人员1000多人（次）。3月，精心筹备，周密组织国家导游员资格上机考试，共122人取得国家导游员资格。4月，按照省旅游局下发的《关于切实做好面试组织工作的通知》和《河北省导游人员考试面试细则（暂行)》，成立了由市旅游局局长任组长，其他班子成员任副组长的张家口考区面试工作领导小组，组织面试工作，90%以上的面试人员通过了考试。与市委宣传部联合举办“远大情．张家口大讲堂—社会科学伴你行”市民专场讲座，聘请中国旅游报经济编辑部主任刘思敏进行中国旅游业及酒店业发展趋势的专题讲座。积极组织参加市委组织部、宣传部、团市委等十五家单位联合举办的第八届“张家口市十大杰出青年”活动。按照市委组织部关于2012年重点人才工程申报工作通知，结合全年重点工作任务报送了建设旅游人才引进计划、培养优秀导游人员计划、产业人才培训计划等高质量培训计划和实施方案。贯彻落实张家口市8项重点人才工作实施方案，做好“名家名师”培育和选拔工作。

【旅游商品】 全市多个旅游商品厂商、50多个品种的旅游商品参加了在义乌举办的全国旅游商品博览会、在保定举办的河北旅游商品博览会、在上海举办的全国旅游交易会、在天津举办的中国旅游产业博览会、在辛集举办的全省旅游商品展览会等一系列旅游商品展活动。特别是在全省旅游商品大赛上，张家口市旅游商品获得许多专家评委的认可，其中蔚县焦氏剪纸厂提供的系列剪纸获得了专家评委的一致赞扬，对蔚县剪纸给予了充分的肯定。

【旅游安全】 按照“谁主管、谁负责”的原则，认真部署全市旅游行业安全生产工作，认真贯彻落实消防安全，完善了旅游安全责任制，并重点加强了元旦、春节、“五一”、“十一”等节假日旅游安全工作，对滑雪安全、林地防火等重点隐患进行了专项检查。全市旅游安全形势平稳有序，未发生一起安全事故。获得全市2012年度安全目标管理考核先进单位，全市安全生产隐患大排查、大整治先进单位荣誉称号。

（郝一飞　李鹏飞）

民营经济

◆ 综述

◆ 管理服务

综　述

2012年，全市民营经济呈现出发展速度不断加快、总量规模不断壮大、质量效益不断提升的良好态势。年末，全市民营经济单位达到18.97万个，从业人员达到97.47万人，占到二、三产业从业人员的60%以上；实现销售收入2340.4亿元；完成增加值708.1亿元，同比增长12.5%，占全市GDP的比重57.4%；上缴税金108亿元，同比增长6.9%，占全市财政收入的比重达到50.5%；完成固定资产投资596.8亿元，同比增长18.6%，占全市固定资产投资的55.1%。民营经济已成为全市经济发展的重要支撑、财政税收的重要来源、吸纳就业的重要渠道、拉动经济增长的重要力量，更是全市实现绿色崛起打造强市名城，与全国、全省同步建成小康社会的强力支撑。

（乔晓明）

管理服务

【加大政策支持力度】　市政府办印发了《张家口市进一步支持小型微型企业和民营经济健康发展重点工作责任分工方案》（政办字〔2012〕230号），对近年来国家和省市有关扶持政策进行了细化和分解，内容更加具体、责任更加明确、更具可操作性。加大对政策的宣传力度，确保企业知晓会用；加大对政策落实的督导检查力度，确保政策落到实处。

【积极推进融资担保】　截至年末，全市拥有经营许可证的融资性担保机构24家，其中2012年新增5家，资本金亿元以上的3家，2000~5000万元8家，1000万元以上的10家，500万元以上的3家。24家担保机构至年末注册资本金达6.48亿元，担保责任余额为8.92亿元，比上年增加3.6亿元，累计担保余额27.06亿元，2012年新增担保额8.67亿元，新增担保笔数324笔，新增担保企业户数317户。全年举办银企洽谈会、恳谈会、联席会等活动78次，参加银行10家，推荐项目452个，落实贷款66.99亿元。市工信局与市人民银行、市工商局共同组织了银企对接活动，187家企业代表与8家银行签订总额达24.6亿元的贷款或授信协议。

【加快创业辅导基地建设】　年内，全市建设标准化厂房10万平方米，为近百个无力单独建厂的创业者提供经营场地"，全市共有6个创业辅导基地通过省中小企业局备案，27个在建、拟建创业辅导基地，规划总投资109.3亿元，累计完成投资36.2亿元，规划厂房面积223.4万平方米，累计入驻企业1381户，安置就业3万余人。其中，建成标准化厂房11.05万平方米，完成投资4亿多元。

【创建公共服务平台】　重点围绕钻机、液压油缸、杏扁、皮毛、食品等产业集群中龙头企业的实际需要，引导鼓励民营企业与高等学校、科研机构开展产学研合作，创建公共技术服务平台。积极推进市级中小企业公共服务综合平台建设步伐，集聚社会优质服务资源为中小企业提供信息查询、融资担保、技术咨询、市场开拓、管理咨询、法律援助等综合服务，编制了张家口市中小企业窗口服务平台建设实施方案，已获得省中小企业局批准。1个市级和2个县级窗口平台分别被省中小企业局列为第一批和第三批重点支持对象。

【加大对企业的扶持力度】　2012年，市本级财政安排中小企业发展专项资金4000万元，其中2000万元用于支持融资性担保机构建设，2000万元用于中小企业结构调整、产业升级、专业化发展、与大企业协作配套、技术进步、综合利用，以及中小企业创业辅导基地、产业集群公共服务平台建设等方面。对81个项目进行了支持，预计带动项目投资22.7亿元，撬动银行贷款4.9亿元，项目建成后将新增产值74.7亿元，新增税金2亿元。各县（区）按照不低于上年度民营经济上缴税金1.6%的比例安排中小企业发展专项资金，共计1.8亿多元，用于扶持中小企业发展。二是扶持企业做大做强。5月30日，张家口中航液压装备股份有限公司在天津股权交易所挂牌上市，成为全市中小企业中第一个在天交所三板市场上市的企业。张家口长宇工程机械液压油缸有限公司的"长宇"商标被国家工商总局商标局认定为中国驰名商标，这是张家口市民营企业中国驰名商标零的突破。

【不断优化发展环境】　全市以"两个环境"建设为契机，深入开展政务环境"对标"、信誉城市创建、工作效能问责"三大行动"，全市政务环境明显好转，市级集中审批率达到97%。下大力解决部门和工作人员态度冷淡、吃拿卡要等问题。重点优化行政审批服务，实行“一站式服务、一个窗口办理”，对市委、市政府确定的重要事项和重大项目，实行“绿色通道”制度。设立举报专电，实行群众举报“一次查实下岗”等制度，做到有诉必查、查实必纠。严格规范涉企检查、评比、达标、培训等活动，坚决遏制乱收费、乱罚款、乱摊派行为，优化发展环境。

（刘永旺　乔晓明）

社会科学

◆ 社科理论研讨

◆ 社科课题研究

◆ 社科知识普及

◆ 社科队伍建设

◆ 社科优秀成果

社科理论研讨

【学习党的十八大精神】 11月19日，市社科联与市委宣传部共同举办全市社科理论界学习贯彻党的十八大精神座谈会，围绕准确把握中国特色社会主义的意义、内涵、特征，坚定“三重自信”等9个专题进行理论研讨，研讨文章在《张家口日报》理论版分专题连续刊发，并在张家口电视台“晚间新闻”节目连续作深入解读。组织社科理论专家撰写辅导资料，开展学习宣讲，在《张家口日报》、张家口电视台、《张家口社会科学》专刊和“张家口社科网”开辟“学习贯彻党的十八大精神”专题栏目，刊发学习体会和理论文章。组织社科专家在张家口电视台“大茶坊”节目，进行通俗化解读，把十八大精神从“普通话转变为本土话”。充分发挥社科界理论人才优势，组织理论专家学者，深入县（区）、企业、学校、机关对十八大精神进行宣讲。

【举办全国贫困地区低碳发展研讨会】 9月11日，由国家发改委、国务院扶贫办主办，张家口市社科联协办的全国贫困地区低碳发展研讨会在张家口市怀来县召开。研讨会主题是“贫困地区的低碳发展”。中国生态文明研究与促进会、国务院扶贫办培训中心、国家发改委气候司、美国环保协会等领导和专家学者分别就“促进贫困地区低碳发展的政策体系研究”、“贫困地区贫困与低碳发展的机理分析”、“贫困地区低碳扶贫案例（张家口市沽源县）研究、”“建立贫困地区低碳扶贫发展的评估指标体系”等4个课题进行主题发言和深入交流，研讨会对推动贫困地区低碳城市建设，促进低碳绿色产业发展，低碳产业的市场化方法，贫困地区加快节能减排和低碳经济发展，提供了可资借鉴的途径和经验。

【打造“大好河山张家口”城市形象品牌】 按照强势推进全市文化大发展大繁荣要求，市社科联与市委宣传部、市历史文化研究会共同举办专题研讨会。组织12位专家做电视专访并制作了光盘，通过新闻媒体的整合宣传，突显张家口独有的人文精神、文化资源，对内增强了自豪感和凝聚力，对外提高了认知度和吸引力。

社科课题研究

【课题立项】 围绕市委中心工作，制定《张家口市第十届社会科学立项研究课题管理办法》和《课题指南》，按单位、区域分成8个片区，分别召开座谈会进行重点调度，经专家评审和社科联主席办公扩大会研究，确定研究课题91项，其中年度研究课题50项，青年课题41项。

【成果转化】 在《张家口社会科学》专刊、“张家口社科网”开辟专栏、选编《张家口市社会科学立项研究课题专辑》、《成果要报》，促进成果转化，发挥作用。得到市领导关注，不仅给予详细的批示建议，还十分注重成果的转化和应用，多次批示责成有关部门负责人调阅成果，要求根据成果提出的建议制定措施，落实执行。

【省级科研成果】 积极申报省哲学规划课题和省社科联课题，围绕市委、市政府提出的着力“两个环境”改善、绿色产业崛起以及大力发展文化产业等，组织社科团队展开系列研究，取得很好效果。市社科联课题组《张家口文化产业的经济效益对策研究》、河北建筑工程学院课题组《区域历史文化资源产业化发展研究——基于张家口蔚县文化产业发展的调查》、北方学院课题组《高校如何为地方经济服务》等多项课题被列为2012年度省哲学规划课题和省社科联课题。

社科知识普及

【社会科学普及周活动】 组织开展以“建强省、促和谐、兴文化”为主题的2012年张家口市社会科学普及周活动。5月18日，在张家口教育学院举行启动仪式，邀请河北北方学院文学院刘南平教授，作题为“中华民族精神境界及其文化探源”专题讲座。组织所属学术团体和市内各高校参与“河北省文化大发展大繁荣知识竞赛”活动，共收到答题卡8000余份。5月22日，在河北省第八届社会科学普及周开幕式上，全市4家单位获优秀组织奖，6人获个人优秀奖。5月26日，市社科联与市计划生育协会、市疾控中心在河北建筑工程学院举办“青春健康教育”进校园系列讲座首场报告会。联合市教育学会、联通公司张家口分公司，在全市中小学生中开展“谁使我感动、谁让我学习”网络短文大赛，鼓励全市中小学生发现身边让人感动的好人好事，形成颂典型、学典型的浓厚氛围，共收到5000余篇短文，评出一等奖15名，二等奖25名，三等奖65名。

【举办张家口大讲堂】 4月20日，邀请北京教育学院朱筱新教授做题为“非常阶段，平常心态——高考阶段考生家长的辅助功能”专题讲座。5月18日，邀请河北北方学院文学院刘南平教授做题为“浅议中华民族的精神境界及其文化渊源”专题讲座。8月4日，邀请中国旅游报经济编辑部主任刘思敏老师做题为“中国旅游业及酒店业发展趋势”专题讲座。12月6日，邀请河北北方学院宣传统战部部长孟悌清教授做“十八大报告解读”专题讲座。12月10日，邀请市委党校孙丽萍教授做“十八大精神生态文明解读”专题讲座。

【社科阵地建设】 出版《张家口社会科学》专刊4期，共约80万字，在以往栏目设置基础上，结合中心工作先后开辟“学习贯彻党的十八精神”、“三增一做”等专题研讨栏目。社科联与市委宣传部组织专家学者开展“大好河山张家口”城市形象品牌系列研讨活动，在张家口电视台播出，并出版《张家口社会科学》大好河山张家口城市形象品牌论坛专刊。充分发挥“张家口社科网”作用，及时发布学术前沿动态及研究成果，反映社科界最新活动信息，普及社科知识。

社科队伍建设

【成立社科所】 市委批准成立张家口市社会科学研究所，为隶属市社科联的科级事业单位。社科所承担由国家发改委和国家扶贫办委托的应对气候变化重大问题研究课题“贫困地区低碳发展研究”，课题主要以蔚县为例，研究探讨该县在高碳经济发展几成绝路之后，转变经济发展方式，以调整经济结构为核心，围绕低碳经济主打节能、体验、文化、生态“四张牌”，全力发展新型能源、旅游服务、特色农业、历史文化四大绿色产业，提高全县经济实力和人均收入。研究旨在探讨扶贫开发与低碳发展的规律，为农牧交错带、环首都贫困带乃至全国贫困地区低碳扶贫发展提供借鉴。

【评选社科优秀成果】 按照市政府《张家口市社会科学成果奖励实施细则》、市委宣传部和市政府办公室《第八届社会科学优秀成果评奖实施方案》，开展市第八届社会科学优秀成果评奖工作。在市评奖办公室对申报成果进行资格审查基础上，根据学科类别由专家组成评委会对申报成果进行评审。共评出优秀成果132项，其中著作一等奖4项、二等奖6项、三等奖8项，论文一等奖19项、二等奖36项、三等奖58项，市长特别奖1项。

【评选社科青年专家】 根据市委办公室、市政府办公室《张家口市社会科学优秀青年专家评选办法》，市社科联组织开展张家口市第二届社会科学优秀青年专家评选工作。通过张家口市第二届社会科学优秀青年专家评审委员会评审，市第二届社会科学优秀青年专家评选领导小组审核，经市委、市政府领导同意，决定授予张家口广播电视大学的丁满臣等10人“张家口市第二届社会科学优秀青年专家”荣誉称号。名录如下（以姓氏笔画为序）：

丁满臣　张家口广播电视大学
卜文军　张家口教育学院
王天旺　中共张家口市委党校
李秀芳　河北建筑工程学院
李云翔　河北建筑工程学院
李瑞杰　河北北方学院
阮惠琳　张家口市教育科学研究所
陈　香　河北北方学院
苏喜民　张家口市人民检察院
胡　伟　河北北方学院

【学会管理】 4月6日，市社科联召开各社科团体会长、秘书长和县（区）委宣传部长参加的“全市贯彻落实省委八届二次全会暨社科工作会议”，对全年社科工作和重要活动进行安排部署，市委常委、宣传部长赵占华出席会议并讲话。市社科联制定机关干部包学会制度和学会目标管理制度，要求各学会完成“五个一”常规工作。

社科优秀成果

【著作一等奖】 （排名不分先后）

《旅游政策法律与法规》（吴璇欧等）

《张家口事典》（安俊杰等）

《口外方言》（郝树林）

《张家口年鉴》（2011）（张家口市地方志编纂委员会）

【著作二等奖】 （排名不分先后）

《中小学教育技术装备管理与应用手册》（高星火等）

《赤城县大事记》（公元前279－2010年）（赤城县档案史志局）

《张家口历史文化研究》第10期（张家口历史文化研究会）

《康保县卫生志》（李殿光等）

《大好河山游在张垣》（汪清等）

《中小学教育科研方法与策略》（王顺田等）

【著作三等奖】 （排名不分先后）

《新编大学语文》（尹子平等）

《黑板报实例与应用》（赵予广）

《张家口文史》第九辑（市政协文史资料委员会）

《张北县志》（1989－2006）（张北县档案史志局）

《康保县志》（1988－2005）（康保县档案史志局）

《宣化县志》（1989－2006）（宣化县档案史志局）

《驰骋宣化博览自然张家口市宣化区乡土地理》（胡启慧等）

《地理与诗意的结合》（裴承燕等）

【论文一等奖】 （排名不分先后）

关于张家口市坝上蔬菜产业可持续发展的建议（刘守义等）

高校哲学社会科学有效服务社会的路径研究（陈新亮等）

图书馆志愿者网站建设探讨（李英）

尊重元素语文课堂导学策略研究（潘斌军等）

谈动物科学技术领域中的伦理问题（孙全文等）

中西文化导入与学生素质培养（徐丕青等）

哲学视角下的当代大学生诚信教育（李国明等）

促进非物质文化遗产保护与开发更好结合（仲莉华等）

旅游产业与文化创意产业融合是塑造城市形象的新路径——以张家口为例（吴友石等）

大学生就业能力现状调查及对策研究——以张家口地区为例（夏建军等）

生物医学工程：医学工程思维的人文困惑（李肖峰等）

从学报编辑视角解剖刘勰《文心雕龙·知音》篇（刘小平）

构建基于德尔菲法与层次分析法的文献信息资源评价指标体系（杜占江等）

服务学习——提高大学生英语综合应用能力和服务社会能力的有效途径（李云翔等）

农牧业一体化影响农户增收的实证分析（孙芳等）

河北省城镇居民医保相关政策改革研究（张育频等）

推进地方金融生态环境建设与产业结构调整协调发展的实践探索（曹建强）

京津风沙源区后续产业经营的金融支持对策（郭慧敏等）

强旅游产业特色重人才队伍建设——张家口旅游产业人才需求与对策（弥淑琴等）

【论文二等奖】 （排名不分先后）

发挥音乐教育功用，提升素质教育水平——从音乐教育在大学生素质教育中的作用谈起（乔春霞）

明朝宣府镇边镇文化主流特点——兼谈其对张家口人文精神形成与发展的影响（陈韶旭等）

女大学生就业难的原因与对策探析（回娅冬等）

临床医学大学生人格特征分析（史宝林等）

浅析张家口文化资源产业化的有效途径（李瑞杰等）

对繁荣和发展河北省文化产业的思考（王华彪等）

高校教师权利及其保障机制研究（刘建军）

打造“推荐图书排行榜”——高校图书馆导读的新思路（王喜明等）

对高职生人际关系的现状调查与思考（王清宣等）

张家口市高校毕业生就业心理调查与分析（黄海燕等）

试论新课改下地方师范院校选修课存在的问题与对策（杜凤英等）

网络环境下的大学英语阅读任务驱动型课堂教学模式研究 （邢莉娜等）

俄狄甫斯情结与古典精神分析诸理论关系探微（陈香）

浅析计算机技术在报纸网络版上的应用及发展

趋势（肖桂云）

医学院校并入综合性大学后的问题及思考（朱飞等）

试论大学生创新学习能力及其培养对策（刘蓓蓓等）

综合院校医学专业学年学分制的实践与思考（黄谦等）

医学人文精神缺失的认识根源（李振良等）

国外电子议会建设：经验与启示（谢有光等）

张家口民风民俗资源的文化产业价值（阎晓雪等）

商业广告的社会文化作用及张家口广播电视业广告现状分析（李进等）

高校校园文化建设探析（李敏等）

赵树理民间立场新论（张慧强）

思想政治理论课视频案例教学的辩证分析（赫鹏飞等）

张家口现代物流产业发展人才约束研究（石静等）

提高我市工伤保险统筹层次的建议（葛保江等）

农村寄宿制小学儿童个性与社会性发展状况研究（武海英等）

张家口市尾矿库三级防控体系（邱建国）

降低不良贷款率背景下县域信贷萎缩成因研究与对策（杨树青）

张家口市实施村级会计委托代理服务工作调研报告（谢云天）

河北省区域旅游合作探析（白美丽等）

犹太律法发展历程初探（许广灵）

中国新时期外交理念与国际地位的提高（马艳春）

农村民间金融发展现状及发展前景分析（田婕等）

挖掘“绿色”内涵叫响“生态”品牌——对张家口市全面推进“生态城市”建设的思考与建议（王跃洲）

张家口市煤炭市场情况调研（吴一凡）

【论文三等奖】（排名不分先后）

高等医学院校人才培养模式探索（尹奋勤）

高职大学生心理健康状况及体育教学优化对策（马昆）

《玉篇》部首改革浅析（张立娟等）

浅议医院人才培养（丁文会）

学分制下教学质量保障机制探析（黄智鸿等）

语言学概论课双语教学初探（冯学民等）

新城市主义对河北省城市建设的启示——基于提高居民生活质量的城市设计（王小丽等）

SCORM标准学习跟踪机制的研究与实现（孙兴华等）

乔治·艾略特《织工马南传》的寓言式写作手法（张迎燕等）

从宗系辩诬事件看明朝与朝鲜外交渠道的特点（闫晓静等）

从现代设计文化看中国设计的发展（郝静等）

营造良好社会环境提高大学生综合素质（耿茹等）

张家口地区电子文献传递系统的开发研究（张梁等）

中文图书采购招标评价指标体系的构建（王金娜）

高职院校教育信息化发展研究与决策（景亚妮等）

加快西北部地区特色旅游文化产业发展对策研究——以张家口为例（姚志兰等）

电影作为英语教学载体提升学生素质教育（闫运兴）

我国网络信息伦理危机及对策（杨新明）

“家学”词称溯源及其当代诠释（兰秋阳）

普契尼歌剧《波希米亚人》中鲁道夫咏叹调分析与演唱处理（牛占国等）

张家口市“山城”景观风貌特色调查研究（孙晓璐）

基于全寿命周期的建筑工程项目绿色管理研究（高红等）

论卡夫卡短篇小说的后现代性（师彩霞等）

资源配置理论对信息资源共建共享的影响（王学光等）

元认知与自主学习研究（王建君等）

泛在网络环境下高校图书馆读者服务研究（肖丹等）

欠发达地区农村土地流转问题的法律思考（庄伟民等）

新形势下大学生创业服务体系的构建探究（王引林）

教师个人知识管理探微（郝丽等）

基于蚁群优化神经网络的图书馆读者服务评价研究（康丽峰）

外语专业大学生思想行为特点及引导对策探讨（段汝和）

传媒素养在高校思想政治教育中的位置（马瑞敏）

从市场需求看管理类学生人文素质的培养和提高（梁俊仙等）

张家口市社区图书馆发展对策研究（刘万荣）

地方民间音乐对张家口旅游业的作用研究（张敏等）

构建中国特色的房地产体制（钮旺春）

从司法角度审视——完善农村征地补偿制度的构想（王海龙）

社会转型时期“医患共同体”内部失和的政治学分析（袁铸等）

“望闻问切”化解社会矛盾（苏喜民等）

环京津张家口地区贫困成因及对策（毕树广等）

基于C2C安全隐患分析及对策探讨（秦树文等）

深入、持久、有效地开展志愿者“双服务”工程（张冬梅等）

张家口市对接“环首都经济圈”区域经济发展研究（赵海军等）

高等教育投资的个人成本收益分析（席卫华等）

县域经济发展任重道远——张家口市县域经济发展综述及加快发展对策建议（郭晓娟）

关于进一步深化对非公有制经济认识的思考（贾耀忠等）

农村土地所有权安全与农业可持续发展（李孟波）

基于城市规划视角的中国城市居住空间发展研究（姜乖妮）

张家口（晋察冀）新华广播电台始末（李海）

地方台对农节目的几点思考（焦春金等）

谈委托加工应税消费品应交消费税的会计处理（邢琰彬等）

收入分配对消费需求的影响分析（范泳）

我国现行低保制度存在的问题及其发展趋势（张亮亮）

电视剧《中国地》中人物塑造技巧的程式与突破（李秀平）

维护农民工权益的法律机制探索（王天旺）

广播媒体的品牌意识和传播理念——以张家口人民广播电台个例试论（高炜卿等）

影响外语学习的多种因素（王丽红）

网络环境下的德育教育（邢海萍）

【市长特别奖】 经市第八届社会科学优秀成果评审委员会评审并报请市长侯亮签批，授予王英等撰写的研究报告“高校服务地方经济发展路径与绩效研究”社会科学市长特别奖。

【青年佳作奖】 （排名不分先后）李国明　乔春霞　陈韶旭　史宝林　王华彪　刘建军　王喜明　邢莉娜　陈　香　肖桂云　朱　飞　刘蓓蓓　黄　谦　阎晓雪　李　进　李　敏　张慧强　赫鹏飞　白美丽　许广灵　田　婕　王跃洲　吴璇欧　郝树林

【优秀组织奖】 （排名不分先后）　河北北方学院、河北建筑工程学院、张家口市教育学院、张家口市职业技术学院、张家口广播电视大学、宣化科技职业学院、市地方志办公室、宣化区委宣传部、市委党校、市金融学会、市教育学会。

（白晓燕）

科学技术

- 科技管理
- 科技活动
- 科研成果
- 防震减灾
- 气象

科技管理

【制度建设】 加强科技管理制度建设，强化政策引导支持。2012年，市政府印发《张家口市科学和技术发展“十二五”规划》，作为“十二五”期间全市科技工作的工作指南。张家口市科技和地震局加强配套政策措施的研究，下发了《关于加强农业科技创新工作的意见》、《张家口市山区创业奖励办法》和《深入开展科技特派员创新创业行动实施方案》，完善农业科技服务体系，指导农业科技创新工作的开展。为加强对院士智力引进工作的组织领导，以及为院士参与张家口市建设提供更好的服务，出台了《张家口市院士工作站建设管理办法（试行）》。

【科技项目】 2012年，共承担国家、省各类计划项目41项，争取资金5254万元，其中国家级项目有科技富民强县项目1项，星火计划项目1项，金太阳工程1项，科技创新资金项目3项，“863计划”项目3项。全市19家科技型中小企业承担国家、省技术创新基金项目。2012年，张家口市科学技术研究与发展经费安排1600万元，比上年增加了300万元，下达科学技术研究与发展财政资助项目70项，科学技术研究与发展自筹经费项目143项。

【工业科技】 重点支持了高新技术产业、环首都科技成果转化基地、优化科技创新创业环境等导向明确的项目。加强资金支持，引导企业提高创新积极性。安排市级资金540万元，用于提高企业自主创新能力建设，引导企业投入科技研发经费4亿多元。新增万全京仪机床有限公司、张家口中地装备探矿工程机械有限公司2家高新技术企业，全市高新技术企业达到20家，科技型中小企业发展到300家。加强对矿山装备和新能源产业发展的支持，推动传统产业优化升级。中煤张煤机的“薄煤层高效安全开采关键技术研究”和华美光电子有限公司的“1X4阵列式波长可调谐40G激光器及其封装的研究”两个课题获得国家“863计划”项目的支持。“全液压岩心钻机研发”项目纳入省级重点科技支撑计划。投资120亿元的国家风光储输示范工程项目进展顺利。2012年，省政府批准建设张家口西山和东山2家省级高新技术产业开发区，园区内培育高新技术企业10家，拥有和应用各类高新技术89项，拥有专利17项。

【农业科技】 围绕全市特色农业发展和社会进步，开展科技攻关，扶持农业产业化龙头企业。重点支持崇礼富京农业、塞北弘基科技、怀来北宗黄酒、万全禾久农业、怀安涌泉养殖、宣化巡天种业等10家农业产业化龙头企业。推动张家口市杂交谷子科技成果转化，提高农民种植积极性，促进农民增收，延长产业链条。实施科技特派员创新创业工程。2012年，赤城县夏季无公害蔬菜产业基地和蔚县仁用杏产业基地被认定为省级科技特派员创新创业基地。全市组建了414名科技特派员和10个法人科技特派团队的科技特派员队伍，提高了服务基层农业科技创新能力，为推动农业产业加快发展奠定了基础。农业科技园区建设取得重要进展。塞北奶牛养殖科技示范园区列入省级农业科技园区建设序列（试点）。

【民生科技】 推进科技惠民工程实施。开展农村致盲性眼病筛查与农民防盲远程信息体系建设，在万全、怀来等14个县（区），对55岁以上的农村居民进行全面筛查，筛查24万人（次），建立了200个远程眼科基地，建成30万例眼科影像数据库。由阳原县医院与北京同仁医院共同承担的总投资3000多万元的农村致盲性眼病筛查与农民防盲远程信息体系建设项目推荐到国家科技部。

【创新服务平台】 依托张家口市农业科学院的河北省杂交谷子工程技术中心开展创建国家杂交谷子工程技术研究中心工作，申报材料由河北省科技厅推荐到科技部。工业烟气污染控制省级工程技术中心通过专家论证，全市省级工程技术中心达到5家。市农产品加工、杏扁、葡萄工程技术研究中心等三家市级工程技术中心通过验收，市级工程技术中心达到5家。张家口市开元盛世房地产开发有限公司注册成立张家口市科技企业孵化器，注册资金500万元，是张家口市第一家市级科技企业孵化器。各类科技服务机构发展呈现新趋势，涿鹿县、桥西区都建成了科技企业孵化器。发挥张家口市先进制造技术研究院、先进装备制造产业技术创新联盟和产学研合作人才工作站的作用，开展多种形式的科技创新服务和科技活动。

【科技合作】 加快产学研合作进程，在全市组织了“装备制造业、新兴产业对接合作恳谈会”，参加了全省百家科研院所、高等院校走进河北等活动，全市4家企业与4家省外院校签定了2.7亿元技术合作项目，东山产业集聚区与清华大学、哈工大等16所院校建立了合作关系，为高新技术产业发展提供了强有力的科技支撑。筛选了11个项目参加第十五届北京国际科技产业博览会。

【知识产权管理】 2012年，组织知识产权工作成就和先进人物事迹以及专项行动打击成效的宣传报道30篇（次）。会同市工商局、新闻出版局等部门，在市日报、晚报的显著位置公布维权举报电话。开展知识产权宣传活动。在崇礼县青少年活动中心广场举办了知识产权集中宣传暨万人签名活动。在“中国专利周活动”期间组织召开了“零专利企业座谈会”。组织各县（区）、高新技术企业、科研院所、大专院校知识产权管理人员参加培训，培训管理人员500余人（次）。加大资助力度，促进专利申请量提升。发放资助金22万元资助了142项省、市专利。2012年，共申请专利459项，同比增长42.5%；授权257项，同比增长59.6%。推进优势企业培育工程。与市金融办协同选择资质好、实力强的金融机构，帮助具备一定基础条件，贷款需求迫切，项目市场前景好的企业开展贷款融资服务工作，带领金融机构对有质押贷款需求的重点企业进行实地考察，实行点对点全方位对接服务。促成宣化中冶科技有限公司与商业银行宣化县通汇支行达成专利权质押贷款协议，贷款金额100万元，已进入评估阶段。开展企业知识产权管理规范试点工作，成立了“张家口市企业知识产权管理规范试点工作组”。落实知识产权优势培育的激励措施。组织了“知识产权优势培育专利奖”和“省战略引导项目奖励”的申报。获市科技进步奖专利项目共有17项，占获奖项目的11.9%。

【科普工作】 阳原泥河湾、闪电河湿地公园、安家沟科普基地列入省级科普示范基地，使全市省级科普示范基地达到6家，建成市级科普基地15家。开展科普宣传活动，举办了2012年张家口市科技活动周启动仪式，市直18个部门和部分科技型企业组织参加了启动仪式。开展了丰富多彩的群众性科普活动，共发放宣传资料3万多份，现场接待咨询约5000人（次）。

【人才工作】 在全省“巨人计划”首批创新创业团队和领军人才评选中，张家口市农科院谷子研究所、长城葡萄酒技术中心创新小组、河北华美光电子3个团队及赵治海、孙腾飞、周海军3名领军人才受到命名表彰。

（祁海燕）

科技活动

1月14日，国家科技部副部长曹健林一行到张北县国家风光储输示范工程现场检查风光储输示范工程建设工作。2月9日，国际保护知识产权协会（AIPPI）中国分会七届二次理事会和会员代表大会在崇礼县召开，国家知识产权局局长田力普和省知识产权局局长刘纪雷等出席，田力普作形势报告。5月8日，省科技厅副巡视员李从民就农业科技园区建设、科技特派员创新创业活动开展情况进行调研，考察了崇礼县富京农业科技园区、万全县杏花沟农业科技园、赤城县雕鹗镇康庄村和黎家堡村。5月19日，举行2012年张家口市科技活动周启动仪式，市委常委、宣传部长赵占华，市人大副主任张秀发，市政府副市长宋文玲，市政协副主席何兰等出席活动。6月18日，市政府与煤炭科学研究总院签署科技合作全面协议，常务副市长何江海出席活动。7月11日，举办了张家口装备制造、新兴产业项目对接合作恳谈会，北方凌云工业集团有限公司、航天晨光股份有限公司、中粮工程科技有限公司、中国化工集团昊华总公司等11家知名客商参加活动。9月4日，国家科技部部长万钢到张家口市视察国家科技支撑计划重大项目、“金太阳示范工程”首个重点项目——国家风光储输示范工程。9月10日，全省清洁能源知识产权培训班在张家口市开班，国家知识产权局专利管理司副司长陆毅出席。

（祁海燕）

科研成果

【概况】 2012年，张家口市参与完成的2项科技成果获国家科技进步二等奖；获省科技进步二等奖1项，省科技进步三等奖8项；获省山区创业三等奖3项。2012年，全市申报市级科技进步奖参评项目192项，最终授奖143项，其中一等奖27项、二等奖52项、三等奖64项。科学技术突出贡献奖2人。

【科学技术突出贡献奖】 根据《张家口市科学技术奖励办法》，经市科学技术奖评审委员会评审，市政府决定，授予张家口市农业科学院杨才、中国人民解放军第二五一医院尚培中张家口市科学技术突出贡献奖。

【科学技术进步奖】

一等奖（27 项）

1. 宣钢“十一五”主要污染物减排措施研究与创新应用
完成单位：河北钢铁集团宣化钢铁集团有限责任公司。
2. 美标（含硼）盘条的开发生产
完成单位：河北钢铁集团宣化钢铁集团有限责任公司。
3. 细晶粒盘螺工艺及性能优化
完成单位：河北钢铁集团宣化钢铁集团有限责任公司。
4. 建筑市场监管决策系统的研究与设计
完成单位：河北建筑工程学院。
5. 电动助力式小型播种机研究
完成单位：河北建筑工程学院、张家口市农业行政综合执法支队。
6. SD9 高驱动履带推土机研制
完成单位：河北宣化工程机械股份有限公司。
7. 蔚州矿区薄底板隔水层灰岩含水层上带压开采突水危险性评价
完成单位：开滦（集团）蔚州矿业有限责任公司、开滦（集团）有限责任公司、煤炭科学研究总院唐山研究院。
8. 1.5MW 变速恒频风力发电机组研发和产业化
完成单位：张北运达风电有限公司。
9. φ34～48mm 矿用加强型紧凑链开发
完成单位：中煤张家口煤矿机械有限责任公司。
10. 张北 6.2 级地震灾害评估、调查及地震地质构造等分析研究
完成单位：张家口市科学技术和地震局。
11. 不同生态型系列化麦片加工与饲草兼用皮燕麦新品种选育及应用
完成单位：张家口市农业科学院。
12. 高产、高蛋白黍子新品种冀张黍 1 号选育及应用
完成单位：张家口市农业科学院。
13. 奶牛公犊肉用生产关键技术
完成单位：河北北方学院。
14. 塞北乌骨鸡日粮能量水平研究
完成单位：河北北方学院。
15. 关节内粉碎性骨折骨软骨损伤联合体手术修复策略
完成单位：中国人民解放军第 251 医院。
16. 细菌感染与烧伤创面愈合及瘢痕形成的相关性研究
完成单位：中国人民解放军第 251 医院。
17. 大脑中动脉动脉瘤显微外科治疗临床研究
完成单位：中国人民解放军第 251 医院。
18. 金莲花有效成分抗肿瘤机制及药动学研究
完成单位：河北北方学院。
19. 抗心律失常药对心室流出道自律性的影响及抗心律失常研究
完成单位：河北北方学院。
20. 肠淋巴液在急性失血后血液流变性异常中的作用与机制
完成单位：河北北方学院。
21. 骨髓间充质干细胞体外诱导向心肌分化、修复梗死心肌调控机制研究
完成单位：河北北方学院。
22. 乳腺癌中多种基因蛋白表达与化疗方案关系研究
完成单位：河北北方学院。
23. 吴茱萸活性成分及其抗氧化和抑菌作用研究
完成单位：河北北方学院。
24. 局部晚期宫颈癌血管新生与放化疗耐受关系研究
完成单位：河北北方学院附属第一医院。
25. 鼻源性头痛相关疾病研究
完成单位：河北北方学院附属第一医院。
26. 筋膜瓣修复骨缺损时血管化与膜诱导促成骨作用对比研究
完成单位：河北北方学院附属第一医院。
27. 原代癌细胞培养及 TopoⅡα 和 MGMT 基因检测对乳腺癌化疗指导作用
完成单位：河北北方学院附属第一医院。

二等奖（52 项）

1. 基于 SNMP 的网络异常 ARP 监防系统
完成单位：河北北方学院。
2. 宣钢大高炉定修送风后的操作研究
完成单位：河北钢铁集团宣化钢铁集团有限

责任公司。

3. 宣钢高强度精轧螺纹钢的开发与应用
完成单位：河北钢铁集团宣化钢铁集团有限责任公司。

4. 高线集卷后保温和控温工艺开发与应用
完成单位：河北钢铁集团宣化钢铁集团有限责任公司。

5. 城镇排水管网优化设计及其决策系统研究
完成单位：河北建筑工程学院。

6. Internet 智能信息搜索技术研究
完成单位：河北建筑工程学院。

7. 拓扑优化设计在预应力钢结构中的应用研究
完成单位：河北建筑工程学院。

8. 聚丙烯酸酯原位聚合具有互穿网络结构的聚氯乙烯复合树脂
完成单位：河北盛华化工有限公司、河北工业大学。

9. 利用电石渣和烟道气生产纳米碳酸钙
完成单位：河北盛华化工有限公司、河北科技大学。

10. 张家口市科技信息服务平台建设
完成单位：张家口市科技信息研究所。

11. 傅里叶拉普拉斯级数的展开、收敛以及求和问题
完成单位：河北北方学院。

12. 日粮铬对热应激种公鸡精液品质的影响及作用机理研究
完成单位：河北北方学院。

13. 猪附红细胞体病治疗方法研究
完成单位：河北北方学院。

14. 冀西北玉米高产栽培保护性种植技术研究
完成单位：河北北方学院。

15. 蜂花粉对塞北兔精液品质及生理生化指标的影响
完成单位：河北北方学院。

16. 冀西北地区奶牛高产配套技术体系研究
完成单位：河北北方学院。

17. 冀西北肉羊杂交组合筛选与应用
完成单位：河北北方学院。

18. 加味补阳还五汤在脑梗塞后遗症的应用研究
完成单位：　中国人民解放军第 251 医院。

19. 单纯后颅窝减压与减压加枕颈植骨融合内固定术治疗寰枕畸形的远期疗效比较
完成单位：　中国人民解放军第 251 医院。

20. 护理电子病历研发与应用
完成单位：　中国人民解放军第 251 医院。

21. 中药六神祛腐方外敷治疗Ⅱ、Ⅲ期压疮临床研究
完成单位：　中国人民解放军第 251 医院。

22. 活血通络方治疗药物性静脉炎及机械性静脉炎临床研究
完成单位：　中国人民解放军第 251 医院。

23. 和营安心方对慢性心衰 RAS 系统及心肌重构的影响
完成单位：　河北北方学院。

24. 抗骨松组方对绝经后骨质疏松症患者骨痛及骨代谢的影响
完成单位：　河北北方学院。

25. 金莲花中荭草苷和牡荆苷抗衰老机制研究及应用
完成单位：　河北北方学院。

26. 牛磺酸对矽尘致肺纤维化的干预作用研究
完成单位：　河北北方学院。

27. 丹红注射液及护肝醒脾组方对酒精性肝病保护机制研究
完成单位：　河北北方学院。

28. 延年半夏汤治疗胃肠功能障碍临床研究及机制探讨
完成单位：　河北北方学院。

29. 下肢长骨骨折旋转畸形 C 形臂测量
完成单位：　河北北方学院附属第一医院。

30. 宫颈病变的液基细胞学（TCT）及组织病理学研究
完成单位：　河北北方学院附属第一医院。

31. 天南星提取物体内、体外抗肿瘤作用及机制研究
完成单位：　河北北方学院附属第一医院。

32. 椒参洗剂制备及其临床疗效研究
完成单位：　河北北方学院附属第一医院。

33. 肠溃灵组方制备工艺优化及抗溃疡性结肠炎的作用机制研究
完成单位：　河北北方学院附属第一医院。

34. 再生手术器械纳入消毒供应中心管理流程再造
完成单位：　河北北方学院附属第一医院。

35. 张家口地区手足真菌病病原菌分析及诊治
完成单位：　河北北方学院附属第二医院。

36. 社区心理护理干预对脑卒中后抑郁的康复

研究

完成单位：张家口市第一医院。

37. 高敏 C 反应蛋白与代谢综合征的相关性研究及其干预治疗研究

完成单位：张家口市第一医院。

38. 丁苯酞联合依达拉奉治疗急性脑梗死对患者高敏 C－反应蛋白的影响意义

完成单位：张家口市第一医院。

39. IGT 及 IFG 患者血糖与血脂、血流变、尿微量白蛋白相关性研究

完成单位：张家口市第二医院。

40. 去上皮瓣 Epi－LASIK 手术治疗中高度近视临床疗效观察

完成单位：张家口市第四医院。

41. 三仁汤治疗原田氏病临床研究

完成单位：张家口市第四医院。

42. 巩膜层间引流池样小梁切除术治疗难治性青光眼临床研究

完成单位：张家口市第四医院。

43. 部分睫状体冷冻联合小梁切除及丝裂霉素 C 巩膜瓣下羊膜植入治疗难治性青光眼临床研究

完成单位：张家口市第四医院。

44. 瓣下蓄水池样小梁切除联合羊膜植入、丝裂霉素 C 治疗难治性青光眼临床研究

完成单位：张家口市第四医院。

45. 痔上粘膜环形切除肛垫悬吊（PPH）手术治疗重度痔研究

完成单位：张家口市第五医院。

46. 中西医结合改善 2 型糖尿病胰岛素抵抗和胰岛素分泌功能临床研究

完成单位：　张家口市建国医院。

47. 长期应用阿立哌唑对血糖血脂的影响

完成单位：张家口市沙岭子医院。

48. 利培酮口服液合并苯二氮卓类药物治疗急性兴奋状态研究

完成单位：张家口市沙岭子医院。

49. 复方甘草酸苷联合左氧氟沙星及多西环素治疗慢性布氏杆菌病研究

完成单位：张家口市传染病医院。

50. 弹性虹膜拉钩在小瞳孔下内眼手术中的应用效果研究

完成单位：张家口市宣化区眼科医院。

51. 磷酸肌酸钠治疗矽肺充血性心力衰竭临床研究

完成单位：宣化钢铁公司职工医院。

52. 多模式静脉自控镇痛在外伤、手术后、晚期癌症疼痛患者的应用

完成单位：　张北县医院。

三等奖（64 项）

1. 镁基储氢合金电化学性能研究与应用

完成单位：河北北方学院。

2. CYS－I 多工况内燃机车联合试验站开发与运用

完成单位：河北钢铁集团宣化钢铁集团有限责任公司。

3. 矿用 U 型钢生产工艺创新与应用

完成单位：河北钢铁集团宣化钢铁集团有限责任公司。

4. 蒙古煤炼焦的试验研究与应用

完成单位：河北钢铁集团宣化钢铁集团有限责任公司。

5. 设备故障诊断信息系统研发与应用

完成单位：河北钢铁集团宣化钢铁集团有限责任公司。

6. 低成本 600MPa 级高强焊丝用钢的开发与生产

完成单位：河北钢铁集团宣化钢铁集团有限责任公司。

7. 中高碳钢连铸坯缓冷技术开发

完成单位：河北钢铁集团宣化钢铁集团有限责任公司。

8. 可信计算技术在高安全等级操作系统中的应用研究

完成单位：河北建筑工程学院。

9. 可复用 MIS 构件技术研究及应用

完成单位：河北建筑工程学院。

10. 城市降雨径流及雨洪模拟研究

完成单位：河北建筑工程学院。

11. 物理实验数据计算机处理系统研制

完成单位：河北建筑工程学院。

12. 污水处理厂脱氮除磷（一级 A）升级改造技术研究

完成单位：张家口市鸿泽排水有限公司。

13. 通泰大桥钢桥面铺装体系力学特性研究

完成单位：张家口翰得交通公路勘察设计有限责任公司。

14. 二级冷榨常温物理精制杏仁油生产技术

完成单位：涿鹿县果仁食品有限责任公司。

15. 交通荷载对快速路低填路基工后沉降影响及对策研究
完成单位：张家口市城市快速路管理处。

16. 5M 深孔液压凿岩钻架研制
完成单位：张家口宣化华泰矿冶机械有限公司。

17. 优质高产胡麻新品种选育及优化栽培技术应用
完成单位：河北省高寒作物研究所。

18. 溶葡球菌酶对奶牛乳房炎防治研究
完成单位：河北北方学院。

19. 红车轴草总黄酮抗氧化及增强机体免疫力研究
完成单位：河北北方学院。

20. 日粮能量水平对猪、乌鸡生殖机能及激素分泌影响
完成单位：河北北方学院。

21. 冀西北糯玉米优质高效配套技术体系研究
完成单位：河北北方学院。

22. 鸡源性大肠杆菌耐药机制及抑制方法研究
完成单位：河北北方学院。

23. 白蛾周氏啮小蜂人工繁育及贮藏技术研究
完成单位：张家口市森防站。

24. 氦氖激光、红外线对萎缩性胃炎大鼠的治疗作用及机制研究
完成单位：河北北方学院。

25. 大鼠局灶性脑缺血后神经元凋亡及相关基因表达研究
完成单位：河北北方学院附属第一医院。

26. 老年恶性肿瘤耐药相关分子机制研究
完成单位：河北北方学院附属第一医院。

27. 彩色多普勒超声在泌尿系结核的诊断及鉴别诊断
完成单位：河北北方学院附属第一医院。

28. EB 病毒与儿童呼吸道感染相关性研究
完成单位：河北北方学院附属第一医院。

29. 强制性运动疗法对急性期脑梗死患者生活能力、生活质量影响研究
完成单位：河北北方学院附属第一医院。

30. 超声监视下电脑遥控灌肠整复仪水压灌肠治疗小儿肠套叠的临床研究
完成单位：　河北北方学院附属第一医院。

31. 重症监护室护士心理咨询及自我防护调查
完成单位：河北北方学院附属第一医院。

32. 止血带的松或紧及手握紧或放松静脉采血对血标本影响临床研究
完成单位：河北北方学院附属第一医院。

33. 结肠造口患者护理质量提高的相关性研究
完成单位：河北北方学院附属第一医院。

34. CT 检查对多房囊性肾癌术前诊断的价值
完成单位：河北北方学院附属第一医院。

35. 泌尿系统感染患者尿线索细胞和阴道加德纳菌的相关性研究
完成单位：河北北方学院附属第一医院。

36. 中青年和老年冠心病病人心理社会因素对比分析
完成单位：河北北方学院附属第二医院。

37. 松龄血脉康联合阿司匹林及他汀类药物治疗颅内外动脉狭窄临床疗效
完成单位：张家口市第一医院。

38. 精氨酸、纳洛酮与无创呼吸机治疗肺心病、呼吸衰竭临床分析
完成单位：张家口市第一医院。

39. 超声监护在无痛人工流产术中的应用价值
完成单位：张家口市第一医院。

40. 心肌梗死急诊经皮冠状动脉介入治疗后抑郁症发病情况及其预后
完成单位：张家口市第一医院。

41. 大学生健康体检项目数值异常的相关因素分析
完成单位：张家口市第一医院。

42. 循证护理在慢性阻塞性肺疾病患者氧疗依从性中的应用
完成单位：张家口市第二医院。

43. 补骨续断汤治疗骨质疏松症临床研究
完成单位：张家口市第二医院。

44. 三仁化滞组方治疗良性十二指肠淤滞症临床研究
完成单位：张家口市第二医院。

45. 综合治疗儿童过敏性紫癜性肾炎分析与研究
完成单位：张家口市第二医院。

46. B 型钠尿肽在舒张性心功能不全中的诊断意义
完成单位：张家口市第二医院。

47. 外阴上皮内非留样病变综合治疗与研究
完成单位：张家口市第二医院。

48. 个体化微小度数凸透镜附加基底向内的适

度三棱镜对青少年近视防治效果研究
完成单位：张家口市第四医院。

49. 输液器用于新生儿脐静脉插管研究
完成单位：张家口市第五医院。

50. MBL 与 MASP－2 在结肠直肠癌中的基因分型
完成单位：张家口市第五医院。

51. 椎管内阻滞分娩镇痛临床研究
完成单位：张家口市妇幼保健院。

52. 张家口市妇女乳腺癌调查分析（1997 年－2009 年）
完成单位：张家口市妇幼保健院。

53. 血液透析标本采集时机选择及相关因素研究
完成单位：张家口市建国医院。

54. 广泛性焦虑障碍的述情障碍与焦虑症状关系的研究
完成单位：张家口市沙岭子医院。

55. 舒肝解郁胶囊与氟西汀胶囊治疗血管性抑郁症对照研究
完成单位：张家口市沙岭子医院。

56. 改良正畸活动矫治器在儿童替牙合期前牙外伤中的应用
完成单位：张家口市口腔医院。

57. 糖尿病社区干预路径设计与研究
完成单位：张家口市传染病医院。

58. 逍遥丸质量标准研究及评价
完成单位：张家口市药品检验所。

59. 张家口市十年来鼠疫防治策略研究
完成单位：张家口市地方病防治所。

60. 支气管动脉栓塞术治疗肺结核咯血研究
完成单位：张家口市肺科医院、北京老年医院。

61. 新生儿缺氧缺血性脑病（HIE）预防及诊疗
完成单位：下花园区妇幼保健院。

62. 降脂胶囊治疗高脂血症临床疗效观察
完成单位：万全县中医院。

63. 河北省艾滋病抗病毒治疗初期病人依从性影响关键因素及相关对策研究
完成单位：宣化区疾病预防控制中心。

64. 穴位埋线治疗癫痫型脑囊虫病临床研究
完成单位：　张北县中医院。

（祁海燕）

防震减灾

【管理体系】　按照《河北省人民政府办公厅关于5·28唐山地震应对及下一步工作安排情况的通报》和《河北省地震局关于印发张庆伟省长在省地震局调研时讲话的通知》等文件的要求，市政府召开防震减灾工作联席会议，传达省办公厅、省地震局防震减灾工作的安排部署，下发了《张家口市人民政府关于加强地震应急工作的意见》、《张家口市人民政府办公室关于调整市政府防震减灾指挥部和市政府防震减灾联席会议成员单位的通知》等4个政府文件和《张家口市人民政府防震减灾指挥部关于将人民公园等列为应急避难场所的通知》、《张家口市人民政府防震减灾指挥部关于组建地震灾害紧急救援大队的通知》等6个指挥部文件，将省政府办公厅《通报》和省地震局有关文件的要求进行分解，分门别类进行传达和落实。市委书记、市长、主管市长多次听取全市防震减灾工作开展情况专题汇报，对各项工作的开展进行调度。主管市长主持召开2次有50多个部门参加的全市防震减灾联席会议，主持召开2次有10多个有关单位参加的应急工作调度会，推动了张家口市防震减灾工作力度，各县（区）、各部门对防震减灾工作的重视程度进一步提高，为开展各项工作提供了组织保障。

【监测预报】　投资180万元完成了14个强震台和2个测震台的建设工作。做好监测预报工作，下发了《张家口市2012年度震情跟踪工作方案》，指导日常工作有序开展。对掌握的测震数据、前兆数据进行分析、整理、归档。建立了较为完善的监测数据档案管理制度，地震观测数据按时入库。开展了“以张家口～渤海地震带为单元的地震预测方法”研究工作，以该方法进行地震趋势会商。共进行各类地震会商66期，撰写地震简报13期。加大震情跟踪和异常落实力度。3月和8月，张北县、高新区分别发生了有感地震，蔚县、阳原一带出现小震群活动，市局做好震后趋势分析和震情跟踪工作，进行专门的地震趋势会商，对收集到的各类异常情况及时进行处理，并发布政府公告，及时稳定社会情绪。

【震害防御】　严格行政审批工作流程，重新规范了房地产项目联合审图和联合竣工验收工作程序，共受理13个项目和8项联合审图、2项联合竣工验收。下发了《关于进一步规范地震行政审批和地震安全性评价管理工作的通知》，对全市地震行政审批工作进一步规范，并严格实行地震安全性评价项目备案制度。加强宣传教育。向各县（区）转发了《省地震局关于开展“7·28”防震减灾科普知识宣传周活动的通知》，制定了《张家口市科学技术和地震局7·28防震减灾科普宣传活动周实施方案》，组织桥东区、桥西区和高新区地震局在文化广场开展实地宣传，共发放防震减灾科普知识手册2000余册，其他资料6000多份，摆放展板30余块，接受咨询60余次。开展了专题培训宣传活动。与桥西区地震局一起对桥西区直属单位、社区、乡镇主管领导和网络信息员等200余人进行了专题培训。与桥东区地震局联合组织了桥东区防震减灾安全月活动，分别在回民小学、南小区小学开展了防震减灾知识讲座和演练，培训人员超过1万余人（次）。做好活断层探测工作。完成了张家口市城市活断层探测项目“区域深部地震构造环境综合评价”和“浅层地震勘探和多道直流电法探测”两个专题的验收，其他各专题验收及总验收的前期准备工作已准备就绪，将按照省局统一安排进行验收工作。

【应急工作】 按照“先挂牌后完善”的原则，完成人民公园、胜利公园等30个应急避难场所及周边道路各类标志牌设置工作，共设置240多块标志牌。对地震灾害评估和辅助决策系统进行了完善，完成了新、旧指挥系统更替前的过渡升级。完成了地震应急指挥系统项目申报及系统升级改造方案规划。完成了市、县防震减灾指挥部成员单位联络方式的收集整理。为编制地震应急通讯手册做好基础工作。完成了市政府第一批应急资源数据收集整理。与市安全生产监督管理局、市水务局、市教育局、市卫生局组成5个检查组，分别对全市20个县（区），10个重点单位的防震减灾工作进行督查。与县（区）领导就防震减灾工作交换意见，指导县（区）开展好包括地震应急在内的防震减灾各项工作。做好隐患排查治理。市政府防震减灾指挥部召开公共设施排查工作协调会，部署对学校、医院、机关办公楼等人员密集场所的全面排查工作。市教育局对全市各类校舍进行了一次“回头看”，D级危房已全部退出使用范围，对尚存在安全隐患的危房在假期内全部进行维修加固。市卫生局重点对2009年之前建成的医院全部用楼进行排查鉴定，存在隐患的及时进行整改。市安监局对市辖区内的尾矿库进行执法排查，全市建成库500座，在建库49座，正在运行的尾矿库近50座，全部正常，无明显安全隐患。市水务局对全市96座大小水库进行排查治理，需加固的有70座，已完成34座大中型和小一型水库的加固，正在进行24座小二型水库的加固工作，另有12座较小型水库列入下年度加固计划。市机关事务管理局对市直机关办公楼进行了全面排查，涉及市委、市政府大院29栋建筑，有D级3栋、C级23栋、B级3栋；安排桥东、桥西、高新三区对主城区居民用房进行排查，对危险房屋进行加固，做好相应准备工作

（祁海燕）

气　象

【气象业务】 2012年，张家口市气象局成立了灾害防御规划编制工作领导小组，编写了《张家口市气象灾害防御规划（2012－2020年)》，蔚县局、怀来局发布了气象灾害防御规划。成立了市、县突发公共事件预警信息发布中心，制定了信息发布管理、发布制度和发布流程。市、县人影经费全部列入本级财政预算，提升了应对突发事件能力。4月7日、5月4日、5月14日，赤城县镇宁堡乡、涿鹿县黄羊山国家森林公园、宣化县崞村镇相继发生大火，市气象局开展火灾现场气象应急保障服务和应急增雨作业，受到市政府领导高度评价。

5月初，市局下发张气发〔2012〕13号文件，对各县局气象灾害防御指挥部建设标准和进度提出明确要求。市、县两级均由政府发文成立了气象灾害防御指挥部，建成了市、县气象灾害防御高清视频会议调度系统。11月4日，市委书记王晓东在市气象灾害防御指挥部主持召开暴雪灾害天气防御调度会。11月9日，市长侯亮在指挥部主持召开强降雪寒潮灾害天气防御调度会。副市长杨玉成于7月21日和11月2日组织成员单位负责人在指挥部召开联席会议，指导人工增雨和气象灾害防御工作。完善农村气象监测预警系统，规范开展气象为“三农”服务。全市共建成乡镇气象信息服务站147个，怀来、蔚县两个三农服务专项县共规划建设预警大喇叭184套，电子显示屏55个，蔚县气象局与县水利局协调共享预警大喇叭硬件资源，气象预警信息可

覆盖所有行政村；与市民政局联合召开了2012年全市减灾救灾工作会议，对2011年度优秀灾害信息员进行了表彰，合作开展了气象信息员培训，并进行了7000余名气象信息员的信息更新。以特色农业、设施农业需求为引导，筹集资金先后建成10个农业小气候自动观测站，建设了市级为农服务监测数据中心站。

以提高预报准确率为核心，推进气象预报预测系统建设。完成了以CMA－cast系统为基础的气象信息处理系统建设；完成了山洪地质灾害平台服务器的部署和SWAN客户端的安装配置工作；调试完成了公共气象服务平台客户端安装，投入业务服务工作应用。以“观测质量年”活动为载体，推进综合观测业务。2012年1～10月，全市地面观测错情率为0.02‰，农气、高空、酸雨、沙尘暴、新一代天气雷达观测错情率均为0.00‰；共验收通过地面测报“百班”58个，申报地面测报“250班”27个、高空测报“百班”5个、“250班”4个。全市未出现重大差错和系统性重大业务问题。修订了全市气象探测环境分类保护方案，编写、上报了各站分类保护方案基础图文材料。开展山洪灾害防治项目建设，全市12个县3个区新建六要素站5个、四要素站21个、暴雨站202个、电子显示屏248块。全市各类区域站数量已由257个增加到485个，在全省领先，综合气象观测系统日趋完善。

【气象服务】 抗旱增雨、暴雪寒潮、森林防火、山区防汛、特色农业产业等是2012年气象防灾减灾服务工作的重点。制作了《重要天气报告》24期，《灾害天气预警信号》46期，《专题气象报告》113期，《洋河气象专项服务》139期，《春运专题气象服务》40期，为政府及相关部门及时提供服务。与市民政、消防、国土、旅游等部门签订了公共气象服务合作协议，与市广播电视台、长城网签订了做好气象信息对公众服务的合作协议。准确预报了7月21日的全市大范围降水过程、8月21日坝上出现的初霜冻天气、11月3日凌晨至4日全市出现的大到暴雪天气过程，以及11月9～11日全市大范围的雨（雪）天气，及时的预警与跟踪服务，得到市委书记王晓东、市长侯亮等领导的好评。

【人工影响天气】 学习贯彻第三次全国人影工作会议精神，提高人工影响天气保障农业生产的能力和水平，全市共组织大规模增雨作业23次，实施火箭增雨作业162个点（次），发射火箭弹910枚，利用碘化银发生器点燃增雨（雪）烟条258只。5月下旬，在省人影办的协助下，市局与四川三星通用航空有限责任公司签订了飞机人工增雨合同，飞机从7月14日进驻张家口机场到8月31日，共计飞行11个架（次），23.5小时。河北省增雨飞机飞行3个架（次），飞行5小时。北京增雨飞机飞行7个架（次），8小时。2012年，飞机增雨共计飞行21个架（次），增雨催化作业近36.5个小时。

（吴伟光　黄山江　李景宇　贾文忠）

教育

综　述

2012年，教育工作加快了向全国一流水平冲击的步伐，张家口市以全国第一的排序被中国教育协会、中国教育发展促进会评为“中国教育改革创新示范城市”。截至年末，全市中小学校舍安全工程累计投入资金22.17亿元，累计开工建设面积202.87万平方米，占规划面积的105.28%，竣工面积164.51万平方米，占规划面积的85.37%。

基础教育

【学前教育】　全市有幼儿园398所（其中公办园215所），在园（班）幼儿9.36万人（其中公办园幼儿7.3万人）。学前三年毛入园率82.98%（全国62.3%、全省68%）。拥有省级城市示范园19所，城市一类园24所，省级农村示范幼儿园47所。

1月4～6日，张家口市代表河北省参加了由中国学前教育杂志社主办的“全国学前教育行政与教研经验交流会”，并在会上做了典型发言。张家口市的经验，特别是公办园比率高、幼儿园收费低、提供普惠性服务、政府下大力解决缺编教师编制问题等引起大会的强烈反响和各地代表的高度认可。全市有5所幼儿园被大会评为“全国2011年度先锋园”。

2012年，全市着力改善幼儿园办学条件，扩大学前教育资源，较好满足了全市幼儿接受有质量学前教育的需要。全市争取中央专项资金3069万元，省级配套资金407万，市级配套资金123万元，县级配套资金968.5万元，共投入校舍改建类项目资金4567.5万元，受益幼儿园128所。2012年，该项目计划改建和增设附属幼儿园共256所，争取中央专项资金4825万元（其中：利用农村闲置校舍改建幼儿园项目资金2810万元，农村小学增设附属幼儿园项目资金2015万元），省级配套资金588万，市级配套资金182万元，县级配套资金1105万元，共计投入资金6700万元。该项目的实施改善了全市农村幼儿园的办园条件。全年共争取各级资金2314万元，涉及市直属园和6个区，受益幼儿园25所。共争取各级奖补资金1400万元，涉及10个县（区），受益民办幼儿园57所。共争取资助资金545万元，受益儿童8170人。

2012年，桥西区幼儿园、桥东区红旗楼幼儿园、赤城县第一幼儿园、尚义县中心幼儿园、万全县郭磊庄镇中心幼儿园通过省级示范园评估验收；阳原县县直机关幼儿园通过市级示范园评估验收；高新区第一幼儿园和科航幼儿园通过城市一类幼儿园评估验收。截至年末，全市经过教育行政部门批准的各级各类幼儿园共1109个，已全部录入全国学前教育管理信息系统，设专人负责学前教育管理信息系统的维护、录入和定期上报工作。

【义务教育】　全市有义务教育阶段学校676所（其中小学537所、初中139所），在校人数43.16万人（小学29.33万人、初中13.83万人）。全市义务教育巩固率达到98.53%（全国90%、全省92.6%）；小学学龄儿童入学率为98.33%（全国99.8%，全省99.78%），小升初升学率为97.91%（全国98.3%，全省97.69%）；初升高升学率为92.4%（全国88.9%，全省92.34%）。全市70%的县（区）初步实现了区域内均衡发展，有近50%的小学集中在县城和乡镇所在地，80%的初中集中到城镇。

根据张家口市人民政府与省政府签署的《张家口市推进县域义务教育均衡发展的责任书》要求，3月，市政府与20个县（区、管理区）签订了推进县域义务教育均衡发展责任书，确认了各地推进义务教育均衡发展的目标和要求。10月，桥东区高标准通过省政府“县域义务教育均衡发展”评估验收，成为全省8个通过此项评估验收的县（区）之一。按照地理位置和县（区）教育发展现状，将全市划分为坝上、西部和中东部3个片区。年内，分别在赤城县第三中学、怀安县柴沟堡一中召开了坝上地区、西部地区教育工作会议，为全面推进全市教育协调、健康、快速发展，力争早日实现全国一流的奋斗目标奠定了基础。2012年，实施了河北省2012年度农村义务教育薄弱学校改造——多媒体远程教学设备项目工程，投入960万元为58所农村义务教育学校配备了多媒体远程教学设备。为规范管理中小学教辅材料，减轻学生的课业负担和家长的经济负担，净化中小学生的用书环境，根据《河北省教育厅关于做好2013年春季学期中小学教辅材料选用推荐和无偿代购工作的通知》要求，按照《河北省2013年春季学期中小学教辅材料（同步练习册）评议推荐目录》，评议出2013年春季学期教辅材料，推荐给中小学校，供学生自愿选用。

【普通高中教育】 在河北省实施普通高中新课改后的首次高考中，在全省参考人数比2011年减少2.5万人，社会考生减幅23%的情况下，全市高考再创历史佳绩，一本上线人数1749人，同比增加126人，提高7.76%；二本以上上线人数5097人，同比增加515人，提高11.24%；三本以上上线人数15443人，同比增加1816人，提高13.33%；专科以上上线21099人。一、二、三本、专科上线率分别由上年的7.8%、21.9%、56.1%、98.9%提高到8.24%、24.9%、72.74%、99.38%。600分以上的高分考生达到490人，比上年增长177人，增长率56.55%。艺体类高考本科提前批上线1057人，三本以上上线1594人，专科以上上线2553人。

普通高中内涵建设得到加强。全市有普通高中35所，其中省级示范性高中22所，占全市普通高中总数的69%（全省平均水平为39%），涌现出市一中、宣化一中、沙城一中、河北张家口艺术高中等全省乃至全国知名的品牌学校。市一中、宣化一中高考成绩跻身于全省顶尖学校行列；市一中在继成为北京理工大学、重庆大学、法国大学科技学院院长联盟、德国歌德学院等国内外重点高校生源基地之后，又与西安交通大学签约成为其优秀生源基地；在第二届“中华百年名校”论坛上，市一中连续两次被评为中国百强中学、中华百年名校；市二中艺术高考成绩连续四年稳居全省第一、全国第二；市十中河北音乐联考成绩再次位居全省第一，挂牌成为天津音乐学院声歌系、舞蹈系等九大系生源基地与石家庄理工职业学院素质教育实践基地。

普通高中课程改革继续推进。4月，全省高中综合实践活动课程现场研讨会在宣化一中召开，全市高中课改工作得到了与会领导的高度评价。宣化一中被省教育厅授予“河北省高中综合实践活动实验学校”称号，以全省第一名的成绩代表河北省参加了全国“机器人锦标赛”获二等奖；市一中在全省首届中学生模拟联合国大会上夺得6个奖项，获奖数量居全省第二。

【特殊教育】 全市有特殊教育学校12所，在校人数1000人。全市盲、聋哑、智障三类残疾儿童入学率达94%（全国80%）。

2012年，市特殊教育加强特教学校与普通学校的沟通与交流，促进特殊群体学生融入社会的经验与做法，在中央电视台《中国新闻》栏目播出，在全国进行推广。市特校12名学生报名参加高考，其中有8名被本科院校录取，3名被专科院校录取，录取率达91.67%；该校成为全省唯一一所具有中医按摩专业资质的学校，被评为2012～2015年度全国百所校园文化建设研究基地。在首届“波音杯特奥融合篮球赛”上，由3名教师和4名学生组成的融合篮球队荣获亚军，并获得了体育道德风尚奖。聋生职业教育开设了工艺美术、足疗按摩、美容美发等课程，“段式若石足疗连锁店”已成为聋生顶岗实习基地，残疾儿童的教育实现了“学习、就业双选择”的发展态势。依托市特校的师资优势成立了全市特殊教育中心，组织优秀特教教师分赴涿鹿、赤城等8个县的特教学校进行巡回教学指导，带动了全市特殊教育水平的共同提高。

（赵维国　殷　东　崔占荣　王鸿艳　卢海兵）

职业成人教育

【概况】 全市有中等职业学校51所，在校生6.4万人。有国家中等职业教育改革发展示范校4所（张家口市职教中心、张家口机械工业学校、怀安县职教中心、北方机电工业学校），国家级重点中等职业学校7所（张家口市职教中心、张家口机械工业学校、怀安县职教中心、张北县职教中心、宣化县职教中心、涿鹿县职教中心、北方机电工业学校），省级重点中等职业学校5所（怀来县职教中心、阳原县职教中心、尚义县职教中心、康保县职教中心、蔚县职教中心）。全市中等职业教育与普通高中教育招生比例为1：1（全国为49：51），与普通高中教育在校生比例为48：52（全国为47：53）。

【拓宽中职招生渠道】 2012年，全市职业教育拓宽招生方向和招生渠道，招收应往届初中毕业生、未升学普通高中毕业生、退役士兵、青年农民等接受中等职业教育。全市（含教育系统、劳动系统）共招生2.3万人，超额完成了省厅下达1.9万人的招生计划。

【加大学校建设力度】 怀安县职教中心、张北县职教中心和涿鹿县职教中心创建国家中等职业教育改革发展示范学校，其中怀安县职教中心进入第三批国家中等职业教育改革发展示范校建设行列，成为全市首个进入该行列的县级职教中心。

继续实施“双十工程”职业教育学校建设，推动职业学校上档升级。怀来县职教中心总投资4000多万元开工建设了综合实训楼、教学办公楼、图书科技楼和标准化体育场。蔚县职教中心完成了校址搬迁，结束了职教中心在乡镇办学的历史，实现了分离初中办学。

【加强校企合作】 宣化县职教中心继续探索“校、园共育”的校企一体化人才培养模式改革，学校第三附属幼儿园正在兴建中。该校幼教专业已成为学校骨干专业，毕业生供不应求，被誉为“京西幼教摇篮”。

机械工业学校被中华全国总工会批准为数控技术应用、焊接技术的全国职工职业（工种）技能实训基地，为全省仅有的6所获批院校之一，沃尔沃汽车集团中国区在华北地区的首家专属培训中心正式落户该校，双方合作进入实质性阶段。

4月，全国金融服务师职业培训实训基地在张家口市职教中心落成，是第一家落户张家口市的国家级实训基地。基地的建设标志着全市职业学校校企合作层次的提高，为学校提升办学品位、实现新一轮跨越发展注入了动力。该校被教育部确定为“国家示范性职业学校数字化资源共建共享计划”的组长单位，牵头承担实施了航空服务、动漫游戏两个专业的精品课程资源开发项目。

【开展教育教学活动】 中职学校组建成立了14个中等职业教育市级中心教研组，补充完善了教师梯次人才库，全市名师人才库已达33名，王晓东、劣雅丽、孙少英、孙海燕、师勇、黄红6名教师获“河北省中等职业学校教学名师”称号。组织了全市中等职业学校学生公共基础课统考（语文、数学、计算机），提升了中等职业学校的教学水平和培养质量。在2012年全省中等职业学校学生技能大赛中，张家口市参赛学校取得3个团体一等奖、6个团体二等奖的优异成绩，其中市职教中心获学前教育、企业网络搭建2个项目的团体一等奖，机械工业学校获焊接项目团体一等奖。市职教中心参加2012年河北省首届中职学校教师礼仪风采比赛和河北省中等职业学校信息化教学大赛均获团体一等奖，该校教师苏敏代表河北省参加了全国职业院校信息化教学大赛获一等奖，并作为组委会确定的3名选手之一在颁奖典礼上做了汇报展示，得到了教育部副部长鲁昕的赞赏点评。

【加强管理规范办学】 组织开展了“三优一星”评选表彰活动，推广宣化县职教中心“三个占领”（德育工作要在学生的时间上、空间上和头脑上进行占领）的精细化管理理念和方法，推动了中等职业学校德育工作改革创新，提升了全市中职学校德育工作水平。加强和规范中职学校学籍管理工作，春秋两季深入学校进行了新生现场核实注册，确保了招生工作的严肃性和准确性，并加强日常管理检查，开展了学籍管理专项督查。规范和统一全市送教下乡工作，召开了全市涉农专业送教下乡现场观摩会，印发了《关于进一步规范和加强涉农专业“送教下乡”工作的通知》。7所学校开展送教下乡工作，共招生3500人，按计划完成了招生任务。

【升学率提高】 2012年，全市中等职业学校参加对口升学、艺术高考和高校单招考生共计2564人，上线人数654人，本科上线率达25.5%。其中2113人参加了对口升学考试，本科上线人数由2011年的284人增加到383人，提高34.9%；上线率由2011年的15.8%提高到18.13%，提高2.3个百分点。专科上线人数由2011年的1784人增加到2086人，提高17%，上线率达到98.7%；389人参加全省艺术高考考试，本科提前批上线人数由2011年的159人增加到208人，提高30.8%，上线率53.5%；62人参加高校单招考试，48人上本科分数线，并夺取机械专业、计算机专业全省状元。在2012年天津春季高考中，有3人考取天津大学计算机科学与技术专业本科，占天津大学该专业春季全部招生计划的25%。

（侯成来　卢海兵）

高等教育

【概况】 全市有4所市属高校，全日制在校生1.7万人。市属高校占地面积从2000年的19.67公顷增加到95.13公顷，增长近5倍，建筑面积接近50万平方米。开设专业60多个，整体规模是5年前的400%，毕业生就业率达92%以上。

【改制升格工作】 张家口教育学院升本工作于2012年2月写入张家口市人民政府工作报告，8月，省高校设置专家组到学院进行现场考察论证，同意将该院改制升本工作上报教育部，省政府将学院改制升本工作列入2012年申报院校范围，上报教育部。11月，改制升本工作通过了教育部资格审查。12月，全国高校设置评议委员会专家组进校实地评估考察。

【专业建设】 张家口教育学院推进师范类专业的调整与转型，确定了小学教育类、幼儿教育类、护理类、财会类4大专业为办学主攻方向，确定护理、会计电算化、英语教育、旅游管理为校级特色专业，优先申报护理医技类、财经管理类大专专业。宣化科技职业学院构建起学前教育、文化艺术、现代服务、工程技术、机电技术5大学科群，成立了学前教育学院，实施了“一系一品、一人一艺”综合人才培养工程，被财政部、省财政厅确定为张家口市幼儿园师资培训试点项目的唯一公办培训机构。张家口职技学院重点建设道路桥梁工程技术、机电一体化技术、电气自动化技术（新能源方向）、汽车检测与维修技术、房地产经营与估价等5个省级品牌专业及专业群，其中机电一体化技术、道路桥梁工程技术2个专业成为国家财政支持的高职院校提升服务产业能力建设专业，增设了矿产品精深加工业相关专业。市电大探索开放办学、实现跨越发展的经验做法被中央电大推广，认为代表了中国地方电大的发展方向。

【实训基地建设】 宣化科技职业学院建筑工程技术专业申报中央财政支持的实训基地建设项目成功获批300万元财政支持，将建成全市功能齐全、设备先进的综合建筑类专业实训基地。张家口职业技术学院已建成国家级实训基地2个、省级实训基地1个，校内实训基地9个，校外实训基地79个；该院电气自动化（新能源方向）实训基地获批中央财政支持的国家级职业教育实训基地；北京龙锦重型汽车销售服务有限公司、张家口超能电气设备厂先后落户学校（校中厂），北汽福田雷萨泵送公司为该院学生建立了顶岗实习培训中心（厂中校），为学生生产性实训创造了条件，基本实现了技能培训与就业岗位的零距离对接。该院的国家职业技能鉴定所以全市第一名的成绩通过市人力资源和社会保障局组织的质量管理评估验收。张家口教育学院校内实践基地55个，校外实习基地110个，非隶属附属医院1所。

【学术科研】 宣化科技职业学院全院教师共发表学术论文80多篇，主持国家、省、市级科研课题12项。张家口教育学院组建长城文化研究中心、农村教育研究所等6个研究机构；获得省部级课题立项9项，市级课题立项28项，完成33项校外课题与14项校级课题结项工作，36项成果获奖；教师发表学术论文351篇，其中发表在北大中文核心期刊110篇，编写教材15部；举办28场学术报告会。张家口职技学院完成教科研立项40项，获得省、市教科研成果奖励28项；发表三大检索及核心期刊论文129篇，出版专著、教材11部。张家口电大专业技术人员发表学术论文13篇，其中国家核心期刊发表6篇；科研课题立项4项，结题3项；“校园+场园”双园培训模式在全省推广。

（刘　凯　陈利东　卢海兵）

招生考试

【标准化考点建设】 2012年，全市共组织国家、省级教育统一考试22次，涉及考生64万余人次（科次）。高考、成考、自考、研究生考试各考点考场、试卷保密室、试卷分发回收室、听力播放室、监控中心等重要场所和关键位置，均实现了视频监控全覆盖，做到了考场监考与视频监控相结合，实时监考与后期检查相结合。完善了考场网上巡查系统的管理制度，对人员配备、责任分工、系统维护、数据安全、资料保管等都做出了具体要求。考试环境不断优化，软硬件建设顺利推进，市国家教育考试标准化电子考点建设工作受到了教育部、省考试院等上级部门的高度评价，教育部考试中心领导认为张家口市“堪称全国标准化考点建设的标杆”，中央教育电视台对此进行了专题报道。

【新课改高考外语听力考试】 2012年，河北省第一次组织普通高考新课改外语听力考试。市出台了《张家口市教育考试院2012年普通高考外语听力测试保障方案》。考试前，市考试院对所有考区的高考考点听力设备进行了反复检查验收，使用前各考点逐场进行试听并做好设备检查，确保设备在考试期间完好运行。

【创新高考英语口试】 2012年，对普通高考英语口试进行了创新。通过各高考报名点组织考生提前报名并打印《外语口试测试证》，要求考生携带

《高考准考证》和《外语口试测试证》参加口语测试；制作了英语口试电脑报名程序，方便了考生报名、应考和考试考务管理，提高了登分工作的效率和准确性。

【教育考试实现网络办理】 投入专项资金研发了中考网上填报志愿系统，并通过媒体网络进行宣传报道、在考生准考证背面加印志愿填报须知等方式，确保每一位考生的志愿知情权和选择权。为保证网上填报志愿系统的运行，市考试院在桥西区进行了网上试填报，发现问题及时修正，保障了改革措施的实施。2012 年，全市各类教育考试均实行网络报名及报名费网络支付。自学考试报名、合档、免考、毕业审定都通过网络办理，方便了考生，提高了工作效率。

【严格中考指标生甄别】 在市区普通高中录取期间，严格对指标生的甄别工作。根据教育局指标生分配名额打印出各学校指标生拟录取名单，经各区审核公示后，根据各审核结果下发指标生确认名单，并要求二次公示。最终名单由校长签字、学校盖章、主管局长签字、区教育局盖章后，上报市考试院。

【承接中小学教师资格考试笔试】 2012 年下半年，河北省试行中小学教师资格考试改革和定期注册制度，其中中小学和幼儿园教师资格考试笔试（含机考）由各级教育考试机构负责实施。市考试院组织相关人员严把考点选择关与监考教师选聘关，设立咨询服务站，为考生答疑解惑。

附：

张家口市 2012 年高考录取情况览表

科类	批次		理工类			文史类			总计（录取人数）
			控制分数线（分）	上线人数（人）	录取人数（人）	控制分数线（分）	上线人数（人）	录取人数（人）	
本科	提前批	A 批次	564			572			801
		B 批次	529			529			258
	一批		564	1495	1125	572	250	203	1328
	特殊类型								79
	二批		529	2585（不含一批上线人数）	2175	529	754（不含一批上线人数）	656	2831
	特殊类型								7
	三批		425	7015（不含二批以上上线人数）	3746	425	3003（不含二批以上上线人数）	2008	5754
专科	提前批		200			200			891
	专科批		200	2360	3839	200	3635	3932	7771

（李进娥　卢海兵）

部分高等院校

河北建筑工程学院

【概况】　学院位于河北省西北部张家口市，占地81.52万平方米，校舍建筑面积21.6万平方米，其中教学及辅助用房7.1万平方米，图书馆3541平方米，在建图书馆面积35240平方米，藏书70.09万册（件），订有国内外期刊1300多种。学院设有9个系，2个教学部及研究生部和成人教育学院，拥有勘察设计院等校办企业。学院在职教职工653人，有学生1.7万人，其中国家计划全日制在校生总数10175人。

【人才培养】　学院坚持“服务河北省城乡建设和发展的需求、培养应用型高级人才”的办学定位，加大教学投入，完善教学条件，强化督导机制，提高整体教学质量。学生英语四六级通过率、计算机应用能力等级考试通过率、考研率等可比性指标均有新的攀升。学院不断深化教育教学改革，推进人才培养模式创新，重视学生综合素质教育，培养学生的工程实践能力和岗位适应性，相关研究与实践成果获得河北省教学成果一等奖1项，二等奖1项，弘扬了该院“面向基层，注重应用”的人才培养特色。

【学科专业建设】　学院本科专业已达23个，专科专业8个，省级品牌特色专业5个，国家级特色专业建设点2个，省级重点学科1个，省级重点发展学科2个，省级教育创新高地3个，省级实验教学示范中心1个，省级应用技术研发中心1个。以建筑类工科专业为主，理、工、文、管、艺相互支撑、协调发展的学科专业结构布局已基本形成。学院先后投入6000余万元资金开展硕士学位授权单位建设。上年，受国务院学位办委托，河北省学位委员会组织专家组对该院硕士学位授予单位立项建设情况进行终期验收。专家组认为，河北建筑工程学院具备了硕士学位授予单位的整体条件；2个拟授权学科具备了培养硕士研究生的基本条件。

【实践教学】　加强校外实习基地建设，增加与实习基地所在单位的沟通合作。鼓励学生参加各项竞赛活动：在第四届全国大学生数学竞赛中，有12名学生获奖，其中获数学专业组一等奖1名，三等奖1名，获非数学专业组一等奖1名，二等奖2名，三等奖7名；在河北省第三届大学生工业设计创新大赛中，选送的6件作品获奖；在“挑战杯”2012河北省大学生创业计划大赛终审决赛上，选送的9件作品分获二、三等奖；在河北省大学生校园歌手大赛张家口赛区比赛中，建筑工程学院包揽了一、二等奖，并代表张家口赛区参加河北省大学生校园歌手大赛；在2012年度“中国大学生自强之星”评选活动中，1名同学获提名奖。

【科研工作】　修订、完善科研管理规章制度，全面启用科研管理系统，建立了科研项目全程电子档案和科研人员电子档案，提高了科研管理水平和效率；依托省级和校级重点学科建设，新增8个院内科技研发机构，推进院企合作，新建了一批院外产学研基地。全年共发表学术论文235篇，其中核心期刊及三大检索发表114篇；科研立项课题75项，其中省级以上项目9项，省级以上课题结题13项，纵横向科研经费达到130余万元；获河北省科技进步三等奖1项，河北省建筑行业科技进步二等奖2项，张家口市科技进步一等奖1项、二等奖3项、三等奖4项；出版教材专著8部。学院共培养学科带头人15人，学术带头人44人，学术骨干125人，构建起一支以学科、学术带头人为代表、以中青年骨干教师为主体、以主讲教师为基础的教学科研队伍。

【师资队伍建设】　学院专任教师总数达到459人，专任教师中具有研究生学历的202人，占专任教师的44%，具有副高以上职称的198人，占专任教师的43%。学院有享受国务院特殊津贴专家1人，省管优秀专家1人，博士研究生8人，硕士研究生345人，新聘工程院院士1人、兼职教授10人，师资队伍整体上有新的改善。

【学生管理】　结合学院实际，开展贴近学生、贴近实际、特色突出的思想政治教育工作，提高学生的自我教育、自我管理和自我服务能力。加强和改进了大学生心理健康教育、法制教育和安全教育。评选表彰了先进班集体、优良学风班、十佳大学生、三好学生、优秀学生干部等先进集体和个人，发挥先进集体和个人的引领示范作用。加强学风建设，严肃考风考纪，鼓励更多班级申报无人监考班。

【招生与就业】 学院落实教育部和省教育厅的招生政策，实施“阳光工程”，提高招生工作效率和透明度，生源数量充足，招生范围覆盖全国25个省、市、自治区。2012年，学院实际录取2810人，本科投档分数和新生报到率再创新高，全日制在校生达到10175人，成人教育在校生达到8273人。2012届毕业生就业率达97.2%，专业对口率达96.6%，起薪点平均每月3000元左右，在大型企事业单位和科研院所就业的学生达57%。2013届毕业生80%已落实就业单位。

【基础设施建设】 2012年，朝阳校区办公楼正式启用，朝阳校区二期工程于2012年6月正式开工建设。二期工程建设分为4个标段，主要建设教学主楼、图书馆、实验楼、学生公寓、学生食堂、体育场、中水站等建筑，建筑面积15.3万平方米。

【继续教育】 2012年，学院经省教育厅批准的成人高等学历教育招生专业已达28个，其中高中起点本科专业2个，专科起点本科专业11个，专科专业15个；录取本专科学生2867人。举办各类继续教育培训班4期，共培训504人（次）；继续做好高等教育学历认证申请工作，全年共受理学历认证申请1455份；组织了寒暑假院本部函授学生面授及毕业设计（论文）的指导；召开了第十三次函授站工作会议；继续实施督导制度，加强跟踪管理，掌握教学动态，提高教学质量。

院长：刘　丛

（李书锦）

河北北方学院

【概况】 河北北方学院是具有硕士、学士学位授予权的省属综合性本科院校。学院以本科教育为主，发展研究生教育。学院实行校、院（系）两级建制，设有15个二级学院（系）和2个教学部。院校101个本、专科专业，覆盖了医学、农学、工学、理学、文学、管理学、法学、历史学、教育学和艺术学10个学科门类。拥有临床医学、药学两个一级学科硕士学位授权，29个硕士学位授权点。学院有教职工1563人。其中，专任教师1086人，具有高级职称教师546人，具有博士、硕士学位教师659人，博士生导师2人、硕士生导师109人。赵自刚教授入选2011年度河北省“三三三人才工程”二层次人选，任亮教授入选“河北省优秀中青年社科专家五十人工程”人选。全日制在校本专科学生22059名，硕士研究生263名，外国留学生410人。校园占地面积114万平方米，建筑面积50万平方米。具有现代化教学设施，先进的校园网络、实验中心、省级实验教学示范中心和各学科基础实验室。图书馆藏书142万册。有附属医院2所、非直属附属医院5所，其他实习医院、农场、牧场、兽医院及教育实习基地236个。2012年，完成新校区二期工程综合验收工作，完成西校区10千伏双电源引入工程。10月12日，省卫生厅批复学院附属第二医院纳入三级综合医院管理。

【教学改革】 修订全院49个本科专业的培养方案，完成近700门课程改革方案的制定（修订）工作。申报了《五年制临床医学人才培养模式改革的探索与实践》卓越医生教育培养计划试点项目。

【硕士学位授权点建设】 经国务院学位办审批，学院在临床医学一级学科下自主设置医学物理学、人畜共患病预防学等8个目录外二级学科；在药学一级学科下自主设置药物经济学、营养保健与食品安全等6个目录外二级学科，以上学科可于2014年度招生。至此，自主设置目录外二级学科达16个，可招收硕士研究生的二级学科达43个。

【学科建设】 10月，学院进行校级重点学科评估和遴选工作，评估学科12个，新申报学科9个。12月，按照河北省教育厅关于进行新一轮河北省高校重点（发展）学科评估和遴选工作精神，完成了3个学科的省重点（发展）学科评估材料，2个省级重点学科、4个省级重点发展学科申报材料上报工作。

【专业建设】 完成学院2012、2013年7个新增学士学位授权专业的审核材料上报工作。完成了12个本科、3个专科新专业申报工作。对学校49个本科专业进行了整理并报请教育部核准，整理后学院的本科学科门类由9个增至10个，本科专业由49个增至51个，舞蹈学专业分为舞蹈学和舞蹈表演两个专业方向，艺术设计分为视觉传达设计和环境设计两个专业方向。经教育厅批准，药学、农学、医学检验三个专业成为河北省高校专业综合改革试点专业，药学专业上报教育部，申报国家级专业综合改革试点专业。

【科研工作】 2012年，学院申请鉴定和完成鉴定的成果共56项，45项成果获科技成果登记证书。发表学术论文1078篇。其中核心期刊500余篇，被SCI索引收录30篇，EI索引收录36篇，ISTP索引收录6篇。全年申报各级各类奖励共137项，获省级科技奖励3项，省优秀社科成果奖3项。

【招生工作】 学院网上录取从7月10日至8月27日止。首次实行两个代码招生，即河北北方学院（040）和河北北方学院医学校区（0401），增加了考生填报志愿的机会，提高了考生专业志愿满足率。2012年，投放招生计划5950人，完成计划5846人，本科完成3934人，比计划超录84人，专科完成1912人，比计划少录188人。

【就业工作】 2012年，学院共有毕业生5636人，其中本科3155人，专科2481人；非师范类4621人，师范类1015人。年内，学院举办综合型就业双选会1次，参会单位300余家，专场双选会6场，参会单位600余家，小型洽谈会70余场，参会单位300余家，提供就业岗位8000余个。截至12月，本科就业率96.67%，专科就业率86.60%，总就业率93.55%。

【社会服务】 学院开展“体验省情、服务群众”主题活动。8000余名学生以及200余名青年教师深入全省乡村、社区、学校、敬老院、孤儿院等地，开展义务支教、法律宣传、政策宣讲、弱势群体帮扶、农业技术指导、文化下乡等主题实践活动近百项，万余名群众受益。举办各级各类社会培训，全年共培训1457人。

院长：张　力

（温一军　刘皓宇）

张家口广播电视大学

【概况】 张家口广播电视大学2012年有教职工93人，其中正高级职称教师3人，副高级职称教师16人，中级职称教师20人，初级职称教师9人。是一所集中专、大专、本科、研究生教育于一身，开放教育、网络教育、送教下乡、短期培训于一体，学历教育与非学历教育相结合的多层次、多规格、多形式的地方高等学校。

【调整专业结构】 学校通过加大宣传力度、细化招生部门责任目标、调整办学部门专业结构、与生源单位对接等一系列举措，全年新增万全、康保、沽源、张北、宣化县5个开放教育教学点和考点，开放教育本专科招生1840人，网络教育招生1045人，电视中专招生1417人，共4302人，同比增长24%。其中网络教育直属招生452人，同比增长132%，开放教育直属招生375人，同比增长108%，重新启动“一村一项目”，实现了全年招生785人。恢复赤城农科教学点，各教学点新增农村行政管理专业，涉农专业招生900人。2012年，全校在校生8754人，其中中国农大研究生班51人，学校继续教育中心被评为“河北省网络教育先进单位”。

【创新管理体制】 按照“培训学校牵头协调、民营企业市场运作、农科部门项目技术扶持”的思路出台了一系列西校区管理制度，完成了后勤保障、蔬菜大棚、拓展训练的公司化管理。2012年，成功引进省农牧厅农村劳动力培训“阳光工程”，走出成人学校非学历教育的重要一步，拉动更多的省属与全国项目落户学校。

承接了全市职称英语和计算机考试项目，通过省内干部线上培训全员测试，社区教育初步启动。2012年，共接待社会培训、会议、考试107场（次），培训人员30917人（次）；知识产权公需科目培训27546人。全年非学历继续教育培训近7万人（次）。由省、市委政策研究室针对学校“校园十场园”培训模式联合撰写的《“双园”模式真正鲜艳了党旗——对张家口市基层党建培训情况的调查与思考》得到中央政治局委员、国务院副总理回良玉及省、市主要领导的肯定性批示，引发社会关注。“双园”培训模式经省农工委、组织部联合下文在全省推广。

【基础设施建设】 2012年，完成了学员住宿楼遗留的土建工程及室外管网配套工程，完成了该楼前院大门和院面绿化硬化亮化设计工作，完成了主校区北围墙毛石挡墙和铁艺围栏建设与学校餐厅、学员住宿楼餐厅的天然气入网工程。安装800KW变电箱，完成二次电力增容及300KW替代电源应急供电工程。维修了学校采暖炉，改造了自备井，保障了学校水、电、暖、气的畅通供应。西校区建设了水利工程，完成450千米路面硬化、亮化工程及窑洞房管网改造。

【教学科研】 专业技术人员在各级各类杂志上发表学术论文13篇，其中国家核心期刊发表论文6篇；科研课题立项4项，结题3项。2012年，张家口广播电视大学被市委、市政府授予“文明单位”。党委书记、校长许桂友入选2012年度张家口市教育“十大新闻人物”。

校长：许桂友

（郭英立）

文化

综 述

2012年全市文化广电新闻出版工作突出“六个重点”，着力构建“六大体系”，强势推进，狠抓落实，全年共争取国家、省资金支持1.75亿元，其中文物保护专项经费1.35亿元，公共文化建设经费4072.5万元；获得国家、省、市各类奖项305项，全市各项文化事业和文化产业取得了长足发展。党和国家领导人贾庆林、刘云山、李长春、韩启德先后到张家口考察指导并对张家口市文化建设给予了充分肯定。

创作·演艺

【推出精品力作】 市演艺集团新创排的口梆子大戏《少年董存瑞》、阳原县青年晋剧团新创排的晋剧《毛毛匠》、蔚县秧歌剧团新创排的大型秧歌剧《雷锋》和实景大型音乐舞剧《火树金花》等4台大戏，康保县二人台艺术团创排的《村官回乡》、《兰桃说媒》、《刘干妈改嫁》、《喜挂红灯》和尚义县艺术团创排的《卖菜》等5台小戏以其鲜明的时代特色和独特的地方韵味，在河北省第九届戏剧节取得4个优秀剧目奖、53个单项奖、102人（次）获奖的好成绩。其中《少年董存瑞》和《雷锋》被省委宣传部、省文化厅等5个部门确定为迎接党的”十八大”重点剧目。《少年董存瑞》和《兰桃说媒》还应邀参加了省第九届戏剧节优秀剧目展演。8月5～12日，中央电视台戏曲频道《快乐戏园》栏目，专程到张家口市演艺集团录制了7期口梆子经典唱段及二人台表演，并于11月30日播出了第1期，向全国展示了张家口戏曲艺术的魅力，对口梆子和二人台艺术的推广和宣传起到积极作用。群众文艺创作向更高层次迈进，张家口市组织选送的群众文化节目在河北省第十届燕赵群星奖评选活动中在获得9个项目的17个奖项，列全省第三。其中市群众艺术馆创排的器乐合奏《古道乡音》获第十届燕赵群星奖金奖，并代表河北省参加了全国第十六届群星奖评选活动。中央电视台音乐频道《歌声与微笑》栏目于9月7日邀请张家口市群众艺术馆群声合唱团、群艺舞蹈队参加了节目演出和录制，标志着全市群众文艺创作进入高层次。

【推动精品演出】 先后组织举办了“华润之声”龙年戏曲晚会、“金色年华”张家口市迎新年歌舞晚会、“大好河山张家口欢乐迎春嘉年华”活动、《走进文艺的春天里》—纪念毛泽东同志《在延安文艺座谈会上的讲话》发表70周年张家口戏曲名家名段专场演出、音舞诗画《春天的交响》—纪念毛泽东同志《在延安文艺座谈会上的讲话》发表70周年专场演出、“大好河山杯”冀蒙晋陕四省区东、西路二人台邀请赛等一系列大型文艺演出，在全市营造了喜庆、热烈的文化氛围，受到了社会各界的广泛欢迎。主办的“大好河山·张家口”文化主题活动周获河北省第一届园林博览会城市文化主题活动周一等奖，名列各设区市首位，市演艺集团获河北省第一届园林博览会先进集体称号。

【培养后备人才】 2008年市演艺集团和市教育学院联合办学成立了市口梆子艺术传承基地，专门培养口梆子艺术后备人才。2009年，张家口市委托乌兰察布市民族艺术学校开办东路二人台明星班。经过多年培育，这批后备艺术人才迅速成长。8月，市口梆子艺术传承基地举办了首届毕业生汇报演出。

公共文化

【完善文化基础设施】 全年新建成农家书屋1539家，使全市农家书屋达到了3030家。为425个基层建设年帮扶村配备了文化信息资源共享设备并安装完毕，宣化区图书馆的公共文化信息资源共享支中心被评为国家级文化资源共享工程公共电子阅览室示范点。分别在蔚县、阳原和张北新建立了5个农村文化辅导基地，使全市农村文化辅导基地达到了13个。新建成街道文化站18家。市级“三馆一基地”被列入市重点城建项目。全市已有17个县（区）建成了数字影院，15个县（区）拥有县级图书馆、文化馆，209个乡镇全部建成了乡镇文化站，全市的文化设施服务网络更加完善，进一步提升了公共文化服务的覆盖面。

【落实文化惠民工程】 实施的各项文化惠民工程全部完成目标任务：“农村电影放映工程”，共放映公益电影50268场，圆满完成了每个行政村平均每月放映一场电影的目标任务，受益群众达860万人（次）。“百事惠民工程”共开展“四送两进”公益巡演活动1087场、组织广场文化活动212场、图书馆公共讲座44场、文化志愿活动34场、精品演出10场、大型公益性展览16个，全部按时完成任务。“两节文化活动”共组织各类社火表演队1000多支，受益群众达100余万人（次）。举办元宵灯展70多场（次），参展花灯达5万余盏，观看人数达200余万人（次）；举办各类焰火晚会30余场，观众达100余万人（次）；送春联下乡800多幅，图书5000余册，戏曲演出280余场，受到了广大群众热烈欢迎。

【创建文化活动品牌】 结合县域文化特色开展的“一县一品”文化活动收效明显，有15个县（区）形成了独具地方特色的文化活动品牌，蔚县剪纸艺术节、张北草原音乐节、涿鹿共祭三祖大典、崇礼国际滑雪节、桥西大境门文化旅游节、康保二人台艺术节等已形成较大规模和影响。“张垣电影广场”自2005年开展以来，每年坚持为社区、工地、学校免费放映公益电影1600余场，深受群众喜爱，3月“张垣电影广场”获得全市创意品牌文化活动奖。“文化志愿者队伍”成立于2011年，已发展至1000余人，先后深入革命老区、帮扶村、社区开展了慰问演出、公益讲座、公益电影放映等一系列公益文化活动，受到了社会各界的广泛支持和欢迎，成为全市公共文化服务的一道靓丽风景。

文化产业

【文化产业项目建设取得突破】 全市共谋划重大文化产业项目33项，总投资额达112亿元。15个列入省文化产业发展“十二五”规划的重点项目建设取得突破：总投资7.3亿的“市文化艺术会展中心”项目完成投资2.4亿元，年末投入使用；总投资18个亿的“京北国际及葡萄酒文化城项目”完成投资1.3亿元，酒店、住宅和绿化工程已成雏形；总投资1.15亿元的蔚州州衙复建暨蔚县剪纸博物馆全部建成并投入使用。在第八届深圳文博会上，桑干河大峡谷文化园项目又成功签约，总投资额达6.8亿元。

【六大文化产业园区初具规模】 蔚县剪纸、涿鹿中华三祖、阳原泥河湾、鸡鸣山驿、张北元中都、大境门—堡子里等六大文化产业园总规划投资达174.22亿元，已全部建立了专门的管理机构，有4个园区已编制完成了发展规划。截至年末，六大文化产业园区已累计完成投资50.3亿元，实施重大项目19个、入驻企业81家。

【文化产业引导服务成效明显】 组织开展了第一批市级文化产业示范基地命名工作，制定了市级文化产业园区认证管理办法，初选出16家文化企业。先后组织优秀文化产业园区和文化企业参加了国家文化产业示范园区、国家文化产业示范基地、国家文化产业发展专项资金、国家动漫品牌建设和保护计划、河北省文化产业示范基地等的申报，为园区和企业争取国家、省政策、资金支持。建立了全市文化产业实物量统计，就广播影视、文化艺术、文化娱乐、文博展览、新闻出版等九大类文化产业及文化产业人才、重点文化产业项目的实物量统计，进一步摸清了全市文化产业发展状况。

文化市场管理

【“扫黄打非”重拳出击】 以打击非法出版活动、扫除腐朽文化垃圾、保护知识产权、规范文化传播秩序为重点，从年初开始，持续保持高压态势，连续组织了非法出版物专项治理、集中整治淫秽色情出版物及信息专项行动、教材教辅资料发行整治、打击网络侵权盗版“剑网行动”等多次专项行动。累计出动执法人员8150人（次），出动车辆2713台（次），检查场所3348家（次），收缴盗版书刊1700余册，盗版音像制品1200余盘，取缔无证照游商地摊23个，破获国家、省督办、转办案件13件。

【文化市场保持稳定】 以建设环首都护城河为重点，以确保党的”十八大”胜利召开为目标，针对网吧、娱乐场所、演出市场等重点领域，进一步加强了文化市场巡查检查，先后开展了“打非治违”、“集中整治色情表演”、““十八大”专项保障”等一系列专项行动，全年共检查经营场所3469家，出动执法车辆1420台（次）、执法人员1.2万人（次）、查出隐患80余处，处罚各类违规案件52件（次），有力维护了全市文化市场的安全稳定和有序运行。

【执法能力稳步提高】 完善了《文化市场行政执法人员档案数据库》、《市直文广新系统规章制度档案数据库》，在全市文化市场执法人员中实施《文化市场管理绩效考评细则》，对执法人员的工作、绩效、行为实行规范化管理。先后组织了《文化市场综合行政执法管理办法》专题培训班、文化市场综合执法办公系统专题培训班等一系列培训，有效提升了执法人员素质。41名参加市法制办法律培训班的执法队员，全部取得了文化综合执法资格。

文化遗产保护

【推进重点文物保护项目】 全年向上争取文物保护资金2.8亿元，已到位资金1.35亿元，有力推动了列入省“十二五”规划的9项古建筑群和5个大遗址保护修缮项目进展：鸡鸣驿城墙体修复和大境门西段城墙修复工程已完工。察哈尔都统署旧址、蔚县古建筑与城堡、元中都遗址等3个项目已正式启动；洗马林玉皇阁、宣化古城与古建筑、泥河湾遗址群总规等3个项目实施方案已获批，正在争取资金；独石口、万全卫城、澍鸠寺塔、察哈尔民主政府旧址、代王城遗址、下八里辽墓群等7个项目正在修改方案或等待批复。涿鹿黄帝城项目被破例列入河北省“十二五”重点项目，正在进行规划和方案的编制。怀来县鸡鸣驿城墙修缮保护工程被中国文物报评选为2011年度全国文物保护10大修缮工程。蔚县夏源关帝庙、京张铁路张家口车站入选“第三次全国文物普查百大新发现”。

【落实文物安全工作】 在全市开展了“文物安全年”活动，先后对万全、怀安、蔚县、怀来（鸡鸣驿城）和宣化区的重点文保单位进行了安全大检查，消除了安全隐患。按照全省统一部署，启动了张家口市田野文物安全技术防范系统建设，全市5个县7处田野文物保护单位列入全省田野文物安全技术防范系统建设范围，其中1处国保6处省保，投资预算为1650万元，已完成设计方案评审。追回蔚县南安寺塔地宫被盗案全部132件被盗文物，12名犯罪嫌疑人移交司法部门处理；配合公安部门破获怀安县古墓盗掘案，抓获犯罪嫌疑人4名，保全了珍贵的历史文物。依法处理了沮阳古城被破坏事件。

【加强文物基础性工作】 配合全市基础设施建设，先后对张家口市区、崇礼县补水项目扬水管道一期工程、张石高速公路张北北互通至国道207连接线等多项基础建设工程选址、外围、沿线进行了考古发掘，勘测长度140多千米，勘探面积达1.5万多平方米，在张石高速公路张北北互通至国道207连接线勘探中发现安固里河遗址，初步确定为古文化遗址，同时在国道112线赤城至承德段改线项目文物调查中新发现文物遗存点4处（龙门所烈士纪念亭、龙门所烽火台、龙门所长城、三亩地遗址）。博物馆建设取得突破，张北元中都博物馆、阳原县泥河湾博物馆成功在省文物局批准注册设立。进一步加强了基层文博干部的培养，先后组织4个县主管文物工作的副局长分4批参加了国家文物基层干部培训班；组织市博物馆、宣化区、张北县、康保县的文博干部参加了全省第二期青铜器高级业务培训班。

【加大文化遗产保护宣传力度】 成功组织举办了“中国第六届文化遗产日——张家口系列宣传活动”和泥河湾文物保护与发展高层论坛，中央电视台、中国文物报等知名媒体参加论坛并进行了详细报道。出版了《边塞古迹——张家口文物保护单位通览》，对全市28处国家级重点文物保护单位和100处省级文物保护单位进行了详细介绍。出版了《张家口市非物质文化遗产集成》一书，共收集整理“非遗”项目94项，传承人56名。

【非物质文化遗产保护取得新进展】 张家口市第三批非物质文化遗产项目46项及第四批非遗传承人47人的申报工作全面完成，并由市政府进行了公示。尚义县锦峰文艺演出有限责任公司（二人台）、蔚县剪纸文化创意中心（蔚县剪纸）、蔚县高佃亮剪纸艺术工作室（蔚县剪纸）、张家口市口梆子艺术剧院〔口梆子（晋剧）〕、康保县二人台艺术团（二人台）等5家单位获批河北省首批非物质文化遗产传承示范基地。

广播影视管理

【确保安全播出】 制定了《广播电视安全播出管理工作预案》，明确了职责分工，明确了安全管理任务，完善了突发事件预案。与张家口广播电视台、河北广电网络集团张家口有限公司、各县（区）文广新局负责人签订了“‘十八大’安全播出责任书”，进一步明确了安全播出责任。由主管局长带队，结合省局的安全播出大检查，对市广播电视台、市网络公司、712转播台和怀来、蔚县、尚义等安全播出责任单位进行了检查督导，消除了安全播出隐患。全年未发生重大安全播出责任事故，圆满完成了全年，特别是“十八大”重要保障期的安全播出任务。

【规范传输秩序】 制定了《关于开展卫星电视传播秩序集中整治行动的实施方案》，在全市开展了规范传输秩序的大检查、大整治行动，对擅自变更呼号标识、擅自开办频率频道、擅自扩大发射功率等较严重的违法违规问题进行了检查，并对查出的问题进行了严肃处理。加强对“小片网”的治理，保障了广播电视传输秩序的健康发展。

【整治非法广告】 严格按照国家广电总局、省广电局的有关精神，要求各播出机构不得播出明令禁播的广告、不得播出虚假药品广告、不得插播游动字幕广告等，并就广告播出加强了监听监看，确保不越过红线，总体情况逐步转好。根据群众举报，对张家口广播电视台、怀安广播电视台、宣化区广播电视台等播出单位非法播出违禁广告进行了严肃调查处理。组织各级播出传输机构负责人参加了全省“集中整治非法医疗广告专项行动视频会议”，依法进一步加大了对非法医疗广告播出的查处力度，广告播出管理取得了明显效果。

（王　剑）

张家口市广播电视台

【坚持正确的舆论导向】 一是突出主旋律，打好主动仗，圆满完成各项宣传任务。按照市委、市政府的统一工作部署，完成了“两会”、市委十届三中全会、全市经济工作会、全市农村工作会议、张家口市推进文化大发展大繁荣会议、全市基层党建工作拉练观摩暨“三增一做”主题活动动员大会等各项重大会议和新闻事件的报道任务。开展了加强基层建设年、“三增一做”、“改善两个环境”、“善行河北·情暖张垣”、“三自六不让”、“迎接党的十八大胜利召开”等重大主题宣传活动，深度报道了全市经济社会建设发展成果、各行各业先进典型以及张家口市人民努力奋进的精神风貌，有力配合了市委、市政府的中心工作，充分发挥了主流媒体的舆论引导功能。二是加大频率、频道改版和节目调改力度，广播电视节目和报纸质量面貌一新。先后对电台《综艺广播》，电视《社会公共频道》、《文化娱乐频道》，电台《新闻综合广播》、《农业经济广播》进行了全面改版。电台充分发挥广播互动优势，三个频率全部形成了“直播、快捷、互动”的鲜明节目特色。《综艺广播》打造成以介绍交通路况信息介绍为骨架，话题资讯与音乐节目为血肉的交通文艺广播。农经频率新增的两档新闻直播类节目《直播张家口》、《新闻晚高峰》与原有的新闻类节目形成了全天新闻节目点、块、线性节目构架。电视台频道特色更加鲜明，增强了节目的贴近性、服务性和地方特色。《社会公共频道》以突出主打栏目，强化地方特色，提高收视份额为主要目标，精心打造了《今晚60分》、《故事——张家口》两档自办节目。电视《市民热线》的推出，进一步强化了舆论监督作用，成为张家口第一个融广播、电视、报纸为一体的节目，进一步扩大了节目的影响力。广播电视报对报纸部分版面和内容进行了调改，突出了广电特色，增加了自采稿件量，配合电视版《市民热线》的开播，开辟了《市民热线》专版，使报纸内容更有可读性，更符合报纸的定位。三是依托数字化传输手段，与县（区）台加强合作力度，外宣通联工作势头强劲，位次继续保持全省前列。市电台在河北人民广播电台发稿1073篇，在全省地市广播通联协作工作中名列第三名，在中央人民广播电台发稿40篇，比2011年分别增加173篇和30篇；市电视台在河北卫视新闻节目播发视频稿件1360条，在中央电视台播发新闻152条，比2011年分别增长5%和32%，连续5年蝉联全省对外宣传第二名。全年广播电视共播发县（区）和通讯员稿件共计4927篇。重点报道有与河北电台《阳光热线》节目就张家口的生态环境和发展环境等问题对市委书记王晓东进行了联合专访；与中央人民广播电台《中国之声》联合播出了喜迎党的”十八大”大型直播访谈节目《幸福城市·张家口》；配合河北卫视完成两期《春动河北2012——大好河山张家口》市委书记访谈节目，播出后受到中宣部部长刘云山的称赞；配合央视圆满完成在张家口的直播采访6场次。四是不断增强精品意识，广播电视创优工作再创佳绩，获奖档次、数量居全省领先位置。在第二十八届河北省新闻奖评选中，10件作品分别获一、二、三等奖。在2011年度“河北广播影视节目奖”评选中，9件作品获奖。其中电视社教专题《杨圣满寻水记》获一等奖，同时被河北省广电协会推荐参加了中国广播影视奖的评选，并已通过初试评选。在第17届河北省奔马奖的评选中，市电视台有5件作品获一二等奖。

【完善升级设施设备】 全年投入资金1217.6万元，加大对技术设备的建设维护力度。一是加快广播电视数字化进程，摄录编播设备和网络化水平继续提高。电台搭建了通讯、短信交流等多种平台，基本满足了电台信息交互等相关需要。增配了采访机、话筒、监听音箱、数字化导播设备等，进一步完善了广播的采、制、录、播和传输系统。扩大了慢录系统，实现了所有频率2个月以上时间的慢录存储。电视台摄像机在全部实现数字化的基础上，增配了高端卡机及各类配套设备，摄像设备得以全面完备和提高，满足了重要会议和重大活动的拍摄需要。配齐了800平方米演播大厅各种演出需要的高端话筒，扩大了背景大屏，增加了六块彩幕，录制效果得到全面完善和提升。完成了200平方米多功能电视演播室工程的建设，可实现多个栏目节目的电视直播需要。二是转播台站设施不断完善，提高安全播出水平。712台完成了10千伏高压配电备用线路的建设任务，实现了外电双回路自动切换供电，提高了外电保障水平，安全播出能力显著提高。对横岭调频发射系统进行了改造，合理有效地解决了原有一套发射机无备机的问题；109台高质量地完成了中波小天线的安装工程，实际播出效果明显改善；中波台完成了三个频率、四部中波发射机的监控系统安装调试工程，安装了天线场地及机房周边的视频监视系统，播出监控水平和安全管控能力大大提高；以宣化区为主的移动多媒体广播电视的发展取得了初步进展。移动手机电视的收费用户超过1.2万户，免费终端用户2000多户。三是网络平台取得实质性进展，互联互通传输网络初步成型。完成了全市17个县（区）的节目传输站点建设任务，实现了市县（区）广播电视节目的网络化传输，确保了县（区）新闻节目在市台以及在省、中央台的及时、优质播出，初步形成了使用传统手段和新型网络的互联互通的广播电视节目传输网络系统。台内办公网络进一步提速和扩大，对网络的管控手段得到加强，电子化办公和信息化水平显著提高。

【创新经营管理体制】 实行广告经营中心负责制，统一经营，分口运作，制定了广告经营监督管理办法和各项规章制度、管理制度和绩效挂钩政策，统一谋划经营策略和实施计划，使广播、电视、报纸三个媒体形成合力，市场开拓上握成一个拳头，在媒体资源上互补，互用。经营创收由管理型向经营型转变，实行真正意义上的企业化运作。一是策划大活动，提升媒体影响力。相继推出了多项大型活动，地方形象宣传片和公益广告片；二是依托市场办节目，节目创收迈上新台阶。对创收节目进行了改版和调整，既丰富了节目内容，又增加了创收；三是整合资源，合力开拓大客户。重点培育了房地产业、电器、保险业、服饰业、饮食业、文化娱乐业等新的业务增长点；四是规范广告经营，调整广告结构。认真清理了一批医疗、药品、保健食品等不符合法律法规的广告及医疗讲座节目，实现了绿色广播。广告收入与去年相比，综合增长率达到17.46%。

台长：郭　维

总编：刘　喜

（王　萌）

报业宣传

【概况】 2012年，张家口日报社围绕“对标国内一流大报、打造河北省最优秀地市报”的发展目标，打造张家口报业核心竞争力。新闻宣传、品牌塑造、多媒发展、经营创收等各项工作均取得重大成效。经营总收入完成6190.9万元，广告收入完成4594.8万元。

【媒体规模】 党报阅报栏覆盖工程稳步推进。在市区和宣化区建起230多块高标准阅报栏的基础上，筹备实施宣化区、高新区和市内大型居民小区等地的100多块阅报栏建设，张家口新闻网和手机报全新改版。新闻网点击量在半年内攀升到日均近万次，成为张家口市唯一建立百度新闻源的新闻类网站；推出全省首家基于移动互联网开发的产品——“全张家口”客户端；手机报丰富了内容，吸引了读者，订户量大幅增长。同时努力实施多业经营，开发三产经营项目，拓展创收渠道。成立了百通报业速递公司和盛凯商贸公司，跨行业开展服务业经营活动，拓展创收增长点。新媒体的集聚发展和创新策划工作的提质创优，有效地强化了媒体的舆论引导力、社会影响力和市场竞争力。

【新闻宣传】 张家口日报、张家口晚报超前策划，全力实施，全面立体、极具声势开展党的““十八大””宣传报道。发稿近300篇，会前、会中、会后报道环环相扣、高潮迭起、亮点频出，成为重大主题报道的成功范例；党建工作报道重点突出、生动鲜活。两报开设专栏，就全市开展的“加强基层建设年”和“三增一做”活动进行持续报道。特别是结合新闻工作者“走、转、改”活动，深入基层，采写了大量鲜活的新闻，共刊发500多篇稿件和大量新闻图片；“两个环境”建设报道及时跟进、深度引领。日报强化典型宣传，晚报从百姓关注点切入，有效地服务了中心工作；工业经济、项目建设报道抓住重点、致力创新。与工信局联合策划推出专栏，对全市重点企业、工业园区和20个县（区）的工业产业进行重头报道，初步扭转了工业报道不到位的局面；核心价值观的传播和“大好河山”城市品牌报道贯穿全年、影响广泛。推出爱心奶奶胡年祥、豆浆姐刘雪婷、给云南地震灾区捐款的拾荒老人马江等一批张垣好人，讴歌真善美，传递正能量；张家口日报还注重观点的传播，晚报策划推出大型系列特刊“大好河山张家口”，及时发出主流媒体的声音，引导舆论。

【创新策划】 新闻策划方面，张家口日报、张家口晚报先后推出”十八大”、基层建设年、三增一做、大好河山张家口、情暖张垣等重大主题报道的策划，为推动工作发挥了重要作用。特别是“张家口最有影响力的产业（产品）品牌评选活动”，近250家企业报名参与，评选出涉及全市主导产业的83个重点企业，隆重举办了颁奖典礼，开了报社公开组织综合性大型晚会的先河，成为经济宣传工作突破之举。经营策划方面，汽车文化展、家居团购惠、冬春季房展等活动注重创新，“3·15”、“119”、“榜样”等一系列特刊受到社会关注，收效显著。公益活动策划方面，“张垣有爱全城公益行动”、“山城一家亲·圆贫困儿童新年愿望”、“牵着雷锋手基层走一走”等活动，提升了报社的影响力和美誉度。

【队伍建设】 报社采取多层培训的思路，组织中层以上人员前往先进报社学习，邀请资深新闻专家梁勤俭来报社对全员授课，多渠道吸收报业先进理念和前沿业务技能；坚持星期六学习制度，进行传帮带；文化激励。组织“如何打造报业发展核心竞争力”研讨会，办起内刊《我们》，组建了舞蹈队，组织了演讲会、拔河比赛、嘉年华等一系列文体活动，凝聚精气神；典型示范。培树表彰了一批编采、广告、发行等各个领域的先进工作者，营造干事创业的氛围。特别是注重在实践中培养锻炼队伍，有效地提升了全员的业务素质和从业能力，形成并凝聚了不畏困难、不计得失、事争一流的职业精神。

【张家口百通报业速递有限公司】 9月，张家口日报社下属分公司——百通报业速递有限公司正式开业。该公司致力于使用现有服务网络，把与百姓息息相关的生活用品直接从渠道商的仓库送进市民家门，让市民享受到安全、实惠、快捷的速递服务。

【印务中心落成投产】 12月，张家口日报社新印务中心正式建成投产，提升了张家口日报、张家口晚报和代印报纸的印刷质量，缩短印刷时间，有效提升张家口日报社的印务技术水平，拓宽业务领域，标志着张家口日报社在多元化经营的道路上又迈出了可喜的一步。

（闫振寰）

卫生

【新型农村合作医疗】 全市参合农民人数达到296.5万人，参合率95.26%，较上年提高1.8个百分点。政府补助标准提高到每人每年290元，个人缴费标准提高到50元。各级住院补偿比较上年提高了5～10个百分点，一般门诊补偿比提高到40%～45%，全年累计补偿个人封顶线增加到7～8万元。继续开展儿童先心病、白血病等6种重大疾病保障工作，政策范围内住院费用报销比例达到72.7%，全年共补偿500.46万人（次），补偿金额8.17亿元。20个县（区）全部实行门诊统筹总额预算、住院总额预算和部分单病种实行最高限价管理为主要措施的支付方式改革。加强新农合基金管理，继续推行新农合定点医疗机构信用等级评定，加强定点医疗机构管理，得到省卫生厅的肯定和推广。

【基层医药卫生体制改革】 全面推进国家基本药物制度。在全市所有政府办基层医疗卫生机构实行基本药物零差率销售的基础上，积极推进村卫生室实行基本药物零差率销售，已有2226个村卫生室执行国家基本药物零差率销售。基本药物网上集中采购工作全面实施，基本药物售价较国家最高零售价格下降30%。深入推进管理、人事、分配等基层医疗卫生体制综合改革，加强绩效考核，实施乡镇卫生院对村卫生室的行政事务、业务技术、药品器械、人员聘用、财务管理、绩效考核“六统一”管理，基层医疗卫生机构运行新机制初步建立。

【卫生服务体系建设】 全年累计争取国家、省级基础建设项目资金近1.8亿元，实施卫生基建项目4096个，建设面积达31.2万平方米，包括3个市级医院、2个县级医院、7个乡镇卫生院、16个县级卫生监督所、6个县级120急救中心和4062个村卫生室。竣工建设项目4065个，完成项目总数的99.24%。通过项目的实施，基本实现每个县有一所符合建设标准的县级医院、一所妇幼保健院、一所疾控中心和一所卫生监督所，每个乡有一所政府办的乡镇卫生院，每个街道有一所社区卫生服务中心，每个村有一所集体产权的村卫生室，市、县、乡、村医疗卫生条件得到明显改善，服务体系更加健全。市直医疗卫生单位公开招聘200余名各类医技人才，招收农村订单定向医学生25名，面向基层医疗卫生单位培训全科医生65名，培训乡镇卫生院技术人员630人（次），培训乡村医生4410人（次），进一步优化了医疗卫生技术人员的结构，提高了技术水平和服务能力。继续实施“万名医师支援农村卫生工程”，3所三级医院对口支援13所县级医院，市二级以上医院对口支援210所乡镇卫生院，实现了城乡对口支援工作的全覆盖。

【公共卫生服务均等化】 6月1日正式开通了12320卫生公益热线。着力实施国家10项基本公共服务项目和5项重大公共卫生服务项目。全市建立居民健康档案347.28万份，其中电子建档297.13万份，电子建档率69.94%。免费为65岁以上老年人、孕产妇、0～6岁儿童进行健康体检和随访指导。高血压、糖尿病、重性精神病规范管理人数分别达到19.94万人、7.43万人和4939人。对39.31万名65岁以上老年人进行了专案管理，管理率达到71%。继续落实好农村孕产妇住院分娩补助、农村妇女增补叶酸、农村妇女“两癌”检查和农村改厕等重大公共卫生项目。对2.89万名农村住院分娩的孕产妇给予每人400元的补助；免费为3.6万名农村妇女发放了叶酸；免费为2.72万人（次）农村妇女进行了乳腺癌、宫颈癌检查；对3.42万名孕产妇进行了艾滋病、梅毒、乙肝检测；为感染艾滋病、乙肝的孕产妇及所生婴儿采取了母婴阻断干预措施。

【公立医院改革】 涿鹿县医院作为全省11家县级公立医院改革试点，于10月1日正式实行了药品零差率销售，年末，药品让利患者近100万元。为保证综合改革有序推进，涿鹿县制定了《涿鹿县2012年深化县医院综合改革实施方案（试行）》、《关于建立县医院法人治理结构的意见（试行）》等一系列文件，成立了县医院理事会、监事会、医院院务管委会等管理机构，开展了全员聘用、绩效考核等综合改革工作。

【健康城市创建】 按照《张家口市创建健康城市实施方案》，继续推进六大工程、27个健康项目。年内，开展了丰富多彩、形式多样的创建“健康城市”活动，在报纸、电视台等媒体播出健康讲座、刊登健康专题109期，发放健康教育资料98.67万份，向群众免费发放30万册《居民健康指导手册》。

【疾病预防控制】 280家乡级以上医疗卫生机构全部实行了疫情网络直报，40家二级以上医院均建立了传染病预检、分诊制度和应急处理预案。继续夯实免疫规划基础，全市基础免疫（十一苗）报告接种率保持在95%以上。麻疹疫苗和脊髓灰质炎疫苗查漏补种率均达到99%。继续坚持关注重点地区、重点人群的监测防控策略，着重抓好鼠疫、手足口病、甲型流感等为主的传染病防控工作，全市未发生重大传染病疫情。以碘缺乏病、地方性氟中毒、大骨节病、克山病等地方病防治为重点，落实以食盐加碘防治碘缺乏病为主导的防治措施，保持100%碘盐监测覆盖率，确保居民合格碘盐食用率达到90%以上。加强艾滋病防治工作。为符合治疗条件的艾滋病感染者和病人进行了免费抗病毒治疗。协调公安、药监、司法部门推进全市美沙酮药物维持治疗门诊建设，制定了艾滋病宣传教育实施方案，采取多种形式，向人民群众普及艾滋病防治知识和政策，提高全民防艾能力。开展“慢性非传染性疾病综合防控示范区”创建工作，宣化区获得全省“慢性非传染性疾病综合防控示范区”荣誉称号。加强鼠疫联防工作，第52届锡乌张呼延大联合防治鼠疫委员会会议在张家口市召开，继续保持了省政府提出的“人间鼠疫不发生，鼠间鼠疫不下坝”的目标。加强队伍培训，举办全市疾控系统大比武活动，在全省疾病预防控制机构现场流行病学和实验室技能大比武决赛中取得优异成绩。怀来县获得县级现场流行病学二等奖，宣化区获得县级实验室技能二等奖，市疾病预防控制中心获得市级实验室技能三等奖。市卫生局获得优秀组织奖。健全完善卫生应急预案，加强应急队伍培训，组织了大型医疗卫生救援应急演练，提高了卫生应急处置能力。

【医政管理】 加大市县级医疗机构的管理力度，实行精细化管理。组织召开了市直医院院长座谈会，对医院的管理工作进行研讨、调度、督导。明确了“强特色打品牌，以管理求生存，以技术求发展”的总要求和“医疗服务人性化、病房环境宾馆化、治疗流程规范化、综合管理信息化、财务管理公开化”的“五化”目标。组织开展了“医疗质量万里行”、“医院管理年”、“优质护理服务示范工程”等活动，强化了医疗机构临床路径管理、抗菌药物应用管理和次均住院费用管理，服务更加规范，群众利益得到合理保护。全市卫生系统在全省二级以上医院病历质量评比和岗位技能竞赛决赛中获得集体一等奖4项、二等奖3项、三等奖2项，个人二等奖2项、三等奖4项。加强医疗市场监管。按照《张家口市2012年度医疗市场专项整治实施方案》，组织开展了打击无证行医专项活动、医疗广告整治活动、民营医院专项整治活动和医院医保基金专项检查四个专项活动。对检查中发现的违规行为依法进行了处理，净化了医疗市场。

【卫生监督执法】 全市共设立292个卫生监督协管室，培训聘任卫生监督协管员477人（其中专职140人），着装365人；培训聘任卫生监督信息员2595人。加大饮用水卫生监管。召开了全市饮用水卫生监督监测工作会暨培训班，组织市本级及环北京周边的有关县进行了饮用水污染事件卫生监督应急处置演练，对《张家口市生活饮用水二次供水卫生监督管理办法》进行了修订，组织开展二次供水专项督导检查工作，确保二次供水饮水安全。全面推行公共场所量化分级管理。对全市各县（区）公共场所卫生监督工作进行了督导检查，共检查公共场所从业单位105家，查处违法案件30余起。联合市总工会、电视台成功举办了全市首届卫生监督技能竞赛。宣化区和市级队代表张家口市参加了省卫生监督技能竞赛，并获得团体三等奖、医疗与传染病卫生监督单项个人二等奖的历史性好成绩。开展了传染病防控、消毒产品、学校卫生、放射卫生、职业病防治等一系列检查活动，共检查各级各类医疗卫生机构345家，各类学校968所，餐饮具消毒单位54家，消毒产品经营单位298家，放射诊疗单位254家，职业病健康检查诊断机构17家。开展职业健康状况基本情况调查工作。全市录入管理版企业数1863家，核实率在全省排名第四。同时，积极开展了传染病防治和职业病防治有关法律法规的宣传工作。

【中医·妇幼·科教】 将市中医院列入三级甲等中医医院建设目录，3所县级中医院改造项目纳入省级规划。市中医院省级中医“治未病”中心和“康复理疗保健”中心进行主体装修。申报省重点中医专科12项，中医专科工作进一步达到制度化、程序化、规范化。加强“名中医工作室”建设，确定命名在职市级名中医22人，并为其配备助手、遴选学术继承人员，打造名老中医学术经验传承平台。抓好优秀中医临床人才研修项目、杏林千人培养工程、中医类别全科医师转岗培训项目，选送53人参加各类培训。孕产妇、儿童保健覆盖率分别达到95.15%和89.38%，住院分娩率99.48%，母乳喂养率90.2%，新生儿“两病”筛查45845人，筛查率94%。孕产妇死亡率为8.67人/10万，婴儿死亡率为3.66‰。组织申报成功市级科技进步奖37项，其中二等奖14项、三等奖23项；组织申报市2012年度科学技术计划项目30项。组织申报省级继续医学教育项目共20项，批准公布市级继续医学教育57项。开展医学科技学术交流活动20余场（次），接待医疗事故技术鉴定有关事宜咨询100余人（次），接收并受理医疗事故技术鉴定委托32例。

【爱国卫生】 深入开展爱国卫生和健康城市创建活动。结合第24个爱国卫生月，广泛动员社会各界力量，彻底清理城区内卫生死角，加强对农村环境卫生的综合治理，完成农村改厕300座。依法开展公共场所禁烟监督检查工作，继续开展卫生系统控烟工作。

【无偿献血】 市中心血站24小时不间断供血。年内，全市无偿献血总人数2.98万人（次），采血量993万毫升，成分输血率达到96.3%，供给临床机采血小板2006个单位。

【医德医风建设】 创新基层党组织管理机制，积极“构建县、乡、村三级医疗卫生机构党组织和党员一体化管理新机制”，荣获全国医疗卫生系统创先争优活动党建工作品牌创意奖，市卫生局党委也荣获全国医药卫生系统创先争优先进集体荣誉称号。《健康报》、《河北卫生》、《张家口日报》等媒体先后进行了宣传报道。重新修订了《张家口市卫生系统医德医风考核办法》，针对医疗机构和医务人员开展医德医风考评。认真落实纠风责任制和医疗卫生单位“全员承诺”制，市、县卫生部门逐级签订责任书，各医疗机构工作人员人人递交承诺书，实行上岗先签订承诺书，违诺立即下岗培训。深入推进权力运行监控机制建设，认真执行《医疗机构从业人员违纪违规问题调查处理暂行办法》，促进医疗机构从业人员违纪违规问题调查处理工作规范化、程序化。深入开展“修医德、强医能、铸医魂”活动。组织举办了刘琼芳同志先进事迹报告会，在全市卫生系统发出了向刘琼芳同志学习的号召，发动全市医疗卫生工作者开展卫生职业精神大讨论，倡导新时期白求恩精神，在全市卫生系统引起了较大的反响。建立健全权力运行信息化评价监控机制。市第一医院、市妇幼保健院等8家试点医院，共投资68万元，购买采集器65个，触摸屏14个，实行“制度+科技”的模式，开展患者满意度、供应商诚信度和权力运行监控，对职务权力、职业权力、考核工作的规范性管理监督，进一步加大了社会监督力度，保持了较高的群众满意度。

（李兆泰　董彦召　张佳佳）

体育

【社会体育】 全市有单项运动协会15个，青少年俱乐部8个。组织各类体育活动29次，其中全国比赛5次，省级比赛14次，市级比赛10次。年末，全市有健身指导站（点）120个，常年坚持健身人数达到3万人。全市有国家级农民健身工程520个，省级农民健身工程591个。举办培训班33次，培训3000人（次）。全市有国家级社会体育指导员18人，一级社会体育指导员132人，二级社会体育指导员1828人。

【竞技体育】 8月10日，张家口籍运动员侯玉琢在伦敦第30届夏季奥运会跆拳道女子57公斤级比赛中获得一枚银牌。9月3日，张家口市籍残奥会选手赵帅在伦敦残奥会乒乓球男子单打8级决赛中获得金牌。在2012年河北省第七届青少年运动会中，张家口市藉运动员参加各类竞技比赛36项（次），6个项目取得金牌，10个项目取得奖牌，共获得金牌18枚，银牌17枚，铜牌19枚。全年有220人考取国家二级裁判员，81人考取国家三级裁判员。

【体育产业】 全民健身中心一期工程投入运营，二期工程于3月动工修建。二期工程建筑面积1.9万平方米，预计投资4000万元，主体为框架结构，共5层，建成后可进行射击、羽毛球、网球等项目的训练和比赛。年末，工程主体项目已完工，全部二期工程预计于2013年6月竣工。

全市有滑雪场9个，占地面积约178万平方米，拥有初、中、高级雪道47条，雪道总长度约5.5万米，索道或摩毯21条，雪具约9000副。崇礼滑雪产业日渐规模，建成万龙、长城岭、多乐美地、塞北、翠云山5大滑雪场，滑雪场资产总量达5亿元，拥有高、中、初级雪道42条，雪道总长度约5.3万米，总面积近172万平方米，索道或魔毯19条，长约1.5万米，雪具8000副，日可接待游客1万人（次）。

【群众体育】 7月8日，经国家体育总局田径运动管理中心、中国田径协会批准，由河北省体育局和张家口市政府共同举办的2012年中国·张家口张北草原马拉松赛在张北中都草原精彩上演，来自肯尼亚、埃塞俄比亚、日本、瑞典及国内18个省、市、自治区的701名长跑选手参加全程马拉松赛。中国吴世伟以2小时26分27秒的成绩获得男子组冠军，肯尼亚的利思·汤弗尔以2小时26分43秒获得亚军，中国关思杨以2小时27分02秒获得季军；内蒙古自治区的何引丽以2小时43分19秒获得女子组冠军，内蒙古自治区的金铭铭以2小时47分51秒获得女子组亚军，内蒙古自治区的宫丽华以2小时49分33秒获得女子组季军。

【主办（承办）赛事】 6月4~5日，由河北省老年人体育协会主办、张家口市老年人体育协会承办的2012年“华润杯”河北省老年人健身秧歌交流活动在市一中体育馆举行，全省各地的14支代表队，近200名老年人参加城市组和县（市）组两个级别的角逐。

11月28日~12月1日，2012年“金立智能手机杯”中国围棋甲级联赛第21轮比赛在怀安县开赛，孔杰、朴廷桓、彭荃、孟泰龄等中韩名将亮相本次比赛。比赛由国家体育总局棋牌运动管理中心、中国棋院主办，中共怀安县委、怀安县人民政府承办。11月29日，举行中信北京主场赛，对战大连上方衡业。12月1日，举行辽宁觉华岛主场赛，对战西安曲江。赛事期间，大赛组委会邀请辽宁觉华岛队教练刘小光九段为爱好者进行大盘讲解。中国棋牌运动管理中心主任刘思明以及省、市围棋协会主要领导应邀出席。

（鲁曦金）

县区概况

- 张北县
- 怀来县
- 宣化县
- 赤城县
- 崇礼县
- 怀安县
- 涿鹿县
- 蔚县
- 阳原县
- 万全县

- 尚义县
- 康保县
- 沽源县
- 宣化区
- 下花园区
- 桥东区
- 桥西区
- 察北管理区
- 塞北管理区
- 高新区

张北县

【概况】　张北县辖4个镇、14个乡、4个街道办事处、366个行政村、26个居民委员会。总面积3863平方千米，耕地面积10.1万公顷。总人口36.5万人，人口自然增长率1.69‰。2012年，全县完成地区生产总值68.6亿元，按可比价格计算同比增长10.5%，其中，第一产业增加值完成17.4亿元，同比增长5.3%；第二产业增加值完成34.6亿元，同比增长13.4%；第三产业增加值完成16.6亿元，同比增长10.8%。单位生产总值能源消耗0.82吨标准煤，同比下降3.89%。民营经济增加值完成50.09亿元，同比增长19%。粮食总产量9.39万吨，同比增长4.4%。全部财政收入完成8.22亿元，同比增长16.87%，其中地方一般预算收入4.90亿元，同比增长14.55%；财政支出17.8亿元，同比增长16.4%。全社会固定资产投资完成120.1亿元，同比增长1.0%。社会消费品零售总额19.1亿元，同比增长15.7%。在岗职工年平均工资39839元，同比增长10.3%。农民人均纯收入4814元，同比增长15.6%。城镇居民人均可支配收入15642元，同比增长13.2%。年末城乡居民存款余额40.97亿元，同比增长20.96%。空气质量二级以上天数累计341天。年内，张北县被评为“全国最具投资潜力县”。

【农村居住条件改善，特色产业增效增收】　扎实推进新农村建设，农业经济稳步发展。硬化村庄街道50千米，解决2.1万人安全饮水问题，建设12个幸福乡村示范点，2.46万人实现脱贫。“五型”农业迅猛发展，打造总面积4500公顷的5个高效节水示范园区，全县节水灌溉面积达1.96万公顷；新建市级设施蔬菜标准院9个，发展设施大棚近200公顷；实施1.47万公顷有机燕麦基地转换工作；以西部缺水乡（镇）为重点，加快马铃薯、亚麻、莜麦等传统旱作作物品种换代。推进“奶、菜、薯、肉、粮”五大产业发展。奶牛存栏达6.3万头，调整产业结构，积极推进伊利液态奶项目建设；全县种植蔬菜1.2万公顷，总产量90.2万吨，种植甜菜8533.33公顷，总产量35.2万吨；新建肉牛、肉羊、生猪养殖场6个，牛、猪、羊饲养量分别达11.1万头、35.7万口、44.2万只；燕麦、亚麻、豆类种植面积分别达1.33万公顷、1.07万公顷、3333.33公顷，产量分别达1.4万吨、1.0万吨、0.4万吨。年内，全县实现农业总产值31.6亿元。

【城镇建设加速推进】　围绕“和谐城建、幸福城建”目标，以打造“一带、两区、三街”为核心，城镇建设快速推进。全年实施市政基础设施工程60多项，完成中都大街北延、民政局南支路等6条道路打通工程，新建中都大桥、顺城桥2座桥梁，实施东洋河两岸、园艺路、中心广场的硬化、美化工程。推进集中供热、供气工程，新建热源站1座、换热站8座，新增集中供热面积100万平方米，集中供热率达72.7%，新增燃气入户4700户，集中供气率达37%。建设廉租房100套、公租房195套，完成77套林场危房、3803户棚户区以及农村危房改造工程。城区新增绿化面积5.65万平方米，县城绿化覆盖率达47.3%，人均公共绿地面积达29.8平方米。

【招商引资，项目建设步伐加快】　采取“走出去”和“请进来”相结合的招商方式，新签约云计算、泰丰高科技肉牛养殖基地等项目23个（其中亿元以上项目10个），协议引资275.9亿元；全年实际到位资金51.36亿元，同比增长12.8%；实际利用外资1.1亿美元。全年共实施投资100万元以上项目226个，总投资666.3亿元；其中1000万元以上项目160个，总投资663.5亿元；亿元以上项目80个，总投资633.5亿元。全年共列入省、市重点项目27个，总投资383.1亿元，完成投资75.5亿元。

【旅游服务业实现历史性跨越】　共实施千万元以上旅游服务项目19个，总投资154.1亿元，是上年的2.3倍，当年完成投资19亿元。重点实施塞那都生态度假村、草原天路景区、天保旅游区、百里坝头沿线旅游开发等工程。塞那都冰雪小镇及高端滑雪场投入运营；成功举办“坝上草原文化旅游节”、第四届“张北草原音乐节”、第二届“张北冰雪旅游节”等一系列节庆活动，首度举办国际马拉松、全国热气球赛等大型赛事；全年实现旅游综合收入18.5亿元。

【保障民生，统筹发展社会事业】　人民幸福指数不断提升。全县新增就业3640人，新型农村和城镇居民社会养老保险参保人数达21.36万人；创新社会养老模式，新建民政服务中心，建成农村互助幸福院112所；新建各类保障性住房295套，改造农村危房1000户。医疗条件逐步改善，县医院门诊急诊楼竣工启用，实施354所村卫生室建设项目，改扩建3所乡（镇）卫生院。实施兴石路等3所小学和机关幼儿园续建工程；高考本科上线1887人，上线率达73.51%。文化事业蓬勃发展，图书馆、文化馆、体育馆及成龙文化大厦开馆营业，召开元代国家与社会国际学术研讨会，开展彩色周末等群众性文体活动130多场，被评为“河北省县域公共文化建设二十强”。

中共县委书记：白　龙
县人大常委会主任：张贵祥
县人民政府代县长：孙晓函（07月任）
县人民政府县长：戎均文（07月免）
县政协主席：史崇森

（邢玉波）

怀来县

【概况】　怀来县辖11个镇、6个乡、21个社区居委会、279个行政村。总面积1782平方千米，耕地面积22599公顷。总人口35.66万人，人口自然增长率6.97‰。2012年，全县完成国内生产总值112.1亿元，按可比价格计算同比增长10.8%，其中，第一产业增加值完成15.4亿元，同比增长4.7%；第二产业增加值完成34.87亿元，同比增长11.6%；第三产业增加值完成61.82亿元，同比增长11.8%。单位生产总值能源消耗同比下降5.6%。民营经济增加值完成80.26亿元，同比增长12.74%。粮食总产量10.46万吨，同比增长2.85%。全部财政收入完成15.50亿元，同比增长16.5%，其中地方一般预算收入9.20亿元，同比增长36.3%；财政支出15.87亿元，同比增长8.83%。全社会固定资产投资完成73.87亿元，同比增长33.3%。消费品零售总额32.12亿元，同比增长18.7%。在岗职工年平均工资36161元，同比增长5.2%。农民人均纯收入8986元，同比增长14.1%。城镇居民人均可支配收入18239元，同比增长12.4%。年末城乡居民存款余额88.13亿元，同比增长16.3%。空气质量二级及以上天数累计328天，化学需氧量和二氧化硫排放量同比分别削减16.41%和42.13%。

【葡萄暨葡萄酒支柱产业做大做强】　年内，新增葡萄种植面积1333.33公顷，达到1.8万公顷，建成长城桑干、盛唐2个葡萄苗木繁育中心，年繁育能力达到500万株；实施长城桑干酒庄提质增量工程，新增中高档葡萄酒产量2000吨；实施科技创新示范、太空育种基地建设等6个科技计划项目，瑞云等4家葡萄酒庄入选全国13家魅力酒庄，全县葡萄产业知名度和影响力进一步提升。

【重点项目力求突破，高新项目实现跨越】　年内，实施县级以上重点项目138项，总投资1824.91亿元，完成投资56.5亿元。其中，列入省、市重点项目21项，超亿元项目达到99项，超10亿元项目38项，省、市重点项目数量居全市第一，投资规模创历年之最；实施高新技术项目28个，总投资37.6亿元，完成投资7.8亿元。华美光电子二期项目得到国家科技部、工信部重点支持，实现从单一模块生产向整机生产的跨越，新增工业产值1亿元。三源聚鑫钢结构生产、力科维德液压设备生产、欧洛普过滤器等12个项目快速推进。

【测土配方施肥技术进一步推广】　为8万农户提供测土配方施肥技术服务，技术推广面积4万公顷以上，示范区亩均节本增效30元以上。采集和分析土壤样品500个以上；布置粮油等大田作物田间肥效试验2个以上、经济作物“2+X”田间肥效试验5个以上、微量元素单因子肥效试验2个以上；建成2个万亩以上测土配方施肥示范区，在15个村各建成1个1.33公顷以上的示范方，在100个行政村设立固定的测土配方施肥信息公告专栏，为农民提供面对面指导服务8场（次）以上，配方肥施使用比例达到化肥使用总量的12%以上。

【“三点聚力”壮大县域经济】　新兴产业抓示范。以东花园新兴产业园区为重点，规划面积55平方千米，完成基础设施投资15亿元，总投资73亿元的北京鑫发顺德除尘设备、中创动力供热制冷设备等47个项目签约入驻。特色产业上规模。以葡萄、肉鸡、果品、设施蔬菜、杂粮“一大四小”特色产业为重点，培强龙头企业，壮大产业规模。全县葡萄种植面积达1.67万公顷，肉鸡养殖达1600万只，年产干鲜果品22.5万吨。文化产业强辐射。主打养生、民俗、邮驿、生态四张牌，发展影视基地、葡萄养生会馆、生态观光园、农家乐，吸纳劳动力就业增收。全年共接待游客287万人（次），实现旅游收入8.6亿元。

【多措并举，统筹发展社会事业】 年内，投资2.8亿元建成13万平方米校安工程；解决12个乡（镇）、25个行政村2.4万人饮水安全问题；新建和改建256个标准化村卫生室；创新参保扩面机制，企业养老保险参统职工达到33691人，职工医保达到31447人，城镇居民医保达到51716人，生育保险在统职工19238人，农民参合率达到98.3%；全年发放优抚安置、社会救助、扶贫救灾等各类资金6250万元；农村劳动力向非农产业转移2725人，培训农民工935人，全年通过各种渠道输出劳务4.6万人（次）。新增就业岗位3518个，安置下岗失业人员1135人，城镇居民登记失业率控制在4.3%，征缴失业保险金154.86万元，实现北京市郊铁路S2线延伸至怀来县城，加快京怀同城对接。

中共县委书记：景庆雨
县人大常委会主任：王建军
县人民政府县长：李玉清（01月任）
县政协主席：李英田

（王占春）

宣化县

【概况】 宣化县辖8个镇、5个乡、304个行政村。总面积2057.4平方千米，耕地面积56511公顷。总人口28.5万人，人口自然增长率4.4‰。2012年，全县完成地区生产总值73亿元，同比增长13.1%，其中第一、二、三产业分别完成22.5亿元、25.8亿元和24.7亿元，同比分别增长4.0%、24.1%和8.8%。民营经济实现增加值59.4亿元，同比增长13.2%。粮食总产量21.3万吨，同比增长4.54%。全部财政收入完成7.3亿元，同比增长19.8%，其中地方一般预算收入完成3.2亿元，同比增长35.4%；财政支出11.1亿元，同比增长29.6%。全社会固定资产投资68.5亿元，同比增长40.7%。社会消费品零售总额21.31亿元，同比增长15.1%。在岗职工年平均工资3.1万元，同比增长11.9%。农民人均纯收入6316元，同比增长13.8%。城镇居民人均可支配收入1.6万元，同比增长13.2%。年末城乡居民存款余额61.24亿元，同比增长10.7%。宣化县被国务院授予“全国新型农村和城镇居民社会养老保险先进单位”称号，被农业部评为全国农业标准化示范县（生猪）、生猪调出大县、粮食生产先进县，被省政府评为“全省粮食综合生产能力提高较快县”、“全省肉羊畜禽标准化规模养殖示范区”。

【园区建设提档升级】 投资1.9亿元推进东山、望山、南山等园区基础设施、环境整治等工程，园区承载能力明显提升。入驻项目40多项，总投资705亿元，盛华氯碱基地（一期）、中石油压缩天然气等一批重大项目建成投产，带动高新技术、新型化工、现代物流、新能源、生物医药五大新兴产业加速发展。东山园区成功获批省级高新技术产业开发区，望山园区成功获批省级循环经济示范园区和工业经济综合利用示范基地。

【城镇开发进程加快】 集中力量推进两大新城建设。沙岭子新城，完成总体规划编制，投资7.6亿元的景观大道征地、拆迁等前期工作全面展开，投资8200万元的集中供水、污水处理等基础项目有序推进。洋河南新城，投资9300万元的经七街改造工程扎实推进，投资13亿元的湖岸小镇、中宣嘉城等商住项目部分建成，一批供水、供热、供气等基础设施项目签约落地，精品城镇建设初见成效。投资1.7亿元，推进5个新民居、10个幸福乡村示范村建设，新建、改建住宅1600多套，硬化村内道路2万多米；投资4400万元推进“四清四化”工程，对主要干道沿线的48个村进行重点治理，建立环卫队伍90多支，初步构建起农村环境整治的长效机制，城乡面貌明显改观。

【农业产业化加速推进】 引进实施农业产业化项目29个，总投资81.6亿元。总投资23亿元的正邦农牧发展总部基地、总投资4.2亿元的华信国际农产品物流采购中心、总投资3亿元的帝达农超对接物流中心等一批大项目成功引进。培强主导产业，蔬菜种植面积4800公顷；建设生猪、奶牛规模养殖小区39家，发展规模养鸡场357家，带动奶牛、生猪、蛋鸡饲养量分别达到3.97万头、76万口、720万只。

【社会事业全面进步】 2012年，全县一般预算支出10.98亿元，其中教育、卫生、社保、科技等重点领域支出所占比重61%。投资2亿元推进校安工程，新建、加固校舍面积9.6万平方米，实施第一实验小学、县二中宿舍楼等一批重点工程，办学条件进一步改善。投资7300万元，完成县医院大楼和299个村办卫生室新建、改建工程，实施乡（镇）卫生院新建项目3个，被评为全省“标准化规范化乡镇卫生院示范县”。新农合参合率95.6%，为68.6万人（次）报免各类费用6000多万元。新增城镇就业2000多人，就业困难对象再就业300多人，农村劳动力向非农产业转移6000多人（次）。新农保参保人数17.3万人，参保率98%，排名全市第一。发放救灾救济、医疗救助资金720万元。全年发放城乡低保资金4600多万元。投资1185万元新建廉租房138套，为182户城镇住房困难家庭发放租赁补贴11.2万元。投资560万元，新建农家书屋、文化辅导基地306个，东甘庄村“美丽书屋”荣获“省文化之星”称号，沙岭子镇文化站荣获省级“百佳文化站”称号。发展有线电视用户1.1万户，电视网络服务水平进一步提升。投资8600多万元，实施道路新建项目5个，开通城乡公交班线，结束宣化县没有城乡公交的历史。投资1080万元，完成人饮安全工程40处，解决全县35个村、2.3万人的饮水安全问题。投资1100多万元，新建、改造供电线路63千米。

中共县委书记：郝富国
县人大常委会主任：宇清渊（01月免）
戴贵明（01月任）
县人民政府代县长：王小军（01月免）
县人民政府县长：王小军（01月任）
县政协主席：穆明光（女，01月免）
李贵宝（01月任）

（王金芸）

赤城县

【概况】 赤城县辖9个镇、9个乡、440个行政村。总面积5287平方千米，耕地总资源5.93万公顷。总人口29.6万人，人口自然增长率5.02‰。2012年，全县实现地区生产总值65亿元，同比增长12.6%，其中一、二、三产增加值分别完成17.2亿元、32.4亿元、15.4亿元，同比分别增长23.7%、13.5%、12.5%。单位生产总值能源消耗1.09吨标准煤，同比下降4.83%。民营经济实现增加值49.3亿元，同比增长20.8%。粮食总产量8万吨，同比减少23.8%。全部财政收入完成10.4亿元，同比增长7.2%，其中，地方一般预算收入完成5.3亿元，同比增长20%；财政支出14.6亿元，同比增长28.2%。全社会固定资产投资57.8亿元，同比增长28.6%。社会消费品零售总额15.3亿元，同比增长15.5%。在岗职工年平均工资33495元，同比增长10%。农民人均纯收入4711元，同比增长17.2%。城镇居民人均可支配收入16431元，同比增长13.5%。年末城乡居民存款余额65.4亿元，同比增长58.4%。空气质量二级以上天数累计342天，同比增长6.8%。

【县域工业蓬勃发展】 深入推进“工业提升”计划，工业经济运行质量和效益不断提高，工业税收占全部财政收入80%以上。培育龙宇、鑫宇、茂源、银达等一批龙头企业，16个铁矿企业完成技改扩模，全县采矿企业发展到117家，选矿企业发展到129家，年铁精粉生产能力达到900万吨。全年工业固定资产投资完成27亿元，其中技改投资达16亿元。产业链条不断延伸，宝龙炉料完成一期工程，总投资1亿元的海源石墨深加工项目一期工程正式投产，年产石墨精粉1.5万吨；总投资2亿元的腾龙、鑫宇公司钢球衬板项目进展顺利。园区建设初具雏形，按照“一区两园”发展格局，县城园区土地调规、基础设施建设等前期工作有序进行；龙关新型产业园区实现水、电、路三通，宝龙炉料、金顺升球团2家企业顺利入驻。新型能源业发展壮大，总投资100亿元总装机容量100万千瓦的国华风电项目一、二期工程并网发电，发电量达到14.75万千瓦。

【县域农业独具特色】 围绕环首都扶贫攻坚示范区建设，坚持兴产业、扶龙头、扩基地、富农户。在巩固样田万亩供京蔬菜基地、东卯农业循环经济园区项目基础上，成功引进富京、佳禾等一批农业种植项目，全县新增设施蔬菜面积360公顷，达到478公顷，蔬菜总面积达到9333.33公顷；独石口—赤城—样田—龙门所“百里露天蔬菜产业带”初步形成。强势推进北京二商集团、弘基牧业等重点养殖项目，全县新增生猪规模养殖场30个，达到81个，年出栏生猪30万口；总投资15亿元的湖南佳和现代农业生态园和德清源蛋鸡养殖项目顺利推进。多元化发展富民产业，中药材种植面积达到2000公顷，金红苹果、水杏、大杏扁等特色杂果发展到9666.67公顷。

【生态旅游底蕴深厚】　围绕“环京津休闲旅游产业带”和“京西北运动康体休闲区”，将生态旅游业作为县域经济发展的后续主导产业强力推进。实施总投资1.1亿元的温泉度假村升级改造工程，温泉度假村成功晋升为国家4A级景区；总投资12.8亿元的塘子庙塞外仙都旅游温泉度假城、后城飞行小镇项目稳步推进；独石口农业观光园、样田上马山漂流、康庄垂钓园等一批特色旅游项目实现运营；大海陀平北抗日根据地纪念馆对外开放。完成大海陀、冰山梁、黑龙山至老栅子44.6千米旅游道路升级改造工程，旅游承载能力进一步增强。与北京百龙公司签订总投资109亿元的新雪国旅游度假项目，打造特色滑雪小镇。参加“中国旅游品牌推广峰会”等宣传推介活动，荣膺“最佳生态休闲旅游名县”称号。

【城乡建设统筹推进】　按照“一轴两心三廊四组团”的空间布局，打造“水在城中，城在林中，楼在园中，人在景中”的现代园林城市。投资20亿元，实施白河综合治理一期，汤泉河综合治理一、二期，东关农贸市场，影院广场，新区文化广场，双子座大厦，白河六孔斜拉式椭圆步行大桥等一批精品城建工程。新、改建城区主次干道84.5千米，治理河道5.4千米，县城蓄水量达到160万立方米，县城及周边绿化4000公顷。开发住宅小区14个，创建生态文明村230个、廉租房380套，实施人才家园工程2000套，初步建立起以廉租房、公租房为主体的保障性住房体系建设。康庄新村完成一期工程，成为全省幸福乡村典型。新增幸福乡村示范点9个，全县省级新民居达到29个。开展以“四清四化”为重点的农村环境卫生综合整治行动，乡村面貌进一步改善。

【基础设施日臻完善】　张唐铁路开工建设，京北一级路具备开工条件。实施雕鹗、后城集中供水工程，全县有效灌溉面积由4666.67公顷扩大到2.77万公顷；完成70千米10千伏、38个村的低压电网改造工程，全县35千伏变电站增加到20座。实施广电“村村通”和无线覆盖工程，全县440个行政村实现广播电视、手机信号全覆盖。

【社会事业全面发展】　重点实施“十大民生工程”，投资2088万元完成第一小学和幼儿园建设，总投资4500万元的县医院整体搬迁项目完成主体工程，达到二级甲等水平；实施校安工程45项，第一中学搬迁新建工程扎实推进，第三小学改扩建项目竣工并投入使用。完成18个乡（镇）卫生院医药卫生体制改革和346个村卫生室改扩建，参合率达95%。公开招聘638余名大学生纳入财政序列，城镇登记失业率控制在3.12%以内。

中共县委书记：李　敏
县人大常委会主任：郭万忠
县人民政府县长：申全民
县政协主席：王崇辉

（王　洋　刘　伟）

崇礼县

【概况】　崇礼县辖2个镇、8个乡、211个行政村、3个居民委员会。总面积2324.1平方千米，耕地面积1.71万公顷。总人口12.55万人，人口自然增长率2.98‰。2012年，全县完成地区生产总值33.7亿元，按可比价格计算同比增长12.0%，其中，第一产业增加值6.89亿元，同比增长5.7%；第二产业增加值19.2亿元，同比增长13.7%；第三产业增加值7.6亿元，同比增长13.5%。民营经济增加值24.13亿元，同比增长12.6%。粮食总产量24134万吨，同比下降0.06%。全部财政收入完成6.18亿元，同比增长24.4%，其中地方一般预算收入3.04亿元，同比增长6.6%；财政支出8.6亿元，同比增长18.4%。全社会固定资产投资完成47.4亿元，同比增长33.6%。社会消费品零售总额7.1亿元，同比增长15.5%。在岗职工年平均工资29855元，同比增长1.9%。农民人均纯收入5145元，同比增长14.8%。城镇居民人均可支配收入16192元，同比增长13.3%。年末城乡居民存款余额20.48亿元，同比增长34.8%。

【注重推进项目攻坚，项目建设实现新突破】

全县实施千万元以上重点项目113个，总投资310.8亿元，完成投资48.3亿元，同比增长17.2%。列入省、市重点项目6个。争取政策性资金1.8亿元。在全市招商月活动中，成功签约百龙新雪国旅游度假区、中国·崇礼国际会议中心和崇礼四季风情度假区项目。总投资250亿元的崇礼太舞四季文化旅游度假区和翠云山国际旅游度假区项目开工建设。

【注重推动产业转型，特色产业形成新格局】

万龙滑雪场双龙酒店、阳光休憩中心完成改造，密苑·云顶乐园星级酒店投入运营并完成雪场扩建，云州水库调水工程全面启动，太子城35千伏输变电工程竣工运营。成功举办第十二届中国·崇礼国际滑雪节和冬夏中国城市发展论坛。在2012年中国旅游产业发展年会上，崇礼县被评为“中国县域旅游之星”十强，“崇礼滑雪”被评为2012年中国体育旅游精品项目和张家口最有影响力旅游产业品牌。全年共接待游客125万人（次），实现旅游综合收入8.37亿元，同比分别增长27.7%和33.6%。黄金、铁精粉产量分别达到2.5吨和97万吨，实现入库财政收入3.97亿元，占全部财政收入的64.2%。风电累计并网发电30万千瓦。全县新增设施蔬菜415.67公顷，累计达到1966.67公顷，被评为全国蔬菜产业重点县。农业产业化步伐不断加快，全县市级以上龙头企业达到18家，销售收入达到4.81亿元，产业化经营率达到71.8%。以产业带动为主导的扶贫攻坚力度不断加大，47个重点村3.03万人稳定脱贫。完成80个重点村“四清四化”环境整治任务，农村人居环境明显改善。植树造林7373.33公顷，全县森林覆盖率达到45.6%。

【注重推进城市建设，城市面貌呈现新气象】

致力打造精品旅游城市，重点实施旅游文化新区、行政服务区、市政基础、住房保障、景观建设五大工程。完成秀水湾、迎宾园、北国风光、黑山湾4个公园基础工程。旅游文化新区累计完成投资21.4亿元，完成建筑面积56万平方米，日韩风情街、酒吧文化城、旅游服务中心等一批项目投入使用，欧式风情小镇特色进一步彰显。行政服务区开工率达到68.8%。市政工程扎实推进，集中供热新建换热站13个，新增供热面积103万平方米，累计达到198万平方米，县城集中供热实现全覆盖；完成县城4条街道改造工作和3条供水管网铺设任务。住房保障步伐加快，续建424套保障房交付使用，新建496套完成部分主体。城市管理逐步规范，改造长青路广告牌匾6700米，完成长青路、裕兴路、旅游文化新区楼体亮化，雪都夜景特色进一步凸显；建成城市数字化管理指挥中心，城市管理逐步向精细化、标准化、数字化方向迈进。

【注重保障改善民生，社会事业开创新局面】

全年财政用于民生支出6.2亿元，占公共财政预算支出的71.9%。教育事业巩固发展，完成校安工程1.1万平方米，县第二幼儿园完成装修。卫生工作扎实推进，新建县医院主体完工，村卫生室全部实现药品零差率销售，在全省率先建成卫生协管平台。社会保障力度加大，城镇职工基本养老保险新增785人，完成全年目标任务114%；新农合参合率和新农保参保率分别达到95.7%和97%；城镇居民和职工医保参保率分别达到95%和96%。就业再就业成效显著，城镇登记失业率控制在4.4%以内。文化建设成绩突出，全年开展文化下乡2500多次、举行彩色周末33场，英龙影剧院、冰雪博物馆建成运营；在全市率先实现行政村农家书屋全覆盖。

【注重转变政府职能，自身建设得到新加强】

深入开展加强基层建设年、“三自六不让”、“三增一做”等活动。在全市率先建成公共资源交易中心。行政审批按时办结率达到100%。坚持依法行政，县政府被评为2012年度全市依法行政工作优秀单位。人大代表建议、政协委员提案按时办结率、满意率均达100%。

中共县委书记：褚国儒

县人大常委会主任：吴凤翔

县人民政府县长：李　莉（女）

县政协主席：白银海

（王韶棠）

怀安县

【概况】　怀安县辖4个镇、7个乡、1个街道办事处、273个行政村、9个居民委员会。总面积1706.3平方千米，耕地面积0.69万公顷。总人口24.74万人，人口自然增长率4.6‰。2012年，全县完成地区生产总值57.29亿元，按可比价格计算同比增长10.9%，其中，第一产业增加值完成10.31亿元，同比增长5.9%；第二产业增加值完成17.75亿元，同比增长12.9%；第三产业增加值完成29.24亿元，同比增长11.0%。单位生产总值能源消耗同比下降4.7%。民营经济增加值完成36.5亿元，同比增长24%。粮食总产量完成12.62万吨，同比增长1.9%。全部财政收入完成6.05亿元，同比增长14.0%，其中地方一般预算收入2.52亿元，同比增长16.5%；财政支出9.45亿元，同比增长13.4%。全社会固定资产投资完成6.48亿元，同比增长31.8%。社会消费品零售总额16.18亿元，同比增长16.0%。农民人均纯收入5367元，同比增长13.0%。城镇居民人均可支配收入15686元，同比增长12.5%。年末城乡居民存款余额40.07亿元，同比增长15.4%。

【项目建设成效显著】 全力推进南山产业集聚区、怀安工业园、中瑞产业园、清华大学怀安科技园4个园区建设，以高端项目、先进技术壮大工业、提升工业。全年施工项目105个，其中新开工项目93个，投产项目72个，新增固定资产38.39亿元。新开工项目中，亿元以上项目12个，投资完成36.74亿元。包括沃尔沃汽车发动机、天津港散货物流基地、大雄国际商贸港、广建南山产业园、内陆港暨海关监管区等一批项目开工建设。配合国家发改委完成《怀安县经济社会发展战略研究》和《怀安县经济社会发展规划》的编制工作。

【工业经济运行平稳】 深入实施“工业提升计划”，规模以上工业增加值完成15.06亿元，同比增长14.2%。全县规模以上工业企业达到27家。全年累计完成增加值13.14亿元，同比增长16.1%。南山产业集聚区广建CL建筑体系项目作为全市唯一项目，列入国家产业振兴支助计划。成功申报并成为全市唯一的全国第三批商务综合执法试点县。

【农业经济发展较快】 农业总产值17.17亿元，同比增长20.3%。全年粮食播种面积2.89万公顷，同比增长7.0%。油料种植面积1893公顷，同比增长9.5%。蔬菜种植面积5812.73公顷，同比增长51.1%，其中设施蔬菜全年种植面积为1768.07公顷，同比增长47.0%。油料产量3926吨，同比增长8.8%；蔬菜产量21.05万吨，同比增长48.1%，其中设施蔬菜7.24万吨，同比增长33.8%。种植业总产值9.64亿元，同比增长30.8%，占农业总产值的比重为56.1%。种植业增加值6.50亿元，同比增长30.8%，占农业增加值的比重为60.4%。畜牧业发展规模继续扩大。年末牛存栏13900头，其中奶牛存栏13800头。猪存栏134800口，猪饲养量达到369400口。全年供应肉类总产量2.04万吨，奶产量3.29万吨。畜牧业总产值6.67亿元，同比增长9.1%，占农业总产值的比重为38.8%。畜牧业增加值3.74亿元，同比增长9.1%，占农业增加值的比重为34.8%。全年荒山荒地造林面积2447公顷，年末实有封山育林面积15333公顷。全年干鲜果产量1.05万吨，完成产值1.30亿元，占农业总产值的7.6%。

【民生保障能力增强】 全年农民人均纯收入5367元，同比增长13.0%。城镇居民人均可支配收入15686元，同比增长12.5%。年末，全县参加基本养老保险人数为15009人，其中城镇在职人员参加基本养老保险人数为8996人，城镇退休人员参加基本养老保险人数为6013人。参加基本医疗保险的人数达到32489人，其中参保职工12010人，参保退休人员4864人，参保城镇居民15615人。共有46465名城镇居民、25565名农村居民得到政府最低生活保障。

中共县委书记：戈亮禄
县人大常委会主任：刘　平
县人民政府县长：武占强
县政协主席：孙林山

（田　鑫）

涿鹿县

【概况】 涿鹿县辖13个镇、4个乡、373个行政村。总面积2802平方千米，耕地面积30340公顷。户籍人口35.2万人，人口自然增长率5.99‰。2012年，全县完成地区生产总值73.38亿元，按可比价格计算同比增长9.7%，其中，第一产业增加值完成26.94亿元，同比增长7.0%；第二产业增加值完成17.81亿元，同比增长6.6%；第三产业增加值完成28.62亿元，同比增长14.3%。单位生产总值能源消耗1.81吨标准煤，同比下降6.41%。民营经济增加值完成47.7亿元，同比增长15.6%。粮食总产量完成18.7万吨，同比增长7.3%。全部财政收入完成5.68亿元，同比增长20.4%，其中地方一般预算收入3.35亿元，同比增长39.6%；财政支出14.79亿元，同比增长16.2%。全社会固定资产投资完成75.74亿元，同比增长31.3%。社会消费品零售总额26.7亿元，同比增长15.6%。在岗职工年平均工资32590元，同比增长26.8%。农民人均纯收入6455元，同比增长14.6%。城镇居民人均可支配收入17068元，同比增长13.5%。年末城乡居民存款余额60.2亿元，比年初增长9.62亿元。

【科技园区经济运行良好】 全县确定“一区多园”的发展思路，重点打造6大产业园区，以园区为载体的新型产业经济发展取得新进展。利德衡、金源建材、仙源食品等一批投资3亿元以上的重点建设项目实现当年引进、当年建成，科技园区入驻企业新增8家，达到120家。依托北大青鸟在深交所上市融资，发展上下游企业，利用5年时间，培养1个年销售收入过5亿元的企业，3个年销售收入过亿元的电子信息企业，打造规划面积2平方千米的电子信息产业园；以金源建材和金瑞建材为龙头，启动金源岩棉扩建、低碳轻钢集成房屋、汇百川新型添加剂等项目，打造规划面积5平方千米的新型建材产业园；立足葡萄、杏扁种植优势，在加快三祖龙尊、中粮长城、益利等30家食品加工企业建设基础上，招引大型食品加工企业落户，打造规划面积5平方千米的食品加工产业园；以中航液压、利德衡环保设备、五维航电、中科机械等企业为推手，打造装备制造产业园。在科技园区内规划面积10平方千米、起步区为5平方千米的南山经济开发区。以中粮长城、派派食品等公司为依托，全面引进农业产业化企业，打造矾山农业创业园。以园区为平台，推进京津对接工作。矾山磷矿、北大青鸟、金隅水泥等6家纳税超千万元工业企业完成税收1.5亿元。省市技改重点项目纯增7项，达到19项。涿鹿县是全市唯一争取到中央首批预算技改资金的县（区），北大青鸟成为北大集团在京外企业中唯一增资的企业，中航液压成为全市首家在天交所三板市场上市的企业。

【城建及交通成效明显】 全年共实施重点城建项目32项，完成投资25亿元。在道路建设上，轩辕路全线通车；完成建设大街北段、北环路西延等城区道路项目以及乔家巷等7条小街巷的治理工程；张涿高速涿鹿至卧佛寺段通车；县道永芦线高堡至红彤营段实现年内建成；涿京一级路项目可研报告获批；桑干河大桥改建项目开工。在公共配套上，继续推进集中供热工作，供热普及率达到86%，居各县之首；县医院、880公交车站、新涿中等项目顺利推进；一小、污水处理厂二期等工程竣工；城市绿化水平进一步提升。在住房保障上，实施轩辕北区、荣庆家园等开发项目，全县新增住房面积20万平方米；1800套公租房、316套廉租房实现主体封顶。

【“三农”工作强势提升】 以扶贫攻坚统领农业农村工作全局，整合资金4.5亿元，重点打造59个扶贫产业重点村，建成10个省级蔬菜标准园、6个果品采摘园，涉及255个村，3.21万贫困人口实现脱贫。农业创业园初具规模，园内主干道路竣工，桑园葡萄酒、鸿鑫葡萄酒等6家农业产业化龙头企业建成投产，全县农业产业化经营率74%。投资3700万元实施“四清四化”，重点打造5个县级样板村和17个乡级重点村。全县森林覆盖率达到42%。

【文化旅游有力推进】 正式启动常态化拜祖，由全国政协教科文卫体委员会牵头主办“中华三祖文化与黄帝城遗址公园建设”高层论坛，省政府召开政府常务会、省长办公会，对黄帝城遗址保护工作进行专项研究和安排部署。省文物局完成《涿鹿县“泛三祖文化”遗址群2013—2016考古工作计划》，经国家文物局批准后，正式进行三祖文化探源。联合央视制作播出《中华三祖堂》。根据黄帝城遗址公园规划，已由北京达华公司出资115万元，完成7公顷土地和1.1万株树木流转。先后组建三祖文化园区管委会和炎黄蚩三祖文化旅游公司，启动三祖文化博物馆、接待中心、景区提升等工程，推进“黄帝城遗址”申报国家保护、黄帝城遗址考古争列中华文明探源工程。投资2亿元，在轩辕湖边建设中华三祖文化博物馆。成功举办“龙文化节”、全国诗歌大赛、“端午诗会”、涿鹿当代书画作品展、海内外华人共拜三祖大典等文化活动。成立涿鹿文学院、涿鹿书画院，与北京单田芳传播公司合办长书频道签约，丁玲纪念馆实现提升，文化大发展、大繁荣局面初步形成。

【社会建设日臻完善】 教育教学和基础建设水平不断提升，校安工程完成全部工程的89%，高考成绩名列全市各县（区）第三。卫生医疗事业得到长足发展，县医院公立医院改革试点实现药品零差率销售，乡（镇）卫生院综合改革基本完成，360个村标准化卫生室建设当年启动、当年完成，新农合参合率达到95%以上。社会保障扎实推进，累计向5.26万困难群众发放城乡低保金8100多万元，县中心敬老院建成投用，“爱心超市”挂牌运行。

中共县委书记：陈　岗
县人大常委会主任：刘效忠（01月免）
田成明（01月任）
县人民政府县长：冯印涛
县政协主席：任　元

（冀常萍）

蔚 县

【概况】 蔚县辖11个镇、11个乡、547个行政村、14个居民委员会。总面积3220平方千米，耕地面积8.4万公顷。总人口49.79万人，人口自然增长率8.79‰。2012年，全县完成地区生产总值94.05亿元，按可比价格计算同比增长12.0%，其中，第一产业增加值完成14.51亿元，同比增长4.8%；第二产业增加值完成39.54亿元，同比增长16.2%；第三产业增加值完成40.00亿元，同比增长10.3%。单位生产总值能源消耗0.92吨标准煤，同比下降3.96%。民营经济增加值完成49.7亿元，同比增长19.6%。粮食总产量12.29万吨，同比增长2.5%。全部财政收入完成9.30亿元，同比增长27.3%，其中地方一般预算收入4.65亿元，同比增长37.8%；财政支出19.90亿元，同比增长23.2%。全社会固定资产投资完成56.86亿元，同比增长47.7%。社会消费品零售总额29.19亿元，同比增长16.1%。在岗职工年平均工资38351元，同比增长14.2%。农民人均纯收入4809元，同比增长17.3%。城镇居民人均可支配收入16939元，同比增长13.4%。年末城乡居民存款余额98.18亿元，同比增长11.2%。

【经济转型扎实推进，能源产业发展强劲】 投入14.6亿元整合煤矿技改，12家煤矿实施技改、6家煤矿试生产，原煤产量达到1316万吨。大唐蔚县电厂取得国家能源局同意开展前期工作的复函，各项前期工作顺利推进。风电呈集群发展态势，40万千瓦并网发电，10万千瓦开工建设，15万千瓦前期进展顺利。文化旅游实现跨越。主打剪纸、民俗、古建、生态，投资1.5亿元，重点实施蔚州古城、暖泉古镇保护开发、博物馆群建设等一批文化旅游开发项目。成功举办五省市村（镇）长论坛、省文化产业经验交流会、剪纸艺术节等一系列盛会。西古堡等5个古村堡入选全国首批中国传统村落名录，蔚县入选省文化产业十强县。全年接待游客160万人（次），创造旅游总收入近8亿元，均同比增长60%。现代物流快速发展。鑫宇物流二期建成运营，以煤炭为主的物流业实现主营业务收入90多亿元。城镇建设步伐加快。重点实施57项工程，完成投资35.3亿元，是上年的1.6倍，全县城镇化率达到40%。

【扶贫攻坚取得突破】 重点扶持列入环首都扶贫攻坚示范区，整合资金10.8亿元，60个贫困村、1.6万户、3.5万人脱贫，人均增收1000元。推进现代农业示范带建设，以北京二商蔚县金健力牧业为龙头，蛋鸡养殖规模发展到300万只；以开滦集团工农联建为龙头，设施蔬菜大棚发展到9457个，设施蔬菜种植发展到666.67公顷。以萝川贡米公司为龙头，杂粮面积发展到2.67万公顷。烟叶生产稳步发展，实现税金1300万元。2012年，全县农林牧渔业总产值达到25.6亿元。省、市重点龙头企业新增6家，农民专业合作社新增122家。获得食品安全认证、省著名商标、优质产品的农产品达到25个。

【两个环境明显改善，发展环境进一步优化】 公共资源交易中心建成运行，政务服务中心职能得到强化，全年受理审办事项9392件。自觉接受人大、政协和群众监督，办理人大代表建议和政协委员提案92件。生态建设明显加强，累计投资6亿元，实施生态移民、京津风沙源治理、巩固退耕还林成果等20余项生态工程，全县生态移民工作经验在全国巩固退耕还林成果专项规划部际联席会议上推广交流。深入开展“四清四化”，重点整治168个村，打造35个样板村，生态廊道绿化36.6千米、绿化村庄60个、绿化面积533.33多公顷，全县森林覆盖率提高到31.4%。招商引资成效显著。全年引进市外资金37.1亿元，同比增长53.4%。民营经济增加值达到49.7亿元，同比增长19.6%。

【民生事业继续改善】 累计投入民生资金13.4亿元，占全部财政支出的79%。实施校安工程、农村危房改造、保障性住房、就业再就业、社会保障等一批民生工程。685套保障性住房全部完工，5个省级新民居、10个幸福乡村示范村扎实推进，受益群众6419户；273个村5000多户危房改造工程全部竣工，受益群众1.25万人。城乡居民医疗保险、新型农村社会养老保险等实现全覆盖，乡（镇）卫生院全部实行药品零差率销售；投资3030万元，新建505所标准化村卫生室。教育质量明显提升，本科升学率较2011年提高23个百分点；基础设施建设取得历史性突破，投资2.15亿元，实施涉及44所学校的97项校安工程，35所学校4万平方米D级危房全部停用改造，新建校舍12万平方米，近5万名学生搬入新校舍。解决了5.26万人的饮水安全问题。

成功应对“11·3”特大暴雪灾害。

中共县委书记：王志军

县人大常委会主任：于　力

县人民政府县长：燕旺林

县政协主席：孙智勇

（贾丽燕）

阳原县

【概况】　阳原县辖5个镇、9个乡、6个居民委员会、301个行政村。总面积1849平方千米，耕地总资源64423公顷。总人口27.91万人，人口自然增长率3.22‰。2012年，全县完成地区生产总值51.95亿元，按可比价格计算同比增长9.5%，其中，第一产业增加值完成10.87亿元，同比增长4.6%；第二产业增加值完成11.45亿元，同比增长9.4%；第三产业增加值完成29.62亿元，同比增长11.1%。单位生产总值能源消耗0.95吨标准煤，同比下降4.65%。民营经济增加值完成45.59亿元，同比增长8.2%。粮食总产量完成8.26万吨，同比增长2.9%。全部财政收入完成3.54亿元，同比增长25.7%，其中地方一般预算收入2.23亿元，同比增长51.5%；财政支出10.65亿元，同比增长25.9%。全社会固定资产投资完成29.01亿元，同比增长32.5%。社会消费品零售总额19.60亿元，同比增长15.2%。在岗职工年平均工资27345元，同比增长13.42%。农民人均纯收入4569元，同比增长15.3%。城镇居民人均可支配收入14058元，同比增长13.3%。年末城乡居民存款余额42.12亿元，同比增长15.6%。

【调整结构，完善思路，经济稳步发展】　全年粮食总产量8.26万吨，同比增长2.9%。新建温室398个、中小拱棚3600个，打造大田洼、马圈堡2个万亩杏扁示范基地和东城、揣骨疃2个万亩葡萄园区。实施张石高速廊道、小长梁和51个村的绿化工程、小关村肉羊养殖、双庙村澳兔养殖等产业化项目。全年规模以上工业总产值和增加值分别完成9.06亿元和3.3亿元，同比分别增长22.4%和16.7%。瑞克陶瓷改制全部完成，泥河湾陶瓷、深沟煤矿等企业改制工作继续推进。达鑫陶瓷正式投产，飞龙木器二期工程投入使用。《泥河湾遗址群保护总体规划纲要》获国家文物局批复。泥河湾博物馆正式开馆。“东方人类探源工程课题项目”完成省重大工程立项，考古遗址公园完成初步规划设计，泥河湾研究中心项目申报立项，遗址区基础设施建设全面铺开。

【项目建设，重点突破，发展后劲十足】　实施3000万元以上重点项目50个，国际裘皮城项目、精品商城、皮毛文化博物馆、毛皮技术培训中心、皮草风情街等项目全部开工，阳原县被授予“中国毛皮碎料加工基地”称号。完成13家煤矿的整合任务，马主部石灰石开发项目开始实施，熊耳山、磁炮窑、松树梁3个风电场的水保、地灾、安评等前期工作已经完成，太阳能光伏发电项目与河北大唐国际签署项目协议书，完成测光设备安装。弘源花冠木种植基地栽植苗木233.33公顷，和惠磁材、新型建材开发等一大批项目取得进展。招商引资成效显著，年内引进市外资金23.5亿元，同比增长32.4%。

【城乡建设，科学谋划，面貌明显改观】　全年谋划实施城建重点项目34个，“十大城建工程”全面推进，南湖湿地公园修建东湖、西湖，完成和谐塔装修，府后街西延工程、泥河湾国际大酒店主体工程全部完工，西宁路综合配套改造工程完成投资9660万元，临街商业楼主体工程全部完工，县城承载能力显著提升。县城18条小街小巷进行综合治理，完成清掏、修补县城主要街道排水管网4万米，西宁路、南湖湿地公园、八龙山生态公园等重点区域种植各类树木16万株，实施昌盛街节能灯具更换和南湖湿地公园亮化工程，全面推进农村“四清四化”，完成清理垃圾，清理残垣断壁，安装路灯，新建改建厕所、垃圾池，重点村村容村貌明显改观。

【改善民生，服务均等，人民群众得实惠】　第三实验小学建成并投入使用；实施农村薄弱学校改造、校舍安全和教育设备标准化等工程，改建农村幼儿园6所，增设附属幼儿园9所。完成揣骨疃中心卫生院扩建工程、242所标准化村卫生室建设，村卫生室全部实行药品“零差率”销售。碎皮加工工艺、泥河湾传说、阳原晋剧被列入市非物质文化遗产名录。全年城镇新增就业人员1750人，实现农村劳动力向非农产业转移5200人。城乡低保享保人数分别达到6000人、3.4万人，实现动态管理下的应保尽保。启动城乡居民养老保险试点工作，基础养老基本实现全覆盖。511套保障性住房全部开工，186套廉租房完成分配，完成1650户农村危旧房改造工程，解决50个村、3.2万人的饮水安全问题。

中共县委书记：王　彪
县人大常委会主任：张志峰
县人民政府县长：谢海峰
县政协主席：李　德

（高　远）

万全县

【概况】　万全县辖4个镇、7个乡、1个街道办事处、172个行政村、7个居民委员会。总面积1161.5平方千米，耕地面积2.35万公顷。总人口22.88万人，人口自然增长率4.96‰。2012年，全县完成地区生产总值49.59亿元，按可比价格计算同比增长10%，其中，第一产业增加值完成12.47亿元，同比增长4.70%；第二产业增加值完成18.60亿元，同比增长14.05%；第三产业增加值完成18.52亿元，同比增长9.22%。单位生产总值能源消耗1.49吨标准煤，同比下降6.21%。民营经济增加值完成40.21亿元，同比增长11.36%。粮食总产量完成13.05万吨，同比增长1.41%。全部财政收入完成5.33亿元，同比增长18.20%，其中地方一般预算收入2.72亿元，同比增长24%；财政支出9.64亿元，同比增长22.80%。全社会固定资产投资完成58.14亿元，同比增长24.10%。社会消费品零售总额17.69亿元，同比增长15.20%。在岗职工年平均工资25200元，同比增长13.89%。农民人均纯收入4922元，同比增长12.90%。城镇居民人均可支配收入16468元，同比增长12.40%。年末城乡居民存款余额37.74亿元，同比增长15.31%。空气质量二级以上天数累计343天，同比增长0.59%。

【项目建设扎实推进，发展后劲显著增强】　全年共实施千万元以上项目116个，总投资479.8亿元；列入省市重点项目8个，总投资139.8亿元。探机、金鼎汽配城、张家口煤炭物流中心等一批重点项目开始征地，部分开工建设。市产业集聚区完成投资1.4亿多元，实施平山整地、管线铺设等建设工程，服务功能日趋完善。总投资285亿元的中粮、国机、河钢、冀中能源4个世界500强企业，中煤、三一重工2个全国500强企业落户园区，市产业集聚区被省政府命名为省级高新技术产业开发区和省级新型工业化产业示范基地。县经济开发区完成投资2亿元，实施“十通一平”基础设施建设，起步区内路网框架和配套设施基本形成。

【产业结构加快调整，发展质量稳步提高】　以装备制造、新型煤炭物流、农产品加工、文化旅游为主的主导产业进展顺利。全县发展机械装备制造企业360多家，初步形成煤矿机械、探矿机械等8大系列。“长宇”牌商标被认定为中国驰名商标，实现国家级商标“零”的突破。全力推进旧堡、孔家庄、郭磊庄、王玉庄“四大煤台”全封闭、环保式建设，实施煤炭市场清理整治，关闭取缔非法煤炭经销企业45家。全年实现税收7725万元，同比增长26.2%。发展省级重点龙头企业3家、市级31家，农民专业合作社153家。“金慧德”牌商标被认定为省著名商标，万全县被认定为国家级出口鲜食玉米质量安全示范区。万全右卫城《文物保护总体规划》顺利通过国家文物局评审，正式列入国家文物保护范畴。万全镇被省政府确定为第三批省级历史文化名镇。

【扶贫攻坚成效显著，三农基础更加完善】　以扶贫攻坚为抓手，推进设施畜禽养殖、设施蔬菜种植等5大产业。全年整合各类资金、贷款2.4亿元，建成设施畜禽养殖小区70处、蔬菜棚室3095个，发展鲜食玉米种植基地3533.33公顷、高效旱作农业3333.33公顷；发展各类企业699家，培训农民2.8万人（次），转移劳动力8000多人。投资1.9亿元，实施农村危房改造、公路建设等11项基础设施建设工程。实施“四清四化”活动，创造出“老龙湾群众自治管理模式”、“张贵屯网格化管理模式”等多种农村社会管理模式。

【城镇建设力度加大，县城面貌明显改观】　运用BT招商模式，实施完成总投资2.4亿元的城西河综合治理和人民公园工程建设，填补县内没有综合型公园的空白。全力推进璐铭酒店建设，实施永安东街贯通等路桥建设工程。实施城区道路绿化，栽植各类乔灌木3万余株、应季花卉10万余株（丛），城区绿化覆盖率、绿地率分别达到36.2%和31.4%。

【社会事业全面进步，民生保障不断加强】　投资5158万元，实施孔家庄小学教学楼、第二初级中学教学楼等工程建设，完成职教中心搬迁，办学条件得到改善。投资7000万元，实施县医院综合楼、卫生监督所业务综合楼及农村卫生信息化培训中心建设，新建、改建村卫生室51个。推进医药卫生体制改革和养老服务体系建设，全县城乡居民社会养老保险参保率达到95%，新型农村合作医疗参合率达到96.2%，城镇基本医疗保险覆盖面达到31648人，27432名城乡困难群众享受到最低生活保障；全县养老服务机构达到7所，农村五保集中供养率达到24%。完成保障性住房1194套，进一步缓解困难群众的住房问题。省人社厅列为先行开展被征地农民参加养老保险试点县，制定出台《万全县被征地农民养老保险暂行办法》等3个专件，鼓励引导3400名被征地农民参加企业养老保险，1400多名被征地农民直接享受到退休职工待遇。

中共县委书记：赵满柱
县人大常委会主任：王成宝
县人民政府县长：杜　平
县政协主席：张振昌

（李亚楠）

尚义县

【概况】 尚义县辖7个镇、7个乡、172个行政村、6个居委会。总面积2632.47平方千米，其中耕地面积6.57万公顷。总人口19.44万人，人口自然增长率3.59‰。2012年，全县完成地区生产总值28.8亿元，按可比价格计算同比增长11.6%，其中，第一产业增加值完成7.5亿元，同比增长2.1%；第二产业增加值完成13.2亿元，同比增长22%；第三产业增加值完成8.1亿元，同比增长8.1%。单位生产总值能源消耗0.9吨标准煤，同比下降8.5%。民营经济增加值完成11.2亿元，同比增长12.4%。粮食总产量完成44136吨，同比下降21%。全部财政收入完成1.93亿元，同比增长16.3%，其中地方一般预算收入9800万元，同比增长10%；财政支出9.49亿元，同比增长14.5%。全社会固定资产投资完成38.19亿元，同比增长6%。社会消费品零售总额8.3亿元，同比增长15%。在岗职工年平均工资29509元，同比增长1.5%。农民人均纯收入4484元，同比增长15.7%。城镇居民人均可支配收入14469元，同比增长12.3%。年末城乡居民存款余额18.1亿元，同比增长23.3%。空气质量二级以上天数累计342天，同比增长4.9%。

【抓调整促转型，发展质量持续提升】 以打造新型能源示范基地为目标，全面提升风电产业发展质量和水平，全年实现产值12.7亿元，占规模以上工业总产值的76.9%，实现税收6872万元，占全部财政收入的35.6%。按照节约高效、高质高端农业发展思路，建成高效节水蔬菜双万亩园区1处，两千亩以上园区5处，千亩以上示范基地8处，高效节水蔬菜发展到8667公顷，蔬菜总产量63.6万吨，实现销售收入6.6亿元；大力推广旱作高效农业，发展“张杂谷”2200公顷，优质马铃薯8200公顷；坚持规模化经营、标准化生产，各类养殖园区发展到74个，养殖专业村112个。立足区位和资源优势，投资9760万元，实施西环路服务区、商贸城等建设项目，商贸流通网络日趋完善，现代服务业成为县域经济发展的新亮点。

【抓统筹促融合，城乡建设持续提速】 立足打造农牧山水文化城市品牌，投资4.3亿元，实施10个方面、22项城建工程。投资2.2亿元，实施秀水新区、滨河南区等开发建设工程，完成水务局北部、鑫隆公寓南部等5项拆迁改造工程，新增商住小区8个，建筑面积17.5万平方米；投资5200万元，实施集中供热、再生水回用等工程，城市空间不断拓展，承载功能进一步增强。投资1020万元，实施大苗进城以及美化、亮化等工程，新植旱柳、云杉3100株，灌木1.7万丛，新增草坪、花卉3万平方米，路灯105盏；投资1330万元，完成东沙河综合治理工程，人居环境明显改善，山水文化特色进一步彰显。立足于城乡统筹发展，投资1080万元，实施大青沟街道升级改造、小蒜沟宾馆建设等工程；投资1520万元，完成3个省级新民居示范村和4个幸福乡村创建工程；投资2135万元，全面开展“四清四化”活动。

【抓改革促开放，发展活力持续增强】 坚持改革创新，全面深化京张农业合作，京张协作膜下滴灌蔬菜发展到1480公顷，在京建立农超对接直销点10家，供京蔬菜产销协作网络初步形成；加快推进煤炭企业整合重组，组建冀中能源张矿集团尚义矿业有限公司，实现煤炭企业集团化发展；进一步创新融资体制，引进和成立商业银行及2家小额贷款公司，为“三农”和企业提供小额贷款7115万元。坚持对外开放，积极参加各类重大招商活动，签约小蒜沟综合物流园区等一批重点项目；全年开工建设项目37项，完成投资44.8亿元；引进县外资金26.3亿元，实际利用外资1232万美元；实施政府投资项目44项，总投资3.2亿元，其中新争取国家投资项目22项，总投资1.3亿元。全面落实全民创业各项政策，民营企业发展到374家，个体工商户3691户，实现税收9446万元，同比增长12.3%。

【抓扶贫促增收，农村经济持续发展】 以发展普惠式富民产业为目标，全年投资1.4亿元，实施节水蔬菜、设施大棚、舍饲养殖、农产品加工等项目，新增膜下滴灌2067公顷，喷灌1267公顷，建设各类蔬菜棚室1300个，圈舍6.5万平方米，建成特色养殖小区13个，打造种养亮点村26个；围绕优势农产品，农业合作组织发展到168家，龙头企业达到22家。以改善基础设施为重点，投资4410万元，整修村级道路37千米，改造低压线路34千米，修复饮水工程15处，改造危房520户，全县49个扶贫开发重点村的生产生活条件得到改善。坚持扶贫与扶智相结合，完成订单、创业培训1.9万人（次）；引导和扶持贫困农民拓宽创业渠道，发展庭院经济、加工服务等产业，自我发展能力不断增强。全县14个扶贫开发重点村脱贫出列，2.95万贫困人口实现稳定脱贫。

【抓基础促优化，环境建设持续改善】 坚持把改善“两个环境”作为推动发展的首要任务，努力在改善生态环境中打造发展新优势，在优化发展环境中提升核心竞争力。立足于生态环境改善，争取投资2080万元，实施京津风沙源治理、巩固退耕还林成果等工程，完成造林6600公顷，通道绿化16.8千米；投资3460万元，实施鸳鸯河河道治理、山洪地质灾害防治等工程。加速改善基础设施条件，投资1.67亿元，实施大尚线升级改造、小韭线重新罩面等工程；投资1.1亿元，实施勿乱沟110千伏变电站新建等工程；投资2758万元，完成“天网覆盖”和通讯基站建设工程；投资4000万元，实施工业园区、行政审批综合办公楼建设等工程。继续优化服务环境，全年削减行政审批项目6项，完成审批服务事项1467件，按时办结率达到100%。

【抓民生促和谐，社会建设持续加强】 落实各项惠民政策，建立健全社会保障体系，困难群众和弱势群体的实际问题得到有效解决。全年投入资金5933万元，完成太小教学楼新建、职教中心搬迁等6项工程，改扩建农村幼儿园6所；推进“营养改善”试点工作，惠及中小学生1.01万人。扎实推进新型农村合作医疗制度，参合率达到95.08%。全面落实人口和计划生育政策，符合政策生育率达到92.9%。加大就业帮扶力度，发放小额担保贴息贷款810万元，扶持自主创业366人，带动就业732人，全年城镇新增就业1892人，再就业474人。全面启动城乡居民养老保险试点工作，全年发放低保资金4034.6万元，养老、医疗等社保资金1.2亿元、农村救灾款物925万元。

中共县委书记：孙海东
县人大常委会主任：张守福
县人民政府县长：高　领
县政协主席：靳振高

（张海峰）

康保县

【概况】 康保县辖7个镇、8个乡、326个行政村。总面积3365平方千米，耕地面积9.67万公顷。总人口27.87万人，人口自然增长率1.14‰。2012年，全县完成地区生产总值36.36亿元，按可比价格计算同比增长10.00%，其中，第一产业增加值完成15.71亿元，同比增长6.30%；第二产业增加值完成10.07亿元，同比增长16.40%；第三产业增加值完成10.58亿元，同比增长10.00%。单位生产总值能源消耗0.81吨标准煤，同比下降5.58%。民营经济增加值完成18.70亿元，同比增长10.20%。粮食总产量12.96万吨，同比增长6.40%。全部财政收入完成2.00亿元，同比增长10.10%，其中地方一般预算收入1.25亿元，同比增长23.30%；财政支出10.47亿元，同比增长13.30%。全社会固定资产投资完成48.58亿元，同比增长29.40%。社会消费品零售总额14.13亿元，同比增长15.50%。在岗职工年平均工资29799元，同比下降3.50%。农民人均纯收入4564元，同比增长16.90%。城镇居民人均可支配收入15101元，同比增长13.10%。年末城乡居民存款余额18.48亿元，同比增长24.10%。空气质量二级以上天数累计357天，同比增长2.88%。

【工业经济快速发展】 全年共引进实施项目171个，17个项目列入省、市重点建设计划。风电建设新增并网发电25万千瓦，累计并网规模达到53万千瓦，建成待并网10万千瓦，核准待建10万千瓦，有13个项目100万千瓦获得国家或省发改委开展前期工作批复，其中有7个项目70万千瓦列入国家"十二五"期间第一、二批核准计划。光电开发取得实质性进展，有5个项目11万千瓦获省发改委开展前期工作批复。石材工业园区5家企业完成技改重组，新增入园企业3家，板材、异形材年产量分别达到120万平方米和2000立方米。萤石开采整合力度进一步加大，原矿年开采能力达到30万吨，年产精粉3万吨。杂粮市场9家企业实施技改，年加工能力达到50万吨。矿业有限公司、龙岩酿酒有限责任公司、爱莱特啤酒酿造有限责任公司、百绿肉食品有限公司、立群食品公司等一批生产加工企业进行升级改造，生产能力和竞争力进一步增强。引进北京中科建业公司年产100兆瓦热泵机组项目，实现康保县装备制造业零的突破。

【农业生产稳步增长】 全县以马铃薯、燕麦、杂粮为主的百万亩旱作农业基地进一步巩固提高，成为北京高校伙食联采中心马铃薯直供基地。新增高效节水面积3033.33公顷，累计达到8113.33公顷，占全部水浇地的55%；新建各类蔬菜棚室2370座，其中冬暖大棚470座；新建口蘑栽培面积5万平方米；新建各类标准化养殖圈舍22万平方米。引进的希森薯业建成种薯基地666.67公顷；寿辰公司新建蔬菜冬暖大棚335座；乾信牧业一期工程建成肉鸡养殖场10个，办公楼和屠宰厂主体已完工，饲料加工、有机肥料和种鸡繁育场正在筹建施工。全县市级以上产业化龙头企业和农业专业合作组织分别增加13个和16个，农业产业化经营率达到60%。全县粮食总产量12.96万吨，油料产量0.88万吨，蔬菜产量106.9万吨；牛发展到11.41万头，羊发展到80.44万只，猪发展到26.88万口，家禽发展到88.59万只；肉类总产量2.84万吨，奶产量达到10.32万吨，羊毛产量达到0.31万吨，禽蛋产量达到0.33万吨。

【基础建设进一步提高】 以建设省级园林县城为目标，全年投入资金7.3亿元，实施23项城建重点工程。建设改造县域主干道6条9.9千米；硬化小街小巷5.5千米，延伸拓展5条小街小巷的夜间照明；新建改造公园、广场面积223万平方米，南海生态公园一期、北关公园、青龙山公园、龙山公园、康保公园和文化广场景观提升工程全部建成，南海生态公园成功申报国家级湿地公园；完成城区绿化243.33公顷，城区绿化率达到30.7%；实施公建工程3万平方米，开发住宅小区8.9万平方米；修建乡村道路130千米，改造农村危房500户，解决了49个村、2.45万人的饮水安全问题，完成农村低压电网改造，广播电视、通讯、通邮覆盖农村。

【生态建设强势推进】 全年共实施各类生态工程1.13万公顷，森林覆盖率达到21.06%。京津风沙源治理工程和巩固退耕还林成果后续产业建设，完成人工造林2333.33公顷，补植补造和抚育经营8000公顷，小流域治理10平方千米，水源工程30处。康巴诺尔假日庄园、南天门等景点，基础设施日臻完善，实现生态旅游与二人台文化、草原文化的融合发展，生态康保知名度进一步提升。组织开展"加快绿色崛起、建设生态大县"和"一人栽下一棵树，共建绿色新家园"活动，生态建设取得积极成果。

【社会事业成效明显】 全年新增就业再就业2312人，公开招聘80名大学生充实到政法系统；为77名特岗教师、23名大学生村官解决编制问题。新型农村社会养老保险参保率达到90%，新农合参合率达到93.06%。发放救灾救济款430万元、面粉436吨、冬季取暖煤6050吨、大病医疗救助金382万元。新开工保障性住房565套。制定《康保县2012年教育振兴若干意见》；高考实现新突破，二本以上上线24人；为教育系统发放县长教育奖励资金156万元；投资5200万元实施白龙山幼儿园、职教中心实训楼、校安工程和教师周转宿舍等基础设施建设。投资6600多万元新建县医院；建成302个标准化村卫生室，县、乡、村三级医疗服务网络进步完善，居民健康档案建档率达到73%。全民健身中心、二人台大剧院全部开工建设。

中共县委书记：张　锐
县人大常委会主任：陈　录
县人民政府县长：冀晓东
县政协主席：田　明

（宇贵有）

沽源县

【概况】 沽源县辖4个镇、10个乡、1个街道办事处，233个行政村、5个居民委员会。总面积3654平方千米，耕地面积8.13万公顷。总人口22.4万人，人口自然增长率0.21‰。2012年，全县生产总值完成31.1亿元，按可比价格计算同比增长12.6%，其中，第一产业实现增加值12.4亿元，同比增长8.0%；第二产业实现增加值9.5亿元，同比增长24.2%；第三产业实现增加值9.19亿元，同比增长9.7%。单位生产总值能耗0.81吨标准煤，同比下降3.92%。民营经济增加值完成13.2亿元。粮食总产量11.11万吨，同比增长4.7%。全部财政收入完成2.3亿元，同比增长26.4%，其中地方一般预算收入1.74亿元，同比增长27.7%；财政一般预算支出10.84亿元，同比增长21.3%。社会消费品零售总额11.11亿元，同比增长15.4%。固定资产投资完成43.96亿元，同比增长22.5%。在岗职工年平均工资3.18万元，同比增长6.55%。农民人均纯收入4500元，同比增长15.0%。城镇居民人均可支配收入14542元，同比增长12.9%。年末城乡居民储蓄存款余额18.5亿元，同比增长22.5%。

【工业经济稳步提升】 西北机械贸易基地、燕麦精深加工等26个项目签约落地。坝缘、盘道沟等25万千瓦风电项目并网发电，协和白土窑、中广核黄盖淖等40万千瓦风电项目开工建设，风电装机总量达到88万千瓦，并网发电78万千瓦。榆树沟120万吨煤田项目获得国家发改委核准，460铀钼矿、富安铅锌矿、二道渠萤石矿完成技改扩能，金盛矿业实现当年开工当年投产。农业产业化重点项目发展到17个，总投资达11.2亿元。县工业园区获批省级经济开发区，入园企业达到10家。

【扶贫开发强势推进】 蔬菜、马铃薯、食用菌种植面积分别达到1.62万公顷、1.7万公顷和10万平方米。建成坝上畜禽、华丰等生猪养殖基地，带动生猪养殖达到10万口。新建奶牛、肉牛等各类规模养殖场26家，总量达到165家。土地流转、节水灌溉面积分别达到2.53万公顷、1.43万公顷，农民专业合作社发展到260家。启动5个中心村和3个旅游新村建设工程，投资2400万元完成小厂中心镇建设。投资1.15亿元，开展“四清四化”整治工作。

【生态旅游取得突破】 实施滦河源景区精品工程和五花草甸、沽水福源等景区的提档升级工程。草原湖假日酒店成功获批省四星级乡村酒店，100家农家旅社实现扩模提质。冰山梁旅游项目成功签约，蒙元文化博物馆正式开馆。启动游客服务中心建设工程。2012年，接待游客86万人（次），实现综合收入7亿元。

【城镇建设再上台阶】 实施半虎线改造、滦河源景区道路改建等7条道路建设工程。完成3条街道新建和40条小街巷硬化工程。实施人民公园、东绿地广场改造工程，新增集中供热面积23万平方米、集中供气4000户。实施欧景缘三期、御水花园二期等41万平方米房地产开发工程。新增绿化面积8.3万平方米、道路亮化12.3千米。

【民生事业全面发展】 一中新建工程快速推进，实施2.6万平方米的薄弱学校改造、教师周转宿舍和幼儿园新建改建工程，完成中医院、卫生监督所新建搬迁工程，建成184个村卫生室。实施7条街道便道砖更新和公厕改造工程，新建保障性住房120套，改造棚户区390户。全面启动城乡居民社会养老保险，新建农村互助幸福院46所，为90周岁以上老人发放高龄补贴，将破产集体企业和困难企业退休人员全部纳入医疗保险范围，提高大额医保支付限额和新农合补助标准。投入5400万元的救灾款物，发放城乡低保补助金4720万元。安排公益性岗位320个，实现农村劳动力转移8300人。建成文化馆、图书馆，完成农家书屋图书配送和1000户农网数字电视整转工作，文化事业稳步推进。整合财力3000万元，完成17.2千米的小云线建设工程。基本完成11万变电站建设工程。

中共县委书记：刘富成（12月免）
郭有和（12月任）
县人大常委会主任：刘翠英（女，01月免）
王克成（01月任）
县人民政府县长：郭有和
县政协主席：刘宝库

（席跃军）

宣化区

【概况】　宣化区辖1个镇、3个乡、7个街道办事处、57个行政村、47个社区居委会。总面积300平方千米，耕地面积0.45万公顷。户籍总人口31.70万人，人口自然增长率3.95‰。2012年，全区完成地区生产总值143.82亿元，按可比价格计算同比增长3.6%，其中，第一产业增加值完成2.91亿元，同比增长1.7%；第二产业增加值完成85.05亿元，同比增长2%；第三产业增加值完成55.86亿元，同比增长7.3%。单位生产总值能源消耗2.93吨标准煤，同比下降5.36%。民营经济增加值完成54.42亿元，同比增长3.9%。粮食总产量完成2.23万吨，同比增长4.7%。全部财政收入完成14.22亿元，同比增长4.46%，其中公共财政预算收入完成5.89亿元，同比增长22.04%；财政支出11.35亿元，同比增长14.07%。全社会固定资产投资完成70.72亿元，同比增长18.1%。社会消费品零售总额完成54.10亿元，同比增长14.7%。在岗职工年平均工资达到38572元，同比下降2.36%。农民人均纯收入达到7850元，同比增长12.2%。城镇居民人均可支配收入达到18414元，同比增长12.8%。年末城乡居民存款余额165.98亿元，同比增长16.4%。空气质量二级以上天数累计335天，同比增加4天。2012年，宣化区连续第六年跻身“全国最具投资潜力中小城市百强”，连续第五年入选“全国最具区域带动力中小城市百强”。

【结构调整迈出新步伐】　工业经济优化升级。实施工业技改项目35项，完成投资25.8亿元，同比增长38.9%，规模以上工业增加值完成77.1亿元，同比增长1.5%。宣钢百万吨钢渣综合加工生产线竣工投产，热电二期初可研报告通过专家评审，骞海风机、宣工南厂区技改项目达产见效，装备机械制造业占规模以上工业的比重提高2.8个百分点。超细硅微粉等高新技术产业项目快速推进。服务业长足发展。第三产业增加值占地区生产总值的比重达到38.9%，同比提高7个百分点。同盛大厦、光大新天地建成运营，华耐家居广场主体完工，全区营业面积3000平方米以上的综合商贸企业发展到20家。宣化古城入选“中国传统建筑文化旅游目的地”。实施祥泰园等房地产开发项目32个，完成投资21亿元，同比增长13.4%。金融机构贷款余额167.5亿元，同比增长19.9%，当年新增贷款27.8亿元，同比增长21.4%；存贷比达到72%。农业经济稳步提升。庞家堡设施蔬菜、侯家庙昊天农业等8个农业产业化项目完成投资8000万元，省、市农业产业化龙头企业发展到5家，农民专业合作社发展到14家。蔬菜、葡萄、养殖三大主导产业占农业总产值的比重达到70%，同比提高3个百分点。节能减排深入推进。投资5亿元，实施张电2台机组低氮燃烧改造等节能减排项目13个，淘汰落后水泥产能100万吨、造纸产能2.5万吨。全区万元GDP能耗同比下降5.36%，化学需氧量、二氧化硫、氨氮、氮氧化物同比分别削减3.9%、11.7%、0.6%、8.1%。

【改革创新再谱新篇章】　各项改革稳步推进。完成利民造纸厂等8家企业改制任务，安置职工2407人。调整供水公司运营机制，推进煤气公司战略重组。公共资源交易中心建成投用。宣泰农村商业银行挂牌成立。制定出台《农村集体资金、资产、资源监督管理实施细则》。发挥“四台一会”融资平台作用，帮助正昊机械等5家中小企业融资7300万元。对外开放不断深化。举办宣化北京乡亲·友情联谊暨招商引资恳谈会，引进百威英博、北京京煤等国内外知名企业。签约经济技术合作项目83项，实际利用市外资金19.4亿元，同比增长20.9%；出口创汇3581万美元，同比增长17.5%。自主创新成效显著。安排科技扶持专项资金100万元，引导企业实施科技项目8项。组织企业申请专利118项，获批106项。冶金环保、华泰矿冶被评为省级高新技术企业，国家级通风机及压缩机智能检测中心投入试运行。组织14家钻机企业参加中国国际钻探·凿岩技术装备展览会，举办宣化品牌文化展，“宣化牛奶葡萄”、“宣冶”、“泰业”荣获省著名商标。

【城市建设呈现新气象】　实施重点城建项目69项，完成投资27.9亿元。编制完成各类城市规划30项，城区控制性详规覆盖率达到100%。外环路复工建设，完成沿线16条高压线路迁改工作。投资2.3亿元，实施长春路等4条城市道路建设改造工程，完成钟楼大街强弱电入地等“五网”改造工程，铺设各类管网14.9千米，新增集中供热面积160万平方米。实施柳川河两岸等10项精品园林绿化工程，新增绿地面积14万平方米。完成柳川河二期续建工程，对宣府大街等5条主干道和钟楼等4处古建筑进行亮化升级。高标准完成清水河文化长廊宣化区段建设任务。投资1300多万元的数字化城市管理平台建成运行，城区实现数字化管理全覆盖。

【农村面貌发生新变化】 启动实施社会主义新农村建设三年帮扶攻坚计划，建立“三定一帮扶”工作长效机制，将全区72个职能部门和221家企业进行优化组合，由36名在职处级干部分别包联，对全部行政村实行“一贯制”、“全覆盖”对口帮扶。落实帮扶资金3654万元，新改拓建乡村道路64.1千米，新修防渗渠1.5万米。花家梁整村异地搬迁，闫家窑、庞家堡2个村饮水安全工程全面完成，杨家山、李寺山2个贫困村实现脱贫。开展“四清四化”农村环境卫生综合整治活动，投资2600万元，完善农村基础设施，建立长效保洁机制。投资1.8亿元，实施侯家庙、西城2个省级新民居建设工程。投资866万元，继续实施增绿添彩等生态工程，新造林46.67公顷，森林覆盖率达到26.5%。

【民生保障实现新提升】 全年用于民生领域投入达8.9亿元，同比增长11.9%，占全部财政支出的78.2%。城镇新增就业5200人。农村富余劳动力向非农产业转移910人。新农合参合率达到96.1%，城镇基本医疗保险参保人数达到9万人，城镇职工基本养老保险参保人数达到7.7万人，启动实施城乡居民社会养老保险，实现社会保障制度“全覆盖”。城市低保月保障线提高到350元，农村低保年保障线提高到1900元。杨家营等10个农村幸福院建成投用。新开工保障性住房993套。新增社区办公用房2840平方米，300平方米以上的社区达到17个。投资1.4亿元的中小学“校安”工程全部开工，米市街小学等11所学校新校舍建成投用。广电大楼、国家档案馆、文化艺术中心主体完工，61个村民活动场所建成投用。公共卫生综合楼等6个医疗卫生服务机构改扩建工程进展顺利，村卫生室全部完成标准化建设。宣化区被省政府命名为“全省教育工作先进区”和“河北省慢性病综合防控示范区”，“宣化传统葡萄园”被列入全球重要农业文化遗产候选点。

中共区委书记：何亚星
区人大常委会主任：陈一诚
区人民政府区长：岑万俊
区政协主席：李进龙

（董文柱　王树元）

下花园区

【概况】 下花园区辖4个乡、2个街道办事处、46个行政村、11个社区居委会。总面积311平方千米，耕地面积2804公顷。户籍总人口67648人，人口自然增长率1.52‰。2012年，全区完成地区生产总值22.54亿元，按可比价格计算同比增长10.5%，其中，第一产业增加值完成1.76亿元，同比增长4.6%；第二产业增加值完成12.26亿元，同比增长11.8%；第三产业增加值完成8.53亿元，同比增长9.6%。单位生产总值能源消耗1.59吨标准煤，同比下降8.93%。粮食总产量8908吨，同比下降25.2%。全部财政收入完成2.10亿元，同比增长16.7%，其中地方一般预算收入9665万元，同比增长40%；一般预算支出4.23亿元，同比增长5.8%。全社会固定资产投资完成24.22亿元，同比增长23.0%。社会消费品零售总额6.75亿元，同比增长15.4%。在岗职工年平均工资41927元，同比增长0.09%。农民人均纯收入4804元，同比增长15.4%，城镇居民人均可支配收入17810元，同比增长12.2%。年末城乡居民储蓄存款余额21.7亿元，同比增长15.4%。

【现代产业体系加快形成】 全年实施重点项目31项，总投资226.8亿元。玉带山产业集聚区基础设施更加完善，形象大幅提升，功能持续优化。结合矿山环境综合治理工程的实施，为园区整理可利用土地113.33多公顷。大唐国际生物质热电、中石油成品油仓储物流、天津码头污水商务港等项目前期筹备完成，冀中能源张矿集团花园煤矿项目列入国家“十二五”重点能源建设规划，瑞宝力热泵机组项目开始试生产，液压机电、超硬材料、纳齐思保健食品、家电物流等项目主体工程完工，全寿命复合接地模块和3个机械设备制造项目快速推进。

【城市建设管理有效加强】 全年实施城建重点工程10大类、30多项，总投资10.7亿元。西外环路一期工程建成通车，东区路网建设准备工作全部就绪，区医院、幼儿园开工建设，公安指挥中心投入使用，法院综合审判楼主体工程完工，城市棚户区改造任务基本完成，煤矿棚户区改造开工面积14.3万平方米，沉陷区治理工程竣工面积7.8万平方米，已有968户入住，城中村回迁房开工面积4.5万平方米，主体工程接近完工，新建各类保障性住房408套，污水处理厂完成提标改造，集中供热三期工程投入运行，累计供热面积达到140万平方米，南水源形成供水能力，北水源完成主体工程，解决城市生活用水和生产用水问题。实施城市景观建设和生态涵养区绿化工程，持续开展治脏治乱行动，数字化城管指挥中心投入使用，新辰路被确定为省级园林式街道，城市档案管理的工作方法被住建部在全国转发推广。

【“三农”工作扎实推进】 成功引进投资3.2亿元的瑞邦养殖及生物饲料生产、投资1.2亿元的金农有机农业示范园、投资3000万元的汇智新源生态养殖等项目。实施蔬菜种植面积达到466.67公顷，杏扁挂果面积3666.67公顷，“张杂谷”、中药材种植面积分别达到666.67公顷和120公顷，形成2万口生猪、1500头奶牛、175万只蛋鸡的养殖规模。捆绑农业、水利、林业、教育、卫生、等各类资金7500多万元，集中用于25个村的扶贫开发工作。“四清四化”取得阶段性成效，涌现出一批村容环境美、致富能力强、村民风尚高的典型和样板。7个新民居示范村和2个幸福乡村创建扎实推进，文化教育、医疗卫生、乡村道路、饮水安全等一批农村基础设施工程全部完成。

【“两个环境”建设深入开展】 区政务服务中心和公共资源交易中心正式启用。完善跟踪服务制、首问责任制和常务会群众代表旁听等制度，设立优化环境区长热线。以“建设生态强区，构筑绿色花园”为目标，不断加强生态环境建设。矿山环境综合治理一期部分工程通过验收。全区实施人工造林666.67公顷，森林覆盖率达到24.52%，同比提高2.1个百分点。切实加强节能减排工作，全区单位GDP能耗同比降低8.93%，超目标任务4.95个百分点，化学需氧量、氨氮、二氧化硫、氮氧化物排放量同比分别下降7.8%、4.1%、8.7%和0.29%，城市空气质量达到或好于二级天数320天，一级天数115天。投资1000多万元，实施社区新改建工程，9个社区全部拥有独立办公用房，建成1万平方米的便民服务和活动场所。

【各项社会事业和谐共进】 财政用于民生领域的支出达到3.27亿元，占一般预算支出的77%。全年新增就业2020人，农村劳动力向非农转移2067人，城镇登记失业率控制在3.8%以内。乡村办学条件有效改善，“蛋奶工程”覆盖全部寄宿制中小学生。医疗卫生体制改革扎实推进，在全市首家实施医疗求助“一站式”服务，新农合参合率达到95.1%。城乡居民养老保险试点工作顺利完成，参保率达到98%。建成19个幸福院，农村五保集中供养率达到45%。城市低保标准继续提高，城市低保和农村低保保障率分别达到15%和14%，5000多名农村人口实现稳定脱贫。

中共区委书记：籍献平
区人大常委会主任：郝成栋（01月免）
　　　　　　　　　黄海明（01月任）
区人民政府区长：刘书锋
区政协主席：刘全泉（01月免）
　　　　　　李建鹏（01月任）

（张晓雁）

桥东区

【概况】 4月15日，姚家庄镇7个村划归桥东区。全区辖1个镇、5个街道办事处、9个行政村、46个居民委员会。总面积93.86平方千米，耕地面积0.11万公顷。总人口22万人，人口自然增长率5.04‰。2012年，全区完成地区生产总值135.2亿元，按可比价格计算同比增长10.9%，其中，第一产业增加值完成0.1亿元，同比增长1.8%；第二产业增加值完成81.9亿元，同比增长10.9%；第三产业增加值完成53.2亿元，同比增长10.9%。单位生产总值能源消耗同比下降4.21%。民营经济增加值完成34.7亿元，同比增长11.4%。粮食总产量完成0.1万吨，同比下降12.3%。全部财政收入完成11.2亿元，同比增长12.2%，其中地方一般预算收入2.9亿元，同比增长26.7%；财政支出6.7亿元，同比增长16.6%。固定资产投资完成50.8亿元，同比增长23.4%。社会消费品零售总额50亿元，同比增长15.8%。在岗职工年平均工资45918元，同比增长10.6%。农民人均纯收入9077元，同比增长14.9%。城镇居民人均可支配收入19234元，同比增长12.7%。

【工业经济优化提升】 深入实施“工业提升计划”，力促工业经济提质增效。全年工业企业完成增加值81.9亿元，同比增长10.9%。其中，规模以上工业完成增加值78.4亿元，同比增长11.1%。总投资220亿元的22家外迁企业搬迁进展顺利，盛华、东旭粮机、大地专用车等8家企业完成搬迁投产。中粮集团注资收购东旭粮机，昊华收购盛华打造的北方循环经济氯碱及氟化工基地，被列为全国第一批工业循环经济重大示范工程。张烟产品结构调整成效显著，结构烟由27%提高至50.1%，完成增加值61亿元，同比增长19.2%。

【第三产业日益壮大】 充分发挥主城区的城市资源优势，大力发展楼宇经济和商业地产。全区第三产业完成增加值53.2亿元，同比增长10.9%。交通银行落户并试营业，民生银行选址落户。在建楼盘的商业面积达140万平方米，容辰东区、怡安街等“五大综合体”和威尼斯、洲际2个五星级酒店实现开工建设。全区星级酒店发展到10家，日接待能力达到2万人（次）。个体工商户和民营企业分别达到1.1万户和3041家，注册资金达到3.9亿元和35.6亿元。

【项目建设强势推进】 深入实施“项目突破年”活动，推动重点项目大开工、大建设。全年实施重点项目75个，总投资505亿元，当年完成投资50亿元。其中，亿元以上项目72个，10亿元以上项目14个。城建项目快速推进，全年安排城建项目62个，总投资325亿元。民航机场改造工程完工并完成试飞。工业企业搬迁项目进展良好，全年开工建设13个，总投资180亿元。其中，总投资136亿元的盛华氯碱一期工程试车生产；总投资30亿元的煤机装备产业园4个分厂竣工。引进区外到位资金21.1亿元，争取上级专项资金2.1亿元。总投资5亿元的华电国际风电项目签约落地。

【城乡面貌明显改善】 生态环境建设成效显著，实施“万株大苗进城”、特色文化长廊等7项城区绿化工程，绿化东外环、机场路等道路12条、15千米；新建游园3个，补植大树5300多棵，全区绿化面积达16.3万平方米。城市管理水平明显提高，改造提升东安大街、滨河路等7条道路，改造既有建筑77栋、粉刷楼体12万平方米；新增环卫机械设备149台，主次干道机扫率达80%。“四清四化”工作圆满完成，启动实施道路硬化、饮水安全、村庄绿化等惠农工程，改造整修道路3万多平方米，新修供水管线1万多米，绿化街道16条、庭院120个，农村人居环境得到明显改善。

【民生工作全面加强】 财政用于民生领域的支出4.8亿元，人民群众得到更多实惠。全年新增就业8796人，零就业家庭实现动态归零，城镇登记失业率控制在4.17%以内。在建保障性住房10.13万平方米，全年发放低收入家庭住房补贴180多万元。城乡居民养老和医疗保险制度实现全覆盖，低保提标扩面全面完成，新农合参合率达95.7%，全年共发放各类保险金5.4亿元。创造性地开展“加强社区建设年”活动，在全市首推“13668”为民服务工作法，千名干部进万家，为群众解决难题6355件；翻新扩建11个社区服务用房，新增面积2860平方米，打造出万嘉、东方苑等市级特色社区6个。围绕打造“学生向往、家长认可、社会满意”的学校，积极开展“教育质量提升年”活动，二十一中改扩建工程主体封顶，卫华小学等3所学校教学楼加固工程竣工，改造校舍2万多平方米；义务教育通过省政府评估验收。开展冬季供热“百日攻坚”活动，超前排查解决隐患120个，建设安装64兆瓦锅炉1台，新增供热面积150万平方米，全区供热面积达750多万平方米，集中供热普及率达80%。全年办理人大代表建议和政协委员提案109件，按时办结率和规范化率达100%。

中共区委书记：罗利民
区人大常委会主任：田建国
区人民政府区长：崔凤楼
区政协主席：张小春

（赵海韬）

桥西区

【概况】 桥西区辖1个镇、7个街道办事处、20个行政村（包括2012年8月托管的万全县苏家桥村）、38个社区居民委员会。总面积118.39平方千米，耕地面积204.37公顷。总人口21.54万人，人口自然增长率4.99‰。(下列数字不含托管村）2012年，全区完成地区生产总值63.51亿元，按可比价格计算同比增长10%，其中，第一产业增加值完成0.36亿元，同比增长5.2%；第二产业增加值完成12.65亿元，同比增长14%；第三产业增加值完成50.49亿元，同比增长9.0%。民营经济增加值完成

44.99亿元，同比增长11.2%。粮食总产量完成0.12万吨，同比增长96.5%。全部财政收入完成6.80亿元，同比增长12.03%，其中地方一般预算收入1.92亿元，同比增长29.38%；财政支出5.34亿元，同比增长-4.79%。全社会固定资产投资完成48.06亿元，同比增长20.6%。社会消费品零售总额51.58亿元，同比增长15.8%。在岗职工年平均工资30281元，同比增长9%。农民人均纯收入6635元，同比增长14%。城镇居民人均可支配收入18165元，同比增长12.7%。

【主导产业加快发展】 工业、商贸业、旅游业增加值占全区生产总值比重达到38.4%，同比提高1.8个百分点。工业基础不断夯实，全年实施各类工业技改项目32项，完成工业固定资产投资6.1亿元，同比增长70.6%；新增规模以上工业企业1家，全区规模以上企业达到11家；新兴产业园规划面积扩大到11.6平方千米，完成总体规划设计和专家评审。商贸发展势头强劲，11个大型商贸项目推进顺利，当年完成投资10亿元，同比增长63%，其中明德南地下商城以及尚峰广场引进的永辉超市、天元名品商业城实现开业运营，总建筑面积38万平方米的世贸中心综合商业体项目进入房屋征收阶段。文化旅游产业稳步推进，总建筑面积5.2万平方米的大境门步行街实现竣工，全面完成西段长城抢险修复工程；投资200万元对张家口堡景区沿街门店进行规范整治，被评为国家3A级景区；赐儿山景区二期工程完成70%的建设任务；出版发行《品评张库大道》历史文化丛书，成功举办“张家口旅游走进北京百家社区”等活动。全年接待游客150万人(次)，实现旅游总收入9亿元，同比分别增长15%和23%。

【项目建设成果突出】 全年共谋划实施重点项目70项，总投资达到417亿元，亿元以上项目达到68项。46项续建和新建项目全部实现开工，完成投资50.2亿元，完成年计划的101%。3个市级重点项目推进顺利，实现投资15亿元，完成年计划的200%。招商引资成果显著，成功引进中石油张家口分公司、张家口通泰集团企业总部；52个部门超额完成任务，全年共引进市外资金22亿元，完成年计划的138%。

【城市建设扎实推进】 聘请国内优质设计单位对15个新上和续建项目重新进行规划设计；全年实施的25个旧城改造项目全部开工，完成投资30亿元；对21个未开发地块进行高标准谋划包装，白麓花园等9个项目成功实现签约。持续完善基础设施，完成总里程6.2千米的青西路、坝岗西街、五马瓦路3条道路建设工程；对长青路等4条主要道路实施市容景观整治；对13条小街巷实施新建和整修工程；集中供热二期工程实现开工并完成地基处理。加快推进社区建设，完成教场坡等5个社区办公用房达标工程，全区达标社区达到90%以上，精品社区达到12个，南新村社区荣获“全国先进基层党组织”称号。完成恒峰热力公司燃煤锅炉脱硫改造等减排工程，二氧化硫、氨氮分别削减217吨和13.1吨，有效净化空气质量。

【农业农村工作成效明显】 投资700万元，在全区20个村全部实施“四清四化”工作，打造孤石等6个样板村；投资1000余万元，修建40千米的森林防火通道和生态廊道。大力发展设施农业、珍禽养殖、观光旅游等特色产业，投资1000余万元新建总占地3.33公顷的蔬菜、花卉大棚和总占地3.33公顷的古道珍禽生态园，有效促进农民增收。

【民生保障更加有力】 全年财政用于民生领域的支出达到4.2亿元，占全部财政支出的80.2%。全年城镇新增就业8755人，下岗失业人员实现再就业2200人。628套保障性住房续建工程全部竣工，970套新建工程实现开工；全年拨付住房补贴、供暖补贴累计达到832万元。城乡居民养老保险、新农合参保率分别达到98%和96%，城市低保月均保障标准提高到350元，农村低保年均保障标准提高到1900元。第十九中学新校区建成使用，蒙古营小学扩建工程竣工，南菜园小学改扩建工程实现开工，对永丰堡小学等4所农村学校危旧校舍实施改造和新建。完成11个农村卫生室标准化建设提升工程，桥西区医院新建工程竣工运营，南营坊等3所社区卫生服务中心被评为国家级基层医疗服务示范机构。4个街道办事处建立综合文化站，16个社区分别建立文化站和图书室，全年举办彩色周末等各类演出活动30余场。创新开展社会救助，创建“爱之源”公益互助会，惠及困难群众5300余人，公益互助会被评为首届“善行河北、情暖张垣”模范集体，“爱之源”品牌被评为“博德风电”杯全市“十大新闻人物”称号。

【信访维稳成果突出】 全年共排查各类重点信访案件292件，化解271件，消除矛盾隐患人数8千余人，实现十八大安保“零指标”，桥西区被评为省、市十八大安保先进集体。社会治安不断加强，深入开展“天网行动”、“十大会战”等严打行动，全年共破获“两抢一盗”各类刑事案件1675起，对200余处公共场所及重点部位实施日常巡查防控。全年开展安全生产、食品安全、消防安全等各类专项检查291次，检查单位1万余户（次），发现和整改隐患1300余处。

中共区委书记：陈晓明
区人民政府区长：王亚军
区人大常委会主任：李　忠
区政协主席：汪天忠

（王海妹）

察北管理区

【概况】 察北管理区辖1个镇、1个乡、5个管理处、19个行政村。总面积373平方千米，耕地面积0.96万公顷。总人口30831人，人口自然增长率1.96‰。2012年，全区完成地区生产总值17.4亿元，按可比价格计算同比增长11.7%，其中，第一产业增加值完成5.51亿元，同比增长3.5%；第二产业增加值完成10.66亿元，同比增长15.8%；第三产业增加值完成1.23亿元，同比增长12%。单位生产总值能源消耗0.75吨标准煤，同比下降3.9%。民营经济增加值完成15.04亿元，同比增长12.18%。粮食总产量0.75万吨，同比下降4%。全部财政收入完成1.05亿元，同比增长0.92%，其中地方一般预算收入6749万元，同比增长62.2%；财政支出1.48亿元，同比增长38.72%。全社会固定资产投资完成16.5亿元，同比增长22.22%。社会消费品零售总额1.08亿元，同比增长15.2%。在岗职工年平均工资29339元，同比增长8.2%。农民人均纯收入6488元，同比增长13.86%。城镇居民人均可支配收入16201元，同比增长11.59%。空气质量二级以上天数累计296天，同比增加3%。

【项目建设稳步推进】 扎实开展“项目建设攻坚年”和“招商引资提升年”活动，加大招商引资和项目建设力度。全年共实施3000万元以上项目26个，总投资46亿元，当年完成投资16.2亿元。其中，现代牧业第四奶牛养殖场、雪川农业马铃薯加工等3个市级重点项目完成投资9.68亿元。现代牧业第四奶牛养殖场，建成3.7万平方米世界最大单体牛舍4栋，德国全自动80头位挤奶厅4座，发电沼气池16座，入驻奶牛1万余头；雪川农业马铃薯加工项目，争取北欧银行贷款600万欧元，从荷兰订购的3条马铃薯加工生产线，1条投入运营。新引进的大唐风力发电、国电光伏发电、国投军安太阳能热电均已完成签约。

【城镇化建设强势推进】 把打造“绿色察北，现代乳城”作为城建总目标，完成城镇总规修编、2个控制性详规和38项专项规划。全年完成城建投资9600万元，城镇化率达到46%。投资2000多万元，建设“察北生态主题公园”，打造3条绿化景观带，完成绿化41.33公顷，植树14.5万株，新增绿化面积18万平方米，形成“城在绿中、绿在城中”的园林式城镇景观。投资7700万元，实施集中供热、管网改造、路网建设、住房保障等工程，推行城镇管理市场化的长效机制。投资548万元，全面启动农村“四清四化”工作，村容村貌显著改善。

【产业链条进一步完善】 现代牧业累计完成投资11亿元，存栏奶牛3.2万头，实现粪污发酵、沼气发电、沼液还田、沼渣入圈良性循环。全区15个奶牛养殖小区、18个专业合作社，奶牛存栏5.07万头，年产鲜奶19万吨；拥有4家乳品加工企业，高中低端生产线30条、29个品种，日加工能力达到1600吨。总投资8.55亿元的雪川马铃薯产业化项目，建成稳定种薯基地1333.33公顷，拓展商品薯基地1.33万公顷，新购进马铃薯生产线3条；引进总投资1.1亿元的张家口富鑫淀粉加工厂，新上淀粉生产线1条。形成以中广核风电、国电光伏发电、国投军安太阳能热电为主的风光储清洁能源基地。

【民生保障不断加强】 全年民生支出1亿元，占财政总支出的60%以上，实现保工资、保民生、保稳定、促发展“三保一促”目标。围绕基层建设年活动，在全区43个自然村落实帮扶资金1665万元，实施帮扶项目37个。完成节水农业、畜牧养殖、城镇建设、住房保障、扶贫开发、文化教育、医疗卫生等10项民生工程。投资1470万元，完成“宇一线”大修；投资300万元，新建青少年活动中心；投资685万元完成校安工程；投资1250万元，实施旧区供热管网改造和新区供热扩容工程。

区党工委书记：刘海斌

区管委会主任：王向明

（宁建斌　曲金兰）

塞北管理区

【概况】 塞北管理区辖4个管理处、12个居委会、24个自然村。总面积267平方千米，耕地面积8056.37公顷。总人口2.4万人，人口自然增长率为10‰。2012年，全区完成地区生产总值13.89亿元，同比增长11.7%，其中第一产业增加值完成2.81亿元，同比增长4.6%；第二产业增加值完成10.39亿元，同比增长14.1%；第三产业增加值完成6909万元，同比增长11%。单位生产总值能源消耗同比下降3.95%。粮食总产量13207吨。全部财政收入完成1.41亿元，同比增长16.5%，其中地方一般预算收入7680万元，同比增长38.2%；财政支出1.94亿元，同比增长35.6%。全社会固定资产投资完成15.4亿元，同比增长27%。社会消费品零售总额完成4019万元，同比增长14.9%。农民人均纯收入6857元，同比增长14.2%。城镇居民人均可支配收入15080元，同比增长12.4%。在岗职工年平均工资25094元，同比增长16.9%。

【工业经济运行良好】 全区实现工业总产值33.77亿元，同比增长25.6%；工业增加值9.6亿元，同比增长14.9%；工业固定资产投资完成10.9亿元，同比增长15.9%，其中工业技术改造投资7.7亿元，同比增长57.1%；新增规模以上入统企业1家；销售收入超亿元企业达到3个；规模以上万元工业增加值能耗同比下降4.2%。

【农业产业稳步发展】 全区实现农业总产值5.97亿元，可比价增速5%，其中畜牧业完成4.18亿元，占农业总产值的70%。粮食总产量达到13207吨。奶牛存栏5万头，年产鲜奶达到17.6万吨。新增节水种植面积280公顷，达到5066.67公顷。总投资179.6万元，建成水资源管理信息化平台，实现水资源信息的自动化采集、传输。

【结构调整步伐加快】 围绕“三大产业”实施榆树沟煤矿、西山风电场、塞北诺干牧业等14项重点项目，其中列入省重点3项。全年投资13.78亿元，实施榆树沟煤矿、弘基马铃薯组培、蒙牛诺干牧业等一批优化产业结构的重点项目竣工达产，确保蒙牛塞北乳业、现代牧业等龙头企业平稳运营。

【城镇建设日新月异】 全年实施重点城建工程9项，累计完成投资2.15亿元。建成总建筑面积3.6万平方米的环境监测中心、海园小区二期等城建工程；实施集中供水、供热、供气管道延伸，环城框架路美化亮化绿化等一批基础设施建设工程。

【社会事业成效显著】 投资8600万元，实施6.5千米通村路面硬化、饮水安全工程后续管理、广播电视全覆盖、保障性住房建设等12项民生工程；完善行政服务中心、联合接访中心，为群众畅通诉求、解决难题、化解矛盾搭建便利平台。新增就业650人，实现农民转移就业500人。新建通村路6.5千米。广播电视实现全覆盖。新建续建保障性住房372套，城镇和农村养老保险、医疗保险实现应保尽保。

区党工委书记：李晓红

区管委会主任：冀连生

（郝熙福　高云波）

高新区

【概况】 高新区托管3个镇、2个办事处，辖32个行政村，10个社区居委会。区域面积106.47平方千米，耕地面积5002.21公顷。总人口20.3万人，人口自然增长率6.05‰。2012年，全区实现地区生产总值64.06亿元，按可比价格计算同比增长12.5%。按产业分：第一产业实现增加值5.35亿元，同比增长4.6%；第二产业实现增加值30.87亿元，同比增长12.4%；第三产业实现增加值27.84亿元，同比增长14.3%。单位生产总值能耗同比下降6.35%。民营经济实现增加值40.3亿元，同比增长15.1%。粮食总产量5.05万吨，同比增长0.7%。全部财政收入7.23亿元，同比增长18.1%，其中地方一般预算收入2.2亿元，同比增长18.8%；全部财政支出4.78亿元，同比增长29.6%。全社会固定资产投资完成72.76亿元，同比增长19.1%。社会消费品零售总额28.79亿元，同比增长15.9%。职工年平均工资40843元，同比增长17.4%。农民人均纯收入8536元，同比增长10.1%。城镇居民人均可支配收入18506元，同比增长12.7%。

【以项目建设为核心，为经济发展构筑硬支撑】

全年谋划和实施项目104个（其中重点项目70个），总投资345.11亿元，当年计划投资70亿元，实际完成投资70.3亿元，完成年计划100.4%。列入省、市重点项目4个，总投资41.1亿元，当年计划投资3.5亿元，实际完成投资5.3亿元，完成年计划151%。做大做强现代服务业。新东亚时代金茂投入运营，成功引进英国乐购、必胜客等一批国内外知名品牌加盟；康丹CBD、通泰五星级酒店、凯地广场、帝达世博广场、宝马4S店等一批项目稳步实施。培育培强现代物流业。卷烟物流配送中心投入运营，万国汽车城正在进行装修，香港百盛家居广场、玉宝墩汽配城正在抓紧办理前期手续。全力发展总部经济。财富中心、中油结算、城通工程、左岸国际、供热调度大厦等总部经济快速推进，160家公司入驻区内总部楼宇，14家金融公司签约进驻财富中心。培育壮大现代文化。市民广场公园投入使用，明湖公园蓄水工程竣工，新区体育休闲公园、体育场馆、文化商务中心稳步推进。大力发展高新技术产业。一煤机搬迁技改、大唐热电二期、神威药业技改等项目有序推进，恒洋电器等2家企业获省级高新技术认定，水润滑无油空压机项目被列入国家“863”计划，矿用真空综合开关项目获国家科技二等奖，北方铸业成为全市唯一能够同时进行汽车生产、船舶制造和重型工程机械等高端技术的企业。

【以城市建设为载体，增强城市综合承载功能】

始终按照“向拆迁要效率、向建设要档次、向管理要品位”的总体要求，全力抓好城市建设。完善基础设施建设，总投资1561万元的5条道路和万博过街天桥建设全部完工并投入使用；实现集中供热面积552万平方米；投资1700余万元在22个行政村进行分类、分批、分期的“四清四化”综合整治工作，不断提升群众生活幸福指数。加快生态建设，实施“立体绿化”工程，率先高标准完成14.7千米、120.47公顷生态廊道建设，完成“增绿添彩”工程荒山绿化53.33公顷；城区绿化面积120万平方米，城区绿化率达到47.4%，森林覆盖率达到32.5%。推进保障工程，谋划实施总投资130多亿元的城中村和棚户区综合改造项目11个；1150套保障性住房建设快速推进。规范城市管理，建立城市公共管理体系，推进城市管理信息化建设，形成大城管格局，重点路段保洁实现无缝隙衔接。

【以改善民生为根本，提高人民群众幸福指数】

推进和谐新区建设，深入实施“民心工程”，切实把科学发展的成果体现在改善福祉民生上。在教育事业上高标准。投资1000余万元配套教学设备；累计投入5000余万元，实施校安工程；顺利通过省教育督导评估组过程性督导。在医疗服务上求突破。完成三级医疗卫生服务网络建设，率先实现社区卫生服务覆盖率百分之百，卫生院全部执行药品零差率销售，村卫生室一体化管理率达到100%；城乡居民健康档案建档率65%以上，农村合作医疗参合率达到97.1%；市第二医院投入使用，市第四医院项目正在办理前期手续。社会保障上有新提高。城镇新增就业、下岗失业人员和就业困难对象实现再就业、新增农村劳动力转移就业人数大幅增加，城镇登记失业率控制在4.3%以内；各项补贴、低保资金按时足额发放；养老事业统筹发展，五保供养标准不断提高，2个社区日间照料站和6个社区托老中心建成并投入使用，总投资3500万元、建筑面积1.11万平方米的全市首家民办公助、“多院合一”、公寓式养老服务机构——高新区民政事业服务中心投入运营。在文化活动上提品位。成功举办新春音乐会、冰灯艺术节、张家口首届汽车嘉年华展示会；开展广场文化、社区文化、校园文化和“为基层建设年起舞、为党的十八大放歌”等覆盖城乡的系列文化活动，迎接市行政办公中心入驻和党的十八大胜利召开，构建起覆盖城乡的公共文化服务体系。

【以维稳攻坚为抓手，创新社会管理取得新突破】

始终强化“稳定是第一责任”的意识，全力抓好维稳工作。决战决胜抓安保，取得十八大安保工作的全面胜利。群众工作抓常效，累计接待群众来信、来电、来访652批2665人（次），其中受理劳动仲裁案件32起，为农民工追讨工资2000余万元。严查细管抓综治，累计对全区220家重点单位、99家特种行业、180家复杂场所开展大规模专项检查5次，捣毁传销窝点15个，破获各类刑事案件804起。

【以党的建设为保障，全面筑牢党的执政基础】

始终把党的建设作为重中之重，为实现经济社会大发展提供保障。深入开展加强基层建设年和

“三增一做”活动，抽调150名机关干部成立42个下基层工作小组，实现全区42个村居全覆盖；推行“一二三四”工作法，扎实开展驻村工作；落实140余万元帮扶资金，解决群众实际问题200多件。激发干事活力，深化农村“一定三有”、城市“三有一化”机制，全面推行“一清四议两公开”工作法和“三资”管理办法；与北京先进社区建立友好关系，定期选派干部挂职锻炼；组织268名新任村两委干部进行学习培训；顺利完成村“两委”换届，在全市率先开展新任村“两委”干部宣誓就职和履职承诺活动。打造党建品牌，以构建区域一体化格局为基础，打造品牌社区的经验做法，以《品牌铸就辉煌》调研报告呈报后得到省、市领导的肯定。

党工委书记：张　彪（12月免）

　　　　　　高　峰（12月任）

管委会主任：费再宏（回族）

（刘远康）

人物

◆全国五一劳动奖章获得者

◆河北省五一劳动奖章获得者

◆2012年度张家口十大新闻人物

全国五一劳动奖章获得者

李凤英 女，张家口市殡葬管理处副处长、技师。19岁参加工作，在殡葬战线上奉献了16个春秋，尽管每天要面对一具具冰冷的遗体，她始终以温馨的服务，给逝者的亲人送去慰藉。从普通的工作人员到获得全国民政行业职业技能竞赛银奖、全国五一劳动奖章，她用自己的实际行动感染着一批批坚守在殡葬行业的人们，描绘出一段段爱岗敬业的传奇。

张　霞 女，怀来县交通局沙城养护中心班长，1985年参加工作，1997年担任女子道班班长，负责110国道怀来段50千米长的二、三级两条公路段日常养护工作。28年中，凭着对公路养护事业的责任感，她始终战斗在公路养护第一线。2005年，荣获河北省“五一劳动奖章”称号，2006年，被授予全国“巾帼建功”标兵荣誉称号，2010年，被交通运输部评为“全国交通运输先进养路职工”。2011年，再次被交通运输部评为“全国模范养路工”，代表河北省交通运输系统在南京“全国公路养护管理工作会”和交通运输部在京举办的“创先争优事迹报告会”上做典型发言。

尹　江 张家口市农业科学院质检中心副主任。2001年12月，被聘为农业研究员技术职称，任农业部薯类产品质量监督检验测试中心（张家口）副主任兼质量保证负责人，国家计量认证评审员，国家马铃薯产业技术体系华北育种专家，中国马铃薯专业委员会植保专业副主任，全国星火先进个人，河北省优秀科技工作者，河北省农业科技先进工作者，省管优秀专家，河北省五一劳动奖章获得者，享受国务院特殊津贴。其主要成果：获得各级科技奖励15项，其中：2009年“北方抗旱系列马铃薯新品种选育及繁育体系建设与应用”获得国家科技进步二等奖（第一名）。主要育成了8个马铃薯新品种，即张薯6号、大西洋、张薯7号、冀张薯8号、冀张围薯9号、冀张薯10号，冀张薯11号和冀张薯12号，其中冀张薯8号占河北省播种面积的70%以上。承担的主要研究项目有：主持科技部863重大专项课题1项，农业部公益性行业（农业）科研专项3项（华北主持）、参加科技部科技支撑项目1项、主持科技部成果转化资金项目2项，参加农业部“948”项目1项、主持省自然基金1项、省科技攻关1项。

河北省五一劳动奖章获得者

张万壮 中煤张家口煤矿机械有限责任公司铸钢车间主任

商月娥 女，河北北方学院附属第一医院护理部主任

韩旭东 大唐国际发电股份有限公司张家口发电厂高级工程师

2012年度张家口十大新闻人物

47.2元拾荒款捐出人间大爱——马江父子

马江、马润林，是一对身有残疾的拾荒父子。一家5口人居住在城郊一间简陋的房子里，每日靠拾荒维持日常生活，靠政府和好心人救济。然而，当云南彝良发生地震后，他们却义无返顾向灾区捐出了一份“巨款”——47元2角，是他们卖出去100多千克纸箱，捡近600个塑料瓶所换取的总和。马江父子的善行引发了如潮的感动和反思。残疾拾荒父子马江和马润林不会想到，他们给云南地震灾区捐款47.2元的善举，会感动全国无数网民。他们也不会想到，他们这一小小的善举，会给他们这个“爱心之家”带来温暖。网民和众多爱心人士也不会想到，残疾拾荒父子马江和马润林会将收到的1016元爱心捐款又全部捐给希望工程，被誉为张垣大地的“草根雷锋”。

诚信“豆浆姐”——刘雪婷

刘雪婷，女，21岁离乡打工。漂泊打拼的经历教会她乐观、宽容和坚持。刘雪婷说：“做餐饮就是做良心，给顾客做一定要用心，任何环节都不能忽视。”她用良心做干净卫生豆浆的行为赢得了赞誉。

有段时间网友质疑市场上的豆浆是豆浆粉冲泡的，刘雪婷脑子里突然蹦出个念头，“现磨现卖豆浆！”顾客看着真材实料肯定放心。刘雪婷的想法得到了家人的支持，于是，她买了台豆浆机开始制作“现磨豆浆”。为了保证豆浆的品质，原料都是定点

进货，豆子一粒一粒拣过，石子儿、虫蛀豆都细心挑出。洗过、煮过、晾过才能用来磨豆浆。磨豆浆用的水都是早晨新烧的。就连擦手用的毛巾也要天天消毒。繁华街头，她摆起豆浆摊儿，黄豆、绿豆、红枣、白糖……一字排开，真材实料，现磨现卖。

酒香不怕巷子深。诚信经营，赢得了顾客信赖，如今，刘雪婷的现磨豆浆生意越做越红火。

替亡友尽孝九载的好小伙——刘誉晖

刘誉晖与张亚忠同是宣化五中的学生，高中毕业后，刘誉晖参军入伍，2003 年分配到宣钢工作；张亚忠进入职高，1997 年毕业后到怀来县沙城镇一家疗养院工作。

2003 年 1 月，作为家中独子的张亚忠不幸因车祸离世。得知变故，刘誉晖连忙赶去家中看望。看着昔日同窗的父母悲痛万分的样子，刘誉晖主动担负起为老人买菜做饭、求医问药的责任，并经常打电话问候、开导两老。

不久，张亚忠的妻子带着女儿改嫁了。看着失去依靠的两位老人，刘誉晖郑重许下了自己的承诺："往后，我就是你们的儿子，会像张亚忠一样照顾你们、孝敬你们。我会像儿子一样经常回家看望二老的。"

此后，刘誉晖有事没事总要往老人家里打个电话或是走上一趟。刘誉晖看望时总是提前吃过饭，再买好了菜，去做给老人吃，再讲讲工作或社会上的趣事，听听老人诉一诉心里话，看到眼里的活抢着干，每次看到老人情绪舒展后他才放心离开。逢年过节或是老人的生日，邻居们总是能看到刘誉晖的身影。渐渐地，两位老人走出了伤痛的日子，笑容又浮现在脸上。在张亚忠去世满 3 年后，刘誉晖将他的骨灰迁回了宣化，圆了老人的心愿，

2011 年 3 月，张亚忠的父亲去世。刘誉晖忙前忙后为老人操办后事。然而，在宣钢，刘誉晖照顾同学父母的事却很少有人知道。6 月的一天，张亚忠的母亲郭庆平瞒着刘誉晖，将一面锦旗送到宣钢公司机关中区保卫科。刘誉晖的事迹才被单位知晓。

2012 年 5 月，刘誉晖被评为宣化区孝老爱心模范。面对夸赞和荣誉，刘誉晖总是淡淡一笑："我这么做，不是为了这些。我只是觉得这是我应该做的，我会继续把老人孝敬和赡养好，让她安度好晚年。"

感动京城的实习医生——张志鹏

张志鹏，崇礼县白旗乡南山窑村人，出生于 1990 年，2010 年考入石家庄医学高等专科学校临床专业。2012 年 7 月，到解放军 261 医院实习，与在北京打工的父母和弟弟住在一起。

10 月 20 日，北京市回龙观镇定福皇庄一栋 6 层筒子楼里，张志鹏一家人正在吃晚饭。"三楼着火了，快来救火啊！"一阵呼救声从屋外传来，张志鹏扔下碗筷就往外跑。

一楼大门口，一个五六岁小女孩正躺在三轮车上急促地喘气，身上的衣服已被烧黑。"着火的就是这孩子家，父母都没在，屋里好像还有一个男孩！"邻居们议论。

张志鹏抬腿就往三楼跑，火势太猛了，他很快就被烟呛得喘不上气。他捂着嘴跑了出来，深呼几口气，又转身冲进了火海。他冲进三楼失火的房间，可屋里黑乎乎的，什么也看不见。他被烟呛得头晕、眼花、恶心，只好再次退了出来。情急之下，张志鹏跑回家拿条湿毛巾，带上手电筒，第三次冲入熊熊大火中。借助手电筒的光线，张志鹏发现了趴在床上、已经昏迷的 4 岁男孩小元康。张志鹏一手将孩子抱起，一手用湿毛巾捂住孩子的鼻孔，拼尽全力冲出房门，直奔楼下。

此刻，男孩已深度昏迷，身体发软，没有脉搏和呼吸，裸露的手臂和脚上布满血泡。凭着在学校学到的急救知识，张志鹏立即展开施救：畅通气道、清理口中烟灰、做人工呼吸……十多分钟后，孩子终于有了微弱的脉搏和心跳。张志鹏赶紧把姐弟俩送到了附近医院。由于救治及时，姐弟俩转危为安。

11 月 8 日，获救孩子的父亲王尚海把一面锦旗送到解放军 261 医院，医院领导和医护人员才得知张志鹏的事迹。回忆起当日的情景，王尚海仍十分激动，王尚海说，他们一家来自湖北，夫妻俩白天打工，两个孩子则经常做伴待在家里。那天，孩子在家中玩打火机，结果引发火灾。如果不是张志鹏三入火海救孩子，后果不堪设想。

张志鹏的事迹，在医院和社会激起了强烈反响，北京的各大媒体纷纷报道了他的事迹。一时间，张志鹏的名字，在京城家喻户晓，大家都记住了这个勇敢的河北小伙子。

人间最美夕阳红——陈惕生

陈惕生，86 岁，退休老教师。眼神清澈，思维敏捷。

"小时候我家穷，数九天只穿着一条夹裤子，上课冻得直跺脚。老师知道以后，特意安排我坐在炉子旁边。买不起校服，学校不让我念书，也是我班主任执意把我留在他的班里……"说起小学时代的班主任，陈惕生忍不住热泪盈眶。正是怀着对启蒙

老师的感激，1950年23岁的陈惕生成为一名美术老师，终日和孩子们在一起。然而命运却和他开了一个大玩笑，由于历史原因，从1958年开始，他钟爱的教学事业停滞了整整22年。

1980年重返学校时，陈惕生已到知天命的年龄。陈惕生妻子马秀兰说："老陈一辈子就是爱学生，只要是为了学生好，让他干什么都行。"退休以后，陈惕生舍不得三寸讲台，又到一所补习学校担任班主任。在补习学校担任班主任的10年中，陈惕生将200多名高学生送入大学，他的工资几乎全部用在资助需要帮助的学生身上。2000年，已逾古稀的陈惕生终于告别讲台，但他的心却从未离开过学生。几十年中，陈惕生到中小学作报告300余场（次），参与青少年各种活动百余（次），为社会捐款累计达5.3万多元。他用自己的行动诠释了一名老教师对下一代的关爱。

居民心中的好民警——杨建国

杨建国，2004年从驻宣化区某部队转业至区公安分局，2009年6月15日入驻钟楼东社区恒基花园。

恒基花园是一个"红牌"小区，小区内由于种种原因，致使生活垃圾到处堆积，脏水横流，车辆乱停、乱放，偷盗案件时有发生……2009年1～5月，小区发案58起，其中盗窃25起。6月，宣化区在该小区设立警务室，杨建国本着"要不就不干，要干就一定要干好！"的信条，开始了治安谋划：入户征求业主意见，封堵"鼠道"，坚持每晚8时至凌晨1时夜间巡逻，积极协调物业增加门卫、保安，定期召开小区形势分析会，吃住在小区，休息在小区……自2010年7月1日起整整一年半的时间，杨建国没有节假日，警务室俨然成为他第二个"家"。

夜间巡逻，抓小偷，整顿小区停车秩序，调解邻里矛盾，多次为老旧楼房协调、安装暖气，用私家车带着老人去医院……小区居民"有事就找杨警官！"3年时间，恒基花园发生了翻天覆地的变化，宣化区将恒基警务服务室发展成为钟楼东社区警务室，投入人力、物力，真正实现了技防、人防"两防结合"、人口服务管理平台"双方共享"、公安网、因特网"两网互补"、"四位一体"管理模式的"2224"服务新模式。

杨建国与社区一起研发了人员管理系统软件，构建了辖区人员信息综合服务管理平台，对社区常住人口、流动人口、出租房屋、刑释解教人员、社区矫正人员、弱势人群、车辆信息等进行实有人口管理，实现了社区、警务室资源共享，共同管理和服务。

爱心奶奶——胡年祥

1991年，胡年祥从怀来县计委退休后，一心琢磨着做些有意义的事情，并动员全家给她出主意。一天，吃饭时候，老伴徐正义告诉她，团县委正在搞"希望工程"，谁知，就是这句话，让胡年祥坚定地走上了助学之路。

第二年，经团县委推荐，胡年祥认识了张世全，这是一个父母双亡，和爷爷奶奶一起生活的孤儿，孩子的生命轨迹因为遇到了胡年祥而发生了改变。从此她和这个家庭结下了不解之缘，孩子的学费她给出，衣物、文具她都给买……这一资助就是8年，直到世全初中毕业。

胡年祥发现怀来县南北两山一带的贫困学生很多，孩子们那一双双渴望知识却又被贫穷羁绊的无奈眼神，针一样刺痛了胡年祥的心。她感觉到一个人的力量实在太小。于是，从1999年开始，她走街串巷找老朋友、老同学、老邻居，采取多种办法让大家都来献爱心。5元、10元、20元……越来越多的人开始为孩子捐款。

2000年4月，胡年祥发动姐妹们成立了以"关心孩子献出母爱、帮助母亲排忧解难"为宗旨的"夕阳红"爱心小组。胡年祥的坚韧与执著，深深地感染着她身边的每一个人。"夕阳红"爱心小组从最初的12人，增加到30人。如今，爱心小组中已有6位老人相继去世，但爱心小组的大爱和资助仍在年复一年延续着。

"一个人做好事并不难，难的是一辈子做好事。胡年祥20年坚持助学，帮助60多名贫困孩子改变人生的善举实属难得。"

坚持9年义务献血的"赤城好人"——郭磊

郭磊，赤城县农业局普通干部，但他更特殊的身份是血型RH阴性血，就是被称为"熊猫血"的罕见血型，既稀少又珍贵，从2004年郭磊得知自己是"熊猫血"开始，8年多来，他一直坚持献血，7次共捐献了2600毫升珍贵的"熊猫血"，并且不论何时，只要病人需要，一个电话，他就会义无返顾地伸出自己的胳膊，用郭磊的话来说就是："人命关天，没有什么事情比救命更重要"。郭磊正在用自己的行动，诠释着赤诚的人，赤诚的心。

郭磊回忆，"去年冬天，我的一位好朋友的孩子举行婚礼，让我负责跟踪全程录像。正在举行婚礼的节骨眼上，市中心血站的工作人员打来电话，说二五一医院一位患者生命危险急需输血，问我是否愿意，我只说了一句话，‘我在婚礼上，快点到赤城来吧，我准时等你们’。”

一个小时后，采血车到了婚礼现场。郭磊把手中的活交给另一位朋友，配合血站工作人员以最快的速度采了血。望着飞驰而去的采血车，郭磊一颗悬着的心终于落地了。

为了更好地献血，鼓励更多的人加入到无偿献血这项“利国、利民、利人、利己”的公益队伍当中，如今郭磊加入了全国献血QQ群——“中国Rh阴型血型之家”，在论坛中，他和更多的稀有血型志愿者一起探讨几年来坚持无偿献血的感受体会，动员更多的人加入到无偿献血的队伍当中。

“只要身体允许，我会把这项公益事业一直做下去；只要一个电话，我就会随时挽起袖子为需要的人献血！”郭磊坚定地说。

中国好人——蒋志湘

蒋志湘，阳原县一名普通电影放映员，高中毕业走上电影放映道路，一干就是30年。30年中，他走遍了阳原县300多个村庄，行程10万多公里，为群众放映电影8000多场（次）。

最初条件艰苦，交通工具比较简陋，每去一个村子都要带上放映机、留声机、影片、银幕等工具，有时候到没有通电的山村放映，还得带上发电机，几百斤重的东西，都得靠自行车推着。如今拥有5个分队、从业人员9人，购置16毫米拷贝近4000余部、35毫米拷贝800余部，并建起了专业片库、器材库、维修室，购置了流动放映车的田野电影放映队，30年一路走来有坎坷有艰辛，最大的还是快乐。

90年代，电视的普及极大地冲击了电影放映行业，县城里的电影公司濒临倒闭，农村电影放映的日子更是可想而知。当时许多村里的放映员纷纷跳槽，另谋生路。蒋志湘用自家准备买彩电和修房子的存款，买回了一部电影放映机，继续着自己的电影放映生涯。

随着电影拷贝费用越来越贵，资金的匮乏困扰着蒋志湘，为了少花钱多办事，他奔走在北京、石家庄、大同、张家口等地，与拷贝公司讨价还价。自己掏钱买机器，买拷贝，义务放映受苦受累，家里人没少埋怨，有时候到一个村子放映，只有寥寥几个孩子，观众少得可怜，有时也让蒋志湘沮丧，但是与电影放映给蒋志湘带来的快乐相比，他觉得这一切都值得。

哪里有需要就到哪里去，群众需要什么，就给大家送去什么。农民真正需要的不仅仅是精神上的食粮，更需要的是通向致富之路的知识和信息。蒋志湘和他的田野放映队，从全国各地选购实用科教影片达120部，并聘请科技、卫生部门专业人士制作了500多张幻灯片，每年放映科教电影不下500场次，在农村带起一股科技潮，帮助农民拓宽致富之路。

困难群众的“及时雨”——“爱之源”公益互助会

桥西区属于老城区，有低保户约1万户近2万人，占全市的14.3%；残疾人6000多人，占全市的16.7%；困难职工1.5万人，占全市的20%；政策覆盖不到的边缘户、盲点户达2300多户5000余人。面对弱势群体的要求和期盼，区委、区政府利用原有的社区“爱心超市”平台，进一步整合社会资源，于2012年4月29日成立了“爱之源”公益互助会。

截至2012年末，桥西区机关事业单位、民营企业、人大代表、政协委员纷纷加入“爱之源”公益互助会，首批单位会员101个，个人会员33人，形成了强大的动力源和互助群，最大限度地吸纳社会资金和物资，满足困难群众的基本需求。

“爱之源”公益互助会自启动以来，已累计募集资金281.9万元，物品9474件，共开展大型捐赠救助活动16次，发放救助款物87万元，使385户残疾人家庭、525户患大病家庭、152户单亲家庭、748户贫困学生家庭、39户孤寡老人、13名孤儿以及237户农民工和困难家庭得到救助，惠及群众5300余人。

为持续不断地把爱心传递给每一个困难人群，桥西区搭建了“爱之源”网站和微博、“爱之源”2196365服务热线、志愿服务队、爱心联盟店、公益互助超市、公益互助基金会6大平台，可以捐款、捐物，也可以担任志愿者捐赠服务，爱心捐助的平台更大，涉及面更广，捐助内容也更加丰富。同时，还建立了困难群众救助数据库、救助典型数据库、爱心人士数据库、为民爱民资源库、文字媒体档案库“五本台账”，使公益互助会运作更加畅通便捷、灵活多样、合法规范。

依托“爱之源”公益互助会，桥西区开展了以“结对帮扶促和谐、公益互助365、志愿服务暖民心、城市社区树品牌、认责承诺作表率、窗口单位亮形象、在职党员进社区、代表委员大走访”等8大系列活动为主要内容的“爱之源在行动，争当百姓贴心人”活动，在全区营造了互助关爱、和谐友好的社会氛围。截至目前，共有140多个（次）爱心单位、300多人（次）爱心人士组织参加各类救助活动30余次。

结合“六一”、助残日、环保日等重要节日，“爱之源”携手爱心企业以及区直有关部门，开展了一系列“爱之源在行动”主题帮扶活动。先后与《张家口晚报》开展了“六一”圆梦活动，41家企业、团体及个人帮助101个困难家庭子女实现了愿望；开展扶困育才行动，组织105名困难家庭的大学生暑假到企业打工，靠自己的双手挣学费；举行“爱之源”中秋国庆集中慰问活动，为101户特困户发放了大米、食用油、蔬菜等慰问品。

在桥西区“微捐”已经成为一种时尚，机关干部每年开展“博爱一日捐”，社区设立了长期捐赠接收点，居民定期将家中的闲置物品通过社区捐赠给特困家庭。目前，已有2094人加入到党员志愿服务队、文化志愿服务队、卫生志愿服务队等8支志愿服务队伍，免费或低偿服务371件（次），受益群众达8000余人（次）。同时，充分利用“物物交换、爱心捐赠、帮扶救助”三个平台，开展义卖、捐赠、募捐活动30余（次）。

张家口市公安局

局长王玉洁慰问两会安保民警

2012年，张家口市公安局在市委、市政府的领导下，以中共十八大安保为主线，以构建环京“护城河”32445工程为载体，举全警之力，集全警之智，尽非常之责，充分发挥京西北屏障作用，提前谋划、周密部署，环环紧扣，连续作战，忠实履行职责使命，取得了群体性事件“零激化”、重大恶性案件“零发案”、重大交通安全事故“零发生”、火灾事故“零死亡”、危爆物品“零炸响”、监管场所“零事故”、负面网络舆情“零炒作”、应急处突“零失控”，“八个零”的成果显著，圆满实现“六个确保”、“八个坚决防止”的既定目标，砥砺出勇于担当、敢打必胜、开拓奋进、团结协作、勤勉敬业的新时期张家口公安精神，取得维护社会稳定的新业绩、树立人民满意的新形象，圆满完成各项工作任务。

全年共开展打黑除恶、两抢一盗、命案攻坚、山城利剑等20多项打击整治行动，打掉蔚县涉黑团伙和盘踞在各县（区）的30个涉恶团伙，破获包括“10·21”抢劫杀人等大要案在内的各类刑事案件18336起，抓获犯罪嫌疑人4238人，打掉犯罪团伙328个，现行案件破案率同比提高219.8%。

2013年6月24日，山城利剑2号行动，民警在检查毒品

武警官兵实战演练

武装特警快速处置群体事件

张家口市公安干警“十八大”安保阅兵场展现风采

张家口市中级人民法院

2013年4月3日，院长刘福明深入怀来县法院调研指导工作

2013年7月3日，市委书记王晓东到市中院审判管理中心调研

2012年，全市法院在市委的领导、人大的监督和政府、政协的支持下，全面加强审判执行工作和自身建设，为实现绿色崛起、打造“强市名城”提供了坚强有力的司法保障。全年共受理各类案件47956件，审(执)结47712件，同比分别上升16%和18%，结案率99.5%。全市法院共有12个集体、27名干警受到省级以上表彰奖励；有2个法院和6名法官被省法院评为“全省优秀法院”、“全省优秀法官”、“全省法院办案标兵”，其中，崇礼县法院民一庭庭长吴希林被最高院评为“全国法院办案标兵”。

执法办案成效显著。刑事审判审结刑事案件1908件。组织开展为期3个月的严打整治专项斗争，共判处罪犯721人。迎接市人大常务会调研，共收集人大代表所提意见、建议18条。审结民商事案件38837件。利用平台调解金融纠纷案件24件，委托工会成功调解劳动争议案件114件。审结行政案件46件。执行案件4147件，两级法院实际执结率和执行标的到位率质效评估指标均为100%，在全省排名前三位。加大对民生类案件的执行力度，及时将农民工工资执行到位。

司法能力、审判质效实现“双提升”。共组织全市法院评查庭审1501件，评查裁判文书22380件。中院被评为全国“两评查”先进集体，6份文书被评为全国、全省优秀文书，8个庭审被评为全国、全省优秀（十佳）庭审。

能动司法品牌效应显现。在保障“两个环境”建设上成效明显，被评为全省改善“两个环境”先进单位。最高法院将张家口中院正式列为全国法院司法改革试验基地。市中院向河北信用联社张家口办事处提出的一揽子司法建议及崇礼县法院关于矿区三个村庄集体搬迁的司法建议被评为全国法院首届优秀司法建议。

2013年4月17日，院长刘福明在康保县法院新审判楼工地调研

2013年4月24日，院长刘福明在桥西区法院大境门人民法庭调研

2013年4月27日，院长刘福明在阳原县法院东城人民法庭调研

2013年5月8日，副院长刘志亮在涿鹿县召开市中院驻村工作组座谈会

10月29日，召开全市法院文化建设工作会议

2013年1月17日，市委对市法院2012年度领导班子考核民主测评

5月15日，市中院召开全市法院解放思想大讨论、三大建设和涉法涉诉信访工作动员大会

中院开放日与会代表进入法院

2013年5月3日，市中院民情恳谈会会场

组织对党组成员、中层正职进行计算机网络自动化办公系统培训

2013年6月28日，市中院参加全市庆祝建党92周年群众歌咏比赛

张家口市公安交通警察支队

副市长王玉洁深入交警支队指导工作

支队长武志亮现场指导工作

2012年，张家口市公安交通警察支队在市委、市政府和上级公安机关的正确领导下，面对日益繁重而艰巨的交通管理任务，紧紧围绕“防事故、保畅通、促和谐”总体工作目标，以“十八大”安保工作为中心，努力拼搏、攻坚克难，圆满完成了全年各项道路交通管理工作。全市道路交通秩序进一步好转，道路交通事故进一步下降，群众安全感和满意度进一步提升。全年共查处各类交通违法行为2217038起，与上年同期相比上升92%，吊销驾驶证130本，与上年同期相比上升33%，拘留5175人，与去年同期相比增加142%，全年共发生各类道路交通事故1368起、死亡300人、受伤1569人、财产损失1353.63万元，事故四项指数同比分别下降49.9%、53.7%、60.3%、38.1%，死亡人数与上年同期相比减少348人，全年未发生一起死亡3人以上道路交通事故。2012年，支队先后荣获“省、市级年度精神文明单位”、“省园林式单位”、“全市十八大安保先进集体”、“全市平安建设先进单位”、“全市五一劳动奖状”、“全市创建国家园林城市模范集体”、“全市平安建设先进单位”等省、市级荣誉称号，直属五大队被公安部授予全国优秀公安基层单位，25个单位分别荣获省、市先进集体，共有190人立功受奖，其中9人荣立二等功，89人荣立三等功。

启动电视栏目《行车通》

科技强警

交通广播

聆听讲解

张家口市公安交通警察支队

风雨无阻

护送学生

把好关口

随警作战

荣膺“全国优秀公安基层单位”

走进警营

现场销毁假牌假证

答疑解惑

张家口市住房和城乡建设局

12月17日，市委书记王晓东就保障性住房工程进行调研

9月21日，市长侯亮就保障性安居工程提前完成年度目标任务进行调研

2012年，全市住建系统广大干部职工按照市委、市政府总体工作部署，紧紧围绕建设幸福城市、功能城市、精品城市、生态城市发展目标，坚持以项目建设为抓手，以改善民生为突破，以安全稳定为基础，以作风建设为保证，创新举措，真抓实干，较好地完成了年初确定的各项目标任务。

建设发展集团全年完成项目融资21.96亿元，完成土地收储14.27公顷。大境门综合改造工程、来远堡建设工程、明德北步行街商业楼工程进展顺利；崇礼滑雪场补水工程8.1千米隧洞掘进任务全部完成；城市智能管理系统建设项目全部完成；大地汽车搬迁及扩建项目已累计完成投资1.2亿元。西山污水处理厂实现试运行，市鸿泽排水公司污水处理厂被评为全省污水处理运营示范单位；清水河下游地域文化长廊项目被省政府授予“2012年度河北省人居环境范例奖”。

全年开工保障性安居工程项目146个2.39万套，占省责任目标的100.6%；全年竣工13187套，占省责任目标的138.8%。农村危房改造共开工31095户，竣工28916户，分别占计划的117%和109%；全年共争取国家和省补资金28375万元，已补助29761户。

严格落实工程质量终身责任制，加大对工程质量通病、建设监理和预拌混凝土的专项治理；对全市2011年以来开工的保障性住房、中小学校舍、大型公建进行了专项督查，全市竣工工程一次验收合格率达到100%。市质监站被评为“全国建设工程质量监督先进单位”。

年内，市三建公司被全国总工会授予“全国五一劳动奖状”；市第一建筑公司被中国施工企业管理协会授予“技术创新先进企业”；全市有3家建筑企业荣获河北省建筑业诚信企业称号，8家建筑企业荣获河北省建筑业先进企业称号。

7月27日，局党委召开维护稳定工作动员大会

8月10日，召开全市建设工程质量调度会暨现场观摩会，强化工程质量管理

8月24日，召开全市物业管理规范化建设现场暨经验交流会，强化小区物业管理

10月9日，召开全市房地产交易市场规范化管理工作会议，强化产权交易管理

公厕市场化建设有了新突破

大境门综合改造工程按照既定的阶段性目标全部完成

“四清四化”工作

市鸿泽排水公司污水处理厂被评为全省污水处理运营示范单位

市三建公司被全国总工会授予“全国五一劳动奖状”

精简审批事项

张家口市建设档案馆

局长石满山、副局长高军对档案馆办公用房问题进行调研

2012年，张家口市建设档案馆共检查在建项目154项，进行建设工程竣工档案专项预验收及认可173项，全年共计完成1万卷组卷任务；接待查询档案人员653人（次）；为大境门桥改建提供了原始数据资料，解决了利用旧桥基础再建新桥的技术参数支持；声像档案共拍摄重点工程项目70多个，照片6912张；城建档案数字化加工、异地备份工作资金筹措及设备采购招投标等前期工作已完备。

一年来，建设档案馆针对建设工程竣工档案专项验收及认可中出现的资料不规范、不齐全、不同步等问题，以召开座谈会的方式，分别组织了5个建设项目的建设、施工及监理单位进了座谈。通过几次座谈会，进一步提高了建设、施工、监理三方法规意识，为竣工档案验收资料的真实、齐全、完整提供了有力保障。

建设档案馆把深入基层指导业务作为工作重点，用政策和法规推进县（区）档案管理上水平、上台阶，指导上游县（区）更加规范，扶持中游县（区）向前赶超，督促下游县（区）建章立制。下花园区住建局把2012年定为“城建档案建设年”，被评为省级“城建档案工作突出管理单位”；蔚县住建局重视城建档案工作，取得了长足进步，被评为省级“城建档案工作优秀管理单位”。2012年，建设档案馆被市妇联评为“十大巾帼文明岗”；被住建部评为“全国城乡建设档案工作先进集体”。

召开“丰泰亲和苑”工程甲方、监理、施工相关负责人及资料员专题座谈会

汉桥街社区向档案馆赠送锦旗

“五四”青年节举行登山活动

江西河北两省城建档案异地备份座谈会

陪同省馆领导对下花园区城建档案工作进行执法检查

承办省建设工程档案资料管理人员培训班

馆长杨茯苓带队到张北县建设档案馆检查指导工作

清华园合影留念

馆长杨茯苓带队到蔚县建设局检查指导城建档案工作

江西南昌、景德镇、新余、鹰潭市档案主管领导到市建设档案馆参观调研

张家口市国土资源局

国家土地督察北京局领导检查指导工作

市政府主要领导专题研究土地矿产卫片执法检查工作

2012年，市国土资源局以“双保并重、服务为先，一切为了科学发展”为总要求，着力改善“两个环境”，全市国土资源管理工作有了新的突破。

保障发展能力不断增强。争取土地利用总体规划建设用地规模1650公顷。全年争取计划指标1354.53公顷，做到应保尽保。全市供应土地482宗，面积1713.33公顷，收取出让金34.8亿元。地质找矿取得新突破，近三年累计新增煤炭资源量7亿吨、金40吨、铁2000万吨。

保护和监管秩序持续向好。全市耕地保有量达到92.84公顷，基本农田保护面积达到90.95公顷。开展实施低丘缓坡和未利用地综合开发利用试点工作。2011年度土地卫片执法检查，全市违法占用耕地面积比例为1.18%，连续三年实现“零约谈、零问责”。全市矿产卫片确认违法图斑183个，立案查处115个，通过专项行动查处68个，全市矿产资源管理秩序持续向好。

矿产资源勘查开发有序推进。矿产资源储量管理得到加强，全年评审各类储量报告480份，备案51份。矿产资源整合稳步推进，煤、铁矿整合取得阶段成果；全年共审批发放采矿许可证76个，煤矿数量减少近一半，出让转让矿业权40个。

维权维稳工作扎实有效。对全市710个地质灾害隐患点进行排查和防治，完成主城区、下花园区21个地质环境保护项目治理工程。扎实做好信访工作，圆满完成“十八大”安保任务，被市政府评为“十八大安保”先进单位。

基础工作快速发展。全市土地利用总体规划正式启用。各县(区)全部通过第二次土地调查成果省厅验收。全市农村集体土地所有权登记发证率达97.2%。“数字张家口”加快推进，启动怀来、张北、涿鹿、赤城等4个县数字城市试点工作。

加强爱国主义教育，干部职工开展参观学习活动

局领导与地质三大队、气象局有关专家举行地灾可视会商

局领导参观国土资源规范化建设成果展

局长戎均文到基层调研指导工作

局长戎均文调研地质博物馆建设

开展法制宣传活动

地质找矿取得重大进展

局领导到万全县大张窑村调研并参加该村文化活动广场项目开工仪式

弘扬国土文化，展示国土风采，全市国土资源系统文艺汇演成功举办

张家口市工业和信息化局

2月27日，召开全市工业和信息化工作会

2012年，全市工信系统狠抓运行监控调度、结构调整优化、工业项目建设和企业技术改造、工业节能和淘汰落后等重点工作，全市工业经济速度、质量、效益同步提升，主要经济指标创历史新高，民营经济快速发展，整体实力进一步增强。

工业经济保持平稳健康运行。全市规模以上工业累计完成增加值397.3亿元，同比增长13.3%；累计完成主营业务收入1074.5亿元，同比增长4.5%；完成利润66.7亿元，同比增长3.03%；规模以上工业企业数量达到431家，较上年末增加40家。

10月17日，召开全市工业企业座谈汇报会

工业项目建设成果显著。全市工业固定资产投资累计完成491.8亿元，同比增长17.5%，其中，工业技改项目累计完成投资314.5亿元，同比增长41.3%。技改投资占工业投资比重达到63.9%。

民营经济持续快速发展。全市18.97万个民营经济单位实现销售收入2340.4亿元，完成增加值708.1亿元，同比增长12.5%，占全市GDP的比重为57.4%；上缴税金108亿元，同比增长6.9%，占全市财政收入的比重达到50.5%；完成固定资产投资596.8亿元，同比增长18.6%，占全市固定资产投资的55.1%。

9月7日，召开全市民营经济重点工作调度会

7月30日，举行人才创新创业扶持工程启动仪式

省长张庆伟在南山产业集聚区调研

市委书记王晓东在重点企业调研

7月24日，全市工业经济拉练会，市委书记王晓东在张家口卷烟厂进行调研

10月17日，市长侯亮在宣冶集团调研

5月18日，组织企业参加中国·廊坊国际经济洽谈会，图为张家口展区

12月14日，全省工业企业管理对标现场会在张家口市召开

张家口市烟草专卖局

6月20日，国家局局长赵洪顺（左二）、河北省局局长钱江（左一）到市烟草专卖局（公司）、物流中心调研

5月23日，市长侯亮、副市长宋文玲到市烟草专卖局（公司）、物流中心调研

张家口市烟草专卖局、河北省烟草公司张家口市公司成立于1984年6月，最初与张家口卷烟厂实行厂、局（司）为一体的经营管理体制，2000年初正式与张家口卷烟厂进行工商体制分离。市局（公司）机关共设办公室、综合计划科、专卖监督管理科、内部专卖管理监督派驻办公室、法规科、财务管理科、审计派驻办公室、人劳科、安保科、监察科、政工科、卷烟销售管理科、烟叶科、物流中心、服务中心、信息中心、零售公司等17个部门，下辖沽源县、尚义县、张北县、康保县、怀安县、赤城县、万全县、涿鹿县、蔚县、阳原县、怀来县等11个县级烟草专卖局（营销部），宣下分局、城区稽查局等2个区级烟草专卖局（营销部）以及未上划的宣化、崇礼县烟草专卖局（公司）；全市共有从业人员542人，总资产8.39亿元，管辖零售户15995户。

2012年，张家口市烟草专卖局（公司）在市委、市政府和河北省烟草专卖局（公司）的正确领导下，各项经济指标再创历史新高，营销网络运行水平大幅提升，卷烟市场秩序规范有序，有效推动全市行业更高更好、又快又好发展，为促进张家口地方经济发展作出积极贡献。

8月14日，河北省烟草专卖局（公司）副总经理杨子辛（左二）到张家口市烟草专卖局（公司）、物流中心调研

3月25～26日，聘请中国领导艺术学院院长，清华、北大特聘教授，五行行为学创始人赵菊春教授为市局党组成员、全市行业副科级以上干部和市局机关全体人员进行了为期两天的“卓越领导力提升与执行打造”专题讲座

5月23～24日，召开2012年全市烟草商业系统专卖、法规、整顿规范、政工、人事、计划、信息、营销工作会议

11月22日，国家局验收组处长杨殿韬（左四）、主任冯继焰（右三）、主任宋牧（左二）、省公司烟叶处处长田茂军（右二）等在张家口市烟草专卖局（公司）召开2011年度河北省烟叶生产基础设施建设工作验收反馈会

5月4日，开展“意气风发 秀我青春 健步游明湖”活动，图为张家口市烟草专卖局（公司）全体参加活动人员合影

10月23日，张家口市烟草专卖局（公司）与张家口市卷烟厂有限责任公司发放钻石助学金

4月20～27日，组织40岁以下青年员工进行即兴演讲比赛

9月28日，张家口烟草专卖局（公司）阳光服务体验店（市区一店）正式开业试运行

张家口市运输管理处

2013年3月7日，召开全市运管工作会议

2013年6月17日，开展道路运输安全生产培训

2013年5月28日，开展思想解放大讨论座谈会

深入运输企业开展货运源头治超工作督查

张家口市运输管理处隶属张家口市交通运输局，有干部职工122人，17个县（区）运管所，拥有运政工作人员783人。主要职能是：对全市的道路旅客运输、道路货物运输以及与道路运输相关的车辆维护修理、车辆技术检测、运输站场、驾驶员培训实施行业管理。

全市有客运企业3家，客运班线1211条，其中农村客运班线716条，客运车辆2574辆，行政村通车率达98%，乡（镇）通车率达100%；全市有一级客运站1个、二级客运站11个、三级客运站4个，四级客运站31个、五级客运站58个、简易站82个、候车亭832个、招呼牌1275块；全市有货运服务组织113家，其中从事危险货物运输业户30家，营业性货运车辆58496辆、701853吨位。全市共有汽车综合性能检测站16家，一二类维修企业224家，驾校55所，具有从业培训资格学校12所。

2013年，按照“城乡衔接、资源共享、布局合理、畅通有序”的发展思路，对张宣线路进行整合改造；推进全市主城区客运企业营运线路及车辆的公交化、公司化改造工作；指导各县（区）对农村客运班线进行合理规划和调整，推进城乡道路客运一体化发展。在行业监管方面，组织开展道路运输安全生产隐患排查，圆满完成全市道路运输工作任务；在客运市场开展打击非法营运经营行为；在货运市场开展全省创建“无双超”示范市、县活动，争取达到50%的目标；在维修、驾培行业开展二类维修企业质量信誉考核工作和道路运输驾驶员诚信考核，升级完成了驾驶员培训监管平台。

整顿道路客运市场秩序

在道路运输企业推广“心心服务”品牌

严把道路运输车辆安全检测关

推进农村客运规范化发展

开展丰富多彩的职工文化活动

向社会群众宣传道路运输安全生产法律法规

张家口市残疾人联合会

理事长　刘振山

11月20日，在张家口市召开河北省残疾人社区康复工作现场会暨社区康复协调员师资培训班

2012年，市残联以完善残疾人“两个体系”建设为总目标，以全力推进“十项助残工程”为抓手，全市残疾人事业取得了长足的发展，连续四年被评为全省残疾人工作“优胜单位”。

2012年，残疾人康复中心主体建筑全部完工，中心投入使用后，将为全市残疾人提供14种康复项目和各类就业、培训、文体服务项目，对全市残疾人工作将起到积极地引领和示范作用。

2012年，全市盲、聋哑、智障三类残疾儿童入学率达到97%，特教学校就读残疾学生714名，普通学校随班就读残疾学生408名。全市城镇新增和稳定残疾人就业4511人。新建、改建农村贫困残疾人危房280户。残疾人托养机构集中托养贫困残疾人540人，居家托养残疾人1400人。市残联、市司法局联合成立的市残疾人法律维权服务中心正式挂牌，为残疾人提供法律援助76件。全市残疾人家庭无障碍改造100户。10个县（区）开办了手语新闻栏目。20个县（区），154个乡（镇），157个社区、2611个村建立了残疾人康复服务站，全市四级康复服务网络基本形成，为10167名残疾人提供了免费的康复服务。残疾人新型养老保险实现全覆盖，重度残疾人100元个人缴费部分全部由财政负担。第14届伦敦残奥会上，肢体残疾运动员赵帅在男子乒乓球TT8级单打项目中，夺取了全市残疾人竞技体育的首枚残奥会金牌。

6月25日，市委书记王晓东调研“阳光家园”爱心托养服务中心

2月8日，市长侯亮调研“阳光家园”爱心托养服务中心

9月14日，市委常委、宣传部长赵占华，副市长侯桂兰欢迎残奥会冠军赵帅凯旋归来

5月15日，省人大常委会内司工委副主任柳建志、省残联副理事长王志恒，市人大常委会副主任张常喜调研“阳光家园”爱心托养服务中心

5月18日，市残联举办第22次全国助残日庆祝活动

理事长刘振山慰问贫困残疾人家庭

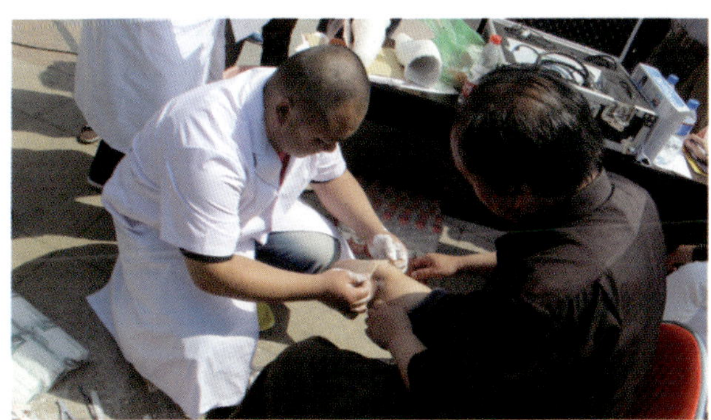

为残疾人制作假肢

残疾人自强创业亭运营

张家口军分区

市委书记王晓东、市长侯亮在演练现场观摩民兵应急力量建设成果展览

张家口军分区作为地方军事领导指挥机关，既是市委的军事部，又是市政府的兵役机关，受河北省军区和市委的双重领导。2012年，围绕“听党指挥、履行使命、安全稳定”三个重点，瞄准“能打仗、打胜仗”目标，突出民兵应急力量建设，圆满完成征兵、整组、训练等各项工作任务。战备、国防工程军民共管等项工作被省军区、北京军区通报表彰。

近年来，军分区把民兵应急力量建设作为提升军事斗争准备为核心、完成多样化军事任务能力的重点工作突出来抓，狠抓了民兵应急队伍的组织建设、军事训练和装备器材的完善配套，组织上形成市建营、县（区）建连、乡（镇）建排的格局，训练上实现规范化、常态化，装备上形成系列化，在扑灭山火、特大暴雪人员搜救等应急抢险任务中发挥了重要作用，成为全市应对突发事件的一支重要力量。

2012年7月21日，军分区在市国防教育训练中心组织了一场以民兵预备役应急力量为主体，公安、武警及其他应急力量参与的应急处置行动实兵演练。省军区副司令员李毅率工作组调研指导，并作了重要讲话。中央电视台军事频道、河北电视台、张家口电视台、河北日报、张家口日报分别进行了报道。

河北省军区副司令员李毅大校讲话

军分区司令员袁畅大校观看演练

防化救援演练

抗震救灾行动演练

军分区政治委员曹志民大校观看演练

女子民兵排演练擒敌拳术

使用迫击炮压制森林大火演练

警棍盾牌操演练

采用钢木土石组合坝技术封堵决口

民兵应急分队装备器材展示

张家口市人民防空办公室

5月30日，市委书记王晓东到市人防办帮扶村调研

参加“铸盾——2012”网上演习

2012年，市人防办以开展改善“两个环境”活动为抓手，以实现“战时能力强，平时作为大”的现代人民防空体系为目标，锐意进取，扎实工作，全市人防各项业务建设取得了新进展，新亮点，新业绩。

工程建设亮点纷呈。301改扩建工程一期完成，二期工程已完成图纸设计；万全县医疗救护站工程已于上半年开工建设，年内主体工程已基本完工；崇礼县6800平方米的人员掩蔽工程已完成立项、专家评审、施工图设计等工作；其它县（区）人防工程建设也有不同程度的进展。全市收取易地建设费6584万元，其中市本级1177万元。

指挥通信基础性建设进一步加强。年内已有10个县（区）完成了移动指挥车购置；13个县（区）的125瓦固定短波电台进行了调试，效果良好，新装警报器14台。强化了人防专业队伍建设和参加了北京军区“铸盾——2012”网上演习。

年内以“喜迎十八大、市人防办特刊”的形式，对全市人防近年来发展状况进行了全面介绍。2012年度先后荣获“市文明单位”、“市政府信息公开工作先进单位”、“创先争优活动先进基层党组织”、“全省人防系统年度目标考核先进单位”、“全省人防直属工程建设先进单位”、“全省人防训练先进单位”等荣誉称号。

防空警报试鸣指挥现场

市人防办领导检查人防工程

总参三所领导调研明德南地下商业街人防工程

安排部署全市人防工作

人民防空宣传日活动

建设中的人防工程一景

张家口市交通运输局

市委书记王晓东调研中央景观大道工程建设

市长侯亮调研公交建设

2013年，全市交通运输系统围绕市委、市政府提出的“实现绿色崛起，打造强市名城”发展目标，全力推进现代综合立体交通网络建设，交通运输事业实现了快速发展。

立体交通网络雏形初现，截至10月31日，全市公路通车总里程达到1.98万千米，其中高速公路通车总里程达到808千米。国道110线郭磊庄至冀蒙界段养护改造项目、省道半虎线半拉山至平定堡段大修改造项目等多条段工程相继竣工通车。12个县，288个行政村，建设总里程1306.2千米的“村村通”工程顺利完工，至此，全市行政村通油（水泥）路率达到了100%。积极推进张唐铁路、京张城际铁路、蓝张铁路和张呼铁路建设项目。6月16日，张家口军民合用机场成功通航。

现代运输体系逐步形成。2013年，全市新增公交线路16条，运营总线路达到128条，运营公交车总数达到1400辆，18个县（区）已开通公交线路，覆盖率达90%。全市客运班线增加到1211条。全年累计更新客运班线车辆305部，市区394辆出租车的完成升级换代，新购置天然气公交车165辆。

张家口交通人正在按照“大节点、大枢纽、大物流”的发展思路，为实现张家口市与全国全省同步建成小康社会提供强有力的交通支撑。

康祁线隧道工程紧张施工

张家口宁远机场正式通航

康祁线隧道工程紧张施工

桑干河大桥改建工程施工

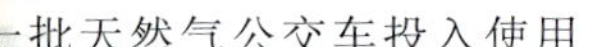

新一批天然气公交车投入使用

张家口市安全生产监督管理局

8月13日，局长谢海峰在审阅安全大检查方案

6月9日，局长谢海峰陪同副市长宋文玲一行检查安全生产工作

2012年，市安全生产监督管理局加强安全生产监督管理和综合协调，保障了全市安全生产健康稳定发展。

继续深化煤矿综合治理工作。全市关闭煤矿矿井99处；产煤县（区）由原来9个减至8个；矿井数量由原来193处减至91处；地方煤矿矿井数量减少一半以上；单井生产规模由原来的几万吨提高到15万吨以上，总生产能力达到2000万吨以上。

在全国全省“两会”期间，开展安全生产隐患大排查大整治行动。企业自查自纠各类隐患1572项，各级监管部门查出整改各类隐患2206条。开展首季集中执法行动，安监、公安、国土、质监、旅游等部门协调联动，密切配合，对674家企业开展执法检查，责令停产停业整顿企业92家。

矿山、危化、客运等重点企业深入开展了以“查制度建立、查排查落实、查隐患整改和查登记报告”为重点内容的汛期隐患大排查大整治活动，排查整改各类事故隐患3462条，保证了全市汛期安全。

以“科学发展、安全发展”为主题，组织开展全国第11个“安全生产月”活动。6月8日，在市工人文化宫举办“安全为天”综艺晚会；6月10日，在市文化广场举行“安全生产月”宣传咨询日活动，现场发放宣传资料10余种共计20余万份；组织全市各级、各部门积极开展了安全警示教育周、安全文化周和应急演练周等各项活动。通过 “安全生产月”活动，进一步加大了安全生产宣传教育力度。

制定安全生产二十三项特别监管措施，开展安全生产执法特别行动，实行“点对点”动态监控办法，落实“日报告”工作制度。共出动执法人员3600余人（次），检查企业1600余家，排查隐患1500余项，实现了“十八大”期间安全生产“零事故、零死亡”工作目标。

5月28日，召开全市安监局长会议

5月28日，召开全市安全生产工作会议

7月26日，召开市安监局正风肃纪工作大会

张家口市工商行政管理局

国际消费者权益日，副市长郑丽荣、市政协副主席张世林等出席现场活动

张家口市工商局高度重视“基层建设年”活动开展情况，市局领导多次深入对口帮扶村进行实地调研

张家口市工商局以“大讨论”活动为契机对全系统进行查漏补缺再教育

市工商局、市个体私营企业协会不定期邀请国内知名经济学教授为全市民营企业进行企业发展与管理讲座

“红盾护农”活动已形成常态化、制度化、规模化，图为工商执法人员向农民群众教授识别假冒伪劣籽种的方法

张家口市工商局在省工商局和市委、市政府的正确领导下，各项工作实现新的突破与提升，为促进全市经济社会的科学发展、跨越赶超和工商事业的长足发展做出积极贡献。

拓展工商职能，创新服务机制，服务地方经济发展取得新成绩。自主研发推广“红盾便民通”注册登记服务系统，开通“张家口联合商务网”和工商通短信服务；积极搭建银企合作平台，三年共帮助企业融资57.96亿元；突出抓好驰（著）名商标的跑办力度，实现张家口市驰名商标零的突破，全市驰名商标保有量6件，注册商标3569件，著名商标90件。

创新监管理念，推进职能到位，监管执法水平实现新提升。开展监管执法区域风险防范、证照监管示范街区（户）创建、区域协作执法、行政约谈等多项监管执法新机制的试点和探索，成立全省首家食品安全快检中心，实现监管执法水平的突破与创新。

加强社会管理创新，积极打造维权品牌，消费维权工作迈上新水平。成立维权调解中心，开展“消费维权进社区”活动，构建起“四位一体”的维权调解新模式，得到人民群众的广泛好评。

市局先后被国家工商总局评为“全国工商系统先进集体”，被省委、省政府评为“人民满意的公务员集体”，连续第二次被评为“省级文明单位”，连续4年被省工商局评为“全省工商系统先进集体”，被市委、市政府评为“全市优化发展环境先进单位”、“全市党风廉政建设先进集体”、“全市先进基层党组织”。

张家口市商务局

张家口市商务局组建于2004年2月,是由原市贸易办、市物资办、市外贸局、市外事侨务办、市经贸委的市场科等5个单位合并而成。

其职能主要负责贯彻落实国家、省有关内外贸易、国际经济合作和招商引资的发展战略、方针、政策以及相关法律法规。拟定全市相应的发展规划以及规定、办法和措施；拟定全市国内贸易发展规划，促进城乡市场发展，提出引导国内外资金投向市场体系建设的政策，指导大宗产品批发市场规划和城市网点规划、商业体系建设工作，推进农村市场体系建设，组织实施农村现代流通网络工程。承担全市的招商引资、对外开放、内外贸易、市场整规、酒类专卖、流通体制改革、市场体系建设、市场运行调节、开发区管理等工作。

商务局为市政府的工作部门，内设机构19个。自成立以来，在市委、市政府的正确领导下，积极发挥自己的职能，以服务全市地方经济发展，开放开发、招商引资、繁荣市场为工作主线。全局上下一条心，解放思想搞创新，使商务工作快速走向科学化、正规化，显示了政府职能部门的强大作用，对全市经济快速发展做出了应有的贡献。

4月中旬，市委书记王晓东，市委常委、副市长郑丽荣率领张家口市经贸代表团，赴香港参加了“2012年河北省（香港）投资贸易洽谈会”,图为王书记率团拜访中华全国工商业联合会名誉副主席曾宪梓先生

4月中旬，市委书记王晓东，市委常委、副市长郑丽荣率领张家口市经贸代表团，赴香港参加了“2012年河北省（香港）投资贸易洽谈会”,图为王书记率团拜访瑞银UBS香港总部，洽谈合作事宜

4月中旬，市委书记王晓东，市委常委、副市长郑丽荣率领张家口市经贸代表团，赴香港参加了“2012年河北省（香港）投资贸易洽谈会”,图为王书记率团拜访香港金利丰集团，洽谈合作事宜

4月中旬，市委书记王晓东，市委常委、副市长郑丽荣率领张家口市经贸代表团，赴香港参加了“2012年河北省（香港）投资贸易洽谈会”,图为王书记率团拜访香港工业总会，洽谈合作事宜

张家口市科学技术和地震局

9月4日，科技部部长万钢就风光储输示范工程项目进行调研

副市长宋文玲为张家口市突出贡献奖获得者杨才、尚培中颁奖

2012年，市科技和地震局围绕科学发展主题和加快转变经济发展方式主线，坚持把科技进步和创新作为调结构、转方式的中心环节。加强防震减灾工作，防震减灾事业取得了长足发展。

加强科技管理制度建设，下发《张家口市山区创业奖励办法》、《深入开展科技特派员创新创业行动实施方案》和《张家口市院士工作站建设管理办法（试行）》等政策文件。科技项目建设迈上新台阶，全年共承担国家、省各类计划项目41项，争取资金5254万元，特别是争取到国家“863计划”项目3项。市级财政科技研发经费投入1600万元，资助项目70项，143项自筹经费项目列入科技计划。高新技术产业稳步发展。安排市级资金540万元，用于提高企业自主创新能力建设，全市高新技术企业达到20家。投资120亿元的国家风光储输示范工程项目进展顺利。省政府批准建设张家口西山和东山2家省级高新技术产业开发区。新增省级科技特派员创新创业基地2个，省级农业科技园区达到5家。加强科技创新平台建设，省级、市级工程技术中心分别达到5家。科普工作取得新进展，省级科普示范基地达到6家，建成市级科普基地15家。加强人才工作，在全省“巨人计划”首批创新创业团队和领军人才评选中，张家口市农科院谷子研究所、长城葡萄酒技术中心创新小组、河北华美光电子3个团队及赵治海、孙腾飞、周海军3名领军人才受到命名表彰。防震减灾工作成效显著。加强监测预报工作，投资180万元完成14个强震台和2个测震台的建设工作。开展“以张家口——渤海地震带为单元的地震预测方法”研究工作。

2013年4月24日，局长孙东峰到局基层建设年帮扶点——宣化县保家庄村调研

市科技和地震局开放日暨民情恳谈会

2013年6月4日，举行全市科技系统解放思想大讨论活动专题报告会

张家口市气象局

党组书记、局长　王建平

2012年，张家口市气象局在王建平局长为首的领导班子带领下，全体干部职工努力加强四个能力建设，以气象工作政府化、气象业务现代化、气象服务社会化为导向，积极推进防灾减灾绩效管理，深化基层气象机构综合改革，认真开展了工作。在深入推进创先争优活动中，市局党总支被评为创先争优“先进基层党组织”。在精神文明建设方面，张家口市气象局再次被评为2010~2011年度“省级文明单位”，13个县局均升级为“张家口市级文明单位”，建成全市气象部门文明系统。在党风廉政建设工作中，完成《张家口市级气象部门廉政风险防控手册》和《张家口县级气象部门廉政风险防控手册》本地化编制与修订。完成《张家口气象台站史》的编制。张家口市气象局在河北省气象系统年度目标考核中首次获得“特别优秀单位”。

省委常委、统战部长田向利率省防汛办有关同志深入张家口检查防汛和气象服务工作

市委书记王晓东到气象局指导工作

市长侯亮到气象局调研指导工作

市委书记王晓东调研张北灾情

市长侯亮在气象防灾减灾指挥部召开灾害防御会议

张家口市人民政府、河北省气象局共同推进气象为张家口市经济社会发展服务合作协议签约仪式

政协主席乔登贵一行在电视天气预报演播大厅指导工作

实施飞机增雨作业

张家口市园林绿化管理局

10月28日，省人大工作组检查两个环境建设

局长田家琳到工地检查工作

2012年,市园林绿化管理局以“巩固‘国家园林城市’创建成果，夯实‘生态环境建设’基础”为工作目标，着力在“创精品、建亮点，抓提升、促管理”上狠抓落实。主城区新增绿地面积220.81公顷，种植乔灌木27.55万株（丛），地被花卉21万平方米。绿地率、绿化覆盖率分别达到了37%、41.45%，人均公园绿地面积11平方米。一是实施清水河地域文化长廊建设。在两岸建设了富有县（区）文化特色园林景观133组，种植乔木6557株、灌木11.65万丛、铺设草坪地被10.29万平方米。二是实施增绿美化建设。开展“万株大苗进城”工程。在城市主次干道、城市出入口、滨河公园等地点栽植胸径大规格常绿或落叶乔木2.2万株。三是开展“国际雕塑创作营活动”优化城市景观。园林局邀请国内外知名雕塑家进行采风调研，打造了富有城市文化特点的雕塑作品91组，并精选40组。四是参加省园博园建设工程。园林局代表全市参加完成了河北省第一届园博园室外8000平方米、室内200平方米的展区建设任务，通过全省评选荣获了园博会四项大奖。五是实施“公园（广场）、游园建设”。中心城区重点推进5个公园、广场建设任务，新建了3.3万多平方米的社区游园。六是创建精品庭院小区。全年创省级园林式庭院小区、单位、小区、街道12个；创市级园林式庭院小区、单位、街道62个。七是抓遗存保资源。对全市121803株古树名木及大树资源、36个古树群落、175个风景名胜资源，建立电子档案，进行统一挂牌。

容辰小区

水母宫景区

省园博会

地域文化长廊崇礼园

雕塑营

滨河路绿化

张家口市林业局

7月4日，省林业厅厅长王海洋调研张家口市林业工作

12月25日，国家森林公安局长王海忠调研张家口市森林公安三个中心建设

2012年，张家口市林业局以实现“双增双保”为核心，努力构筑“一市三带四区”生态格局，继续打造功能完备的林业生态体系、发达的林业产业体系、繁荣的生态文化体系和便捷的林业信息化体系，各项林业工作取得长足发展。

全年新增造林面积8.37万公顷，完成高速公路生态廊道绿化182.3千米，完成义务植树1012万株。新增葡萄3333.33公顷，完成杏扁嫁接改造9366.67公顷。全市新增果品基地面积6773.33公顷，干鲜果品基地总面积达到27.56万公顷，总产量达到58.8万吨，林果产业总产值达到50亿元。“桑洋河谷”葡萄商标在国家工商总局商标局注册成功，为全市葡萄产业发展提供了唯一的区域性葡萄品牌。启动森林与湿地生态系统服务价值评估研究项目，对张家口的森林与湿地生态系统的资产总量和服务价值进行评估。成立市森林文化协会，创办《森林文化》报纸，举办第一届张家口森林文化书画摄影展，成为全省首个生态文化教育平台。

2012年，张家口市被中国果品流通协会授予“中国海棠之乡”称号，张家口市和张家口市林业局被评为河北省国土绿化突出贡献单位；张家口市林业局荣获全省果品工作先进单位。

有害生物防治——肿腿蜂繁殖

葡萄基地

桑干河谷商标

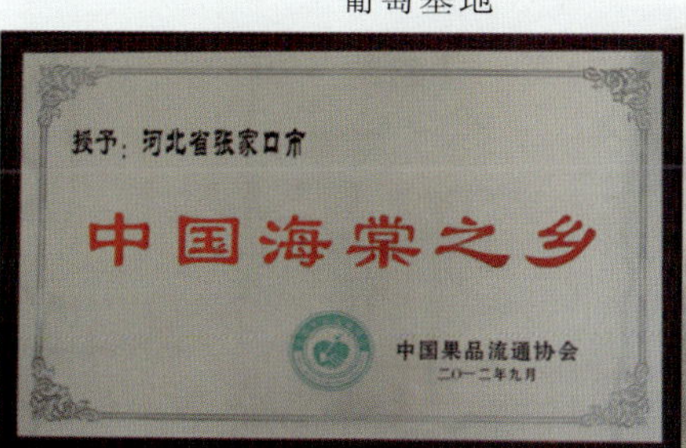

海棠种植基地

张家口广播电视台

台长　刘喜

2012年，张家口广播电视台紧紧围绕市委、市政府中心工作，全面落实“1156”工作目标，各项事业迈上新台阶。

坚持正确的舆论导向，圆满完成了各项重大会议和新闻事件的报道任务；外宣工作继续保持全省前列依托数字化传输手段，与县(区)台加强合作力度，位次继续保持全省前列。市电台在全省地市广播通联协作工作中名列第三名，连续5年蝉联全省对外宣传第二名；先后对电台《综艺广播》，电视台《社会公共频道》、《文化娱乐频道》，电台《新闻综合广播》、《农业经济广播》进行了全面改版，推出一批新的栏目。全年投入资金1217.6万元，继续加大对技术设备的建设维护力度。加快广播电视数字化进程，摄录编播设备网络化水平和安全播出水平继续提高；网络平台取得实质性进展，互联互通传输网络初步成型；为全市20户以下广播电视自然村458个盲村实施“村村通”工程，安装6693套直播套站。经营创收由管理型向经营型转变，实行真正意义上的企业化运作。相继策划推出了多项大型活动，提升了媒体影响力；依托市场办节目，对创收节目进行了改版和调整；整合资源，重点培育房地产业、电器、文化娱乐业等新的业务增长点；规范广告经营，调整广告结构，实现绿色广播。深化激励机制，制定并开展实施绩效挂钩考核办法；组织专家及业务带头人对编辑记者、播音主持、技术维护、经营创收岗位人员进行了对口业务培训，营造浓厚的学习氛围。

2月8日，市委书记王晓东到张家口广播电视台调研，了解广播电视品牌栏目《市民热线》的工作状况

1月21日春节前夕，市长侯亮、市委常委、宣传部长赵占华到张家口电视台调研，慰问加班加点在一线的新闻工作者

多功能演播厅

《市民热线》是张家口人民广播电台与市纠风办联办多年的民生类节目，旨在帮助市民群众解答、解决实际问题，图为3月20日，电视版《市民热线》正式开播

张家口市体育局

侯玉琢在2012年伦敦奥运会获得跆拳道女子57公斤级比赛亚军

2012年中国・张家口张北草原马拉松赛颁奖现场

市体育局内设6个职能科室，另设监察室、机关党委办各1个，下属10个直属事业单位。现有在职干部、职工205名。

2012年河北省女子足球联赛

群众体育蓬勃发展，每年举办各类活动、比赛200余项；每年举办全国性马拉松比赛；连续两次承办全国公路自行车比赛；承办两届全国女子乒超联赛。2006年起，市代表队连续三次取得《城市之间》国际版资格。成立体育单项协会和俱乐部19个。每年培训全民健身指导员1500多人，组织大型职工篮球赛、足球赛等比赛活动30（项）次。

竞技体育稳步发展，参赛成绩明显提高。本市籍运动员侯玉琢在2012年伦敦奥运会上，夺得女子跆拳道57公斤级比赛亚军。2012年，共承办省级以上大型赛事4项。市代表队在主场取得男子排球第一、女子排球第二、女子足球第三的成绩。

场馆建设取得突破，体育产业发展迅速。2011年6月，全民健身中心投入使用，总建筑面积3.9万平方米，健身运动区域2万平方米，可同时容纳1000人进行健身活动；2012年3月11日，全民健身中心二期开工建设，总面积19197.53平方米。

承办全国女子乒超联赛

2012年中国・张家口张北草原马拉松赛起跑

张家口市妇女联合会

11月23日，学习“十八大”推进会现场

3月6日，举办“三八”表彰大会

2月28日，举行女性创业基金母亲小额循环项目启动仪式

连续七年实施“复明12号”项目

3月28日，举行帮扶捐赠义诊活动

张家口市妇女创业就业专场招聘洽谈会现场

2012年，市妇联围绕市委“勇于担当、实干苦干、绿色崛起、奋力争先”的总要求，在推动发展、促进和谐、办好实事等方面积极作为。市妇联被全国妇联评为全国农村妇女“两癌”免费检查工作先进集体，被省政府妇儿工委评为河北省实施妇女儿童发展规划先进集体，被市委、市政府评为创建国家园林城市先进集体、文明单位、创先争优先进集体。

帮助妇女创业就业，促进经济发展。实施母亲小额循环、沃尔玛妇女发展基金等项目，争取到318.5万元资金，培树2个全国、6个省级巾帼现代农业示范园，打造45个市级巾帼现代农业示范园区，惠及7600多名农村妇女创业、5万余名妇女增收致富。组织实施培训81期，举办女性就业招聘等活动25场（次）。

开展妇联特色活动，促进社会和谐。开展“善行河北、情暖张垣、幸福家园”创建活动，举办“幸福家园”妇女书法展览等活动50多场（次），开展“践行雷锋精神”等志愿服务活动210多次。

实施民生工程，让妇女儿童得实惠。实施母亲健康快车等妇女儿童健康项目，减免费用500多万元，30多万名妇女儿童受益。实施助学工程，募集捐赠款物300余万元，救助4200多名贫困生。

张家口市农业科学院

8月4日，原中央政治局委员、中组部部长李源潮接见市农科院谷子专家赵治海

2011年3月28日，市委书记王晓东为张家口市科技突出贡献奖获得者赵治海颁奖

3月26日，市长侯亮为张家口市科技进步一等奖获得者赵治海颁奖

9月24日，市长侯亮就市农科院杂交谷子试验田进行调研

张杂谷5号

张家口市农业科学院是全市唯一一所集农、林、牧、工程等多学科为一体的综合性农业科研机构。拥有马铃薯、谷子、燕麦、作物、油料、豆类、园林花卉、蔬菜、果树、畜牧等10个专业研究所，研究领域涉及相关作物育种、栽培、加工等20多个专业，其中杂交谷子和莜麦育种研究处于国际领先水平，马铃薯、亚麻和花卉育种及栽培技术等方面处于国内领先水平。

院内拥有农业部薯类产品质量监督检验测试中心和国家杂粮加工技术研发分中心国家级科研平台2个，河北省杂交谷子工程技术中心和河北省马铃薯遗传育种及质量检测工程实验室省级科研平台2个，在全国市级农科院中名列前茅。目前正在建设国际杂交谷子培训中心和国家杂交谷子工程技术中心，成立了院士工作站和博士后创新实践基地。

全院有在职职工206人。在职职工中各类专业技术人员136人，有高级职称人员58名，其中研究员21名、博士1人、硕士22人。有“国务院特殊津贴”人员5名，中共“十六大”党代表、十一届全国人大代表各1人；省管优秀专家3名、省突贡专家5名；张家口市杰出人才、十大女杰、拔尖人才等60余人（次）。

杂交谷子和燕麦育种研究达国际先进水平，马铃薯、亚麻和仙客来花卉育种达到国内先进水平。马铃薯、燕麦、谷子先后获国家科技进步二等奖。近10年来共取得科研成果110多项、成果奖60多项，育成农作物新品种40余个。与华大基因研究院合作完成的杂交谷子基因测序科研成果在国际著名杂志《自然》上发表。谷子研究所荣获河北省首批“巨人计划”创新创业团队，研究员赵治海获“领军人才”称号。

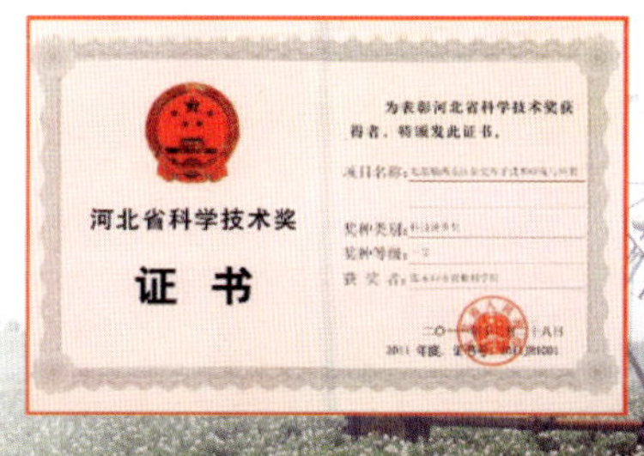

河北省科学技术奖

证书

为表彰河北省科学技术奖获得者，特颁发此证书。

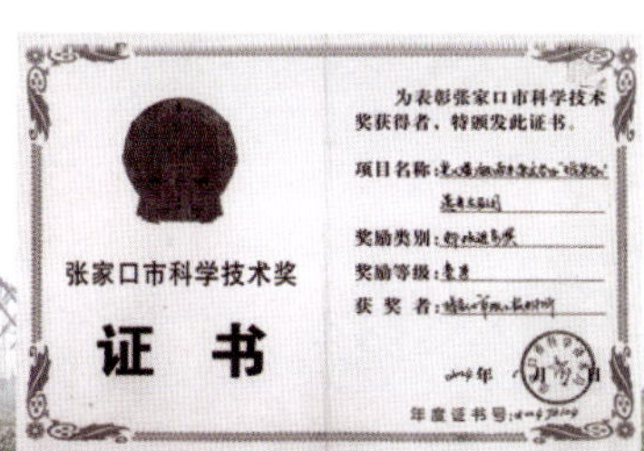

张家口市科学技术奖

证书

为表彰张家口市科学技术奖获得者，特颁发此证书。

张家口市疾病预防控制中心

疾控中心主任任岗发放宣传资料

副市长李宏到12320卫生热线调研

卫生防病知识进社区宣传活动

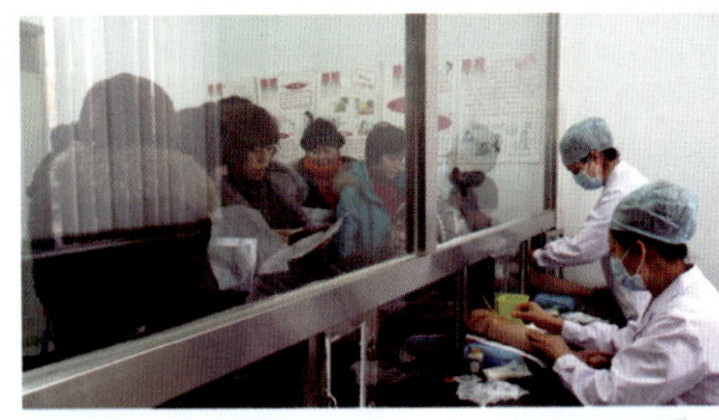
为了饮食安全,承担着大型食品、公共场所等单位的体检工作

张家口市疾病预防控制中心是实施疾病预防控制与公共卫生技术管理和服务的公益性、科级全额补助事业单位，编制97人。中心设有职能科室5个，业务科室14个；有在职职工92人，其中研究生1人；本科25人；专业技术人员73人，其中正高1人，副高9人。中心总建筑面积5880平方米，其中实验室用房2506平方米。检验中心内设微生物实验室、理化实验室（化学分析室、仪器分析室）、临检与生化实验室、艾滋病确证实验室。

中心大型检验设备主要有：等离子体电感耦合质谱仪、原子吸收分光光度计、原子荧光光谱仪、气相色谱仪、岛津高效液相色谱仪、离子色谱仪、微波消解仪、荧光定量PCR仪、多台酶标仪、生物安全柜、荧光定量PCR仪、全自动核酸提取工作站、凝胶成像系统、超净工作台、倒置显微镜和不间断电源等。另有工作用车7部，常低温冷库6座。

工作任务：完成国家、省下达的重大疾病预防控制的指令性任务，实施疾病预防控制规划、方案，组织开展本地疾病暴发调查处理和报告；负责辖区内预防性生物制品管理，组织、实施预防接种工作；调查突发公共卫生事件的危险因素，实施控制措施；开展常见病原微生物检验检测和常见毒物、污染物的检验鉴定；开展疾病监测和食品卫生、职业卫生、放射卫生和环境卫生等领域健康危害因素监测，管理辖区疫情及相关公共卫生信息；承担卫生行政部门委托的与卫生监督执法相关的检验检测任务；组织开展健康教育与健康促进；负责对下级疾病预防控制机构的业务指导、人员培训和业务考核；指导辖区内医疗卫生机构传染病防治工作。

张家口市疾控中心抗洪救灾应急演练

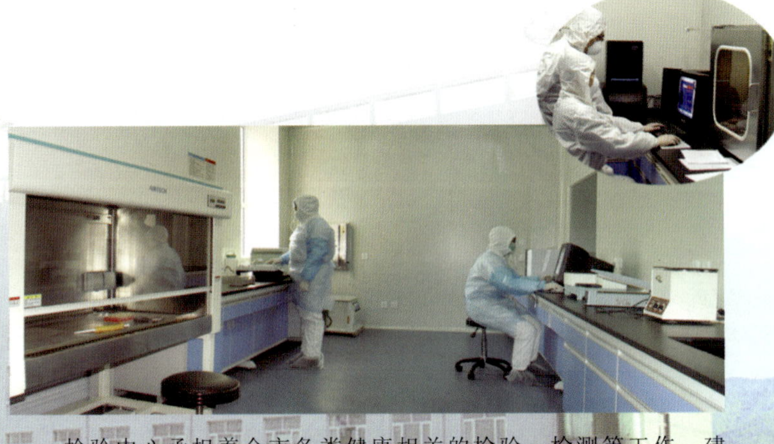
检验中心承担着全市各类健康相关的检验、检测等工作，建立了二级生物实验室pcr实验室，理化生化实验室，艾滋病确认实验室等检验科室，拥有先进的大型仪器设备

张家口市森林公安局

2012年，张家口市森林公安局真抓实干，开拓创新，各项工作取得显著成效，在全省市级森林公安机关工作考核中排名第二，森林公安宣传工作在全省排名第三。全年被授予个人二等功3人；被省局记集体三等功2人，记个人三等功4人。

全市共查处涉林案件572起，其中侦破森林刑事案件及野生动物刑事案件58起，共抓获犯罪人员79人；查处森林行政及野生动物行政案件514起，处罚人员608人（次），其中行政拘留107人（次）。

按照国家、省森林公安局的要求，市森林公安信息化建设实现3个100%目标，开通了警综平台、网上执法办案系统、市森林公安局门户网站和信息管理系统，实现网上办公、办案。完成森林公安情报信息中心建设，森林防火指挥中心升级改造工程和执法办案场所建设。

2月9日，市长侯亮调研指导森林防火工作

12月25日，举行森林防火指挥中心、执法办案中心、信息情报中心启动仪式

6月25日，国家林业局森林公安局局长王海忠调研森林防火物资库工作

中国冶金地质总局一局五一六队

中国冶金地质总局一局一队、516队等参加白云鄂博地质会战。图为原冶金工业部副部长、煤炭工业部部长高扬文与原冶金工业部部长地质司司长朱国平（右二）在白云鄂博调研

中国冶金地质总局一局局长黄尊显（右三）在516队队长孟祥宁陪同下（左二）到赤城县赵家沟矿区检查工作

中国冶金地质总局一局五一六队，是中国冶金地质总局常驻宣化的地质勘探事业单位，受中国冶金地质总局一局直接领导。自1958年建队以来，五一六队以雄厚的技术实力和精湛的钻探工艺享誉华北，勘查工作硕果累累。先后找到了赤城青羊沟铅锌矿、涿鹿矾山磷矿、赤城近北庄铁矿、宣化贾家营钼矿、赤城后沟金矿、崇礼南冷沟金矿、尚义浮石矿、怀来白云石矿等245处重要产地，其中大型矿床3处、中型矿床5处、小型矿床237处。多次受到国务院、冶金部的表彰。连续多年被评为“张家口市文明单位”称号。

随着地勘单位管理体制改革的不断深入，五一六队坚持“一业为主、多种经营”的方针，积极开拓商业地质市场，以地矿及延伸的技术优势，大力开拓社会地质市场，以资产为纽带，重新配置生产要素，进行结构调整和资产重组，构筑新的支柱产业，初步形成了“以地矿业为基础，工勘施工业为骨干，商贸服务业为支持”的产业格局，提高了队伍的竞争能力。

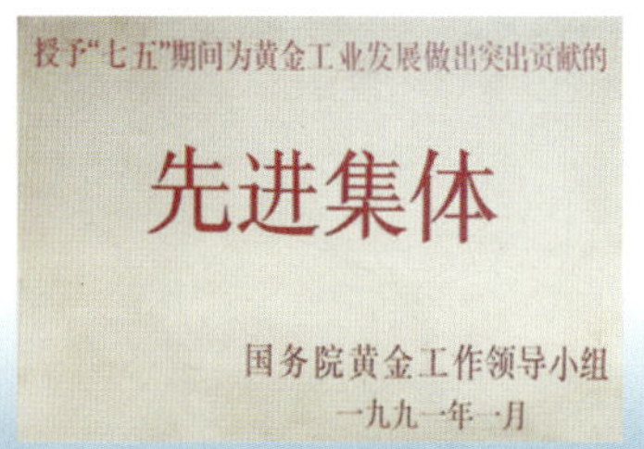

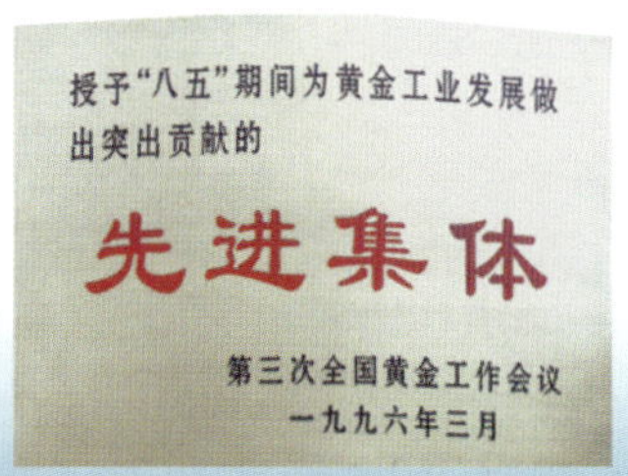

2012年，五一六队各项生产经营成绩显著，经济效益良好。物业管理等多营收入59.75万元，同比增长52.58%；利润40.46万元，同比增长135.64%。工程勘察工作全年累计合同金额2000余万元，完成产值1800余万元；地质勘查本年新签合同1400万元，全年新增产值1400万元。

张家口市地方志办公室

2013年7月17～21日，《河北省志》总纂会议在张北县召开

2013年5月7日，召开全市地方志工作会议

2013年8月29～30日，召开《张家口市桥西区志》省级评审会

2013年9月23～24日，召开《涿鹿县志》省级评审会

根据国务院《地方志工作条例》和《河北省地方志工作规定》，2009年，省政府把二轮志书编纂工作列入了年度重点督查事项。市方志办把握契机，确保志书编纂进度。2012年2月，市政府督查室对《张家口市志》的编纂情况进行了全面督查；9月，省政府执法检查组就贯彻落实“两法”情况到张家口市进行执法检查。截至年末，全市列入河北省二轮志书出版规划的的16部市、县（区）志书，已有9部县（区）志出版发行，比上年增加一部《赤城县志》。

根据省方志办印发《关于做好志书“四审”整改工作的通知》，市方志办组织全系统人员进行学习落实，制定出《张家口市地方志稿评审表》。截至年末，涿鹿县、桥西区完成志书市级评审。

市方志办利用自身优势，发挥志书“资政、传承、育人”的作用。出版发行《志在张垣》；完成《中华人民共和国政区大典河北卷张家口分卷》撰稿任务；参加“大好河山张家口”城市文化形象研讨，将地方志文化融入到全市文化大发展中。

组织全市地方志系统参加社科评奖活动。《张家口年鉴》（2011）荣获著作类一等奖、《赤城县大事记》荣获著作类二等奖、3部县志荣获著作类三等奖，市地方志办公室获优秀组织奖。

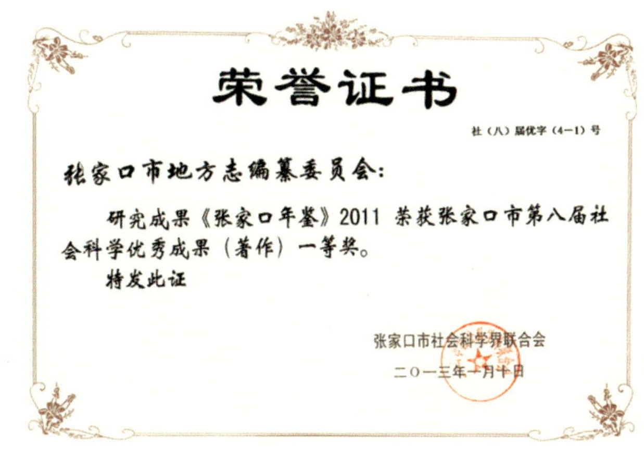

荣誉证书

社（八）届优字（4—1）号

张家口市地方志编纂委员会：

研究成果《张家口年鉴》2011 荣获张家口市第八届社会科学优秀成果（著作）一等奖。

特发此证

张家口市社会科学界联合会

二〇一三年一月十日

蔚州矿业有限责任公司

6月6日，河北省政协主席付志方（中）在省文化厅副厅长李建华、市长侯亮和开滦集团党委常委、蔚州矿业公司董事长王树春等陪同下到开滦集团蔚州矿业公司南留庄现代设施农业产业园调研

蔚州公司领导核心——集团公司党委常委、蔚州公司董事长王树春（中），蔚州公司党委书记张子东（右），集团公司总经理助理、蔚州公司总经理彭余生（左）

开滦（集团）蔚州矿业有限责任公司成立于2003年，是开滦（集团）、大唐国际共同投资组建的国有大型煤炭企业。拥有员工1.3万人，资产总额38.01亿元。现有6对生产矿井，1对在建矿井，另一新矿井项目正在筹建当中。公司主导产品为煤炭，煤种以长焰煤为主，其次为不粘结煤，局部为无烟煤。所产原煤低灰、低硫、低磷、弱粘结性、发热量高，是符合当前环保要求的发电、供热、气化的优质动力煤。公司先后获得中国煤炭工业信用评价AA级信用企业，河北省明星企业、诚信企业、纳税百强企业，河北省企业文化建设示范单位等荣誉称号。

进入“十二五”以来，蔚州公司以争第一，做唯一，打造开滦外埠旗舰企业的雄心壮志，不断加快产业结构调整和经济发展方式转变步伐，努力推进投资驱动向创新驱动转变、依赖资源向依靠科技转变，企业发展速度、经济运行质量显著提高，产量、销量、收入、利润、成本5项经济指标创出历史新高，实现“十二五”开局高起步。

4月11日，开滦蔚州公司现代设施农业产业园开工建设

2012年，开滦集团蔚州矿业公司现代综合数字化安全调度指挥系统投入试运行

开滦集团蔚州矿业公司国内领先水平的现代化综合机械化采煤工作面，2012年实现人均千吨的好成绩

现代化的数字物资集配中心

蔚州矿业有限责任公司

3月，开滦集团蔚州矿业公司合唱团登上央视《歌声与微笑》栏目的舞台

颂歌献给党——2011年“七一”大合唱

著名演员杜宁林、张兆北、贾雨岚、张惠中在2011年6月16日的“矿工跟党走 乌金兴蔚州”大型文艺晚会上朗诵《蔚州之约》

按照“做实主业，壮大物流，探索煤气化，涉足旅游业，开发房地产，培育林牧业，建设煤矸石砖厂，综合利用矿井水”一主多元的产业发展战略，蔚州公司不断改造和提升煤炭传统产业，开发了一批科技含量高、发展前景好、资源消耗低、环境污染少的产业项目，有力提升了公司可持续发展能力。通过大力实施技术改造、装备升级和现代化矿井建设，促进煤炭传统产业优化升级，“十二五”末煤炭产能将达到1000万吨。2012年，物流收入达到96亿元，占到企业总收入的70%以上。

蔚州公司深入落实科学发展观，大力发展循环经济，积极打造河北最大的建材加工基地和生态示范基地。形成“地下办矿、地面生态、山坡植树、文化旅游、林间养殖、矸石制砖、疏干水入库”的转型发展格局。2012年10月，蔚州公司与南留庄镇工农联建现代设施农业产业园，一期工程67.93公顷、157栋大棚完工，已注册“蔚林”商标。煤矸石砖厂一期工程年产6000万标块，2013年4月正式投产，可安排100多人就业。公司利用工业符号、农业符号发展文化旅游业、林间养殖业，在林场建设职工疗养培训中心等项目正在有序推进。打造展示开滦文化、蔚州风情，集文化旅游、生态休养、培训观光“三位一体”的亮丽名片。

丰富多彩的职工业余文化生活

12月，生机盎然的开滦集团蔚州矿业公司南留庄现代设施农业产业园温室大棚满载着丰收的喜悦

开滦集团蔚州矿业公司员工家属生活小区

冀中能源张家口矿业集团有限公司

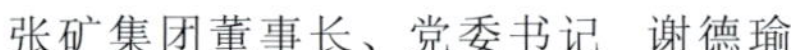

张矿集团董事长、党委书记　谢德瑜

张矿集团总经理　苏建国

冀中能源张家口矿业集团有限公司是世界500强——冀中能源集团的全资子公司，总部设在张家口市下花园区，企业总资产为74亿元，现有8对正常生产矿井和14个地面单位，员工1.14万余人。现已发展成为集煤炭生产、洗选加工、瓦斯发电、机械制造、现代物流等多产业综合发展，具有巨大发展潜力的大型煤业集团。

近年来，张矿集团制定了“内做精强，外谋扩张，小步快跑，双轮驱动，倾力打造冀中能源北方柱矿区”的发展战略，解放思想，创新思路，建立了严密有序、科学规范的管理体制，激发了企业的内生动力；依据区位优势，构建了多元支撑、综合发展的现代产业框架，企业实现了持续、健康、快速发展。2012年，张矿集团以“锐意进取，质量强企，创新超越，和谐发展”工作方针为指导，转变经济发展方式，加快结构调整步伐，煤炭产量实现1806万吨，销售收入80.2亿元，并建成1座安全示范型矿井、1座500万吨矿井和2座年人工万吨矿井。

张矿集团在董事长、党委书记谢德瑜的带领下，全体干部职工凝心聚力、众志成城，发扬令行禁止，雷厉风行、执行到位优良传统，以“做实、创新、发展”为指导，坚持“强基固本、内挖外扩、以人为本、科学发展”的工作思路，进一步夯实安全基础，巩固煤炭主业规模效益，全面推行精细化管理，精挖细采，稳定产量，延长矿井寿命；抓住国家实施煤炭大基地、大集团战略、培育新兴产业的重大机遇，加大外部资源扩张力度，扩大经济规模，增加新的利润增长点，实现张矿集团“安全、稳定、和谐、富裕”的发展目标，为冀中能源集团新目标的实现做出自己的贡献。

团结务实的张矿集团领导班子

张矿集团官板乌素矿井下主变电所

张矿集团宣东二号煤矿花园式矿区

张矿集团瓦斯发电生态厂区

冀中能源张家口矿业集团有限公司

张矿集团安全生产集体宣誓

张矿集团召开中心组扩大会议

张矿集团开展安全生产月启动仪式

张矿集团开展“我的岗位我负责 我的班组无事故”活动

张矿集团开展“学讲话知形势知识竞赛”活动

张矿集团宣东二号煤矿“中澳煤矿安全合作示范项目”现场会

张矿集团推行准军事化管理，提升企业文化执行力，图为军训汇报表演

国网冀北电力有限公司张家口供电公司

国网冀北电力有限公司总经理尹积军会见市委书记王晓东

国网张家口供电公司总经理覃朝云、党委书记牛学峰发布服务张家口市经济社会发展白皮书

国网冀北电力有限公司张家口供电公司隶属于国网冀北电力有限公司，担负着张家口市13个县、4个区、2个管理区、1个高新区和1个产业集聚区的供电任务，供电区域3.7万平方千米，供电人口460万人，营业户数158万，2012年售电量99.59亿千瓦时。张家口电网共有35千伏及以上变电站177座、容量10705兆伏安，35千伏及以上输电线路443条、7883千米。

2012年，国网张家口供电公司攻坚、创新、奋进，各项工作取得新成绩、实现新突破、呈现新气象，圆满完成了全年各项指标和工作任务。在安全生产方面，贯彻十八项电网重大反事故措施，制定六级以上安全事故（事件）防范措施173项，发布电网风险预警90次，地区电网经受了大风、暴雪、极寒天气的考验。初步实现地县调控一体化和52项变电D类检修项目运维一体化，试点配网状态检修和农网带电作业，设备运维水平进一步提高，圆满完成十八大保电任务，公司被市委、市政府评为十八大安全保卫工作先进集体。在电网建设方面，配合完成张北～南昌特高压项目和张北、尚义、康保3座500千伏变电站的站址选择等前期工作，黄盖淖、大青沟、察北～沽源等3项110千伏输变电工程开工，君关220千伏输变电工程，望山、吉家房、察北配套、义缘～尚义等4项110千伏输变电工程投产，425个帮扶村电网改造工程和怀安县新农村电气化建设工程完工。在优质服务方面，推进“社企和谐兴冀”和“社区光明同行”活动，发布冀北公司服务张家口市经济社会发展白皮书，实施95598光明服务工程和“五进”服务工程，实现县（区）24小时自助缴费服务。成立16支共产党员服务队，广大干部员工在工作之余提供服务1500余人（次）。

近年来，国网张家口供电公司先后获得了全国五一劳动奖状、国家电网公司文明单位、国家电网公司先进集体、全国创建文明行业先进单位、全国用户满意服务单位、全国模范职工之家、河北省先进集体等荣誉称号，18年保持省级文明单位称号。

①党员授旗宣誓，提升供电优质服务

②加强设备巡视，确保电力可靠供应

③社区光明同行，增值服务奉献爱心

④社企和谐兴冀，支持重点项目建设

加强运行维护，确保风光储输项目

支持园区建设，重点工程如期投产

对接社会民生，服务高考电力供应

保障电网建设，支撑张垣绿色崛起

张家口卷烟厂有限责任公司

张烟公司领导班子

总经理　胡自强

张家口卷烟厂有限责任公司始建于1939年，占地总面积35.6万平方米，在岗员工2700余名，产销规模89万箱，在产品牌主要有“钻石”和“北戴河”，其中，“钻石”品牌为中国驰名商标、河北省名牌产品，产品已覆盖全国33个省级市场、305个市级公司。

2012年，张烟公司践行“国家利益至上，消费者利益至上”的行业指引，秉承“精造烟中佳品，诚报家国天下”的企业使命，围绕“卷烟生产上水平”的发展主题，大力实施品牌创新、管理创新、技术创新和文化创新，全方位、多渠道宣传“精细、胜出、和谐”的品牌文化；推进质量管理，开展技术攻关和工艺研究，申报专利23项；推进基础管理，开展“管理创一流”活动；促进“三标一体”建设与生产管理工作融合；推进行业对标、管理对标、项目对标和岗位对标，充分发挥标杆引领作用；推进队伍建设，实施人才强企战略，推行岗位交流，深入开展员工岗位能力提升及职业成长体系建设；推进党建工作，发挥好党组织的政治核心作用，学习贯彻“十八大”精神，以“三讲三爱三珍惜”教育活动为主线，深入开展“235”教育实践活动，保持企业持续健康发展。全年生产卷烟89万箱，同比增长2.3%；销售卷烟89.17万箱，同比增长3.7%，一二三类烟比例50.08%，同比提高21.93个百分点，其中钻石品牌销售67.45万箱，同比增长13.13%。实现税利50.12亿元，同比增长23.01%。万元产值综合能耗同比降低17.45%，达到烟草行业清洁生产4A级水平。近年来，张烟公司多次被省委、省政府授予“河北省先进集体”、“河北省文明单位”荣誉，被市委、市政府授予“企业楷模”的荣誉称号，2012年荣获“全国五一劳动奖状”。

张家口卷烟厂有限责任公司
ZHANGJIAKOU CICARETTE FACTORY LIMITED LIABILITY CORPORATION

省长张庆伟调研张烟公司

副省长杨汭参观张烟公司制丝车间

钻石品牌系列产品

张烟公司全景

张家口通泰运输集团有限公司

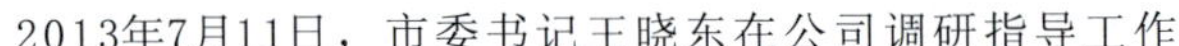
2013年7月11日，市委书记王晓东在公司调研指导工作

市长侯亮一行调研指导工作

张家口通泰运输集团有限公司（简称“张运集团”），始建于1949年3月1日，前身是察哈尔省运输公司，2007年12月，企业整体改制为公路客、货运输，现代物流，旅游出租，整车销售，汽车检修，驾驶培训，广告传媒和房地产开发等综合服务能力的现代股份制公司。

公司下属24个分公司、11个全资子公司，5个控股子公司、4个参股公司，6个成员单位，现有在职职工1475人；拥有各级汽车客运站12个，所属营运客车1451部，客运班线598条，年运送旅客600余万人（次），营运里程1.6亿千米，客运网络辐射京、津、晋、冀、蒙、辽、鲁、豫等省市，覆盖张家口市各县（区）及各乡（镇）；拥有出租客车2111部，占张家口出租车市场60%的份额。2003年建成的张家口市现代物流中心，是东北、华北连接西北地区的重要枢纽。2002年通过ISO质量管理体系认证，是全省道路运输骨干企业，河北省企业家协会第八届理事会副会长单位。

近几年，公司加大各汽车客运站基础设施的建设力度，宣化、怀来、张北、尚义汽车客运新站相继建成，张家口综合客运枢纽也在积极筹建中；按照国家“公交优先”和城乡客运一体化政策，以张宣班线公交化改造为试点，积极推进客运班线公司化改革。

为使百姓出行更加安全，公司对“GPS车辆安全智能监控系统”进行3G网络和北斗监控系统升级，增加了定位、视频\图像监控、运行轨迹回放、违章自动报警和语音通话、雨雪天气预警等功能，强化车辆在途安全管理；积极研发客运车票联网、站场安全监控、车辆自动调度管理系统，逐渐实现运输智能化管理。

GPS北斗双模 卫星定位（3G网络）视频监控系统

旅游集散中心

华气张运加气站鸟瞰效果图

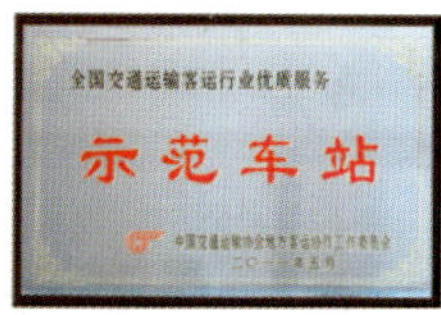

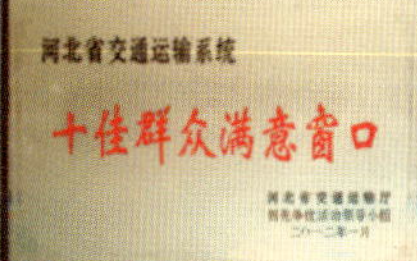

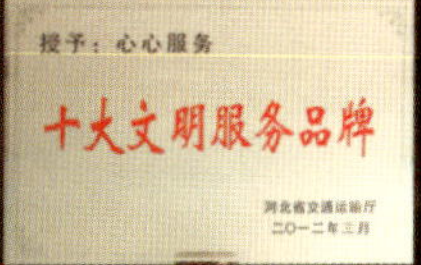

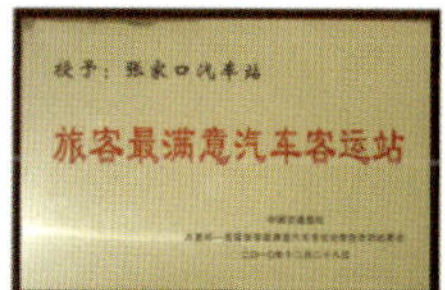

公司荣誉

青年员工拓展训练

根据市委、市政府“加快绿色崛起”的要求，目前，公司正与中石油河北华油天然气有限责任公司和张家口亚燃压缩天然气有限公司合作，以推广重载卡车、长途客车为主，建设液化天然气加气站，力争3～5年时间，使公司所属客车、出租车、货车更新和改造为天然气车辆，用实际行动承担社会责任，践行绿色运输。

规划中的张家口综合客运枢纽效果图

张家口路桥建设集团有限公司

市交通局局长闫登仁到路桥建设集团调研工作

通泰集团总经理刘悦指导工作

张家口路桥建设集团有限公司成立于1998年，2012年有在册职工570余人，固定资产总值约12亿元，年施工能力达10亿元以上。

公司是张家口地区唯一一家由国家住房和城乡建设部颁发的“公路工程施工总承包壹级资质”施工企业，并拥有“路基、路面、桥梁、隧道专业承包壹级资质”；由河北省住房和城乡建设厅颁发的“铁路施工总承包叁级资质”；由河北省交通运输厅颁发的“公路养护工程施工二类甲级、乙级资质”；由张家口住房和城乡建设局颁发的“市政工程总承包叁级资质”；由河北省住房和城乡建设厅颁发的“安全生产许可证书”；由第三方认证中心北京中建协认证中心有限公司颁发的“质量、环境、职业健康安全三体四标的认证证书”；由河北省公路工程质量安全监督站颁发的“公路工程综合乙级工程试验检测机构”。这些资质的取得，为路桥建设集团对外承揽业务、拓展经营奠定了良好的基础。

作为在张家口地区唯一拥有公路工程施工总承包一级资质的施工企业，多年来路桥建设集团以生产经营为中心，以提高效益为目的，以打造品牌为方向，以精细化管理为手段，强化管理、创新机制、艰苦创业、增收节支、开拓进取、求真务实，实现路桥建设集团全面、协调可持续发展。

近年来，路桥建设集团完成高速公路施工项目28项，累计里程382.69千米；完成一级公路项目11项，累计里程297.42千米；二级公路建设总里程1095.95千米；地方道路、村村通公路累计完成3297千米；修建特大桥9座、大桥111座、中小桥907座；完成单项合同1亿元以上的工程30余项。累计完成产值超过120亿元，修建的公路里程占本地区的60%以上，受到业主的一致好评和社会的广泛赞誉。

路桥集团真诚希望与国内外有实力的大企业、大集团进行广泛合作，实现共谋发展，互利双赢，为公路建设事业做出更大的贡献！

西太平山隧道

城市快速路西外环

北外环特大桥

拥有储存量38000吨的现代化沥青库，是全省储存量第二大沥青储存库

京化高速土木至胶泥湾段

张家口市煤气总公司

2011年5月11日，山西应县至张家口天然气输气管道工程通气点火仪式启动，图为市委书记王晓东致词

9月13日，市长侯亮宣布全市中心城区14万户天然气置换煤气工程胜利竣工

2013年6月18日，副市长李雪荣深入基层调研，就燃气问题与用户亲切交谈

2013年1月30日，总经理马占洋主持2013年工作会议

张家口市煤气工程筹建于1986年，1988年开始供气，1993年正式挂牌成立张家口市煤气公司，以宣钢焦炉煤气为气源，服务山城20年，发展成为集供气、设计、安装、维护为一体的规模性经营实体。2012年8月20日，张家口市中心城区14万余户天然气置换工程顺利竣工，标志着进入高效、洁净、低排放的天然气时代。2012年，公司拥有居民用户15万余户，工业用户6户，商业用户237户，管道液化气用户近2万户，日供气量近15万立方米，城市燃气普及率达到97%；拥有煤气管网425.44千米，调压站122座，与其他相应配套设施共同构成一套较为完善的输配系统。

公司5S店为用户提供全方位、全流程、一体化、多功能燃气服务

燃气巡检小摩托车，弥补了大型巡检车不能进入社区的不足，保障了管网的安全运行

西山调配站的建立，有力地保障了全市广大居民用户安全平稳用气

运行了20年之久的东山储配站气罐

多年来，燃气事业一直受到社会各界的高度关注和热心关怀，煤气总公司也始终坚持“安全重于泰山、服务追求卓越”的方针，明确任务、狠抓重点、强化措施、落实主体责任，不断提高全员素质，较好地完成了上级部门下达的各项生产指标，有效地促进了全市燃气事业的健康发展。在企业发展的同时，公司始终不忘自己肩负的社会责任，坚持社会效益第一位，不断提升企业形象，提高服务水平，实现全市燃气事业跨越式发展。

张家口市煤气总公司将以现代化企业经营管理模式，创新发展，打造燃气企业品牌效应，树立企业形象，提升企业价值，积极承担社会责任，把天然气利用工程做成益民工程，让政府放心，让群众满意。公司全体员工将以最饱满的工作热情和最高效的优质服务，为市民持续安全平稳地提供清洁能源，并不断为全市经济快速发展做出突出的贡献！

张家口远大建设集团

张家口远大工程有限公司，始建于1995年，2008年正式成立远大建设集团，现有员工有1000多名，旗下拥有7家实体企业，1家参股公司，1家分公司，即远大建设集团有限公司、张家口国际大酒店、远大房地产开发有限公司、远大二手车交易中心、远大盛景物业有限公司、远大汇客隆超市、远大农业科技开发公司。公司经营范围涵盖了公路、市政工程建设、酒店、二手车交易、房地产开发、物业管理、商品零售业等多项业务。远大集团一直遵循“科学发展、人性管理、开拓进取、回报社会”的经营理念，在短短的十几年里，由单一经营的施工企业发展成为拥有多元化产业的企业集团。2008年，企业取得ISO9000国际质量管理体系等三个体系的认证，经营范围覆盖公路、铁路、市政、水利桥梁等多个工程建设领域，公司自创建以来，承揽建设了大量的优良工程，分别有国道二级公路工程，省道三级公路工程，张家口市主城区道路工程，清水河治理等80多项工程，并有多项工程被评为省、市级优良工程。在张家口城市“三年大变样”中，公司承建了“快速路西环线和北环线”工程，并圆满地完成了各项任务。

远大二手车交易中心，2005年投资兴建，占地面积2.7万平方米，建筑面积1.2万平方米，其中交易大厅3600平方米，新车展位2000平方米。内设交易、验证、评估、过户、保险、拍卖、信贷等职能窗口，在2008年市政府工作报告中被列为全市十大专业市场之一。市工商局、

远大·工程公司承建的重点工程——西环线

远大·工程公司承建的清水河工程

远大·工程公司沥青铺油现场

远大·二手车交易中心

远大·盛和苑小区

远大·汇客隆超市

远大·盛景物业有限公司

市国税局、市地税局、市公安局四部门进驻中心办公，实现多部门规范管理的“一站式”服务，使二手车交易行为更加有序。远大房地产开发有限公司，成立于2007年9月，是集房地产开发、商品房销售和室内外装潢为一体的有限责任公司。从2008年开始公司开发建设了第一个商住小区“远大·盛和苑”，占地面积5.53公顷，建筑面积17万平方米，规划设计为全部纯板式小高层住宅，入住率达95%以上，在2009年度“和谐家园”第二届张家口市民满意小区评选活动中荣获“景观设计满意楼盘”、“城市新景典范奖”、“高层规划满意小区”等多项荣誉称号。

远大·盛景物业服务有限公司，2009年10月正式成立，经营范围为房地产物业管理，含保洁服务、室内装修、市场开发、市场经营服务和劳动服务等，修建园林景观工程，开展房地产经济活动。

远大·汇客隆超市，是2010年投资的商业项目，规划面积近3000平方米，以“为顾客节省每一分钱”为经营宗旨，倡导“天天平价，始终如一”的消费理念，力求创造社会价值最大化。

张家口国际大酒店

张家口远大建设集团

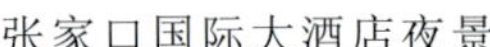
张家口国际大酒店夜景

远大·农业科技开发有限公司

远大·机械分公司

远大·农业科技开发有限公司，注册于2011年4月，现在该公司运作的项目为“石嘴子乡农业产业园区”，该园区位于河北崇礼县石嘴子乡黄旗村和五十家村境内，计划占地、造地面积400公顷。建设内容为：北方果品生产示范区、温室蔬菜栽培区、花卉苗木种植区、物贮加工区、林业生态发展区、农业旅游观光区、会议培训休闲区等多功能综合性项目。

张家口国际大酒店是由远大集团投资兴建的新项目。酒店占地面积6万平方米，由主楼、贵宾楼、康体娱乐中心、宿舍楼及欧式风格的喷泉广场、庭院景观五部分组成，是一座集商务、旅游、接待为一体的园林式五星级商务酒店。拥有2000个餐位和237间类型各异的客房；其中1200平方米的无柱式豪华宴会厅可以同时容纳700人用餐或1000人的会议，52间豪华宴会包间，12间不同规模的接见室、会客室、洽谈室、椭圆形会议室、课桌式会议室，可以满足各种政务、商务活动的需要。

多年来，公司一直积极履行社会责任，安置下岗职工、农村剩余劳动力，先后为地震灾区、抗击非典一线医护工作者、“增绿添彩”工程、“金秋助学”活动、城市重点工程等进行捐款，经常性扶贫济困，为社会捐款捐物累计达1000多万元。企业先后被中华慈善总会评为“中华慈善突出贡献单位（企业）”；被河北省评为“模范职工之家”、“二〇一〇年度用工规范诚信企业”、“河北省劳动关系和谐企业”、“2003～2007年度光彩之星”、“关爱农民工十佳企业”、“河北省关爱员工优秀民营企业”、“非公有制组织人才兴企先进单位”、“河北省2007年度省优市政公用建设工程”、连续三年荣获“守合同重信用企业”；先后被张家口市评为“社会主义先进建设企业”、“文明单位”、“先进集体”、“明星私营企业”、“先进民营企业”、被市总工会授予“职工五一劳动奖状”；被市委、市政府授予“清水河治理功臣”；被桥西区授予“纳税先进企业”等近200项荣誉称号。

展望未来，公司正以坚定不移的信念倾力打造一个实力雄厚、和谐温馨的集团公司！

大唐国际发电股份有限公司张家口发电厂

张家口发电厂厂长　李建东

4月9日，大唐国际总工程师佟义英到张家口发电厂塔山分厂调研指导工作

大唐国际发电股份有限公司张家口发电厂是大唐国际发电股份有限公司的全资发电厂，位于塞外山城张家口市东南。作为国家“七五”、“八五”、“九五”重点工程，张家口发电厂建于1988年，2001年9月全部竣工投产，共安装8台国产30万千瓦火力发电机组，通过220千伏和500千伏双回线路向北京供电，是首都北京的重要电源支撑点和京津唐主网上的重要枢纽变电站，享有“首都北京供电大本营”之称。2007～2012年，张家口发电厂8台机组相继实施了汽轮机通流改造，全厂机组容量提升至256万千瓦。

近年来，张家口发电厂对标一流，深化管理改革，引导科技创新，积极履行社会责任，在构建和谐社会的进程中发挥了巨大作用，获得全国五一劳动奖状、全国安全文化建设示范企业等称号，保持了河北省文明单位、全国模范职工之家，中国大唐集团公司一流企业等多项荣誉称号。

在新的征程中，张家口发电厂全体员工将以集团公司、大唐国际“十二五”战略规划为导向，向着创建“本质安全、资源节约、环境友好、科技创新”型发电企业开拓创新，砥砺奋进。

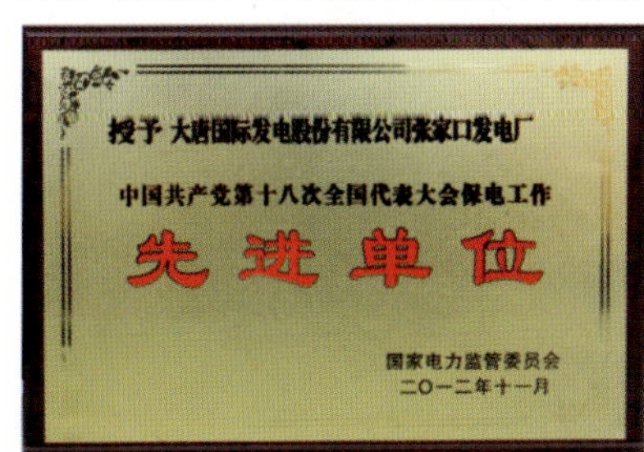

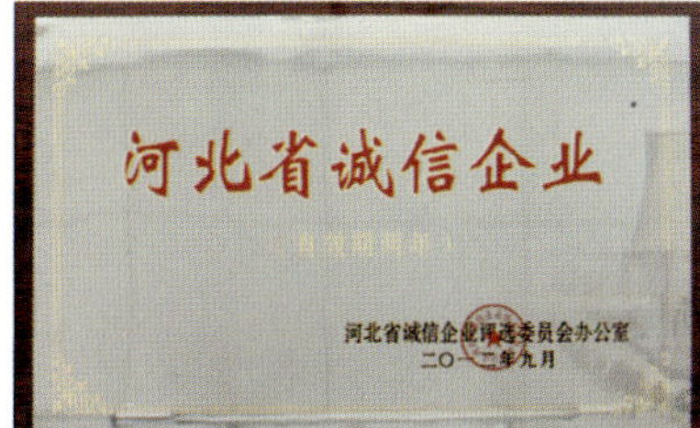

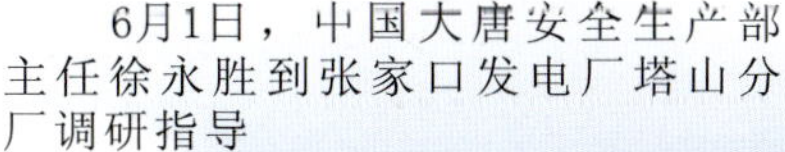

6月1日，中国大唐安全生产部主任徐永胜到张家口发电厂塔山分厂调研指导

4月20～24日，大唐国际2012年继电保护专业知识和技能竞赛在张家口发电厂举行

中国石油化工股份有限公司张家口石油分公司

副省长到南站油库调研

副市长郑丽荣到加油站调研

河北张家口石油分公司作为中国石油化工股份有限公司地市级分支机构，主要经营汽油、柴油、煤油、润滑油等石化产品及便利店商品。公司现设有6个职能科室和4个专业机构；拥有总库容量4.2万立方米、铁路专用线1100米的在营油库1座；下设15个零售县（区）分公司，在营加油站及农村网点100多座，遍布市区、县城、国省道、高速公路等重要位置，网络布局日趋优化完善；拥有先进的B级油品化验室一个，可24小时进行汽、煤、柴、润四大类成品油的39项指标进行精准化验，确保张家口全区中石化系统内所售商品全部符合国家相关标准。

近年来，面对成品油市场复杂多变的形势，张家口石油分公司深入贯彻市委十届二次全会暨全市经济工作会议精神，发挥成品油供应主导作用，加强资源组织，特别在重点工程、春耕、秋收农业生产用油和防洪、抗旱、抢险、赈灾等公益事业方面的用油中全力以赴做好供应，市场保供能力进一步提升；以“为人民服务创先争优”活动为主线，充分调动员工积极性，提升现场服务水平，丰富便利店商品种类，完善便民服务功能，努力将加油站打造成为“汽车生活的驿站”，服务质量持续加强；强化基础管理，加大加油站形象改造投入，认真践行“每一点油都是承诺”，企业品牌形象进一步彰显，企业保持了科学平稳发展的良好势头。

坝上草原易捷便利店

坝上草原加油站

斯比克冷却技术（张家口）有限公司

单排管式空冷管束翅片管钎焊生产线

秦岭电厂空冷器安装现场

2012年是企业重组、调整结构、完善管理、拼搏奋进的一年。公司根据生产发展需要，合理调整集团内部生产布局，增强整体竞争实力，启动了单排翅片管制管生产线技改项目。该项目投资总额662万元，利用现有厂房进行改造，安装1套德国产全自动可控气氛连续式钎焊炉成套设备、2套英国产高速翅片机，主要技术有波纹状铝合金矩形翅片轧制技术、全自动连续式氮气氛保护可控气氛翅片钎焊技术、翅片管表面喷铝防腐处理技术。该项目建设期为5个月，到2012年末完成了生产线空载和联动试车。项目投运后，新增单排翅片管生产能力87万米/年，折0.25毫米厚翅片单排翅片管6612吨、或0.30毫米厚翅片单排翅片管7482吨。它的建成将进一步巩固公司在国内外电厂空冷设备制造领域规模最大供应商的市场地位。

2012年，公司重点进行了RAFT圆管铝翅片管束开发。该管束属于全铝福哥7型间接空冷系统，在吸收该产品现有优势的基础上，在产品设计上和制造装备上进行了改进和创新，使产品具有本企业独有特性，使装备具有高起点特质，其技术成熟度具备申报自主知识产权的条件。

2012年，公司先后通过河北省高新技术企业复审，被省工信厅列为河北省100家优势企业，获省工信厅科技对标示范企业称号，连续五年位列河北省重点行业（通用设备制造业）排头兵企业，获省电厂空冷设备技术中心认定，被工信部列为第一批工业企业问卷调查试点企业。

新产品MCT多通道管束

新产品RAFT铝翅片管束

新产品新概念多三角管束

张家口市公共交通总公司

1月21日，张家口市人大常委会主任曹英忠一行在交通运输局领导的陪同下，到公交公司慰问奉献在运营一线的公交职工

11月13日，市长侯亮、副市长李雪荣在市发改委、交通运输局、市政公用局、市住建局、市财政局、市规划局等相关领导的陪同下，到张家口公交调研

2012年陆续建设景观性候车厅65座，分布在市区各公交站点

2月18日，张家口市首批天然气公交车投入运营启动仪式，市委书记王晓东、市委秘书长王江、副市长李雪荣、市政府副秘书长甄桂星，市财政局、规划局、公安局、公用局、人社局等单位的领导参加仪式

4月18日，32路公交线路正式延伸至南天门，线路延长4.2千米，线路新设6个站位

12月12日，公交总公司召开第十六届乘客代表暨行风评议座谈会，20多名乘客代表、行评员及总公司中层正职以上干部参加会议

31路668号车组驾驶员李素青，被评为2011年度张家口十大新闻暨“藏在民间的感动”十大新闻人物之一

张家口市公共交通总公司始建于1948年，现隶属于张家口市交通运输局，是社会公益性的城市公共交通企业。截至2012年年末，公司共有职工1411人，营运车辆567部，营运线路27条。全年营运收入8050万元，年客运量1亿人（次），年营运里程2205万千米。

2012年，张家口市公交总公司以更新车辆和优化线网为切入点，以规范企业内部管理为突破口，把提高服务水平作为落脚点，公司内部管理建立健全了目标考核体系，实行定额管理，完善规章制度，增收降耗工作成效显著。新购天然气公交车辆91部，实现全市清洁能源公交车历史上“零”的突破。新开36路支线，新开35路延伸至西豪丽景小区，开通32路至南天门，12路延伸至二医院新址，建设公交景观性候车亭60座。

落实公交优先，实现公交优秀，是时代赋予公交人的光荣使命。张家口市公交总公司将进一步解放思想，开拓创新，以高度的政治责任感，良好的精神状态，扎实的工作作风，深入实践科学发展观，推进公交企业科学持续发展，为广大人民群众和城市经济、社会发展提供安全、方便、快捷、舒适、经济的城市公共交通服务。

张家口演艺集团

董事长 左艳林

2月8日，市委书记王晓东在市委宣传部长赵占华等领导陪同下到口梆子艺术传承基地调研

张家口演艺集团于2010年由原张家口市口梆子艺术剧院、张家口市艺术团资源整合、人员重组后组建，集团公司包括1个母公司，即张家口市龙盛演艺集团有限公司，下属3个子公司，分别为张家口市口梆子卓盛演艺有限公司、张家口市艺铭歌舞演艺有限公司、张家口市新艺苑演艺有限公司。演艺集团公司设董事会、监事会、经理部及相应职能部门。

集团云集了一批享有盛誉的艺术家和优秀演员，演出足迹遍及张家口城乡及晋、冀、内蒙古广大地区，曾五次晋京汇报演出。

集团创作演出的《龙城二娇》、《太阿剑》、《梳妆楼》、《天漠滩》、《www.喜顺.com》、《天使情怀》、《还钱》、《魅力家园》、《合符釜山》、《少年董存瑞》等剧目分别获得国家文华新剧目奖、中国人口文化奖、全国首届农民文艺会演“银穗奖”、河北省五个一工程奖和文艺振兴奖、省政府精品剧目奖、省戏剧节剧目一等奖和省戏剧百花奖优秀剧目奖等多项大奖，被国家人事部、文化部授予“全国文化工作先进集体”荣誉称号。

5月，中央政治局常委刘云山到张家口调研，集团承办了专场汇报演出，图为刘云山亲切会见演职员

《少年董存瑞》获第九届河北省戏剧节优秀剧目奖，并于11月28日赴省会参加优秀剧目展演首场演出，图为省、市有关部门领导与演职员合影

集团承办的张家口市2012年军民春节联欢晚会，图为市委书记王晓东等市领导与全体演职员合影留念

张家口市福利彩票发行管理中心

8月22日，第十一届“福彩献真情，爱心助学子”资助仪式

4月24日，召开“张家口市福利彩票营销培训会”，全市投注站点及中心全部工作人员参加培训

10月15日，由市福彩中心举办的“河北民俗——蔚县剪纸”即开型彩票首发仪式在蔚县举办

7月10日，市首家“福利彩票服务中心”在怀安县正式运营

张家口市福利彩票发行管理中心隶属张家口市民政局，从1987年成立至今，秉承“扶老、助残、救孤、济困、赈灾”的发行宗旨，坚持“公开、公平、公正、公信”的发行原则，目前已经形成了健康有序的彩票市场。销售点个数由最初的100多个增加到1200多个，其中电脑票投注站396个，中福在线销售大厅3家，刮刮乐销售点450多个，从业人员3000人。

上市票种不断丰富，主要有两大类：电脑票包括双色球、快乐3、3D、七乐彩、20选5、好运彩、排列5、排列7，即开票包括刮刮乐、中福在线、开乐彩。福彩销售量由2002年的2200万元跃升到2012年的2.42亿元，“十一五“期间发行量达到6.18亿元，筹集公益金2.16亿元。

多年来，共资助建设敬老院62所，并分别资助兴建、改建和扩建儿童福利院、老年公寓、社会福利院、救助管理站、精神病院和社区老年之家。2002～2012年，福彩中心连续11年举办“福彩献真情，爱心助学子”的活动，共投入福彩公益金335万元，资助贫困大学生1093名，还开展了“星光计划”、“蓝天计划”、“明天计划”等多项社会公益活动。2012年3月，被人力资源和社会保障部、民政部授予“全国民政系统先进集体”荣誉称号；2012年6月，被民政部评为全国民政系统窗口单位为民服务创先争优活动“优秀服务品牌”。

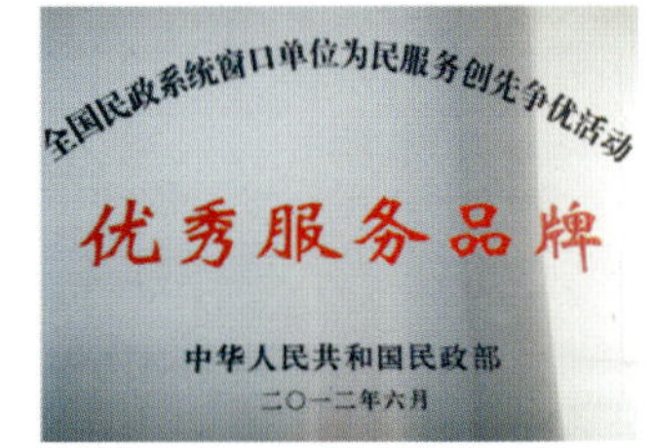

张家口市福利彩票发行管理中心

张家口市爱心“豆宝宝”饮食有限公司

总经理米伟英在河北省“创业改变命运”典型事迹巡回报告会上发言

总经理米伟英参加全国“三八”红旗手（集体）表彰大会

张家口市爱心“豆宝宝”饮食有限公司是由下岗女工米伟英艰辛创业，在下岗工人早餐队基础上，于2003年12月18日正式启动成立的。公司90%以上的职工是下岗人员和农民工。

多年来，公司从内部管理入手，严格规章制度，早餐快餐品种已经从过去单一的豆制品发展到了蒸、煮、烤、炸、饮品等八大系列100多个品种，由过去的3个销售点发展到100多个网点，厂房面积由100平方米发展到4000多平方米，先后安置下岗失业人员数百人。

在各级政府的关心帮助下，爱心“豆宝宝”已经被市妇女联合会、市商务局、市人力资源和社会保障局、市总工会、市工信局打造成为张家口市惠民蔬菜、健康早餐民心工程示范单位。米伟英先后荣获了全国再就业先进个人、省劳动模范、省“三八”红旗手、十大女杰、十大新闻人物、中国银行业协会（花期集团）微型创业奖一等奖、巾帼建功标兵、巾帼建功明星、全国“三八”红旗手等荣誉称号，是张家口市第十二届、十三届人大代表。

商务部党委常务副书记李荣民到爱心“豆宝宝”惠民蔬菜售货亭现场调研

8月16日，河北省委常委、副省长聂辰席、市委书记王晓东、市长侯亮一行到惠委民蔬菜售货亭调研

河北省商务厅副厅长王梅英到爱心“豆宝宝”饮食有限公司生产车间调研

春节前夕，市委书记王晓东、市长侯亮、副市长郑丽荣到惠民蔬菜售货亭慰问

荣誉奖牌

张家口市第十三届代表大会第一次会议桥西代表团合影留念

ICBC 中国工商银行张家口分行

工行张家口分行行长杨力民（右二）陪同省银监局领导实地调研宣钢集团

工行张家口分行行长杨力民（右二）陪同工行河北省分行副行长史立军（右三）实地调研张矿集团

工行张家口分行召开四届五次职代会暨行长工作会议，该行行级领导为“先进集体”和“先进工作者”获奖者进行了现场颁奖

工行张家口分行成立全市首家贵金属旗舰店

工行张家口分行开展打击防范经济犯罪宣传活动

工行参加维护金融消费者权益宣传活动

工行张家口赤城支行隆重开业

工行张家口分行开展维护消费者权益宣传活动

中国工商银行张家口分行现有营业网点51个，在职员工1470人。业务范围已扩展为本外币、资产融资、理财业务、电子银行、自助银行等多元化服务领域。

近年来，工行张家口分行积极践行“提供卓越金融服务”企业使命，围绕张家口市打造强市名城发展目标，坚持以支持地方经济和社会建设为己任，解放思想，创新发展，全力支持装备制造、基础建设、新能源、文化卫生产业、现代服务业等行业，加大对中小企业、城市化建设和“三农”的信贷支持力度，倾力支持地方经济建设。2012年，累计发放各类贷款89.44亿元，其中签约项目贷

工行张家口分行参加全市百强企业图片展

工行张家口分行积极响应“千个支部结对，万名干部帮扶”活动，图为12月22日，该行深入社区开展结对帮扶活动

工行张家口分行关注民生工程，积极做好保障性住房信贷投放支持工作，图为该行全力支持的老鸦庄“棚户区”改造项目

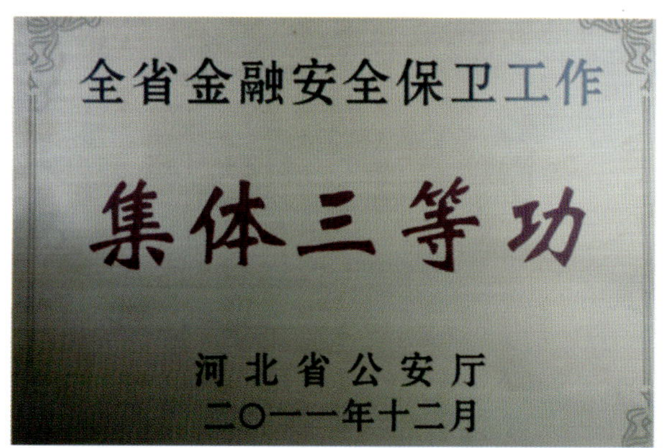
全省金融安全保卫工作

集体三等功

河北省公安厅

二〇一一年十二月

工行张家口分行被省公安厅授予“全省金融安全保卫工作集体三等功”荣誉称号

款实现投放57.12亿元，签约贷款完成率为104%；实现拨备前利润6.44亿元。被市政府授予金融系统支持地方经济发展贡献突出单位荣誉称号，被省行授予“经营绩效进步先进单位”；在全国288个二级分行经营绩效和业务发展考评中，首次跨入全国“二级分行综合排名进步前30强”。

以市场为目标，以客户为中心，努力打造“第一零售银行”。近年来，累计投入资金数千万元，对营业网点进行装修改造、优化布局，建成财富管理中心2家、贵宾理财中心13家、标准化理财网点25家，新建离行式自助银行并投入运营13个；布放ATM、自助终端、银行通、POS机等设备1600余台，为客户提供24小时查询、转账、存取款等金融服务。积极打造网上银行、电话银行、手机银行等服务新渠道，开办网银办理定期存款、网银缴纳电费等业务，新推牡丹住房公积金联名卡、建工卡等服务介质，服务渠道进一步丰富。

积极参与全市“基层建设年”、送温暖献爱心、捐资助学等活动，近年来共投入帮扶资金50余万元，连续两年荣获市“百强企业”称号，连续多年荣获“省级文明单位”，连续15年实现安全运营，被省公安厅授予“全省金融安全保卫工作集体三等功”荣誉称号。

今后，工商银行将进一步加快改革发展和业务创新步伐，努力为“强市名城”建设做出更大的贡献。

中国建设银行股份有限公司张家口分行

建行张家口分行领导班子

与赤城县人民政府签订战略性合作暨“助保贷”协议签约仪式

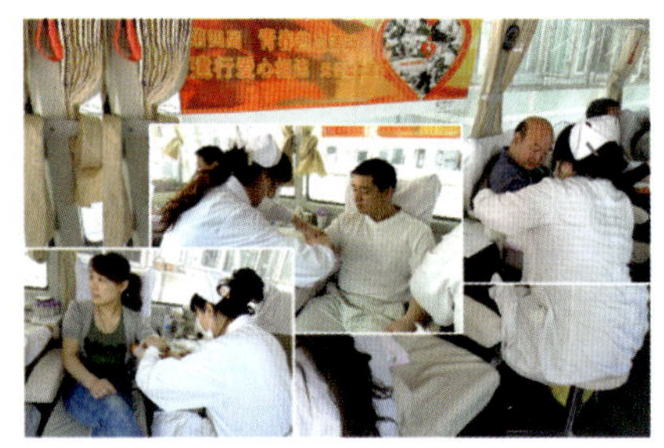

举办第四届“青春热血涌动，建行爱心相连”大型献血活动，4届活动累计献血超过10万毫升，被卫生部、中国红十字会总会授予无偿献血促进奖

2009年以来，在全市民主评议行风活动中，连续4年取得四大银行第一名的良好成绩，图为召开民主评议中层干部大会

与解放军第二五一医院联合启动“银医一卡通”项目

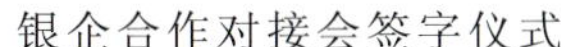
银企合作对接会签字仪式

每年"七一"组织慰问活动。图为第二支部和怀来建行支部，赴怀来县桑园镇果园村慰问老干部、老军人和贫困户

省分行副行长周小知一行慰问张家口分行特困员工和离退休干部代表

从改革大潮中逐步成长起来的中国建设银行股份有限公司张家口分行，多年来，在市委、市政府的领导和大力支持下，深入倡导和执行"中国建设银行，建设现代生活"的建设银行理念，积极投入到张家口市经济发展的大潮中，通过全行上下共同拼搏，迅速成长为一家业务品种多样、服务功能全面、服务手段先进、资产质量良好、经营效益显著，品牌、形象优良的股份制商业银行机构。

建行公司业务以中长期信贷、项目管理、项目评估、工程审价等传统优势业务为核心，服务范围扩展到结算业务、代理业务、咨询业务、额度授信业务等多个领域，可为企业生产、建设、发展提供全方位的金融服务。建行个人金融业务以现代化的网络技术、个性化的产品和人性化的服务为依托，为全市居民提供了方便快捷的服务。2012年，累计投放贷款65.6亿元，重点支持了全市铁路、电力、教育卫生、基础设施等一大批省、市重点项目以及个人贷款需要；存款新增37亿元，存、贷款余额在当地同业名列前茅。积极倡导履行企业社会公民义务，组织职工进行抗震救灾捐款捐物、"金秋助学"等一系列社会公益捐赠活动，社会形象显著提升。2009年以来，在市民主评议行风工作中，连续4年取得四大银行第一名的良好成绩。

伴随着全市经济日新月异的发展，建设银行张家口分行将一如继往地秉承"不断创新、追求卓越"的企业精神，开创山城美好明天！

张家口建行支持东外环路建设

中国银行张家口分行

行长　刘文广

3月22日，市长侯亮代表政府与中国银行河北省分行行长杨红光在2012年张家口金融经济发展高层恳谈会签约仪式上签约

2012年，中国银行张家口分行围绕“员工利益和张家口分行可持续发展”的核心价值观，持续推进发展观念、发展模式、发展方法上的三个转变，强化存款、客户、产品、服务四大支撑，狠抓项目建设、渠道建设、内控建设、队伍建设、机制建设五项重点工作，全面完成各项主要业务指标，全年安全生产无事故。年末，全行人民币各项存款（不含理财）余额达到230亿元，新增40亿元；人民币各项贷款余额为210.5亿元，新增18.2亿元；累计实现净收入10.26亿元，实现净利润5.17亿元。

在业绩增长的同时，中国银行张家口分行始终以服务民生为己任。在支持企业发展、个人购房、购车、经营的基础上，与市社保局合作推出“医达通”项目，方便广大市民便捷就医，并以“新农保”业务为平台，发放农保卡12.4万张，创新助农支付模式，借助农村超市、药店等提供助农支付服务，形成惠农、便农的金融服务圈。

2012年，中国银行张家口分行先后荣获市“支持地方经济发展贡献突出单位”、“消费维权先进单位”、“文明单位”、“驻蔚县郑家窑村优秀驻村工作组”等荣誉称号。

展望未来，中国银行张家口分行将秉承中国银行“追求卓越”的核心价值观和“诚信、绩效、责任、创新、和谐”的企业文化，发扬“严谨、细致、务实、协作、高效”的企业作风和“同舟共济、永不言败”的企业精神，依托一流的机构、成熟的产品和丰富的经验，为客户提供全方位、高品质的银行服务，与广大客户携手共创美好未来。

中国银行张家口分行与河北北方学院第一附属医院签订“医达通”项目合作协议

为提高服务质量，中国银行张家口分行举办服务礼仪培训班，对全辖一线员工进行培训

中国银行张家口分行向一线交警表达敬意与问候

为提高服务效率，中国银行张家口分行举行点钞技能比赛

中国银行张家口分行温馨整洁的贵宾室

中国银行张家口分行积极支持风能新能源的开发利用，图为坝上风力发电项目

中国农业银行张家口分行

开展“助小微、强服务、防风险、惠民生”宣传活动，设立小微企业金融服务咨询台等方式，向客户介绍小微企业金融产品

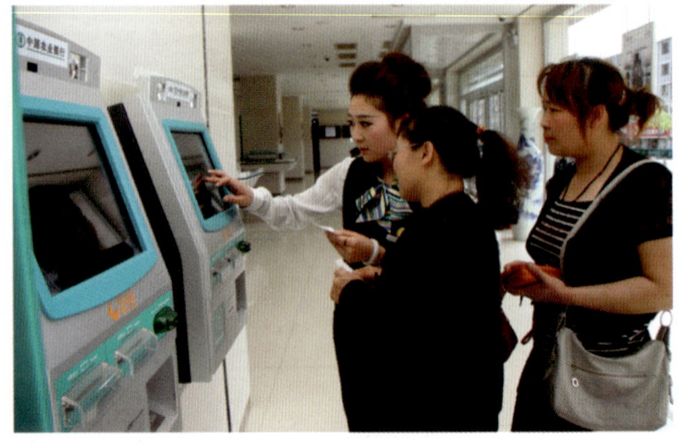
把优质服务作为长期性工作来抓，把优质服务与员工行为规范、企业文化、严格管理相结合，通过优质服务提升形象，赢得客户，图为大堂经理引导客户办理业务场景

6月10日，举办“农行杯”社区文化节

组织开展全辖宣传活动宣传金融产品，现场解答咨询

2012年，分行落实总行、省行工作部署，围绕全市经济发展目标，强化基础管理，促进业务转型，推动各项工作良好发展。截至年末，各项存款余额185.44亿元，同比增加20.74亿元；贷款余额88.03亿元；实现中间业务收入1.01亿元；实现拨备后利润3.16亿元。

支持重点项目建设。全年支持全市钢铁、机械制造、电力、能源、城市基础设施建设等14个项目，共投放贷款37.35亿元。以城镇面貌“三年大变样”为抓手，以主城区和各县县城为重点，围绕张家口市“东企西扩”、“南资北移”的发展趋势，投放贷款1.15亿元，有效地承接产业转移，推动经济转型升级。

服务县域经济。一是成立“三农”金融分部，增强县域支行经营活力，提高“三农”金融服务水平。二是做好县域中小企业的信贷支持、“三农”特色产品的推广工作，县域小企业贷款增势强劲。三是积极研究县域城镇化建设项目，有选择地进行基础设施建设、便民工程、配套设施建设等城镇化建设项目的信贷尝试，拓展“三农”业务新领域助推中小企业发展。

提升网点服务质量。对全辖32个网点进行装修改造。以项目管理的方式，针对岗位清分、人员配置、绩效管理、前后台流程、网点文化等内容，遵循“一点一策”的原则，开展网点“软转型”落地导入，实现“网点分类、功能分区、业务分流、客户分层、产品分销”的目标，增强网点服务营销能力和核心竞争力。

提高风险管控能力。一是强化内控合规管理。组织“合规经营，从我做起”专题教育活动，以学习培训、案例教育等形式引导员工养成合规习惯。制定《检查实施方案》，对检查发现的问题全部整改到位。二是强化信贷管理。做好信贷审查、贷后管理，将平台融资贷款、房地产、小额农户贷款、中小企业贷款等重点领域作为风险防范的重点，严格客户准入和退出机制。三是推进运营集约化管理。稳步推进运营监控中心、集中授权中心和作业清算中心建设，加快支行金库与网点库的撤并进程，对所有县级金库实行标准化管理。四是抓好案件防控。实现全年没有发生重大经济案件、刑事案件、责任事故和声誉风险事件。

农行张家口分行积极开展“绿色信贷”业务，图为农行蔚县支行信贷工作人员深入企业了解安全生产的情景

员工参加拓展训练

农业银行张家口分行加大信贷投放力度，积极支持县域中小企业发展，图为该行工作人员深入企业开展调研的情景

中国邮政储蓄银行张家口市分行

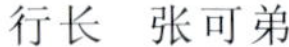
行长　张可弟

4月1日，行长张可第到基层调研

中国邮政储蓄银行张家口市分行自成立以来，在市委、市政府和上级行的正确领导下，坚持“团结、和谐、奋进、高效”的企业精神，克服困难，采取措施，加快发展，加强建设，提升服务，促进金融事业蓬勃发展，为张家口市经济腾飞助力添翼。

网络能力显著增强。邮政储蓄服务的营业网点达到110个，其中有近86.36%的网点分布在县及县以下地区，成为沟通城乡居民个人结算的主渠道。

业务品种逐步丰富。在不断丰富个人储蓄和代理业务的同时，及时推出用户方便快捷、科技含量高的卡类、公司、个人信贷等与百姓密切相关的业务。现已形成以本外币储蓄存款为主要项目的负债业务；以国内国际汇兑、转账业务、银行卡、代理保险、代理国债、代收代付业务、代销基金理财产品为主的中间业务；以银行间债券市场业务、银团贷款业务、零售信贷为主的资产业务。至2012年末，各项存款余额为101.4亿元，同比增加174.16亿元，增幅20.37%；各项贷款余额为12.55亿元，同比增加3.21亿元，增幅34.36%。

风险防控不断加深。通过量化考核促进各级机构和员工遵章守纪、依法合规经营，促进内控和案防工作有效进行，连续五年实现了零案件；安防工作连续5年被省公安厅授予“金融安全保卫工作先进集体”。

技能大赛现场

第二届小微企业金融服务宣传月活动

普及金融知识万里行活动

高端客户理财推介会

组织职工开展丰富多彩的活动

 张家口市农村信用社

办公大楼

张家口市农村信用社是经银行业监管机构批准设立,由社区内的自然人、企业法人和其他经济组织入股组成的社区性地方金融机构，历经50多年的发展，目前已成为全市资产规模最大、资金实力雄厚、网点覆盖广泛、支农力度最大的金融机构。

2005年6月，河北省农村信用社联合社挂牌成立，2005年11月,河北省农村信用社联合社张家口办事处正式成立，代表省联社履行对全市农村信用社的管理职能。全市营业网点共计408个，其中县级联社16家，信用社226个，分社91个，储蓄所75个，营业网点遍布各乡（镇），拥有员工3960人。2013年6月末，各项存款余额441.50亿元，较年初增加44.80亿元；各项贷款余额294.37亿元，较年初增加22.97亿元。

张家口市农村信用社以“立足三农、服务社区、促进地方经济发展”为己任，大胆创新，努力改善信贷环境，提高服务水平，壮大资金实力，提高信贷质量。为全市广大农户、农村经济组织、企事业客户提供存款、贷款、结算、代收代付等优质便捷的金融服务。在地方政府的大力支持下，在规模、质量、效益等各个方面都取得了明显的提高和较快的发展。

信用社现场为农民办理业务

信用社现场为农民办理贷款业务

办事处主任刘强到帮扶村调研

2011年9月24日，省联社理事长王文进到张家口调研

办事处主任刘强到农民大棚调研

於家梁村为万全联社赠送锦旗

办事处一行到外地学习先进经验

信用社员工为农民讲解识别真假币知识

张家口市商业银行

2012年，张家口市商业银行在市委、市政府的领导下，在监管部门的有效监管下，在社会各界的支持帮助下，以支持地方经济发展为己任，以素质提升和管理提升为载体，抢抓机遇，改革创新，完善机制，提升管理，实现了健康持续发展。截至12月末，全行各项存款余额336.7亿元，较年初增加63.7亿元，增幅23.3%，其中对公存款136.9亿元，储蓄存款199.8亿元。各项贷款余额187. 4亿元，比年初增加37.6亿元，增幅达25.1%。

大力提升金融服务能力。阳原、沽源、尚义3家支行相继开业，实现张家口县域网点全覆盖，扩大了服务半径。对部分营业网点进行统一改造提升，合理进行功能分区，并探索“零等候”服务模式，即通过增设自助设备、配备大堂经理、实行弹性工作制等措施，逐步实现营业大厅客户办理业务零等候。完善电子银行服务，加大投入力度，上线开通网上银行、电话银行、手机银行等现代支付手段，提升科技化、现代化、便捷化服务水平。

全力打造专业化团队。一是强化文化熏陶。进一步升华以“幸福”为主题的企业文化，通过刊发文化读本、幸福内刊，召开素质提升会等活动，使企业文化成为每名员工的行动指南，提高竞争

张家口市商业银行：
荣获2012中国金融机构金牌榜——
年度最佳风控中小银行

再次荣获由金融时报社和社科院金融研究所联合评选的2012中国金融机构金牌榜“年度最佳风控中小银行”奖项

二〇一二年度支持地方经济发展
贡献突出单位
张家口市人民政府
二〇一三年六月

荣获全市“2012年度支持地方经济发展贡献突出单位”称号

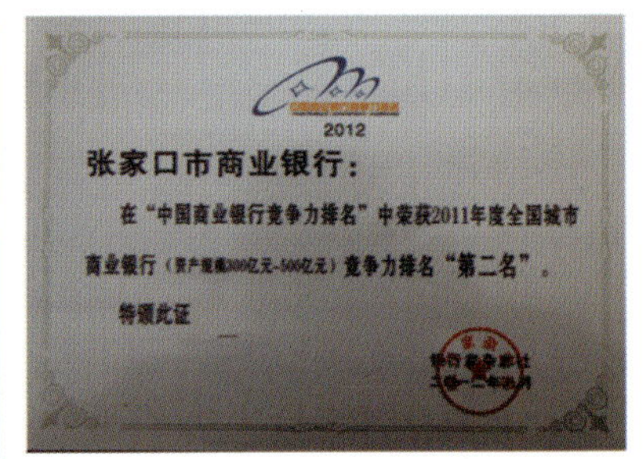
2012
张家口市商业银行：
在“中国商业银行竞争力排名”中荣获2011年度全国城市商业银行（资产规模300亿元-500亿元）竞争力排名“第二名”。
特颁此证

在《银行家》杂志评选的2011年全国资产规模300～500亿元城市商业银行综合竞争力排名中位列第二

举行“商行与我……”主题演讲比赛

8月21日，市商业银行在万全县举办“心系万全，共创幸福”消夏文艺晚会，图为该行员工表演礼仪操

张家口市商业银行支持国储液化天然气项目建设

为城乡居民提供便捷优质的金融服务

张家口市商业银行支持农业产业化发展，图为该行支持的雪川农业项目

荣获中国金融网和中国金融研究院联合评选的“2012年度中国城市金口碑服务银行”称号

张家口市商业银行支持旅游产业发展，图为该行支持的万龙滑雪场

软实力。二是提升专业素质。按照“知行合一”的培养宗旨，建立人才培养流水线，根据工作需要培养不同类型的人才。三是建立员工多层级成长上升通道，有效调动了员工积极性和创造性。

积极支持地方经济建设。认真贯彻政府和监管部门关于加大对中小企业特别是实体经济支持力度的政策精神，通过创新服务模式破解担保难，丰富信贷产品解决融资难，优化审批流程解决效率慢等措施，努力为中小企业提供便捷全面的服务。全年小微企业贷款余额90.55亿元，涉农贷款余额77.15亿元，均实现监管要求的“两个不低于”目标。充分发挥机制灵活、服务高效等优势，为市重点项目建设提供15.1亿元信贷支持，为地方经济发展做出积极贡献。

交通银行张家口分行

党委书记、行长　谢宗民

交通银行自1908年成立以来，作为百年民族金融品牌的传承者和中国银行业改革的践行者，始终秉承“诚信永恒，稳健致远”的经营理念，是一家发展战略明确、经营管理先进、金融服务优质的国有大型股份制商业银行。交通银行张家口分行是交通银行为完善河北省网点布局、提升对张家口经济金融的服务能力而设立的一家省辖分行。

交通银行张家口分行于2012年6月15日正式获银监会批准筹建（银监复〔2012〕292号），经过6个月的筹建，于2012年12月18日开始正式对外营业。分行内设5个部门，在职员工50人,其中35周岁以下占比70%；具有大学本科学历以上的员工占比95%,人员结构合理、业务素质高。分行营业办公大楼位于张家口市胜利中路215号。

开业以来的交通银行张家口分行，已形成产品覆盖全面、科技手段先进的业务体系，拥有“太平洋卡”、“沃德财富”、“蕴通财富”、“展业通”、“圆梦贷”等一批在金融业享有盛誉的品牌产品。通过传统网点服务和现代化电子渠道的有机结合，为全市客户在公司金融、私人金融、国际金融和中间业务等领域提供了全面周到的专业化服务，也为张家口经济建设提供了有力的金融支撑。

12月18日，交通银行张家口分行正式对外营业

营业大厅

贵宾区

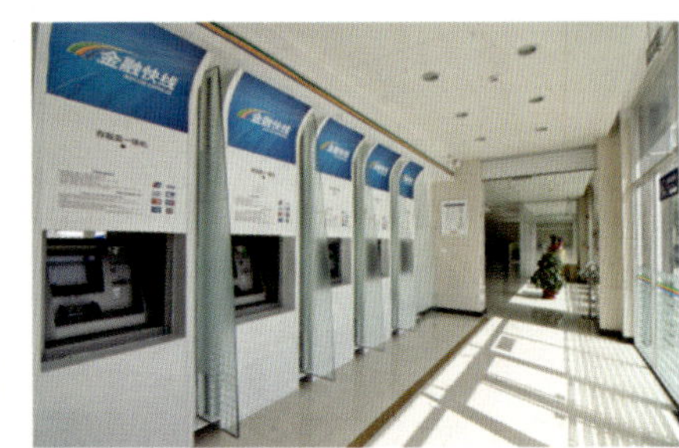

自助区

常务副市长何江海为交通银行张家口分行揭牌

办公大楼

中国电信张家口分公司

7月5日，副市长李雪荣到电信公司调研

8月31日，张家口电信公司到北方学院营销

12月14日，iphone 5首发仪式

张家口电信公司是张家口市重要的通信运营商，依托中国电信拥有国家长途干线光缆70%的资源优势，在张家口行政区域内开展基于固定电信网络的话音、数据、图像及多媒体通信与信息服务；基于CDMA2000移动通信网络的话音、短信、数据、无线宽带、移动办公及多媒体通信,是一家大型综合信息服务提供商。中国电信拥有“我的e家”、“商务领航”、“天翼”三大业务品牌。2012年，张家口电信公司分别获得市级、省级“文明单位”荣誉称号，被河北省质量促进会评为“河北省服务质量优秀单位”，被河北省工商行政管理学会评为“2012年度重质量守信誉单位”。

2012年,移动业务用户规模日益扩大，收入实现翻番；与河北北方学院签订的“数字化校园协议”，凭中国电信CDMA手机除可以通话上网外，还可以实现刷卡消费、借阅图书等实用功能。2012年，新增3G基站151个。截至年末，张家口本地网基站达774个，其中3G基站达735个，3G网络高速公路覆盖率为93.80%，国道覆盖率为87.35%。

2012年7月，张家口新营业楼建成，这是张家口电信公司加快综合信息服务发展的良好开端，为更好地服务于广大用户提供更优质的平台。

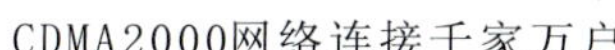

CDMA2000网络连接千家万户

营业人员

乒乓球比赛

PICC 中国人民财产保险股份有限公司 PICC PROPERTY AND CASUSLTY COMPANY LIMITED 张家口市分公司

2013年3月12日，举行全市国有林场林木保险签单仪式

2013年4月8日，张承高速公路工程险签单仪式

"12•2"交通安全日，人保财险安全伴我行活动启动仪式

中国人保客户节理赔服务承诺宣誓

中国人民财产保险股份有限公司是经国务院同意、中国保监会批准，于2003年7月由中国人民保险集团公司发起设立的，注册资本112亿元。

中国人民财产保险股份有限公司张家口市分公司成立至今已走过了31载不平凡的发展历程，服务网络遍布全市4区13县，业务覆盖社会生活的各个领域，开办有各类财产保险、机动车辆保险、货物运输保险、工程保险、责任保险、人身意外险和政策性农业保险等在内的16大类近500个险种。

31年来累计承担各类风险责任超过11000亿元，累计处理各类赔案32万多件，共向逾200万个遭受自然灾害或意外事故的单位和个人支付赔款逾20亿元。特别是参与保障全市实施"三年大变样"城建工程方面，先后为各项在建工程提供各类风险保障逾20亿元。

2011年，全年实现保费收入6.67亿元，累计承保风险额1169亿元，支付各类赔款2.82亿元。连续9年获得优秀单位称号，被市工商局评为"守合同重信用企业"，被市消费者协会评为"二〇一一年度消费维权先进单位"，连续四年被市政府评为"金融机构支持地方经济发展贡献突出单位"。

建党91周年入党宣誓活动

中国人寿保险张家口分公司

总经理　徐国林

8月8日，公司召开业务发展会议

柜面服务

员工参加业务培训

7月12日，公司举办第一届员工运动会

中国人寿保险（集团）公司及其子公司构成了国家最大的商业保险集团，是中国资本市场最大的机构投资者之一；其前身是1949年成立的中国人民保险公司。这艘拥有60多年风雨历程的寿险航母连续11年入选财富世界500强，总资产直逼20000亿元人民币大关，一直雄踞境内寿险市场主导地位。

中国人寿保险股份有限公司张家口分公司是其第三级分支机构，市公司本部共设综合管理、人力资源、监察、财务会计、教育培训、客户服务、个险销售、团险业务、银行保险等9个部门和1个临街营业大厅。全市各区（县）都设有分支机构，共有展业单位18家，销售人力3000余人。

多年来，国寿张家口分公司在市委、政府和上级公司的正确领导和亲切关怀下，坚持以科学发展为统领，不断强化队伍建设和业务发展，时刻牢记“成己为人 成人达己”的双成理念；不断践行“创新 拼搏 务实 奉献”的企业精神；深入贯彻“讲正气 讲原则 讲团结 将胸怀 讲大局 讲风格”的六讲作风，坚持走可持续发展之路，为当地经济发展和社会稳定保驾护航。

张家口中惠房地产开发有限公司

香港中惠国际发展(集团)有限公司是在香港注册的，旗下有8家颇具规模的子公司，分布在香港和大陆各地，是一个集电子、贸易、化工、运输、房地产等业务为一体的综合性集团公司。

张家口中惠房地产开发有限公司是香港中惠国际发展（集团）有限公司在河北省张家口市桥西区设立的外商独资公司，注册资金为2000万元（港币），资质等级为四级，主要从事房地产开发与销售。公司下设7个职能部门，共有员工50余名。

2012年，公司针对张家口市桥西区对大境门6号区域进行综合开发。在京澳芬凯斯设计有限公司与北京中铁工建筑工程设计院共同规划设计下，社区由多层、小高层、叠拼别墅、会所、临街商铺、商业大楼及完整公建配置组成，总占地面积15.53公顷，共分3期开发，总建筑面积达30万平方米，可居住人口约5000人，是大规模、高档次的国际化综合社区。

香江名城国际采用了高档建筑面砖、苯扳内保温配置，抵御风蚀、让居家的感觉四季舒适；20年常新不变，对玻璃及塑钢胶条和毛条进行了完全体贴的防风防沙封闭设计尽显开发商细致的人文关怀。门窗全部采用最新工艺、材料打造而成。防盗门均采用国内一线品牌。小区配有全自动对焦摄像头，24小时保安巡逻，楼宇门全部采用彩色对讲机。每栋楼座的一、二层以及顶层、次顶层都配有红外幕帘。整个小区地上地下均设有停车位，业主驾车出入方便快捷。

香江名城国际由资深上市物业公司深振业所带来的港式社区顾问管理服务更将带来全新的生活理念。为使居民有良好的生活场所，保证小区居民人身及财产的安全，中惠地产重资购置了完善的安保设备，在小区建立了行之有效的安防体系。

别出心裁的规划设计，高端的社区建设，热情的服务，香江名城国际以他独有的方式打造出属于张家口的国际化综合社区。

街景效果图

酒店式公寓楼夜景效果图

香江名城楼盘鸟瞰效果图

北京东方阳光房地产开发有限公司

公司组织员工学习党的“十八大”会议精神

北京东方阳光房地产开发有限公司成立于2002年,主要经营房地产开发、销售，自有房屋的物业管理，园林绿化服务等业务。拥有一批高素质的专业人才和管理团队，其中本科以上学历人员占80%以上。公司下设七部二室，即开发部、销售部、财务部、工程部、经管部、物资部、物业部、总工室、综合办公室。

公司在董事长兼总经理李金海的带领下，坚持“优质高效，开拓创新，和谐发展，服务社会”的企业精神，奉行合作共赢的经营理念，注重内部管理和社会效益，紧跟时代的步伐，走出了一条立足自身优势、科学发展、放眼世界的企业成长之路。

2009年，公司在张家口开发建设了京都花园小区一期项目，该项目由北京京澳凯芬斯负责设计，中国水电第二工程局负责施工，选用三菱电梯等先进设备和优质建材，规划建成18层住宅6栋，配套及附属用房7栋，总面积约12万平方米，现已投入使用。小区配套设施齐全，业态丰富，住宅户户朝阳，南北通透，全现浇钢筋砼结构，户型多样，内部空间分隔灵活。设有24小时热水供应；安防中心配备有可视对讲防盗系统，实时进行监控管理。设有火灾自动报警及联动控制系统，采暖采用远程自动计量系统，并在地下建有人防掩蔽所和物质储备库，使业主拥有一个安全舒适的栖身之地。小区综合考虑了人性化需求,最大程度地满足不同消费群体对户型及环境的要求。小区绿化采用庭院式设计理念，突出现代庭院与传统空间意境的交融，景观错落有致，达到了步移景异，引人入胜的景观效果，使住户可尽享大自然的绿色与亲情。

近几年，企业参与了张家口城市“三年大变样”、“增绿添彩”及外环路改造配套等工程，并在2010年被政府评为“宣传文化建设工作先进单位”。开发的楼盘被张家口市评为“百姓满意”的楼盘之一，公司是中国房地产协会会员，世界杰出华商协会理事单位。2012年，对65军干休所进行搬迁改造和京都花园小区二期进行建设。建成后的小区，将是一个总面积20万平方米的温馨家园。

展望未来，面对新的环境，通过京都花园小区二期的建设，把北京的优质资源、创新思路、节能环保理念、特色服务融入到建设过程中，为山城人民提供更多更好的优质产品，为塑造秀美的张家口、实现美丽的中国梦，贡献我们的力量！

京都花园一期效果图

京都花园小区鸟瞰图

京都花园二期夜景效果图

小环球房地产开发有限公司

2010年12月1日，市委书记王晓东到公司开发建设的瑞都超市调研

9月21日，市长侯亮调研参观

董事长 杨晓明

张家口小环球房地产开发有限责任公司，前身为内蒙古小环球房地产开发公司张家口生淼分公司，隶属于内蒙古日报社。2002年9月25日，注册更名为张家口小环球房地产开发有限责任公司，成为具有独立法人资格的二级资质企业。

公司以经济效益和社会效益并重发展为根本宗旨，坚持自主经营、自负盈亏、自我约束、自由发展模式，贯彻以人为本、按章办事管理理念，大力倡导爱岗敬业、遵章守纪、团结向上的团队精神。立足大市场，着眼大发展，强化竞争意识，拓展开发空间，不断创新经营特色，塑造企业形象，努力建设诚实守信，办事高效的新型企业团队。

历经十年拼搏，企业已从单一的房地产开发发展为集房地产开发、融资典当、零售超市、休闲健身、社区物业等多业并举的规模化企业集团，员工也从创业初期的十几个人发展到拥有200多人的卓越团队；企业注册资本金已由300万元，增加到5000万元；开发能力也由每年2万平方米，发展到10万平方米；投资能力由2亿元发展到20亿元；年纳税能力从百万元，增加到千万元以上。

十年前，公司取得河北省廊坊“5•18”经贸洽谈会招商项目，即桥西区蒙古营大街旧城改造工程。历经4年建设，一个以缙骅苑为轴心的社区经济圈迅速形成。2008年5月27日，浅山区综合开发暨“城中村”改造战役正式打响，项目建设规模约100万平方米，概算投资约20亿元人民币。特别是企业以成本价为瓦盆窑村建设的500套新民居，成为全市精神文明示范村。

企业先后被市、区政府分别授予“免检企业”、“市级守信用重合同企业”、“市级劳动关系和谐企业”、“消费维权先进单位”、“帮扶社区建设先进集体”、“增绿添彩先进单位”、“重点工程建设先进单位”、“纳税先进单位”等多种荣誉称号。

追求完美，创造卓越，是环球人永恒的信念。超越自我，勇攀高峰，是环球人无尽的希望。环球人将以更加高昂的斗志，宽广的胸怀拥抱明天，迎接新挑战！以更加扎实的工作，满怀豪情，顽强拼搏，再创新辉煌！

董事长杨晓明陪同省委书记张云川调研新民居示范工程

董事长杨晓明陪同省、市领导到缙骅苑小区调研

董事长杨晓明与联合国非政府组织联盟秘书长哈马德先生合影留念

董事长杨晓明与世界杰出华商协会主席卢俊卿合影

2008年5月27日，举行张家口市桥西区浅山区综合开发项目启动暨城中村改造工程奠基仪式

张家口市鑫盛垣房地产开发有限公司

董事长　樊世明

张家口市鑫盛垣房地产开发有限公司成立于2007年，先期注册资金1000万元人民币。公司拥有员工48人，其中工程技术人员22人，高级职称6人，中级职称12人。先后承建市审计大楼、桥东房管局开发的住宅工程、中房集团开发的住宅工程、东山产业园区工程、平安小区的住房工程等，均创下了很好的业绩。2009年年初，与张家口通泰集团强强联合，以股份制的形式，组成了以鑫盛垣房地产开发有限公司为主的新的项目班子，拉开了张家口市“山中城”重点项目——西豪丽景的建设帷幕。

西豪丽景鸟瞰效果图

西豪丽景小区

西豪丽景音乐喷泉广场

西豪丽景坐落在张家口城市快速路喜欢北侧，八角台风景区脚下，市产业集聚区内。小区交通便利，出行畅通无阻，直达城市及周边的各个角落。秉承人文、环保、时尚的开发理念，打造10万人生活居住的理想家园。

社区总占地约203.23公顷，总建筑面积约244.05万平方米，一期55栋楼已达到交房条件，小区广场中心屹立着巨牛雕塑，象征着力量和勇气，喻意着运气与财富。

古人云“仁者乐山 智者乐水”，依山傍水而居是人们心灵的向往，社区中心3000平方米的音乐喷泉广场遵循亲水、亲绿、亲自然的设计理念，构筑家在公园里，人在风景中的生活情调。

简约而又不失美感的户型经济实用，主卧套房温馨浪漫，空气自由流畅。59平方米到139平方米的8套经典户型充分满足不同的需求。社区物业管理一直遵循热情服务，真情参与，友情合作人性化管理的理念。

西豪丽景建成后将成为整体规模宏大、生态环境良好、配套实施完善、物业管理优良的居住社区，是张家口人民的居住首选地。鑫盛垣房地产公司始终秉承脚踏实地，日益进取、精益求精的工作态度，为张家口人民塑造一座精神之城、样板之城。

西豪丽景音乐喷泉广场夜景

西豪丽景商业一条街夜景

华耐家居集团

全国政协副主席（时任中共河北省委书记）张庆黎与总裁贾锋合影

省领导刘永瑞在王宽、唐树森、袁秀平等陪同下到华耐高新店调研

华耐家居集团是从张家口走向全国的股份制民营企业，始创于1993年5月，业务涉及建材流通、家居广场、商业地产、整体家装、卫浴制造、建材超市、电子商务、金融投资、职业教育、种子研发与市场开发等领域。现已在全国13个省、市拥有60多家分公司、700多家连锁店，员工近6000名，年销售额近30亿元。河北华耐房地产开发有限公司成立后，先后建起3万平方米的华耐家居装饰广场钻石店、5.2万平方米的华耐家居装饰广场高新店和8万多平方米的华耐家居生活广场宣化店，吸纳知名品牌商户千余个，安排就业人员逾5000名；2011年荣获国家工商行政管理总局授予的“诚信示范市场”称号。

20年来，集团始终秉承“诚、信、正、一”的经营理念和推崇“践行商道，反哺社会”的价值观；先后解决了农村剩余劳力、大中专毕业生、下岗待业人员计6万人（次）的就业问题，2006年，集团总裁贾锋被民进中央、共青团中央、教育部、农业部、科技部、劳动社会保障部、国务院扶贫办授予服务农村青年转移就业先进个人，被民进河北省委授予特殊贡献奖；为慈善公益事业捐款捐物计1545万元。集团注册的“河北华耐同心公益基金”（含民进华耐助学金）已闻名省内外。贾锋荣获河北省政府、张家口市政府慈善事业先进个人、张家口市政府职业教育先进个人、张家口市十大经济风云人物等光荣称号；在行业内连续多年荣获销售、服务冠军等。

张家口华耐家居装饰有限公司和华耐立家连锁领导班子成员在高新店研究工作

华耐立家活动现场导购员为顾客介绍产品

华耐家居集团为人民大会堂、中央电视台（上左）、张家口市府大楼（上右）、北方学院、建筑工程学院、新一中等工程供应瓷砖、卫浴

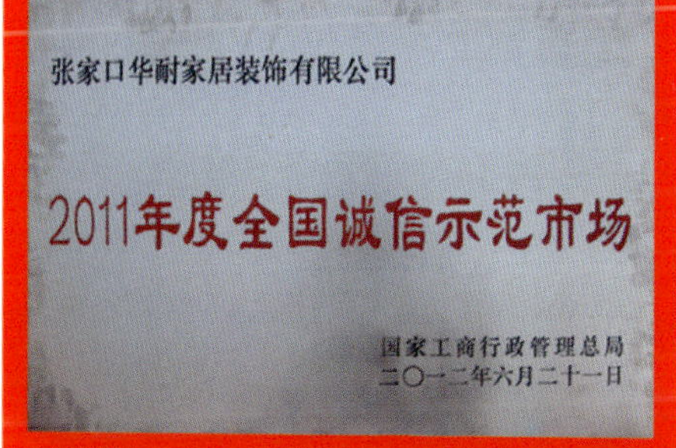

张家口华耐家居装饰有限公司

2011年度全国诚信示范市场

国家工商行政管理总局
二〇一二年六月二十一日

华耐家居装饰广场被工商总局授予『全国诚信示范市场』称号，商户进行诚信宣誓

群众争相购买华耐家居生活广场宣化店商铺

河北华耐同心公益基金会成立暨捐赠仪式于4月8日在省会石家庄举行，省领导田向丽、黄荣、刘永瑞、王刚参加仪式并揭牌

2010年，张家口市民进华耐助学金颁发仪式后总裁贾锋与受助学生合影

鑫盛建筑工程有限公司

2011年承建西泽园丰谷政府安置楼工程

“金鹰花园”小区获“省结构优质工程”奖

“京润现代城”工程建筑面积1.1万平方米

“美东景第”小区一期、二期工程，建筑面积20万平方米

公司承建的“全民健身中心”工程获“省结构优质工程”奖

张家口市鑫盛建筑工程有限公司成立于2000年12月，是房屋建筑工程施工总承包二级企业，注册资本金5517.5万元，从业人员2038人，现有工程技术人员258人，其中高级工程师4人，工程师56人；有一级建造师5人，二级建造师28人。一线生产工人1880人，年施工能力40万平方米以上。

2012年，公司共承揽工程项目68项，工程任务总量8.13亿元，共完成产值5.2亿元，同比增长11%，上交税金1590多万元。公司成立12年来，共完成工程 435 项，建筑面积 287.17万平方米，产值26.90亿元，一次交验合格率100%，优良率达到85%以上。其中创国优工程（银质奖）1项、省优工程（安济杯）8项、市优工程（山城杯）29项，创建省级文明工地10个,合同履约率100%。多项工程被评为省级“用户满意”工程。连续多年获省级“重合同、守信用企业”和“河北省先进施工企业”，市级安全生产、建筑工程质量管理先进单位，2010年获得“河北省五一奖状”。

公司成立以来始终坚持“团结、务实、守信、优质”的企业精神，坚持以质量求生存，靠信誉促发展的经营宗旨，始终以“最好的质量、最快的速度、最合理的造价、最完善的服务”开拓市场，努力打造高端品质，奋力向一流的企业迈进。

张家口雪川农业发展有限公司

董事长　王登社

3月10日，市委书记王晓东到公司调研

CQC
CNAS
GLOBALG.A.P.
CERTIFICATE
According to GLOBALG.A.P. Integrated Farm Assurance
General Regulations Version 3.1_Nov09
Option 1
Zhangjiakou SnowValley Agricultural Development Co., Ltd.
GB/T 20014.2, 3, 5-2008
China Quality Certification Centre

全球认证证书2013年

张家口雪川农业发展有限公司始建于2007年，注册资金5495万元,是一家集马铃薯新品种开发、脱毒苗生产、优质种薯生产、马铃薯产品加工销售为一体的综合性农业集团，现有正式员工380名，下设5个子公司、4个种植基地、2个办事处和1个省级企业研发技术中心，营销网络遍及全国21个省、市、自治区。是世界最大马铃薯育种公司荷兰HZPC公司亚太地区唯一合作伙伴，是农业产业化国家重点龙头企业。公司致力于整合自然、人力和科技资源，通过不断创新，最大程度地挖掘马铃薯的价值，为国人提供优质、健康、安全、丰富、便捷的马铃薯产品。

雪川的脱毒种薯生产体系均采用欧洲的种薯生产技术和标准，经荷兰蔬菜花卉种子检验局（NAK）检测，已达到欧洲同等产品标准；所有农场均使用欧美进口的机械设备，采用现代化、规模化、专业化生产模式，全程标准化生产。

“雪川农业”是国内率先通过了GlobalGAP全球良好农业规范、ISO9000质量管理体系和ISO22000食品安全管理体系三项认证的马铃薯公司。通过了乐购、麦德龙等跨国超市对生产管理及食品安全追溯方面严格的综合评审，成为其优质供应商。“雪川种薯”是河北省著名品牌、“雪川农业”商标被评为河北省著名商标。

速冻薯条生产线

联合收获机

6月4日，荷兰大使来访

张家口市第一中学

河北省副省长龙长伟到校调研

张家口一中校园

校长牛学军在2012年成人仪式上讲话

张家口市第一中学成立于1915年，迄今已经有近百年的历史。在新的历史时期，学校以打造“全国一流教育品牌”为目标，以扩大“质量优势”和“特色优势”为核心，稳步提高学校教育教学质量，全面提高学校办学水平。

学校深化师德建设，着力队伍发展。现有486名专任教师中，特级教师15人，高级教师168人，一级教师199人，具有硕士学位的教师59人，形成了一支以高级教师为学科带头人，中级教师为教学骨干，知识结构合理，老中青相结合的素质较高的教师队伍。2012年高考，一本上线839人，二本上线1820人，李稳健同学以685分的成绩夺得张家口市理科第一名。陈俊芬同学以629分的成绩夺得张家口市文科第二名。

2012年，张家口一中被授予河北省文明单位、张家口市文明单位、全省电教系统先进单位等荣誉称号，分别被评为中学百年名校、全国最具内涵特色学校，并成为西安交通大学优秀生源基地。

张家口市第二中学

11月9日，省教育厅副厅长杨勇（中）就学校校园环境进行调研

市委书记王晓东到学校调研

2013年6月3日，市教育局局长何亚星到学校调研

张家口市第二中学创建于1942年，是一所历史悠久、底蕴丰厚，以艺术办学为主的省级示范性高中。学校占地10公顷，拥有教学班62个，在校学生近3000人，全校教职工324人，专职教师309人，其中特级教师3人，高级教师106人，一级教师134人，国家级骨干教师1人，省级骨干教师8人，市级骨干、名师、学科带头人、希望之星57人。学校先后被评为“全国巾帼文明岗”、“全国现代教育技术示范学校”、“全国学校文化建设研究基地”、“全国最具内涵特色学校”、“河北省文明单位”、“河北省先进基层党组织”、“河北省创新教育实验学校”、“张家口市群众最满意学校”、“张家口市首批德育示范校”、“实绩突出领导班子”、“张家口市教育工作先进单位”、“张家口市普及高中阶段教育先进单位”。

学校遵循“求内涵发展，谋多元之策，走品牌之路，建和谐校园”的办学理念，高考成绩连年攀升，为高等学府输送了大批艺术人才。2009～2013年，一本上线共计2214人，48名学生考入中央美术学院，3名学生考入中央音乐学院，6名学生考入中国音乐学院，106名学生考入天津音乐学院、沈阳音乐学院、四川音乐学院等音乐名校，无论是名校录取率还是一本上线率均位居全省同类学校第一，成为引领全国艺术高中教育的先锋。

学校学生在写生基地写生

2013年6月20日，省教科所所长宋思洁为学生乐团的演奏做精彩点评

12月27日，学校学生乐团在“大好河山张家口”2013年“春天你好”新春跨年交响歌会上演出

学校奇石——滋兰树蕙

2013年6月18日，学校举行十八岁成人仪式——诗歌朗诵《十八岁畅想》活动

张家口市职业技术教育中心

2013年9月7日，教育部部长袁贵仁会见2013年全国教书育人楷模汪秀丽

成人仪式上校长汪秀丽给学生们授成人帽

张家口市职教中心始建于1972年，1983年改办职业教育，2003年被评定为国家级重点中等职业学校，2011年以全省排名第一的成绩，成为国家首批立项建设的改革发展示范校。开设有信息技术、航空服务、动漫游戏、学前教育、餐旅服务五大专业群22个分支专业，建有四大实训基地85个专业实训室。2013年9月，学校以小组第一的优异成绩成为首批国家中等职业改革发展示范校。

学校先后与北京首都国际机场、清华同方集团、美国Base FX影视后期制作公司、华北电网张家口供电公司、张家口市商业银行等100余家知名大中型企业紧密合作，就业安置率100%，并涌现出全国五一劳动奖章获得者郑美兰、全国优秀农民工贾晓飞、全国优秀中职毕业生王磊、国赛冠军郭强、全国优秀学联干部陈晨、王玉洁、河北好人李越等一批就业、创业典型和技能、道德明星。烹饪专业郭强同学在2010年全国技能大赛中餐热炒项目中荣获一等奖，国务委员刘延东亲自为他颁奖。动漫专业李进同学在第八届“天眼杯”中国国际漫画大赛上，手绘插画作品《开心小蛇过大节》夺得十幅特等奖作品之冠。美国、澳大利亚、英国等8个国家的代表团和200多所兄弟学校到校参观交流。《新闻联播》、《朝闻天下》、《人民日报》、《中国教育报》及省、市电视台多次报道学校的办学成果和经验。

安检专业学生参与2013年锦州世界园林博览会安检服务工作

年内，百余所学校和企业的近千人到校参观交流

学校积极开展文化下乡活动

一年一度的学生技能大赛

张家口市第四中学

校长　刘俊纪

学校领导班子

副市长李宏到学校调研

张家口市第四中学成立于1954年，为省级示范性高级中学。占地面积6.33公顷，建筑面积25780平方米。2013年，学校有教学班62个，学生4000余人，教职工总人数243人，专任教师192人，其中高级教师50人，中级教师91人。

一年来，四中以科学发展观为指导，紧紧围绕教育教学中心工作，坚持抓特色、求突破、创品牌、争一流，加快学校内涵发展，有效提高办学水平。学校全力加强内部管理，打造优质教育资源，集聚推动学校科学发展的正能量，努力办人民满意的教育。

2013年，四中教育教学等各方面工作均取得突破性成绩。2013年高考，一本上线26人，二本上线176人，三本再次突破千人大关，四中人用自己的行动践行了“办人民满意的教育”的承诺，为推进全市普通高中教育事业的跨越式发展做出积极贡献。

学校荣获“第15届全国青少年‘五好小公民’主题教育活动先进集体”、“河北省党的基层组织党务公开工作示范点”、“全省教育系统创先争优先进基层党组织”、“河北省文明单位”，“市普通高中教育教学工作先进单位”等省、市级荣誉30余项。《中国教育报》以《金杯银杯不如老百姓的口碑——河北省张家口市第四中学特色发展之路》为题对四中近年来创新校园文化、创新教学模式、创新教育品牌进行了全面、深入的报道。

市十一届助学工程暨我校宏志班资助仪式

张家口市第六中学

校领导和参加60年校庆活动的校友合影

六中师生在英国友好学校进行访问交流

张家口市第六中学，又为河北张家口外国语学校，创办于1952年，是一所市直完全中学，学校坐落在晋察冀军区司令部旧址，为省级爱国主义教育基地。2012年，教职工总数230人，教师总数214人，学生总数2519人，共有40个教学班。

2012年，六中建校60周年。学校以“办人民满意教育”为宗旨，围绕“爱国情怀和国际视野兼备、多样化发展的学生培养模式和学校发展模式”的主题，积极推进爱国主义和革命传统教育，开展具有本校特点的“分项立标、全员达标”、“校园之星”等活动。

六中与英国布利兹诺斯学校、乌克兰基辅323国际中学等国外友好学校开展深度合作。4月和6月，英国学校和六中先后派出11名师生进行访问交流活动，首次实现学生间互访。6月，乌克兰亚拉斯拉夫教育基金会和乌克兰第323国际中学领导访问六中，成立中乌文化交流中心，签订合作协议。

六中与国内院校、机构合作打造国防育才班、文化传媒班、睿智班、书法培训班及河北体育学院教学实践和生源基地，高考本科上线人数达320人，获得市教育局争创全国一流水平优秀奖。2012年，六中获得河北省文明单位、省教育系统创先争优优秀支部组织活动案例等20项省、市级荣誉。

英国布利兹诺斯学校来访学生在六中体育课上

乌克兰来访教师与六中师生开展联谊活动

开展系列化培训，促进教师专业成长

张家口市幼儿园

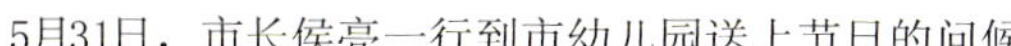

5月31日，市长侯亮一行到市幼儿园送上节日的问候

园长　赵继芳

张家口市幼儿园创建于1946年，前身为察哈尔省北岳区儿童保育院，是一所有着悠久历史的红色老园，现成为张家口市教育局直属全日制公办幼儿园，是首批省标示范幼儿园。全园占地面积1.00公顷，园舍面积1万余平方米，拥有27个教学班，1200名在园幼儿，全园教工211人。有全国优秀教师3名，省骨干教师6名，市级优秀教师30余名，专任教师大专以上学历占95%以上。

幼儿园坚持“以幼儿为本、让幼儿快乐、助幼儿发展”的教育理念，深入开展“体验教育”、“快乐游戏”、“蒙台梭利”、“双语教育”、“园本教育”、“阳光体育”、“多元智能”等方面的课题和教学研究。荣获国家级课题优秀实验幼儿园、优秀样板课等各级科研课题研究成果。出版《幼儿折纸500例》，自编汇总教材教参资料《幼儿园园志》、《幼儿园内部管理手册》、《幼儿园室内外游戏》、《幼儿园成长足迹》、《幼儿园集锦》。

幼儿园坚持“热爱、尊重、了解幼儿，一切为了幼儿”的办园宗旨，荣获中国教育学会全国道德建设活动先进单位、省“家庭教育工作先进单位”、省“卫生工作先进单位”、省“安全示范单位”、“市群众最满意的学校”、市级“五星劳动关系和谐校园”、市级“精神文明单位”、市级“巾帼建功示范岗”，市级“青年之星”、市“幼教工作先进单位”等几十项荣誉，是中国艺术研究实验园、“省现代教育技术实验学校”和“省教育科研先导实验园”。

“快乐人生第一步，和谐发展每一天”将是市幼人永远的教育追求，“我健康、我快乐、我自信”的成长稚言将撑开孩子绚丽多姿的精彩人生。

庆“六一”师生舞蹈

幼儿团体操

百米长卷水墨画

怀来县沙城中学

校长　于健

沙城中学始建于1952年，1983年成为河北省首批办好的24所重点中学之一，2001年12月被评为河北省示范性高中，2010年成为北京师范大学怀来沙城附属中学。占地总面积116725平方米，建筑面积71730平方米，绿化面积20500平方米。

多年来，学校树立了“追求发展、追求超越”的办学理念，确立了“德育为首位，质量为中心，科研为动力，育人为根本”办学思路，形成“一个中心，两个优化，三大战略，四项工程”的办学策略。学校现有教职工301人，研究生结业30人，特、高级教师94人，全国优秀教师3人。2012年高考，本科一批上线达206人，本科二批上线达702人，本科上线总数达1660人。

1月20日，北京师范大学校长钟秉林来校调研

作为北师大附中，学校积极参加北师大组织的各种活动，并邀请专家教授来校为师生讲座。校园刊物《朔风》在“第三届全国中小学优秀校内报刊评选活动”中荣获“最佳校刊一等奖”。2012年9月27日，学校成功举办校庆活动，主题为回顾六十年建校的风雨历程，总结历年办学经验，彰显六十年辉煌成就。

9月27日，召开校庆庆典大会

近几年，学校荣膺“全国十一五教育科研先进集体”、“河北省教育系统先进集体”、“河北省依法治校示范校”、“河北省绿色学校”、“群众心目中的省级名校”、“张家口市群众最满意的五星学校”、“张家口市教学质量信得过学校”、“张家口市文明单位”、“张家口市先进基层党组织”、“张家口市教学工作先进集体”、“张家口市德育工作先进单位”。

5月10日，参加北师大附属中学木铎片英语组教研活动

校庆展板

青年教师业务考试

河北北方学院附属第一医院

院长　舒丽莎

7月25日，医院向“基层建设年”援建涌泉村捐资助建

7月23日，医院举办护理管理与专科护理国际学术交流会

9月22～23日，医院2012年度万名医师支援农村卫生工程暨农村常见病规范化诊疗和临床路径研讨会在赤城县召开

河北北方学院附属第一医院始建于1938年，是一所集医疗、教学、科研、保健和康复为一体的大型省属综合性三级甲等医院。医院占地面积10万余平方米，建筑面积14万余平方米，编制床位1300张，设置临床科室43个，医技科室16个，职能处室34个，住院病区25个，教研室30个，科研机构5个，专业技术委员会16个。截至2012年末，医院在编职工948人，其中卫生技术人员占82.12%（高级专业技术人员242人），博士5人、硕士222人，硕士研究生导师54人，享受政府特殊津贴专家 4 人。

医院拥有高能直线加速器、64排螺旋CT、全自动血液细胞分析仪、全自动生化分析仪等医疗设备3000余台（套）。开展冠脉搭桥、心脏介入、全髋关节置换、断肢（指、趾）再植、心脏瓣膜置换等体外循环直视下手术，成功开展亲属间活体肾移植手术，及以普外、妇科、泌尿、儿外科等多学科腔镜手术。耳鼻咽喉头颈外科、神经内科、骨科、妇产科为河北省医学重点学科，医院被确立为儿童白血病救治、儿童先心病手术治疗救治、宫颈癌、乳腺癌、终末期肾病救治定点医疗机构。

2012年，医院门(急)诊量51.7万人（次），同比增长2%，入院4.4万人（次），同比增长14.3%；手术1.3例，同比增长10.5%。医院医技楼成功奠基，全科医生临床培养基地项目成功获批。成功举办第二届“护理管理与专科护理”国际学术交流会、2012年度省级呼吸病年会等，学术水平和知名度进一步提高。2012年，医院再次被评为全国百姓放心示范医院，连续第七年被评为河北省文明单位。医院还荣获河北省、张家口市各级荣誉称号共计11项，2人获得部级荣誉称号，实现了经济效益和社会效益的双丰收。

张家口市第一医院

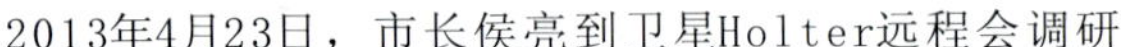
2013年4月23日，市长侯亮到卫星Holter远程会调研

团结奋进的领导班子

张家口市第一医院始建于1941年，是集医疗、急救、康复、科研、教学为一体的大型三级综合医院。

市第一医院是国际紧急救援中心网络医院、张家口急救中心、张家口道路交通事故急救中心以及河北北方学院、张家口学院非隶属性附属医院，河北医科大学、河北大学医学部教学实习基地。医院占地面积2.9公顷，建筑面积75093平方米，现有在职职工1090人。专业技术人员751人，其中副高级以上专业技术人员97人，中级职称172人，研究生学历30人。设有31个临床科室、16个医技科室，医院可开放床位800张，固定资产近3亿元。

医院设有4个心内科病区、2个内分泌科病区、2个神经内科病区、2个骨科病区、2个普外科病区和老年病科、消化内科、肾内科、呼吸内科、司法医学鉴定中心、职业病体检诊断中心等医技科室。拥有全市先进的美国GE64排128层容积CT、GE大型C型臂、美国贝克曼全自动生化仪、全自动呼吸机、全自动麻醉机及心电监护系统等大型医疗设备百余台，为各学科诊疗水平的和全院医疗质量的提高提供了强有力的设备支持。

市第一医院着力实施“人才立院、科技兴院、管理强院”的发展战略，秉承“敬业、求精、奉献、进取”的宗旨，继续以满腔热忱、辛勤劳动、无私奉献的精神续写光辉的历史，迎接美好灿烂的明天！

张家口市第一医院
THE NUMBER ONE HOSPITAL

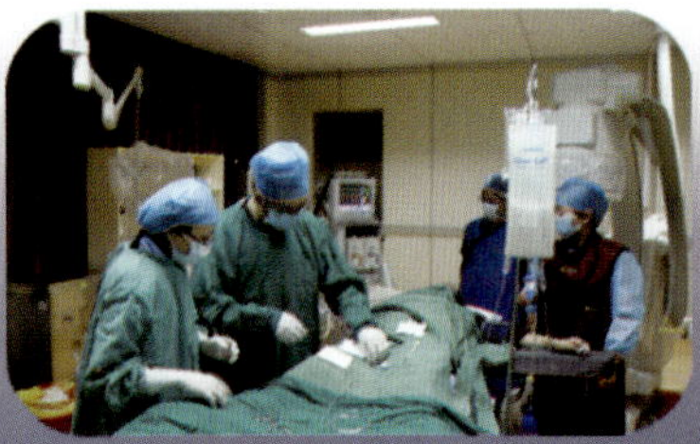

重医德，精医术，全心全意为人民服务

内科楼

第一医院

张家口人民自己的医院

张家口市沙岭子医院

院长　胡玉田

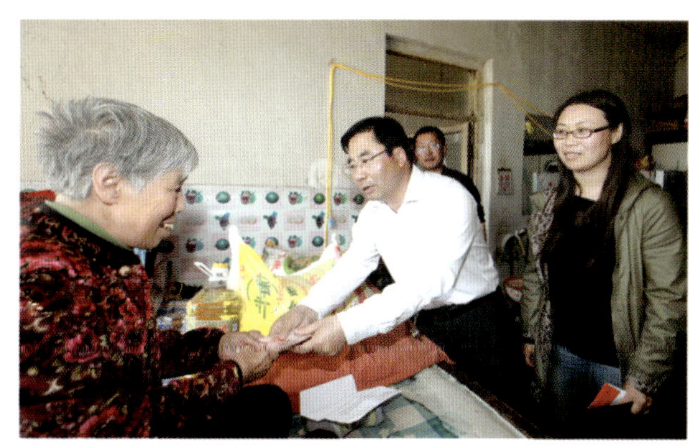

院领导走访

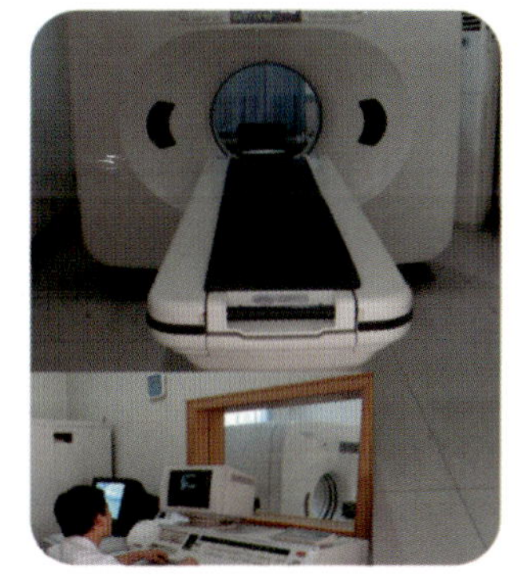

全身CT

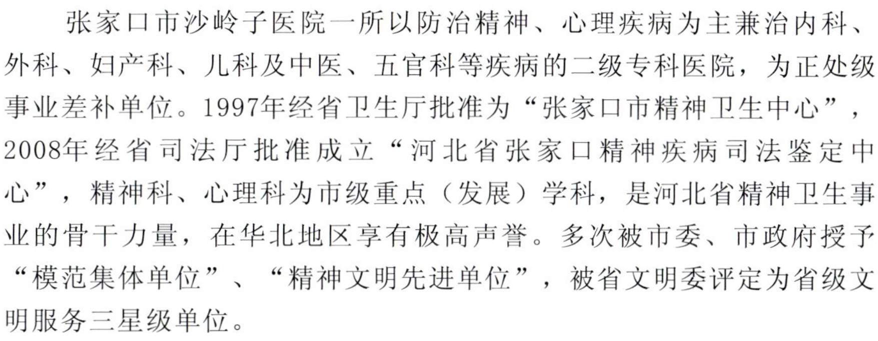

张家口市沙岭子医院一所以防治精神、心理疾病为主兼治内科、外科、妇产科、儿科及中医、五官科等疾病的二级专科医院，为正处级事业差补单位。1997年经省卫生厅批准为“张家口市精神卫生中心”，2008年经省司法厅批准成立“河北省张家口精神疾病司法鉴定中心”，精神科、心理科为市级重点（发展）学科，是河北省精神卫生事业的骨干力量，在华北地区享有极高声誉。多次被市委、市政府授予“模范集体单位”、“精神文明先进单位”，被省文明委评定为省级文明服务三星级单位。

医院建于1950年，现总占地面积12.9万平方米，建筑面积3.3万平方米。床位编制502张，业务范围覆盖张家口全市及其周边40多个县（区、旗）1500多万人口，年门诊量5万余人（次），年收治住院病员3500余人（次），年业务收入为5000万元。设科室25个。医院在职职工300人，其中卫生技术人员180人，有主任医师8名，副高职称专业技术人员19名，中级职称专业技术人员120名。拥有日立全身CT、东芝遥控胃肠摄像机、全自动生化分析仪、全自动血球分析仪、飞利浦彩超、经颅多普勒诊断仪、三维脑电地形图仪、心电工作站、海兹曼远程心理CT系统、无抽搐电休克仪、心脏起博除颤仪及多参数监护仪等先进仪器设备40余台（套）。

医院病房楼

整合医疗资源，提供优质服务，成立“电休克治疗中心”和“癫痫病诊疗中心”以及“患者回访中心”，组建“外妇科”。与市残联共同建立“精神残疾人托养服务中心”，协助收治住院托养精神病人20名；精神疾病司法鉴定共完成鉴定案例8例，维护了社会稳定。

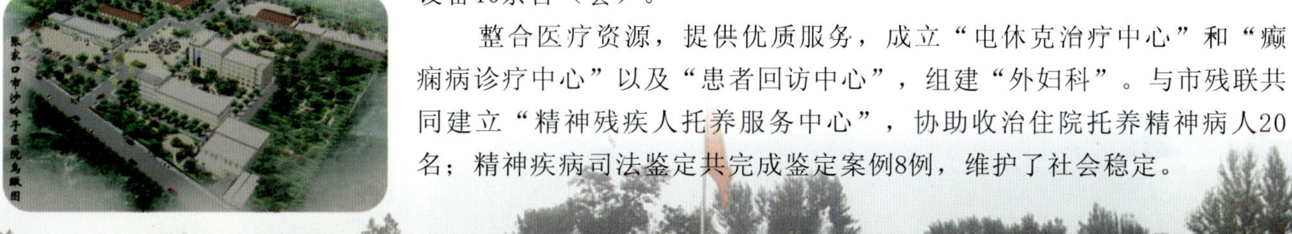

张家口市桥东区城乡建设局

桥东区城乡建设局原名桥东区城乡建设环境保护局，成立于1983年6月。下设办公室、劳资财务股、生产计划股、安全股、人防办公室、市政工程管理处、园林绿化管理处、荒山绿化管理处、城建预制厂、正兴城建投资有限责任公司。全局现有干部职工339人，机关工作人员21人。

桥东区城乡建设局主要负责贯彻落实国家、省、市关于城乡建设工作的方针政策、法律法规、改革方案和发展规划，负责本辖区城乡建设、道路建设等工作的规划；负责全区道路、便道、下水管道、河坝、桥梁等市政设施的维修养护和新建、改建工程；负责进行专业绿化，辖区林地的管护和防火；负责龙泉广场的管理经营及东部浅山区“增绿填彩”工程等荒山绿化的管护；负责《人民防空法》法规组织实施和监督检查、人防工程的管护建设、组织开展防空防灾宣传教育等工作。

2012年，桥东区城乡建设局干部职工凝聚实干、创新突破，继续推进城建事业。完成万株大苗进城5310株，总投资505万元，城区专业绿化工程总投资285万元，完成城区群众绿化工程、绿廊绿道建设（增绿添彩工程）、古树名木保护工作；市政共完成新建改建道路、泵站升级改造、基础设施养护任务1198.72万元；龙泉广场维护完成38万元。2013年完成“百年桥东、京张铁路”清水河地域文化长廊工程，种植常绿树种749株，彩叶树种及观花、观果树种共16021株（丛），安装展现京张铁路百年文化的老北站、正阳门、八达岭隧道及人物雕塑等大型景观雕塑，工程总投资1100万元。2013年6月1日，历时142天的建国路人防抢险处置工程（一期）竣工，总投资1782.76万元。

经过三十多年的改革、开拓发展，桥东区城乡建设局由过去的简单区域性的城市市政设施维护转变为全区城市市政、绿化、公用设施、应急抢险的服务型管理管护单位。市政施工资质由三级晋升到二级施工企业，并培养具有一定专业水平的各类人才，其中副高级人才5人，中级职称人员24人。2010年被省委、省政府评为“河北省城镇面貌三年大变样工作先进集体”、“市住建系统精神文明建设先进单位”、“桥东区大三期增绿添彩工程建设先进单位”，2011年被市委评为“先进基层党组织”、被桥东区委、区政府评为“重点项目建设先进单位”，2012年被省委、省政府评为“创建国家园林城市先进单位”、被区委、区政府评为“桥东区党的十八大安全保卫工作先进集体”，连续多年被市委、市政府评为“文明单位”。

“百年桥东，京张铁路”
清水河地域文化长廊

桥东区城乡建设局办公区全景

荒山绿化植树现场

全局学习的楷模——张贵生默默无闻15年无偿献血

2013年5月21日，大讨论活动宣讲会场

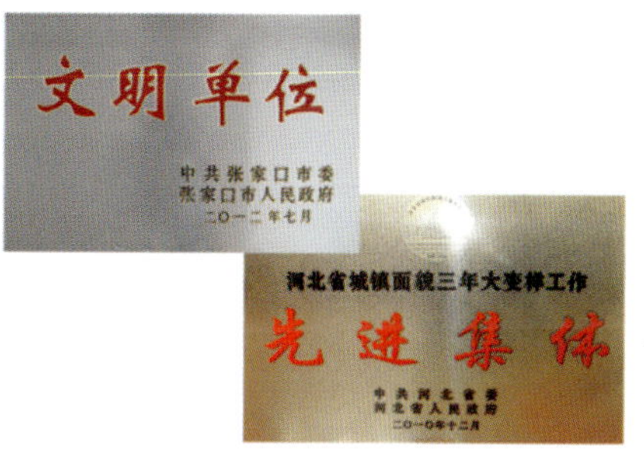

“十八大”文艺演出

2013年1～3月，建国路段三次塌陷。为彻底探明地下实际状况，在随时都有再次坍塌的情况下，桥东建设局多次组织相关人员巡查地下管线、进防空洞内部实地踏勘，探究原因。经过专家组6次专门会议，反复比选、研讨、论证，形成了最终完善的治理方案：从路面钻孔形成竖井，通过竖井灌注低标号混凝土填充防空洞体。建设者们一次次给自己加压，一次次迎难而上，一次次最大限度地挖掘着自身的潜力。2013年6月1日，历时142天的建国路人防抢险处置工程（一期）竣工，该工程包括道路塌陷冬季抢险工程，道路塌陷春季恢复工程，恒通酒店至红旗楼3.2千米防空洞填充处理工程，工程总投资1782.76万元。

建国路塌方现场

防空洞内装封堵沙袋

混凝土灌注

灌注砼与洞顶密实效果

保质量、抢工期、修复道路

恢复后的建国路

张家口市桥东区市政工程管理处

5月22日，副市长李雪荣到建国路抢险现场就工程进度进行调研

原桥东区区长崔凤楼、现区城建局局长李小红在巷道内查看

桥东区市政工程管理处隶属桥东区城乡建设局，担负桥东区道路、桥梁、排水、河坝、护坡等城建基础设施的养护、建设任务。“三年大变样”以来，该处先后完成胜利路、滨河路、钻石路、东兴街、五一大街、工业横街等20余条主干道及40余条小街巷的拓宽改造任务，先后被授予“先进基层党组织”、“三年大变样先进单位”、“重点工程建设先进班组”等荣誉。

2013年年初，在市政公用事业管理局、桥东区城乡建设局的坚强领导下，该处广大职工投入到建国路塌陷冬季临时性抢修及开春后恢复施工中。面对探测地下空洞的全国性难题，在没有处置案例可循、没有有效应对经验可供借鉴的情况下，圆满完成试验段人防巷道填充工作，为全路段抢修提供了宝贵的技术参数。经奋力抢修，建国路红旗楼至东山招待所段人防、道路抢修工程竣工，进入试运行阶段。

桥东区组织人防、市政、供热、供水等单位多次召开工程调度会

在城建局会议室举办施工方案论证会

5月4日，桥东城建局副局长贾爱民带领抢险人员在人防主巷道内作业后，从竖井上到路面

4月27日，旋挖钻机事业局段开挖竖井作业

5月3日，事业局段管道恢复施工

1月11日，桥东城建局、市政处负责人事业局段塌坑内勘查

5月4日，建国路报社段人防巷道内抢修

4月28日，桥东市政处道路养护队完成土尔沟段塌陷处沥青面层铺装

4月29日，混凝土泵车事业局段填充作业

张家口市国土资源局桥西分局

2013年5月16日，召开“解放思想、改革开放、创新驱动、科学发展”大讨论动员会

地球日宣传

西沙河大街开展“6•25”全国土地日宣传活动

分局为斯必克工业园区征地实地踏勘

桥西国土资源分局牢固树立“人在桥西、热爱桥西、奉献桥西”的大局意识，有力地推动了各项工作的开展。一是以全力争取指标为重点，努力满足项目用地需求。2013年，桥西区申请新增建设用地44.67公顷，共13个地块。二是进一步加强研究，拓展用地空间，提升用地保障水平。三是科学编制国有建设用地供应计划和土地储备计划，发挥土地调控作用。四是全面加大对闲置土地的清理处置力度，加快建立批而未用土地的考核体系，促进批而未用土地及时利用。五是确保重点项目及时开工建设。经协调，2013年桥西工业园区、东窑子卫星城等项目实际上报新增建设用地由38.93公顷增至44.67公顷。六是坚持地质灾害预防和治理并举的方针，采取一系列行之有效的措施。由国家拨款4500多万元，对张家口市桥西区西太平山、卧龙山、东太平山崩塌地质灾害和大东沟泥石流地质灾害进行治理工程。

展望未来，桥西国土资源分局继续积极服务、主动作为、超前谋划、创特色、争一流，以更高的目标和更严的要求履职尽责，不断提高国土管理工作水平，为桥西经济发展作出积极贡献。

怀来县人民检察院

领导班子

检察干警到存瑞纪念馆重温入党誓词

检察官与留守儿童亲密互动

检察官为孩子们送上书包、文具等节日礼物

女检察官入户慰问贫困留守妇女

2012年，怀来县人民检察院党组团结带领全院干警锐意进取、真抓实干，实现各项工作持续跨越发展。上级院年度考核的19项重点工作全部进入先进行列，其中15项位居第一，连续10年获评“全省先进检察院”，四次荣膺“全国先进检察院”。

怀来县人民检察院坚持把依法履职与执法为民紧密结合，不断深化涉农检察室建设，服务农村发展稳定，主要工作做法被《检察日报》进行专题报道。完善未成年人犯罪办案机制，保障未成人合法权益，获评全县“关爱儿童先进单位”，九度蝉联“全省优秀青少年维权岗”。积极探索刑事和解制度，破解刑事案件被害人补偿难问题。探索完善民事支持起诉、督促起诉工作模式，维护弱势群体和国家利益。主动开展社区矫正工作专项监督，加强特殊人群管理。相关工作得到地方党委和社会各界好评。主动拓宽接访渠道，妥善处理群众诉求，连续四届12年被高检院命名为“全国文明接待室”。院党组连续9年被县委表彰为“实绩突出领导班子”，获评“先进党支部”，分别被市、县两级授予“创先争优先进基层党组织”。涌现出全省模范检察干部、侦查监督优秀检察官、优秀侦查员、全市“十佳公诉人”、“侦查监督十佳检察官”、侦查业务标兵等大批业务尖子。

阳原县人民检察院

5月23日，县委书记王彪（左一）到阳原县人民检察院调研指导工作

2月21日，检察长穆春（左二）到帮扶的井儿沟乡牛坊沟村进行实地调研

3月20日，检察长穆春在全市检察机关反贪污贿赂工作会议上作经验介绍

6月28日，省检察院法警总队政委贾利民（中）到阳原县人民检察院对办案工作区进行准用验收

11月7日，阳原县人民检察院与阳原县人民医院签订《办案医疗保障合作协议》

11月12日，检察长穆春（右二）到高速公路路口检查站督导检查“十八大”安保工作

2012年，阳原县人民检察院在以检察长为首的新一届党组带领下，各项检察工作取得了优良的业绩。

全年立案查处贪污贿赂案件8件23人，渎职侵权案件2件5人，受理公安机关提请批准逮捕案件58件70人，经审查批准逮捕53件63人，受理各类移送审查起诉的案件98件123人，向法院提起公诉86件109人，立案办理各类民行案件23件。特别是反贪污贿赂工作在过去的基础上有了新的突破，完成全年目标任务的300%，排名全市第一。

全院在全市18个基层院评比中名列第二名，连续七年被省检察院评为全省“先进基层检察院”，连续六年三届被省委、省政府评为“省级文明单位”，被共青团省委、省检察院授予“优秀青少年维权岗”荣誉称号。检察院办案工作区通过了省检察院的准用验收，获得《河北省检察机关办案工作区准用证》。全院有1名干警被最高人民检察院评为优秀侦查能手，2名干警被省检察院评为先进个人。

张家口市国土资源局宣化分局

2003年4月，组建张家口市国土资源局宣化分局。分局机关共设18个科室，在职人员104人，其中，在职公务员18人，事业管理人员2人，专业技术人员23人，技术工人42人，其它人员19人。

主要职责：贯彻执行国家、省、市有关土地、测绘管理的法律法规和规章；对执行和遵守法律法规情况进行监督检查，并对违法案件依法查处；受市局委托开展土地权属纠纷调处工作；配合市局编制和实施辖区内土地利用总体规划及其它专项规划；严格辖区耕地保护，实行土地用途管制制度，负责集体土地征用、农用地转用和土地开发、整理及复垦工作；实行土地资源利用现状调查、变更调查和地籍调查工作；负责辖区内的土地登记有关工作；负责辖区土地使用权划拨、出让、转让的组卷、上报工作、负责农村宅基地、临时占地管理工作；负责区属企业国有土地资产处置的前期工作；对辖区内的测绘工作实施行业管理；开展土地管理的对外合作与交流；负责全区国土资源信息化建设工作；负责机关及事业单位的人事劳资、职工教育培训工作；负责机关事业单位的财务工作；负责对下属国土资源管理所和事业单位的管理工作。

外景　　荣誉　　承建项目

怀安县国土资源局

2012年度民主测评会

普法宣传

矿山安全生产大检查

严厉打击非法盗采矿产资源行为

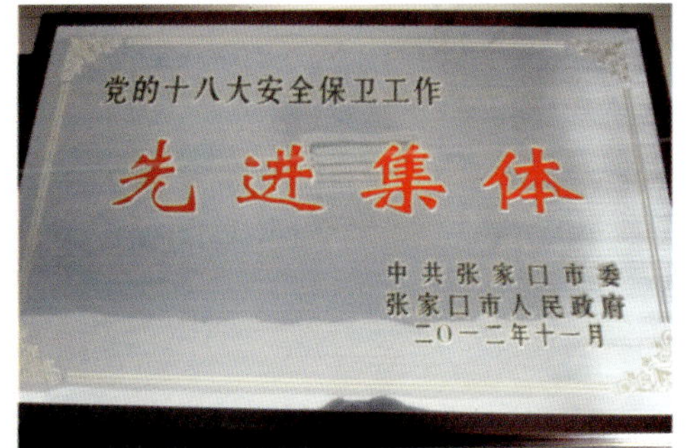

怀安县国土资源局的主要职责是贯彻执行国家、省、市关于土地、矿产资源的方针、政策和法律法规，科学合理保护和利用土地矿产资源。近年来，全局上下围绕全县经济发展和稳定大局，贯彻落实国家土地宏观调控政策，以“保护资源、保障发展、维护权益、服务社会”为己任，加强耕地保护，规范土地矿产秩序，创新举措保护资源，主动服务保障发展，为全县经济和社会发展做出积极的贡献。

2010年以来，积极争取各类建设用地指标189.8公顷，为沃尔沃、天津港、大雄商贸、怀安应急产业园区、中瑞产业园等一批重点项目落地提供了有力保障。以招拍挂形式公开出让土地320.53公顷，实现土地出让金9.3亿元，全部上缴财政。在打非治违工作中，累计出动执法人员1300多人（次）、执法车辆350台（次），查处并取缔违法采矿点230处，扣押、拆毁装载机等选矿设备280多套，移送公安机关行政拘留6人，刑事拘留8人，逮捕5人。通过持续高压打击，使全县私挖滥采、盗采国家矿产资源的违法行为得到有效遏制，矿业秩序明显好转。

近年来，怀安县国土资源局多次荣获省、市“文明窗口单位”、“法制宣传先进集体”、“服务项目建设先进单位”等殊荣，被县政府评为“三年大变样”工作先进集体，被市局评为“实绩突出领导班子”，局党委被市局党委评为“十佳学习型党组织”。

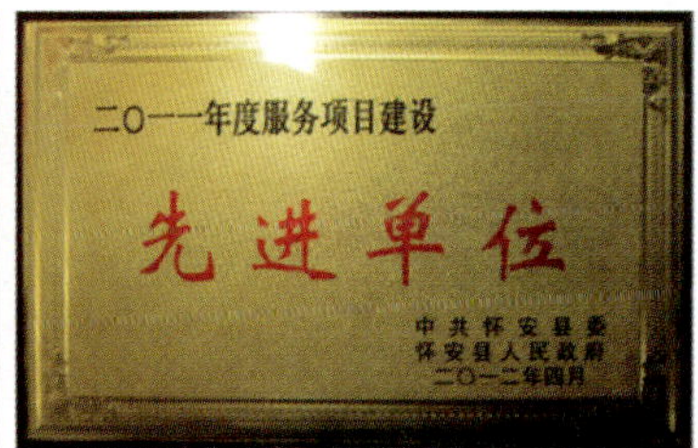

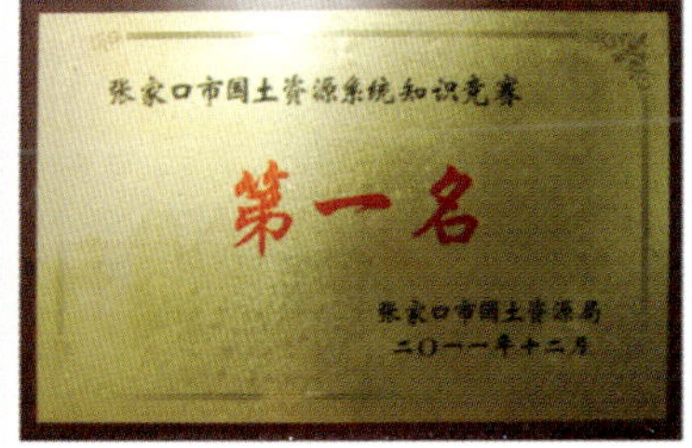

宣化县卫生局

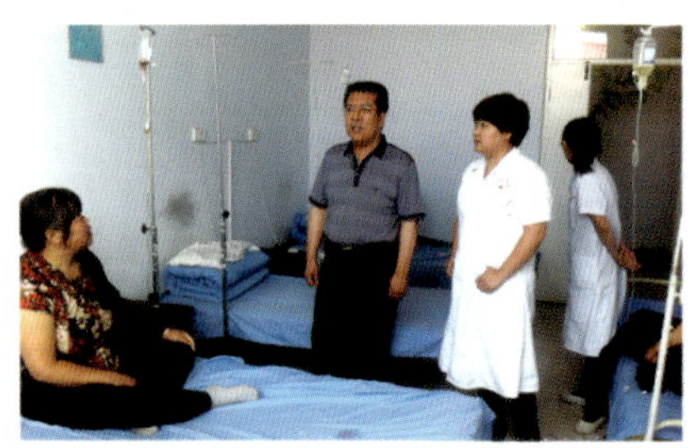
局长袁玉明深入基层卫生院调研新农合工作

卫生局为山区农民送医送药

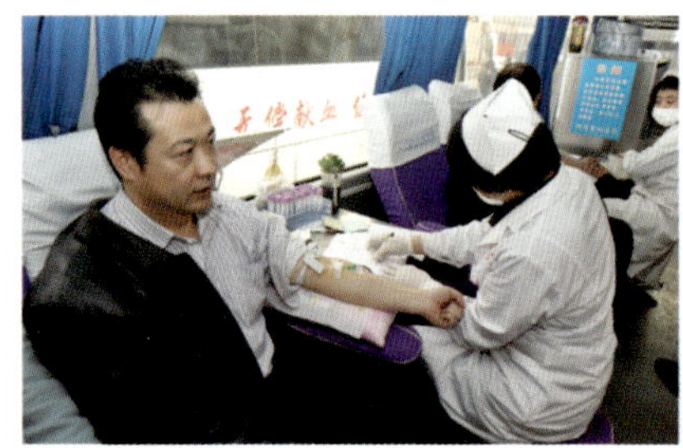
圆满完成第三轮无偿献血工作

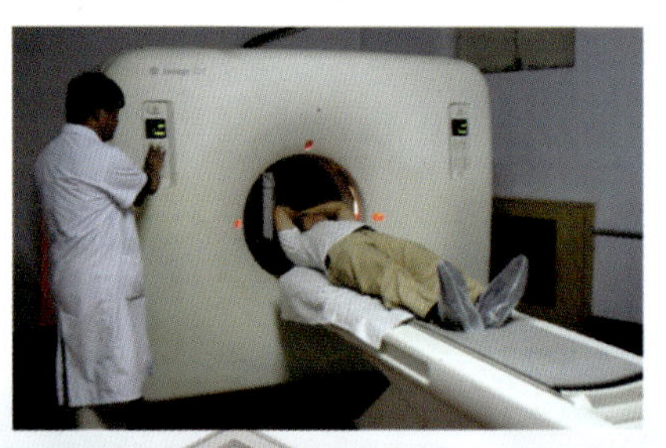
县医院新购进的CT机

2012年，宣化县卫生局围绕全县经济发展大局，以“抓民生、促发展、提能力、建和谐”为抓手，完善公共卫生服务体系和医疗服务体系，加大重大疾病和突发公共卫生事件的防控力度，强化医疗卫生监管，园满完成了市局和县政府下达的各项任务，被省政府评为医改工作先进县，卫生局领导班子被县委、县政府评为“实绩突出领导班子”。

2012年，先后争取国家6个卫生建设项目，总投资1060万元，建筑面积4859.4平方米，其中卫生监督所、顾家营中心卫生院、小村卫生所项目已全部峻工，交付使用。2012年标准化卫生室建设任务共299个，其中基层建设年帮扶村建设任务38个，空白村建设任务100个，创建标准化卫生室任务161个，经过县、乡、村共同努力，10月末已全部完工。

2012年，免费向全县农民提供10类41项公共卫生服务，规划免疫报告接种率保持在98%以上，儿童预报接种信息覆盖率达到100%，为农村妇女免费发放叶酸1856人(份)，给1334位孕产妇发放分娩补助金53.36万元。全县已建立健立农民健康档案25.01万人(份)，其中电子档案21.59万人(份)，建档率达到96.88%，为农民体检回访率达到65%以上，免费为65岁以上老人和两委干部体检2.96万人(次)。系统管理结核病人575人，高血压病人7790人。县红十字会为全县贫困儿童免费做先天性心脏病手术35例，做白内障复明手术19例，救助特困农民504人。

全县13所卫生院和2个公卫单位由差额拨款改制为财政全额拨款的事业单位，13所乡（镇）卫生院和232个卫生室全部实行网上药品采购。2012年全县参合人数21.16万人，参合率达95.6%，比上年增长五个百分点。

尚义县商务局

尚义县商务局自2010年3月成立以来，紧紧围绕“三区联动，六业并举”的发展战略，以县域经济发展为重点，大力开展招商引资，极力扩大外贸出口，全力促进消费增长，商务工作取得了长足发展。

经过两年的努力，尚义县已有5家企业取得对外贸易进出口经营权，2012年，全年实现外贸出口总值155万美元，同比增长196.6%，蔬菜出口连续3年保持全市第一。不断加大招商引资工作的推进力度，2012年，全县实际利用外资1200万美元。实施“万村千乡”市场建设工程，农家店发展到68家，成立配送中心1家，解决农村就业岗位近500个。加强建设“菜篮子”工程，实施农超对接，全县惠民蔬菜直销店发展到6家，惠民蔬菜平价超市1家，早晚蔬菜市场1处，有效地缓解了“菜贱伤农”、“菜贵伤民”的问题。

肉品市场逐步实现定点屠宰，建立完备的生猪、牛、羊、鸡定点屠宰厂，生猪定点屠宰率达到98%；成品油市场建设取得进展，建立布局规范、覆盖全县的加油站23家；酒类流通市场繁荣稳定，拥有白酒生产企业1家，产品销往内蒙古、山西、北京等地，有从事酒类批发专营经营户6家，建立了完备的市场运营体系。

2012年，尚义县商务局被评为“张家口市‘十八大’安保工作先进单位”、被县委政府评为“县招商引资及项目建设先进单位”，尚义县商务局机关党支部被评为“县级创先争优先进党支部”。

6月，台湾客商梁女士一行6人到尚义县洽谈招商引资合作项目，局长袁金海向客商介绍全县经济发展及投资环境建设情况

10月，尚义县商务局邀请市直部门专家对全县企业项目申报暨专项资金管理开展培训

尚义县商务局干部职工集体学习“十八大”文件精神

崇礼县林业局

局长　王福亮

山上运苗

扑火训练

鱼鳞坑整地

苗圃出苗

2012年，崇礼县林业局在县委、县政府的正确领导下，在上级林业部门的大力支持下，按照全省“增林扩绿，林果并重，改善生态环境，推动经济发展”的林业工作总要求，以实现跨越赶超、绿色崛起为中心，以林业项目为重点，强化服务功能，着力推进林业生态建设和产业发展，狠抓森林防火和林地资源管理工作，使全县林业工作取得可喜的成绩，先后被授予全省国土绿化突出贡献单位、全省十个造林绿化大县、全市林改工作先进单位等荣誉称号。

2012年，崇礼县林业局完成造林7373.33公顷；完成补植补造1466.67公顷；完成育苗112公顷，其中当年新育苗64公顷；完成容器育苗850万袋;完成义务植树55万株；完成退耕还林后续产业4200公顷。

张家口市康保牧场

2013年6月19日，国家林业局一行就产业发展状况进行调研

张家口市康保牧场位于河北省西北部，康保县境内东北角。东、西、北分别与内蒙古自治区的太仆寺旗、化德县、正镶白旗接壤。前身为中国人民解放军总后勤部在1953年建的“黄城子军马场”，1976年移交地方后为市属国有农垦企业，属典型的农牧交错型经济带。全场总面积1.17万公顷，其中草场6666.67公顷、耕地2666.67公顷、林地1953.33公顷。现有节水灌溉水浇地333.33公顷。

凭借全部为国有土地及农垦集体经营的独特优势和区位、交通便利的优越性，康保牧场经济社会发展实现了质的飞越。特别是在现代农业培植，逐步形成以资源优势为依托，全力打造“绿色生态农牧业品牌”，以养殖业为主，种养业优势互补、协调发展的格局，初步形成“林业、蔬菜、马铃薯、畜牧、风电”五业并举的发展格局。马铃薯育种生产基地初步建成，有种薯培育室0.9万平方米，马铃薯种植基地333.33公顷。结合旅游业发展规划，林业发展滴灌种树为333.33公顷，规划种植沿边防护林1000公顷，逐步建成稀疏林草原旅游区。畜牧业发展优势明显，年养殖10万只肉鸡养殖基地建成，羊存栏1.8万只。蔬菜产业结合畜牧养殖以增施农家肥为主种植绿色有机蔬菜。拥有40万千瓦风电场，10万千瓦已并网发电。

蔬菜产业的发展，为调整农业结构奠定了基础，也是职工增收的有效途径

垦区危房改造建设项目惠及全场职工群众，为建设新型农场奠定了基础，图为该场建设的安居小区

滴灌造林示范区

畜牧业一直是该场主导产业，随着生态建设的发展，在养殖结构及品种上进行了较大的调整，实现减畜不减收的目的

宣化冶金工业集团

12月17日，市委书记王晓东到公司调研

10月17日，市长侯亮到公司调研

宣化冶金工业集团位于张家口市高新技术开发区，经过30多年的不懈努力，公司已经发展成为集机械装备制造、环保设备制造及安装为一体的综合性大型民营企业。2012年5月，在宣化冶金工业有限责任公司基础上，成立宣化冶金工业集团，简称“宣冶集团”。主要产品为立体停车库设备、环保除尘设备、烟机配件及烟草成型机、单螺杆水润滑无油空气压缩机等。企业注册资金5000万元，有固定职工600多人，各类专业技术人员60多人，总资产5.6亿元。

企业以“高科技推动发展、新产品再创辉煌”作为可持续发展战略目标，优化产品结构，提高产品的科技含量，开发符合国家产业政策、具有良好经济效益和社会效益的节能环保型产品。经多年努力，成功开发出具有当今世界压缩机领域顶尖技术水平的“单螺杆水润滑无油空气压缩机”，填补了国内空白，打破了国外的技术封锁和垄断。

立体停车库是随着国民经济的不断发展和城市化进程快速发展的新型产业。以其节约土地资源的优势成为城市建设必备的基础设施，是国家倡导发展的新型产业。公司从20世纪90年代开始研发，是中国重机协会停车设备工作委员会会员单位，成为北方最大的生产厂家之一。产品主要销往京、津、冀、晋、蒙及东北地区，有着广阔的市场和良好的发展前景。

集团销售楼

单螺杆空压机生产现场

一号生产车间

二号生产车间

环保除尘设备产品主要用于冶金钢铁和火力发电厂，具有除尘脱硫，减少污染的环保优势。开发的电袋复合式除尘器和球团烟气脱硫新工艺属国内先进水平，产品遍布全国各省、市、自治区，在冶金、电力、建材、化工等众多行业中得到广泛应用，在国内外享有很高的声誉。

烟机配件及烟草成型机是公司的主要产品之一，是国家指定的专业生产厂家。产品主要用于卷烟生产线的粉尘净化，其产品销往全国各大烟厂。近年研制的用于烟草复烤厂粉尘处理的专用成型机解决了同行业企业多年难以攻克的难题，成为本公司独特的生产优势，具有较强的竞争力。

单螺杆水润滑无油压缩机是本公司开发研制的高科技产品，属于国家鼓励类发展项目，被机械工业部及国防科工委列为“八五”国家重点攻关项目、国家科技部列为“八六三”项目，并认定为世界领先的高科技产品。产品具有结构简单、能耗低、噪声小、运行可靠的优点，广泛用于各种需要无油洁净空气的环境，并以其技术含量高、节能、应用领域广的特点，成为压缩机行业重点发展的产品，可取代传统压缩机机型。单螺杆水润滑无油空压机产品已通过国家鉴定，现在正在研单发高级压大立方的产品,可用于航天、军事领域。

集团外景

涿鹿金隅水泥有限公司

9月18日，集团常委、副总经理李伟东到公司调研

9月4日，集团党委常委、纪委书记石喜军到涿鹿金隅调研第二次工作会情况

3月7日，省煤炭工业安全管理局副局长董占利带领省安全生产督导组领导检查工作

4月9日，公司通过国建联体系认证

5月17日，金隅艺术团与公司共庆建厂四周年

涿鹿金隅水泥有限公司隶属于华北地区最大的水泥供应商—北京金隅集团。涿鹿金隅水泥作为上市公司金隅股份的全资子公司，年产高标号水泥200万吨，是张家口地区最大的水泥生产企业。

涿鹿金隅水泥有限公司前身是涿鹿永兴水泥有限责任公司，创建于1971年，2008年3月，涿鹿县政府与北京金隅集团签订了以发展水泥工业为主的战略性协议，继而北京金隅集团一次性收购了涿鹿永兴水泥有限责任公司。该公司借助于原公司的矿产资源，利用自身的技术、资金，于2010年5月18日建成投产了1条日产4000吨熟料新型干法水泥生产线。

公司位于河北省张家口市涿鹿县卧佛寺乡大斜阳村，生产线采用新型干法预分解生产工艺和纯低温余热发电技术，拥有一条4000吨/天熟料带1组12000千瓦纯低温余热发电机组的水泥生产线，具有年产熟料170万吨，年产P.O42.5普通硅酸盐水泥120万吨，P.C32.5复合硅酸盐水泥80万吨的生产能力；年发电量为8064×104千瓦时，年供电量为7420×104千瓦时。

该生产线工艺先进，设计合理，节能减排效果明显。一是生产线的计算机控制系统在中央控制室集中管理，从原料处理到水泥包装的生产管理，全部实现自动化控制。二是采用控制流型最新技术的冷却机，其热效率可高达75%以上，可有效回收出窑熟料的热量、并大大提高二次风与三次风的温度，降低了熟料烧成热耗。三是利用窑尾、窑头的废气余热，建设纯低温余热电站，可满足水泥生产线用电需求量的25%左右，年节约标煤量约2万吨。四是生料粉磨选用最先进的丹麦史密斯公司的立式磨粉磨系统，烘干能力强，粉磨效率高。与相同生产能力的管磨系统相比，每吨生料的电耗可减少约57千瓦时。

涿鹿金隅水泥有限公司是河北省水泥企业协会百强企业，生产的水泥产品广泛应用于京化高速、张承高速、张涿高速、张石高速、宝三高速、张唐铁路、虎丰铁路、多丰铁路、朱日和机场的建设中，并被评为张家口市消费者喜爱的品牌。

金隅股份总裁姜德义到公司指导工作

尚义县龙泉源畜禽肉制品有限公司

总经理白利全(中)参加张家口市“青年之星“颁奖典礼

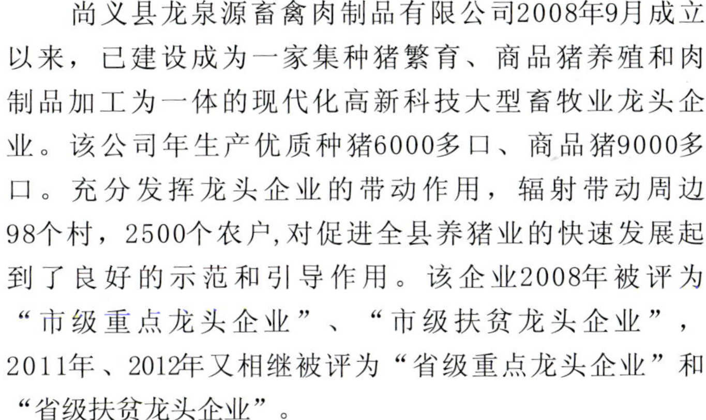

尚义县龙泉源畜禽肉制品有限公司2008年9月成立以来，已建设成为一家集种猪繁育、商品猪养殖和肉制品加工为一体的现代化高新科技大型畜牧业龙头企业。该公司年生产优质种猪6000多口、商品猪9000多口。充分发挥龙头企业的带动作用，辐射带动周边98个村，2500个农户,对促进全县养猪业的快速发展起到了良好的示范和引导作用。该企业2008年被评为“市级重点龙头企业”、“市级扶贫龙头企业”，2011年、2012年又相继被评为“省级重点龙头企业”和“省级扶贫龙头企业”。

2008年9月，法人代表白利全在县城东北建起了占地6.67公顷、标准化猪舍12800平方米的尚义县龙泉源畜禽肉制品有限公司。2010年，公司与北京六马养猪科技有限公司合资成立了河北六马养猪科技有限公司。在生产运营中建立了种猪引进、饲料采购、防疫接种、喂养管理、消毒质检策略各项制度。在生产技术上采取了五周一批(次)生产的“六马式标准化养猪式”先进技术。

公司根植于“三农”，服务于“三农”，自成立以来，为农民提供优良种猪1.2万多口，推动商品猪1.6万多口。辐射带动周边9个乡（镇）98个养殖村。为30个重点扶贫村300个贫困户提供良种猪5000多口，人均增收1800元以上。

市委书记许宁到公司调研工作

副市长罗建辉到公司调研指导工作

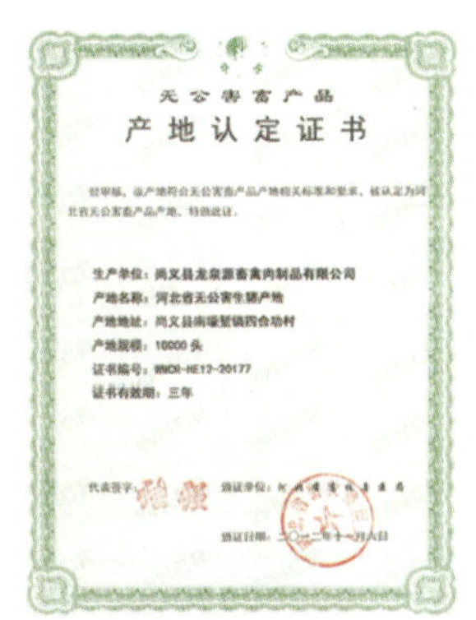

197

环境优美的专家公寓

培训质检中心

圈舍部分内外景

怀来县小南新堡镇

10月23日，镇党委书记王利生到南部山区就防火工作进行调研

2013年5月23日，镇长李海龙带领班子成员及部分村干部到北京市怀柔区喇叭沟门满族乡学习乡村生态旅游发展

小南辛堡镇地处怀来县东南部，南依燕山余脉，北临官厅水库，距北京60千米。全镇辖21个行政村，总人口1.7万人，全镇总面积172平方千米。

特产资源丰富。是全国最大的八棱海棠生产基地，海棠种植面积666.67公顷，年产鲜果1万吨；彩苹果曾为国宴用品，周恩来总理为该果主产区石洞村题名“彩苹果第一村”；葡萄是支柱产业，全镇葡萄种植面积1466.67公顷，其中酿酒葡萄1066.67公顷，有德尚、容辰、龙徽、致远4家葡萄酒加工企业，酿酒葡萄年加工能力8000吨。旅游资源独特。天漠影视基地、上谷海棠湾、庙港样边长城、水头明长城、烽火台、石洞广慈寺、古窑洞群、20多千米的湖岸线、葡萄观光园等独特的自然景观成为影视剧理想的外景拍摄基地。《三国演义》、《亮剑》、《东周列国》《木乃伊3》、《天下无贼》、《铁梨花》等300多部（集）影视剧曾在这里取景。

自2008年来，小南辛堡镇已成功举办6届“中国怀来海棠花节”，2012年举办首届“石洞彩苹果采摘节”。通过海棠花花节和采摘节的举办，不仅提升了小南辛堡镇、怀来县的知名度，也将怀来的旅游资源进行串联与推广。在各界人士的关怀支持下，小南辛堡人民坚持人与自然和谐共生，社会与生态共同发展的原则，整合资源，以节为媒，将小南辛堡镇打造成为京西重要的绿色生态旅游重镇，描绘出京西一道独特而亮丽的风景线。

海棠花

自2008年以来，小南辛堡镇党委、政府成功举办六届中国·怀来海棠花节色周末文艺晚会

8月11日，小南辛堡镇党委、政府同张家口广播电视台在庙港村共同举办“样边长城是家乡”为主题的彩色周末文艺晚会

宣化县洋河南镇

洋河南镇党委书记　姚吕国

洋河南镇人民政府镇长　崔 忠

洋河南镇坚持走科学发展之路，经济社会发展取得了可喜的成就。镇域经济发展迅速。先后引进西控太阳能新城、鑫贵鼎等一批投资亿元的大项目，共有工业企业51家。2012年，完成工业生产总值9.3亿元,工业增加值2.4亿元,营业收入9.2亿元，倾力打造机械制造、商贸服务、现代物流、新能源等四大产业园区。

城建创精品。洋河南污水管网、安平东西街拓宽改造和“经七街”道路建设工程的实施，使镇容、镇貌焕然一新。建成头台子新民居、邓家台新民居、湖岸小镇、洋馨公寓等4个房产项目。

农业育龙头。现有大型养牛场1家、养鸡场1家，万头以上养猪场5家、培育了利生牧业“100分蛋品”等农业品牌，是全县生猪、蛋鸡养殖重点区域。

社会事业蓬勃发展。全镇现有完小10所、小学1所、中学1所。宣化县第一实验小学正在建设当中，实施县职教中心搬迁新建工程、县进修校新建工程。20个行政村建起农家书屋，新建庄等17个村实施信息资源共享工程，建立农民文化辅导基地。新建宣化县疾病预防控制中心、宣化县人口和计划生育服务站，形成县、镇、村三级医疗机构“三位一体”的服务网络格局。

湖岸小镇商住楼，项占地面积10.67公顷，总投资5.21亿元，建设住宅楼13栋

宣化县华强水泥制造有限公司生产场景

洋河南镇居民健身活动场所

紫
金
城

生态城市

魅力张垣